VOLUME II
ORDEM E HISTÓRIA

VOLUME II
ORDEM E HISTÓRIA

O MUNDO DA PÓLIS

Introdução
Athanasios Moulakis

Tradução
Luciana Pudenzi

Revisão técnica
Marcelo Perine

Edições Loyola

Título original:
Order and History – The collected works of Eric Voegelin, v. II
© 2000 by The Curators of the University of Missouri
University of Missouri Press, Columbia, MO 65201
ISBN 0-8262-1283-2

Preparação: Carlos Alberto Bárbaro
Projeto gráfico: So Wai Tam
Capa: Mauro C. Naxara
Revisão: Maurício Balthazar Leal

Edições Loyola Jesuítas
Rua 1822, 341 – Ipiranga
04216-000 São Paulo, SP
T 55 11 3385 8500/8501 • 2063 4275
editorial@loyola.com.br
vendas@loyola.com.br
www.loyola.com.br

Todos os direitos reservados. Nenhuma parte desta obra pode ser reproduzida ou transmitida por qualquer forma e/ou quaisquer meios (eletrônico ou mecânico, incluindo fotocópia e gravação) ou arquivada em qualquer sistema ou banco de dados sem permissão escrita da Editora.

ISBN 978-85-15-03653-0

© EDIÇÕES LOYOLA, São Paulo, 2009

Plano da obra
ORDEM E HISTÓRIA

I Israel e a revelação
II O mundo da pólis
III Platão e Aristóteles
IV A era ecumênica
V Em busca da ordem

Sumário

Introdução do editor   9
Prefácio   63
Sumário analítico   65
Introdução   Humanidade e história   75

Parte 1   Cretenses, aqueus e helenos

Capítulo 1   Hélade e história   101
Capítulo 2   As sociedades cretense e aqueia   127
Capítulo 3   Homero e Micenas   143

Parte 2   Do mito à filosofia

Capítulo 4   A pólis helênica   187
Capítulo 5   Hesíodo   201
Capítulo 6   A ruptura com o mito   239
Capítulo 7   As *aretai* e a pólis   259
Capítulo 8   Parmênides   279
Capítulo 9   Heráclito   297

Parte 3   O século ateniense

Capítulo 10   Tragédia   323
Capítulo 11   Os sofistas   347
Capítulo 12   Poder e história   411

Índice remissivo   453

Introdução do editor

O texto publicado pela primeira vez pela Louisiana University Press, em 1957, foi recomposto para se ajustar ao formato de *The Collected Works of Eric Voegelin**. Consequentemente, a paginação é diferente. De resto, o texto está intocado, salvo por pequenas correções: substituí formas desusadas de nomes antigos, tais como "Ovidius" ou "Rhodus", por formas habitualmente usadas, como "Ovídio" e "Rodes". Em todos os casos adotei uma única variante de um nome, por exemplo "Cnossos" ou "Dioniso", ao longo de todo o texto. Procurei retificar os solecismos que se haviam imiscuído em algumas transliterações do grego. Pequenas idiossincrasias de usos foram corrigidas. Quanto ao mais, não pretendi alterar o estilo de um livro que o próprio autor viu impresso.

1 O estilo de um autor combativo

Voegelin era sensível a questões de linguagem, vendo no uso das palavras um indicativo de clareza e retidão intelectual[1]. Além disso, como alguém que se

---

* O editor faz menção aqui à coleção publicada nos Estados Unidos pela editora da Universidade do Missouri, da qual fazem parte os cinco volumes de *Ordem e história* ora publicados no Brasil por Edições Loyola.

[1] Sobre a necessidade de se opor à "destruição da linguagem", sintoma e causa da "falsa consciência", ver Eric VOEGELIN, *Autobiographical reflections*, ed. Ellis Sandoz [1989], Columbia,

empenhou arduamente para moldar um instrumento formalmente rigoroso de expressão numa linguagem que não a sua própria, Voegelin ressentia-se, o que é compreensível, das críticas arrogantes e desdenhosas acerca de seu inglês. Buscou assim aconselhamento competente e orgulhava-se da aprovação e do incentivo que recebia de distintos homens de letras do porte de Cleanth Brooks.

Contudo, até leitores simpatizantes consideravam que *Ordem e história* tinha um "andamento pesado" e que a obra "não havia sido escrita para um momento de descanso ao pé da lareira"[2]. Outros se queixavam do que consideravam o persistente "uso de um vocabulário técnico que não é nem claro por si mesmo nem tampouco adequadamente elucidado pelo autor"[3]. Numa revisão extensa e construtiva, que percorre um longo caminho procurando explicar o verdadeiro propósito de Voegelin, Gerhart Niemeyer tratou das "peculiares — e muito grandes — dificuldades de comunicação entre Voegelin e seus leitores"[4]. Tais dificuldades vão além do uso de feios neologismos ou das infelicidades "teutônicas" de estilo[5]. Niemeyer identificou corretamente o modo de investigação de Voegelin como incomum na prática corrente da

---

University of Missouri Press, ²1999, 17, em que o autor reconhece a influência do círculo de Stefan George e seus esforços para "recuperar" a língua alemã, e de Karl Kraus, cuja análise da decadência da linguagem é central à sua *Kulturkritik*. Mais especificamente sobre a visão de Kraus acerca da destruição concomitante do tecido social como conduzindo à ascensão dos líderes representativos de sua decadência, à emergência dos movimentos de massa e às atrocidades que se seguiriam, ver p. 50. Para a linguagem degradada como uma ferramenta de análise inadequada, sendo necessário que ela mesma seja submetida a uma análise crítica — equivalente à noção dos ídolos de Francis Bacon —, ver *Autobiographical Reflections*, 93. Pode-se facilmente multiplicar referências à preocupação de Voegelin com a deformação da linguagem e com a necessidade de desenvolver o aparato intelectual para dela tratar.

[2] Charles W. SCHULL, em *Social Science* 34 (1959), 54, ressalva seu elogio da "linguagem clara" e do estilo "consistente e lúcido" de Voegelin. R. L. SHINN, *Saturday Review* 41 (8 mar. 1958) 27.

[3] Robert AMMERMAN, *Journal of Philosophy and Phenomenological Research* 19 (1958) 540. Norman W. PORTEOUS, *English Historical Review* 75 (1960) 288-89, declara que Voegelin "não é de leitura fácil". Os exemplos são múltiplos.

[4] Gerhart NIEMEYER, *Review of Politics* 21 (1959) 588-97, 594.

[5] Victor EHRENBERG, *Historische Zeitschrift* 187 (1959) 369-73, 373: "feias palavras abstratas, reminiscentes do jargão sociológico, como *civilizacional, imanentização, dilemático*". H. H. SCULLARD, *History* 44 (1959) 34: "leitura pesada", "uso frequente de palavras difíceis e jargão". C. A. ROBINSON, *American Historical Review* 63 (1957-1958) 939-41: "um estilo desnecessariamente difícil". John Angus CAMPBELL discute a importância da obra de Voegelin, "que toca as profundas ambiguidades da palavra como força da ordem e da desordem na sociedade individual", mas caracteriza-o como "um grande estudioso teutônico" da "veemência e do *pathos* beethoveniano e wagneriano": *Quarterly Journal of Speech* 68 (1982), aqui, 80-91, 80, 91.

ciência social, e deliberadamente contrário à atmosfera contemporânea de opinião dominante. Segundo esta interpretação, Voegelin foi um pensador combativo, empenhado no desenvolvimento, contra a inércia da linguagem recebida, de um vocabulário crítico por meio do qual efetuar a análise e, dentro dos limites dos poderes do estudo sistemático, contribuir para a superação da crise de sua época. Era de esperar, portanto, que os objetos de suas críticas fossem resistentes à sua mensagem. Neste sentido, o "problema da comunicação entre Voegelin e seus leitores é em si mesmo um problema da ordem política"[6]. Isto é o que Voegelin descreveu como a "posição platônica" do pensador impelido a uma busca pela verdadeira ordem pela experiência da desordem[7]. No prefácio ao volume I de *Ordem e história*, ele escreve: "O movimento rumo à verdade tem seu início na consciência que um homem tem de sua existência na inverdade"[8]. Sua reação pessoal à atmosfera ideológica de seu tempo é um equivalente da oposição crítica de Platão à corrupção de Atenas. Deste modo, Platão se torna emblemático de todo empenho filosófico genuíno. Dante Germino abraça e discute a "posição platônica" em sua introdução ao próximo volume de *Ordem e história*: *Platão e Aristóteles*[9]. Aqui, basta ressaltar a importância central de Platão na filosofia da história de Voegelin e, em particular, em sua interpretação dos gregos.

O propósito de Voegelin não é selecionar preceitos do passado, mas reencenar, num nível mais avançado de diferenciação, a resposta de Platão à crise de Atenas. A reencenação significa envolver-se sinceramente numa lição exemplar, que só pode ser propriamente entendida ao *ser* reencenada, isto é, com a reconstrução das experiências motivadoras por trás das formas verbais e simbólicas que chegaram até nós como evidências documentais. Voegelin entendia a filosofia de Platão como um tipo de prefiguração de seus próprios

---

[6] NIEMEYER, *Review of Politics*, 594.

[7] O *pathos* pugnaz de Voegelin e seu sentimento de *tua res agitur* estão inteiramente evidentes em passagens como a seguinte: "A situação [de Sócrates *versus* Cálicles no *Górgias*] é fascinante para aqueles entre nós que se veem na posição platônica e que reconhecem nos homens com quem nos associamos hoje os adeptos da prostituição intelectual pelo poder que serão coniventes com o nosso assassinato amanhã" (Eric VOEGELIN, *Platão e Aristóteles*, introd. Dante Germino, in ID., *Ordem e história*, São Paulo, Loyola, 2009, v. III). Arthur W. ADKINS, *Journal of Hellenic Studies* 81 (1961) 192-193, observa que Voegelin "nitidamente se sente cercado e anseia por revidar".

[8] Eric VOEGELIN, *Israel e a revelação*, in ID., *Ordem e história*, São Paulo, Loyola, 2009, v. I.

[9] Agradeço ao professor Germino por ter me fornecido antecipadamente uma cópia de sua eloquente introdução.

esforços. O que sobrevive de suas notas manuscritas sobre materiais gregos, que Voegelin preparou para o volume I de sua proeminente obra *History of Political Ideas*, está sugestivamente dividido em dois maços, designados como "Platão" e "os gregos sem Platão", respectivamente[10]. A estrutura fundamental da compreensão de Voegelin acerca da experiência grega, que governa a divisão material entre os volumes II e III de *Ordem e história*, já está manifesta na preparação do projeto anterior. Os "gregos sem Platão", tema desse volume, são primordialmente relevantes para a investigação de Voegelin como o campo a partir do qual, e em oposição ao qual, Platão surgiu como o fundador da ciência política. O volume II abrange quase mil anos da vida e do pensamento grego, e o volume III é inteiramente dedicado a Platão com uma coda muito substancial, porém secundária, sobre Aristóteles.

Não é de surpreender, portanto, que pelo menos um leitor atento fosse levado a crer que Voegelin "não estava interessado nos gregos exceto naquilo que poderiam ser usados para auxiliar" sua tese principal da emergência da ordem da história a partir da história da ordem[11]. Voegelin efetivamente repudiou a noção de que deveria tratar de "todos os fenômenos pela mera razão de existirem"[12]. Como ele escreve no presente volume:

> ... devemos resistir à tentação de expandir um estudo da ordem e da história tornando-o um estudo da cultura política helênica — a análise deve se restringir aos pensadores representativos cujas descobertas promoveram de modo decisivo a compreensão da ordem do homem e da sociedade.[13]

O mundo da pólis oferece portanto, ao mesmo tempo, mais e menos do que o título indica. Abarca menos porque seleciona deliberadamente apenas algumas manifestações da cultura política da pólis. E abarca mais por duas razões:

---

[10] Ver a introdução ao volume I de *History of Political Ideas*, ed. Athanasios Moulakis, v. 19 de *Collected Works of Eric Voegelin*, Columbia, University of Missouri Press, 1997.

[11] Stanley ROSEN, no importante artigo Order and history, *Review of Metaphysics* 12 (1958) 257-276, aqui, 258. Rosen expressa a restrição de modo mais estrito, não como evocando a ordem da história, mas ajudando na "marcha toynbiana através da história rumo a Deus". Essa é a crítica mais consistente e de argumentação mais concatenada dos volumes II e III de *Ordem e história*. Se por fim não faz justiça à obra de Voegelin, isto se deve em grande medida às dificuldades de comunicação apontadas por Niemeyer e à maneira elíptica como Voegelin argumenta nesses volumes, sobre o que falarei posteriormente.

[12] *On the Form of the American Mind*, trad. Ruth Hein, ed. e introdução de Jürgen Gebhardt e Barry Cooper [1995], Columbia, University of Missouri Press, ²1999, 4, v. 1 de *The Collected Works of Eric Voegelin*.

[13] No presente volume, cap. 7, § 4.

porque abrange as fases precoces da civilização que antecedem o aparecimento da pólis grega e porque busca integrar a importância histórica da Grécia num esquema especulativo muito maior. Embora o volume denuncie suas origens como uma "história das ideias", planejado como um livro texto para "esgotar o assunto", ele não constitui, de modo algum, uma tentativa de reconstrução indutiva do passado. Alguns textos claramente fazem que Voegelin alcance grande profundidade, mas em seu tratamento do mundo antigo não há traços do prazer de um antiquário. Esta é, sem dúvida, uma das razões pelas quais, embora os classicistas com frequência tenham julgado suas análises estimulantes, sua obra não teve influência duradoura nos estudos clássicos[14].

Numa resenha imoderada e equivocada, Moses Haddas apontou uma importante distinção entre a parte expositiva e o que ele qualifica de parte exortatória do livro de Voegelin[15]. A apresentação dos textos, escreve Haddas, "é lúcida, perspicaz e, ocasionalmente, espirituosa". Essa é, sem dúvida, a parte que o resenhista considera "correta e atraente". É também, evidentemente, a parte na qual a ordem da investigação poderia ser plenamente traduzida para a ordem da apresentação discursiva. As passagens "exortatórias", especulativas e teóricas são, em contraposição, "oraculares e opacas". Voegelin, segundo Haddas, empregou um "vocabulário particular" de "ambiguidades calculadas" para promover um programa político sinistro.

Não há nada de sinistro ou ardiloso no procedimento de Voegelin. Se sua linguagem, em determinadas passagens de sua obra, é entendida como "particular" e não tão clara, isso se deve em grande medida ao fato de que ele não procurou classificar o material de acordo com categorias *a priori*, mas, antes, buscou derivar princípios de interpretação a partir do próprio material. Ele examinou documentos como evidências da experiência humana e da maneira como seres humanos e sociedades concretamente buscavam compreender as experiências que tinham. O intérprete não poderia fazer justiça à experiência simplesmente falando "sobre" ela, como se fosse um objeto ou evento no mundo exterior. Em vez disso, uma linguagem mais ou menos adequada precisaria

---

[14] Raymond WEIL, *Revue d'Études Grecques* 73 (1960) 5.466-68, afirma que a obra de Voegelin eleva-se acima de qualquer erudição cotidiana, a uma altura que pode ser efetivamente vertiginosa, mas diz sentir-se embaraçado como comentador desse periódico porque os helenistas, como ele próprio, lerão Voegelin com grande interesse, mas não *qua* helenistas.

[15] Moses HADDAS, *Journal of the History of Ideas* 19 (1958) 442-444. Ellis Sandoz disse tudo o que é necessário acerca dos equívocos e das distorções contidas nessa resenha em *Social Research* 28 (1961) 229-234.

ser desenvolvida no processo de uma investigação aberta que envolvesse uma participação imaginativa ou experiencial das experiências em questão. A apresentação dos materiais era um passo necessário, não um fim em si mesmo. Como Voegelin recordou em suas *Autobiographical Reflections*: "Eu sempre incorri no problema de que, para chegar a formulações teóricas, tinha primeiramente de apresentar o material sobre o qual se baseavam as formulações teóricas como um resultado analítico"[16].

Aparentemente, portanto, as dificuldades de comunicação das quais fala Niemeyer equivalem a uma dissonância entre a natureza da investigação de Voegelin e os hábitos intelectuais de seu público: sua preocupação central não é com as proposições discursivas que poderiam ser adequadamente tratadas por outras proposições discursivas. Contudo, esse seria o modo que estaria mais conforme à predisposição epistemológica de seus leitores. Num nível mais elementar, sua investigação abrange um amplo campo de informações históricas que está além do alcance da maioria, que se guia por modismos intelectuais ou é simplesmente intelectualmente indolente e ignorante.

Tais dificuldades de comunicação foram ainda mais agravadas pela avidez de Voegelin em dar seguimento à sua especulação. Ele trabalhava em meio a avalanches de materiais e estava constantemente reformulando sua posição teórica, nunca hesitando em descartar o que lhe parecia insustentável à luz de novas evidências empíricas ou em resultado de uma análise mais minuciosa e de uma compreensão mais acurada. Mas ele nem sempre retrocede para restabelecer a fundamentação de seu pensamento, e quase todos os seus livros — o presente volume, certamente — são metodologicamente elípticos. Isso foi em parte uma consequência de sua contínua abertura a novas evidências e experiências, que ele não sacrificaria pela coerência ilusória de um sistema fechado. Mas seu modo de proceder elíptico deve-se também em parte à sua avidez em prosseguir[17]. Na economia de sua obra, ele assumiu como certas determinadas interpretações de textos importantes, embora, evidentemente, eles sem-

---

[16] *Autobiographical Reflections*, 81. A passagem prossegue: "O público em geral não tinha familiaridade com as fontes que conduziam a determinadas conclusões teóricas, logo as conclusões teóricas não podiam ser apresentadas sem as fontes".

[17] Como Gregor Sebba aponta corretamente, aspectos significativos da obra de Voegelin nesse estágio são "compreensíveis somente à luz da obra de Voegelin desde 1966 e das evidências documentais que surgiam em 1980. *The New Science* resulta de um tipo de procedimento por saltos: a análise histórica salta por sobre fundamentos teóricos não expressos; ao fazê-lo, a teoria salta para além da análise, para problemas e soluções que só emergirão muito depois".

pre continuem abertos a novos exames. Ele não se sentia forçado a voltar ao início em cada ocasião em que essas novas perspectivas apareciam no curso de sua argumentação. Esta é uma das razões pelas quais Voegelin foi algumas vezes acusado de fazer pronunciamentos dogmáticos[18].

Um obra em progresso na qual se trabalha apaixonadamente impõe limites à comunicação. Além das limitações contingentes, no entanto, há também algumas limitações intrínsecas ao caráter da empreitada. A forma verbal e simbólica na qual as experiências da realidade são articuladas está aberta à discussão e à análise racional. Essa análise é, com efeito, o único ponto de partida com base no qual se pode manejar a experiência motivadora. Mas as experiências em si estão, por sua natureza, além da inferência lógica. Não se pode deduzi-las a partir de algo que seja mais real que elas mesmas. Pode-se apenas apontá-las e convidar a uma compreensão empática que recorre à consciência de quem interpreta. O processo meditativo por meio do qual a verdade da consciência pode ser apreendida não pode separar a ordem da investigação da ordem da demonstração com a nitidez que conduziria à clareza discursiva ótima[19]. A consciência do intérprete, apenas heuristicamente divisível num sujeito e num objeto de cognição, é a pedra de toque da análise.

Dito isto, não há como negar um certo tom peremptório em muitas das expressões de Voegelin, tom que, como seus alunos recordam, não afetava menos seu ensino em aula que sua escrita[20]. Alguns argumentariam que um certo grau de veemência era necessário para despertar seus leitores e ouvintes do sono ideológico de nossa época[21]. E ele era intolerante com a "ignorância", esperando que seus ouvintes fizessem seu dever de casa atualizando-se acerca

---

SEBBA, Prelude and variations on the theme of Eric Voegelin, in *Eric Voegelin's Thought*: a critical appraisal, ed. Ellis Sandoz, Durham, Duke University Press, 1982, 3-65; aqui, 26.

[18] A este respeito, Voegelin também foi acusado de ser *insuficientemente* dogmático, de ser demasiadamente inclinado a levar em conta o lado subjetivo da experiência da realidade, permanecendo "desprovido dos fundamentos dogmáticos e metafísicos necessários" para que fosse plenamente integrado nas certezas ontológicas objetivistas da Igreja romana, no entender de Thomas BARRY, *Thought* 33 (1958) 273-278.

[19] Remembrance of Things Past, *Anamnesis*, 3-13.

[20] Suas aulas eram vigorosas, informativas e estimulantes, mas ele não hesitaria em apostrofar os alunos que pediam orientação com "lesen Sie halt was!" — de forma rude: "Por que você não lê alguma coisa para variar?!"

[21] Sobre os "sonâmbulos" de Heráclito, cada um deles tendo seus próprios sonhos em vez de estar acordados para a realidade comum, ver, no presente volume, a Introdução à Terceira Parte. Voegelin aplica a noção aos antigos sofistas e aos intelectuais modernos: *Anamnesis*, trad. Gerhart Niemeyer, Columbia, University of Missouri Press, 1990, 80, 98.

do "estado da questão". Isto era, sem dúvida, um modo de separar as ovelhas das cabras, na medida em que a resiliência à veemência evidenciava a resistência intelectual necessária para engajar-se na filosofia. Confrontamo-nos, no entanto, com o paradoxo de um educador e pretenso reformador, apaixonadamente preocupado em chegar à verdade e em estabelecê-la contra os erros circundantes da "atmosfera de opinião", que não tentava captar a boa vontade de sua audiência.

A vocação de Voegelin era a de um estudioso chamado a promover a ciência do homem na sociedade e na história[22]. O estudo falaria por si mesmo ou não. John Angus Campbell concluiu: "A não ser pelo mínimo de adaptação à audiência inerente a toda escrita, não creio que Voegelin se preocupasse muito com o que seu leitor pensava. Meu palpite é que via suas obras como uma série de meditações extensas cuja verdade proximalmente adequada e inerentemente ambígua seus leitores veriam ou não"[23]. Seria mais preciso dizer que, embora Voegelin almejasse estabelecer a verdade, torná-la conhecida e sustentá-la, não tentava persuadir seus ouvintes[24].

É mais conveniente ler os livros de Voegelin como ensaios meditativos. A comunicação substantiva — a superação das barreiras da linguagem ideológica — não consistia, a seu ver, em transferir informações ou transmitir crenças, mas em tomar parte num processo meditativo que revela e estabelece a base comum sobre a qual o escritor e o leitor se encontram[25]. Mas o tom do convite para participar da investigação de Voegelin era desafiador:

---

[22] Ver a contribuição de Jürgen GEBHARDT, The Vocation of a Scholar, para *International and Interdisciplinary Perspectives on Eric Voegelin*, ed. Stephen A. McNight e Geoffrey L. Price, Columbia, University of Missouri Press, 1997, 10-34, que oferece uma excelente exposição da gênese e do desenvolvimento dos estudos de Voegelin.

[23] CAMPBELL, *Quarterly Journal of Speech*, 91.

[24] O estilo polêmico de Voegelin pode dever-se em parte ao ambiente no qual "aprendeu a discutir e debater", segundo o autor. Além do *Geistkreis* acadêmico que foi claramente importante para sua formação intelectual, ele se envolveu em "exaltados debates" com os estudantes radicais de suas classes de ensino de adultos na Wien Volkshochschule. Nesses debates, escreve Voegelin, ele "não podia ceder, ou teria perdido a autoridade". Ao que parece, o contexto e a atmosfera ideológica o induziram a confrontar seus interlocutores, e não a conquistá-los. Voegelin conta a história do gentil jovem de sua classe que lhe confidenciou, com total afabilidade: "Quando chegarmos ao poder, teremos de matá-lo". Se isto é, por um lado, uma evidência do poder moral e intelectualmente cegante da ideologia, sugere também os limites da confrontação como um meio eficaz de persuasão. *Autobiographical Reflections*, 86.

[25] "A meditação é também a base daquilo que ele chamava de comunicação *substantiva* enquanto distinta da comunicação pragmática e intoxicante. Segue-se que não estamos realmente

Desde suas origens, a ciência da política é um *empenho militante*, uma defesa da verdade política e prática. É uma defesa do verdadeiro conhecimento sobre a existência humana em sociedade contra as falsas opiniões apresentadas por intelectuais: é uma defesa do verdadeiro ser humano contra a corrupção do homem perpetrada pelos intelectuais.[26]

2 Uma filosofia da consciência

O texto supracitado data do mesmo período de *The New Science of Politics*[27] e dos três primeiros volumes de *Ordem e história*. Esses são os livros que estabeleceram a reputação internacional de Voegelin. Embora tenham sido, naturalmente, o produto de uma longa gestação e sucessivamente ultrapassados em muitos aspectos por sua obra mais madura, representam mais que um estágio transitório de seu pensamento. Essa continua sendo a fase de seu pensamento pela qual Voegelin é mais conhecido.

O próprio Voegelin muitas vezes falou de uma guinada metodológica decisiva que o impeliu a abandonar sua monumental *History of Political Ideas* (que somente agora está sendo publicada em seus *Collected Works*) e a dar início à "*sua própria* obra sobre *Ordem e história*"[28]. Um livro-texto comissionado de dimensão reduzida e esquema convencional não era certamente um veículo satisfatório para a investigação de Voegelin. As conclusões a que che-

---

lendo Voegelin a menos que executemos 'exercícios espirituais'". Frederick G. LAWRENCE, The Problem of Eric Voegelin, Mystic, Philosopher, and Scientist, *International and interdisciplinary perspectives on Eric Voegelin*, 35-58; aqui, 50. Argumentando contra as opiniões de Gebhardt expressas em The Vocation of a Scholar, contido no mesmo volume (10-34), Lawrence, creio eu, vai longe demais ao opor a meditação e a honestidade intelectual weberiana, em lugar de vinculá-las, estreitando assim a amplitude daquilo que Gebhardt, junto com Voegelin — e, até certo ponto, inclusive Weber — veem como a esfera cognitiva. A distinção radical entre uma apreensão meditativa da realidade e a probidade intelectual só pode ser sustentada caso se tome a razão não em seu sentido abrangente clássico, mas como reduzida ao tronco cristão da "mera" razão natural.

[26] Eric VOEGELIN, Necessary moral bases for communication in a democracy, in *Problems of Communication in a Pluralistic society*, ed. R. C. Seitz et al., Milwaukee, Marquette University Press, 1956, 53-68; aqui, 53. Grifos meus. Compare-se a veemência, enraizada na amarga experiência com a ideologia do século XX, com que a "posição platônica" é estabelecida na nota 7 acima.

[27] *A nova ciência da política*, trad. J. Viegas Filho, Brasília, Editora UnB, ²1982. (N. do E.)

[28] *Autobiographical Reflections*, 80. Grifo meu. Para as vicissitudes de *History of Political Ideas* e as razões contingentes e sistemáticas para abandoná-la, ver a introdução ao primeiro volume, v. 19 dos *Collected Works*.

gou mediante o estudo da grande massa de materiais que preparara para aquele projeto acentuaram sua noção acerca do objeto e do método próprios da filosofia da história:

> Tive de abandonar as "ideias" como objetos de uma história e estabelecer a experiência da realidade — pessoal, social, histórica, cósmica — como a realidade a ser historicamente explorada. [...] A identificação do assunto e, com o assunto, do método a ser empregado na exploração conduziu ao princípio que reside na base de toda a minha obra posterior: *a realidade da experiência é autointerpretativa*. [...] O que é experimentado e simbolizado como realidade, num processo progressivo de diferenciação, é a substância da história. [...] Agora, a reorganização dos materiais sob o aspecto da experiência e da simbolização tornou-se necessária.[29]

Voegelin exagerou a mudança em seu ponto de vista: ele sempre buscara conectar aquilo que os pensadores e outras figuras representativas pensavam com aquilo que havia dado origem a esse pensamento e que os impelia para enquadrá-los de uma determinada maneira. Ele havia muito sustentava que, numa investigação científica, o assunto subjacente deve determinar o método apropriado, e não o contrário, e determinou desde cedo que as manifestações significativas da ordem na sociedade e na história eram fenômenos autoexpressivos.

Seu interesse especial pelos gregos apareceu relativamente tarde. Como qualquer europeu instruído, Voegelin estava naturalmente ciente da importância da Grécia como uma fonte da civilização ocidental. Mas ele não frequentou um *gymnasium* clássico; o estabelecimento em que cursou o ensino secundário ministrava latim e idiomas modernos, não grego. Durante seus estudos na universidade, entre seus muitos interesses, frequentou aulas de proeminentes acadêmicos dedicados a estudos clássicos e fez amplas leituras de filosofia e história gregas. Mas foi somente quando suas investigações filosóficas o levaram a reconhecer "a grande importância da análise existencial na Antiguidade, superando de longe, em exatidão e luminosidade de simbolização, os esforços contemporâneos", que Voegelin se voltou, na casa dos trinta anos, para o estudo do grego[30]. Ele aprendeu a língua para ler os textos no original, considerando esse contato direto, não mediado pelo lustro da tradução, uma condição *sine qua non* da interpretação acurada e significativa.

---

[29] *Autobiographical Reflections*, 80.
[30] *Anamnesis*, 5. De maneira similar, Voegelin se voltou para o estudo do hebraico alguns anos depois, no Alabama. *Autobiographical Reflections*, 63.

Voegelin chegou aos gregos, por assim dizer, por meio da América. Começando em outubro de 1924, ele passou dois anos com uma bolsa de estudos Rockefeller, viajando e estudando nos Estados Unidos. Sua tentativa de alcançar uma compreensão empática desse país resultou em seu primeiro livro publicado, *On the Form of American Mind*[31]. O livro contém o germe de muitos dos elementos cruciais de seu pensamento posterior e documenta aquilo que ele mais tarde recordou como "uma grande ruptura em seu desenvolvimento intelectual"[32].

A América o modificou de maneiras decisivas. Em primeiro lugar, ela impôs a "pluralidade das possibilidades humanas realizadas em várias civilizações" não como uma abstração teórica, mas como uma experiência pessoal imediata. O grande historiador da Antiguidade Eduard Meyer, que Voegelin ouvira em Berlim, lecionou sobre o princípio hermenêutico de compreender as situações históricas examinando o modo como os agentes históricos compreendiam a si mesmos. Voegelin tinha agora a oportunidade de exercitar esse princípio no espaço, por assim dizer, e não no tempo, e de modo aplicado e consistente. Ele já havia viajado à França, à Itália e à Inglaterra, mas sempre por períodos breves. Aceitar a América o convidava — o compelia e habilitava — a deixar de lado o método de análise kantiano, que envolvia a aplicação de categorias *a priori* a objetos da cognição. O leitor ainda pode perceber em seu livro o entusiasmo com a mente americana, na medida em que Voegelin buscou "explicar por que regras particulares surgem espontaneamente a partir do material estudado. É quase um exagero dizer que as regras foram seguidas; elas não foram seguidas, foram encontradas"[33]. Ele descobriu que compreendia não por meio da aplicação de uma ferramenta categorial, concebida de modo abstrato, a um objeto de investigação, mas participando da realidade que procurava compreender. A familiaridade com diferentes aspectos de uma cultura nacional revelava um padrão de coerência, um estilo, uma "forma da mente [*Geist*]". Voegelin concluiu que, no caso da observação empírica, "toda formação intelectual que emerge num corpo social", desde pequenos detalhes de comportamento a práticas constitucionais solenes, "revela traços de sua origem em sua forma"[34].

---

[31] *Über die Form des Amerikanischen Geistes*, Tübingen, Mohr, 1928. Agora em inglês, *On the Form of the American Mind*, trad. Hein, ed. Gebhardt e Cooper.
[32] *Autobiographical Reflections*, 28.
[33] *On the Form of American Mind*, 5.
[34] Ibid.

Nesse estágio, Voegelin satisfazia-se em observar que tal abordagem se mostrara empiricamente viável no caso americano. Não se podia decidir *a priori* se tinha validade universal, e isto dependeria, mais uma vez, do estudo empírico do corpo de evidência pertinente. Ocorreu que a "forma" americana abrangente era ela mesma livre da polarização dualista da cognição. Os vínculos emocionais e os elos simbólicos que mantinham os americanos unidos não estavam apartados do aparato formal legal e administrativo. A coesão da comunidade baseava-se num senso de participação em algo comum, não na obediência contrafeita a um "fato" exterior aos próprios cidadãos e distinto dos "valores" que estes tinham dentro de si. Havia, em conformidade com isso, menos necessidade de compensar o vazio de sentido mediante a introdução de constructos ideológicos característicos dos movimentos de massa prevalecentes no Velho Mundo.

> O grande acontecimento foi o fato de ter sido lançado num mundo para o qual os grandes debates metodológicos neokantianos, que eu considerava as coisas mais importantes intelectualmente, não tinham importância. [...] A sociedade americana tinha um contexto filosófico muito superior em abrangência e em substância existencial, embora nem sempre em sua articulação, a tudo o que eu encontrara representado no ambiente metodológico no qual me desenvolvi.[35]

Voegelin julgava que, embora o vocabulário técnico da filosofia americana não fosse muito sofisticado, a atmosfera intelectual e as instituições políticas preservavam, de modo não sofisticado porém robusto, aquilo que era mais valioso na tradição ocidental. Inversamente, Voegelin detectou na "ausência de instituições políticas enraizadas numa tradição intacta do senso comum" um "defeito fundamental da estrutura política alemã", solapada pelos movimentos de massa[36]. Em concordância com John Dewey, Voegelin reconheceu a tradução da *homonoia* de São Paulo da versão da Bíblia do rei Jaime: o vínculo de uma comunidade que compartilha a verdade existencial comum não menos que a verdade gnosiológica"[37]. Isso revela que Voegelin encontrou o âmago da "forma da mente americana" não num preceito ou princípio, mas num ser humano vivo:

> Aquele que é estranho a qualquer cultura sempre enfrenta a dificuldade de abrir caminho a partir da periferia, onde detalhes isolados o deixam perplexo, até o centro,

---

[35] *Autobiographical Reflections*, 32, 29.
[36] Ibid., 29.
[37] Ibid., 30.

onde podem ser compreendidos. E apenas raramente ele tem a sorte de encontrar seu sentido mais profundo personificado numa pessoa viva [...] cuja estatura é tal que é preciso amá-la para se defender de sua superioridade.[38]

Nomen est omen. Esse homem era o estudioso do direito e economista do trabalho John R. Commons, que Voegelin conheceu na Universidade de Wisconsin, e acerca de quem escreve com afeto e admiração[39].

O observador participativo de uma civilização pode ter a esperança de compreendê-la porque, embora seja diferente da sua, não é inteiramente outra — pois, nesse caso, seria completamente ininteligível. Ele é capaz de compreender os seres humanos porque compartilha sua humanidade. De maneira mais geral, se o homem não fizesse parte da realidade que experimenta, não poderia experimentar a realidade, muito menos produzir uma explicação racional de sua experiência. Os escritos de William James confirmaram as lições que Voegelin extraiu de sua experiência americana e forneceram uma elaboração teórica daquilo que ele encontrou personificado em John Commons. Voegelin considerava o ensaio de 1904 de William James, "A consciência existe?", "um dos documentos filosóficos mais importantes do século XX"[40]. Isto ajuda a explicar o uso que Voegelin faz dos termos *experiência* e *empírico*, que pode confundir leitores acostumados com uma aplicação mais restrita, positivista ou lockiana, de tais termos. Para Voegelin, estes termos se referem, naturalmente, ao rigor na investigação e à integridade intelectual no sentido de Max Weber — autor cuja obra está na origem da empreitada intelectual de Voegelin e de cujos princípios, a este respeito, ele nunca se afastou[41]. Mas esses termos abrangem também o "empirismo radical" de James e

---

[38] *On the Form of the American Mind*, I.

[39] A lincolnesque figure, *Autobiographical Reflections*, 31. *On the Form of The American Mind*, cap. 5; On John R. Commons, 205-282, passim: "[A filosofia de Commons] difere de todos os intentos europeus [...] primordialmente devido a um traço que, à primeira vista, parece diletantismo. Os pensamentos são desenvolvidos sem nenhuma instrução filosófica prévia. [...] Mas é precisamente o aparente diletantismo e o elemento inadvertido na formação do sistema que têm sua origem na abordagem tipicamente americana dos problemas; ou seja, eles não surgem na estrutura do sistema, como ocorre nos escritos de Bergson e Simmel, mas na experiência de seus eventos cotidianos tangíveis" (280-281).

[40] *Autobiographical Reflections*, 72.

[41] Ver Introdução, *The New Science of Politics* [1952], Chicago, University of Chicago Press, ²1987, 13-26, parte III. GEBHARDT, Vocation. Embora Voegelin, retrospectivamente, considerasse a ciência weberiana imperfeita em aspectos que ele próprio procurou corrigir, julgava também que, a despeito de tais deficiências, Weber não havia "descarrilado" em deformações ideológicas

sua noção de "experiência pura". A "experiência pura" não postula um sujeito ciente de um objeto fora de si, mas, antes, é um momento participativo que identifica o que está *entre* o sujeito e o objeto da experiência. A consciência não é uma substância a partir da qual se constitui um ego transcendental. William James escreveu:

> Não há [...] uma qualidade do ser ou matéria aborígine, contrastadas com aquilo de que os objetos materiais são feitos, de que nossos pensamentos sobre eles são feitos; mas há uma função na experiência que o pensamento executa, e para cuja execução essa qualidade do ser é invocada. Essa função é *conhecer*. [...] Se partimos da proposição de que há somente uma coisa primária da qual tudo se compõe, e se denominamos essa coisa "experiência pura", então conhecer pode ser facilmente explicado como um tipo particular de relação de uma coisa com outra na qual estariam envolvidas porções de experiência pura. A relação em si é parte da experiência pura; um de seus "termos" torna-se o sujeito ou o portador do conhecimento e o outro torna-se o objeto conhecido.[42]

Os termos só são reais enquanto polos daquilo que há entre eles. Para o propósito da análise, os polos do conhecimento podem ser — e, em alguns aspectos, têm de ser — fixados heuristicamente como o fluxo de consciência do sujeito *versus* os objetos no mundo exterior. Entretanto, é uma reificação perniciosa assumir que esses termos são entidades independentes encerradas em si mesmas que são então misteriosamente postas em contato uma com a outra. Na visão de James, "não precisamos de nenhum sujeito cognoscente senão o pensamento passageiro"[43]. O que experimentamos é a tensão, o conhecer em si, sem a necessidade de postular um sujeito distinto do objeto do conhecimento. Sujeito e objeto, segundo James, são hipóstases da experiência pura. No volume I de *Ordem e história*, Voegelin escreve:

> Não há um "homem" que participa do "ser" como se este fosse um empreendimento de que ele poderia muito bem não participar; há antes um "algo", uma parte do ser, capaz de experimentar-se como tal, e capaz, além disso, de usar a linguagem e de chamar essa consciência que tem a experiência pelo nome de "homem". O chamar por um nome é certamente um ato fundamental de evocação, de

---

tais como o relativismo em virtude de seu caráter ético e de um senso "místico" intuitivo que lhe permitiu "saber o que era certo sem saber as razões disto". *Autobiographical Reflections*, 13 s.

[42] William JAMES, Does consciousness exist?, in Id., *Essays in Radical Empiricism* (1912), 3-4. Ver a ponderada discussão em Eugene WEBB, *Philosophers of Consciousness*, Seattle, University of Washington Press, 1988, 6 s.

[43] JAMES, Consciousness..., 4.

convocação, de constituição dessa parte do ser como um parceiro discernível na comunidade do ser"[44]

Para Voegelin, a "comunidade primordial do ser" consiste em Deus, no homem, no mundo e na sociedade. Ela forma uma associação indissolúvel, a despeito de sua estrutura "quaternária"[45]. Os elementos da "experiência pura" de James expandiram-se, para Voegelin, na "grande corrente do ser, em que ele [o homem] flui e que flui nele"[46].

Um análogo útil que pode ajudar a explicar a ideia de Voegelin da "parceria do ser", mais acessível por ser mais modesta e por ser objeto de uma experiência mais comumente reconhecida, é a reflexão de Henri Bergson sobre a emoção musical:

> Quando ouvimos, sentimos como se não pudéssemos desejar nenhuma outra coisa a não ser aquilo que a música nos está sugerindo. [...] Se a música expressa alegria ou pesar, compaixão ou amor, a cada momento nós somos aquilo que ela expressa. [...] Quando a música chora, toda a humanidade, toda a natureza chora com ela. Na realidade, ela não introduz esses sentimentos em nós; ela nos introduz neles, como passantes são forçados numa dança de rua. Assim procedem os pioneiros na moralidade. A vida tem para eles tons inesperados de sentimentos, como aqueles de alguma nova sinfonia, e eles nos arrastam atrás deles nessa música que podemos expressar na ação.[47]

O contato empático com a "forma da mente" americana e a elaboração especulativa de seu "centro" oferecido pelo empirismo radical de James encorajou Voegelin a se desvencilhar de uma epistemologia que era baseada na identificação kantiana da razão com o *a priori*. Voegelin renovou a confiança em sua intuição mais profunda e passou a desenvolver as ideias sugeridas por uma antropologia filosófica que se centrava na autorreflexão meditativa no interior de uma filosofia da consciência que se tornou então a peça central de sua teoria da política e da história[48].

---

[44] *Ordem e história*, I, 46.
[45] Ibid., 45.
[46] Ibid., 47.
[47] Henri BERGSON, *The Two Sources of Morality and Religion*, trad. R. Ashley Audra e Cloudesley Brereton, Garden City [N. J.], Doubleday Anchor, 1935, 40.
[48] Sobre os limites da fenomenologia de Husserl, ver a carta a Schutz. Sobre a influência de Max Scheler e a noção de *Selbstbesinnung*, ver Jürgen GEBHARDT, Toward the process of universal mankind: the formation of Eric Voegelin's philosophy of history, in *Eric Voegelin's Thought*: a critical appraisal, ed. Ellis Sandoz, Durham, University of North Carolina Press, 1982, 67-86; aqui, 73.

A experiência americana proporcionou um impulso decisivo. Mais tarde, Voegelin julgou que "o mesmo tipo de análise [como aquela de William James no âmago da forma americana] havia sido conduzido numa escala muito mais grandiosa por Platão, resultando em seu conceito de *metaxy* — o intermediário"[49]. Tendo se tornado "ciente da função fundamental de tais categorias para determinar qual é realmente a substância da sociedade"[50], Voegelin voltou sua atenção para os gregos.

3 A humanidade e a história

Na introdução, "A humanidade e a história", Voegelin recapitula os princípios subjacentes ao seu estudo em *Ordem e história* como eram em 1956. Como vimos, ele concebia as sociedades políticas como "formas da mente". O estudo delas, consequentemente, tinha de ir além da classificação em termos de "tipos ideais" e buscar uma compreensão e uma avaliação de seus centros evocativos. Todas as sociedades humanas organizam-se para a sobrevivência e para a ação comum e são equipadas, em conformidade com isso, com regras e instrumentos de poder. Todavia, diferentemente das sociedades dos insetos, que são exemplos idênticos do mesmo padrão instintivo, as sociedades humanas assumem, de maneira condizente com a liberdade humana, uma grande variedade de formas[51]. A variedade de formas não é, porém, resultado de um capricho arbitrário. Tampouco é a ordem de uma sociedade uma invenção resultante da aplicação da razão autônoma a um dado problema. Antes, ela é a tentativa mais ou menos adequada, embora sempre e necessariamente imperfeita, de atribuir sentido à existência em sociedade. A ordem de uma sociedade representa um movimento rumo a um maior grau de coerência em relação a um Todo apreendido, porém essencialmente incompreensível. Ela fornece expressão simbólica às indicações da ordem que brotam na consciência humana. Ela ocorre num processo de suscitação, de denominação e fixação dos elementos e dos pa-

---

[49] *Autobiographical Reflections*, 72.
[50] Ibid., 30.
[51] As sociedades dos insetos, como o oposto e o equivalente das sociedades humanas no processo evolucionário, constituem um tema desenvolvido por Bergson em *The Two Sources of Morality and Religion*.

drões da ordem. Neste sentido, as sociedades são evocações, objetivações do espírito.

Todas as evocações politicamente articuladas são, num certo sentido, equivalentes, pois o espírito sopra onde quer, e a realidade abrangente do ser, da qual faz parte a realidade social, está sempre igualmente presente na experiência humana. Contudo, o nível de consciência articulada, o maior ou menor desenvolvimento do aparato simbólico de interpretação e a maior ou menor diferenciação dos símbolos são muito diferentes. Essas diferenças permitem graduar retrospectivamente as sociedades e suas respectivas "formas da mente".

O maior número de sociedades que aparecem na história não são, então, nem meros casos de uma única possibilidade biologicamente determinada, nem uma mixórdia acidental de formas aleatórias. Não há uma progressão unilinear simples, pois há várias linhas independentes e paralelas, manifestas, por exemplo, na história da Índia e da China, além das do Ocidente. Há muitos falsos inícios, avanços parciais obscurecendo conquistas reais em outros aspectos, e, com efeito, desvios ideológicos em abundância. Voegelin, entretanto, argumenta que existe, a despeito de todas as complexidades e das necessárias ressalvas, "uma sequência de ordens inteligivelmnte vinculadas entre si como avanços na direção de, ou afastamentos de, uma simbolização adequada da verdade"[52]. As sociedades, significativas em si mesmas e sob seus próprios termos, também são extremamente significativas como compartes no desdobramento providencial do espírito, na medida em que as "formas da mente" às quais dão origem representam aproximações cada vez mais diferenciadas e abrangentes da existência na verdade, tendendo a uma humanidade universal[53].

Voegelin se esforça para destacar que o significado de uma sociedade para o "empenho comum da humanidade", como aparece para o historiador em retrospecto, não subsume o significado da existência daqueles que viveram na sociedade em questão. Em outras palavras, aquelas vidas não são instrumentalizadas para o propósito da especulação histórica teleológica. Cada vida é significativa em si mesma. Para o historiador da ordem, porém, sociedades e civilizações inteiras ficam à margem, pois, como ele escreveu já em seu livro nos Estados Unidos, "a seleção tem de seguir a seleção feita pela própria histó-

---

[52] *Ordem e história*, I, 27.
[53] Ver GEBHARDT, Toward the Process of Universal Mankind.

ria. A linha histórica de significado se desenvolve como uma corda transpondo o abismo no qual mergulha tudo aquilo que não consegue se firmar na corda"[54]. Similarmente, muitos aspectos da civilização grega que, sob outra ótica, seriam relevantes não são contemplados no presente volume. A história aqui significa a história do *Geist*, em suas sucessivas articulações e corporificações.

Voegelin, entretanto, distancia-se claramente das tentativas ideológicas, como a de Hegel, de comandar tal desenvolvimento. A história não é um projeto ao alcance da ação humana. O historiador não pode se pronunciar sobre o processo a partir de uma posição externa. Ele não pode saber qual é o seu princípio nem qual é o seu fim, pois estes estão além do alcance da cognição finita do homem. Tudo o que pode ser conhecido são os acontecimentos passados, conforme experimentados por um presente vivo e tornados acessíveis pelas evidências e pelos instrumentos de compreensão que o próprio processo gerou.

O grande processo histórico de diferenciação da mente ou do espírito ocorre segundo um padrão de desafio e resposta. A própria fixidez e a estabilidade das estruturas internas da expressão simbólica, uma vez atingidas, implicam o risco de uma reificação. A imperfeição dos símbolos e das instituições está vinculada à sua finitude. Toda forma atingida porta a semente de seu próprio declínio. A opacidade das formas simbólicas, não mais transparentes para a experiência motivadora que lhes deu origem, em lugar de revelar, ocluirá a fonte do significado e, deste modo, tornar-se-á ela mesma um elemento da desordem e um impedimento à vida na verdade. A desordem, manifesta na forma da violência, da injustiça e em outros sintomas de desintegração social, desperta a personalidade sensível às fontes mais profundas da ordem para uma nova ruptura.

A conturbação social, os reveses militares, uma crise de costumes e os demais fenômenos que caracterizam aquilo que Arnold Toynbee, em seu *Um estudo da história*, chamou de "épocas de crise" parecem oferecer um estímulo necessário — embora, evidentemente, não suficiente — para essas tentativas de reatar a conexão com a substância transcendente da ordem. Para Voegelin, esses esforços são, invariavelmente, atos de indivíduos. Para ele, não há algo como uma consciência coletiva. As formas da mente, a *mentalité* de um país ou de um povo, não têm outra sede senão as atitudes, ideias e sensibilidades de

---

[54] *On the Form of American Mind*, 18. Ver a discussão de Sebba, Prelude and Variations on the Theme of Eric Voegelin, 9.

seres humanos concretos. Por conseguinte, a prevalência de uma certa constituição da mente está ligada à predominância de certos tipos de caráter e de intelecto — as virtudes e os vícios de um corpo público são as virtudes e os vícios de seu povo.

O modo como a consciência dos indivíduos afeta, forma ou transforma campos sociais significativos talvez seja mais bem ilustrado, novamente, pela linguagem de Henri Bergson, a cuja obra, neste aspecto em particular, Voegelin é profunda e abertamente reconhecido. Bergson escreveu que os "pioneiros da moralidade" quebram o molde do hábito social e da solidariedade e colhem da outra das "duas fontes" no título de seu famoso livro. O efeito é similar ao de Rousseau, que modificou a maneira como os europeus reagiam à natureza:

> Pode ser que, desde o princípio dos tempos, as montanhas tenham tido a faculdade de despertar naqueles que olhavam de seu topo certos sentimentos comparáveis a sensações e efetivamente inseparáveis das montanhas. Mas Rousseau criou, vinculada a elas, uma emoção nova e original. Essa emoção tornou-se moeda corrente, e foi Rousseau quem a pôs em circulação. E até hoje é Rousseau quem nos faz senti-la tanto quanto as montanhas e ainda mais. É verdade que há razões pelas quais essa emoção, brotando da alma de Jean-Jacques, tenha se fixado às montanhas em vez de a qualquer outro objeto; os sentimentos elementares, análogos às sensações, que eram diretamente suscitados pelas montanhas devem ter sido capazes de se harmonizar com a nova emoção. Mas Rousseau os reuniu, atribuiu-lhes seus lugares, doravante como meros sons aos quais forneceu, através de uma verdadeira criação, o tom principal.[55]

Articulando sua própria experiência profunda, Rousseau causou algo que, em certo sentido, esteve sempre ali para ser sentido com uma intensidade sem precedentes. Ele transcendeu uma estética até então dominante, que era árida neste aspecto, por meio de um ato de diferenciação que envolvia perscrutar seu coração e criar um vocabulário que transformasse e enriquecesse a sensibilidade europeia. Ao fazê-lo, Rousseau criou um campo cultural abarcando todos aqueles que compartilham sua alta sensibilidade, despertada em seus seguidores por sua inovação perscrutadora da alma.

Os pioneiros morais de Bergson guiam por meio do exemplo. "Eles nada pedem, mas mesmo assim recebem. Não necessitam exortar; sua simples existência é suficiente."[56] Uma "sociedade fechada" baseia-se na solidariedade ha-

---

[55] BERGSON, *The Two sources of Morality and Religion*, 41.
[56] Ibid., 34.

bitual que é o equivalente funcional do instinto que permeia as sociedades dos insetos. Suas regras são tão mais eficazes quanto mais impessoais e redutíveis a fórmulas proposicionais. Elas operam, por assim dizer, por meio de pressão e têm o efeito de fechar a sociedade sobre si mesma por meio da afirmação da primazia da solidariedade com o estado circunscrito. A outra moralidade, em contraposição, é mais plenamente ela mesma se "encarnada numa pessoa privilegiada que se torna um exemplo"[57]. Ela opera como uma aspiração, enraizada na liberdade humana e merecedora de sua dignidade espiritual, não sob a pressão da função e da necessidade. De acordo com isso, ela tende a ter como a principal esfera de sua lealdade a humanidade universal, não o estado circunscrito, e, deste modo, gera uma "sociedade aberta" e "impele a humanidade adiante"[58].

A sociedade aberta de Bergson, embora dificilmente possa ser considerada um produto automático da evolução biológica, pode, entretanto, ser vista como tendo uma dimensão histórica sublimada como a enteléquia moral em lugar do fim determinado do *élan vital*. Seus pioneiros apoiavam-se numa fonte externa aos hábitos da sociedade, mas não respondem necessariamente a uma crise, no sentido de um espasmo agudo, um momento de desintegração daquela sociedade. Sua "sociedade fechada" é deficiente e moralmente incompleta, mas não está necessariamente numa situação de disfunção e desordem. Para Voegelin, em contraposição, parece haver apenas *uma* fonte da ordem reconhecida ou negada em diferentes graus. A história é para ele o processo da marcha da humanidade rumo a níveis mais elevados de verdade, reconhecendo-se e constituindo-se como tal à medida que o processo se desdobra. As rupturas espirituais que criam os estágios desse processo são efetuadas por personalidades privilegiadas que não são meramente exemplares, como para Bergson, mas que têm o dever de comunicar aquilo que apreendem, assim como os outros têm obrigação de ouvir. O pioneiro espiritual de Voegelin recebe e articula a mensagem da verdade diferenciada como representante de seus pares humanos; ele é obrigado e autorizado a transmiti-la a eles. Para Voegelin, essas evocações com caráter de autoridade, e, por conseguinte, muitas vezes rudes e arrebatadas, estruturam a história da humanidade. Por conseguinte, o estudo da história não pode ser um "registro ameno de *memorabilia*", mas tem de fazer frente à autoridade profética das várias irrupções da verdade em sua sequência dotada de significado.

---

[57] Ibid.
[58] Ibid., 51.

De acordo com o que foi dito, uma história integral da humanidade como a história da ordem tem de considerar as manifestações no âmbito do pensamento — formas simbólicas — em conjunto com os padrões da estrutura política institucionalizada — tipos de ordem. Os mais antigos tipos de ordem a emergir depois das sociedades tribais elementares são os âmbitos cosmológicos, constituídos como análogos do cosmos[59]. Esses âmbitos são universos ordenados na medida em que refletem as espantosas regularidades do movimento celestial e das mudanças de estações. A experiência da desordem efetiva, entretanto, solapa a aparente confiabilidade do cosmos como exemplar. A parceria com o universo físico mostra-se uma âncora inadequada contra a transitoriedade da existência humana. Sob tais circunstâncias, o homem, recuando diante do abismo da existência desconexa, volta-se para algo mais duradouro que o cosmos e descobre o fundamento invisível do ser, acima do mundo fenomênico, como objeto de sua vinculação. Uma vez que o homem só pode experimentar o ser divino no movimento de sua alma, é na estrutura da psique ordenada que ele buscará o paradigma de uma ordem social apropriadamente constituída. A sociedade, constituída como um microcosmos, agora deve ser também apropriadamente compreendida e articulada como o retrato do homem numa escala maior. Voegelin chama esse momento de "salto no ser". Esse evento é o eixo de sua filosofia da história, e ocorre de dois modos distintos, independentes e paralelos: na forma da revelação no caso de Israel; na forma da filosofia no caso da Hélade. O presente volume ocupa-se do último. Mais exatamente, trata do longo e complexo processo pelo qual a mente grega passou de sua própria variante do mito cosmológico para a magistral evocação platônica do efeito ordenador da experiência da ordem na forma da filosofia, que Voegelin discute no próximo volume.

Tendo discutido a relação de sua própria obra com outras tentativas de realizar uma história abrangente da humanidade, desde Santo Agostinho a Bossuet, Bodin, Voltaire e Hegel, chegando a Spengler, Toynbee e Jaspers, Voegelin oferece um breve panorama do que está além dos materiais históricos apresentados aqui. O programa global é explicitado de modo mais completo em *A nova ciência da política*, que pertence ao mesmo período. De acordo com a concepção de Voegelin na época, a revelação e a filosofia

---

[59] Em sua obra posterior, Voegelin ampliará seu interesse e reconhecerá a pertinência de organizações sociais ainda mais antigas, chegando até as civilizações neolíticas, cujas pictografias e outras expressões manifestam uma busca de sentido que vai além das meras instrumentalidades da existência.

são, conjuntamente, a base a partir da qual emergirá a cristandade como a forma simbólica da sociedade ocidental. A crise do Ocidente moderno assinala um lapso em relação ao apogeu da consciência alcançado pela síntese da cristandade medieval. Fenômenos de alienação, isto é, de afastamento de um eu em harmonia com a ordem do ser, exacerbado pelo uso da razão instrumental para justificar a existência num estado de rebelião contra a verdade, embora sempre presentes nas sociedades humanas, tornam-se especialmente prevalecentes e corrosivos na era moderna, dando origem a ideologias que Voegelin classifica como gnósticas. O grau de diferenciação em relação ao qual as deformações ideológicas retrocederam talvez não seja menos influente para a virulência da crise, pois a compacidade mítica, por mais inadequada que seja em outros aspectos, tem maior probabilidade de reter indicações da ordem do que as expressões simbólicas mais rarefeitas, quando perdem seu rumo.

Voegelin modificaria seu modo de ver ao descobrir, no curso de seus estudos, que o esquema era demasiadamente ordenado para conter os dados. Ele abandonou o esquema original de *Ordem e história* porque reconheceu que a ordem da história não emergiria da história da ordem uma vez que a história fosse concebida como um "curso". Voegelin não moderou sua crítica da ideologia moderna, mas sua filosofia da consciência deu uma nova guinada rumo ao interior (por assim dizer) e gerou as profundas meditações de seus anos posteriores.

O estudo da pólis helênica apresentado neste volume pertence ao que podemos qualificar de a fase mais "cristã" do pensamento de Voegelin. A ordem grega e sua "forma da mente" são inseridas num vasto processo cuja magnitude alcança a história universal. Esse processo é delineado em *A nova ciência da política*, que, como aponta Jürgen Gebhardt,

> apresenta uma teoria da política que, num certo sentido, corresponde à filosofia cristã da história. O livro pode ser entendido como a obra de um cristão agostiniano, que pretendia reafirmar um conceito cristão da ordem em termos agostinianos e perante as heresias gnósticas [...] emergem os contornos de um ciclo gigantesco transcendendo os ciclos de civilizações individuais. O ápice desse ciclo seria marcado pelo aparecimento de Cristo; as principais civilizações pré-cristãs formariam seu ramo ascendente, e as civilizações gnósticas modernas formariam seu ramo descendente.[60]

---

[60] GEBHARDT, Vocation, 16,14.

O ímpeto de uma narrativa histórica grandiosa, seguindo as sucessivas diferenciações do espírito ao longo das diversas sociedades e civilizações, é uma reminiscência de Hegel. Mas a índole da empreitada de Voegelin é inteiramente diferente da de Hegel, pois não pretende reconciliar, mas, antes, opor ao movimento do pensamento — a busca da ordem — a realidade política do presente do pensador. Como observou Helmut Kuhn, a investigação de Voegelin pretende reconquistar "um conhecimento redentor [*Heilserkenntnis*] encoberto não por uma falta de compreensão acidental ou por má vontade, mas pelo próprio movimento histórico"[61]. Seu estudo é, em outras palavras, uma genealogia do erro, tanto quanto uma história da ordem.

A novidade de *A nova ciência* e do projeto original de *Ordem e história* como executado nos três primeiros volumes é um reatamento com uma tradição venerável. A referência de Voegelin a Santo Agostinho é explícita, sinalizada em destaque na reveladora epígrafe que situou no início de todos os volumes de *Ordem e história* (inclusive nos mais tardios, que apareceram após seus anos em München). A conexão se faz especialmente clara na introdução ao nosso volume, em que Voegelin se utiliza da discussão de Agostinho sobre os três tipos de teologia remontando a Platão — um tema importante ao qual Voegelin retornará diversas vezes[62]. De modo mais amplo, Voegelin procura adaptar a concepção de Agostinho de uma *historia sacra*, transcendendo a ascensão e a queda dos diversos *regna*, aos horizontes históricos alargados e à riqueza de materiais históricos proporcionados pela ciência moderna. Em sua nova ciência da política, Voegelin une-se à tradição dos cristãos neoplatônicos, segundo os quais as mais penetrantes noções do pensamento grego estão fundamentalmente em harmonia com os dogmas da teologia cristã.

Voegelin, naturalmente, não está envolvido na apologética cristã. A filosofia e a história não estão a serviço de uma fé que tenha sido de alguma maneira

---

[61] Helmut KUHN, *Historische Zeitschrift* 191 (1960) 361-364; aqui, 364.

[62] Os materiais sobre os tipos de teologia de Varrão, Santo Agostinho e Platão estavam disponíveis para Voegelin por meio da brilhante discussão de Werner JAEGER, *The Theology of the Early Greek Philosophers*, Gifford Lectures 1936, London, Oxford University Press, 1947, cap. 1. A abordagem de Voegelin difere da de Jaeger na medida em que este último, segundo o espírito do chamado Terceiro Humanismo, considerava a Antiguidade clássica como modelo nos moldes da "imortalidade da grandeza do passado", enquanto Voegelin visava uma restauração da substância que levasse em conta a diferenciação histórica da mente, em lugar de um restabelecimento da perfeição clássica.

dada ou alcançada de algum outro modo incomensurável. A investigação não *parte* de premissas teológicas. Como Voegelin escreveu para seu amigo Robert B. Heilman, em 1956: "A metafísica não é uma 'premissa' de nada [...] mas o resultado de um processo no qual o filósofo explica, em símbolos racionais, suas várias experiências, especialmente a experiência da transcendência"[63]. Alguns de seus leitores, que viam na obra de Voegelin uma defesa intelectual de sua fé cristã, ficaram realmente desconcertados quando, com a publicação do volume IV de *Ordem e história*, após a revisão de seu projeto original, tornou-se evidente, especialmente no tratamento dado por Voegelin a São Paulo, que ele considerava os simbolismos cristãos na mesma base metodológica de quaisquer outros símbolos, isto é, como articulações da experiência passíveis de ser submetidas à análise crítica.

Muitos padres da Igreja primitiva eram inimigos da herança helênica; mas a parte da tradição cristã que não rejeitava o passado pagão, mas buscava antes extrair dele argumentos que fortalecessem sua própria mensagem, via em Platão, *naturaliter christianus*, o ápice incomparável da sabedoria grega e, na verdade, de toda a sabedoria pagã pré-cristã[64]. Essa tradição via aqueles que nos acostumamos a chamar de pré-socráticos como uma preparação para Platão, e o que veio depois dele como um retrocesso. Nisto, como é evidente de acordo com Santo Agostinho, ela foi sem dúvida influenciada pelos livros helenísticos e romanos, que organizavam suas exposições dos filósofos segundo "escolas" e "sucessões"[65]. É interessante que, embora Voegelin corretamente ressalte que classificar os pensadores gregos antigos em "escolas" seja uma convenção doxográfica distorcida, ainda assim trate deles, de modo muito semelhante ao de Agostinho, como "jônios" e "italianos". Mas é acima de tudo a preeminência de Platão que determina a organização.

Para os platonistas cristãos, partindo de Agostinho, a experiência religiosa de Platão não é qualitativamente diferente da de Moisés. Agostinho, com efeito, é inclinado a acreditar que Platão devia ter lido Moisés. O postulado de uma filiação literária não é senão a afirmação de uma equivalência substantiva. Agostinho encontra paralelos entre o *Timeu* e o *Gênesis*. Mais fundamentalmente, a plenitude do ser além da predicação expressa na resposta de Deus

---

[63] Carta a Robert B. Heilman, 22 de agosto de 1956, no arquivo de Voegelin, Stanford University, caixa 17, pasta 9.
[64] AGOSTINHO, *De Civitate Dei* 8.5-10.
[65] JAEGER, *Theology*, 191 n 2.

a Moisés, "Eu sou aquele que é", é precisamente, segundo Agostinho, o dogma que Platão "sustentou com mais veemência [*vehementer*] e de modo mais determinado, e que mais diligentemente procurou difundir". O filósofo, por definição etimológica o amante da sabedoria, e, nas palavras de Platão, o amante de Deus, pertence, desse modo, para Agostinho, a uma categoria análoga à de Moisés[66]. Numa linha similar, Voegelin fala de paralelos "saltos no ser" e procura estabelecer a equivalência das noções hebraicas e helênicas na ordem do ser. Voegelin conclui sua introdução com as palavras de São Clemente de Alexandria segundo as quais "as escrituras de Israel e da Hélade são o Antigo Testamento da cristandade".

Embora Voegelin não vise uma restauração no sentido de um mero retorno a uma antiga teoria, sua obra partilha muitos aspectos característicos da tradição cristã neoplatônica: a filosofia e a história filosófica que buscam, em particular, recuperar a sabedoria de Platão são entendidas como uma operação diagnóstica e curativa empreendida em virtude da preocupação com o mal espiritual do momento. O pensador reconhece a necessidade de recorrer a *símbolos* que ele sabe serem inevitável e intrinsecamente deficientes, embora veja também a necessidade e a possibilidade de superar a deficiência dos símbolos referindo-se a padrões estabelecidos no céu e experimentados *in immo cordis*.

De acordo com isso, a leitura dos textos pertinentes requer algo como uma mudança de afetos. Marsílio Ficino, por exemplo, pede ao leitor que adote uma disposição platônica da mente a fim de abordar o "texto sagrado" do *Parmênides*[67]. Também Voegelin convida seu leitor a uma *pia interpretatio* dos documentos decisivos, que não significa o reconhecimento da autoridade externa ou de verdades a ser aceitas em virtude da fé, mas uma preparação interna, uma disposição participativa do intérprete.

A distinção de Ficino entre "períodos de inspiração" e "períodos de interpretação" no desdobramento do plano providencial reaparece na alternância entre períodos de desintegração, que conduzem a novas rupturas, e períodos relativamente estáveis e intelectualmente serenos que estrutura a narrativa de Voegelin. Ficino antecipa a combinação da consideração latitudinária ecumê-

---

[66] Agostinho, *De Civitate Dei*, 8.11.
[67] Para o neoplatonismo cristão, e Ficino em particular, ver o esplêndido estudo de James Hankins, *Plato in the Italian Renaissance*, New York, Brill, 1991, 285 s., 355 s. Ver também a discussão de Hankins sobre os modos de leitura.

nica para uma grande variedade de expressões religiosas, com a primazia da honra conferida à cristandade, característica da obra de Voegelin na época. É uma atitude que se ajusta bem à abertura apofática da *Carta Sétima* de Platão, que declara que ninguém jamais encontrará nenhuma doutrina sistemática concernente à compreensão do autor acerca das questões divinas. A *Carta* era importante para Ficino e é o ponto de partida da análise de Voegelin no próximo volume.

De acordo com a epígrafe programática de Voegelin no início do volume I de *Ordem e história*, "a ordem da história emerge da história da ordem". É evidente que, inversamente, a compreensão do autor da ordem da história molda os vários estudos da ordem — incluindo *O mundo da pólis*.

4 O umbigo errante

A Grécia é importante para a história da ordem de Voegelin porque deu origem à filosofia. A filosofia, como realizada por Platão, é a evocação simbólica distintiva da Hélade que estabelece sua reivindicação de importância no plano da história universal. É o equivalente da revelação mosaica. Entretanto, é diferente do "salto no ser" israelita em vários aspectos. É diferente em sua estrutura, na medida em que representa uma ascensão da psique humana rumo a um *agathon* transcendente, um movimento do polo humano da "parceria do ser", em lugar de um descenso do polo divino rumo ao homem. É diferente em seu efeito evocativo, pois, enquanto a revelação sinaítica levou à constituição de Israel como o povo protegido por Deus, a filosofia platônica não originou nenhuma sociedade concreta. Ademais, inversamente, a pólis, como a forma grega distintiva de Estado, não estava imbuída da filosofia como sua forma da mente. Voegelin articula o problema e o enfrenta ao longo deste volume e do próximo. Por fim, a filosofia difere da revelação quanto à sua gênese, pois não aparece como uma ruptura repentina em relação ao mito cosmológico, mas é preparada por uma sequência de passos intermediários. São esses passos intermediários, os antecedentes de Platão, que este volume procura rastrear. Voegelin insiste na correspondência significativa entre as experiências helênica e israelita e suas manifestações simbólicas. Tais analogias não dependem do conhecimento das fontes hebraicas por parte dos gregos, como Agostinho e suas fontes pareciam compelidos a postular, pois emergem de um fundamento espiritual da experiência comum de todos os homens, sob circunstâncias diferentes porém análogas. "Se o helenismo e a cristandade puderam se mesclar numa civilização mediterrânea comum, foi devido ao ritmo paralelo do desenvolvimento espiritual da Hélade e de Israel"[68].

Na percepção de Voegelin, o "salto no ser" grego e o israelita estão sujeitos a limitações diferentes porém complementares. A filosofia não ultrapassa o estreito quadro da pólis, enquanto a revelação sinaítica é contida pela realidade concreta do povo eleito, o que Voegelin chamou de fardo de Canaã. Mesmo antes da filosofia, aquilo que os poetas arcaicos alcançaram "era menos do que a visão mosaica que situou o povo no presente sob a proteção de Deus; por outro lado, era mais, pois os poetas apelavam à psique de cada homem isoladamente"[69]. O reconhecimento do indivíduo humano como encontrado na experiência helênica é o corolário necessário da universalidade da humanidade. Por conseguinte, Voegelin argumenta: "A validade universal da verdade transcendente, a universalidade do Deus Único sobre a humanidade como um todo, poderia ser mais facilmente desvinculada da descoberta, por parte de um indivíduo, da existência de sua psique sob os deuses [helênicos] do que da revelação sinaítica da existência de um povo sob a autoridade de Deus"[70].

Ao tratar da Grécia, no entanto, a investigação de Voegelin que procura correlacionar a ordem concreta da sociedade com a ordem da consciência enfrenta ainda outra dificuldade. Não há sinais externos facilmente discerníveis por meio dos quais se possa identificar e delimitar a sociedade grega como uma unidade de estudo inteligível. A noção de um Estado organizado de forma permanente para a ação política, claramente aplicável aos impérios, Estados-nações e talvez também a cidades individuais independentes, não se aplica a um mundo composto por um grande número de entidades distintas e vigorosamente autônomas como as pólis gregas. Sinais menos tangíveis de unidade permitem que o historiador trate os gregos como um todo, nos parâmetros flexivelmente toynbianos de Voegelin para o termo *sociedade*. As pólis individuais, declara ele, embora sem dúvida sejam elas mesmas cosmos significativamente ordenados, não revelam a significação da experiência grega da ordem. A evidência de uma consciência helênica comum historicamente efetiva pode ser inferida, por sua vez, do registro da

---

[68] Cap. 5, 6, abaixo, 231.
[69] Cap. 3, 1, abaixo, 150-151.
[70] Cap. 6, 1, abaixo, 245.

memória histórica da era clássica — e, de modo mais importante, da consciência histórica de Platão[71].

Se a revelação mosaica cria uma nova sociedade e a projeta no futuro, a memória grega clássica cria, por outro lado, um passado significativo. Eventos recordados na consciência do interpretante são, similarmente, construídos como significativos. O filósofo ou historiador não constrói sua narrativa dotada de significado meramente para si mesmo, nem a constrói arbitrariamente. Ele se apoia na memória viva de um povo que veio a ser aquilo que é em virtude de sua história. Perceber uma sequência de eventos como um curso histórico é um simbolismo criado em retrospecto a partir do ponto de chegada desse curso no presente do interpretante. Ele provém, contudo, das tradições que serviram para construí-lo. A própria existência desses materiais mostra que o processo é real. "O *continuum* da sociedade grega desde os cretenses foi real, antes que a experiência de seu curso fosse expressada por historiadores e filósofos dos séculos V e IV a.C."[72]. O diagnóstico da crise ao qual a filosofia responde emerge da história médica do paciente.

A ideia de um *continuum* cultural que leva da "epifania da ordem no governo de Minos" à "crise do presente de Platão" dá forma à narrativa de Voegelin. O *telos* da filosofia platônica determina — e, é preciso dizer, em muitos aspectos sobredetermina — a seleção e a interpretação dos materiais.

A primeira parte do livro trata da pré-história minoica e micênica da Grécia. Em seguida, discute o *epos* homérico, muito corretamente percebido como a transição decisiva para a civilização helênica propriamente dita. A segunda parte toca na questão da organização institucional da pólis, mas se concentra realmente nos poetas e pensadores da era arcaica desde Hesíodo a Heráclito. Essa parte contém algumas das mais poderosas e interessantes análises de Voegelin. Por fim, "O século ateniense" discute o drama ático, os sofistas e os historiadores do século V. Essa seção claramente prepara o terreno para o grande estudo de Platão, no próximo volume. Com efeito, Platão já está presente nessa seção, especialmente como uma fonte e um contraponto para a discussão dos sofistas, na qual novamente testemunhamos a habilidade expositiva e a agudeza crítica de Voegelin em seu máximo.

---

[71] Voegelin usa *clássico* no sentido historiográfico convencional para referir-se aos séculos V e IV a.C. — aproximadamente de Maratona a Alexandre, com ênfase sobre Atenas. Aqui ele naturalmente se volta para Heródoto e Tucídides, conduzindo a Platão.

[72] Cap. 3, introdução, abaixo, 144.

O uso que Voegelin faz da abertura das *Leis* de Platão é emblemático para sua reconstrução da consciência histórica helênica[73]. Aí, segundo Voegelin, o curso histórico da sociedade grega aparece como um "ciclo da ordem que se estende do governo de Minos até a exaustão da substância na época de Platão"[74]. O curso real dos acontecimentos presente na memória clássica estende-se até antes da sociedade helênica, até o que chamamos atualmente de civilização minoica. Do ponto de vista de uma "história da ordem", o passado minoico aparece como uma ordem cosmológica, proporcionando o ponto de partida canônico para o processo de diferenciação. O *epos* homérico, o mais antigo tratamento do mito helênico sobrevivente, já não é mais cosmológico, como Voegelin corretamente reconhece. Não há, de fato, nenhuma fase documentada da civilização grega que possa ser propriamente descrita como análoga ao Egito ou à Mesopotâmia no que diz respeito às instituições e aos símbolos de sua ordem.

Os esforços de Voegelin para recapturar a civilização minoica são problemáticos, e, por extensão, também o é sua leitura do texto de Platão. Como o próprio Voegelin destaca, a completa ausência de fontes literárias torna a interpretação da ordem minoica necessariamente especulativa. Todavia, isso não o impede de inferir conclusões com grande confiança. Um único exemplo será suficiente.

O historiador francês Gustave Glotz, diante da profusão de lírios nas pinturas dos muros do palácio de Creta e de vasos cretenses, não pôde conter seu prazer patriótico devido àquilo que ele gostava de pensar que era uma maravilhosa antecipação da flor-de-lis imperial[75]. Assim, Voegelin estava contente em aceitar a caracterização da Creta minoica como "o reino da flor-de-lis". Isso o leva a postular a presença da especulação trinitária na sociedade cretense e ainda lhe dá ocasião para discutir a tetráctis pitagórica, sugerindo antecedentes históricos profundos — com efeito, minoicos — do culto aos números sagrados e dos vínculos entre a matemática e a ontologia no pensamento grego posterior. Mas, com base em evidências similares, um motivo igualmente frequente na arte minoica permitiria que se chamasse a Grécia de "reino da

---

[73] Voegelin usa a palavra grega *helênico* para a parte do curso histórico na qual os gregos se designavam com este nome, e seu equivalente de derivação latina para abranger todo o curso, incluindo a pré-história minoica e aqueia. *Pré-helênico* reporta-se então ao período anterior àquele em que os gregos se nomeavam helênicos, e não ao período anterior ao descenso das tribos gregas ou, ainda antes, ao uso da língua grega na área egeia.

[74] Cap. 1, 5, abaixo, 122.

[75] GLOTZ, *The Aegean Civilization*, New York, Knopf, 1925, 149, 154, 210.

sépia". Isso então daria origem a reflexões sobre o significado histórico da profundidade marinha ou talvez do número oito, em lugar do número três.

Voegelin escreve que "provavelmente não é acidental" que três interlocutores figurem nas *Leis*, pois — e isto é afirmado como um fato — "a trindade era o símbolo sagrado da civilização cretense". A única evidência disso é a flor-de-lis de Glotz. Os três homens nas *Leis* decidem prosseguir com sua conversa ao longo da caminhada de Cnossos até a gruta de Zeus no monte Ida, reencenando assim a peregrinação de Minos, o lendário legislador de Creta, ao santuário de seu pai. Os personagens de Platão retornam ao local ritual da origem divina da lei e da ordem constitucional, e inclusive falam sobre isso. Voegelin vê nisso um reflexo das tradições transmitidas desde a Creta minoica, evidência de um *continuum* cultural. Clínias, o participante cretense na conversa das *Leis*, representa o mais antigo estrato da ordem na Grécia, que Voegelin identifica à civilização minoica. O uso do artigo definido indica que ele entende "o Minos" como o título de um cargo, análogo a "Faraó", em lugar de um nome pessoal. Então, novamente como fato, Voegelin afirma, acerca da prática minoica: "A cada nove anos, o Minos tinha de se encaminhar ao santuário do deus".

A lenda grega indubitavelmente preservou pálidas recordações do imenso poder da Creta minoica. Mas não há indícios de que os gregos históricos soubessem nada a respeito do caráter da civilização minoica conforme revelado pelas escavações arqueológicas. O nome Minos incontestavelmente trazia à lembrança os governantes que um dia haviam controlado o Egeu — mas, para os gregos, ele era um indivíduo. O mito ático, ao menos como narrado na tragédia, retratava-o como cruel. Para recuperar sua reputação de um governante sábio, o primeiro a conferir leis à humanidade, e que foi apontado por seus méritos para julgar os mortos, Sócrates, no *Minos* de Platão, recorre não às lendas populares, mas a Homero e Hesíodo. Homero é, de fato, a fonte explicitamente mencionada pelo Estrangeiro Ateniense nas *Leis* como sua fonte para a história de Minos subindo à gruta de Zeus a cada nove anos[76]. Algumas dessas histórias podem muito bem ter chegado a Homero de um passado longínquo, mas, de uma distância de oitocentos anos ou em torno disso desde o último Minos vivo, o que tais histórias nos diriam sobre a ordem minoica *real*?

Os três homens das *Leis* partem de Cnossos, a cidade de Minos, mas não, como escreve Voegelin, de uma "cidade minoica". Ocorre que Zeus, a cuja

---

[76] PLATÃO, *Minos* 318E-321C; *Leis* 624A-C; HOMERO, *Odisseia* 19.179.

gruta os três homens se dirigem, é o único deus grego de origem inquestionavelmente indo-europeia, muito distante da religião minoica. É impossível determinar que relação poderia haver entre as intrigantes histórias de sua origem cretense e os cultos pré-helênicos. Nas *Leis*, Zeus aparece em sua feição tipicamente helênica, como o detentor do governo. O Clínias cretense tem um nome impecavelmente helênico. O "mais antigo estrato" da ordem cujos méritos ele expõe é o da Creta dórica, não minoica, com seu *ethos* guerreiro, suas refeições comunais, sua pederastia, e todo o resto. Em sua avidez por estabelecer um *continuum* cultural real, experimentado por Platão como uma regressão em relação à ordem divinamente instituída, Voegelin argumenta que a realização máxima da civilização cretense foi "minoicizar os aqueus". Ela não fez nada do tipo. A civilização cretense lutou contra os aqueus, forçou alguns a pagar tributos, fez comércio com eles, influenciou-os de diversas maneiras e, por fim, sucumbiu a eles. Mas a Creta de cem cidades de Homero, que enviou Idomeneu a Troia, não tinha nada de minoica.

Império marítimo do século V, Atenas estava apta a concentrar sua atenção no tema do poder naval. Tanto Heródoto como Tucídides, possivelmente apoiando-se nas inclinações talassocratas[77], lembram-se de Minos com essa conexão, supostamente o mais antigo senhor dos mares. Ele é, para ambos, estritamente lendário, isto é, não histórico[78].

Tucídides e Aristóteles ligaram as notícias que tinham do domínio cretense dos mares à posição estratégica da ilha — uma posição cuja importância diminuiu com a mudança das rotas de comércio. Voegelin descobre uma centralidade diferente e simbolicamente significativa para aquela "ilha privilegiada" como o ônfalo da Grécia. Ele usa o termo para designar o centro de uma ordem cosmológica, o ponto em que as forças divinas irrompem no mundo. A transferência do ônfalo para Delfos estabelece a continuidade de significado no mundo grego, como o centro da evocação, o foco da significação para a história universal, desloca-se da Creta minoica para a área continental helênica. Em concordância com seu método estabelecido, Voegelin não quer usar uma metáfora construída de forma idiossincrática, mas almeja fundar sua terminologia no uso concreto da civilização discutida. A evidência não o corrobora.

---

[77] Ver Diodoro Sículo, 7.11.
[78] Heródoto, 3.122: "Polícrates foi o primeiro grego a tencionar dominar os mares, afora o Minos de Cnossos ou qualquer outro que possa ter governado os mares antes dele. Mas, da assim chamada raça humana, Polícrates foi o primeiro". Tucídides, 1.4: "Pois se diz [*akoe ismen*] que Minos foi o primeiro [...] a governar o que é hoje o mar grego".

Delfos certamente tinha um ônfalo, e os visitantes ainda podem admirá-lo no museu. Ele é mencionado em vários escritos antigos e é com frequência retratado, especialmente em moedas, com Apolo sentado sobre si, às vezes ladeado pelas duas águias de Zeus que se encontraram no "centro da terra". O *Hino a Apolo* "homérico" do século VI menciona que o deus escolheu sacerdotes cretenses para seu santuário. Seria isto uma evidência da mudança do centro evocativo do mundo grego? Talvez. Mas não há evidência de que alguém tenha considerado Creta como um ônfalo, e muito menos a denominado assim.

A respeito do cenário cretense das *Leis*, Voegelin escreve que a ilha ainda é, para Platão — ou para os propósitos dramáticos desse diálogo —, o ônfalo divino do mundo. Não fica claro por quê. Platão não se refere a Creta como um ônfalo. Se não estou enganado, em todo o *corpus* platônico, a palavra aparece sete vezes: uma vez na *República*, referindo-se a Delfos, seis vezes referindo-se a um umbigo humano, e nunca com referência a uma ilha. Todavia, para mostrar que a ideia de um ônfalo insular estava disseminada, Voegelin aduz, junto com considerações pragmáticas de Tucídides e Aristóteles sobre a vantajosa localização de Creta, um "verso sonoro" da *Odisseia* "celebrando" a ilha como situada "no meio do escuro mar cor de vinho". Talvez isso signifique algo mais que a mera constatação de que Creta está circundada pelo mar — mas também não há menção ao ônfalo nesse verso[79]. A única ocasião na qual Homero chama uma ilha de "ônfalo do mar" (não da terra ou do mundo) é ao referir-se à ilha de Calipso, que está no meio do nada[80].

Não valeria a pena ficar às voltas com tais questões, que podem parecer ninharias em comparação ao amplo alcance da obra, se sua importância não fosse ressaltada pelo próprio autor.

> A realidade do *continuum* se impõe especialmente na construção platônica da origem divina da ordem grega e da necessidade de um retorno àquele primeiro ônfalo. [...] Esse simbolismo jamais poderia ter se desenvolvido se as tradições acerca da ordem cretense como a ordem grega mais antiga, acerca da estreita relação entre a ordem dórica e a ordem cretense e acerca da transferência do ônfalo de Creta para Delfos não existissem a fim de que Platão pudesse se basear nelas.[81]

---

[79] *Odisseia*, 19.172.
[80] Ibid., 1.50.
[81] Cap. 1, 5, abaixo, 121-122. Tal construção leva a muitas outras dificuldades, como a relação entre o Zeus do monte Ida e o Apolo pítio, se cada um deveria ter sido o patrono do ônfalo

A apaixonada preocupação com a ordem da história interfere com a história da ordem e favorece uma interpretação excessivamente determinada das evidências.

5 Homero

O *epos* homérico marca uma época na história da civilização grega. Voegelin não está preocupado com obras literárias enquanto tais, ou seja, como artefatos que podem ser separados da consideração da ordem da sociedade em algum "âmbito" rarefeito da "cultura". Ele busca, em vez disso, enfrentar "o homem que rompeu o mito cosmológico" criando um simbolismo que "expressa uma nova experiência da existência humana no reino dos deuses". O passo decisivo, segundo Voegelin, foi a transformação da civilização micênica no passado da Hélade emergente, sendo transformada em canção. São os poemas homéricos que criam um cosmos cultural helênico atribuindo-lhe um passado comum e sobrepondo os deuses de seu panteão sobre os vários cultos locais.

As evidências das tábulas de escrita linear B e as descobertas arqueológicas fornecem as razões adequadas para que Voegelin assuma que o poeta é confiável o bastante no que diz respeito às realidades da heroica sociedade aqueia, a despeito de diversos acréscimos e anacronismos. Sua análise se dá no cenário dos próprios poemas, ainda que, por implicação, a sociedade "homérica" reflita para ele as estruturas "reais" da ordem e da desordem aqueias. Novamente, Voegelin postula, na matriz social concreta da poesia, continuidades que não são inquestionáveis.

Voegelin oferece uma interpretação extremamente original e, em alguns aspectos, surpreendente de Homero. Ele o vê como o criador de um novo simbolismo da ordem divina e humana que faz uso de uma psicologia sutil, tanto mais surpreendente por ser efetuada por meio de recursos dramáticos, sem o auxílio de um aparato conceitual adequado. Os deuses homéricos não são entidades autocontidas, mas manifestações de forças na ordem do ser da qual fazem parte os seres humanos. A imagem do profeta cego indica a capacidade de apreender a realidade daquilo que não é visto, por um lado, e a evanescência do fenomênico, por outro. Tais símbolos apontam adiante para Ésquilo e

---

em épocas diferentes. Postular uma "Deusa Mãe" como a detentora prévia de ambos os respectivos santuários gera mais perguntas do que responde.

Platão. O poeta fala com uma autoridade, simbolizada por sua invocação da musa, análoga à dos profetas de Israel: "Os helenos não tinham uma mensagem nem uma Aliança do Sinai para torná-los um povo eleito em forma histórica. Eles não tinham um Moisés para conduzi-los da sujeição a Faraó para a liberdade de Deus. Mas tinham cantores proféticos que experimentavam o homem em sua imediação sob os deuses."

Voegelin oferece uma visão teleológica de Homero. A antropologia do poeta "está no caminho rumo à descoberta daquilo que os filósofos chamarão de verdadeiro eu". Seus deuses são antecipações embrionárias do Deus Único, não são diferentes Dele. "Homero criou o presente do homem, se não sob a autoridade de Deus, ao menos sob a autoridade do Olimpo organizado de forma monárquica."

Esta não é uma visão que será universalmente aceita. O significado da invocação da musa, por exemplo, é uma questão controversa, e se torna mais complicada pelo fato de que poetas inteiramente indiferentes à ordem pública, como Safo, também a empregam. Em pelo menos uma ocasião, o próprio Homero invoca a musa para pedir-lhe que o faça recordar o número de navios em cada contingente da armada aqueia — inspiração que parece insuficientemente condizente com o fundamento do ser[82]. Voegelin observa que os deuses aparecem aos heróis "quando a consequência de suas ações afeta a ordem pública" e, por meio de sua presença, elevam os atos dos homens "ao nível de ações transparentes em relação à ordem do ser". Sim, mas e quanto a Atena voltando o sentimento de Odisseu em proveito de Nausícaa? E se não tivéssemos entendido apropriadamente os deuses de Homero? Quando Páris responde à repreensão de Heitor dizendo que as dádivas de Afrodite não podem ser desprezadas, Voegelin identifica isso a um sintoma de decadência e atribui à indulgência sentimental a disposição de outros leitores e estudiosos a entendê-lo segundo seus próprios termos. Sem dúvida, como o próprio Páris sabe, o espetáculo da atração erótica irresistível, não tão contrário quanto incomensurável com a virtude viril e o dever patriótico, não é edificante. Mas os gregos de todos os períodos, enfermos ou saudáveis, teriam reconhecido o poder da deusa cuja ação autônoma não pode ser subjugada, ainda que o Olimpo seja uma monarquia.

Voegelin critica Heródoto porque, ao narrar a história da Helena egípcia, incorre num racionalismo reducionista, sintoma do declínio social. Como al-

---

[82] *Ilíada*, 2.484 s.

guém poderia, em sã consciência, recusar-se a devolver Helena e seus tesouros e enfrentar a guerra e a destruição por causa da luxúria e da vaidade de um fátuo principezinho? Não faz sentido, argumentou Heródoto. Segue-se que os egípcios deviam estar certos ao dizer que Helena nunca esteve em Troia. Voegelin também considera a ideia de manter Helena inteiramente estapafúrdia, mas suas razões são outras. O que Heródoto deixou de perceber, afirma ele, é o contexto dramático como é de fato. Mas o contexto, para Voegelin, é o colapso da ordem micênica. A atração fatal de Helena é um símbolo da desintegração de seu *ethos*.

Uma vez que o colapso dramatizado por Homero envolve a destruição de Troia, é preciso considerar que a decadência afeta os troianos assim como os aqueus. Com esse propósito, Voegelin adota a visão, mais uma vez apresentada como fato, de que os dois lados na Guerra de Troia pertencem à mesma civilização. O fato de que os contendores dos dois lados se tratam como pares, conversam uns com os outros e parecem ter em comum muitos costumes, deuses e elementos da cultura material serviu para propor tal visão. Mas isto iria além das convenções necessárias da poesia heroica? Afora o grande divisor religioso que distingue sua época e define as linhas de demarcação, não teriam os mouros tanto em comum, no contexto do poema, com os fidalgos francos que encontraram em Roncesvalles quanto os troianos e os aqueus às margens do Escamandro? A memória clássica a partir da qual se construiu retrospectivamente a história grega certamente não tem registro de tal comunidade, muito pelo contrário, se seguirmos Heródoto, que faz da oposição entre Europa e Ásia um tema perene e recorrente. Entretanto, essa "sociedade civilizacional globalmente egeia", que vai além dos elementos comuns que se esperariam nas culturas da idade do bronze vivendo em estreita proximidade, é necessária à interpretação que Voegelin faz de Homero.

Voegelin escreve que as epopeias não dizem respeito às vicissitudes da história pragmática, mas aos fenômenos do declínio em si, ou seja, à exaustão da substância da ordem. Em outras palavras, elas representam uma crise das próprias normas, em vez de uma crise causada pela transgressão das normas que são, todavia, válidas. Há desordem em Ítaca, mas o rei retorna e, exercendo seu *métier de roi*, restaura a ordem de modo implacável mas eficaz. Por que isso é considerado um declínio político e ético irreversível? Penélope é um modelo de prudência e virtude e Telêmaco, afinal, um jovem promissor.

Voegelin oferece uma interpretação ingênua da *Ilíada*. Nela, inverte a compreensão convencional de Aquiles de maneira a causar espanto ao leitor.

O que é excepcional acerca de Aquiles na versão de Voegelin não é o fato de que ele escolhe uma vida breve e gloriosa em lugar de uma vida longa e próspera vivida na obscuridade, mas o fato de que, conhecendo seu destino, é apaixonadamente ligado à vida. É por saber que jamais retornará para desfrutar da noiva principesca, das cidades e das criadas e das outras dádivas oferecidas por Agamenon para amenizar sua cólera que ele as recusa. Ele é realmente apenas um covarde vaidoso. Seu comportamento, que causa a morte de tantos de seus companheiros de luta, "é uma tentativa sutil de burlar o destino convertendo a fama imperecível após a morte num triunfo em vida". Por conseguinte, o que Homero procura dramatizar "não é o destino de Aquiles, mas a tensão entre um destino comum e a reação incomum do herói".

A interpretação que Voegelin faz de Aquiles é um impressionante *tour de force*. É preciso concordar que morrer jovem é um destino bastante comum para um guerreiro. Mas seria a fama eterna? E como o herói poderia alcançar a fama que perduraria após a morte a não ser realizando grandes proezas enquanto ainda fosse vivo?

Na interpretação de Voegelin da *Ilíada*, a guerra contra Troia é a cólera de Aquiles ampliada. A paixão que cega os homens para os caminhos da razão não é a causa da desordem, mas é a desordem em si mesma. A guerra é a manifestação da desordem espiritual. O conflito entre os homens é uma perturbação da ordem olímpica. A época está fora dos eixos e o fim está próximo. É uma imagem poderosa.

Voegelin dá destaque à natureza transgressora de Aquiles enfatizando que, não tendo conhecido senão a guerra, ele não a considerava "uma agrura ou um perigo a ser cumprido como um dever público com o propósito de restaurar a ordem". Mas algum dos heróis homéricos ou dos líderes aqueus reais considerariam a guerra um dever cívico oneroso porém forçoso? Homero é cuidadoso ao fornecer um contraponto do excessivamente colérico Aquiles na *aristeia* de Diomedes no livro V, no qual um herói perfeitamente são e exemplar conquista grande glória por meio de ferozes atos de guerra. Certamente, Homero apresenta a Guerra de Troia como um conflito de magnitude sem precedentes, e um conflito iniciado ostensivamente em nome da reivindicação de ressarcimento por males sofridos. Mas a guerra e a pirataria não eram atividades inabituais para os senhores aqueus. Em Homero, o próprio Nestor, certamente um homem dos bons e velhos tempos, tem algumas boas histórias de guerra e de desmotivados ataques violentos para contar, e elas são apresentadas como parte do ritmo normal da vida. Para um herói homérico, a guerra não é um dever opressivo — é um modo de vida, e faz parte de seu *ethos* e de seu orgulho sobressair-se nela. É uma parte e uma parcela da "ordem" aqueia.

Voegelin argumenta que a *Ilíada* é escrita contra o próprio *ethos* de seus heróis. O poeta, paradoxalmente, "parece travar uma polêmica sutil contra a moralidade de várias de suas figuras"[83]. Homero criou seus personagens do modo como são tanto numa oposição subversiva quanto em deferência a uma audiência que se identificava com eles. A antipatia de Voegelin pelos costumes heroicos e pelas ideias agonais da aristocracia arcaica é um dos temas subjacentes do subsequente desenvolvimento de seu livro. Sua linguagem inflamada é reveladora. Talvez haja um impulso autobiográfico na intensidade do sentimento com que Voegelin retorna à disparidade percebida entre o valor substantivo de um homem e o escasso reconhecimento que lhe é atribuído numa sociedade dominada por falsos valores[84].

O mal está disseminado no mundo. Consiste num dos méritos de Homero, na opinião de Voegelin, o fato de reconhecê-lo e tentar ilustrar sua operação. Contudo, mesmo um homem com o gênio de Homero é incapaz de dar conta inteiramente do processo histórico de declínio. Estamos lembrados de que, para Voegelin, a dissociação da substância da ordem não é meramente uma questão de má vontade, estupidez ou até criminalidade dos indivíduos. Antes, ela está imbuída num padrão mais profundo, um tipo de entropia estrutural, fundada no *mysterium iniquitatis*. Platão, afirma Voegelin, tentou explicá-la no *Político*, por meio da instabilidade da forma cósmica como expressa no mito do movimento alternado do universo. Homero não pode explicar ade-

---

[83] Cap. 3, 5, abaixo, 180.

[84] Elizabeth Waal, amiga de Voegelin, tendo lido seu artigo The world of Homer, *Review of Politics* 15 (1953) 491-523, posteriormente incorporado neste volume, censurou-o por ser "depreciativo e derrisório" a respeito dos heróis homéricos, chamando Aquiles de "espécime saudável", e Páris e os pretendentes de Penélope de "patifes" etc. Voegelin respondeu desculpando-se por usar "gírias", mas confirmou, em essência, a justificação de pensar mal de tais personagens e de não embelezar aquilo que é de fato desprezível. Com efeito, os termos derrisórios ainda constam do livro. As objeções da sra. Waal baseiam-se na deferência de um *Bildungsbürger* a monumentos da "alta" cultura, mas a veemência de Voegelin vai além, arrancando esses "véus dourados" — ela está enraizada numa profunda aversão aos costumes heroicos como ofensivos à verdadeira nobreza. Como Voegelin escreve à sra. Waal: "Homero é muito cuidadoso ao distinguir o nível social dos pretendentes (eles sempre são 'nobres pretendentes'), quando fala como narrador, de sua qualidade moral, que aparece quando Odisseu ou Penélope falam deles, ou seja, das pessoas que 'sofrem' da discrepância entre o nível social e a estatura moral". Ver Geoffrey L. PRICE, The Language of Political Diagnosis: Voegelin's Portrayal of Social Decline, na *web page* de Voegelin, administrada por M. W. Poirier, V-RnIII5.

quadamente a ruptura da civilização micênica com base na má conduta de alguns poucos indivíduos, por mais brilhante que seja o modo como é mostrado que suas paixões os dominam e causam a destruição da ordem de seu ambiente, pois é o colapso do mundo aqueu que, segundo Voegelin, constitui o "problema central" do *epos* homérico.

Voegelin encontra a resposta de Homero ao problema do declínio histórico além dos altos e baixos dos acontecimentos contingentes na reunião dos deuses no início do livro IV da *Ilíada*. Ali, numa acalorada troca, para obter o consentimento de Zeus para destruir Troia, Hera concorda em que as cidades sob sua proteção especial, Argos, Esparta e Micenas, também possam ser destruídas no devido tempo. Para Voegelin, isso equivale a "um programa para a destruição da civilização micênica". No mesmo fôlego, Voegelin parece embaraçado pelo fato de que um poeta do nível de Homero apresente uma solução tão rudimentar. Talvez a razão disso seja que a desintegração da civilização micênica, resultante da corrosão interna de seu *ethos*, não fosse a questão a que Homero procurava responder ao compor seus poemas, mais de quatrocentos anos depois que as cidadelas micênicas foram derrotadas pelos invasores dórios.

6 Pensadores da era arcaica

Na introdução à segunda parte deste livro, Voegelin trata brevemente da realidade institucional e organizacional da pólis. Ele reconhece a grande variedade de suas formas dispersas por todo o mundo grego, mas não tenta elaborar uma tipologia. Ele está satisfeito com que o padrão de seu desenvolvimento histórico corresponda aproximadamente ao esboço oferecido no primeiro livro de Tucídides. O processo de colonização, envolvendo a experiência de fundar novos Estados e testar novas constituições, não o detém por muito tempo. Ele não vai além do *corpus* literário em busca de fontes epigráficas ou outras fontes de informações sobre constituições, procedimentos ou práticas gregas. As formas políticas gregas que não a pólis, como o *ethnos*, são ignoradas.

O resultado teórico de sua pesquisa é estabelecer que, enquanto a pólis helênica foi mais longe que qualquer outra sociedade antiga em identificar propriamente o cidadão individual como a unidade última da qual se constitui a sociedade, ela nunca se libertou completamente dos laços de filiação dos agrupamentos sanguíneos reais e fictícios. Nessa descoberta sumária,

Voegelin não diferencia os vários lugares e épocas. Se houvesse investigado esse assunto no século IV — quando, para ele, com o aparecimento de Platão e os presságios do vindouro Alexandre, a pólis desaparece na insignificância —, sem dúvida teria encontrado um corpo de cidadãos muito mais homogêneo, pouquíssimo afetado pelos antigos grupos de filiação. Seja como for, ele provavelmente está certo em que, embora a pólis grega tenha testemunhado a emergência da personalidade humana, ainda era necessário dar o próximo passo na conquista da condição de pessoa, relacionado à ideia cristã do homem, antes que fossem possíveis associações tais como as cidades medievais reunidas pelos elos da *conjuratio* ou os Estados territoriais nacionais compostos por cidadãos individuais.

Diferentemente de outros estudiosos da pólis grega, Voegelin não está particularmente preocupado com o "nascimento da política", entendido como o desenvolvimento da tomada de decisão ritualizada, controlada por meio de procedimentos e baseada no discurso e na persuasão. Este é, para ele, um fenômeno superficial. A verdadeira persuasão depende da comunidade de espírito, fundada na abertura dos interlocutores à ordem do ser. Tucídides mostra a erosão da linguagem como um corolário da desintegração política e ética da Atenas em guerra. Péricles é contrastado com os demagogos posteriores. Mas na discussão de Voegelin os oradores — retóricos e políticos, Lísias, Isócrates, Demóstenes — estão completamente ausentes.

O movimento rumo a uma humanidade universal é obstruído pelo "paroquialismo" da pólis. O próprio Platão "não é capaz de pensar além da federação helênica sob a proteção de uma pólis salvadora". Embora Voegelin ressalte que a unidade da humanidade não pode ser um Estado institucionalizado e que ela consiste na "comunidade do espírito", trata do particularismo da pólis grega como se fosse um impedimento a ser superado, em vez de um modo de existência significado por si mesmo.

É curioso que um estudioso interessado no simbolismo como Voegelin não dedique muita atenção às expressões ritualísticas da unidade grega. Santuários e jogos são mencionados, é claro, mas rapidamente deixados de lado. A poesia de Píndaro é tratada como a expressão "grandiosa" porém marginal de uma aristocracia descontente, e não como a vibrante celebração da fama pan-helênica e, por conseguinte, da unidade cultural grega. Em contraposição, Voegelin dedica certo tempo às ligas das cidades gregas, vendo-as menos como esforços de cooperação regional que como manifestações atrofiadas de uma entelequia implícita rumo a uma organização política mais abrangente.

Aparentemente, à parte a filosofia em si mesma, os simbolismos que não sejam incorporados em formas de organização institucional duradouras sairiam dos trilhos da história da ordem.

Tratando da literatura da era arcaica, Voegelin encontra pouca coisa que tenha ligação direta com a pólis. No entanto, alguns autores — Hesíodo, Xenófanes, Parmênides, Heráclito — mostram-se crucialmente importantes para seu projeto, enquanto outros são marginais, se não inteiramente dispensáveis. Voegelin escreve que a poesia lírica liberta a alma individual, mas não manifesta uma nova vontade política. Hesíodo também não expressa o "*pathos* da pólis", mas é, todavia, uma testemunha capital da busca da ordem. Em contraposição, a sensibilidade e a sutileza excepcionais da forma expressiva alcançada, digamos, por Arquíloco, tem, por assim dizer, importância meramente privada.

No início deste grande estudo *Ordem e história*, no prefácio ao volume I, Voegelin declara que "toda sociedade vê-se encarregada da tarefa de [...] criar uma ordem que dote de significado o fato de sua existência em termos dos fins divinos e humanos". Para Voegelin, evidentemente, não basta que as sociedades ofereçam uma estrutura na qual a existência dotada de sentido seja possível. O sentido tem de ser realizado e corporificado *pela* sociedade. Um Estado é uma associação dotada de um propósito, não uma condição na qual se podem perseguir fins — possivelmente incomensuráveis. Seus propósitos não são senão aqueles de seus numerosos membros, mas constitui-se uma ordem na medida em que as muitas finalidades coincidem — ou, mais exatamente, dada a variedade de temperamentos humanos empíricos, complementam-se — num movimento na direção do bem partilhado por todos de modo diferente porém efetivo. O florescimento de um Arquíloco não redime a pólis.

Não obstante, Voegelin trava um embate com a autoridade da experiência autêntica que não está nem explicitamente ligada à pólis nem explora os problemas centrais da ordem. Num audacioso salto, ele assume a autenticidade da experiência manifesta na poesia de Safo como análoga à inspiração da proclamação bíblica de uma nova lei. A ponte é formal e se baseia na estrutura do verso de Safo que introduz sua resposta profundamente sentida às predileções triviais com "*Eu digo*"; Voegelin vê nisso um paralelo com as palavras bíblicas "Eu vos digo".

O tom poético das passagens não poderia ser mais diferente, e a equivalência verbal selecionada aqui não é capaz de persuadir. Mas a tentativa de estabelecer uma relação revela, entretanto, um raro momento de sensibilidade ao poder do genuíno sentimento poético — sua afinidade com a introspecção filosófica — mesmo quando não está preocupado com a ordem do ser e sua relação com a ordem da sociedade. É significativo, além disso, que, nas linhas de Safo que Voegelin escolheu para discutir, o sujeito e o objeto do amor ou da admiração não são senão polos de um relacionamento, uma tensão da experiência pura, o próprio anseio atestando que seu objeto é digno de ser amado.

Hesíodo é especialmente favorito, e Voegelin voltará a ele em várias de suas obras posteriores. A autoridade de Hesíodo, de modo ainda mais claro que a de Homero, deriva das Musas — filhas de Zeus e Mnemosine. Essa fonte de inspiração, fruto da procriação do Pai divino com a deusa Memória, prenuncia a recordação evocativa, a *anamnesis* de Platão. Diferentemente de Homero, Hesíodo, como narrador, prossegue em seu próprio nome, fala-nos de suas circunstâncias pessoais, aparece como um indivíduo falível e, por conseguinte, responsável. As Musas informam Hesíodo de que são capazes de dizer tanto mentiras como verdades. Hesíodo reordenou os elementos tradicionais do mito, remodelando conscientemente os símbolos para revelar uma verdade de validade universal. Sua obra foi portanto um passo à frente rumo à especulação filosófica.

Para Xenófanes, a forma mítica, tendo sido moldada e adquirido vigência pan-helênica por Homero e Hesíodo, tornara-se intolerável em face da experiência do divino. Os seres humanos, observou ele, criaram deuses à sua própria imagem — por conseguinte, as imagens não podem ser verdadeiras. Essa ideia crítica leva contudo ao problema que estorvará a história do pensamento. A representação antropomórfica é experimentada como imprópria. Aquilo que era uma forma simbólica, articuladora de uma experiência da verdade, torna-se opaco, obstruindo seu significado em vez de revelá-lo. Do ponto de vista do estado de consciência mais diferenciado, as expressões simbólicas prévias parecem simplesmente fantásticas ou falsas. Elas se tornam inacessíveis à interpretação ou sujeitas a interpretações equivocadas, anacrônicas e reducionistas, a menos e até que o interpretante se torne consciente da historicidade de seu material e de sua própria tarefa.

A filosofia milesiana, conceituando a natureza como dada na experiência sensível, inaugurou um caminho paralelo de compreensão filosófica. A especulação filosófica levou a uma abertura em relação às origens, indicada por termos como o *apeiron* de Anaximandro, totalmente diferente da mitopoética teogônica, complementar da sugestão de Xenófanes de uma divindade universal.

Parmênides introduziu o símbolo do Caminho, reunindo a perspectiva da redenção à da compreensão. Ele falou do Ser de uma maneira inteiramente sem precedentes, isto é, não como uma soma ou um ponto de partida de seres ou entidades sensualmente perceptíveis, análogos à *arche* dos filósofos físicos jônios, mas como um enfático "É!" experimentado no transporte místico do pensador de tal modo que "o ser e o pensamento são idênticos". Porém, a verdade do Ser só pode ser alcançada pelo Caminho a partir das ilusões (*doxai*) dos mortais. Aqui Voegelin já entrou em sua grande discussão sobre Platão do próximo volume.

Heráclito, "no meio do caminho entre o mito dos poetas e o mito platônico da alma", explora a estrutura da psique e, portanto, efetivamente descobre a psique como o *locus* da experiência humana[85]. Isto proporciona uma condição indispensável para a possibilidade da antropologia filosófica.

Dois autores arcaicos são diferentes dos autores acima mencionados em razão de sua obra ser explicitamente relacionada à pólis.

O primeiro, Tirteu, é o oposto de um profeta, pois não fala contra os males de sua sociedade buscando transcendê-los. Pelo contrário, fala *pela* pólis, nesse caso a Esparta do século VII. Ele pertence, nos termos de Bergson, ao âmbito da pressão, mais que ao da aspiração; ao âmbito da solidariedade, e não ao da abertura. É extremamente atípico que Voegelin retome tal figura. As canções de Tirteu induziram e aparentemente inspiraram os soldados espartanos à bravura impetuosa na guerra contra Messênia. Essa foi uma guerra de conquista, levando à sujeição e à exploração dos messênios e de sua terra. Voegelin discute Tirteu como um expoente e, pela atribuição da vibrante forma poética, como o criador do tema "certo ou errado, é o meu país". "O *pathos* da pólis gera a disposição de lutar pela comunidade a despeito da justiça de sua causa." Voegelin não descarta isso sem mais; ele vê aí uma manifestação da presença do mal no mundo, que é inegável, ainda que suas fontes últimas sejam inescrutáveis. Voegelin observa que o *pathos* dessa solidariedade marcial desvinculada da justiça divide o *ethos* da pólis. E, por fim, declara que a bravura impetuosa pode ser domesticada e sua energia pode ser bem aplicada caso não se permita que ela domine a psique, mas encontre seu lugar numa alma bem ordenada. Platão, destaca Voegelin, considerava a coragem uma virtude,

---

[85] Aqui, assim como na discussão sobre a *ausência* de uma psique unificada — ou, na verdade, de um corpo unificado — em Homero, Voegelin segue o notável livro de Bruno SNELL, *The Discovery of the Mind*, trad. Thomas Rosenmeyer, Oxford, Oxford University Press, 1953. Para uma crítica ponderada e uma estimulante discussão da visão de Snell como construída de modo reverso em relação a Kant, ver Richard GASKIN, Do Homeric Heroes Make Real Decisions?, *Classical Quarterly* 40 (199) 1-15.

mas sob a condição de estar integrada numa psique equilibrada e estando em quarto lugar na graduação depois da sabedoria, da justiça e da temperança.

Em Sólon, Voegelin encontra a mais importante personalidade individual da política helênica. Diferentemente de Minos ou de Licurgo, ele não é uma figura lendária, mas uma pessoa real, historicamente tangível. Estadista e poeta, ele *criou* o tipo histórico do legislador que considera a ordem política como um efluxo de sua própria consciência ordenada. A consciência da tensão entre os limites impostos pelos deuses e a liberdade falível e responsável da atuação humana é o centro evocativo da *eunomia* de Sólon, a pólis bem-ordenada refletindo a alma bem-ordenada. Seus escritos, até mesmo os fragmentos, permitem que aquele que os interpreta siga a articulação de sua experiência. Sólon não apenas elabora leis sensatas, media conflitos sociais, alivia o sofrimento dos desfavorecidos e explica as máximas dos sábios — ele também se recusa a tirar vantagem de sua posição e retira-se, permitindo que sua reforma se sustente por si mesma. A qualidade existencial de sua sabedoria é evidente em sua conduta.

Sólon, por conseguinte, fornece o paradigma da psique de um indivíduo excepcional em consonância com a ordem do ser e efetivamente transpondo essa ordem para a ordem da sociedade. Seu exemplo é essencial por ter sido real e também verdadeiro. Sem ele, argumenta Voegelin, Platão não poderia ter concebido seus reis filósofos. Mas, enquanto a cidade era renovada pelas reformas de Sólon, fechou-se às críticas de Sócrates e à experiência evocativa de Platão. "Entre Sólon e Platão está a história da pólis ateniense — desde a criação de sua ordem, passando pela alma de Sólon, até sua desintegração, quando a renovação da ordem por meio da alma de Sócrates e de Platão foi rejeitada."

Todos os pensadores da Grécia arcaica que Voegelin entremeia em sua história da ordem parecem ter uma coisa em comum: eles se opunham ao ideal heroico. Hesíodo foi levado a questionar o mito devido às iniquidades de uma sociedade oligárquica em desordem. Ele opôs as virtudes simples do camponês e do artesão às virtudes do guerreiro aristocrático homérico. Ele recomendou a parcimônia e o trabalho árduo, e que se pusesse um cão para proteger a propriedade. Esse cão é um eco longínquo do leal companheiro de caça de Odisseu. Xenófanes atacou os antigos mitos "em nome de uma nova excelência em oposição à cultura agonal aristocrática da pólis helênica na qual o vencedor em Olímpia se tornou o sucessor do herói homérico". Consequentemente, para Voegelin, Teógnis e Píndaro, que cantam o louvor de tais vencedores, para toda a "grandeza" de sua poesia, representam a enfermidade, e não a ordem, da Hélade. O Zeus celebrado nos jogos em Olímpia, o Posêidon dos jogos ístmicos, o Apolo dos jogos píticos aparentemente não contribuem para a verdadeira ordem, mas, presumivelmente, no máximo para uma comunidade criada pela competição atlética dos "espécimes saudáveis". Na interpretação de Voegelin, o padrão do feito poético e existencial é sempre o de opor uma *nova* excelência àquela que é descartada pelas convenções da sociedade, nunca — como para Dante, por exemplo — o de defender uma aspiração superior, mais perfeitamente percebida e talvez mais instruída com base no pressuposto da "gente nova", cuja ideia da excelência é o lucro imundo. Nem toda novidade é boa para Voegelin, mas a superior diferenciação da experiência e a articulação da verdade são um movimento progressivo no tempo, afastadas da bravura heroica. Mesmo a coragem de Tirteu, para Voegelin, não é tanto uma extensão e uma adaptação da bravura heroica quanto um "novo tipo" de coragem, pois está subordinada à comunidade a cujo serviço é exercida. *A fortiori*, na Atenas de Sólon, que alcançou um nível muito maior de inclusão na cidadania que a Esparta de Tirteu, "a pólis se afirma contra as excelências da antiga aristocracia". Se a reforma de Sólon viesse a fracassar e os aristocratas conquistassem a primazia, "Atenas pereceria e as condições homéricas seriam restabelecidas".

Voegelin aceita a tese de Werner Jaeger de que, na Grécia, "a democratização significava a extensão da cultura aristocrática ao povo". Mas, enquanto Jaeger essencialmente aprova o *ethos* aristocrático e, em sua monumental *Paideia*, vê as exemplares reformas estéticas, éticas e educacionais da Grécia como se originando dele, Voegelin entende que a importância da Hélade para a história universal, emergindo em oposição a esse *ethos*, caminha rumo à efetivação da essência comum do homem.

Num primeiro estágio soloniano, a cidade se afirma contra a nobreza recalcitrante. No salto decisivo para a significação universal, a filosofia aparece como "uma forma simbólica que expressa experiências definidas da ordem em oposição à pólis".

O problema que preocupa Voegelin não é muito diferente das preocupações dos humanistas do Renascimento, assunto dos tratados *de vera nobilitate*, tratando dos méritos da verdadeira nobreza, conforme reivindicavam para si mesmos, com base na instrução e nos serviços prestados à república, em oposição à nobreza acidental e presunçosa atribuída ao nascimento e à riqueza. Hesíodo, na abertura de *Os trabalhos e os dias*, lamenta que os homens no poder sejam injustos. O restabelecimento da ordem requer a derrubada dos poderosos e a ascensão dos humildes[86]. No tratamento do tema no mito de Platão, Voegelin reconhece tons escatológicos, reminiscentes do Novo Testamento. Ele observa também que o tema aparece na literatura socrática, na qual o social e espiritualmente humilde e irônico Sócrates vence o arrogante e aristocrático Alcibíades. Talvez não importe que, como sabemos a partir da *República*, os mais receptivos interlocutores de Sócrates, Glauco e Adimanto, personificações indubitáveis da *vera nobilitas*, tivessem, como seu irmão Platão, o mais nobre sangue ateniense.

7 Atenas

Atenas domina a percepção da Grécia na consciência histórica do Ocidente. Há boas razões para isto, dada a colossal conquista cultural dessa cidade. Nossa era democrática, ademais, inclinou-se a favor de Atenas em detrimento de sua rival, embora o republicanismo de um Rousseau, por exemplo, deva mais ao mito de Esparta. Todavia, a contribuição intelectual e artística de Esparta nunca se equiparou à de Atenas. Outras cidades têm o mérito de importantes realizações culturais, mas somente Atenas emerge como um poder político e cultural de primeira ordem. A preeminência de Atenas pode, porém, levar a mal-entendidos, inclinando o interpretante a tomar a parte pelo todo.

Esse perigo é um tanto diminuído quando se trata do que pode ser chamado de longo século ateniense, que se estende das Guerras Persas até Platão, no curso do qual Atenas emergiu como "a Hélade da Hélade". Na medida em que se pode fazer que Atenas represente a Grécia, o problema de delimitar um campo civilizacional como uma unidade de estudo inteligível torna-se muito menos acentuado. A concentração do poder e do intelecto em Atenas coincide, ainda, com uma concentração mais constante de problemas de governo e na ordem política, equivalente ao que Voegelin chama de "uma contínua ocupação com o problema da ordem que culminou nas obras de Platão e Aristóteles".

Com Heráclito e Parmênides, isto é, com a descoberta do Ser e da Psique, a pólis, segundo Voegelin, parece ter exaurido sua substância e perdido sua razão de ser no que se refere à história da ordem. Esta é uma afirmação surpreendente, pois o que vemos como as maiores realizações da pólis, do friso

---

[86] Cap. 5, 3, abaixo, 213.

do Partenon ao *Édipo rei*, ainda estão por vir. As rupturas espirituais destituem de autoridade as estruturas políticas recebidas, mas permanecem elas mesmas restritas a expressões incidentais e ineficazes, a menos que haja uma resposta por parte da sociedade. Nessa memorável ocasião histórica, segundo Voegelin, Atenas de fato *respondeu* por meio de uma magnífica irrupção cultural e, assim, inaugurou um novo ciclo da tensão entre as estruturas da sociedade corporificada e a vida do espírito — a "forma de uma civilização". Aproximando a linguagem metafórica de Heráclito da linguagem dos *revivals* americanos do século XVIII, Voegelin fala de um "Grande despertar".

A Atenas de Maratona se torna, depois de Sólon, um segundo paradigma orientador para a filosofia de Platão e Aristóteles, uma vez mais exemplar e real ao mesmo tempo. Os filósofos diretamente subsequentes a eles no *continuum* histórico podem extrair "a substância espiritual e comunitária sem a qual sua obra é impensável". Esse despertar parece tanto mais notável uma vez que não emana de um indivíduo profético, mas é, aparentemente, o feito de todo um povo.

A Atenas de Maratona como uma época de virtude não corrompida, harmonia cívica e cidadania patriótica é um *tópos* que remonta à própria Atenas antiga. O classicismo moderno, que buscou na cultura grega modelos de educação e conduta, apresentou a ideia da grande e vitoriosa batalha com a Ásia evocando — ainda que imediatamente pondo à prova — uma onda de forças morais, culturais e políticas atuando em uníssono. Voegelin adapta essa concepção para os propósitos de sua investigação. A existência real na história de um "momento de ouro", ainda que efêmero, no qual "o poder e o espírito estavam conectados" é importante para ele e para sua interpretação de Platão. A Atenas de Maratona como um platô da ordem do qual a cidade decaiu até desintegrar-se, não dando ouvidos ao apelo de Platão por renovação, encaixa-se bem demais na abrangente filosofia da história de Voegelin: "Há períodos de ordem, seguidos por períodos de desintegração, seguidos pela compreensão errônea da realidade por parte de seres humanos desorientados"[87].

Não há dúvida de que as Guerras Persas foram um momento de definição da consciência grega, que afetaram profundamente a dinâmica do poder e da cultura na Hélade e que impeliram Atenas a uma posição de importância sem precedentes. Mas, sem com essa afirmação negar uma irrupção de criatividade em muitas esferas, a Atenas de Maratona é uma imagem altamente

---

[87] *Autobiographical Reflections*, 102.

idealizada, imagem desmentida pelas evidências de brutalidade, vulgaridade e intrigas que são, sem dúvida, inseparáveis da existência histórica contingente. É possível também exagerar a subitaneidade com que Atenas atingiu sua superioridade cultural: basta examinar a pintura de um vaso ático do século VI para ver as marcas de uma cultura estética e intelectual extremamente sutil.

Talvez seja injusto esperar que o tratamento dispensado por Voegelin ao mundo da pólis considere as artes visuais, a escultura e a arquitetura. Já no livro escrito na América do Norte ele excluiu, por questão de método, formas de expressão que não a linguagem de sua análise das "formas da mente" nacionais. Isso era uma questão de economia no estudo, pois essas formas eram menos acessíveis à apreensão da razão[88]. Contudo, é muito difícil fazer uma exposição adequada do mundo simbólico da Atenas clássica sem abordar ao menos superficialmente os grandes monumentos de importância religiosa e cívica, construídos deliberada e magnificamente como expressões da autocompreensão da cidade. E o que poderia ser um monumento mais lúcido da ordem que o Partenon? Não se pode evitar especular que nova concepção poderia ter sido alcançada com uma tentativa de interpretação desse monumento, que, segundo a cronologia de Voegelin do espírito de Atenas, tem de ser atribuído a um período de declínio.

Para Voegelin, a voz da Atenas de Maratona é Ésquilo. A obra *Os Persas* não apenas comemora a batalha de Salamina, mas também mostra o sofrimento no acampamento dos derrotados. A tragédia esquiliana participa na grande busca da verdade que se prolonga de Hesíodo a Platão. O rei nas *Suplicantes* empreende um mergulho "dionisíaco" nas profundezas da psique, onde encontra-se a Dike. É esse movimento da alma que conduz à verdade, à decisão responsável, digna de um homem maduro e condizente com a verdade que ele descobre *in immo cordis*. Essa é a essência do drama, isto é, literalmente, da *ação*, ou seja, do movimento meditativo que, de modo análogo à experiência pura de James, é inseparável da verdade que encena. Essa é uma análise poderosa, ainda que controversa. Segundo Voegelin, "a tragédia [...] é o estudo da alma humana no processo de tomar decisões, embora as tragédias individualmente construam condições e situações experimentais nas quais uma autoconsciência plenamente desenvolvida é compelida à ação".

A definição não é elaborada a partir do corpo de tragédias remanescente, nem com base em testemunhos de autoridade, tais como a *Poética* de Aristóteles, mas

---

[88] *On the Form of American Mind*, 4.

inferida de sua interpretação das *Suplicantes*. A ênfase em Dioniso talvez denuncie a influência de Schelling[89]. O que é e o que não é dionisíaco no que diz respeito à tragédia ática é altamente controverso. Voegelin discute o *Prometeu*, mas a *Oréstia*, no entanto, que pareceria eminentemente política, é apenas mencionada.

De Ésquilo em diante, de acordo com Voegelin, a tragédia reflete a desintegração da democracia ateniense. Sófocles, mencionado numa única sentença, já está à beira do declínio. A história da ordem não tem lugar para *Édipo* ou para *Antígona*. O subjetivismo cético de Eurípides "desfaz a obra dos filósofos místicos" contra o pano de fundo dos desastres e das crueldades da Guerra do Peloponeso.

Os sofistas recebem um tratamento muito mais completo, que demonstra as habilidades exegéticas de Voegelin. Ele mostra como os sofistas estabeleceram o currículo de estudos liberais que marcou a educação ocidental desde então. As analogias com os padrões ideológicos, racionalistas e iluministas modernos tornam-se palpáveis. Górgias ignora a base experiencial dos símbolos e os emprega como se fossem proposições da experiência imanente. Ele pode então desmascarar afirmações demonstrando suas contradições formais. Hípias substitui a universalidade do espírito pela acumulação enciclopédica. O colapso de uma noção substantiva e experiencialmente fundamentada da justiça — a *dike*, ainda presente nos discursos de Protágoras — e sua substituição pela polaridade entre a *physis* (natureza) e o *nomos* (lei/convenção) é um grande indicador da desintegração da ordem da pólis, tanto na prática institucional como nos corações dos homens. A discussão, mais uma vez, já se baseia em Platão, preparando o terreno com as batalhas que empreendeu e as lições que assimilou dos intelectuais que invadiram sua cidade natal provenientes dos quatro cantos do mundo helênico.

Para Voegelin, a capacidade ateniense de reaver suas posses em alguma medida, e, ainda mais importante, de manter seu *nomos* e restabelecer e manter sua coerência institucional até muito depois da terrível derrota na Guerra do Peloponeso não possui nenhum interesse. Esse *nomos* altamente procedimental não reflete nenhuma autoridade profética. Para Voegelin, depois de 404 a.C., Atenas não existe mais senão por sua iniquidade, assinalada pela morte de Sócrates, e dando origem à resposta decisiva de Platão.

---

[89] Para o Dioniso altamente especulativo de Voegelin e F. W. J. Schelling, ver a ampla discussão de Barry COOPER, *Eric Voegelin and the Foundations of Modern Political Science*, Columbia, University of Missouri Press, 1999, 408 s.

O ponto de partida de Voegelin para construir o curso da história grega foi a consciência clássica do fim do século V e do início do século IV acerca do que constituía o passado significativo. Tendo percorrido esse trajeto, Voegelin pode então dirigir-se novamente aos historiadores e mostrar de que modo a história como uma sequência de eventos conduziu à história como uma narrativa dotada de significado. O livro fecha o seu círculo.

A sondagem trágica da profundidade da psique tornando-se a força ordenadora da sociedade estrutura o tempo como um curso histórico, com um antes e um depois em relação à irrupção crucial. Por conseguinte, Voegelin pode dizer que a história nasceu da tragédia na Hélade, e em nenhum outro lugar.

Heródoto busca preservar a memória dos grandes feitos e procura explicar as razões dos grandes conflitos de sua época com base em seus precedentes. Voegelin expõe o *pathos* melancólico de Heródoto quando suas investigações revelam que o homem é apanhado num inevitável fluxo de altos e baixos do poder, sendo porém incapaz de saber por quê.

Tucídides discute a dinâmica do poder em conjunção com a corrupção do *ethos*. Ao fazê-lo, cria uma forma simbólica. Diagnosticando as diversas ações familiares a seus contemporâneos como partes de uma mesma grande enfermidade, Tucídides evoca aquilo que, graças a ele, chamamos de Guerra do Peloponeso. Voegelin o designa como aquele que diagnosticou a doença que afligia a cidade[90]. No próximo volume, Voegelin discute a parte complementar, curativa, de uma ciência completa da política, a cura da alma proposta por Platão.

ATHANASIOS MOULAKIS

---

[90] A afinidade entre a literatura médica da Grécia clássica e o estilo de Tucídides não é mais considerada tão evidente quanto acreditavam alguns antigos estudiosos e, junto com eles, Voegelin. A imagem é, contudo, sugestiva.

O mundo da pólis

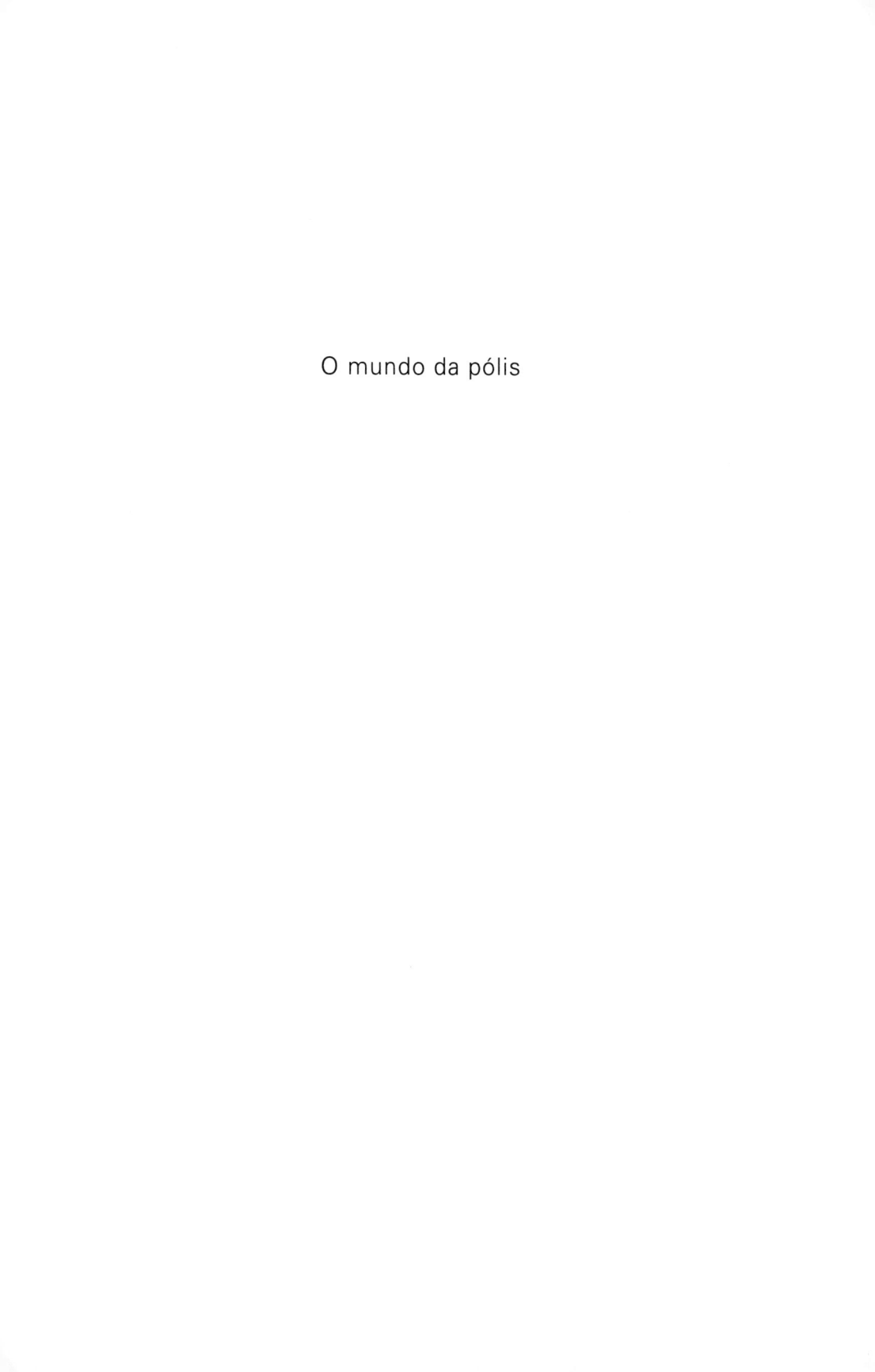

coniugi dilectissimae

In consideratione creaturatum non est vana et peritura curiositas exercenda; sed gradus ad immortalia et semper manentia faciendus.

[No estudo da criatura, não se deve exercer uma curiosidade vã e perecedoura, mas ascender rumo àquilo que é imortal e permanente.]

Santo Agostinho, *De vera religione*

Prefácio

Ordem e história é uma investigação filosófica concernente aos principais tipos de ordem da existência humana na sociedade e na história, assim como das correspondentes formas simbólicas.

As mais antigas sociedades civilizacionais foram os impérios do Oriente Médio antigo na forma do mito cosmológico. E desse estrato mais antigo da ordem emergiu, por meio das revelações mosaica e sinaítica, o Povo Eleito com sua forma histórica no presente sob o governo de Deus. Os dois tipos de ordem, junto com suas formas simbólicas, foram o assunto do volume I, *Israel e a revelação*.

Na área egeia surgiram, do estrato da ordem na forma cosmológica, a pólis helênica com a forma simbólica da filosofia. O estudo da pólis e da filosofia concatena-se, na organização de *Ordem e história*, ao estudo precedente sobre Israel e a revelação. Devido à sua dimensão, este segundo estudo teve de ser dividido nos volumes II, *O mundo da pólis*, e III, *Platão e Aristóteles*. Os dois volumes, embora cada um deles seja completo em si no tratamento de seu respectivo tema, formam uma unidade de estudo.

Breves seções dos dois volumes foram previamente publicadas como The world of Homer (*Review of Politics* 15 [1953] 491-523), The Philosophy of Existence: Plato's *Gorgias* (*Review of Politics* 11, 477-498) e Plato's Egyptian Myth (*Journal of Politics* 9, 307-324).

Como no volume anterior, quero manifestar minha gratidão, pelo auxílio material que facilitou a elaboração final deste estudo, à instituição que não deseja ter seu nome mencionado.

Eric Voegelin
1957

Sumário analítico

Introdução: Humanidade e história
Saltos no ser múltiplos e paralelos. A natureza genérico-única do homem. As sociedades concretas e a humanidade. A filosofia da história: a fonte das dificuldades. Mistérios e problemas. A estrutura de autoridade na história. A ordenação das autoridades. Os antigos e os saltos no ser. A teologia israelita e helênica da história. Panécio e Posidônio. A verdade do presente e a falsidade do passado. Limitações das posições israelita e pagã. São Paulo. Estágios do processo espiritual rumo à verdade da existência. A coexistência da verdade e da falsidade. O defeito da interpretação paulina da história. O problema da existência judaica. A política pagã de tolerância. Os modernos e os saltos no ser. Bossuet e a tradição agostiniana. Voltaire. Histórias profanas paralelas: Spengler e Toynbee. A expansão da história sagrada: Hegel. Histórias sagradas paralelas: Jaspers e Toynbee. A filosofia da história como um simbolismo ocidental. Clemente de Alexandria.

Parte 1: Cretenses, aqueus e helenos
1. Hélade e história
    §1. Questões preliminares
        A delimitação da ordem grega. A pólis e a filosofia. As sociedades cretense, aqueia e helênica. As civilizações minoica, micênica e helênica. O alcance da ordem grega e a memória do período clássico.

§2. A consciência helênica da história
   1. Características gerais
      O conteúdo da memória helênica e o processo histórico. O crescimento da consciência histórica.
   2. Heródoto
      A preservação das tradições. O caso da Guerra de Troia. A psicologia do senso comum da fronteira asiática. A destruição do mito. A interpretação errônea de Homero.
   3. Tucídides
      O racionalismo ateniense do poder. A reconstrução da história grega.
   4. Platão
      Ordenando a memória. O retorno à gruta de Zeus. A transferência do Ônfalo de Creta para Delfos.
   5. Conclusões
      A extensão espacial e temporal da memória clássica. A motivação da organização do poder. O *continuum* da história grega. A construção do curso histórico. Seu motivo. O termo "história". O símbolo do curso.
2. As sociedades cretense e aqueia
   As culturas das cidades como a base das civilizações. As áreas urbanas egeias e os invasores não urbanos.
   1. A sociedade cretense
      História. Símbolos minoicos da ordem, a ausência de instituições imperiais.
   2. A sociedade aqueia
      História. As tábulas com a escrita linear B. O declínio das civilizações primevas.
3. Homero e Micenas
   As migrações. A formação de uma sociedade egeia ampla
   §1. Questões homéricas
      F. A. Wolf. A questão homérica e a crítica do Pentateuco. A data das epopeias. A ruptura do poeta em relação ao mito cosmológico. A autoridade das musas – Homero, Píndaro, Hesíodo. Cegueira e visão, recordação e esquecimento. A imortalidade via cantiga. A criação do passado por meio da consciência mnemosínica.
   §2. Ordem e desordem

1. A ordem constitucional dos reinos aqueus
Dimensão. A organização em federações para a guerra. Procedimento constitucional. O sonho de Agamenon. Procedimento no conselho, na assembleia. A ordem joviana e o governo real.
2. A cólera de Aquiles
O destino. A obsessão com a morte. A exortação de Fênix. A dialética da culpa e da reparação. A patologia de Aquiles. *Cholos* e angústia. A batalha das naus. A morte de Pátroclo. A aceitação da vida.
3. O eros de Páris e Helena
O combate. A cena diante da porta Ceia. A corrupção da ordem. Sonho e abraço. A assembleia dos deuses.
4. A *Odisseia* e a desordem
O Prólogo. A desordem em Ítaca.
5. A etiologia da desordem
As fontes do mal. A antropologia de Homero. A ação humana e a ação divina. O pedido de desculpas de Agamenon. Cegueira e visão. A ordem divina e a desordem humana. O declínio da civilização micênica. A ação individual e o padrão da história.

Parte 2: Do mito à filosofia
4. A pólis helênica
    1. O sinecismo e a estrutura gentílica
    O caso de Atenas.
    2. A pólis
    O declínio da ordem aristocrática. O povo e a tirania. Aristóteles a respeito da prostasia ateniense.
    3. Simpoliteia
    O caso de Olinto.
    4. O fracasso das ligas
    As ligas clânicas. As ligas anfictiônicas. A Liga Espartana e a Liga Ateniense. A Liga de Corinto.
5. Hesíodo
    1. Do mito à metafísica
    A forma de transição de Hesíodo. As filosofias teológicas segundo Aristóteles. Experiências motivadoras. O poeta e sua verda-

de. Verdade e falsidade. A catarse por meio da verdade e da memória.
2. A *Teogonia* — a origem da ordem
   A titanomaquia e a evolução de Zeus. A especulação teogônica. A origem autogeradora. A liberdade mitopoética.
3. *Os trabalhos e os dias* — invocação e exortação
   A forma parenética. Afinidades orientais. O grande e o humilde. A exortação a Perses. As duas Érides, a Dike. A virtude do trabalho. Verdade e admonição.
4. As fábulas — Paraíso
   Conteúdo e propósito paradigmático. A fábula de Pandora.
5. As idades do mundo
   Conteúdo do Logos. O mito antropogônico e épico. As idades dos metais. Comparação com um mito chinês das cinco eras.
6. O apocalipse
   Delimitação e estrutura. Experiência e forma. A angústia do aniquilamento espiritual. Aidos e Nêmesis. A fábula para os príncipes. A Híbris. O sofrimento coletivo e a recompensa. As cidades justas e injustas. Paralelos dos profetas. A realidade histórica como um pesadelo apocalíptico. O pesadelo e a verdadeira realidade.

6. A ruptura com o mito
   §1. A emergência da filosofia
      A área e os portadores da civilização helênica. A liberdade em relação às instituições imperiais. O estilo da aventura intelectual: Homero, Hesíodo, os milesianos. As escolas de Pitágoras e Parmênides. A forma da civilização helênica. Comparação com Israel. As rupturas individuais em relação ao mito.
   §2. O ataque de Xenófanes ao mito
      1. A adequação dos símbolos
         O ataque a Homero e Hesíodo. A classificação das formas simbólicas. Os tipos de teologia de Platão. Verdade e mentira da alma.
      2. O antropomorfismo
         Uma acusação falaciosa em retrospecto. Crítica da teoria de Tylor.
      3. A universalidade do divino
         O Deus único *versus* o paroquialismo do mito. A universalidade do divino e o monoteísmo.

4. A divindade do Um
      O reconhecimento do problema por parte de Aristóteles. Anaximandro. O vislumbre xenofânico do Paraíso.
7. As *aretai* e a pólis
   1. A *sophia* de Xenófanes
      O ataque às excelências olímpicas. A descoberta da transcendência como fonte de autoridade. O apelo universal e a limitação da pólis.
   2. A bravura impetuosa de Tirteu
      A *arete* da pólis *versus* as excelências homéricas. A forma elegíaca. Existência *versus* justiça. O lirismo da existência. A imortalidade por meio da memória da pólis. A descoberta das *aretai* e seu complemento por Platão. Platão sobre a bravura de Tirteu.
   3. A eunomia de Sólon
      A desordem da pólis e a ordem da Dike. A Doxa como a causa da crise. As excelências homéricas como Doxa na pólis. A *arete* como fé na Medida Invisível. A eunomia da alma e a pólis. O tipo do legislador. Sólon e Platão.
   4. "Mas eu vos digo…"
      A ordem tradicional e a resistência da alma. Safo. A autoridade do Eros. A subjetividade da opinião *versus* a objetividade da alma erótica. A Doxa comum e a solidão da verdade.
8. Parmênides
   1. O Caminho
      O prólogo do poema de Parmênides. O transporte. O homem que sabe e o afamado Caminho. A divindade e a imortalidade da alma. Platão acerca da alma como *daimon*.
   2. A verdade do ser
      A visão. A percepção por meio do Nous e a análise por meio do Logos. Ser e Não-Ser. O *É!* exclamativo. O sujeito das proposições acerca do Ser transcendente. As proposições não transferíveis ao Ser imanente. Os predicados do Ser transcendente. A autonomia do Logos. A compacidade hierática da verdade e do Ser.
   3. Doxa
      O mundo e o Caminho. A Doxa como cosmologia, como Não-Ser. A Doxa verossímil de Parmênides e o mito verossímil de Platão. A lacuna ontológica entre a Doxa e a Aletheia. O mito platônico como solução.

    4. O antagonismo entre os Caminhos da Verdade
       A Verdade do Logos e a Verdade da Revelação
  9. Heráclito
     De Parmênides a Heráclito. As dimensões da alma.
    1. O destino pitagórico da alma
       A Psique de Homero, de Empédocles. A metempsicose.
    2. A exploração da alma
       O *ethos* como *daimon*. Os tipos de sabedoria humana e divina. A quantidade de saber e a compreensão. O filósofo. Esclarecimento do termo por Platão. A vida da alma: profundidade, aumento através da exploração. Amor, esperança e fé.
    3. A filosofia da ordem
       O Logos e sua comunicação. Os sonâmbulos. Reconstrução dos conceitos heraclíteos: *xynon*; Logos; cosmos; mundo comum e mundos privados; o comum, o Nous, e o Nomos; disputa e guerra. O ciclo; o Caminho; o reino da criança que brinca. O Fluxo. Paixão e existência. A guerra da vida e a paz do Logos. Os Muitos, os Poucos e o Um.
    4. Conclusões
       O desafio da ordem da pólis. A nova autoridade. O rei-filósofo como o vínculo entre o espírito e o poder.

Parte 3: O século ateniense
  10. A tragédia
    1. A verdade da tragédia
       O despertar de Atenas. Aristófanes e Aristóteles acerca da tragédia. A verdade da ação.
    2. O significado da ação
       As Suplicantes de Ésquilo. A situação experimental. Os conflitos da *themis*. A descida na profundeza da alma. A pólis como o *xynon* heraclítio. Peitho. A decisão pela Dike. A teoria esquiliana da ação.
    3. Tragédia e história
       A ordem da Dike e a desordem do mundo. O *Prometeu*. As *dramatis personae* teomórficas. A verdade do Ser e a existência demoníaca. A titanomaquia e a Dike. A força na ordem. O problema na *Oréstia*. Prometeu. A *philanthropia*. Sabedoria *versus* autoconfiança. Desafio e inventividade. A enfermidade espiritual. As forças do progres-

so. O excesso de compaixão e a revolta contra Deus. A interação das forças jovianas e prometeicas. A alma como o herói de *Prometeu*. O nascimento da história a partir da tragédia. Comparação com o significado da história na China e em Israel. A tragédia esquiliana e o mito platônico.
  4. O fim da tragédia
    A desintegração de Atenas. Seu reflexo na obra de Eurípides.
11. Os sofistas
  §1. A educação de Atenas
    Os sofistas. A realização. A educação para a vida política. Currículo. Pródico. A arte da política. Protágoras. Lei e ordem. O inventário dos problemas. Platão e os sofistas. As proposições acerca de Deus. *Sobre o Ser* de Górgias. O tipo do filosofar esclarecido. A continuidade dos sofistas até Platão.
  §2. Platão sobre os sofistas — Hípias
    Platão como fonte. A anedota acerca de Hípias. A autarquia. Hípias. A verdade sobre o homem por meio de um estudo comparativo. A cena de Hípias no *Protágoras* de Platão. A *Physis* e o *Nomos*. A comunidade dos intelectuais enciclopédicos. A essência das ideias sofistas.
  §3. O *Protágoras* de Platão
    A posição de Protágoras. O mito de Prometeu. A relação com Ésquilo. O sofista como o professor do homem. O ataque socrático. O debate sobre a virtude. A arte da medição. A transferência do símbolo de Prometeu de Protágoras para Sócrates.
  §4. Os fragmentos das fontes primárias
    1. De Parmênides a Protágoras
      A correlação do Nous-Logos e do Ser. A imanentização do Nous-Logos: Anaxágoras; Protágoras. A imanentização do Ser: Zenão; a dialética do Ser. Os *Dissoi Logoi*. A teoria da percepção sensorial de Anaxágoras. O *homo mensura* de Protágoras.
    2. Demócrito
      A imanentização do Ser: os átomos e o vazio. O elemento da profundidade heraclítea. Rumo ao reconhecimento da essência. Os elementos essenciais da psique: *Eudaimonia. Euthymia*. Conhecimento e disciplina. Alegria e prazer. Equilíbrio e multiplicidade. Saúde e doença. Alcmeão. De Demócrito a Platão e Aristóteles.

3. O *Nomos* e a *Physis*

O *Nomos*: Píndaro; Heráclito; seis significados do *Nomos*. O ceticismo conservador de Protágoras. A *Physis*: Píndaro; Protágoras. A *Physis* como essência: Xenófanes; Empédocles; Anaxágoras. O par *Nomos-Physis*: *Ares, águas e lugares* de Hipócrates; Heródoto.

4. Antifonte

Os fragmentos da obra *A Verdade*. A *Physis*, o *Nomos* e o *sympheron*. A justiça. O método antitético. A corrupção de Atenas como motivo. A qualidade do debate sofístico tardio.

5. Crítias

O fragmento do *Sísifo*. O *pseudes logos* de Crítias e o *pseudes mythos* de Platão.

6. Igualdade, desigualdade, harmonia

Desintegração e busca por substância. Uma nova atmosfera da experiência: Pródico, Licofron, Alcidamas. A *Homonoia* de Pseudo-Antifonte. *Anonymus Iamblichi*.

7. Hipódamo e Faleias

12. Poder e história

As Grandes Guerras. Declínio da civilização. Unidade dramática da humanidade.

§1. Heródoto

Vida e obra. O programa. A hipótese. A ponderação dos relatos. Anaximandro e Heráclito. O girar da roda. O ímpeto do poder. Necessidade e desastre. O método historiográfico. O uso de discursos. A expedição contra a Hélade. O grande debate. Os motivos da ação. O colapso do *xynon* heraclíteo. O sonho do domínio do mundo. A forma de governo. Os discursos a favor e contra as três formas de governo. O ciclo das antilogias e o ciclo da história. A decisão através da ação.

§2. O Velho Oligarca

A Constituição de Atenas do Pseudo-Xenofonte. A pólis como unidade de poder. A mudança do *ethos* como a história da pólis. Os méritos da constituição democrática. O poder marítimo. O jogo do poder. A democracia de Péricles e o imperialismo. Tipos de homens e tipos de ordem.

§3. Tucídides

1. O *Síngrafo*
   A criação da Guerra do Peloponeso como uma unidade na história.
2. O método
   A *kinesis*. O ataque metodológico a Heródoto. A influência dos tratados hipocráticos. Categorias: causa, princípio, método, *eidos*, coisa-em-si, perturbação, doença. Diferentes situações metodológicas na medicina e na política. O empirismo dos profissionais e a ciência. A ciência da desordem de Tucídides e a ciência da ordem de Platão.
3. A teoria
   O esplendor do império e o colapso do *ethos*. Progresso e empreendimento *versus* conivência e relutância. Necessidade e justiça. A Dike esquiliana da ação. Tentativa de justificação e desespero. Hesitações teóricas. A *kinesis* e o fim da tragédia. Tucídides e Maquiavel.
4. A forma
   Os discursos como parte e como interpretação da realidade. O governo por meio da persuasão como condição da forma. A interação helênica entre os tipos da vida e da arte. A teoria como uma acentuação dos tipos da realidade. A passagem dos paradigmas do poetas para os historiadores e filósofos.
5. Formulações
   As posições dos protagonistas. O *pathos* de Atenas. O horror das atrocidades. O Diálogo dos Mélios.

Introdução
Humanidade e história

No momento em que nosso estudo *Ordem e história* passa de Israel à Hélade, ele não avança adiante no tempo. Com efeito, a experiência helênica de Deus como a medida invisível do homem não é nem uma derivação da experiência israelita do Deus que se revela na sarça ardente para Moisés e do monte Sinai para seu povo, nem um avanço inteligível para além dele, no sentido de que essas duas experiências diferenciam uma nova verdade sobre a ordem do ser além da verdade compacta do mito. O salto no ser, o evento histórico que rompe a compacidade do antigo mito cosmológico e estabelece a ordem do homem em sua imediação sob a autoridade de Deus — é preciso reconhecer —, ocorre duas vezes na história da humanidade, praticamente ao mesmo tempo, no Oriente Próximo e nas civilizações egeias vizinhas. As duas ocorrências, embora se deem em paralelo no tempo e tenham em comum sua oposição ao mito, são independentes uma da outra; e as duas diferem tão profundamente em seu conteúdo que se articulam nos dois simbolismos diferentes da revelação e da filosofia. Ademais, rupturas comparáveis do mito, novamente com graus de complexidade amplamente diferentes, ocorrem concomitantemente na Índia de Buda e na China de Confúcio e Lao-Tsé.

Essas ocorrências múltiplas e paralelas complicam os problemas da relação entre as ordens das sociedades concretas e a ordem da humanidade, que surgem em ocasião de cada um dos saltos tomado isoladamente; e eles acrescentam novos que não serão examinados nos estudos separados das ordens israelita e helênica. Algumas reflexões sobre esse tipo de problemas serão adequadas nesta junção, como uma introdução à ruptura helênica em relação ao mito.

O campo primário da ordem é a sociedade particular dos seres humanos, organizada para a ação para se manter em existência. Se, no entanto, a espécie humana não fosse senão uma multiplicidade de tais aglomerações, todas elas exibindo o mesmo tipo de ordem sob a compulsão do instinto, como as sociedades dos insetos, não haveria história. A existência humana na sociedade possui história porque possui uma dimensão do espírito e da liberdade além da mera existência animal, porque a ordem social é uma conformidade do homem com a ordem do ser e porque esta ordem pode ser compreendida pelo homem e realizada na sociedade com progressivas aproximações de sua verdade. Toda sociedade é organizada para a sobrevivência no mundo e, ao mesmo tempo, para a participação na ordem do ser que tem sua origem num Ser divino que transcende o mundo; ela tem de lidar com os problemas de sua existência pragmática e, ao mesmo tempo, está preocupada com a verdade de sua ordem. Sua luta pela verdade da ordem é a própria substância da história; e conforme os progressos rumo à verdade são alcançados pelas sociedades à medida que elas sucedem-se umas às outras no tempo, a sociedade singular transcende a si mesma e se torna um partícipe no empenho comum da humanidade. Além do campo primário da ordem, estende-se um campo secundário, aberto em direção ao futuro, no qual a humanidade é constituída como o sujeito da ordem na história. Por conseguinte, nem a humanidade é uma mera espécie no sentido biológico, nem tampouco as sociedades singulares são meros indivíduos do gênero da sociedade humana. Embora as sociedades e as suas ordens tenham qualidades genéricas pelas quais são reconhecíveis como tais, essas qualidades estão inextricavelmente entrelaçadas com as qualidades únicas que as sociedades possuem em virtude de sua posição no processo da história, em virtude de sua participação no desdobramento de uma ordem que revela a humanidade como algo mais que uma espécie. A natureza do homem é tanto genérica como única.

A natureza genérico-única do homem não é acessível à análise da mesma maneira que a essência de finitas espécies vegetais ou animais. Pois, em primeiro lugar, a história da humanidade na qual esta natureza se desdobra entende-se ignorada num futuro indefinido. A história não tem um sentido cognoscível (*eidos*, ou essência), e, como prova disto, perdura o cerne do incognoscível na natureza do homem. E, em segundo lugar, mesmo o que é cognoscível acerca da natureza humana não é explicitamente conhecido em todas as épocas por todos os homens. Pois a história é o processo no qual o homem articula sua própria natureza; e nem as dimensões nem as limitações do homem são explicitamente conhecidas antes que sejam experienciadas e que a experiência tenha articulado a ordem da existência humana. Isto é verdadeiro especialmente quanto à dimensão histórica da natureza humana. Embora seja um componente essencial do homem, sua presença só se eleva ao nível da consciência por meio do salto no ser. Somente quando o homem avança da verdade da ordem cósmico-divina para a experiência diferenciada da ordem transcendente-divina é que a ordem da existência humana na sociedade adquire a luminosidade da forma histórica consciente — como o faz por meio da resposta mosaica à revelação no caso do Povo Eleito.

A situação antropológica e epistemológica que acaba de ser esboçada é a fonte abismal das dificuldades para uma filosofia da história. Pois a humanidade, que se assume tão trivialmente possuir história, não é um objeto de experiência finita. Por mais que falemos sobre a humanidade e a história como se fossem objetos da ciência, tudo o que é realmente dado são as sociedades concretas cujos membros se experimentam na forma histórica em virtude do salto no ser. Quando este centro, luminoso de verdade sobre a ordem do ser e sua origem em Deus, irrompe da sequência das sociedades humanas, a luz da descoberta se irradia sobre a sequência e a transforma na história da humanidade na qual o salto no ser ocorreu. A verdade, certamente, não é uma ilusão; tampouco a descoberta em retrospecto de uma história da humanidade. Mas se o filósofo aceita a verdade, como a aceita quando faz da história e da ordem o assunto de sua investigação, tem de enfrentar os mistérios espirituais e os problemas teóricos que se originam com as manifestações fenomênicas da natureza genérico-única do homem. E, acima de tudo, tem de enfrentar os fenômenos em si mesmos.

Os principais fenômenos que suscitam dificuldades são quatro:

(1) O salto no ser, quando ocorre, transforma a sucessão das sociedades precedentes no tempo num passado da humanidade.

(2) O salto no ser, embora adquira uma nova verdade sobre a ordem, não adquire toda a verdade, nem estabelece uma ordem última da humanidade. O esforço pela verdade da ordem prossegue no novo nível histórico. As repetições do salto no ser corrigirão a noção inicial e a complementarão com novas descobertas; e a ordem da existência humana, por mais profundamente afetada pela nova verdade, permanece a ordem de uma pluralidade de sociedades

concretas. Com a descoberta de seu passado, a humanidade não chegou ao fim de sua história, mas se tornou consciente do horizonte aberto de seu futuro.

(3) O salto inicial no ser, a ruptura com a ordem do mito, ocorre numa pluralidade de casos paralelos, em Israel e na Hélade, na China e na Índia, em cada caso sendo seguido por sua própria história inerente de repetições no novo nível da existência.

(4) Os saltos paralelos no ser diferem amplamente com respeito ao radicalismo de sua ruptura em relação ao mito cosmológico e também com respeito à abrangência e à penetração de seu avanço rumo à verdade sobre a ordem do ser. As ocorrências paralelas não são de uma mesma classe.

Os mistérios e problemas, que se originam nas manifestações fenomênicas, também podem ser reduzidos a um pequeno número de tipos principais:

(1) Uma vez que o salto no ser realmente ocorra, e assim se descubra que a humanidade está avançando historicamente rumo a níveis mais elevados de existência na verdade, a relação entre este avanço significativo da humanidade e o sentido da existência humana concreta se torna problemática. Na intoxicação progressista do século XVIII Kant propôs a sensata questão do interesse que poderia ter uma geração de homens, em qualquer época dada, no progresso da humanidade rumo ao âmbito cosmopolita da razão. Mesmo que um homem considerasse a tarefa de sua vida um passo da humanidade rumo à perfeição, o resultado de seu empenho seria desfrutado pelos homens de um futuro distante. Portanto, o sentido da história não é a resposta para a indagação do sentido da vida do homem. Do progresso na história somos remetidos de volta ao progresso do peregrino rumo à realização por meio da graça na morte. O destino do homem não está no futuro, mas na eternidade. Todavia, a proposição da questão não abole os avanços da humanidade na verdade da ordem. Kant não duvidava da realidade do progresso. A relação entre realização pessoal e a participação na realização da humanidade é um mistério.

(2) A questão kantiana, suscitada na posição de um homem que olha a partir de seu presente na direção do futuro, torna-se ainda mais pungente na visão da maneira como os desafortunados do passado, que um dia também já tiveram um presente, são tratados por seus sucessores nos níveis mais elevados do processo histórico. Pois na retrospecção do salto no ser não se atribui meramente à ordem cosmológica dos impérios seu lugar num ponto anterior do tempo objetivo, mas se a mergulha num passado de inverdade substantiva, agora substituído pela verdade da existência em imediação sob a autoridade de Deus. O Egito se torna Sheol, o submundo das almas mortas, quando Israel

obtém sua vida por intermédio do *berith*; a ordem faraônica se torna a casa da sujeição quando Israel conquista sua liberdade no Reino de Deus. E o mesmo rebaixamento de posição é infligido ao passado pelos poetas e filósofos da Hélade. Desde Hesíodo até Platão, quando o salto no ser alcançou a *aletheia*, a verdade da existência, o antigo mito torna-se o *pseudos*, a falsidade ou mentira, a inverdade da existência na qual os antepassados viviam. E o passado não tem melhor sorte nas mãos dos modernos: os primitivos têm uma mentalidade pré-lógica; os antigos se entregam a representações antropomórficas dos deuses sem enxergar através das falácias de sua própria criação; e a Idade Média é a completa escuridão. Tais depreciações, certamente, não esgotam a atitude do homem em relação ao passado da humanidade; elas podem ser compensadas por elogios do passado, por expressões de admiração pelos períodos clássicos, por generosos reconhecimentos da assim chamada contribuição das sociedades precedentes para o clímax da civilização contemporânea. As depreciações, contudo, mais claramente que os elogios, apontam para o problema real: que o passado da humanidade não é um espetáculo encenado para ser louvado ou censurado por um presente que, na época, era o futuro. Pois a natureza humana é constante na história da humanidade, a despeito de seu desdobramento, da ordem compacta à ordem diferenciada: os estágios discerníveis da verdade progressiva da existência não são causados por "mudanças na natureza do homem" que romperiam a unidade da humanidade e a dissolveriam numa série de espécies diferentes. A própria ideia de uma história da humanidade pressupõe essa constância da natureza; e a realidade dessa constância é atestada acima de qualquer dúvida pelas experiências do salto no ser, pela experiência de uma transição da inverdade para a verdade da existência na qual o "antigo homem" de antes e o "novo homem" de depois são o mesmo homem, ele sofreu a insuflação do Ser divino. Por conseguinte, o drama da ordem é sempre encenado não diante do futuro, mas diante de Deus; a ordem da existência humana está no presente sob a autoridade de Deus mesmo nas épocas em que a consciência daquele presente ainda não se desvencilhou da compacidade do mito. E o filósofo da história deve portanto permanecer criticamente ciente de que o passado e o futuro da humanidade constituem um horizonte que cerca todo presente, ainda que este só se torne consciente por meio do salto no ser. Embora saibamos, em virtude de nossa existência na forma histórica, que a verdade sobre a ordem se diferencia no curso da história, não sabemos por que a humanidade tem um passado, nem sabemos nada a respeito de sua meta no futuro. Os milênios nos quais o mistério da história alcançou o nível da consciência não diminuíram a distância em relação à sua eternidade. O filósofo tem de ter cautela com a falácia de transformar a consciência de um mistério que se desdobra na Gnose de um progresso no tempo. Um estudo da ordem não tem o propósito de mostrar o primitivismo, a ingenuidade, a deficiência lógica ou a ignorância das épocas do passado, mas, pelo contrário, tem o propósito de mostrar homens que têm a mesma natureza que nós, confrontando-se com os mesmos problemas que nós, sob as condições de experiências mais compactas de realidade e, de modo correspondente, com menos instrumentos diferenciados de simbolização. Este problema da interpretação histórica ainda é dificilmente reconhecido, e a tarefa de reinterpretar os materiais da história sob princípios críticos e não ideológicos de relevância mal começou.

(3) Somente quando a constância da natureza humana e a similitude de seus problemas de ordem em cada presente estão teoricamente asseguradas contra interpretações ideológicas equivocadas é que o problema de uma humanidade que avança na história rumo a níveis de verdade mais elevados revela suas enormes proporções. Pois precisamente porque o problema da ordem é o mesmo para todos os homens em todas as épocas, e porque o que está em jogo não é nada menos que a existência na verdade sob a autoridade de Deus, por isso cada noção recentemente diferenciada na verdade da ordem se torna do interesse de todos os homens. O salto no ser implica as obrigações de comunicar e de ouvir. A revelação e a resposta não são a tarefa privada de um homem, pois a revelação chega a um homem por todos os homens, e, em sua resposta, ele é o representante da humanidade, e por esta representatividade a resposta confere àquele que recebe a revelação, em relação aos outros homens, a autoridade do profeta.

Essa estrutura de autoridade em torno da qual a história da humanidade se constrói seria uma fonte de dificuldades sob todas as circunstâncias, pois põe em ação as paixões dos homens. O fervor espiritual não vem necessariamente acompanhado de ponderação, e os homens em geral não reconhecem de bom grado uma nova voz de autoridade quando a ouvem. As dificuldades são infinitamente agravadas, porém, pela multiplicidade de autoridades sucessivas e paralelas cujas alegações rivais se estendem até nosso próprio presente por meio da continuidade histórica do proselitismo que tenha encontrado. E o filósofo da ordem e da história não pode fugir desses conflitos apaixonados. Quando passamos, em nosso estudo, de Israel à Hélade, temos de estar preparados para responder às questões árduas porém inteiramente legítimas que serão imediatamente suscitadas: Por que não passamos de Israel à China ou à Índia? Por que nos movemos lateralmente no tempo afinal? Por que não seguimos o exemplo agostiniano e desenvolvemos uma *historia sacra* judeu-cristã, excluindo a filosofia helênica? Ademais, poderíamos perguntar: Por que não parar em Israel? E de modo mais radical: Por que começamos com Israel e não com a Índia ou a China? Não estaríamos caindo num "preconceito ocidental" na escolha do ponto de partida e do modo de proceder?

Quaisquer que sejam as respostas a estas questões — e somente a realização do estudo sobre *Ordem e história* como um todo as pode dar —, terá ficado claro que uma filosofia da história não pode ser um registro ameno de *memorabilia*, na esperança de que as paixões que fizeram que os fenômenos do passado tenham sobrevivido na memória da humanidade fossem judiciosas em sua escolha. Tal filosofia tem de ser um estudo crítico da estrutura de autoridade na história da humanidade. Tampouco, pela mesma razão, as comunicações autorizadas da verdade sobre a ordem, como irromperam no curso da história, podem ser aceitas com receptividade em nível de igualdade — pois isto nos afundaria nos males do historicismo, no ceticismo e no relativismo; nem podem ser rejeitadas pelos padrões de uma verdade definitiva, seja este caráter definitivo atribuído a uma verdade do passado ou a uma nova verdade descoberta por nós mesmos, pois tal absolutismo nos implicaria na falácia gnóstica de declarar o fim da história. Um estudo que pretenda ser crítico tem de levar a sério o fato de que a verdade sobre a ordem do ser emerge na ordem da história. O próprio Logos da história fornece os instrumentos para que se possa testar e ordenar a estrutura de autoridade. Pois sem o salto no ser que leva Deus e o homem a sua presença mútua, sem a criação da história como a forma interior da existência em oposição à forma cosmológica da ordem, não haveria o problema da história da humanidade; e sem a descoberta do logos na psique e no mundo, sem a criação da existência filosófica, o problema da história não seria um problema da filosofia. Por conseguinte, a multiplicidade de autoridades tem de ser criticamente ponderada, e sua graduação relativa pode ser determinada pelos graus de aproximação em relação à clareza da consciência histórica e de penetração em relação à ordem da psique e do mundo.

Os princípios que procurei formular têm o propósito de prover a fundamentação crítica do estudo *Ordem e história*. Contudo, uma vez que o estudo se move no interior das formas históricas e filosóficas milenares que constituem o seu tema, e uma vez que no curso desta história milenar se efetuou mais de uma tentativa de explorar a essência dos fenômenos, assim como de formular os princípios de seu estudo, será necessário relacionar a presente tentativa com as precedentes. Por duas vezes na história da humanidade, o problema dos saltos sucessivos e paralelos se intensificou: uma primeira vez, na Antiguidade, nas histórias nativas das formas históricas e filosóficas em Israel e na Hélade, seguida pela absorção das formas paralelas na cristandade; uma segunda vez, no período moderno, no alargamento do horizonte histórico para incluir histórias paralelas do Extremo Oriente.

Em Israel, os problemas da história apareceram com a formação do Povo Eleito em oposição à ordem faraônica. Eles tiveram prosseguimento, em Israel, com a oposição dos Profetas à Lei, e no salto no ser do Dêutero-Isaías, com seus símbolos acmásticos do Servo Sofredor e do Êxodo de Israel. Estes sucessivos esclarecimentos da existência sob a autoridade de Deus foram conduzidos com os recursos dos símbolos originais: por meio da revisão da Mensagem do Sinai, da oposição de um novo *berith* ao antigo e da transformação dos símbolos do Ungido e do Servo. Somente perto do fim, no Dêutero-Isaías, apareceu algo que se aproximava de um tratamento teórico do problema, ou seja, a teologia da história, na qual o mundo, Israel e a salvação eram construídos como atos sucessivos da criação e da revelação divinas. Na Hélade, com suas transições mais diversificadas do mito para a filosofia, o antigo mito foi primeiramente excluído, como falsidade, da nova especulação mítica hesiódica; em seguida, tanto o antigo mito como a especulação hesiódica tornaram-se falsidades perante a verdade da filosofia, até que, por fim, Platão desenvolveu o novo conceito dos tipos de teologia, por meio do qual se mediria o grau de verdade ou falsidade nas expressões da relação do homem com Deus. As fases de verdade crescente, portanto, eram claramente distinguidas na Hélade, e a transição do mito à filosofia foi compreendida, ao menos no *Górgias* de Platão, como uma época histórica. Entretanto, uma teologia da história comparável à do Dêutero-Isaías só apareceu no período helenístico. Panécio (c. 180-110 a.C.) desenvolveu a chamada *theologia tripartita*, ou seja, a classificação das figuras divinas nos deuses físicos dos filósofos, nos deuses políticos da teologia civil e nos deuses míticos dos poetas. E seu pupilo Posidônio (c. 130-50 a.C.), então, construiu uma teologia da história na qual a humanidade original, por meio da participação de seu Logos na força criativa divina, tinha uma concepção pura do Deus único, invisível e irrepresentável, enquanto a diversificação nos tipos impuros da *theologia tripartita* era a consequência da diversificação da humanidade numa multiplicidade de povos. Dessa impureza da diversificação, a humanidade tinha porém de recuperar a primitiva compreensão da verdade, uma tarefa que foi executada de modo representativo pelos filósofos estoicos. Ademais, na construção de Posidônio os saltos paralelos no ser tornaram-se um problema pela primeira vez. Posidônio era um sírio — as guerras macabeias ocorreram na geração precedente ao seu nascimento, e o governo dos sumos sacerdotes asmonianos correu paralelamente durante o período de sua vida. Por conseguinte, ele estava familiarizado com o judaísmo como um "fato presente". Ele sabia sobre Moisés. Ele presumia que Moisés havia sido um sacerdote egípcio e governante do Delta que havia emigrado com seus seguidores e conquistado Jerusalém como o local de seu novo estabelecimento. Moisés estava insatisfeito com os egípcios e os helênicos em virtude de suas respectivas representações teriomórfica e antropomórfica dos deuses. O Êxodo, portanto, era entendido como um conflito entre a antiga e verdadeira concepção do Deus único e a deterioração egípcia e helênica[1].

Os fenômenos nos quais se originam os problemas de uma história da humanidade tornaram-se visíveis, e uma boa parte dos problemas também. Em Israel, entendeu-se que o Povo Eleito como constituído pelo Berith sinaítico nunca mais viveria feliz em sua Canaã, mas que um árduo processo da história havia começado no nível da revelação. Deste processo, as fases da lei, os profetas e a salvação do exílio já foram inteiramente vividos, e não havia fim em vista. Na Hélade, de modo correspondente, as fases do antigo mito do povo, do mito especulativo dos poetas e da verdade dos filósofos já haviam sido completamente vividas e distinguidas. Ademais, tanto em Israel como na Hélade havia sido perfeitamente compreendido que esses eventos não eram conflitos locais na competição por poder social, mas que na guerra pela verdade da existência humana os assuntos da humanidade eram tratados representativamente. Todavia, havia fatores presentes que limitavam a penetração dos problemas. A recentidade das descobertas, a resistência oferecida por um ambiente hostil, o isolamento regional em comunidades relativamente pequenas, o contraste entre a importância simbólica da verdade e o efeito social insignificante, a contínua dominação mundana das sociedades densamente organizadas que constituíam um passado de falsidade no espírito de indivíduos solitários e de seus pequenos grupos de seguidores criaram uma situação na qual o júbilo da descoberta e o fervor da verdade eram suplantados pelo esforço de comunicação,

---

[1] Cf. Max POHLENZ, *Die Stoa*: Geschichte einer geistigen Bewegung, Göttingen, Vandenhoek & Ruprecht, 1948, 2 vols, s.v. *Theologia tripartita*. Para a teologia de Posidônio e o fragmento sobre Moisés, ver ID., *Stoa und Stoiker*, Zurich, Artemis, 1950, 266 s., 341 s.

pela luta contra a indolência da natureza humana. No amargor dessa luta pela sobrevivência, as ênfases recairão mais fortemente sobre o caráter do passado como uma falsidade do que como preparação para a emergência de uma verdade nova e diferenciada. O conflito entre o avanço representativo da verdade e as sociedades empíricas era ainda tão ardente que o caráter das sociedades resistentes como membros da humanidade representada e sua função histórica como a matriz da nova verdade ainda não podiam ser claramente discernidos. Uma penetração mais profunda dos problemas era também dificultada pelo fato de que a ruptura com a ordem cosmológica não era tão radical quanto o impacto emocional da ruptura parcial era maciço. Em Israel, percebia-se apenas lentamente que a ordem da existência humana sob a autoridade de Deus era, com efeito, uma ordem universal da humanidade, e, portanto, não poderia ser adequadamente representada pela constituição de um Povo Eleito num território definido. E, quando esse discernimento por fim se consumou, o povo se fragmentou nas duas respostas igualmente veementes do retraimento na concha do judaísmo e da explosiva expansão da cristandade. Na Hélade, a compreensão platônica da época histórica criada pela filosofia era limitada tanto em sua experiência como na simbolização pelo mito dos ciclos cósmicos. Por fim, o conhecimento empírico insuficiente do processo histórico em grande escala não deve ser subestimado como um fator limitante. Na construção de Posidônio, por exemplo, deve-se observar não somente a limitação no mito cosmológico que o induziu a situar os resultados do salto no ser numa Era de Ouro (à maneira hesiódica, no início da história cósmica), mas também a falta de conhecimentos precisos sobre a história egípcia e israelita, sobre as posições cronológicas relativas da ordem cosmológica egípcia e do aparecimento de Moisés, o que permitiu a Posidônio fazer de Moisés o representante de um conhecimento primordial que se rebelava contra sua deterioração.

Uma mudança decisiva nessa situação foi ocasionada pelo aparecimento de Cristo. Nas epístolas de São Paulo, especialmente na Epístola aos Romanos, encontramos, pela primeira vez, uma compreensão profunda do envolvimento mútuo do homem no avanço da humanidade rumo à verdade, e da humanidade na verdade da existência de todos os homens. A Lei de Israel e dos judeus não é para São Paulo um mero passado agora substituído pela Fé, mas a própria condição para a extensão da graça divina por meio de Cristo. Pois a graça é estendida ao pecador; somente quando está ciente de sua morte ele se põe no caminho rumo à vida; e esta consciência da morte no pecado é despertada quando o homem se vê incapaz de seguir a lei. "Entretanto, eu não conheci o pecado senão pela Lei, pois eu não teria conhecido a concupiscência se a Lei não tivesse dito: *Não cobiçarás*" (Rm 7,7). "Assim a Lei se tornou nosso pedagogo [*paidagogos*] até Cristo, para que fôssemos justificados pela fé. Chegada, porém, a fé, não estamos mais sob pedagogo" (Gl 3,24-25). O clímax da revelação, o ingresso de Deus na história por meio da adoção sacrifical da forma humana, segue-se de uma repentina luminosidade da vida espiritual do homem. Três estágios são distinguidos por São Paulo:

(1) A existência opaca antes do despertar para a falsidade da existência. "Outrora eu vivia sem Lei [*nomos*]" (Rm 7,9).

(2) A consciência da existência na falsidade. "Mas, sobrevindo o preceito [*entole*], o pecado reviveu e eu morri" (Rm 7,9).

(3) A ressurreição por meio da fé. "A lei do Espírito da vida em Cristo Jesus me libertou da lei do pecado e da morte" (Rm 8,2).

Estes estágios genericamente humanos do processo espiritual são, ao mesmo tempo, as fases históricas únicas por intermédio das quais a humanidade se desenvolve, pela inescrutável ordem da criação, rumo à iluminação da existência por intermédio da fé (Rm passim e 1,18-32; 2,14-16; 8,18-25). Desde a ordem natural dos helenos e bárbaros, passando pela antiga Lei do Povo Eleito, a humanidade avança rumo à autocompreensão na nova Lei dos cristãos[2].

A percepção paulina tem corolários que se tornam visíveis nas epístolas, mas que não são seguidos até suas consequências. Os três estágios, embora se sucedam no tempo, não suprimem uns aos outros. Nem a ordem cosmológica dos impérios se dissolveu com a formação do Povo Eleito, nem os judeus se dissolveram na cristandade que surgiu a partir deles. As sociedades da nova verdade eram encraves muito pequenos numa humanidade que exibia pouca inclinação para se curvar à autoridade representativa. A sucessão de estágios desemboca na coexistência de sociedades que por seus tipos de ordem pertenciam a períodos diferentes na história da humanidade. São Paulo respondeu a esse fenômeno articulando os teologúmenos da predestinação, mas não explorou inteiramente os aspectos históricos do problema. É fato que em sua análise do processo espiritual ele tratou dos motivos da persistência na obediência à lei e da correspondente resistência à fé. Ele encontrou tais motivos no demonismo da carne que acredita poder alcançar sua própria salvação por meio de obras, pela conformidade com a Lei, e portanto rejeita a salvação por meio da graça

---

[2] Para a concepção paulina acerca da história e da humanidade, cf. Rudolf BULTMANN, *Theologie des Neuen Testaments*, Tübingen, Mohr, 1948, 258-266.

divina (*charis*). E contra essa resistência ele afirma: "Pelas obras da Lei *nenhuma carne será justificada*" (Gl 2,16). Não tanto a violação da Lei, mas a confiança na justificação por meio de seu cumprimento é o pecado que conduz à morte. Todavia, embora não tenhamos discordância acerca da profundidade desta compreensão, não podemos aceitá-la como uma resposta às questões suscitadas pela persistência do judaísmo. O método paulino de interpretação histórica é deficiente porque não leva em consideração os problemas da compacidade e da diferenciação. Quando São Paulo interpreta o processo espiritual, e especialmente a relação entre a lei e o pecado, suas conclusões são obtidas por meio da experiência de sua fé em Cristo. Somente em retrospecto, a partir da posição de fé alcançada, a antiga Lei se tornará visível como guia para a nova Lei do Espírito; somente quando a experiência da justificação por meio da fé tenha se diferenciado a obediência à Lei adquirirá o sentido diferenciado de uma "justificação por meio de obras" que possui nas epístolas de São Paulo. Contudo, para os homens que vivem inquebrantavelmente na tradição judaica não existem problemas dessa natureza. Na ordem compacta do Povo Eleito, a Torá é inseparável do Berith; e o Berith é o ato incondicional da graça divina, pelo qual Israel é separado das nações como o *am Yahweh*, o povo de Deus. A escolha de Israel não repousa na observância da lei, mas no ato da graça divina, que São Paulo aparentemente não reconhece. Os "filhos de Deus" são já "os redimidos de Yahweh" e não precisavam de um Filho de Deus para sua salvação. O judaísmo tem sua própria teologia do pecado e da salvação, paralela, no nível da compacidade étnica, à teologia universalista da cristandade[3]. Este reconhecimento do paralelismo, certamente, não nega as diferenças nos níveis de verdade entre o judaísmo e a cristandade. Entretanto, conforme a formulação do princípio, cada ordem tem seu próprio presente perante Deus, e esse presente não é abolido quando se torna um passado em retrospecto da perspectiva de uma experiência diferenciada da ordem. Por conseguinte, a existência continuada de sociedades ordenadas de modo mais compacto ao lado de ordens mais diferenciadas é internamente uma parte do mistério da humanidade que se desdobra na história. Este mistério não deve ser destruído por divisas progressistas a respeito de povos "atrasados", ou atribuindo-se à sobrevivência do judaísmo o epíteto pseudocientífico de "fossilização". Numa filosofia crítica da história, tal mistério deve ser tratado com a máxima cautela e respeito.

---

[3] Para a teologia judaica do pecado e da salvação, cf. Hans Joachim SCHOEPS, *Aus frühchristlicher Zeit*, Tübingen, Mohr, 1950, 184-211.

Os helenos e romanos mostravam maior consciência e maior percepção do problema das ordens coexistentes que os profetas, os judeus e os cristãos. A *theologia tripartita*, na forma desenvolvida por Panécio, tem de ter sido incutida de uma tolerância que não obriga um filósofo a se aproximar de todos aqueles que não o seguem na busca de sua verdade, pois os *principes* da Roma republicana poderiam aceitá-la como uma orientação para a resolução do conflito entre suas próprias inclinações filosóficas e o culto da cidade, e transformá-la na teologia romana que ainda era considerada por Santo Agostinho a grande oponente da cristandade quando da redação de seu *Civitas Dei*. O sumo pontífice Cévola († 82 a.C.), a autoridade máxima do culto em Roma, concordava com seu mestre Panécio sobre os méritos relativos dos tipos de teologia, dos quais a teologia filosófica era a forma mais elevada, mas julgava tolice perturbar o povo e seu culto cívico com a disseminação de conhecimento superior. As teologias civil e filosófica teriam de existir lado a lado na comunidade, e o próprio Cévola aparentemente não considerava difícil ser filósofo e sumo pontífice ao mesmo tempo. Infelizmente, não sabemos praticamente nada a respeito da experiência de ordem que tornou esta política possível. Santo Agostinho, nossa principal fonte, não relata nem por que Cévola considerava certas partes da verdade filosófica supérfluas para o povo, nem quais seriam essas partes, e seus ataques à falsidade praticada pelo sumo sacerdote não são mais profundos que as críticas paralelas de São Paulo às questões do judaísmo[4]. Podemos apenas reconhecer o padrão fenomênico de duas ordens prevalecendo simultaneamente na mesma sociedade, unidas por uma classe de governantes filosóficos que, em público, continuam a praticar o culto do povo. O padrão é inequivocamente uma solução alternativa para a fusão da teologia divina com a verdade da revelação na experiência e no simbolismo do Povo Eleito. A mesma falta de fontes impede um conhecimento mais detalhado das experiências que motivaram os *principes* da Roma imperial a estender a tolerância à cristandade e que lhes permitiu desempenhar o duplo papel, de Constantino a Teodósio, de imperadores cristãos e sumos pontífices pagãos. As experiências do conflito entre as ordens e os motivos de harmonização na prática da conduta só podem ser discernidos com alguma certeza nas fontes literárias do período helênico que será abordado nos presentes volumes sobre a pólis e a filosofia.

---

[4] Agostinho, *De Civitate Dei*, 4.27.

A questão dos saltos múltiplos e paralelos tornou-se aguda uma segunda vez com o alargamento do horizonte histórico — um período que tem início no século XVIII e perdura até os nossos dias. Embora não tenham surgido problemas fundamentalmente novos além dos que acabamos de mencionar, a situação teórica é confusa por duas razões. Em primeiro lugar, os problemas que já haviam surgido na Antiguidade nunca haviam sido analisados de modo conclusivo. As generalizações prematuras com base nos fenômenos conhecidos à época haviam sido incorporadas na *Civitas Dei* de Santo Agostinho e na análoga *História contra os pagãos*, de Orósio. Esta concepção agostiniana da humanidade e da história, portanto, havia sido transmitida ao longo da Idade Média, e então, no século XVIII, entrou em colapso sob o impacto do aumento do conhecimento. Este enorme aumento do conhecimento fenomênico, em segundo lugar, deu-se na era do colapso intelectual ocidental — com o resultado de um crescimento exuberante, quase vegetativo, da especulação gnóstica sobre a história, que mais obscureceu que iluminou a natureza do problema. Somente no decurso da última geração tornou-se distintamente perceptível uma recuperação em relação à confusão teórica. Esse complexo período na história da ordem será extensamente tratado no último volume de *Ordem e história*. No presente contexto, não tentarei mais que listar e caracterizar brevemente os problemas conforme emergiram a partir do colapso da autoridade agostiniana-orosiana.

O período se iniciou com a construção agostiniana da história ainda aceita, na forma como Bossuet a elaborara, e a atualizou pela última vez, em seu *Discurso sobre a história universal* de 1681. A construção sempre padeceu da dificuldade de que os eventos da história israelita, na medida em que eram conhecidos por meio da narrativa bíblica, seguidos pelo aparecimento de Cristo e pela história da Igreja, haviam sido elevados, sob o título de uma *historia sacra*, ao posto de história representativa da humanidade, enquanto a história dos impérios cosmológicos, Hélade e Roma, havia sido reduzida a um evento marginal da história profana, desconfortavelmente conectada à história representativa por meio de categorias como a *praeparatio evangelica*, as tribulações martirizantes de Jesus e dos cristãos, a provisão de uma paz imperial a fim de que os missionários cristãos pudessem viajar com segurança e propagar o Evangelho por todo o império e o espetáculo edificante da ascensão e da queda do poder mundano. O problema da sociedade concreta, cuja ordem é uma organização da sobrevivência pragmática e uma acomodação à ordem do ser, havia, se não desaparecido completamente, ao menos retrocedido para o pano de fundo da consciência teórica. Neste aspecto, a construção agostiniana era herdeira dos defeitos do método paulino de interpretação histórica. Mesmo na Antiguidade tardia, a construção exigiria uma generosa negligência de estrepitosos fenômenos, como a existência de um império sassânida ao lado do império romano; durante a Idade Média, quando a organização romana da área mediterrânea entrou em colapso e cedeu espaço às organizações centrífugas paralelas das civilizações bizantina ortodoxa, árabe islâmica e cristã ocidental, o conflito com a realidade se agravou; e no século XVIII, com a ascensão da Rússia à posição de potência e o início da familiaridade com a dimensão e a posição civilizacional da China, o conflito se tornou insustentável. O caráter falho da construção prevalecente, a duração de sua vigência, os conflitos com os fenômenos e a magnitude do ajuste necessário para tornar congruentes a teoria e a realidade — todos estes fatores têm de ser levados em consideração na apreciação da reação contra o estado insatisfatório das coisas. Nem toda a confusão intelectual concernente à interpretação histórica e nem mesmo todo o diletantismo exibido na ocasião devem ser atribuídos aos pensadores modernos.

O golpe maciço contra a construção agostiniana, conforme representada por Bossuet, foi desferido por Voltaire em seu *Ensaio sobre história geral*, de 1756. O ataque foi conduzido principalmente no nível fenomênico — era fácil mostrar que uma construção eurocêntrica e unilinear da história tinha de omitir fenômenos como a China, a Rússia e o mundo árabe. Mas o golpe não foi desferido antes que ficasse claro que mesmo uma construção falha, que ao menos apreendesse o problema, era melhor que uma esperteza diletante do argumento fenomênico. Pois o problema da humanidade e de sua história, longe de se descortinar por meio do aumento do número de civilizações estudadas, desaparece completamente se nenhuma delas é reconhecida como constituindo a humanidade por meio da consciência da humanidade representativa, ou seja, por meio de sua própria existência na forma histórica. E a Gnose do progresso rumo à razão da burguesia do século XVIII, que Voltaire tentou pôr no lugar da *historia sacra* agostiniana, só poderia ser aplicada à interpretação dos fenômenos sob a condição de que ninguém suscitasse a questão fundamental de onde e como o simbolismo de uma humanidade histórica havia se originado. Pois a humanidade não é constituída por meio de um levantamento de fenômenos feito pelo mais erudito dos historiadores, mas por meio da experiência da ordem no presente sob a autoridade de Deus. Por conseguinte, o ataque de Voltaire não resolveu nenhum dos problemas — foi capaz apenas de trazê-los à luz.

Os problemas, vindos à tona sob a pressão dos novos fenômenos, carregavam a marca da construção orósio-agostiniana da qual haviam sido libertados. Sua complexidade modificou-se muito lentamente, e o processo até hoje ainda não chegou ao fim. Será apropriado, portanto, classificar as principais tentativas de alcançar uma solução de acordo com sua relação com a construção agostiniana.

Uma primeira revisão, motivada pela experiência das histórias paralelas que se introduziam no presente do século XVIII, poderia isolar a ascensão e a queda dos impérios na história profana, introduzir os fenômenos negligenciados e tentar chegar a construções de tipos válidos para todos os casos de sociedades em ascensão e em queda. Este curso foi de fato explorado. Os impérios da construção anterior tornaram-se a pluralidade das sociedades civilizacionais, e a morfologia das civilizações, a teoria da história do ciclo, tornou-se um ramo da ciência histórica moderna. Quando o problema foi examinado de modo radicalmente isolado em oposição à *historia sacra*, como o fez Spengler, por exemplo, a humanidade e sua história foram pontos eliminados. A unidade do estudo era o curso civilizacional; o tempo da história era o tempo interno de um curso; a relação entre as fases dos cursos isolados era aquela da "contemporaneidade filosófica". O estudo da história desembocou no impasse da autoaniquilação — uma dificuldade que se faz sentir ainda mais intensamente na primeira parte da obra de Toynbee (volumes 1-6, 1934-1939).

Em segundo lugar, a obra de revisão poderia ser empreendida a partir da *historia sacra*. A história representativa poderia ser expandida além da história sagrada judeu-cristã, demonstrando-se a participação de todas as sociedades humanas no desdobramento do Logos no tempo. Isto foi feito por Hegel. No que concerne à inclusão e ao diagnóstico dos fenômenos, o sucesso desse enorme empreendimento foi notável, especialmente considerando-se as limitações do conhecimento empírico na época. Pois a cronologia da história antiga era ainda muito obscura — as posições cronológicas relativas das ordens imperiais egípcia e chinesa, por exemplo, não estavam muito claras; o estudo crítico do Antigo Testamento era, até então, uma tarefa para o futuro; e a principal fonte da história egípcia ainda era Heródoto. A despeito de tais falhas, o gênio hegeliano para discernir as características de cada nível da ordem intelectual e espiritual alcançou proezas de discernimento às quais até filósofos e historiadores contemporâneos poderiam recorrer proficuamente com mais frequência do que o fazem.

O sério defeito do empreendimento, a causa de seu fracasso final, foi a tentativa de Hegel de reduzir o Logos da revelação ao logos da filosofia, e o logos da filosofia à dialética da consciência. Supunha-se que a filosofia (*Liebe zum Wissen*) avançaria rumo à Gnose (*wirkliches Wissen*)[5] —, e isto só poderia ser feito por meio da anestesia da sensibilidade do filósofo no que se refere ao limite entre o cognoscível e o incognoscível, a ponto em que a verdade cognoscível da ordem está enraizada no *eros* do *Sophon* transcendente. Uma vez que a anestesia que possibilitou o "avanço" favorecia as famosas identificações que reduziam a tensão entre a transcendência e a imanência, a Encarnação não era mais o mistério do ingresso de Deus na história, mas o aparecimento da identidade entre Deus e o homem no mundo, como a consciência de uma verdade; Deus e o homem fundiram-se no *Geist*, a revelação e a razão no desdobramento da *Idee*; a razão tornou-se real, e a realidade, portanto, era racional. "O objeto absoluto, a verdade, é o *Geist*; e, uma vez que o próprio homem é *Geist*, ele está presente para si mesmo nesse objeto, e, por conseguinte, encontrou no objeto absoluto não somente a essência, mas a sua essência"[6]. Por meio do símbolo *Geist* a Gnose dialética poderia passar de Deus ao homem, do homem a Deus, e de ambos ao sujeito como a substância do mundo. A manipulação esplendidamente habilidosa do simbolismo gnóstico não podia, evidentemente, abolir o mistério — nem da ordem do ser, nem de uma humanidade histórica —, mas o caráter totalmente maciço da obra dialética, a vasta expansão do *opus* gnóstico até os limites do mundo fenomênico podiam levar o mistério tão longe, a perder de vista, que o impossível ao menos parecia ter se tornado possível: o Logos do filósofo em posse do Ser[7].

A ambiguidade dessa obra monumental da Gnose moderna tornou-se objeto de controvérsia entre anti-hegelianos que zombavam do conceito de um filósofo que acreditava que a história da humanidade chegara ao seu desfecho em 1830, em Berlim, em sua obra, e pró-hegelianos que rejeitavam indignados tal calúnia, e que podiam citar os textos que mostravam a consciência de Hegel de que a história não havia chegado ao seu fim. Embora a controvérsia ateste a existência da ambiguidade, ela é todavia improfícua. O que é crucialmente importante é a fonte da ambiguidade na experiência da consciência, do sujeito, como a substância do ser. Pois, sob o aspecto dessa experiência, a Gnose hegeliana está intimamente relacionada à especulação do Upanixa-

---

[5] G. W. F. HEGEL, *Phänomenologie des Geistes*, ed. Johannes Hoffmeister, Hamburg, Meiner, 1952, 12.

[6] ID., *Vorlesungen über die Philosophie der Geschichte*, ed. Brunstaedt, Leipzig, Reclam, n.d., 408, 413.

[7] Ibid., 42 s.

des sobre a identidade do *atmã*, o eu (a consciência, o sujeito), com o *brama*, a realidade suprapessoal e supramundana. As operações com o *Geist*, que é ontologicamente Deus e o homem, assim como a identidade de ambos, pertence a um tipo de especulação no meio do mito cosmológico que pode aparecer pré-filosoficamente na Gnose indiana e pós-filosoficamente na Gnose hegeliana, embora, quanto ao resto, certamente, a direção acosmista da indiana seja o exato oposto da direção imanentista protestante da especulação de Hegel[8]. Ademais, as experiências similares, com sua articulação especulativa correspondente, têm, curiosamente, sequências históricas similares: a partir do Upanixade tardio, o caminho leva à salvação ateísta do Buda; a partir de Hegel, conduz, via Bruno Bauer e Feuerbach, à salvação ateísta de Marx. Ainda que, certamente, em ambos os casos as respectivas direções acosmista e imanentista permaneçam intactas após a transição. Essas sequências ateístas permitem ver com mais clareza o caráter anistórico da especulação gnóstica. No caso das experiências indianas da ordem é bem conhecido e geralmente aceito. No caso de Hegel, o reconhecimento do mesmo caráter não será tão facilmente admitido, devido ao aparente absurdo de que a mais abrangente e penetrante filosofia da história seja motivada por uma experiência anistórica da ordem. Todavia, receio que a motivação anistórica tenha de ser reconhecida. A Gnose é um movimento especulativo no interior da forma do mito, e a Gnose moderna, como mostram as identificações hegelianas, é um regresso da diferenciação rumo à compacidade pré-histórica do mito. E este caráter não é afetado quando a Gnose aparece em sociedades que adquiriram sua forma histórica por meio da filosofia e da cristandade, ou quando a especulação é aplicada à matéria acumulada de uma tradição histórica, ou quando, sob tais circunstâncias, os símbolos de Deus, a humanidade e a história são deixados suspensos em algum lugar nas franjas da forma gnóstica dominante. Nem os protestos do próprio Hegel nem os protestos dos hegelianos contra as acusações de ateísmo podem anular o fato de que, num desdobramento consistente da obra de Hegel, sua ambiguidade deu abertura para o ataque inequívoco à filosofia e à cristandade feito por Marx. Quando a especulação finita toma posse do sentido da história, a filosofia e a cristandade são destruídas e a exis-

---

[8] Para a relação entre a especulação indiana e a especulação hegeliana, ver Georg Misch, *The Dawn of Philosophy*, London, Routledge and Kegan Paul, 1951, s.v. Hegel. O próprio Hegel estava ciente do problema da especulação "oriental", mas preferia salientar a diferença entre o acosmismo e o imanentismo em lugar da similaridade da Gnose. Cf. em Hegel, *Vorlesungen zur Geschichte der Philosophie*, o capítulo sobre Spinoza.

tência na forma histórica terminou. A humanidade e a história não são menos abolidas quando a abolição assume a forma de uma especulação sobre a cena conclusiva de um drama histórico.

Uma terceira linha de revisão, trazendo à cena o maior conhecimento fenomênico, era possível por meio da construção de histórias sacras paralelas. A ideia insinuava-se na esteira da observação de que os saltos no ser ocidentais, por meio dos profetas em Israel e dos filósofos na Hélade, tinham seus contrapontos na Índia de Buda e na China de Lao-Tsé e Confúcio. A observação foi feita por orientalistas no início do século XIX, na época acompanhada da suposição de difusão cultural[9], e até a metade do século penetrou na obra de filósofos da história[10]. Em nossa época, a construção adquiriu considerável força por meio da obra de Jaspers e Toynbee.

As motivações da nova construção foram conscienciosamente articuladas por Jaspers. Ele reconhece que a filosofia da história tem suas raízes na fé cristã. De Agostinho a Hegel, a epifania do Filho de Deus é o eixo da história universal. Contudo, ele considera que esta concepção é frustrada pelo fato de que a fé cristã é uma entre muitas. Não é a fé da humanidade. A visão cristã da história universal só possui validade (*Geltung*) para fiéis cristãos. O verdadeiro eixo da história universal teria de ser empiricamente constatado como um fato que é válido para todos os homens, inclusive os cristãos; teria de ser a época na qual teria surgido aquilo que o homem desde sempre se mostrou capaz de ser, uma fertilidade esmagadora na formação da humanidade, igualmente convincente para o Oriente e o Ocidente, de modo que para todos os povos haveria um arcabouço comum de autocompreensão histórica. Essa época encontra-se nos processos espirituais que se deram na China e na Índia, no Irã, em Israel, na Hélade, entre 800 e 200 a.C., com uma concentração por volta de 500 a.C., quando Confúcio, Lao-Tsé, Buda, Dêutero-Isaías, Pitágoras e Heráclito eram membros da mesma geração. Nesse tempo-eixo, "o homem se tornou consciente do Universo, de si mesmo e de suas limitações. Ele experimenta a enormidade do mundo e a sua própria impotência. Ele formula questões radicais. Na beira do abismo, ele luta por libertação e salvação. Na consciência de suas li-

---

[9] J.-P. Abel-Remusat, Mémoire sur la vie et les opinions de Lao-Tseu, *Académie des Inscriptions et Belles-Lettres* 7 (Paris, 1824) 1-54.

[10] Aparece pela primeira vez em Ernst von Lasaulx, *Neuer Versuch einer alten, auf die Wahrheit der Tatsachen gegründeten Philosophie der Geschichte*, München, Cotta, 1856. Cf. Karl Jaspers, *Vom Ursprung und Ziel der Geschichte*, Zurich, Artemis, 1949, 28.

mitações, ele designa para si mesmo as mais elevadas metas. Ele experimenta o absoluto no fundo de si mesmo e na clareza do transcendente". Nessa época, foram criadas as categorias fundamentais com as quais pensamos até hoje, e foram firmados os alicerces das religiões mundiais segundo as quais os homens vivem até hoje. Em todos os sentidos, a humanidade avançou rumo ao Universal[11].

Toynbee tem reservas em relação a dois aspectos. Em primeiro lugar, ele quer estender o "tempo-eixo" de modo a incluir os períodos completos de desintegração das civilizações indiana, siríaca, sínica e helênica. Com essa extensão, o tempo-eixo iria do século X a.C. até o século XIII d.C. Somente no final daquele período pode-se considerar estabelecido o resultado verdadeiramente relevante da história universal, ou seja, a coexistência de quatro grandes religiões — o budismo maaiana, o hinduísmo, a cristandade e o Islã. Em segundo lugar, Toynbee protesta contra a concentração no ano 500 a.C. Pois Buda, Confúcio e Pitágoras, embora tenham vivido na mesma época, eram contemporâneos somente quanto à cronologia, e não quanto à filosofia, dado que seu aparecimento foi condicionado por fases diferentes na desintegração de suas respectivas civilizações[12]. O que é importante a respeito dessas exceções não é tanto seu conteúdo, mas o fato de que Toynbee agora pode aceitar o problema de Jaspers como válido em princípio e entrar num debate com este. Isto se tornou possível em virtude da grande reversão de Toynbee, ocorrida entre a parte inicial e a parte final de sua obra. Na parte inicial (volumes 1 a 6), a história era entendida como o estudo humano das sociedades civilizacionais em seus aspectos internos e externos[13]. Na última parte (volumes 7 a 10), a "história da religião" tornou-se história propriamente, e as várias sociedades civilizacionais agora têm de ser graduadas de acordo com sua função no "progresso da religião"[14]. O *Estudo da história*, que na parte inicial chegou ao mesmo impasse de uma autoaniquilação da história, como a obra de Spengler, recobrou-se na última parte por meio de uma abordagem da *historia sacra* agostiniana — embora com o reconhecimento de quatro "grandes religiões" paralelas de dignidade equivalente.

As vantagens e as limitações das duas construções são aparentes nos relatos resumidos. Ambos os pensadores reconhecem o fenômeno dos saltos conco-

---

[11] JASPERS, *Ursprung*, 18-20.
[12] Arnold J. TOYNBEE, *A Study in History*, London, Oxford University Press, 1954, 7, 420-426.
[13] Ibid., 1, 46.
[14] Ibid., 7, 423, 449.

mitantes no ser nas grandes civilizações, e ambos são inspirados pela tolerância perante as variadas maneiras pelas quais a humanidade avança em sua busca da verdade. Em resultado disso, a história da humanidade adquiriu uma dimensão lateral, a amplitude de movimento tão lamentavelmente ausente nas construções eurocêntricas unilineares. Os dois pensadores, ademais, encontraram uma via de recuo em relação às piores aberrações das gerações precedentes. A aniquilação da humanidade e da história por meio da restrição do estudo histórico à morfologia das civilizações foi superada pelo próprio Toynbee no curso de sua gigantesca obra, e os dois pensadores, a despeito de suas diferenças de ênfase, situaram a substância da história além da Gnose do progresso.

Contra essas vantagens, é preciso considerar as limitações teóricas, todas muito visíveis até mesmo na superfície do argumento fenomênico. Embora os paralelismos sejam devidamente reconhecidos, não foram elaborados nem o problema dos sucessivos saltos no ser no interior das várias sociedades, nem o problema de suas diferenças de grau. Consequentemente, o respeito pelos avanços rumo à verdade em sociedades paralelas mescla-se com um desrespeito às vezes surpreendente por fenômenos que não se encaixam facilmente nas construções que os dois autores assentaram. Se Jaspers situa a humanidade comum autenticamente constituída num entrecorte de "filosofias" por volta do ano 500 a.C., ou se Toynbee a situa no entrecorte de "religiões" numa data posterior, suas inclusões e exclusões trazem a assinatura da intencionalidade. Toynbee considera o judaísmo um "fóssil" da civilização siríaca, excluindo-o do conjunto representativo das "grandes religiões"; Jaspers cortesmente admite os profetas, mas, por outro lado, exclui que a cristandade tenha "validade" para toda a humanidade; e nenhum dos dois parece ter nenhuma aplicação para Moisés. Não pretendo lançar-me em socorro dos excluídos — o judaísmo e a cristandade não necessitam de defesa; no presente contexto, a intencionalidade tem relevância somente como sintoma de uma concepção profundamente equivocada da história e de sua estrutura. À sua maneira consciensiosa, o próprio Jaspers articulou o equívoco, e até formulou o conflito entre a estrutura objetiva da história e sua própria construção, à qual aquela inevitavelmente conduz. Pois, por um lado, ele admite que "a filosofia da história no Ocidente tem sua raiz na fé cristã"; por outro, contudo, julga que "uma visão da história universal" na qual a epifania de Cristo seja o evento central só pode ser válida para os cristãos[15]. Deixando de lado o fato de que a fé cristã não é a única raiz

---

[15] JASPERS, *Ursprung*, 19.

da filosofia da história do Ocidente — Israel e a Hélade também estão relacionadas a ela —, há ainda o sólido fato de que a filosofia da história efetivamente surgiu no Ocidente, e em nenhum outro lugar que não o Ocidente. Não existe uma filosofia da história não ocidental. Pois uma filosofia da história só pode surgir onde a humanidade tenha se tornado histórica por meio da existência no presente sob a autoridade de Deus. Os saltos no ser certamente ocorreram em outros lugares, mas uma existência pessoal chinesa sob o Tao cósmico ou uma existência pessoal indiana em iluminação acosmística não são uma existência israelita ou cristã sob a autoridade de Deus. Embora as sociedades chinesa e indiana certamente tenham adquirido a consciência da humanidade universal, somente a resposta judeu-cristã à revelação alcançou consciência histórica. O programa de uma história universal válida para todos os homens, ao ser pensado cabalmente, só pode significar uma de duas coisas: a destruição da forma histórica ocidental e a redução das sociedades ocidentais a uma forma compacta da ordem na qual as diferenciações da verdade por meio da filosofia e da revelação são esquecidas; ou uma assimilação das sociedades, na qual o salto no ser não rompeu a ordem cosmológica tão completamente quanto no Ocidente, à existência na forma histórica ocidental. A mesma falta de conclusão com respeito às questões teóricas marca a atitude de Toynbee. Ao defender a graduação equivalente das quatro "grandes religiões", ele se ampara na inabilidade humana genérica de discernir a verdade em assuntos espirituais[16]. Isto é uma humildade cativante — mas às vezes é difícil distinguir a humildade intelectual da esquiva intelectual.

Concluímos: o problema dos saltos no ser múltiplos e paralelos não pode ser abordado teoricamente com a resignação do século XVIII e com a sabedoria do Natã de Lessing. O que é válido na sabedoria de Natã, e permanece válido quando Jaspers e Toynbee consideram uma cena histórica mais ampla e mais variada em seu espírito, é o respeito por toda ordem, e por toda verdade acerca da ordem; pois toda sociedade, qualquer que seja o nível de compacidade ou diferenciação de suas experiências e dos símbolos da ordem em que se move, empenha-se por conformar-se à ordem do ser. Este respeito, porém, não deve degenerar numa tolerância que desconsidere as diferenças de posição, tanto na busca da verdade como na aquisição de entendimento. A generosa tese de Jaspers, por exemplo, de que no tempo-eixo foram "criadas as categorias com as quais pensamos até hoje" parecerá duvidosa se considerarmos con-

---

[16] TOYNBEE, *Study*, 7, 494-495.

cretamente que a *Analytica posteriora* de Aristóteles, a obra fundamental do pensamento analítico até hoje, foi criada não por acaso na China ou na Índia, mas na Hélade; e que a introdução dos modos ocidentais de pensar nas sociedades asiáticas, no século XX, requer um esforço descomunal sob a pressão da necessidade extrema. Com respeito à grande questão do eurocentrismo, seria recomendável, portanto, distinguir seus aspectos fenomênicos e seus aspectos filosóficos. Embora a restrição fenomênica do horizonte histórico ao Oriente Próximo, ao Mediterrâneo e às sociedades ocidentais tenha de ser abandonada em face do maior conhecimento histórico, o eurocentrismo da posição e dos padrões não pode ser abandonado pelo filósofo da história, pois não há nada que ele possa colocar em seu lugar. A história é feita onde quer que o homem viva, mas sua filosofia é um simbolismo do Ocidente.

A filosofia da ordem e da história é um simbolismo do Ocidente porque a sociedade ocidental recebeu sua forma histórica por meio da cristandade. E os *Patres* da cristandade primeva criaram o simbolismo porque podiam contar com os recursos de Israel e da Hélade quando articularam seu próprio modo de existência. Como disse Clemente de Alexandria: "Aos bárbaros, Deus deu a Lei e os Profetas; aos helenos deu a filosofia; a fim de que ambos pudessem estar preparados para receber o Evangelho". E, na mesma relação, em retrospecto: "A nós, deu o Novo Testamento, aqueles dos judeus e dos helenos são os antigos". As escrituras de Israel e da Hélade são os Antigos Testamentos da cristandade[17]. A origem e a estrutura histórica da ordem ocidental foram mais bem compreendidas pelos homens que criaram a forma do que por seus sucessores que nela vivem sem relembrar as condições de ocupação. Deve estar claro por que nosso estudo teve de começar com Israel; e por que tem de passar de Israel à Hélade.

---

[17] CLEMENTE DE ALEXANDRIA, *Stromateis*, 6.

Parte 1
Cretenses, aqueus e helenos

Capítulo 1
Hélade e história

§1 Questões preliminares

Uma investigação filosófica sobre as experiências gregas da ordem e sua simbolização confronta-se, em nossa época, com certas dificuldades. Por várias gerações até o presente nosso conhecimento empírico da cultura grega tem aumentado constantemente, e novos horizontes ainda se abrem, como ocorreu recentemente com a decifração da escrita micênica linear B. A análise teórica, porém, não acompanhou os avanços do conhecimento; ficou para trás, talvez inevitavelmente, debatendo-se com uma torrente até agora incessante de novos materiais e com perspectivas que se modificam continuamente. As dificuldades resultantes dessa situação para o nosso estudo são, com efeito, tão numerosas, variadas e complexas que uma investigação introdutória terá antes o efeito de confundir que de esclarecer o leitor. Será preferível, portanto, apresentar as questões teóricas à medida que surjam no curso do desdobramento do assunto em si.

No entanto, somos forçados a começar a partir de algum ponto — e a primeira questão teórica se impõe com a própria tentativa de identificar e delimitar o assunto que pretendemos desenvolver. A natureza do problema tornar-se-á aparente tão logo formulemos a questão crucial: a que sociedade concreta, organizada para a ação política numa forma permanente, refere-se a linguagem da "ordem grega", das "experiências gregas da ordem e de sua simbolização"? Pode-se responder, negativamente, que na Grécia do período clássico não encontramos nem impérios na forma cosmológica, como no Egito, na Babilônia ou na Assíria, nem uma sociedade na forma histórica, como é o caso de Israel, onde há uma estreita relação entre as instituições políticas e uma verdade revelada acerca da ordem. É mais difícil responder positivamente, dizendo o que de fato encontramos na Grécia. Numa primeira abordagem, certamente, não há dúvida de que na Grécia, como se torna manifesto à luz mais plena da história após 800 a.C., encontramos múltiplas pólis divididas pelas rivalidades e envolvidas em guerras frequentes, às vezes de uma forma tão atroz que se chega a considerar uma prova de humanidade se apenas metade da população de uma cidade é massacrada. Mas esse estrato da ordem grega, embora seja bastante concreto, certamente não é a estrutura completa da sociedade grega. A história da Grécia não se dissolve nas histórias das pólis individualmente e de suas guerras, e um estudo dos tipos da ordem da pólis e de sua simbolização não poderia ser considerado um tratamento adequado da ordem grega. Pois acima da ordem das pólis surge, reconhecivelmente, o senso de pertencer a uma sociedade comum mais ampla. Esse senso está por trás da criação da denominação helenos para os povos do continente, das ilhas e da Jônia, assim como está por trás das instituições pan-helênicas paralelas tais como os jogos olímpicos, que têm início em 776 a.C.; ademais, esse senso motiva as federações das pólis a formar ligas, e pode até inspirar, numa emergência, o esforço comum de organização que foi conseguido para a defesa contra o ataque persa. Ninguém penetrou teoricamente nesse estrato da ordem grega mais profundamente que Tucídides, ao reconhecer, no nome comum e na ação comum, as provas da existência de uma sociedade grega. Ademais, ele conjecturou que a série de migrações nas épocas antigas, o desejo de estabelecer-se de forma permanente e tranquila e a escassez de população teriam postergado por tanto tempo a gênese de uma consciência de pertencimento conjunto às sociedades locais estreitamente relacionadas do ponto de vista étnico e linguístico. Mesmo quando Tucídides alcançou esse nível do senso de pertencimento comum, com suas parcas expressões institucionais e simbólicas, o estudante da ordem grega, contudo, ainda não estará satisfeito. Pois a experiência grega da ordem (excluindo, por enquanto, o fato de que ainda não sabemos de que ordem estamos falando) tem seu lugar na história da humanidade não por meio de sua institucionalização nas pólis, nem por meio da "ação comum" que, na história pragmática, impediu a conquista persa da Europa incipiente, mas por meio de sua articulação na forma simbólica da filosofia. Encontrou-se um simbolismo para a expressão da verdadeira ordem que se alegava ser válido para todos os homens. E somente quando este último segmento é acrescentado à estrutura da ordem grega a natureza do problema aparecerá em sua devida proporção: pois a ordem das sociedades concretas, das instituições da pólis e de seus simbolismos cultuais politeístas não era formada pela filosofia, e os paradigmas da verdadeira ordem desenvolvidos nas obras de Platão e Aristóteles nunca formaram a ordem institucional de nenhuma pólis concreta.

Nessa conjuntura, o problema pode apenas ser formulado. Será necessário todo o estudo subsequente para explorar a relação que efetivamente existe entre a pólis concreta na forma não filosófica e a forma filosófica sem uma sociedade concreta. Todavia, podemos diminuir de algum modo o suspense por meio de algumas reflexões sobre um fato óbvio: a filosofia, como uma experiência e uma simbolização da ordem universalmente válida, surge da órbita da pólis. Esse fenômeno, agora, é um reminiscente do "êxodo de Israel para fora de si mesmo" que aparece no Dêutero-Isaías, ou seja, do processo no qual o componente universalista na experiência do Reino de Deus se separa da tentativa de realizar o Reino nas instituições de uma sociedade concreta. A similaridade, certamente, não deve induzir a especulações precipitadas que obscureceriam as profundas diferenças entre o fenômeno israelita e o fenômeno helênico, mas ela sugere como relevante a observação de que as duas experiências da ordem que surgiram de sociedades concretas sem formá-las tornaram-se forças ordenadoras no nível de uma história universal, em ambos os casos com uma veemência explosiva. Tanto o helenismo como a cristandade devem ser compreendidos, ao que parece, como a operação contínua, na escala imperial, das forças ordenadoras para as quais Israel e a Hélade, as sociedades concretas de sua origem, mostraram-se excessivamente estreitas. E, se o paralelismo da expansão imperial está de fato conectado à similaridade a princípio observada, pode-se mostrar justificada a suspeita de que a tensão e a explosão helênica têm raízes tão profundamente entranhadas no tempo quanto o fenômeno israelita correspondente. Como no caso de Israel os problemas dos profetas têm sua origem na época de Moisés, e até de Abraão, também no caso da Hélade pode-se provar necessário retroceder para além do século VIII a.C., às fases pré-helênicas da história grega, a fim de se alcançar alguma clareza a respeito da origem dos problemas que marcam o período clássico.

Antes que possamos avançar na discussão do problema, é preciso esclarecer algumas questões terminológicas. Nossa ciência política e histórica contemporânea tem um vocabulário para designar diversos tipos de sociedades concretas em forma organizada — como império, reino, Estado, cidade-estado, federação — e tem um vocabulário para ao menos alguns tipos de organização governamental — como monarquia, república, democracia e tirania. Estes vocabulários, embora sejam de fato insuficientes para abarcar a multiplicidade histórica de tipos institucionais, ao menos servirão como instrumentos de referência básica. Contudo, não temos vocabulário técnico por meio do qual possamos nos referir concisamente a fenômenos do tipo dos fenômenos helênicos esboçados acima; e como tais fenômenos têm importância no âmbito da história universal, e, por conseguinte, é preciso falar muito sobre eles, a oscilação e a confusão semânticas são o resultado inevitável. Embora os problemas que surjam disto não possam ser resolvidos aqui e agora, é preciso tomar algumas decisões terminológicas a fim de evitar interpretações equivocadas.

O termo mais comumente empregado para o complexo histórico em questão (como diremos com cautela) é *civilização*. E, uma vez que o conceito de uma sociedade civilizacional (para nossos atuais interesses, felizmente) é pouco teorizado, não prejudicaremos nossa análise se continuarmos a empregá-lo por conveniência. No entanto, é recomendável um cuidado mais crítico com respeito à escolha dos adjetivos. É frequente que se fale sobre a civilização grega ou helênica usando os dois termos como sinônimos. Este uso é não apenas dispendioso, já que exige um maior número de termos distintivos a fim de contemplar as complexidades de cada fenômeno, mas também parece inadequado no presente estágio de nosso conhecimento empírico. Pois o estudo da ordem grega tem de se estender, como veremos agora, ao longo de um complexo histórico que abrange três civilizações, por assim dizer, ou seja, não somente a helênica, mas também as civilizações minoica e micênica. E, visto que a decifração da escrita linear B revelou que o idioma micênico era o grego, acrescentou-se um argumento decisivo em favor da visão de que as civilizações micênica e helênica têm de ser tornadas como duas fases da história grega. É aconselhável, portanto, que reservemos o termo *grego* para o complexo histórico em questão como um todo, até onde tenhamos de estendê-lo, e que, de resto, aceitemos a terminologia convencional de civilizações minoica, micênica e helênica. Esta decisão está longe de ser satisfatória, mas permitirá que ingressemos em nosso estudo com um mínimo de desvio em relação ao uso estabelecido e sem extensas explicações metodológicas.

Não podemos dispensar, porém, um suplemento crítico que porá novamente em foco a questão teórica, eliminada pela terminologia convencional.

Os nomes das três civilizações, como são consideradas, são formados de acordo com três princípios diferentes. A civilização minoica deriva seu nome do título real do governante de Cnossos; a civilização micênica, do palácio e do povoado de Micenas; e a civilização helênica deriva seu nome da autodesignação pós-homérica do próprio povo como *helenos*. Num estudo da ordem, somente o último destes nomes faz sentido do ponto de vista teórico, na medida em que se deriva de uma autodesignação. Os nomes das outras duas civilizações não contêm tal sentido, e pode-se suscitar a questão pertinente de se os termos se referem a algo que seja de algum modo relevante em nosso contexto. Deve-se salientar, portanto, que as civilizações minoica e micênica têm como portadoras sociedades sobre cujos nomes sabemos ao menos alguma coisa. Se deixarmos que Homero seja nosso guia, a portadora da civilização micênica era uma sociedade que havia desenvolvido a autodesignação de *aqueus*[1]. Contudo, na ausência de fontes, não sabemos se a sociedade por trás da civilização minoica desenvolveu uma autodesignação comparável ou não; estamos ao menos informados do nome pelo qual essa sociedade era conhecida na época helênica. Pois Homero fala do povo da ilha como cretenses e, além disso, distingue, por motivos linguísticos, os eteocretenses (cretenses originais ou verdadeiros) dos grupos populacionais que falavam outras línguas. E a narrativa de Heródoto sugere que o nome *cretenses* aplicava-se aos habitantes da ilha na época de Minos e não se modificou com sua recomposição por meio de migrações, de modo que o nome, em sua época, já se referia aos terceiros "cretenses"[2]. Visto que tais indicações são escassas, asseguram-nos a existência de sociedades com nomes de algum modo mais próximos de sua própria

---

[1] Isto é provavelmente afirmado pelo aparecimento de um poder ocidental sob o nome de *Akhijava* nos arquivos hititas — embora algumas autoridades tenham suas dúvidas acerca da identificação. A identificação é favorecida por Sir John L. MYRES, Kleinasien, *Historia Mundi*, Bern, Francke, 1953, 2, 463 ss.; é tratada como uma fantasia por Albrecht GOETZE, *Hethiter, Churriter und Assyrer*, Oslo, Institutet for Sammeligende Kulturforsking, 1936, 58. Nas tábulas de Cnossos, o nome ocorre numa forma que, filosoficamente, pode constituir a base para a forma hitita, mas as evidências não são conclusivas. Cf. Michael VENTRIS e John CHADWICK, *Documents in Mycenaean Greek*, Cambridge, Cambridge University Press, 1956, 138 e 209.

[2] HOMERO, *Odisseia* 19.172 s.; HERÓDOTO, 7.171. Nesta conexão, a lenda ugarítica de Krt possui interesse. Se a vocalização do nome como Keret provar-se correta, possivelmente designa o fundador cretense de uma dinastia ugarítica. Cyrus H. GORDON, Homer and Bible. The Origin and Character of East Mediterranean Literature, separata de *Hebrew Union College Annual* 26 (Cincinnati, 1955) 53, está convencido da derivação do nome e até se aventura a falar da lenda de Krt como um "Ur-Ilias". Outros são mais cuidadosos. Cf. Godfrey Rolles DRIVER, *Cannanite Myths and Legends*, Edinburgh, T. and T. Clark, 1956, 5, n 3.

época que as convenções terminológicas dos arqueólogos e historiadores modernos. Por conseguinte, falaremos de cretenses, aqueus e helenos no sentido das sociedades que são os sujeitos da ordem nas civilizações minoica, micênica e helênica correspondentes.

A digressão terminológica desenvolveu o problema da delimitação ao ponto em que pode ser formulado com precisão: um estudo da ordem grega necessita, para a identificação de seu tema, de um conjunto de critérios que têm sua origem no simbolismo da própria ordem grega. Ademais, não há dúvida de que a busca por critérios tem de se concentrar na época em que as ameaças à liberdade e à sobrevivência da sociedade tornaram o problema de sua ordem um tópico de discussão geral, e nas fontes literárias nas quais o problema se converteu em objeto de investigação filosófica com o máximo de articulação. Por conseguinte, a fim de conduzir a busca com uma expectativa razoável de sucesso, é preciso consultar os filósofos e historiadores do período clássico.

Novamente, porém, é forçoso remover um obstáculo antes que a busca em si possa prosseguir. Pois a filosofia como a ciência da ordem tornou-se efetivamente um simbolismo universal, aceito além dos confins espaciais e temporais da sociedade grega, e manteve sua posição no curso da civilização ocidental até hoje. É ainda uma força viva na exploração e na articulação de nossos problemas contemporâneos da ordem. Consequentemente, os pensadores modernos são inclinados a ser seletivos em sua interpretação da filosofia clássica, e especialmente no que concerne a questões políticas no sentido mais estrito, com sua carga emocional. É grande a tentação de ignorar o problema que é nossa preocupação primária, ou seja, a ordem da sociedade grega em sua extensão geográfica e em seu recuo no tempo, e de nos concentrar naqueles setores da literatura clássica que contêm o que parece ser a "contribuição" grega à ciência política — à ciência política definida nos termos da ordem que interessa aos modernos. Ademais, é possível fazer essa interpretação seletiva com uma aparência de legitimidade, pois na obra de Platão e de Aristóteles é possível, com efeito, encontrar as origens, por exemplo, do constitucionalismo, quando se é cuidadoso o suficiente para omitir o que não se encaixa no cenário. Logo, as construções platônico-aristotélicas de uma pólis melhor tendem a se tornar o objeto primário de investigação, enquanto outros pensadores e seus problemas só serão admitidos na medida em que seja possível vinculá-los inteligivelmente como "predecessores" às questões supostamente centrais de uma "teoria da pólis". Estabeleceu-se uma convenção, especialmente na historiografia das "ideias políticas", de ignorar as preocupações de grande alcance da filosofia clássica da ordem e substituí-las pelos interesses restritos do constitucionalismo moderno.

Num estudo crítico da ordem e da história, é preciso romper com essa convenção por duas razões. Em primeiro lugar, a interpretação seletiva é empiricamente inadequada como concepção da ciência clássica da ordem; em segundo lugar, se aceitarmos as restrições, nunca encontraremos os critérios que estamos buscando.

A ciência grega da ordem era de fato muito mais que uma teoria da melhor pólis. A própria concepção de uma pólis paradigmática era, nas mãos de Platão e Aristóteles, um instrumento de crítica a ser usado contra a realidade nada paradigmática da cena política circundante. Sua elaboração de uma ciência da ordem era um ato político consciente, praticado numa situação concreta de desordem. Além disso, a necessidade de firmar as fundações empíricas do diagnóstico da desordem, assim como a autocompreensão de seu próprio ato de oposição forçaram os filósofos a analisar a situação com base em sua gênese histórica. A criação de um paradigma da ordem, sustentado como um modelo de ação em oposição à ordem estabelecida da sociedade, teria sido, com efeito, uma realização estranha, e talvez até ininteligível, a não ser que uma filosofia do declínio e da regeneração histórica da ordem viesse a constituir o seu suporte e a dotasse de sentido. Portanto, a ciência integral da ordem compreende tanto uma ciência da ordem paradigmática como uma ciência do curso efetivo não paradigmático da sociedade na história. E as construções paradigmáticas tinham de fazer sentido com respeito ao passado recordado que ingressou como o presente no qual foram criadas. A consciência da situação histórica, portanto, era uma parte essencial da experiência grega da ordem, e o alcance da ordem que será apropriadamente designada como grega deve ser determinado, por conseguinte, pela memória da história contínua que os pensadores do período clássico aplicaram em sua situação, assim como na compreensão de seu próprio lugar nela.

§ 2 A consciência helênica da história

Primeiramente, a consciência histórica da sociedade helênica será descrita com respeito à sua extensão no tempo, sua localização geográfica e sua diversificação civilizacional e à natureza de suas fontes. À breve exposição das características gerais seguir-se-ão três seções sobre as formas específicas assumidas pela consciência histórica em Heródoto, Tucídides e Platão. Essas seções pretendem caracterizar o real alcance do conhecimento e os principais motivos de rememoração; ademais, esboçarão alguns problemas da forma simbólica helênica. Por fim, uma última seção resumirá as conclusões.

1 Características gerais

Com respeito ao recuo no tempo, a memória clássica da história contínua retrocede até mais de mil anos antes da civilização helênica propriamente dita. Hesíodo estava ciente de uma Idade do Ferro sombria, que se estendeu desde os tumultos migratórios do século XII a.C. até a sua própria época, assim como de uma Idade do Bronze precedente. A memória clássica sabia, ademais, sobre as invasões, especialmente sobre a invasão dórica, e sobre a emigração do continente e das ilhas gregas para a Jônia como os eventos que marcaram o fim da Época Heroica de Hesíodo com a expedição contra Troia. Essa memória incluía as civilizações micênica e minoica. E estava ciente até das antigas populações do continente, do arquipélago e da Anatólia, que foram substituídas ou conquistadas por movimentos migratórios, remontando à imigração aqueia de 1950 a.C. Por conseguinte, se a memória for aceita como guia, a história da sociedade grega se estende por um período aproximadamente igual ao da história paralela de Israel, com sua memória do êxodo de Abraão saindo da Ur dos caldeus.

A memória de uma sociedade não é uma coleção indiferente de conhecimento, mas a experiência de certos eventos como fatores que constituem a sociedade como ela existe na história à época do historiador e do filósofo que recordam. Entretanto, nem todo item do conhecimento, ainda que tenha alguma relação com a ordem civilizacional, estenderá indiscriminadamente os limites da sociedade grega. Quando, por exemplo, Heródoto recorda que praticamente todos os nomes dos deuses chegaram à Hélade provindos do Egito (2.50), ou que o alfabeto helênico provém dos fenícios (5.58), nem por isto o Egito e a Fenícia são incluídos na história da Grécia. A observação pode parecer trivial, mas sua importância metodológica é considerável em vista do fato de que os critérios para a identificação da sociedade, que em outros casos são fornecidos pela organização do poder, não estão dados no caso grego. Na ausência de uma organização política com domínio sobre um território definido, embora talvez em expansão ou retração, a sociedade grega é na realidade constituída por uma consciência de unidade civilizacional com fronteiras fluidas e intensidades de participação variadas. O conteúdo da memória helênica é, portanto, inseparável do processo histórico de seu crescimento. Uma breve rememoração da dinâmica desse processo será oportuna.

Na esteira da invasão do século XII, formou-se no continente grego algo como um vácuo cultural, quando os depositários da civilização micênica foram forçados a emigrar, em grandes grupos — presumivelmente incluindo o estrato social e culturalmente dominante —, para as ilhas e a área costeira da Anatólia. No século IX a.C., uma nova Grécia começou a surgir. O renascimento começou nas pólis da Ásia Menor, onde os "Filhos de Iavan" se tornaram vizinhos dos "Filhos de Ashkenaz" (Gn 10). Nesta área fronteira de emigração originaram-se as epopeias de Homero, que daí começaram a difundir sua influência ao longo das ilhas e do continente, fornecendo aos gregos em recuperação a consciência de um passado comum. O empreendimento federativo pan-aqueu contra Troia tornou-se o símbolo vivo de um vínculo cultural pan-helênico, e, precariamente, até mesmo um vínculo político. Além disso, uma vez que a guerra dos homens era ao mesmo tempo uma guerra dos deuses, os épicos proporcionaram uma mitologia comum onde quer que tenham se difundido, criando assim um contrapeso à diversificação das divindades locais e seus cultos. Neste aspecto, a função dos deuses homéricos — embora não os próprios deuses — pode ser comparada ao sumodeísmo egípcio, com sua interpretação dos vários deuses do sol do Egito como aspectos do deus único que adquiriu supremacia política. E, por fim, a linguagem das epopeias era um fator unificador na medida em que compensava a diversificação dos dialetos. Da área egeia oriental, então, a recuperação grega expandiu-se pelo mundo helênico e, por meio da expansão, criou-o. Homero era um anatólio ou grego insulano, o primeiro de uma linhagem brilhante. As cidades costeiras e as ilhas vizinhas eram a região onde a cultura pré-helênica sobrevivente e a cultura asiática se encontravam; a partir dessa região focal, a mistura vital difundia-se ao longo do semicírculo das ilhas para o oeste da terra firme grega e ainda para a Sicília e o sul da Itália. Pelo lado de fora, esse vasto semicírculo era cercado a leste pelos lídios, persas e fenícios, ao sul pelos egípcios, e ao sudoeste e oeste pelos cartagineses e etruscos. Nesse entorno apareciam, além de Homero, os viajantes e historiadores Hecateu e Heródoto; os poetas Alceu, Safo, Calino e Alcmano; os filósofos Tales, Anaximandro, Anaxímenes, Heráclito, Xenófanes, Parmênides, Pitágoras e Anaxágoras. Aqui se situa a fronteira dos contatos e conflitos com as forças asiáticas que dominavam a história pragmática helênica, e aqui também a *Ilíada* tem de ter recebido a interpretação indicada, que foi assumida por Heródoto, como o épico da grande batalha entre a Europa e a Ásia. O continente grego foi o último a ingressar nesta consciência crescente da sociedade helênica comum na forma articulada, embora estivesse destinado a ter o mais importante papel no domínio da ameaça asiática — a Lacedemônia por meio de seu poder militar, Atenas por meio da explosão de vitalidade intelectual e espiritual que a tornou a Hélade na Hélade. À margem, no tempo e no espaço, moviam-se os gregos do norte, que, através da Macedônia, se tornaram o poder hegemônico na conquista da Ásia e os portadores do helenismo imperial.

O conteúdo da memória helênica, como dissemos, é inseparável do processo de seu crescimento. O que quer que pudesse ser entendido como um fator constituinte da sociedade helênica e de sua ordem no presente do período clássico tornou-se historicamente memorável: as populações da área geográfica, com suas origens e migrações, seus idiomas e mitos; os grandes empreendimentos civilizacionais, como o minoico e o micênico, dos quais essas populações participaram; as organizações de poder da talassocracia cretense e da federação aqueia contra Troia; os antecedentes da pólis presente; os eventos das grandes migrações, assim como os conflitos com a Ásia, e a gênese das formas simbólicas, como os deuses, seus nomes e funções. Tais conteúdos variados, contudo, não estavam à disposição dos historiadores na forma de registros oficiais ou estudos monográficos, mas só existiam na forma das tradições — se pudermos empregar um termo neutro que terá de abranger a literatura épica, as baladas heroicas, os hinos, os mitos dos deuses e as tradições locais concernentes a acontecimentos práticos. Com base nessa complexa multiplicidade de fontes, após as terem coligido, os historiadores do século V tiveram de deslindar um curso de acontecimentos práticos. Certamente, a tentativa não podia dispor de nossos métodos críticos contemporâneos, mas tinha de tirar proveito da comparação de tradições conflitantes, de suposições argutas referentes ao cerne prático de uma lenda ou mito e do senso comum na reconstrução de um curso de eventos provável. Especialmente para os períodos mais antigos, portanto, essa tentativa não podia produzir senão uma história esquemática, pobre no tocante aos fatos e vaga em sua cronologia. Todavia, embora nosso conhecimento moderno suplante em grande medida o conhecimento antigo no que se refere à quantidade e à precisão dos detalhes, a construção helênica do curso da história grega provou-se substancialmente correta segundo as descobertas da arqueologia moderna. E até mesmo com respeito à data específica da expedição contra Troia, por volta de 1184 a.C., os métodos modernos só podem confirmar o cálculo antigo.

Nenhum fio da história prática jamais haveria sido arrancado do tecido das tradições se não houvesse existido homens que concebessem o projeto e fossem capazes de executá-lo. Dos problemas do conteúdo, portanto, somos remetidos de volta ao crescimento da consciência helênica da história. A consciência não era um corpo de conhecimentos misteriosamente difundido entre os membros da sociedade helênica, mas um simbolismo por meio do qual os historiadores e os filósofos articularam de modo representativo a sua experiência da sociedade helênica e o sentido de sua ordem. Por conseguinte, antes que possamos explorar esta criação de uma história grega num retrospecto helênico, é preciso investigar algumas das formas que o fenômeno assumiu. Nossa breve investigação começará propriamente com as *Histórias* de Heródoto, o primeiro pensador helênico que fez a tentativa deliberada de preservar as tradições vigentes antes que o tempo as apagasse da memória dos vivos.

2 Heródoto

As *historiai* eram as investigações empreendidas por Heródoto com o propósito de preservar de modo geral as *tà genomena*, as recordações ou tradições, e de preservar especificamente as tradições relacionadas à pré-história do grande conflito entre os helenos e os bárbaros nas Guerras Persas (1.5). No momento, interessa-nos não a riqueza de detalhes das *Histórias*, mas o método usado por Heródoto para extrair de suas fontes o que ele considerava a verdade dos eventos. Dois exemplos ilustrarão o problema.

A fonte mais abrangente para a pré-história do conflito euro-asiático era Homero. Mas Heródoto não confiava em Homero, e em muitas ocasiões duvidou da correção de seu relato, pois estava familiarizado com as versões asiáticas dos mesmos eventos. Ao se tornar crítico, Heródoto preferiu se apoiar nas versões asiáticas, pois estas já haviam transformado as tradições míticas e poéticas dos gregos no novo tipo de concepção pragmática que ele próprio desejava desenvolver. O espírito dessa transformação pode ser mais bem apreendido com base na exposição da Guerra de Troia oferecida a Heródoto pelos sacerdotes egípcios.

O historiador questionou os egípcios a respeito de sua opinião sobre a confiabilidade da história de Homero na *Ilíada* e descobriu que eles estavam dispostos a contar-lhe como a guerra de fato acontecera. Esta é a sua história resumida:

Helena foi de fato raptada por Páris, e os gregos realmente se dirigiram com uma grande tropa para Troia. Eles exigiram, por meio de uma comitiva, a restituição de Helena e do tesouro roubado. Mas os troianos juraram que não estavam em poder da mulher nem de suas posses, mas que ambos estavam no Egito, nas mãos do rei Proteus. Os gregos, sem acreditar nos troianos, sitiaram Troia por um longo período, e, ao conquistar a cidade, descobriram que os troianos haviam dito a verdade. Menelau, então, foi enviado ao Egito e ali recebeu de volta Helena e o tesouro.

Heródoto estava inclinado a acreditar nos egípcios, pois a história homérica contrariava o senso comum. Se Helena realmente houvesse estado em Troia, teria sido devolvida aos aqueus. Não se deve presumir que Príamo e seu séquito estivessem loucos e houvessem arriscado a si próprios, seus filhos e sua cidade pelo propósito de que Páris pudesse ficar com Helena. Mesmo que de início tivessem esse intento, logo teriam mudado de ideia ao ver o montante das perdas. Ademais, Páris não era um personagem importante em Troia; é inconcebível que Heitor, o homem mais velho e valente, houvesse consentido com a conduta insensata. A única explicação é que Helena realmente não estivesse lá. Se os gregos não acreditavam neles, era pela vontade dos deuses de punir Troia por suas malfeitorias (2.118-20). Nessa ocasião, Heródoto cuidadosamente fez uma distinção entre a história, que ele atribuía aos egípcios, e o argumento de sua preferência, que ele afirmava ser o seu próprio.

O pano de fundo asiático do método torna-se ainda mais aparente nos capítulos introdutórios das *Histórias*, quando Heródoto informa suas fontes persas e fenícias com respeito ao conflito entre a Europa e a Ásia. Dos sábios persas ele recebeu a seguinte história sobre a origem do conflito (resumida):

> Os fenícios principiaram a desavença. Eles vieram do Oceano Índico e se estabeleceram no litoral egeu. Ali, envolveram-se no comércio marítimo e, numa dada ocasião, raptaram Io, a filha do rei de Argos, e a trouxeram para o Egito. O delito foi revidado pelos gregos, provavelmente pelos cretenses, que raptaram Europa, a filha do rei de Tiro na Fenícia. Assim, chegou-se a um ajuste de contas. Então os gregos criaram novos problemas raptando Medeia na Cólquida. E, duas gerações mais tarde, foi a vez dos asiáticos, quando Páris raptou Helena. Novamente, houve um empate. Mas, então, os gregos fizeram algo pelo que seriam altamente censuráveis, ao retaliar com uma invasão armada da Ásia.

Dessa vez, as razões racionalistas do erro são dadas pelos próprios persas (resumidas):

> Os persas admitem que é errado raptar mulheres, mas ir ao seu encalço com sérias intenções de vingança é tolice. Um homem prudente não prosseguirá nisso, pois, obviamente, tais mulheres não foram raptadas contra os seus desejos. Os asiáticos não dedicaram muita atenção ao rapto de suas mulheres, mas os gregos reuniram uma

grande tropa e destruíram o reino de Príamo. Desde então, os asiáticos passaram a ver os helenos como seus inimigos.

Dificilmente pode haver dúvidas de que Heródoto esteja do lado dos psicólogos asiáticos, pois aponta o argumento de seus sábios persas da versão fenícia do rapto de Io. De acordo com esses sábios navegantes, a moça tinha um romance com o capitão do navio e partiu com ele de livre vontade ao perceber que estava grávida (1.1-5).

Os dois exemplos serão suficientes para nossos propósitos. Aparentemente, Heródoto, a fim de transformar suas fontes em história, empregou e desenvolveu um método que já era amplamente aplicado na área fronteiriça das civilizações grega e asiática. No relato dos sábios persas, uma cronologia dos eventos foi derivada de alguns mitos gregos; os fatos foram um tanto alterados de modo a favorecer o que hoje chamamos de "interesse nacional"; e uma história razoável surgiu por meio da aplicação do senso comum e da prudência elementar. No caso da história de Helena recebida dos egípcios, vemos que Heródoto orgulhosamente aproveita o auxílio, ao desenvolver um argumento do tipo asiático a fim de justificar sua preferência pela história egípcia contra Homero.

O método é de interesse em vários aspectos. Quando Heródoto considerou os *mythoi* em seu valor nominal como fontes históricas, abriu-se um amplo panorama do início da história grega, com suas relações com o Egito, a Fenícia e Creta — um panorama que, em seu todo, era historicamente verdadeiro. E embora os métodos desenvolvidos pelos historiadores e arqueólogos modernos para propósitos de usar os mitos e os épicos como guias da realidade histórica tenham se tornado infinitamente mais cautelosos, refinados e complicados, e usualmente conduzam a resultados largamente diferentes quanto aos detalhes, o princípio do procedimento ainda é aquele seguido por Heródoto. Continuamos a pressupor que uma concentração dos mitos numa dada área geográfica indica acontecimentos históricos nessa área — e supomos que uma escavação trará resultados importantes. Quando Homero escolhe o nome Fênix para o preceptor de Aquiles, ou o nome Egípcio para o senhor que faz o primeiro proferimento na assembleia em Ítaca, presumimos que a civilização micênica tinha conexões com a Fenícia e o Egito que tornavam tais escolhas inteligíveis para o ouvinte. E, inversamente, quando, de acordo com as informações de Heródoto, os sacerdotes egípcios haviam desenvolvido um longo relato sobre Helena no Egito e a haviam inserido em algum lugar de sua história, presumimos que tinham um conhecimento íntimo de vários ciclos do épico grego e que estes haviam causado impressão sobre eles.

Em segundo lugar, o método revela uma ampla destruição do mito por uma mitologia racionalista. Pelos textos de Heródoto, a nova psicologia parece ter sua origem na fronteira asiática; e isso lançaria uma luz interessante sobre ao menos uma das fontes do racionalismo que prevalecia em Atenas, na esteira das Guerras Persas, na época em que Heródoto estabeleceu-se temporariamente na cidade. Por destruição racionalista referimo-nos ao desenvolvimento da coordenação desapaixonada de meios e fins como o modelo da ação correta, em oposição inevitável à participação na ordem de Zeus e de Têmis como no modelo homérico. A destrutividade aparece, portanto, de modo mais patente no argumento de Heródoto contra a confiabilidade histórica de Homero. A história de que os troianos não queriam entregar Helena não podia ser verdadeira, pois ninguém teria sido tão desatinado a ponto de permitir a ruína da cidade por tal motivo. A profunda preocupação de Homero com a etiologia da desordem, sua análise sutil que tentava explicar precisamente por que tal desatino ocorrera estavam aparentemente perdidas em Heródoto.

Em terceiro lugar, à luz da reflexão precedente, o método possui interesse como um sintoma da decadência da civilização helênica. Heródoto conhecia muito bem não só o seu Homero, mas era também, em geral, um dos homens mais amplamente informados e educados de sua época. Se Heródoto não fosse mais capaz de entender Homero, impõe-se a questão: quem poderia? Apenas uma geração antes, Ésquilo ainda se movia no nível espiritual de Homero; considerando-se o fato de que, apenas algumas décadas mais tarde, Heródoto era um autor muito admirado e popular em Atenas, o declínio espiritual e intelectual deve ter sido tão rápido quanto terrível. A questão é de grande interesse em virtude dos posteriores ataques de Platão a Homero. Se a interpretação herodotiana era representativa de uma tendência geral, se quase todos leram Homero desse modo, ao menos parte do ataque de Platão seria dirigido não tanto contra Homero, mas contra a maneira como ele havia sido interpretado. A noção de Homero como o "educador da Hélade" passará por alguns estudos mais minuciosos nos séculos V e IV.

3 Tucídides

Heródoto transformou as tradições em história usando uma relação meios–fins baseada no senso comum como modelo de seleção; e ele entrelaçou as ações selecionadas num padrão histórico ordenando-as como a gênese da grande guerra entre os persas e os helenos. Tucídides deu um passo adiante no caminho do racionalismo mundano, na medida em que usou a racionalidade do poder como o modelo de ação. As reflexões com caráter usualmente de senso comum, experientes quanto ao mundo e urbanas de Heródoto eram agora substituídas por um rigoroso escrutínio das tradições sob o aspecto do poder político. O avanço na passagem de Heródoto a Tucídides, se isso pode ser chamado de avanço, reflete o endurecimento da democracia ateniense. A racionalidade prática da ação, negligenciando a participação na ordem, é uma indulgência perigosa que pode se transformar numa força irracional destrutiva da ordem. Desde as Guerras Persas, o perigo do qual a obra cordial de Heródoto era um sintoma evidente cresceu rapidamente e resultou na catástrofe da Guerra do Peloponeso, com seu efeito suicida para toda a Hélade. A racionalidade estrita de uma luta por poder, sem preocupação com a ordem da sociedade helênica, tornou-se de fato o modelo de ação na prática política. Em conformidade com a propensão de seu tempo, Tucídides queria interpretar a história grega desde seus primeiros tempos como um processo que conduziria ao conflito de sua própria época.

Ao efetivar esse plano, Tucídides retrocedeu tanto quanto permitiriam suas tradições, a fim de mostrar que em nenhuma outra época na história grega houvera, na organização governamental, estabilidade, riqueza e solidez suficientes para que se executassem grandes esquemas de poder ou se conduzisse uma grande guerra. Dado que Homero não usou o termo *helenos* para designar os gregos coletivamente, Tucídides usou esse argumento para chegar à conclusão de que as comunidades gregas eram pequenas e fracas, tinham pouca relação umas com as outras e certamente não tinham ocasião e habilidade para uma ação coletiva que se expressasse numa autodesignação comum. E uma vez que esse uso, ou antes, esse não uso da denominação helênica ainda era constatável em Homero, "que viveu até muito depois da guerra de Troia", as condições de carência de significação devem ter persistido ao longo dos momentos históricos. Os "tempos antigos" eram fracos porque eram tempos de migração. Pequenas comunidades, vivendo na pobreza, com poucos equipamentos e poucas habilidades, estavam sempre prontas a abandonar suas localidades não fortificadas sob a pressão de superioridade numérica porque podiam tirar sua subsistência da terra num lugar assim como noutro. Como o solo era bom, essa política de evasão era possível, mas era também uma necessidade, pois a fertilidade sempre atraía novas invasões. A vida num baixo nível de nomadismo tribal, sem comércio, embarcações nem organização governamental em locais defensáveis, era tudo o que era possível em tais condições (1.2-3).

A descrição se aplicaria de modo rudimentar à era pré-micênica da Grécia continental. A Guerra de Troia provou a Tucídides que devia ter ocorrido uma guinada para melhor porque os gregos agora estavam de posse de uma frota e eram capazes de um empreendimento confederado. O problema do súbito poder naval ocasionou algumas reflexões sobre o império minoico. Tucídides sabia "por tradição" (*akoe*) que Minos foi o primeiro governante a estabelecer uma frota de guerra. O rei cretense usou esse instrumento de poder para o propósito de se tornar senhor do mar helênico. Ele livrou a área dos piratas, que eram helenos e bárbaros, indiscriminadamente, conquistou e colonizou as Cíclades e expulsou os perigosos carianos. E seu controle naval do mar foi o passo preliminar para lhe assegurar arrecadação de tributos da área do Pacífico (1.4).

Tucídides sabia que a talassocracia minoica precedera a era micênica e a expedição contra Troia. A abolição cretense da pirataria foi a precondição do estabelecimento grego na costa. Os gregos eram um povo do interior, pois, uma vez que os piratas eram um perigo constante, as vilas tinham de ser estabelecidas a uma distância suficiente do litoral para que não fossem facilmente alcançadas. Somente após a pacificação do mar por Minos tornaram-se possíveis os povoamentos costeiros seguros, com uma pacata acumulação gradual da edificação de fortificações para sua proteção e, por fim, a construção de navios. Com respeito à grande expedição contra Troia, Tucídides era precavidamente cético. Ele admitia que os recursos tinham de ter sido consideráveis para possibilitar a expedição e, aos que duvidavam, advertiu de que a atual aparência desolada dos famosos lugares da *Ilíada* não permitiam conclusões a respeito de seu antigo poder. Entretanto, a expedição não poderia ter sido tudo o que se acreditava que havia sido, pois os gregos levaram dez anos para encerrar o cerco a Troia. A única explicação para tal demora seria a insuficiência de equipamento. Consideráveis destacamentos dedicavam-se à agricultura e à pirataria para manter o exército alimentado, e o contingente efetivo de combate era provavelmente tão pequeno que não tinha chance de atacar a cidade. Ou seja, a pobreza ainda era o fator limitante que inviabilizava equipar um exército grande o bastante e com provisões e víveres suficientes para empreender uma campanha enérgica (1.5-11).

O período posterior à Guerra de Troia foi de revoluções intestinas, novas invasões e migrações, e especialmente da invasão dórica. Somente depois que essa nova agitação migratória se acalmou a Hélade pôde se desenvolver, com rápidos aumentos populacionais que permitiram a fundação de numerosas colônias (1.12).

Essa era uma reconstrução da história grega tão penetrante quanto se podia oferecer, dada a limitação dos recursos na época.

4 Platão

Embora a realização de Heródoto e Tucídides como os grandes compiladores das tradições e criadores da historiografia helênica não deva ser de modo algum diminuída, as limitações dessa realização devem ser compreendidas. Ambos os autores reconstruíram a história grega a fim de fornecer uma explicação causal das guerras de sua época. Também é possível, contudo, estudar a história com o propósito de recuperar o aprendizado passado referente às condições da ordem, tendo em vista romper o aparentemente inevitável encadeamento de causas que levou a uma guerra depois da outra. A causalidade da ação racional, como era entendida por Tucídides, não podia resultar senão numa luta encarniçada. A restauração da ordem só poderia advir da alma que se determinasse por meio da conformação à medida divina. Essa concepção inteiramente diferente da história era a de Platão. Com o mesmo alcance de conhecimento histórico de Tucídides, Platão criou uma ideia da ordem que reuniria num equilíbrio as mesmas forças que Tucídides só era capaz de entender como fatores num jogo de guerra. A gigantesca empreitada de Platão será mais minuciosamente examinada no volume III do presente estudo. Por enquanto, uma breve indicação de seu princípio como aparece nas *Leis* será suficiente.

Na época da rápida decadência da pólis ateniense, o velho Platão escolheu Creta como a cena de seu último grande diálogo sobre política. As *dialogi personae* eram Megilo da Lacedemônia, Clínias de Creta e o Estrangeiro de Atenas. A escolha dos interlocutores expressava a estrutura histórica da cultura política grega. O ateniense sem nome, que fala pelo próprio Platão, personificava a área mais jovem da Grécia que havia se tornado seu centro intelectual e espiritual; o espartano personificava as virtudes políticas e o poderio militar das antigas instituições dóricas, e o cretense representava o período minoico. O renascimento helênico desde Homero, as selvagens, primitivas e disciplinadas comunidades guerreiras dos séculos dóricos e o esplendor mítico do império marítimo minoico ganhavam vida nos três veneráveis anciãos que discutiam a fundação de uma pólis rejuvenescida e saudável na ilha que um dia havia sido o centro do poder político.

Os três anciãos encontraram-se em Cnossos, "a poderosa cidade onde Minos era rei", o governante mítico que recebeu do próprio Zeus as leis que deu à sua cidade. A cada nove anos, o rei se dirigia à gruta de Zeus no monte Ida para conversar com os deuses, e retornava para estabelecer a lei. Os cretenses e os lacedemônios, portanto, eram escolhidos como participantes no diálogo não só porque representavam instituições gregas antigas, mas também porque tais instituições estavam mais próximas da origem divina e, portanto, mais próximas da perfeição. Pois supunha-se que as instituições cretenses da época de Platão haviam preservado características essenciais da pólis minoica divinamente instituída, e que a constituição lacedemônia, de acordo com Aristóteles, era, em grande medida, uma cópia da cretense. Por conseguinte, o Estrangeiro de Atenas, nas *Leis*, principiou o diálogo sugerindo que os dois homens "que haviam sido educados em instituições legais de tipo tão nobre" não teriam aversão a discutir sobre governo e leis. E os três homens concordaram em conversar sobre o assunto enquanto caminhavam da cidade de Minos à gruta e templo de Zeus. Nessa construção, Platão chegou a um ponto elevado em sua insuperável arte de amoldar o assunto de seu discurso na forma de sua apresentação. O assunto era a fundação de uma pólis salvadora no momento da decadência grega; a solução tinha de vir por meio da combinação das forças vivas da Grécia, personificadas pelos três homens, e por meio do recurso à sua origem na civilização minoica; e o recurso espiritual à origem divina se dava enquanto os atores do diálogo repetiam o recurso efetivo indo do lugar de residência do rei até a gruta do deus. Acrescentemos que o número de participantes, três, provavelmente não era um acidente, já que a trindade era o símbolo sagrado da civilização cretense (*Leis* 624-25).

As *Leis* são a expressão sublime das experiências que conectaram a ordem da Hélade clássica às suas origens. Creta ainda era o *omphalos* divino da Grécia. E a ilha como o ônfalo não era uma curiosidade de antiquário estimada pelo antigo Platão, mas uma ideia que permeava o pensamento grego. A impressão visual desse ônfalo de um domínio marítimo pode ser extraída do maravilhosamente sonoro verso em que Homero celebrou Creta como a ilha "no meio do escuro mar cor de vinho" (*Od.*, 19.172 s.). No nível de uma austera consideração estratégica, a impressão retorna na descrição de Aristóteles: "A ilha parece ter sido designada pela natureza para o domínio da Hélade e para estar bem situada; ela se estende pelo mar, em torno do qual todos os helenos estão estabelecidos. Por conseguinte, Minos conquistou o império do mar" (*Política*, 1271b). E nos lembramos das reflexões de Tucídides sobre Creta como a estrategicamente situada pacificadora da área da civilização grega. A ideia era tão essencial à cultura helênica que o mito vinculava a fundação da Delfos apolínea, o ônfalo do mundo helênico, ao antigo centro cretense. De acordo com o Hino ao Apolo pítico, o deus havia nascido em Delos e era filho de Latona, como o filho do Zeus cretense. Em busca de um lugar de descanso, ele veio à montanhosa Pito, que em tempos minoicos era um santuário da deusa Grande Mãe. Sob esse pretexto, ele apareceu para um grupo de cretenses que viajavam para Pilos e os guiou até o golfo de Corinto. Instalou-os como um corpo sacerdotal em Pito, que, desde então, passou a se chamar Delfos. Por meio do mito de seu ônfalo, a nova Hélade estava portanto firmemente ligada ao passado minoico[3].

5 Conclusões

As questões referentes à consciência helênica da história agora podem ser formuladas com base nas fontes introduzidas na exposição precedente.

Com respeito à extensão espacial e temporal da memória clássica, os fatos são perfeitamente claros — as fontes corroboram a imagem descrita na seção "Características gerais". Toda a extensão da área egeia que era considerada helênica na época tornou-se o palco no qual a história grega era encenada, e estavam incluídas na trama as civilizações micênica e minoica, assim como os eventos migratórios, retrocedendo aproximadamente até a virada do terceiro para o segundo milênio. Deve-se observar especialmente que a sociedade cretense, a despeito de sua linguagem aparentemente não grega, era considerada parte da sociedade grega. Não apenas não havia hesitação em relação a isso, como até mesmo se outorgava à ordem minoica o posto de origem da ordem grega, no que dizia respeito tanto ao poder como à substância. Isto deve constituir um alerta contra a superestimação da importância das descobertas arqueológicas no que concerne aos problemas de que se ocupam os filósofos da ordem e da história. O fato de que a história grega tenha início com os cretenses está estabelecido pelas fontes literárias do período clássico. As descobertas

---

[3] T. W. ALLEN, W. R. HALLIDAY, E. SIKES (eds.), *The Homeric Hymns*, Oxford, Clarendon, ²1936, 3, 388 até o final.

arqueológicas podem fazer contribuições ao nosso conhecimento desse curso histórico — e o fazem de modo magnífico —, mas o próprio curso em si existe em virtude de sua criação na memória dos historiadores e filósofos helênicos.

Os detalhes estruturais da memória não são inteiramente claros. Tão logo se examinem mais minuciosamente os dois temas dominantes da construção, ou seja, as experiências do poder institucionalizado e da ordem substantiva, questões sérias emergem.

Em primeiro lugar, considerando-se a ausência de instituições permanentes para o todo da sociedade grega ao longo de todo o seu curso, é surpreendente que as reflexões sobre poder e estratégia sejam um tema dominante. Os povos da área egeia aparentemente experimentavam-se como uma sociedade civilizacional do mesmo tipo e classe das sociedades de organização imperial da Anatólia, do Irã, da Mesopotâmia, da Síria e do Egito. Se a sociedade grega efetivamente não tinha instituições comparáveis, era ao menos considerada uma candidata com potencial para tê-las; por conseguinte, as organizações efêmeras ou parciais do poder na área, até onde fossem discerníveis no tempo, tornaram-se eventos na história da ordem grega. Esse tema era realmente forte o bastante para vincular fenômenos aparentemente desconexos como o "esforço comum" helênico das Guerras Persas e o subsequente império ateniense com a expedição aqueia contra Troia e com o controle cretense dos egeus como uma série de manifestações do poder grego. E a força construtiva do tema indica que uma sociedade grega acima do nível da ordem da pólis era experimentada com maior intensidade do que se presumiria se o julgamento se orientasse apenas pela ausência de instituições permanentes ou pela observação de que Platão e Aristóteles concentraram seus esforços num paradigma da melhor pólis. Em busca de uma estrutura comparavelmente peculiar de experiência, de institucionalização e de simbolização, só se pode recuar à de Israel na época dos Juízes, antes que a pressão dos poderes circundantes forçassem o povo a ter um rei como as outras nações. Certamente não se deve exigir muito desse paralelo, devido à carência de informações do lado helênico — os autores do período clássico não disseram tudo o que gostaríamos de saber, talvez porque seus leitores já estavam cientes. Contudo, deve-se observar o curioso vácuo de expressão articulada, numa literatura de resto muito articulada, entre a consciência de que a sociedade helênica, a fim de existir e sobreviver, precisava de uma organização comum de poder e o conhecimento de que os helenos não eram um *éthnos* como os povos asiáticos, e portanto não deveriam ter instituições imperiais como as outras nações.

É preciso considerar, portanto, a objeção de que a identificação da sociedade grega por meio das organizações de poder erráticas remontando aos minoicos não é senão a noção voluntariosa de alguns poucos pensadores isolados e não tem qualquer relação com o curso real da história grega. Este argumento é dificilmente sustentável, pois a memória helênica não se baseava em registros escritos da Antiguidade, talvez acessíveis apenas a um pequeno grupo de literatos. A este respeito, temos provavelmente mais segurança no que se refere ao caso helênico que ao israelita, em que se pode efetivamente ter dúvidas quanto ao grau de participação da população como um todo dos reinos de Israel e Judá nas questões tratadas pelos profetas. Pois a arte da escrita, que existiu nas civilizações minoica e micênica, desapareceu, segundo temos conhecimento, nos séculos obscuros após a invasão dórica, e só foi recobrada por meio do contato com os fenícios. Quando Heródoto e Tucídides escreveram suas histórias, sem dúvida tiveram de se basear em tradições orais tais como as que se encontravam na sociedade helênica em abundância, ou numa literatura de épicos e hinos que, por mais antigos que pudessem ser os conteúdos preservados nas formas literárias, não haviam sido redigidos antes da introdução do alfabeto (presumivelmente após 1000 a.C.). Por conseguinte, a memória clássica da história grega não é uma reconstrução arcaica de eventos há muito esquecidos pelo povo, mas a organização de uma memória viva que, por sua própria existência, prova que o *continuum* da história grega é real.

A realidade do *continuum* se impõe especialmente na construção platônica da origem divina da ordem grega e da necessidade de um retorno àquele primeiro ônfalo. Aqui o segundo tema, a experiência de ordem e desordem substantivas, domina a identificação da sociedade grega. Pois Platão, nas *Leis*, não se satisfaz em traçar a linha do poder pragmático desde seu início, mas introduz como critério decisivo máximo a substância da ordem e suas vicissitudes no curso histórico. A sociedade grega identifica-se agora por meio da epifania da ordem no governo do Minos, e seu curso é entendido como a exaustão da substância original, até a crise helênica da própria época de Platão. Esse simbolismo jamais poderia ter se desenvolvido se as tradições acerca da ordem cretense como a ordem grega mais antiga, acerca da estreita relação entre a ordem dórica e a ordem cretense e acerca da transferência do ônfalo de Creta para Delfos não existissem a fim de que Platão pudesse se basear nelas e se tais tradições não fossem tão amplamente difundidas e aceitas a ponto de que Platão pudesse inseri-las em seu simbolismo sem parecer absurdo ou se tornar ininteligível.

Os materiais usados nas construções pertencem portanto a um corpo de tradições vigentes entre o povo em grande escala; e, muito provavelmente, mesmo os temas dominantes já eram dominantes no nível geral das discussões gregas sobre poder e ordem. Porém, restam as construções formais em si mesmas, as obras dos historiadores e filósofos concretos. O que motivou seus criadores a organizar a memória helênica nessas formas específicas?

Com respeito ao tema em si, os organizadores da memória clássica eram totalmente francos: era a experiência da crise helênica. Heródoto queria explorar os antecedentes da situação na qual os helênicos encontraram-se envolvidos numa luta de morte com os persas; Tucídides queria explorar as causas da grande *kinesis* na qual atenienses e lacedemônios guerrearam na Hélade e entre si até as últimas consequências; e Platão queria entender a desintegração da ordem substantiva que tornou Atenas incapaz de desempenhar suas funções como o poder hegemônico de uma Hélade unida. Além deste ponto, contudo, as questões tornam-se mais complicadas. E, uma vez que elas são o assunto do seguinte estudo, refletirei agora somente sobre a questão central, isto é, a concepção do curso histórico de uma sociedade como um ciclo com um início e um fim, assim como sobre suas principais implicações.

Todavia, antes que a própria concepção do curso histórico possa ser analisada, é preciso solucionar uma questão preliminar. Até este ponto, falamos da história grega, da consciência grega da história, da memória histórica do período clássico, do curso histórico da sociedade grega, de um ciclo da ordem que se estende do governo de Minos até a exaustão da substância na época de Platão, e assim por diante, assumindo que tal linguagem pode ser legitimamente empregada num estudo do fenômeno grego. Num estudo crítico das experiências da ordem e sua simbolização, porém, nenhum símbolo pode ser aceito sem mais, ainda que seja empregado de acordo com convenções contemporâneas. Por conseguinte, antes de prosseguir é preciso determinar se realmente podemos falar de história no presente contexto.

O termo *história*, embora seja derivado do grego *historia*, não tem em seu emprego moderno o significado clássico. Quando Heródoto fala das *historiai*, refere-se às suas investigações sobre um assunto hoje aceito, de um modo um tanto arbitrário, como histórico. E Toynbee, em dada ocasião, salienta que em seu título *Um estudo de história* é o estudo, e não a história, que representa a *historía* clássica. Tucídides, ademais, não deu à *História da Guerra do Peloponeso* o título pelo qual a obra é conhecida atualmente. Antes, ele estava interessado, como indicado, num estudo da *kinesis*, do grande movimento ou convulsão da sociedade helênica, e a questão que tem de ser examinada é precisamente se esse estudo consiste em história no sentido moderno. Essas observações serão suficientes para mostrar que o simbolismo helênico suscita os mesmos problemas da "narrativa histórica" israelita. No caso israelita, tínhamos de distinguir os símbolos historiográficos constantes no texto, por um lado, e a terminologia que tinha de ser empregada na interpretação da forma simbólica, por outro. E, entre os símbolos historiográficos desenvolvidos pelos criadores da narrativa, não havia termo que pudesse ser considerado o equivalente hebraico de *história*. Nosso uso tinha de ser justificado, portanto, mediante o apelo às categorias da compacidade e da diferenciação, e provou-se legítimo falar de história, visto que o simbolismo israelita continha de modo compacto os significados que, posteriormente, na órbita das experiências cristãs, eram diferenciados e expressados pelo novo símbolo[4]. O mesmo argumento se aplicará ao caso helênico. Embora o significado de história criado por intermédio da cristandade não se encontre na memória clássica, os problemas posteriores estavam entretanto contidos na consciência histórica menos diferenciada de um Heródoto ou de um Tucídides, ou na visão platônica do ciclo histórico da ordem. Certamente, só se pode provar que o argumento é efetivamente válido no caso helênico pela análise das fontes literárias. No momento, temos de antecipar a prova.

Sob a suposição de que se pode falar de história no presente contexto, é preciso explorar a questão principal, a experiência e o símbolo do ciclo histórico.

O simbolismo de um declínio e de uma restauração cíclicos da ordem é peculiar a sociedades em forma cosmológica. No volume precedente, *Israel e revelação*, estudamos o simbolismo das festividades de Ano Novo, dos atos cultuais que anualmente curam as defecções da sociedade e revitalizam sua ordem, com a implicação de repetir o ato cosmogônico original que produziu a ordem a partir do caos[5]. Esses atos periódicos de restauração denunciam também uma consciência da história; mas, longe de articulá-la, são calculados para evitar que a experiência do declínio de uma sociedade atinja o nível da consciência. O momento histórico em que uma sociedade experimenta as vicissitudes de sua ordem à beira da exaustão e da derradeira dissolução é anu-

---

[4] *Ordem e história*, I, 168 ss.
[5] Ibid., 54 s., 192, 343 s., 538.

lado por meio da mágica da repristinização cultual[6]. O que hoje chamamos de curso histórico da sociedade egípcia não era um curso para os egípcios, mas uma repetição rítmica da cosmogonia na humanidade imperialmente organizada que existia no centro do cosmos. As prolongadas perturbações e revoltas, por exemplo entre o Antigo Império e o Médio Império, não eram épocas na história da qual a ordem poderia surgir numa nova forma, mas simplesmente conturbações da forma cosmológica a ser toleradas com a esperança de que o mesmo tipo de ordem fosse por fim de algum modo restaurado. Foi preciso que o salto mosaico no ser rompesse essa experiência compacta da ordem e diferenciasse a nova verdade da existência na forma histórica, no presente sob a autoridade de Deus. A nova compreensão da ordem, é verdade, não poderia abolir a ascensão e a queda das sociedades na história prática; e a experiência do declínio da ordem, que, na forma cosmológica, podia ser expressada e, ao mesmo tempo, contida e anulada por meio das restaurações cultuais, agora tinha de buscar novos modos de articulação adequada. Essa nova expressão encontrava-se na fé metastática de Isaías na iminente transfiguração do mundo que aboliria o ciclo de defecção e retorno; e quando o impasse dessa fé tornou-se claro o problema dos eventos trans-históricos, escatológicos, começou a se diferenciar das fases históricas da ordem e desordem que, de modo correspondente, se tornaram a estrutura mundano-imanente dos eventos. Com respeito à evolução dos símbolos, podemos traçar as linhas desde os ritmos cosmológicos da ordem às fases da história[7], da cosmologia à escatologia[8] e da restauração cultual à metástase histórica da ordem[9].

Surge então a questão de como a estrutura do simbolismo helênico está relacionada aos problemas da ordem recordados. Com respeito a essa questão é preciso reconhecer, acima de tudo, que a concepção helênica do ciclo da história é uma nova forma simbólica. Não se pode encontrar nada comparável nem nas sociedades em forma cosmológica do Oriente Médio, nem em Israel na forma histórica. Pois os impérios mesopotâmico e egípcio nunca desenvolveram a concepção de uma sociedade com um início e um fim no tempo histórico, mas permaneceram compactamente vinculados na experiência da ordem divina cósmica e da participação das respectivas sociedades em seu

---

[6] Sobre a anulação da época histórica por meio de atos de restauração cultual, ver Mircea ELIADE, *Le mythe de l'éternel retour*: archétype et répétition, Paris, Gallimard, ³1949, 128, 184, 209.

[7] *Ordem e história*, I, 481 ss.

[8] Ibid., 357 s., 361 s.

[9] Ibid., 530.

ritmo. E a Israel que existia como o Povo Eleito por Deus, embora tivesse um início no tempo histórico, não poderia ter um fim, porque a vontade divina, que criara Israel como o ônfalo da salvação para toda a humanidade, era irreversível e permanecia inalterada, acima dos ritmos do cosmos e das fases da história. Embora o simbolismo helênico, portanto, não pertença ao tipo histórico cosmológico nem ao tipo histórico israelita, parece compartilhar ambas as formas, e essa estrutura aparentemente intermediária realmente motivou as opiniões divergentes de que por um lado os gregos não tinham uma ideia genuína da história, mas expressavam-se fundamentalmente no simbolismo do eterno retorno, e, por outro lado, a opinião de que os gregos foram os criadores da historiografia, e, em particular, que Heródoto foi o Pai da História e a obra de Tucídides uma das maiores histórias já escritas. Essa abertura de opiniões só pode ser evitada se a análise for além das características díspares superficiais e penetrar no centro motivador do simbolismo.

Esse centro motivador pode ser circunscrito por meio de comparações com as experiências motivadoras israelitas e sua articulação. A consciência helênica da história é motivada pela experiência de uma crise; a sociedade em si, assim como o curso de sua ordem, é constituída em retrospecto desde seu fim. A consciência israelita da história é motivada pela experiência de uma revelação divina; a sociedade é constituída pela resposta à revelação, e desde seu início ela projeta sua existência no horizonte aberto do tempo. A consciência helênica chega, por meio da compreensão da desordem, à compreensão da verdadeira ordem — este é o processo pelo qual Ésquilo encontrou a fórmula da sabedoria por meio do sofrimento; a consciência israelita tem início, por meio da Mensagem e do Decálogo do Sinai, com o conhecimento da verdadeira ordem. O salto no ser mosaico e profético cria a sociedade na qual ocorre na forma histórica para o futuro; o salto filosófico no ser descobre a forma histórica, e, com ela, o passado, da sociedade na qual ocorre. Tais formulações contrapostas porão em foco a diferença essencial entre as formas históricas que são desenvolvidas respectivamente pela Revelação e pela Filosofia. A palavra, o *dabar*, revela imediata e plenamente a ordem espiritual da existência, assim como sua origem no ser transcendente-divino, mas deixa que o profeta descubra a imutabilidade e a recalcitrância da estrutura mundano-imanente do ser; o amor do filósofo pela sabedoria vagarosamente dissolve a compacidade da ordem cósmica até que tenha se tornado a ordem do ser mundano-imanente além da qual é percebida, porém nunca revelada, a medida transcendente invisível.

A realidade do *continuum* da história grega, uma questão já aparentemente estabelecida, é novamente suscitada por essas formulações. Se o passado da sociedade grega era efetivamente constituído por meio da memória clássica e de seus simbolismos, em que sentido sua história era real para os gregos pré-clássicos? Essa situação não se assemelharia à situação egípcia, na qual o curso histórico, conforme entendido por nós num retrospecto da história judeu-cristã, nunca foi experimentado como um curso pelos próprios membros da sociedade egípcia? A resposta a essas questões terá de ser a de que a memória clássica não constituiu uma nova sociedade, como a resposta mosaica à revelação, mas constituiu, com sua consciência articulada, a culminação da história da antiga sociedade da qual emergiu. A memória clássica nos remete à ordem e à história nas quais esse fenômeno pôde ocorrer. Mais uma vez, temos de salientar que ele não ocorreu em nenhum outro lugar. E será nossa tarefa, portanto, traçar o desenvolvimento das experiências e dos símbolos finais ao longo do curso da sociedade grega que é retrospectivamente identificada como o campo desse crescimento pelos historiadores e filósofos do período helênico. A investigação a seguir, concernente aos principais estágios mediante os quais a forma final foi alcançada, irá do mito cosmológico da sociedade cretense, passando pelo mito homérico e pela especulação hesiódica, à ruptura dos filósofos com o mito.

Capítulo 2
As sociedades cretense e aqueia

Na escala da organização, erigiram-se grandes sociedades com instituições imperiais, sem estágios de transição, a partir de múltiplas tribos nômades comparativamente primitivas, como no caso dos impérios Hiung-Nu, que se formaram em oposição ao império chinês Han, ou do império mongol de Gengis Khan e seus sucessores. Entretanto, os impérios desse tipo, embora pudessem atingir a estatura de grandes poderes e atacar civilizações superiores com efeito destrutivo, mostraram-se efêmeros, e seu papel como participantes na busca humana pela verdade da ordem não foi senão periférico[1]. O crescimento acima do nível tribal, para alcançar participação efetiva na história da ordem, requer o estágio intermediário das culturas de cidade ou cidade-estado. As instituições imperiais do antigo Oriente Médio, com sua criação da forma cosmológica, foram erigidas sobre uma multiplicidade de cidades-estado de cultura muito homogênea, ou sobre uma população com um destino de estabelecimento urbano, como no caso especial do vale do Nilo. Essas culturas citadinas — a matriz aparentemente necessária para as altas civilizações — estendiam-se dos vales do Eufrates, do Tigre e do

---

[1] Os simbolismos dos impérios nômades são periféricos, mas não destituídos de interesse. Sobre os símbolos do império huno no Ocidente, ver Joachim WERNER, *Beiträge zur Archäelogie des Attilareiches*, Abhandlungen, Bayerische Akademie der Wissenschaften, Phil.-Hist. Klasse, Neue Folge 38 A, München, 1956, especialmente a seção "Adlersymbolik und Totenkult", 69-81. Sobre o simbolismo do império mongol, ver meu The mongol orders of submission to european powers, 1245-1255, *Byzantion* 11 (1941) 378-413.

Nilo às ilhas do mar Egeu e à área costeira em torno dele. Mesmo no terceiro milênio antes de Cristo, paralelamente ao florescimento das civilizações do Oriente Médio, há áreas definidas distinguíveis, a helespôntica, a cicladense, a cretense e áreas desse tipo na Grécia continental. E na formação de uma área civilizacional egeia anterior a 2000 a.C., Creta parece ter tido um papel dominante, provavelmente em virtude de sua posição geográfica favorável. Não se sabe com certeza por que, na época, nem a área egeia como um todo nem suas subdivisões exibiram tendências à organização em grande escala comparáveis à tendência mesopotâmica e à egípcia. Com respeito às causas do atraso no tempo, pode-se apenas conjecturar que tenham alguma relação com a dimensão comparativamente pequena, a relativa pobreza e a correspondentemente baixa potência das populações das cidades, o modo mais disperso de povoamento nas ilhas, as divisões geográficas em paisagens relativamente estreitas no continente e com as barreiras das montanhas e do mar difíceis de transpor. Em todo caso, quaisquer que tenham sido as possibilidades de crescimento e organização indígenas na área, foram violentamente interrompidas, e seu desdobramento adiado por séculos, pelas ondas migratórias que trouxeram os aqueus à Grécia continental e os hititas à Ásia Menor depois de 2000 a.C. Na área egeia, somente Creta foi eximida dessa conturbação das culturas urbanas por parte dos invasores não urbanos, que se estendeu da Grécia à Babilônia. E aqui encontramos, aproximadamente na época da ocupação aqueia da Hélade, o grande florescimento da civilização indígena minoica, atestado pelos antigos palácios, datados de cerca de 2000 a 1700 a.C.[2].

---

[2] Para a história da sociedade cretense foram usados, da literatura mais antiga, Eugène CAVAIGNAC, *Histoire de l'Antiquité*, I/1 e I/2, Paris, Fontenoing, 1917 e 1919; Gustave GLOTZ, *The Aegean Civilization*, New York, Knopf, 1925; Sir William M. RAMSEY, *Asianic Elements in Greek Civilization*, New Haven, 1928; Eduard MEYER, *Geschichte des Altertums*, Stuttgart, Cotta, ²1928, 2, 1. Além disso, foram usados os seguintes capítulos de *Cambridge Ancient History*: A. J. B. WACE, Early aegean civilization (1923) 1,17; H. R. HALL, The keftians, philistians, and other peoples of the Levant (1924) 2, 12; e A. J. B. WACE, Crete and Mycenae (1924) 2,16. Da literatura mais recente: Albin LESKY, *Thalatta: Der Weg der Griechen zum Meer*, Wien, Rohrer, 1947; e o artigo de Fritz SCHACHERMEYR, Kreta und Mykenae, *Historia Mundi*, München, Francke, 1954, 3, 42-55.

1 A sociedade cretense

A história dessa sociedade insular tem de se apoiar em inferências, nem sempre muito seguras, a partir de materiais arqueológicos[3]. A uma coexistência primária de sociedades tribais seguiu-se a concentração do poder nas mãos de vários chefes que têm de ser aceitos como os fundadores dos centros urbanos cretenses. O primeiro florescimento da sociedade cretense foi marcado pela construção dos palácios mais antigos, no início do segundo milênio. Cnossos era a maior entre as cidades e os palácios, de acordo com a tradição a residência de Minos. Visto que não foi possível encontrar vestígios de fortificações, é preciso assumir que a ilha esteve em paz em seu interior, e também que estava segura contra ataques dos mares. Por conseguinte, a ordem interna da ilha era provavelmente a de uma aliança cultual, com Minos de Cnossos reconhecido como o detentor da hegemonia cultual, enquanto a proteção contra perigos externos era assegurada pela marinha, que, segundo a tradição, foi criada por Minos. É difícil dizer em que medida a linguagem convencional de uma talassocracia ou de um império marítimo pode ser imbuída de significado concreto. Certamente, a marinha deve ter sido forte o suficiente para suprimir navegantes rivais e para evitar seus ataques predatórios; a supressão da pirataria no mar Egeu, atribuída por Tucídides a Minos, pode ser assumida com segurança. Se a operação bem-sucedida resultou num monopólio cretense da pirataria, com subsequentes conquistas sobre as ilhas e o continente, é uma questão de pura conjectura. Certamente existiu um império comercial, pois tem-se conhecimento de contatos cretenses, a oeste, na Itália, na Sicília, nas ilhas Baleares e na Ibéria; na Grécia continental, até o norte da Macedônia, com particular densidade na Argólida; a nordeste, na costa da Ásia Menor; a leste, no Chipre, na Síria e no Egito.

O primeiro florescimento chegou ao fim devido a uma catástrofe, provavelmente um terremoto, que destruiu os palácios mais antigos por volta de 1700 a.C. Um florescimento ainda mais rico, marcado pelos palácios mais novos, também terminou catastroficamente por volta de 1600 a.C. Por ocasião dessa segunda catástrofe, uma parte substancial da marinha deve ter sido

---

[3] A arqueologia de Creta é devedora principalmente da obra de Sir Arthur J. Evans. Para a história da arqueologia micênica e minoica, ver o prefácio de A. J. B. WACE para Michael G. F. VENTRIS, John CHADWICK, *Documents in Mycenaean Greek*: three hundred selected tablets from Cnossos, Pylos, and Mycenae with commentary and vocabulary, Cambridge, Cambridge University Press, 1956.

também destruída, talvez em maremotos, pois depois de 1600 a ascendência aqueia no mar se fez sentir — por meio de ataques à Creta devastada, assim como mediante contatos diretos com o Egito, que eram intensos o bastante para fazer do apoio aqueu na expulsão dos hicsos, por volta de 1570, um fator importante. Creta se recuperou e reconquistou sua independência, mas o domínio do mar foi perdido de modo permanente. Ainda havia relações próximas com a corte egípcia na época de Hatshepsut e Tutmosis o Grande, por volta de 1500, mas em 1460 um príncipe aqueu governava Cnossos e provavelmente controlava toda a ilha. Em 1400, o palácio de Cnossos foi novamente destruído, possivelmente por outro terremoto, porém mais provavelmente por uma revolta cretense contra o príncipe aqueu. Depois de 1400, Creta tornou-se uma área de imigração para os aqueus. A civilização minoica que durara seiscentos anos chegara a seu fim.

Os símbolos minoicos da ordem não podem ser seguidos com um grau razoável de certeza a suas origens experienciais, dado que não há fontes literárias disponíveis. As escritas hieroglífica e Linear A minoicas ainda não foram decifradas, e sua decifração provavelmente proporcionaria parco auxílio para nossos problemas, já que os registros preservados parecem ser inventários e notas contábeis[4]. As criações literárias que possam ter existido eram provavelmente escritas em papiro e pereceram. Todavia, dado que a ordem cretense encontrou sua expressão em símbolos similares aos do Oriente Médio, podemos reconhecer o tipo geral como cosmológico. Tomando-se certa liberdade quanto à probabilidade, e não à certeza, das proposições, pode-se dizer o seguinte: o Minos era um rei-deus, e o Labirinto de Cnossos era o *habitat* sagrado do deus. A divindade encarnava-se como animal (o touro sagrado) e como homem (o Minos). O deus-touro recebia sacrifícios humanos, cuja memória sobreviveu no mito de Teseu e da abolição do tributo ateniense (sugerindo a existência de Atenas e sua relação tributária com Cnossos ao menos no início do segundo milênio). Uma fase do drama ritual era a imolação do próprio deus-touro, e aqueles que desejassem comungar com os deuses participavam da refeição sagrada. A oferenda era precedida por uma *corrida* em honra dos deuses; e

---

[4] Durante a leitura das provas, tomei ciência de que a escrita linear A foi decifrada, ou ao menos que havia sido iniciada a decifração, pelo professor Cyrus H. Gordon, da Brandeis University. O idioma é acádio. Ver o relatório em *The New York Times*, 29 de agosto de 1957. A avaliação, oferecida no texto acima, do conteúdo das tábulas, assim como de sua relevância para o presente estudo, permanece inalterada.

nessa ocasião é provável que escravos e prisioneiros de guerra fossem usados em touradas e em sacrifícios humanos. Pode-se obter alguma compreensão do significado desses rituais, nos quais sobreviveram elementos de uma era totêmica, no *Crítias* de Platão, em que, com base na tradição oral do passado egeu, a tourada e os sacrifícios constituem o cerne dos rituais atlantes da ordem[5].

O deus-touro não era nem a única divindade nem a divindade máxima. A civilização minoica matriarcal era dominada por uma deusa cujas funções assemelham-se àquelas das figuras correspondentes nos panteões do Oriente Médio. Ela aparecia como Dictina, a Grande Mãe (a Reia ou a Deméter posteriores dos gregos), e como Britomartes, a filha virgem que foi unida ao deus num casamento sagrado (Core, Perséfone, Ártemis, Europa, Pasífae no mito posterior). À fusão de mãe e filha correspondia a fusão do deus como filho e amante. Havia riqueza de mitos — de Minos e Britomartes, de Dioniso e Ariadne, de Europa e Zeus na forma do touro, de Pasífae e o deus-touro no qual estão fundidas as figuras da Grande Mãe, do filho e amante, os símbolos totêmico e antropomórfico, a fertilidade da terra e o mundo animal, e os poderes terrenos e celestiais. O que sempre permanece discernível através desse véu de histórias não precisamente datáveis sobre deuses, homens e animais é, primeiramente, o Labirinto, o palácio real, e, em segundo lugar, o Minotauro, fruto de Pasífae e do Touro, a encarnação da divindade que requeria sacrifícios humanos.

A cada nove anos, o Minos tinha de se encaminhar à residência do deus, ou seja, ao *habitat* do Minotauro, na versão mais totêmica, ou à gruta de Zeus, na versão mais antropomórfica, a fim de prestar contas de seu governo e receber ordens concernentes ao futuro. O mito sugere a instituição de um rei que recebia poder do deus por nove anos e tinha de ser reordenado quando o poder se exauria, de modo que pudesse continuar a desempenhar a função. Com base no ciclo de nove anos, pode-se inferir a existência de uma organização sacerdotal de nobres, talvez os chefes das outras cidades, a quem o rei tinha de responder a cada período de nove anos. A reordenação não era garantida — o rei poderia não retornar de sua visita ao Minotauro. Novamente, é possível que um eco dessa prestação de contas ritual do rei ao deus encontre-se no *Crítias*, na cerimônia noturna de julgamento dos governantes de Atlântida.

---

[5] A respeito do simbolismo cretense, foram usados, além de *Aegean Civilization*, de Glotz, especialmente Martin Persson Nilsson, *Geschichte der griechischen Religion*, München, Beck, 1941, vol. 1, e, do mesmo autor, *The Minoan-Mycenaean Religion and its Survival in Greek Religion*, Lund, Gleerup, ²1950. Mostrou-se também interessante Karl Pruemm, Die Religion der Griechen, in Franz Koenig (ed.), *Christus und die Religionen der Erde*, Wien, ²1956, v. 2.

Os símbolos que vinculam o poder do rei a sua ordenação divina, assim como com a morte e o renascimento do deus, estão obviamente relacionados com as formas cosmológicas correspondentes do Oriente Médio. Contudo, não se pode falar de derivação imitativa, embora não haja dúvida de que ocorreu uma difusão cultural considerável, especialmente do Egito. Em alguns aspectos, os símbolos minoicos podem ter sido tão antigos quanto, por exemplo, os sumérios, tão antigos, com efeito, que se pode até assumir uma origem comum; em outros aspectos, eles provavelmente representam novos desenvolvimentos além do estrato comum. Algumas reflexões sobre alguns símbolos da ordem ilustrarão o problema.

No sacrifício do touro sagrado, usava-se o machado duplo (*labrys*), do qual deriva o nome da morada do deus, o Labirinto. O *labrys*, originalmente uma pedra que supostamente seria o deus masculino, pertencia a um estrato fetichista de símbolos ainda mais antigos que os totêmicos. Esse machado de pedra é encontrado numa fase primeva nas culturas asiáticas, e, dado que aparece em Creta antes de aparecer nos povos que se estabeleceram entre a Mesopotâmia e o Egeu, é provável que haja conexões originais entre as culturas minoica e mesopotâmica. Contudo, paralelos que sugiram tais conexões ocorrem somente no nível dos simbolismos totêmicos e fetichistas, da encarnação animal dos deuses, e no nível do simbolismo de Osíris e Tamuz do deus que morre e renasce. Tais paralelos não ocorrem no nível do simbolismo imperial propriamente dito, e especialmente não na forma de uma racionalização do panteão por meio da especulação teogônica a serviço de um sumodeísmo político. A ausência desses paralelos poderia ser explicada, com certeza, pela falta de fontes literárias. Entretanto, é duvidoso que simbolismos desse tipo tenham existido, pois a sociedade cretense nunca desenvolveu as instituições imperiais que os requereria — a hegemonia cultural do Minos não era um domínio faraônico originado da conquista. Além do primeiro estrato, no qual se podem encontrar paralelos cretenses dos simbolismos do Oriente Médio, e de um segundo estrato, no qual eles estão ausentes, há um terceiro estrato, no qual a sociedade cretense desenvolveu símbolos que não serão encontrados da mesma maneira no Oriente Médio. É peculiar a Creta o desenvolvimento de certos símbolos que implicam um culto de números sagrados. Um deles, a flor-de-lis, é particularmente interessante, pois foi, aparentemente, uma criação original da civilização minoica. Juntamente com o *labrys*, esse símbolo da trindade foi levado ao mais amplo alcance da influência minoica. Ele é tão onipresente que a esfera minoica de poder foi ocasionalmente chamada de reino da flor-de-lis.

Uma interpretação da flor-de-lis tem de estar ciente de associações sugestivas. Não é recomendável falar do símbolo, como se fez, como se fosse uma realização misteriosa da humanidade no passado obscuro, muito antes que o símbolo cristão da trindade evoluísse, pois o interesse no número três é uma ocorrência inteiramente ordinária sempre que o problema da origem é expressado em termos de procriação; a simbolização da origem do ser através da trindade do casal procriador e sua prole é de fato tão óbvia que chega a ser quase obrigatória. Por conseguinte, a trindade de pai, filho e um princípio feminino é um constante tópico de especulação, embora no Oriente Médio nunca tenha alcançado a intensidade de uma simbolização do número em abstrato. Não sabemos quais sucessões de especulações os cretenses associaram à flor-de-lis, mas sua própria existência prova que, ao menos nos círculos sacerdotais, a elaboração dos problemas concernentes à origem e ao poder deve ter ido muito além, provavelmente além do mito antropomórfico do Oriente Médio.

Uma ideia aproximada dos processos intelectuais envolvidos na criação do símbolo pode ser formada por meio de uma comparação com a estreitamente relacionada tetráctis pitagórica. A tetráctis consiste nos quatro primeiros números inteiros, cuja soma é dez, representados por pedras ou pontos, de modo a formar um triângulo:

$$
\begin{array}{c}
\bullet \\
\bullet \quad \bullet \\
\bullet \quad \bullet \quad \bullet \\
\bullet \quad \bullet \quad \bullet \quad \bullet
\end{array}
$$

A tetráctis era invocada no juramento pitagórico como contendo "a raiz e a fonte do fluxo contínuo da natureza"[6]. No que diz respeito ao significado detalhado do símbolo, Aristóteles preservou uma interpretação dos primeiros três números: o par é o Ilimitado, o ímpar é o Limitado, enquanto o Um é par e ímpar ao mesmo tempo e, portanto, a origem do Limitado e do Ilimitado[7]. De acordo com outras fontes, o par era identificado como o princípio feminino, um elemento do caos desorganizado, que necessita da união com o princípio masculino para se determinar e chegar a um produto definido, enquanto o ímpar representava o princípio masculino. A mônada, nessa construção, era a origem bissexual, capaz de dar origem ao par e ao ímpar a partir de sua

---

[6] Diels-Kranz, *Fragmente der Vorsokratiker*, Berlim, Weidmann, 7 1951, 58. Die Pythagoreische Schule, frag. B 15.

[7] Aristóteles, *Metafísica*, 1.987a13-20.

unidade indiferenciada. Um símbolo trinitário, portanto, pode expressar mais que uma cadeia de especulação. Pode simbolizar a diferenciação sexual, representativa do Devir, e a unidade originadora, representativa do Ser, mas pode também simbolizar os dois princípios procriadores e sua prole[8]. Qualquer que tenha sido o significado minoico, a existência do símbolo indica que as especulações sobre "a raiz e a fonte do fluxo contínuo da natureza" deve ter atingido um alto grau de abstração.

Há outras indicações definidas de que os fenômenos celestiais desempenhavam um papel importante na simbolização minoica da ordem. Num círculo dourado em Micenas, representando uma oferenda à Grande Mãe, a deusa se senta sob a Árvore da Vida, e entre os símbolos em torno dela pode-se distinguir o sol, a lua e várias estrelas (talvez a galáxia), além do *labrys* e da flor-de-lis. O agregado é algo como um panteão minoico. Ademais, os processos especulativos devem ter ido muito além também com respeito aos fenômenos celestiais, pois o símbolo da cruz, as barras dividindo o disco solar nos quatro quartos do mundo, ocorre não apenas como um talismã ou amuleto, como pode ser encontrado em qualquer lugar entre o Egeu e a Índia, mas como um símbolo sagrado ligado à divindade. Em representações pictóricas, é entregue pela deusa mãe ao filho, e é o repositório da deusa serpente de Cnossos. Na ausência de documentos literários, sabemos tão pouco a respeito do significado da cruz quanto do significado de outros símbolos cretenses. Porém, a associação de tais símbolos abstratos com o poder divino é peculiar à civilização minoica; será permissível, portanto, descartar a sugestão de que a peculiaridade é sintomática de uma inclinação rumo à especulação abstrata do tipo que encontra o campo para seu florescimento na fase helênica da civilização grega.

Na história da sociedade grega, embora saibamos lamentavelmente tão pouco sobre os detalhes, é possível discernir os rudimentos de uma forma da ordem que posteriormente se tornará o grande problema da sociedade helênica. A cultura urbana, como salientamos, é a matriz das sociedades civilizacionais que efetivamente participam na busca humana pela verdadeira ordem. Se agora reconhecemos, como um avanço rumo à participação efetiva, a criação de uma sociedade na qual se aceita a humanidade comum além do pertencimento a um grupo biologicamente determinado, e isto claramente se dá em

---

[8] Sobre a interpretação da tetráctis, ver Francis M. CORNFORD, Mystery Religions and Presocratic Philosophy, *Cambridge Ancient History* (1926) 4, 15.

culturas urbanas, chegamos ao nível da experiência que pode motivar mais de um único tipo de grandes sociedades com suas ordens e seus símbolos. A princípio, toda a área de cultura urbana da Babilônia à Hélade poderia ter se desenvolvido numa única enorme cidade. Se, pelo contrário, essa área se desenvolveu em diversas sociedades menores, devem-se procurar as razões nos fatores limitantes da condição humana — nas diferenças étnicas e linguísticas, nas divisões sociopolíticas separadas por áreas esparsamente povoadas, nos limites das organizações governamentais que requerem fundadores, sucessores, administradores capazes, habilidades escriturais e contábeis, nas dificuldades em construir e manter sistemas de comunicação, nas conturbações por invasores, nas rivalidades internas por poder, e assim por diante. Sob este aspecto, as instituições imperiais das sociedades do Oriente Médio na forma cosmológica expressam a humanidade comum e limitam-na a seus sujeitos. A área da cultura urbana, certamente, permaneceu contribuindo para as relações comerciais e a difusão cultural, especialmente no nível da corte, de um extremo ao outro; as relações se ampliaram a tal ponto que, na era de Amarna, no século XIV antes de Cristo, podia-se realmente falar de uma civilização comum da humanidade que abarcava toda a área[9]; e essa orientação civilizacional era mantida mesmo sob circunstâncias que surpreenderiam os modernos, como no caso das contínuas relações comerciais entre Atenas e a Pérsia, por via da Alalakh síria, durante as Guerras Persas[10]. No entanto, as ordens imperiais eram tanto um obstáculo ao desdobramento de uma sociedade civilizacional numa escala maior como um avanço rumo à participação na história da humanidade.

Novamente, o pano de fundo dessas reflexões tem de ser a estrutura peculiar da sociedade cretense: o florescimento dos costumes palacianos, a elegância de seus homens e mulheres que ainda nos impressiona nos murais dos palácios e nas pinturas dos vasos, a paz entre as cidades da ilha, a ausência de indícios de revolta das classes mais baixas, a receptividade a influências culturais líbias, egípcias e sírias, seu dinamismo como transmissora de cultura para a área egeia, e a façanha de minoicizar os aqueus — tudo isso sem conquista e sem imposição do império. Nessa ilha privilegiada surgiu, em pequena escala, o tipo de ordem que Platão idealizara como uma federação de toda a Hélade; e desse recanto da área da cultura urbana surgiu a sociedade grega que, na esteira da conquista de Alexandre, helenizou o mundo do Mediterrâneo à Índia.

---

[9] GORDON, *Homer and Bible*, 44 ss.
[10] Sir Leonard WOOLLEY, *Spadework*, London, Lutterwoth, 1953, 112.

2 A sociedade aqueia

A erupção civilizacional em Creta não pôde atrair imediatamente a área egeia para sua órbita, pois por volta de 1950 a.C. o continente foi invadido por tribos indo-germânicas de língua grega. Durante os séculos seguintes, até cerca de 1600, ocorreu um processo de amalgamação entre conquistadores e conquistados, comparável, em muitos aspectos, à amalgamação das tribos hebraicas com a população nativa em Canaã, da qual surgiu o novo "Israel" que queria um rei como as outras nações. Na terra grega, apareceram os "aqueus", gregos quanto à língua, mas com uma cultura sincrética que se torna especialmente notável no panteão composto de divindades de origens patriarcais e matriarcais. Com respeito à organização política, não se pode discernir nada senão um considerável número de pequenos principados entre os quais Micenas, na Argólida, alcançou certa eminência no século XVII antes de Cristo. Em Micenas encontram-se os mais antigos vestígios do contato com a civilização cretense, na forma de artefatos minoicos nos túmulos de poço de cerca de 1650.

Após a catástrofe cretense de 1600, essa cultura relativamente quiescente adquiriu impulso civilizacional. À sombra do poder minoico, a empreitada marítima aqueia estendeu-se apenas às Cíclades, à Calcídica e à área helespôntica. Agora Cnossos podia ser invadida, seus tesouros podiam ser saqueados e seus habilidosos trabalhadores podiam ser deportados; ademais, podia-se estabelecer contato direto com o Egito. As poucas décadas entre 1600 e 1570 foram suficientes para difundir entre os aqueus a familiaridade com os costumes palacianos minoicos, os carros de guerra dos hicsos e a técnica de combate dos mariannu. Na metade do século XVI, uma nova civilização emergiu, tendo Micenas como seu centro, em posse de poder naval, de uma nova técnica militar e de um estilo de vida minoico. No século XV, os aqueus expandiram sua colonização a Rodes e Mileto e, numa escala menor, ao Chipre e à Cirenaica, e tornaram-se sucessores do comércio minoico com o Egito, o Chipre e a Síria. Em 1460, um príncipe aqueu governava Cnossos. O grande florescimento material, o último período micênico, durou aproximadamente de 1400 até o século XII, quando a sociedade aqueia foi desafortunadamente conturbada pela invasão transitória de novas tribos primitivas do norte, provavelmente ilírias e trácias[11].

---

[11] SCHACHERMEYR, Kreta und Mykenae, 42-55.

A respeito da história prática da sociedade aqueia, quase nada se sabe com certeza acerca dos pormenores. Houve tentativas de reconstruções, especialmente concernentes ao século XIII, com base na tradição da saga grega, em combinação com dados de fontes hititas e egípcias, mas elas permanecem necessariamente no nível precário da conjectura. No máximo, pode-se situar a expedição aqueia contra Troia no contexto das invasões do século XII e refletir sobre o fato de que a supressão da onda de invasões nas fronteiras do Egito, por Ramsés III, em 1193, coincidiu com a data aceita da Guerra de Troia, por volta de 1194-1184[12].

A escrita minoica Linear B foi recentemente decifrada por Ventris e Chadwick[13]. Tornou-se possível ler as tábulas cerâmicas de Cnossos, Micenas e Pilos; e há novos materiais referentes à ordem da sociedade aqueia. O entusiasmo em torno da brilhante façanha da decifração, assim como em torno da importância geral do fato de que um dialeto grego do século XV a.C., estreitamente relacionado à linguagem homérica, esteja agora estabelecido em escrita não deve, porém, encobrir a limitação das informações oferecidas pelos documentos. As tábulas de argila em questão, muito frágeis em seu estado original, foram preservadas por terem sido cozidas quando os respectivos palácios e depósitos ficaram em chamas por ocasião de um ataque. E, uma vez que contêm registros contábeis, e tais registros em argila eram provavelmente remoldados no prazo de um ou dois anos, as tábulas preservadas certamente representam apenas registros do ano imediatamente precedente à destruição do lugar. As tábulas de Cnossos, portanto, representam um ano por volta de 1400, quando o palácio foi destruído pela última vez, sem que jamais fosse erguido novamente, enquanto as tábulas de Pilos e Micenas são datadas do ano em que os respectivos palácios e cidades foram destruídos, um pouco depois de 1200[14].

Sobre a era da língua e da escrita aqueias nada se sabe salvo o que se pode inferir do estado das tábulas. Com certeza, tanto a língua quanto a escrita existiram na segunda metade do século XV a.C. Uma vez que a escrita Linear B

---

[12] Para tais reconstruções, ver Myres, *Kleinasien*, 449-483, 464, 466.

[13] Michael G. F. Ventris, John Chadwick, Evidence for Greek Dialect in the Mycenaean Archives, *Journal of Hellenic Studies* 73 (1953) 84-103. Michael G. F. Ventris, King Nestor's Four-handled Cups: Greek Inventories in the Minoan Script, *Archaeology* 7 (1954) 15-21. Ventris e Chadwick, *Documents*. Para a história da escavação, da publicação e da decifração das tábulas, e também para bibliografia, o leitor deve consultar a última obra citada.

[14] Ventris e Chadwick, *Documents*, 37 s.

derivava da escrita minoica Linear A, com consideráveis inovações para torná-la aplicável à língua aqueia, é preciso conceder algum prazo para o desenvolvimento da escrita e para sua padronização. Se o período do governo aqueu em Cnossos, de cerca de 1460 a 1400, foi suficiente para esse processo é uma questão duvidosa, especialmente em vista da "espantosa uniformidade que as tábulas de Cnossos exibem em relação às de Pilos e Micenas quanto à escrita, à ortografia e à ordenação". Não se pode rejeitar a possibilidade de que a invenção remonte às décadas críticas de contato com Creta, em 1600-1570. Nesse caso, uma *koine* e uma escrita aqueias para propósitos comerciais podem ter prevalecido em toda a área da civilização micênica, desde a metade do século XVI a.C.[15]. Não se sabe se a escrita era usada para outros propósitos que não os comerciais, embora suas formas evidenciem que ela foi desenvolvida para a escrita em papiro ou couro, e não para entalhe em argila; e é duvidoso que venham à luz textos literários, caso tenham existido, em vista do caráter perecível dos materiais. Contudo, há arqueólogos que não ficarão contentes se não encontrarem uma *Ur-Ilias* aqueu, ou ao menos uma carta pessoal de Agamenon — e talvez encontrem.

Embora os fatos a ser derivados das tábulas sejam restritos quanto à época e à localidade, são suficientes para provar a existência de uma sociedade aqueia de tipo substancialmente similar ao que consta na epopeia homérica. A unidade de organização era um pequeno território com algumas municipalidades; a ausência de uma designação ocupacional para camponeses sugere que todos ainda estavam próximos do solo e derivavam sua subsistência ao menos em parte da agricultura; ainda não havia se formado um setor completamente urbanizado da população. Essas unidades eram organizadas como monarquias. No topo, havia um *wanax*, um senhor ou um mestre. O termo ainda ocorre em Homero (*Il.*, 1.442), quando Agamenon é designado como *anax andron*, o mestre dos homens. A administração era feudal no sentido de que os funcionários eram recompensados com terras, os *temene* ou reservas. O próximo na hierarquia, abaixo do *wanax* como possuidor de um *temenos*, é um *lawagetas*, um comandante militar; mas não está claro se essa função era permanente ou se era criada somente em momentos de emergência. A palavra *lagetas* ainda aparece no grego clássico com o significado de um líder dos homens. A seguir, havia vários donos de feudos, os *te-re-ta* (gr. *telestai*), de posição superior, e os *ka-ma-e-u*, de posição inferior, cujos serviços feu-

---

[15] Ibid., 38 s.

dais não podem ser determinados com certeza. Um tipo de proprietários de terras, os *heqetas* (gr. *hepetes*), devem ter tido alguma importância, pois os nomes associados a essa posição eram patronímicos. Eles eram provavelmente *comites*, companheiros de armas, acompanhantes do rei, correspondendo aos *hetaroi* de Homero (*Il.*, 1.179). É de especial interesse o título *pa-si-re-u* (gr. *basileus*) para o senhor menor de um distrito afastado. Ele corresponde ao uso homérico de *basileus* como um senhor feudal e torna mais inteligível o grupo governante de *basileis* na pequena cidade de Hesíodo. Ademais, aparecem organizações cultuais como detentoras de terras e templos tendo "escravos do deus" como seus ocupantes. Quanto ao *status* legal do povo como um todo, não se pode dizer muito a não ser que havia, além da população livre, um considerável número de escravos, especialmente de mulheres escravas capturadas em ataques marítimos. O comércio era altamente diversificado; são mencionados vários tipos de trabalhadores de construções e artífices em metal, cardadores, fiandeiros, tecelões, pisoadores, fabricantes de unguentos, ourives e até um médico[16].

Mais da metade de todas as palavras nas tábulas são nomes próprios. Dos nomes de pessoas, 58 puderam ser identificados com nomes que ocorrem no épico de Homero. Já que entre eles encontram-se nomes como Aquiles e Heitor, Príamo e Aias para homens em posições humildes, o leque de nomes aqueus aparentemente era limitado. Isso pode ser um alerta contra identificações precipitadas dos nomes que ocorrem em fontes hititas com pessoas que se tornaram famosas por meio dos mitos ou dos épicos. Além disso, vinte dos 58 nomes são atribuídos por Homero aos troianos, ou a heróis que lutam do lado troiano. Esta percentagem surpreendentemente elevada indica que a homogeneidade cultural entre aqueus e troianos, e também a posse de um panteão comum, pressuposta por Homero, não é fictícia[17]. Por fim, as tábulas atestam algumas das figuras do panteão homérico, embora o caráter restrito das fontes não permita inferências quanto à natureza e à função dos deuses. Entre os nomes aparecem com certeza Zeus, Hera, Poseidon, Hermes, Atena, Ártemis; e provavelmente Ares e Hefesto. O nome de Apolo não aparece, mas há um deus com o nome de Paiawon, o epíteto de Apolo no período clássico; a Potnia, epíteto de Atena, também aparece como o nome de uma divindade. Além de Hera, uniu-se a Zeus uma Diwja, presumivelmente uma Magna Ma-

---

[16] Ibid., a seção "Social organization", 119-125.
[17] Ibid., o capítulo "The personal names", 92-105.

ter; e em Cnossos, mas não no continente, aparecem consagrações a Todos os Deuses[18].

Os séculos XIII e XII a.C. são o período no qual toda a área da cultura urbana sofreu um severo revés. O império de Mitani foi derrotado num ataque assírio. Invasores do norte destruíram o império hitita e penetraram nas fronteiras do Egito. A Assíria enfraqueceu-se comercialmente devido ao colapso hitita e teve de combater o poder babilônico revivescente. Os Povos do Mar tiveram de ser repelidos pelo faraó Merneptah, em 1221, e uma segunda onda de invasores, logo após haverem destruído os hititas, foi contida por Ramsés III. Contudo, a autoridade egípcia na Ásia permaneceu meramente nominal na esteira desse esforço, e uma nova onda de invasores, provavelmente os mesmos que por fim chegaram ao Egito pelo mar, introduziu-se na área micênica, deixando um rastro de total destruição. O declínio e a queda de impérios foi um fenômeno tão geral que se suspeita de uma exaustão interna da área que a tenha feito sucumbir aos ataques. No setor egeu, houve um vácuo de poder, no qual Israel e a Hélade puderam crescer e se desdobrar, imperturbadas por intervenções imperiais[19].

O processo de transição da sociedade aqueia para a helênica é plenamente claro em suas linhas gerais, mas quase completamente obscuro nos pormenores. A destruição física em virtude da invasão bárbara deve ter sido terrível. Junto com as povoações e os palácios, a base econômica dos ofícios mais elevados pereceu; e, possivelmente, perdeu-se também a arte da escrita. Nesse território devastado introduziram-se, por volta de 1100, os dóricos, seguidos pelos gregos do noroeste. Embora os primeiros invasores tenham apenas passado pela área, deixando rastros étnicos perceptíveis, a nova imigração resultou em povoações maciças dos dóricos na Argólida, na Lacônia, em Messênia no Peloponeso, em Creta e em Rodes, dos gregos do noroeste em Acaia e Élis, Etólia e Fócida. Sob essa pressão, os aqueus emigraram em grande número, atravessando o mar rumo às ilhas e à costa da Anatólia. Dessa imposição das tribos gregas sobre os aqueus, da migração jônica e do rearranjo das populações resultaram a composição étnica e a expansão territorial da sociedade que, no século VIII, emergiu como a sociedade dos helenos. A espantosa façanha desses

---

[18] Ibid., a seção "Mycenaean religion", 125-129.
[19] Para este parágrafo e o seguinte, ver SCHACHERMEYR, Geschichte der Hellenen bis 356, Historia Mundi, 3, 118-126.

séculos foi a manutenção da continuidade civilizacional com os micênicos e, por meio destes, com as fases minoicas da sociedade grega. Esse foi o feito dos aristocratas aqueus que preservaram suas tradições, ainda que modificadas pela nova situação, através dos séculos sombrios e que agora, como os jônios das ilhas e da Anatólia, tornavam-se o centro da revivescência civilizacional de toda a área helênica.

Capítulo 3
Homero e Micenas

Os invasores primitivos de fala grega de 1950 a.C. se tornaram, mediante o sincretismo cultural e a miscigenação com a população nativa, os aqueus de 1600. Por meio da minoicização e dos contatos com o Egito e a Síria, ganharam seu impulso civilizacional. E após o fim da sociedade cretense em 1400 os micênicos tornaram-se a civilização dominante na área egeia. Por conseguinte, a área como um todo foi civilizacionalmente penetrada por mais de oitocentos anos antes que frações substanciais dos aqueus se transferissem para o leste sob a pressão da migração dórica.

A profundidade e a força desse passado nunca devem ser esquecidas numa consideração dos problemas da ordem durante o período sombrio que se estende de cerca de 1100 à emergência do épico homérico no século VIII a.C. Por mais severa que tenha sido a perda de poder e riquezas, o fato da migração em massa aqueia, assim como a fundação de novas cidades na costa da Anatólia e nas ilhas provam que nem a coesão da sociedade nem seu espírito foram destruídos; por mais restritas e precárias as circunstâncias materiais das comunidades reorganizadas, os aqueus ainda eram os portadores da ordem micênica. A migração dórica não deslocou uma tribo primitiva, mas o centro ativo da civilização que anteriormente já havia se transferido de Creta para Micenas. Dessa nova e reduzida posição material geopolítica, a nobreza aqueia poderia recuperar seu passado, se tivesse o vigor e a habilidade necessários. Ela poderia empreender sua *recherche du temps perdu* e fazer da glória de seu passado a baliza de seu presente e de seu futuro; poderia até impor seu passado, se encontrasse uma forma convincente de fazê-lo, como a história dos *próprios* parentes étnicos que agora ocupavam Micenas, Tirinto e Creta. Uma ampla sociedade egeia, em continuidade com as sociedades civilizacionais anteriores, poderia ser formada, a despeito das circunstâncias desencorajadoras do momento, se a consciência de uma ordem egeia comum nos termos do passado minoico-micênico fosse despertada. Essa proeza foi de fato realizada por meio da criação do épico de Homero.

Se o problema da transição da fase pré-helênica para a fase helênica da história grega for formulado dessa maneira, a conexão entre a obra de Homero e a formação da consciência clássica da história tornar-se-á aparente. O simbolismo do curso histórico foi criado retrospectivamente em seu fim; mas o estudo do fenômeno, no capítulo 1, tinha de salientar as tradições vivas que forneceram o material para a construção do curso e, ao mesmo tempo, devido ao fato de existirem, atestar a sua realidade. O *continuum* da sociedade grega desde os cretenses foi real, antes que a experiência de seu curso fosse expressada por historiadores e filósofos dos séculos V e IV a.C. E o evento crítico nesse curso foi a conversão, realizada pelo épico, da civilização micênica no passado da ampla sociedade egeia que agora se desenvolvia a partir do centro na Jônia. A partir da consciência histórica do período clássico, portanto, somos remetidos de volta à sua origem na consciência épica de Homero; da relação Hélade-e-História para a relação Homero-e-Micenas.

§1 Questões homéricas

A questão de Homero e Micenas no sentido esboçado tem de ser dissociada da grande controvérsia filosófica concernente à gênese, à data e à autoria do épico, ou seja, da "questão homérica" no sentido convencional. A controvérsia, que remonta aos *Prolegomena* de Friedrich August Wolf, de 1795, assemelha-se muito, com respeito à sua estrutura, à controvérsia relativa à narrativa bíblica. Uma vez que em *Israel e a revelação* dediquei uma nota especial à modificação da atmosfera de opinião referente à crítica do Pentateuco, não será necessário fornecer aqui uma digressão similar sobre a questão homérica[1]. Para nossos propósitos, uma breve indicação dos paralelos entre as duas controvérsias será suficiente, seguida por uma igualmente breve exposição dos pontos da questão homérica que têm relevância imediata para o presente estudo.

---

[1] *Ordem e história*, vol. I, cap. 6, § 1.

Os críticos da Bíblia excluíram Moisés como o autor do Pentateuco; Wolf excluiu Homero como o autor da *Ilíada* e da *Odisseia*. As obras órfãs fragmentaram-se em suas unidades literárias componentes — as "fontes" da escola Wellhausen, as "canções" de Lachmann; e era preciso encontrar alguém que juntasse as peças e as unisse na forma literária existente — o redator pós-exílico para a narrativa bíblica, Pisístrato para a epopeia. Em nenhum dos dois casos as hipóteses tiveram aceitação geral e definitiva, pois tornam inexplicável a arquitetura literária e o conteúdo espiritual das obras em sua íntegra, tão óbvios para todos os leitores que não têm um machado crítico a afiar. Todavia, não se pode voltar à pressuposição sem ressalvas da autoria por uma pessoa definida, pois em ambos os casos o trabalho dedicado e competente dos críticos provou, acima de qualquer dúvida, que a forma final contém fontes de diversas origens no espaço e no tempo. Por conseguinte, restou um imenso problema concernente à gênese e à data dos respectivos documentos literários, na íntegra e em suas partes, ainda que se assuma uma autoria definida da forma final. A fim de dar conta de problemas desse tipo, em ambos os casos, acerca da gênese do enorme corpo literário, foram desenvolvidas teorias que tornariam a arquitetura e o significado das obras (apontando para um único autor) compatíveis com a criação coletiva num processo que se estende por séculos: no que se refere à narrativa bíblica, o método "tradicional-histórico", que assume círculos tradicionalistas como os coletores, organizadores e transmissores dos materiais; no que se refere à epopeia, a teoria da "composição oral", que assume uma sucessão organizada de rapsódias com a mesma função. Tais teorias, embora sejam plausíveis e empiricamente bem embasadas, não são, porém, totalmente satisfatórias. No caso israelita, pessoas definidas — o autor das memórias de Davi e o Javista — pareciam ser os criadores de um núcleo de forma simbólica que foi expandido, por meio do trabalho dos círculos tradicionalistas, na narrativa bíblica; no caso das epopeias, a análise mostrará que dificilmente podemos dispensar um criador definido do simbolismo, ainda que não saibamos nada sobre ele como personalidade histórica.

As epopeias preservaram a memória da era micênica tardia com tal fidelidade que podem ser usadas como guias para descobertas arqueológicas; as escavações, por sua vez, confirmaram a exatidão das epopeias com respeito a numerosos detalhes de topografia e civilização material. Essa confiabilidade dos poemas como fontes históricas causa as dificuldades de se atribuir autoria e data. Por um lado, na forma em que permanecem as epopeias são intricadas composições literárias que pressupõem um grande artista, em algum momento específico, como seu criador. Por outro lado, várias camadas de materiais podem ser distinguidas em seu interior. Em primeiro lugar, elas absorveram sagas preexistentes, pertencentes a mais de um ciclo; no caso da *Ilíada*, remontando talvez à metade do segundo milênio. Além disso, contêm invenções por parte do poeta, que fundiu os materiais num todo literário. Por fim, em várias seções revelam reelaborações de uma composição nuclear, assim como interpolações. Assim, a estratificação interna das epopeias sustentará o argumento de que elas foram desenvolvidas por um longo período de tempo e de que a data de sua composição final tem de ser situada num momento mais adiantado. Se, contudo, assume-se uma data mais adiantada, chegando talvez até os séculos VIII ou VII a.C., o milagre de uma tradição cultural que evitou que o autor final incorresse em erros quanto aos pormenores da civilização material torna-se um tanto inacreditável. Por conseguinte, alguns estudiosos pretendem deslocar a data para mais perto dos eventos narrados, no século X ou até no século XI. Sob esta pressuposição, a qualidade dos poemas teria causado a preservação do conteúdo material, já que de outro modo seria difícil explicar como um poeta deliberadamente arcaizante teria alcançado o frescor e a exatidão das minúcias ao descrever um passado que já estaria obscurecido em sua época. Diante das razões em prol de uma data anterior, os defensores de uma data mais tardia podem responder, contudo, que a "poesia heroica" e sua tradição na "composição oral" de rapsódias têm uma força de sobrevivência peculiar, como é demonstrado pela preservação dos épicos eslavos sulistas de tamanhos até maiores que os de Homero. Um poeta tardio teria tido à sua disposição uma quantidade suficiente de tradições arcaicas impecáveis para fundir em sua composição[2].

---

[2] Para uma introdução equilibrada e breve à questão homérica, ver Werner JAEGER, *Paideia*, New York, Oxford University Press, ²1945, vol. 1, especialmente as notas do cap. 2. [Edição brasileira: *Paideia*, São Paulo, Martins Fontes, 1994.] Um estudo abrangente da literatura recente é oferecido por Albin LESKY, *Die Homerforschung in der Gegenwart*, Wien, Rohrer, 1952. Minhas próprias opiniões aproximam-se mais das de Albin LESKY, Mündlichkeit und Schriftchkeit im Homerischen Epos, reimpressão de *Festschrift für Dietrich Kralik*, Wien, Rohrer, 1954. Da literatura mais antiga, foram usadas especialmente as seguintes obras: Ulrich von WILAMOWITZ-MOELLENDORF, *Die Ilias und Homer*, Berlin, Weidmann, 1920; John A. SCOTT, *The Unity of Homer*, Berkeley, University of California Press, 1921; J. T. SHEPPARD, *The Pattern of the Iliad*, London, Methuen, 1922; Thomas W. ALLEN, *Homer*, Oxford, Clarendon, 1923; C. Maurice BOWRA, *Tradition and Design in the Iliad*, Oxford, Clarendon, 1930; Samuel Eliot BASSETT, *The Poetry of Homer*, Berkeley, University of California Press, 1938; Wolfgang SCHADEWALT, *Homer und die Homerische Frage*, Berlin, Weidmann, 1938. Da literatura mais recente: Renata

Se os diversos argumentos são levados em consideração, e especialmente ponderando-se as evidências arqueológicas, pode-se chegar às datas propostas por Lorimer para os épicos. Deve-se considerar como o *terminus ante quem* da *Ilíada* "a introdução da falange hoplita e suas táticas em substituição ao combate desorganizado do campo homérico"[3]. Não é provável que a epopeia fosse composta por uma audiência que houvesse perdido a familiaridade com as táticas de uma batalha homérica. Dado que os vasos do período geométrico tardio retratam a antiga armadura de cerca de 700, enquanto a primeira pintura em vaso de uma armadura hoplita aparece por volta de 680, a data da *Ilíada* não pode ser transferida para muito antes de 700. As evidências para um *terminus post quem* da *Ilíada* são escassas, mas pode-se obter algum auxílio na *Odisseia*, pois esta pressupõe relações entre gregos e fenícios que dificilmente existiriam antes de 750, e o épico, portanto, não terá sido composto antes do último terço do século VIII. E, uma vez que a *Ilíada* é um tanto mais antiga, porém não muito mais, que a *Odisseia*, a data mais remota para a *Ilíada* não pode ir muito além de 750. A questão de se um mesmo poeta redigiu ambas as epopeias, ou se se deve assumir a existência de dois autores, permanece em aberto[4].

Este esboço será suficiente para uma visão geral da questão homérica, pois o que nos interessa não é a história da literatura, mas as experiências gregas da ordem e sua simbolização. Para os propósitos de nosso estudo, deve-se ter em mente, em primeiro lugar, que as epopeias homéricas já existiam em 700, mas não muito antes de 750; em segundo lugar, que elas não são coletâneas de sagas preexistentes, mas materiais mais antigos fundidos numa nova composição literária; em terceiro lugar, que elas provavelmente têm um autor, ou autores.

Num estudo sobre ordem e história, o enigma que perdura em torno do nome de Homero diz respeito não à autoria de uma obra literária, mas à criação de um simbolismo que expressa a existência humana sob os deuses, da natureza da ordem e as causas da desordem, e do declínio e da queda históricos de uma sociedade. Quem foi o homem, se foi um único homem, que rompeu

---

von SCHELIHA, *Patroklos: Gedanken über Homers Dichtung und Gestalten*, Basel, Helbing Lichtenhahn, 1943; Wolfgang SCHADEWALDT, *Von Homers Welt und Werk*: Aufsätze und Auslegungen zur Homerischen Frage, Leipzig, Koehler Ameland, ²1944; Heinrich PESTALOZZI, *Die Achilleis als Quelle der Ilias*, Zurich, Rentsch, 1945; Ernst Howald, *Der Dichter der Ilias*, Zurich, Rentsch, 1946; Henry T. WADE-GERRY, *The Poet of the Iliad*, Cambridge, Cambridge University Press, 1952; C. Maurice BOWRA, *Heroic Poetry*, London, Macmillan, 1952.
[3] Hilda L. LORIMER, *Homer and the Monuments*, London, Macmillan, 1950, 462.
[4] Para o argumento completo, ver LORIMER, *Homer and the Monuments*, conclusão, 452-528.

o mito cosmológico e criou uma forma não cosmológica da ordem social? O problema é esboçado numa passagem de Heródoto (2.53):

> Até ontem, por assim dizer, os helenos não sabiam de que modo surgiu cada um dos deuses, ou se todos existiram desde sempre, e que formas tinham, pois a época de Hesíodo e Homero não foi, creio eu, mais de quatrocentos anos anterior à minha, e eles foram os primeiros a compor teogonias para os helenos, conferindo aos deuses seus epítetos, distribuindo suas posições e funções e descrevendo suas formas.

Desse texto, podem-se extrair duas informações. Em primeiro lugar, os helenos sabiam que a ordem de seus deuses era de origem recente e não podia ser rastreada além da era dos épicos. O espaço de tempo sobre o qual conjectura Heródoto situa o evento no mínimo no século IX a.C. Em segundo lugar, eles estavam convencidos de que o mito não se desenvolvera anonimamente por um longo período de tempo, mas que havia sido criado por pessoas definidas, os poetas. Estes fatos com certeza não iluminam a obscuridade que encobre o Homero histórico, mas se aproximam do enigma o suficiente para permitir sua circunscrição mediante questões definidas: O que é um poeta? Qual é a fonte de seu conhecimento? E com que autoridade ele cria um novo simbolismo da ordem divina e humana?

As fontes que fornecerão as respostas a estas questões são surpreendentemente escassas. Entretanto, são suficientes para tornar reconhecível uma relação entre o poeta e uma fonte divina de revelação que se assemelha à relação entre o profeta israelita e a palavra de Yahweh. A *Ilíada* começa com o verso: "Canta, ó deusa, a cólera de Aquiles, filho de Peleu"; e a *Odisseia* com: "Fala-me, ó Musa, do homem de muitos ardis". Assim como nos textos proféticos da Bíblia Yahweh e seu profeta são intercambiáveis como os narradores da palavra, o *dabar*, também na epopeia a Musa e o cantor são intercambiáveis como os narradores do poema. Quanto ao resto, a *Ilíada* não é informativa, pois só invoca a deusa por meio da fórmula padrão: "E agora digam-me, Musas que têm por morada o Olimpo [...]", como uma linha de abertura que autentica uma nova seção da história. Na *Odisseia*, contudo, encontramos uma interessante passagem. Demódoco é introduzido (8.62-64) como "o aedo (*aoidos*) a quem a Musa amava muito, e a quem deu o bem e o mal; privou-o da visão e lhe concedeu o dom de cantar docemente". A passagem sugere uma conexão entre a cegueira para o mundo e o canto, pois ambos são conferidos pela Musa. E o tema é retomado numa ode de Píndaro (7, b) na qual o poeta roga por capacidade inventiva a Mnemosine e suas filhas, as Musas: "Pois as mentes dos homens estão cegas"; precisam de ajuda aqueles que, sem as Musas, "procuram o árduo caminho daqueles que o trilharam por meio de sua sabedoria [*sophia*]"; as Musas incumbiram o poeta, Píndaro, dessa "tarefa imortal". A brevidade dos versos, assim como seu caráter fragmentário tornam impossível decidir se a tarefa imortal implica que Píndaro trilhe o "caminho da sabedoria" por si ou como aquele que auxilia seus semelhantes cegos, os homens, mas este último sentido parece ser o mais plausível. As passagens homéricas e pindáricas, juntas, formulam o grande tema da cegueira e da visão, que ressurge em Ésquilo e em Platão: quem vê o mundo é cego e necessita da ajuda das Musas para alcançar a verdadeira visão da sabedoria; e quem é cego para o mundo vê através da sabedoria das canções. As Musas, e por meio delas os poetas, são os ajudantes do homem que almeja ascender e passar dessa obscuridade à luz.

Hesíodo é mais explícito sobre o assunto nas páginas iniciais da *Teogonia*. Uma narrativa dos deuses tem de principiar com as Musas, pois o que quer que o poeta saiba sobre aqueles, o aprendeu por meio das donzelas helicônias. Elas foram criadas por Zeus ou Mnemosine para cantar aos deuses sobre aquilo que é, que será e que foi outrora, e para exaltar os olimpianos para os homens. Elas cantam para fazer recordar — aos deuses, o mundo; aos homens, os deuses — e recordam para fazer esquecer. Elas são "um esquecimento dos infortúnios e um alívio do pesar". Pois, ainda que a alma de um homem esteja atormentada e que seu coração esteja aflito, quando "um poeta, servo das Musas", canta os feitos dos antepassados e a santidade dos deuses, esse homem esquecerá seu abatimento, e as dádivas das deusas o afastarão de suas amarguras. Esta antinomia de recordação e esquecimento corresponde à antinomia anterior, entre cegueira e visão. O pesar da "alma recentemente atormentada" é esquecido quando os verdadeiramente memoráveis são relembrados; e a amargura e a angústia contumazes são um esquecimento sobre as coisas que são preservadas pela verdadeira memória, por Mnemosine. A mesma oposição entre a realidade verdadeira e a falsa reaparece na tragédia, na distinção esquiliana entre a verdadeira ação em conformidade com a ordem de Zeus e a conduta evasiva ou indiferente que nem sempre merece o nome de ação; e é, por fim, transformada pelos filósofos na tensão entre o verdadeiro Ser e o intenso fluxo do Devir.

O texto hesiódico (99-100) se refere ao cantor como o servo (acompanhante, servidor, *therapon*) das Musas; a mesma fórmula ocorre nos *Hinos homéricos* 22.19-20. Com maior frequência ele é o *prophetes*, o intérprete ou porta-voz dos deuses. O termo geralmente se aplica aos intérpretes dos oráculos nos templos. Heródoto fala dos profetas num santuário de Dioniso (7.3) e de um profeta em Delfos (8.36-37). Tirésias, o "vidente infalível", é para Píndaro "o profeta de Zeus" (*Nem.* 1.61-62) E o próprio Píndaro, "a boca sagrada das Musas"⁵, ordena-lhes sucintamente: "Revela [*manteueo*], ó Musa, e eu profetizarei" (frag. 150). O paralelo com a relação dos profetas israelitas com o *dabar* de Yahweh é óbvio — com a importante diferença, porém, de que em Israel o Deus transcendente se manifesta através da palavra, enquanto na Hélade os deuses ainda estão presentes e visíveis no mundo e a "palavra" é o canto do poeta. O *logos* ainda não tem função no simbolismo dos poetas proféticos; somente com os filósofos ele começa a substituir as antigas teofanias⁶.

Os poetas cantam o que é memorável, e a vida do homem atinge seu clímax, mesmo no sofrimento, quando sua ação e sua paixão são dignas de ser cantadas. Alguns textos iluminarão o problema. Na *Ilíada* (6.354-58), Helena fala da má sina que Zeus impingiu a ela e a Páris, "para que, no futuro, estejamos nas canções para aqueles que estão por vir". Na *Odisseia* (8.579-80), Alcínoo fala da ruína que os deuses forjaram para os troianos "para que haja um canto para aqueles que estão por vir". Píndaro (*Nem.*, 6.29-31) invoca as Musas para exaltar os vitoriosos, pois quando os heróis morrem "cantos e lendas preservam seus nobres feitos". E Eurípides (*Troianas* 1242-45) move Hécuba, prestes a ser levada como escrava, a refletir: se um deus não houvesse nos derrubado, até abaixo da terra, "permaneceríamos incógnitos, não faríamos parte dos hinos, e não estaríamos nos cantos a ser entoados para os mortais que ainda estão por vir". O próprio poeta não escapa ao anseio de sobreviver por meio de seu canto. Um fragmento denuncia a consciência orgulhosa de uma Safo: "Verdadeiramente feliz me fizeram as áureas Musas — ao morrer, não serei esquecida"⁷.

Os helenos não tinham uma Mensagem nem uma Aliança do Sinai para torná-los um Povo Escolhido na forma histórica. Eles não tinham Moisés para conduzi-los do cativeiro do Faraó à liberdade de Deus. Mas tinham os aedos proféticos que experimentavam o homem em sua imediação sob os deuses, que expressavam e elaboravam o hiato entre a miséria da condição mortal e a glória dos feitos memoráveis, entre a cegueira humana e a sabedoria divina, e que criaram os paradigmas dos atos nobres como guias para os homens que desejassem viver na Memória. Isso era menos do que a visão mosaica que situou o

---

⁵ *Lyra Graeca*, ed. John M. Edmonds, Loeb Classical Library, London, Heinemann, 1:2 (*Anthologia Palatina* 9.184).

⁶ Thorleif BOMAN, *Das Hebräische Denken im Vergleich mit dem Griechischen*, Göttingen, Vandenholdt und Ruprecht, ²1954, 54.

⁷ *Lyra Graeca* 1:192.

povo no presente sob a autoridade de Deus; por outro lado, era mais, pois os poetas apelavam à psique de cada homem individualmente. Desde o início, o apelo chegava à essência divina da ordem na alma, ao âmago imortal. A experiência da imortalidade, certamente, ainda estava delimitada pelo cosmos, e também o estavam os deuses. O homem ainda não podia, por meio da santificação da vida e da graça divina na morte, encaminhar-se para a visão beatífica; mas podia se colocar perante os deuses para sempre por meio de um ato que se inserisse no fluxo da Memória por intermédio do canto de seus profetas[8].

Ainda não sabemos nada sobre o Homero histórico. Entretanto, sabemos que os helenos acreditavam que ele havia sido o primeiro homem a transformar seu passado em cantos.

Quando os eventos memoráveis são transfigurados pelo canto, tornam-se o passado de uma sociedade pela qual o poeta canta. Mas os eventos transformados em passado pela epopeia homérica pertencem à sociedade aqueia com seu poder estabelecido em Micenas, enquanto o poema é cantado para a incipiente sociedade helênica com seu centro ativo na costa da Anatólia. Por conseguinte, é preciso formular a questão: que interesse os descendentes dos refugiados na Jônia têm nos atos heroicos de uma sociedade que, se a metade do século VIII for aceita como a data das epopeias, havia sido extinta mais de duzentos anos antes? A resposta a esta questão deve ser procurada no ato de transfiguração que vincula as duas sociedades unindo-as em uma.

Homero não escolheu como o assunto da *Ilíada* uma aventura esplêndida, mas um episódio de desordem que pressagiava a catástrofe que subjugaria a civilização micênica. Num contexto anterior, sugerimos a exaustão interna das sociedades civilizacionais na área de cultura urbana no século XII a.C. A *Ilíada*, agora, proporciona um estudo paradigmático das causas do declínio em toda a ordem micênica egeia. Pois os aqueus de Homero não são helenos, e seus troianos não são bárbaros; ambos pertencem à mesma sociedade e sua disputa é uma guerra civil. A ordem olímpica se estende sobre todos: o Zeus que confere a Agamenon sua autoridade real é também o protetor de Troia contra Hera, que se alinha aos aqueus. Mas os deuses estão divididos. A ruptura entre os homens é uma perturbação da ordem olímpica do mundo; e a divisão entre os deuses é uma perturbação da ordem humana. Enquanto se empreende a guerra, no

---

[8] Sobre essa seção, ver Walter P. OTTO, *Theophania*, Hamburg, Rohwolt, 1956, 28-33, e, para o assunto em geral, ver, do mesmo autor, *Die Götter Griechenlands*, Frankfurt, Klostermann, ⁴1956.

nível prático, como uma sanção contra uma violação da lei por parte de Troia, a desordem humana atinge a esfera divina. Está em jogo algo mais que uma infração à ordem que poderia ser corrigida pela devida compensação ou por uma vitória aqueia, pois a própria guerra em si, destrutiva para Troia e exaustiva para os aqueus, é uma temerária condescendência; ela revela uma ordem universal — abrangendo deuses e homens, troianos e aqueus — em declínio e sob julgamento. A desventura dos vencidos recairá sobre os vitoriosos.

Na queda da sociedade aqueia o poeta encontrou mais que uma catástrofe política. Na ação e na paixão dos heróis, ele descobriu o toque do destino determinado pelos deuses, o elemento da tragédia que permite que os acontecimentos ascendam ao domínio de Mnemosine. Do desastre, ele extraiu essa visão da ordem dos deuses e dos homens; do sofrimento se originou a sabedoria quando a queda se tornou canto. Nesse ato de transfiguração, o poeta transcendeu a sociedade aqueia e criou a forma simbólica helênica. Podemos falar dela como o estilo da autotranscendência, correspondente ao estilo israelita do êxodo da civilização e, por fim, de si mesmo. Pois com seu passado a nova sociedade adquiriu seu futuro. A sociedade helênica não tinha de morrer como a sociedade babilônica ou a egípcia, ou como a cretense ou a aqueia. A Hélade transcendeu-se no helenismo; e transcendeu a forma simbólica do mito olímpico, no qual se constituiu, na filosofia como a forma simbólica da humanidade.

§2 Ordem e desordem

A *Ilíada* estuda um episódio de desordem numa sociedade que o poeta considera aqueia. A formulação tem de ser cautelosa por duas razões. Em primeiro lugar, o estudo se estende de fato também à ordem e à desordem dos troianos, que fazem parte, junto com os aqueus no sentido estrito, da sociedade civilizacional globalmente egeia. Em segundo lugar, a imagem da ordem delineada pelo poeta absorveu material de mais de uma fase da civilização micênica; ademais, foram acrescentados materiais e aspectos étnicos da história pós-micênica da própria época do poeta. Aceitaremos a intenção homérica e continuaremos a falar da sociedade aqueia; contudo, o leitor deve estar ciente de que a seguinte análise da ordem constitucional, que tem de ser fornecida como o pano de fundo do estudo da desordem, aplica-se à sociedade especificamente homérica da epopeia. Embora se assemelhe estreitamente à sociedade aqueia histórica, a exatidão da imagem não pode ser demonstrada nos pormenores.

1 A ordem constitucional dos reinos aqueus

A era está em declínio. A *Odisseia* é mais prolixa que a *Ilíada* acerca dos sintomas da desordem constitucional. A situação de um exército no campo, unido por um propósito militar e pela tensão do esforço, não leva em conta um enfraquecimento tão profundo das instituições a ponto de pôr em perigo a vitória. Para uma compreensão da cultura política aqueia tardia, portanto, as duas epopeias muito convenientemente suplementam-se uma à outra. Se só conhecêssemos as instituições da *Ilíada*, seria difícil decidir se elas refletem a ordem política dos reinos aqueus ou se deveriam ser vistas como a organização específica de um exército federativo em tempos de guerra; todavia, a *Odisseia* prova que a constituição do exército antes de Troia corresponde, em linhas gerais, à constituição de um reino. Se conhecêssemos somente a lúgubre situação do reino sem líder de Ítaca a partir da *Odisseia*, seria difícil formar uma opinião sobre o funcionamento de sua ordem em condições menos funestas; mas a *Ilíada* mostra tal constituição em operação, ao menos efetiva o suficiente para a condução bem-sucedida da guerra. Em consequência, podemos tentar delinear uma imagem composta da ordem constitucional da era aqueia, de seu funcionamento e de seu declínio.

A ordem constitucional de um reino aqueu aparece delineada na exposição dos eventos em Ítaca. Um reino era uma região de extensão moderada, habitada por uma população primordialmente agrícola. Economicamente, a população era estratificada segundo a gradação que ia desde pequenas propriedades rurais a grandes empreendimentos com trabalho subordinado (escravo?) para a lida no campo, a guarda de rebanhos e os serviços domésticos; socialmente, a estratificação se expressava na distinção entre nobres (*aristoi*) e homens comuns. O rei (*basileus*) era um dos nobres, um *primus inter pares*, cuja posição dependia de sua reconhecida autoridade em virtude de ascendência nobre, riqueza, força e inteligência. Os órgãos políticos de tal região eram o rei, um conselho (*boule*) de anciãos (todos os nobres ou os mais distintos entre eles) e uma assembleia popular (*agora*) de homens livres aptos a empunhar armas. Uma região desse tipo tinha subdivisões locais. O solar de um nobre era o centro de um distrito local; se o distrito fosse grande e rico o bastante, podia conter uma vila ou cidade. O solar de Odisseu tinha uma cidade (*asty*) em suas cercanias, e, já que o caráter de suas cercanias foi salientado, talvez houvesse vilas inferiores na ilha. Ademais, o reino não se limitava à ilha em si. Na *Ilíada*, Odisseu aparece como o chefe dos cefalônios, que detinha não só Ítaca mas também as ilhas circundantes e uma faixa costeira da Grécia continental; na *Odisseia*, os pretendentes de Penélope são nobres de Ítaca assim como de outras ilhas. Nas condições de desordem que prevalecem na *Odisseia* não é mais possível reconhecer de que modo essa grande região se organizava numa unidade.

Esse núcleo típico da sociedade aqueia podia exibir consideráveis variações quanto à dimensão, à riqueza e à estabilidade, e também podia criar organizações mais complexas por federação. Na *Ilíada* são enumeradas cem embarcações para a Micenas de Agamenon (incluindo a costa sul do golfo de Corinto), noventa para a Pilos de Nestor, oitenta para a Argólida (com Tirinto e Argos) e outras oitenta para a "Creta das cem cidades"; cerca de dez outras regiões (entre elas a Lacedemônia de Menelau) são incluídas na classe de quarenta a sessenta naus; a Ítaca de Odisseu (incluindo a região circundante da Cefalônia) não tinha mais de doze; e a menor região, Sime, tinha somente três naus. Quanto às causas de tais diferenças no poder naval, à base econômica das numerosas cidades nos reinos mais poderosos e às fontes da riqueza que construiu os palácios reais de Micenas e Tirinto, as epopeias não fornecem informações. Telêmaco, em certa ocasião, reflete que não é ruim ser um rei (o verbo grego teria de ser traduzido literalmente por algo como "regificar"), pois sua linhagem rapidamente enriquecerá e ele conquistará grande honra. Mas ele não indica a fonte dos rendimentos. Uma das fontes deve ter sido a guerra ou a pirataria, já que entre as posses de Odisseu são mencionados os escravos que obteve como prêmios de guerra. A aceleração na aquisição real de riquezas encontraria uma explicação parcial na maior fração que seria concedida a um rei na divisão da pilhagem após uma expedição bem-sucedida. Mas a riqueza de toda uma civilização, a existência de grandes povoações urbanas e, em particular, a grande riqueza nas mãos de reis individuais não podem ser explicadas pela guerra e pela pilhagem; alguém teria de ser rico antes que o saque pudesse ter resultados vantajosos. A única explicação possível é a renda real proveniente do comércio. A riqueza existente na linha de Creta, Argos, Micenas e Pilos tem de indicar uma rota de comércio, e o mesmo deve ser verdadeiro para a riqueza de Troia.

Mais que a respeito das causas da diferenciação regional, pode-se obter uma imagem um tanto mais clara acerca das possibilidades de um empreendimento de guerra organizado pelos reinos agregados. A forma regional de organização era transferível para toda a área aqueia, ao menos para propósitos especiais. No exército diante de Troia, um dos reis regionais, Agamenon, funciona como o *primus inter pares* na relação com os outros reis. Esses reis, ou ao menos os seis ou sete mais importantes entre eles, formam um conselho da mesma maneira como, regionalmente, os nobres formam um grupo seleto em torno dos reis, enquanto o exército dos aqueus como um todo se reúne na *agore*, como uma assembleia popular. A liderança na guerra reside na maior potência econômica e militar; e, enquanto os líderes e seus exércitos regionais estão confederados para a expedição por juramento, um deles pode assumir que a pressão exercida por esse poder superior tem alguma relação com a iniciação do empreendimento coletivo.

A organização constitucional, portanto, é composta pelo rei, pelo conselho e pela assembleia. Quanto às jurisdições e aos procedimentos desses órgãos de governo, as epopeias são comparativamente ricas em informações, pois sua ação depende de casos legais. Uma parte quantitativamente considerável da história é formada por exposições de pontos da lei, pela ponderação de quem está certo ou errado em cada caso e pela descrição detalhada do procedimento constitucional. A preparação constitucional do grande ataque aqueu a Troia, no Canto 2 da *Ilíada*, oferecerá uma oportunidade para se estudar o maquinário governamental em operação.

Na abertura do Canto 2 da *Ilíada*, a situação militar dos aqueus não é a melhor. O cerco já dura nove anos; a disposição dos líderes está decaindo e o moral dos homens comuns está baixo. Agamenon está irritado porque terá de devolver uma linda moça, parte de sua pilhagem de guerra, ao pai, a fim de evitar que a fúria de Apolo recaia sobre o exército aqueu. Em sua ira, Agamenon tomou para si como compensação a graciosa Briseida, que havia sido entregue como prêmio de guerra ao peleu. Consequentemente, o ultrajado Aquiles retirou-se em sua famosa cólera, clamando que não mais participaria do combate, por pior que se tornasse a situação dos aqueus. Nessa conjuntura crítica, com os aqueus privados de seu melhor contingente de combate, Agamenon encontra sua resposta emocional para a encolerizada retirada de Aquiles (pela qual ele próprio é grandemente responsável), decidindo um ataque maciço que conquistará Troia e mostrará a Aquiles que a guerra pode ser vencida sem ele. Homero descreve o procedimento de preparação para o ataque passo a passo, desde a formação psicológica da iniciativa real até a aquiescência final do exército.

A decisiva resolução do rei origina-se de um turbilhão de ira, frustração, inveja, orgulho honrado, culpa e ansiedade. A simbolização magistral dos processos inconscientes deve ser pressuposta nesse contexto. A ação em si tem início com a cristalização do turbilhão numa imagem onírica. Um mensageiro de Zeus se apresenta ao adormecido Agamenon, assumindo a aparência de Nestor, o mais respeitado conselheiro do rei, a fim de contribuir para sua persuasão. Ele revela que veio a mando de Zeus, que aconselha o ataque, pois os olimpianos por fim estão unânimes em seu apoio aos aqueus. O rei acorda de seu sono e começa a agir segundo o sonho divinamente inspirado. Enquanto os arautos convocam o exército para a assembleia, ele se reúne com seus conselheiros (*Ilíada*, 2.1-52).

A reunião do conselho principia com um discurso do rei. Agamenon expõe seu sonho aos nobres e então os conclama a dirigir-se com ele à assembleia a fim de conduzir o exército à batalha. Por fim, o rei propõe um interessante procedimento para conduzir o exército rumo ao fim almejado. O procedimento consiste em algo como uma peça encenada pelo rei e pelos conselheiros. O rei, primeiramente, "testará" (ou "porá à prova") os homens mediante um discurso no qual lhes dirá para abandonar a guerra, consertar os navios e voltar para casa; em seguida, os conselheiros desempenharão seu papel fazendo discursos contrários que reterão o exército. A formulação de Homero sugere que isto não é um capricho circunstancial do rei, mas um procedimento-padrão para esse tipo de ocasião. O "teste" é expressamente designado como um costume legal ou uma convenção constitucional por meio das palavras "*he themis esti*". E dado que o teste é um jogo cerimonial, consagrado pelo costume, devemos presumir que se espera que também o exército desempenhe seu papel. A anuência do exército à vontade do rei deve assumir a forma de um desejo expresso do exército ao qual o rei acede (*Ilíada*, 2.53-75).

O discurso do rei diante do conselho, que consiste substancialmente numa ordem do comandante-em-chefe a seus generais, é respondido por Nestor, que se dirige aos outros nobres. Com cautelosa cortesia, ele observa que tal sonho, se fosse narrado por qualquer outro, seria considerado por eles uma trama (falsidade, *pseudos*) e repudiado com desdém, mas dado que havia sido visto pelo homem que se considera, de longe, o mais nobre (ou: o mais poderoso) dos aqueus, a história teria de ser aceita. Então ele convida os outros a segui-lo e cumprir a ordem. A autoridade do comandante prevalece, embora, obviamente, o conselho tenha as suas hesitações; o rei é obedecido, já que efetivamente pode ser o homem a quem os deuses se revelam verdadeiramente, ainda que a revelação esteja em desacordo com a opinião de senso comum quanto à precariedade da situação. Mas, implicitamente, o discurso de Nestor adverte que a responsabilidade por tal ação, que, superficialmente, parece desatino, cabe ao rei e a seu sonho. Um rei não deve ter sonhos que ponham em risco o exército e o triunfo na guerra. Em seguida, o rei e os conselheiros juntam-se à assembleia (*Ilíada*, 2.76-93).

O rei se ergue na assembleia para fazer seu discurso que porá à prova o exército. Homero indica a fonte de sua autoridade expondo a genealogia de seu cetro. O cetro real foi feito por Hefesto para Zeus, que o enviou, por meio do mensageiro Hermes, a Pélops, e, de Pélops, foi transmitido a Agamenon por meio de Atreu e Tiestes. A autoridade em nome da qual o rei governa os homens provém da autoridade de Zeus na administração olímpica do mundo; a ordem política participa da ordem do mundo (*Ilíada*, 2.100-108). Em seu discurso de teste, o rei alega uma ordem de Zeus para suspender o cerco e voltar para casa. Isso, ele admite, é algo vergonhoso, pois os aqueus estão em número dez vezes maior que os troianos; Troia, contudo, possui muitos aliados e a guerra se arrasta já há nove anos; não há mais esperança de que Troia seja conquistada (109-41). Ao fim de seu discurso, o processo toma uma direção inesperada. O exército não desempenha seu papel no jogo. Ele não espera até que os outros membros do conselho tenham expressado sua oposição; mas, cheios de contentamento, os homens correm para a costa e começam a soltar as amarras e a levar as embarcações para o mar, prontos para iniciar a jornada de retorno o mais cedo possível (142-54). Nessa situação crítica, Odisseu intervém, em nome de Atena. Ele pede a Agamenon o cetro joviano, e, munido do símbolo da autoridade divina, passa ao longo dos navios, representando uma espécie de látego parlamentar, e tenta fazer que os homens voltem à linha (155-97).

As admoestações de Odisseu formulam o princípio da ordem real no discurso direto. Os chefes são advertidos a não se comportar como covardes, mas a sentar-se e fazer que as pessoas comuns façam o mesmo; a assembleia foi interrompida e eles ainda não tomaram conhecimento da real intenção de Agamenon. Ele golpeia os soldados comuns e os repreende, dizendo-lhes que se sentem e ouçam aqueles que são superiores a eles,

> Pois nem todos nós, aqueus, devemos ser reis;
> Não é benéfica uma multidão de senhores [*polykoiranie*]; deve haver um único senhor [*koiranos*],
> Um rei, a quem Zeus concedeu
> O cetro e os juízos [*themistes*] para que delibere pelos outros.

É difícil imaginar uma declaração mais enérgica do princípio do governo real que essa cena: Odisseu lembrando os soldados de que eles não são reis, mas apenas o povo em nome do qual o rei pensará, e acentuando seu argumento com pancadas dadas com o cetro joviano (188-206). Essa passagem homérica tem uma carreira prodigiosa na política helênica, de Aristóteles a Filo, como o grande suporte da analogia político-teológica entre o governo de um deus no cosmos e de um imperador na Terra.

A assembleia, por fim, é restituída à sua ordem. Antes que o assunto volte a ser tratado, porém, um pequeno aparte simbólico subjaz ao significado da ordem. O espírito do individualismo desordenado que acabara de se manifestar concentra-se em Tersites, um feio e impertinente homem comum que agora ergue a palavra contra Agamenon, insultando o rei e, por fim, tocando na delicada questão de sua responsabilidade pela cólera de Aquiles. Nesse ponto, Odisseu intervém novamente, aplicando o habitual golpe com o cetro; ele aconselha Tersites a não lutar isoladamente contra reis e ameaça despi-lo e expulsá-lo da assembleia a pancadas. Esse era precisamente o incidente necessário para reverter a disposição do exército, fazendo-o voltar à ordem. Os homens reagem com uma franca gargalhada à punição de sua própria amotinação sob a forma do insolente Tersites, e expressam a esperança de que esse castigo o ensine e nunca mais afrontar reis. A atmosfera está limpa (211-77). O processo pode agora ser retomado. Os conselheiros falam em oposição a Agamenon, conforme planejado; e o rei se deixa persuadir a ordenar a batalha. Sob a sugestão de Nestor, os contingentes lutarão por tribos e clãs, a fim de que se possa discernir com facilidade quem é corajoso e quem é um covarde (278-418).

Na *Ilíada*, a ordem constitucional do exército aqueu ainda funciona no caso específico acima considerado. Todavia, a pressão sob a qual se encontra, assim como a situação crítica na qual se toma a decisão do embate são sintomas de uma indisposição geral. E eles prenunciam o desastre.

2 A cólera de Aquiles

As epopeias não tratam das causas e dos efeitos no nível da história prática, mas do fenômeno do declínio em si. A sociedade homérica está desordenada, visto que, em ocasiões decisivas, a conduta de seus membros é guiada pela paixão em lugar da razão e do bem comum. A cegueira causada pela paixão não é a causa da desordem; é a própria desordem. Algo está muito errado com os líderes homéricos; e, sob um aspecto, portanto, a *Ilíada* é um estudo da patologia dos heróis. A reconstituição da análise de Homero começará apropriadamente com sua construção deliberadamente paralela da cólera de Aquiles e da guerra contra Troia. A grande guerra é causada pelo rapto de Helena por

Páris; o príncipe troiano violou a regra segundo a qual um hóspede não deve iniciar um romance com a esposa de seu anfitrião, e a violação dessa regra básica das sociedades civilizadas requer contramedidas. A cólera de Aquiles é provocada porque Agamenon se apodera de Briseida; isso é um insulto à honra de um rei, e também requer alguma contramedida da parte de Aquiles. A construção paralela oferece a Homero a oportunidade de analisar os casos de Aquiles e de Helena.

Aquiles, como se pode esperar, tira o máximo proveito do paralelo a fim de manter sua cólera num ponto de fervura intenso e heroico. Ele não será apaziguado. Os aqueus conduzem uma longa e custosa guerra referente a Helena, na qual ele está apenas moderadamente interessado, e ele não deve entregar-se à sua cólera quando é privado de sua cara companhia? Esses irmãos argivos acreditam que são os únicos homens que amam suas mulheres (*Ilíada*, 9.337-47)? O argumento da analogia, contudo, não impressiona a delegação enviada por Agamenon com uma oferta de reconciliação e de compensações honrosas. Ele poderá ter sua Briseida de volta, com a garantia de um juramento solene de que ela está intocada. E, como compensação pelo insulto, ele receberá sete lindas moças prendadas, uma profusão de ouro e de outros tesouros, uma oferta para se tornar genro de Agamenon (com o direito de escolher entre três filhas, com um imenso dote) e sete cidades em Argos, todas próximas do mar nas rotas de comércio. Essa oferta abrandaria a mais grandiosa cólera, já que compensações por cólera são determinadas por costumes consagrados. Se Aquiles não aceitar a generosa oferta, algo, claramente, não está bem. E ele não a aceita (*Ilíada*, 9.260-99).

A cuidadosa elaboração da solução correta para uma discórdia do tipo debatido restringe tanto o problema de Aquiles como o de Helena. No que se refere a Aquiles, o extraordinário caráter de sua cólera pode agora ser focalizado. E, no que diz respeito a Helena, impõe-se a questão: por que os troianos não recorreram a uma solução similar à que Agamenon oferece a Aquiles? Também os troianos têm um governo constitucional, com um conselho de inteligentes anciães. Por que o governo de Troia não devolveu Helena ao marido, com pedidos de desculpas e reparações apropriadas — uma oferta que os aqueus ficariam satisfeitos em aceitar? Por que preferiram submeter-se aos horrores de uma longa guerra e ao grave prejuízo à sua riqueza? Homero lida com ambas estas questões — com a cólera de Aquiles, extensamente, em conjunturas decisivas da história, e, em algumas breves cenas, com a fatalidade de Helena. Consideraremos, primeiramente, a cólera de Aquiles.

A cólera de Aquiles é extraordinária no sentido literal. É algo que está fora da ordem humana. É uma brecha na ordem que une os homens, e por essa brecha derrama-se uma incontrolável obscuridade. A fim de descrever esse intangível e negativo fenômeno, Homero recorre ao expediente de confrontar Aquiles com a certeza de sua morte em combate. O herói é um semideus, e por intermédio de sua mãe divina, Tétis, tomou conhecimento do destino alternativo que lhe estava reservado: se ficasse com o exército em Troia, não retornaria à casa; pereceria em combate e, desse modo, conquistaria fama imortal; se embarcasse no navio e voltasse para casa, uma vida sem glória porém feliz seria o seu destino (*Ilíada*, 1.352-414 ss.; 9.412 s.). Homero explora a cólera de Aquiles, primeiramente, por meio da revelação divina da alternativa, e, em segundo lugar, por meio de diversas disposições, situações, raciocínios e decisões induzidas pelo dilema.

Nesse ponto da análise, é preciso eliminar uma fonte comum de equívocos na *Ilíada*. O destino alternativo de Aquiles é extraordinário não em virtude de seu conteúdo, mas de sua revelação. O problema de Homero não é o destino de Aquiles, mas a tensão entre um destino comum e as reações incomuns do herói. A construção da *Ilíada* depende dessa tensão. Por conseguinte, o caráter comum do destino tem de ser determinado com certo cuidado. O dilema do destino, como se dá a entender, não é particularmente excitante numa situação de guerra. Mesmo sem a informação divina, é razoável presumir que, por um lado, um espécime saudável como Aquiles terá uma vida longa e aprazível caso seja o sucessor no trono de algum reino próspero numa região remota e não se envolva deliberadamente em conflitos; e, por outro lado, que ele corre o risco de ser morto mais cedo ou mais tarde caso se envolva continuamente em batalhas com tamanha intensidade a ponto de tornar sua fama imortal. Ademais, o dilema é enfrentado pela maioria dos príncipes no exército. Enquanto a guerra continuar, eles correrão o risco de morrer em batalha; se voltassem para casa e se portassem com prudência, sua expectativa de vida se elevaria. E, por fim, deve-se ter em mente que a alternativa não implica uma escolha genuína. Todo o exército preferiria ir para casa; mas ele fica porque a guerra é uma ação política da federação, com o propósito de punir uma violação da ordem pública. O dilema de Aquiles, portanto, é uma sina mais ou menos comum. A introdução da predição de seu destino não visa criar um herói romântico que escolhe livremente a morte precoce e a fama imortal. Somente se o dilema for compreendido como um destino comum a resposta de Aquiles revelará seu caráter incomum. A tensão é usada por Homero com circunspecção artística com o duplo propósito de, em primeiro lugar, isolar a natureza precisa da cólera de Aquiles e, em segundo lugar, contrastar a cólera com a atitude dos outros heróis em relação a um destino substancialmente igual.

O dilema em si, portanto, não é fora do comum. O caráter extraordinário do destino de Aquiles começa com o fato de sua revelação divina, na medida em que a predição eleva a probabilidade da morte à certeza da morte. No caso de Aquiles, o destino do guerreiro de uma vida sob a sombra da morte se torna, psicologicamente falando, uma obsessão com a morte que o isola da vida comum da humanidade. A guerra, para ele, não consiste em adversidade e perigo, mas constitui a essência predeterminada de sua existência. Ele nunca experimentou a ordem como um homem, pois foi para a guerra quando era ainda "uma mera criança" (*Ilíada*, 9.439 s.). E ele não retornará como um homem para a ordem pela qual lutou, já que sua existência terminará com a morte que, por nove anos, o adolescente infligiu a outros. A tensão de sua existência entre a morte infligida e a morte sofrida não é um acidente biográfico, mas (e este é um dos pontos iluminados pela predição), verdadeiramente, sua essência.

A revelação do destino não é um evento externo à personalidade de Aquiles; ter tal revelação faz parte de seu caráter. A interpretação da predição como uma obsessão pela morte talvez não seja uma "psicologização" anacrônica, mas o próprio sentido pretendido por Homero. A predição é conhecida não apenas por Aquiles, mas por todos no exército. Se ela fosse considerada pelos personagens homéricos uma informação confiável, proveniente de uma fonte divina, acerca da morte iminente de Aquiles diante de Troia, isto afetaria não apenas o peleu, mas também a conduta de seus amigos. Mas esses amigos e companheiros agem como se a predição não existisse. Eles lhe oferecem riquezas, uma aliança familiar com Agamenon e a expansão de seus domínios, embora tivessem de saber que tais esplêndidas perspectivas não poderiam conter nenhum apelo para um homem que morrerá e não voltará para casa. E, quando Aquiles faz lembrar à comitiva a razão pela qual a oferta que apresentam não pode interessá-lo (IX, 412 s.), eles continuam seu argumento como se ele não houvesse falado. Aquiles, com sua revelação, vive num mundo privado; ou antes, vive num mundo privado na medida em que está preocupado com essa revelação isoladora. A ação da *Ilíada* torna-se incompreensível a menos que a predição seja entendida como uma obsessão que um herói, na medida em que é uma personalidade pública, não deve ter. O sonho de Agamenon discutido anteriormente lançará alguma luz sobre este problema homérico. A resposta polida de Nestor, naquela ocasião, apenas dissimulou a advertência de que reis não devem ter tais sonhos; o fato de que provenham dos deuses não é justificativa; as revelações divinas de um homem são questões pessoais e não criam uma obrigação para outros; se, no caso de Agamenon, os anciães obedeceram a ordens, não o fizeram por confiar no sonho, mas por respeito à autoridade do rei. A posição de Aquiles, todavia, não é a do comandante-em-chefe; em seu caso, não se deve tal respeito. A inserção de seu destino predito como um argumento na contenda é uma manifestação de mau gosto que os outros nobres são bem-educados o bastante para ignorar.

O único membro da comitiva que discute o estado mental de Aquiles, ao menos indiretamente, é seu velho preceptor, Fênix. O velho está obviamente descontente com a conduta imprópria de seu pupilo. Ele, como os outros, ignora a predição com um silêncio caridoso, mas enceta o grande discurso parenético ou admonitório que culmina no mito da Cólera de Meleagro; e, ao longo do discurso, os vários aspectos da conduta do herói, pessoais e públicos, são abordados (IX, 434-605). Como membro da comitiva, encarregado de uma tarefa oficial, ele faz o máximo para persuadir Aquiles a aceitar a oferta do rei e retornar à batalha; e, por meio do mito, aponta a tolice de sua conduta no nível utilitário. O jovem não pode fugir das exigências da situação. Se rejeitar a oferta, terá de lutar inevitavelmente tão logo os troianos tenham empreendido seu ataque ao acampamento aqueu e executado seu plano de incendiar os navios; e, então, quando tiver esperado até o momento de ser forçado a lutar, estará na situação infrutífera de Meleagro, que não recebeu qualquer recompensa por negar prestar auxílio até o último momento (IX, 600-605).

Fênix, contudo, é também o educador, um segundo pai para Aquiles; ele sabe que o problema tem raízes profundas e que a cólera não será subjugada por ofertas em conformidade com o costume ou por um apelo ao interesse material. Por conseguinte, ele prefacia o mito parenético de Meleagro com uma séria dissertação sobre a dialética da culpa (*ate*) e das orações (*litai*) (IX, 496-512). A alma de Aquiles primeiramente tem de ser tocada em seu âmago, se isso for possível; a obsessão tem de ser rompida e uma conversão curativa tem de ser iniciada, antes que o argumento usual possa ter eficácia. Ele ressalta, a seu "filho querido", o que há de errado com ele em princípio. A especiosa predição do destino nem precisa ser mencionada; não é senão um dos sintomas de que Aquiles possui um "espírito orgulhoso" [*thymos*] e um "coração impiedoso" [*hetor*]. O "filho querido" está violando uma regra fundamental da ordem das coisas. Mesmo os deuses, que em muito o excedem em valor, honra e poder, cedem às súplicas quando os homens cometeram transgressões, pois as súplicas são as filhas de Zeus. A culpa é temerária e provoca a queda dos homens, e as súplicas vêm depois para curar a ferida. As filhas de Zeus devem ser honradas. Quando um homem rejeita as súplicas, as divindades insultadas levarão sua queixa ao próprio Zeus, e então *ate* seguirá o acusado e fará que se redima plenamente.

As sentenças compactas das admoestações de Fênix requerem uma breve explicação. A *ate* homérica significa o desatino do coração, a cegueira da paixão, que faz que um homem incorra na culpa; e significa também o ato pecaminoso, a transgressão da lei. E as *litai* homéricas, de modo correspondente, representam o arrependimento do coração, assim como os atos (orações e sacrifícios a deus, orações e ofertas de recompensa aos homens) nos quais o arrependimento se expressa. As *litai* são as filhas de Zeus na medida em que expressam a disposição ativa de se reerguer da queda na desordem, de curar o coração e de voltar à ordem joviana. Esta é a razão pela qual as orações são aceitáveis aos deuses e os sacrifícios mais que um mero suborno. Por conseguinte, se um homem repele a disposição manifesta por parte de outro homem de restabelecer a ordem infringida, ele mesmo incorre na culpa de perpetuar a desordem; a desordem é agora sua *ate*, pela qual terá de prestar contas. A conduta de Aquiles, portanto, é mais que uma mera perturbação que pode fazer que os aqueus percam a guerra; é antes uma desastrosa deficiência do coração, que situa o herói fora da ordem dos deuses e dos homens. O movimento rítmico de guerra e paz que vai da ordem, passando pela queda, pela transgressão, pela punição, pelo arrependimento e pela compensação curativa, voltando por fim à ordem, é interrompido pela cólera de Aquiles; o peleu obstrui a dinâmica da ordem; com a cólera, a *cholos*, de Aquiles, uma ordem concreta chega a seu fim irreparável.

A cólera específica que precipita os eventos da *Ilíada* tem de ser distinguida do vazio, da escuridão dos quais é uma manifestação. Esse vazio em Aquiles conturba a formação das relações sociais normais de sua meninice. Seu próprio pai, que conhece bem o filho, o envia para a guerra exortando-o a refrear seu "espírito orgulhoso" e abster-se de "perniciosas disputas"; a honra será conquistada preferivelmente pela "amabilidade" (*philophrosyne*) (IX, 254-56). Mas o filho não acolhe tal conselho. Agamenon o caracteriza como um homem odioso, sempre propenso à discórdia (*eris*), à guerra (*polemos*) e à contenda (*mache*), que esquece que sua bravura é uma dádiva dos deuses para ser usada na guerra, mas não uma prerrogativa de domínio régio sobre todos os homens (I, 173-87). E mesmo seus companheiros de armas deixam-no com desapontamento e menosprezo, porque a soberba de Aquiles se acirra até à fúria, porque ele não corresponde com afabilidade à amizade e ao respeito que lhe dedicam, porque possui um espírito empedernido e arisco, e desonra sua casa ao rejeitar com arrogância o pedido de auxílio (IX, 624-42). A natureza e a fonte dessa frieza isoladora é portanto melhor circunscrita por fragmentos de autoanálise quando Aquiles reflete sobre as alternativas de ação diante de seu destino. O significado da revelação divina como uma obsessão pessoal talvez possa ser mais bem discernido no fato de que Aquiles é o único entre os príncipes que brinca com a ideia de deixar a guerra e voltar para casa. Por mais estranho que pareça, Aquiles está com medo da morte, a ponto de considerar abertamente a possibilidade de deserção. Ele está ardentemente apaixonado pela vida. Num dos traços de seu temperamento, ele não se importa minimamente com a fama imortal ao preço da morte prematura; pelo contrário, ele viveria o máximo possível, como um rei honrado e próspero, casado com uma moça benfazeja, sem as excitações trazidas pela fama; e ele se entrega de tal modo a reflexões sensatas porém anti-heroicas, que nenhuma oferta de espólio ou prêmio (por mais aprazível que possa ser sob outros aspectos) resgatará a *psiche* de um homem uma vez que tenha ultrapassado a barreira de seus dentes (IX, 393-409). Mas este é somente um dos traços de seu temperamento. Embora o medo da morte tenha corroído sua mente de modo tão profundo a ponto de levá-lo a sonhar que foge de suas obrigações, ele não pretende seriamente aceitar o papel de um pilar real da ordem em sua esfera. O lirismo dessa nostálgica passagem é contradito pelo fato de que durante nove anos ele permaneceu diante de Troia, e permanece ainda agora, alentando sua cólera e brincando com a ideia do retorno, pois os deuses criaram-no um guerreiro; ele vive verdadeiramente na batalha, e é mais doloroso suportar sua cólera intratável enquanto a matança prazenteira prossegue sem ele. A alternativa do destino, por conseguinte, não oferece uma escolha verdadeira a Aquiles mais que aos outros nobres — embora por uma razão diferente. Os outros príncipes estão fadados à sua situação em virtude de seu juramento e de seu dever; eles não podem retornar até que a vitória tenha se tornado obviamente inalcançável em termos militares. Aquiles está fadado à guerra, e não poderá retornar, porque é um guerreiro (talvez matador não seja uma palavra demasiadamente forte) que se ajustaria à ordem de casa ainda menos que à ordem do exército.

Agora ficará mais claro que na sociedade homérica uma ira senhorial não é um estado emocional privado. Uma *cholos*, ou uma cólera, é uma instituição legal comparável a uma *inimicitia* romana ou a uma vendeta medieval. Se a *ate* induz um homem a violar a esfera das posses e da honra de outro homem, a vítima da transgressão reagirá com *cholos*, ou seja, com uma revolta emocional, tendendo a infligir dano ao transgressor, com o propósito de obter uma compensação e o reconhecimento formal da relação legítima entre ambos. Por conseguinte, na compacta *cholos* homérica, é preciso distinguir a reação emocional, encolerizada, contra o dano infligido à posição de um homem dos costumes que regulam o curso da emoção. A natureza peculiar e o problema da *cholos* serão mais claramente compreendidos se recordarmos a diferenciação de seus componentes nas virtudes platônicas de *andreia* e *sophia*. *Andreia*, a coragem, é o hábito da alma de ser emocionalmente impelida a uma reação em face de uma ação injusta; e *sophia*, a sabedoria, é necessária para guiar e conter a coragem, dado que a emoção, por mais que seja a causa que a instigou, pode exceder os limites. A *cholos* homérica contém esses elementos imbuídos no meio compacto (boa ordem, costume). Funcionando numa ordem estabelecida, a *cholos*, como uma emoção, dará a força que poderá resistir à injustiça e restabelecer a ordem legítima, e até mesmo desencorajar violações da ordem na medida em que a *cholos* pode ser uma consequência adversa da ação injusta. Logo, o funcionamento adequado da *cholos* é essencial para a manutenção da ordem. Se a *cholos* não estiver disponível, a transgressão será encorajada; se estiver desenfreada, não será possível restaurar a ordem. Como um instrumento da ordem, a *cholos* tem de ser devidamente incitada e extinta conforme requerido pelo costume.

Medida por esses critérios, a *cholos* de Aquiles possui um caráter altamente impróprio. Ela certamente irrompe oportunamente na ocasião do insulto. Entretanto, a explosão é percebida pelos outros como algo mais que uma reação adequada à situação; suas raízes parecem ser mais profundas, alcançando uma disposição tumultuosa de Aquiles. A *cholos* apropriada deveria ser uma reação sensível das emoções contra uma ameaça à posição estabelecida de uma pessoa, pois, se o primeiro ataque não for imediatamente coibido, a ameaça poderá se transformar num enorme perigo que, num estágio posterior, não mais poderá ser confrontado com sucesso. A *cholos* de Aquiles, contudo, não é uma reação finita contra uma ameaça finita, com o propósito de reparar a ruptura momentânea da ordem; é, antes, uma explosão da profunda angústia que nele se avolumou em virtude da preocupação com seu destino; ela é causada por um curto-circuito emocional entre a diminuição de sua honra e a antecipação de sua morte. Essa explosão causa inquietação nos outros porque é percebida como uma ameaça absoluta ao significado da ordem, pois o jogo da ordem, com suas diminuições e restaurações parciais, só pode ser jogado se a vida é aceita com a disposição de desempenhar o papel a despeito do mistério da morte. Se a morte não for aceita como um mistério na vida, como parte do próprio mistério da vida, se, por meio da reflexão, se tentar transformar o mistério numa experiência de algo, de uma realidade, então a realidade da morte se tornará o nada que destrói a realidade da vida. Quando um fantasma andante como Aquiles entra em cena, a palidez da morte recai sobre o jogo da ordem; ele não pode mais ser levado a sério, e a trama se precipita na futilidade e na desordem. Os outros nobres percebem, corretamente, a ameaça da destruição fatal na conduta de Aquiles; essa *cholos* particular não pode ser resolvida pela compensação e pela reconciliação costumeiras. Como, então, ela poderá ser resolvida?

A resposta a esta questão é o conteúdo da *Ilíada*. A cólera de Aquiles tem um desenvolvimento interno, uma ação; e o drama interno da cólera determina a ação externa da *Ilíada*. Ao episódio da cólera corresponde militarmente a grande batalha na qual os troianos repelem os aqueus de volta ao seu acampamento e incendeiam o primeiro navio. Essa terrível derrota dos aqueus, aproximando-se de sua destruição, é causada, na prática, pela abstenção de Aquiles de participar da batalha; mas no drama de Aquiles é um desastre que ele inflige aos aqueus ativa e intencionalmente. Quando o herói recebe o insulto de Agamenon, apela à sua mãe divina: Tétis deve induzir Zeus a levar os aqueus à beira do desastre a fim de que vejam o que lucraram com seu grande rei, e que o rei aprenda o que implica insultar o melhor de seus príncipes (I, 407-12). A boa mãe, profundamente ressentida de que a breve vida de seu filho seja turvada por um tratamento tão ignominioso, satisfaz seu desejo. A motivação do desejo é transparente. Como Agamenon acertadamente suspeita, Aquiles deseja triunfar sobre o rei; sua conduta arrogante denuncia um desejo irrefreável de dominar. Um triunfo, contudo, seria impossível se os aqueus fossem realmente destruídos, sem que restasse nenhum para testemunhar a exaltação do herói; ou se Aquiles voltasse para casa e não testemunhasse a derrota. O desejo, portanto, é meticulosamente formulado segundo os requirimentos: deve-se chegar quase à derrota, Aquiles deve estar perto para testemunhar os fatos, e deve aparecer como o salvador no último momento. Além disso, o desejo denuncia o niilismo do sonho do peleu. Aquiles quer um momento de triunfo no qual todos reconheçam sua superioridade, mas não quer conservar aquele momento numa ordem permanente substituindo Agamenon como rei dos aqueus. O desejo daquele momento não é alimentado pela ambição política; é uma tentativa sutil de burlar seu destino, convertendo a fama imortal após a morte num triunfo em vida. A fim de conseguir o fugaz momento, Aquiles está inteiramente disposto a deixar que seus companheiros morram na batalha até que sua intervenção seja o último e incontestável recurso capaz de reverter a derrota em vitória.

Aquiles põe em execução o programa sustentando sua cólera contra todas as tentativas razoáveis de reconciliação. Mas, quando o grande momento se aproxima, a sucessão dos eventos sai de seu controle. Os aqueus são empurrados até a beira das trincheiras do acampamento e o primeiro navio é incendiado. Por fim, embora não se una ele mesmo à batalha, Aquiles aceita que seu amigo Pátroclo e os mirmidões intervenham para evitar o perigo do incêndio. Nessa investida, Pátroclo é morto por Heitor. Aquiles arriscou demais e causou a morte de seu *alter ego*. Esse é o fim do sonho mortífero; o grande momento de triunfo tornou-se um desastre pessoal.

O drama da *cholos* depende da morte de Pátroclo. Com a morte do amigo, a obsessão de Aquiles é aplacada e a realidade da vida é restabelecida. Os cinquenta versos nos quais Homero descreve esse processo podem ser considerados, com justiça, a obra-prima da *Ilíada* (XVIII, 78-126). Com gemidos, o filho confessa à mãe que seus desejos foram concedidos, "mas que contentamento [*edos*] terei neles" depois da morte de Pátroclo? — a quem Aquiles estimava como a si mesmo (*kephale*). Pátroclo é próximo o bastante de Aquiles para fazer que ele experimente a morte como o destino comum; ele não é mais uma exceção entre os homens apenas porque irá morrer. Ele volta à realidade da vida em comunidade, e o sintoma decisivo desse retorno é a disposição de assumir suas obrigações mesmo sob risco de morte, pois a morte perdeu o seu horror quando a vida novamente tornou-se tão supremamente real que não vale ser vivida a não ser de acordo com suas próprias condições. A primeira dessas obrigações é a vingança por seu amigo, ainda que a morte de Heitor, segundo o destino previsto de Aquiles, venha a ser em breve seguida pela sua própria morte. Ele estava sentado perto dos navios em sua cólera, como "um fardo inútil sobre a terra", culpando-se pela morte de Pátroclo e dos outros aqueus devido à sua abstenção, embora sua bravura em combate fosse a dádiva dos deuses pela qual ele podia ser útil aos outros. Ele amaldiçoa a discórdia (*eris*) e a cólera (*cholos*) que conturbam o jogo da ordem e que lhe impuseram sua culpa. Remetendo ao passado o insulto de Agamenon, Aquiles agora está pronto para dominar sua autocomplacência. Ele agora aceita seu destino como os outros, e repousará como o fez Héracles quando a Moira assim decidiu. E, por fim, talvez o traço mais sutil, Aquiles agora chega a desejar adquirir a fama imortal por seus feitos no desempenho normal de suas obrigações como um guerreiro aqueu — ele não mais tentará burlar o destino pelo triunfo em vida.

3 O eros de Páris e Helena

A cólera de Aquiles foi uma perturbação da ordem. Contudo, embora sua derivação, seu curso e sua dissolução forneçam o drama da *Ilíada*, ela não é mais que um episódio na conturbação maior, na guerra que havia sido causada pela atração fatal de Helena. Enfocaremos, agora, a seguinte questão: por que os troianos não evitaram a guerra, ou ao menos a encerraram, restituindo Helena ao marido com os ressarcimentos habituais? E esta questão é inseparável de outra: por que não lidaram de modo sumário com Páris–Alexandre, esse indivíduo aparentemente inútil, que era a causa mais imediata de seus problemas? Homero desvelou os vários aspectos do problema no Canto III da *Ilíada*, na ocasião do combate individual entre Páris e Menelau por Helena e suas posses.

A própria ocasião indica a extensão e a complexidade do problema. A solução legal simples (restituição com indenização) é impossível, porque a fatalidade de Páris, além da de Helena, está implicada no conflito. A segunda melhor solução em contraposição a uma longa guerra entre dois povos seria um combate individual entre Menelau e Páris, ficando o vencedor com o prêmio. Esta é a solução com a qual as partes beligerantes concordam entusiasticamente no Canto III da *Ilíada*. Obviamente, a próxima questão será: por que as partes em desavença não recorreram a essa solução um pouco antes? E, por fim, é preciso indagar por que essa tentativa de terminar a guerra revela-se infrutífera mesmo então. O entrelaçamento desses vários problemas torna o terceiro canto da *Ilíada* uma obra-prima da construção artística. Lamentavelmente, uma análise completa é impossível no presente contexto; temos de pressupor que o leitor conhece essa magnífica interpretação da tragédia e da comédia. Para nossos propósitos, os vários elementos serão separados, e começaremos a análise isolando o procedimento legal que, como ao longo de toda a *Ilíada*, constitui a espinha dorsal da história.

O combate individual é o resultado de um desafio proposto por Páris e aceito por Menelau. O acordo entre os protagonistas tem de ser, e é, aceito pelos comandantes de ambos os lados. Um armistício formal é concluído, estipulando que o vitorioso no combate receberá Helena e suas posses. Durante o combate, não haverá hostilidades. E, com efeito, tão logo se estabelece o acordo, os soldados de ambos os lados saem de suas linhas de combate, alegremente põem de lado suas armas e formam um anel de ávidos espectadores em torno da área na qual se dará o combate. Independentemente de quem saia vitorioso, o combate encerrará a guerra entre troianos e aqueus. Parece ser um acordo sólido, e o prospecto é de que a guerra esteja terminada dentro de uma hora.

O curso efetivo dos eventos não confirma as expectativas. O combate tem início, mas a espada de Menelau se parte no elmo de Páris. Então Menelau ataca usando somente suas mãos; ele agarra Páris pelo elmo e o arrasta, asfixiando-o com a correia, e o combate está praticamente terminado. Nesse momento, Afrodite intervém, a correia se rompe, Páris é arrebatado pela deusa e levado para a segurança de Troia, e Menelau é deixado com o elmo vazio, procurando furiosamente por Páris. Compreensivelmente, há certa consternação geral. Todos, incluindo os troianos, ajudam Menelau na procura pelo ardiloso Páris, mas em vão. Entretanto, ainda há esperança de um final feliz porque Menelau é obviamente o vitorioso. Então os deuses intervêm novamente. Sob inspiração divina, um dos líderes troianos aliados concebe a ideia de abrir a possibilidade de uma carreira mais distinta para si mesmo golpeando Menelau à queima-roupa. O ferimento superficial não causa grande dano, mas a trégua foi rompida, e a batalha recomeça (*Ilíada*, IV, 85 ss.). Mesmo agora, nem todas as esperanças de paz estão extintas, considerando que os aqueus ainda estão dispostos a aceitar um acordo justo a qualquer momento. No conselho troiano, Antenor adverte seus pares de que estão lutando contra seu juramento; aconselha-os a cumprir sua obrigação, a devolver Helena e seu tesouro e terminar a guerra. Mas Páris se recusa a entregar Helena, embora esteja disposto a abrir mão do tesouro; e o conselho o apoia contra Antenor (VII, 345-78). O destino dos troianos está selado, pois os aqueus agora continuam a guerra com a certeza de que os infratores de juramentos terão o que merecem. Cada fase desse longo processo é desenvolvida meticulosamente por Homero até que todos os meios racionais para encerrar a guerra tenham sido excluídos. Não resta nenhuma sombra de dúvida de que essa guerra é governada não pela racionalidade da política e da lei, mas por forças irracionais que implicam o fim da ordem civilizacional. O isolamento analítico da força conturbadora é, no caso de Helena e Páris, tão meticuloso quanto no caso de Aquiles.

A força irracional governa o procedimento de combate entre Páris e Menelau desde o princípio. O combate e a trégua não resultam da ação racional (que poderia ter sido adotada a qualquer momento), mas de um acidente. As linhas dos troianos e dos aqueus estão se movendo rumo à batalha; no terrível momento logo antes do confronto, o elegantemente trajado Páris faz uma pequena marcha na frente de batalha e desafia o melhor dos aqueus a enfrentar-se com ele. Menelau percebe a exibição e se arroja impetuosamente sobre ele, o que resulta no rápido recuo de Páris para a segurança invisível detrás de suas linhas (III, 15-37). Tarde demais. Heitor viu a ignominiosa cena e agora tem algumas palavras a dizer para o irmão. Páris tem aparência magnífica, é um mulherengo e sedutor, garboso porém desprovido de espírito ou de coragem, objeto de desprezo jubiloso para o inimigo, e uma vergonha e uma maldição para a cidade. Os troianos devem ser de fato covardes, ou há muito já o teriam apedrejado por todo o mal que provocou (III, 38-57). O acerto da breve descrição fraterna é ratificado quando, ao final do combate, os troianos se unem avidamente aos aqueus na busca pelo patife, "pois todos o odiavam como à peste negra" (III, 454); e até o emissário enviado aos aqueus, ao mencionar o nome de Páris, acrescenta à sua mensagem diplomática o sentimento particular de que "desejaria que ele houvesse perecido há muito tempo" (VII, 390). Mas Páris sabe por que o desprezo e o ódio gerais não se traduzem em ações contra si. Ele candidamente admite, e até admira, a justeza da descrição feita pelo irmão; mas, com dignidade, o censura por erguer contra ele as graciosas dádivas de Afrodite. Tais dádivas devem ser honradas, pois são concedidas sem mérito humano, segundo o arbítrio dos imortais. O júbilo e a fatalidade das dádivas divinas têm de ser respeitados pelos homens, por aqueles que os recebem e pela comunidade. Todavia, o desprezo de Heitor deixou-o exasperado o bastante para levar a efeito sua ostentação inicial e enfrentar Menelau (III, 58-75).

O combate acidental entre os maridos traz Helena ao cenário. Ela corre até a porta Ceia, onde Príamo e seu conselho já estão reunidos para assistir ao evento. Os anciães a veem chegar e ponderam que vale a pena sofrer as agruras de uma longa guerra por uma mulher que parece uma deusa; contudo, mais sensatamente, acrescentam que, afinal, seria melhor deixá-la partir em lugar de atrair a desgraça futura para si mesmos e para seus filhos. E Príamo trata Helena (como Fênix trata Aquiles) como sua "filha querida", de modo algum culpando-a pela guerra; a culpa é toda dos deuses (III, 146-70). Essa cena ainda hoje exerce seu encanto, atestando a grandeza do poeta, que enobrece o desastre tornando-o transparente pela ação das forças divinas e enaltece os heróis em figuras trágicas, deixando que sua fragilidade humana cumpra a vontade dos deuses. Entretanto, isolar a cena, deleitar-se com a atração da beleza divina e a refinada humanidade de Príamo como um clímax da *Ilíada* (como o fazem alguns comentadores) seria uma condescendência sentimental, uma grande injustiça a um pensador lúcido como Homero. Nas cenas de Páris e Helena, nos aproximamos da fonte da desordem no lado troiano, e Homero usa essas cenas deliberadamente para o propósito de caracterizar os sentimentos desordenados em toda a graduação da hierarquia.

O pior é o rei em si mesmo; o régio cavalheiro exime completamente sua "querida filha" e imputa toda a culpa aos deuses; e, na sessão do conselho, quando Antenor exorta os anciães a ser fiéis ao seu juramento e entregar Helena e seu tesouro, é Príamo quem ignora a advertência para que retornem à santidade da ordem e apoia Páris. Em segundo lugar vêm os anciães, que, a despeito de sua justa apreciação da beleza divina, estão dispostos a admitir que a mulher é uma maldição (*pema*), e, representados por Antenor, preservam um pouco de responsabilidade. Em terceiro lugar vem o povo, impedido de agir devido ao respeito, mas expressando abertamente seu desprezo e seu ódio por Páris, e inteiramente disposto a expulsar as pragas importunas. Na *Ilíada*, a tensão entre o governante e o povo não beira o risco de revolta popular, mas na *Odisseia*, como veremos, a aristocracia desordenada teme um populacho cujo senso de certo e errado não está tão profundamente corroído. Seria um anacronismo encontrar nas epopeias um elemento de antimonarquismo e de revolução, mas não há dúvida de que, na análise de Homero da crise política, o peixe começa a apodrecer a partir da cabeça.

A corrosão dos sentimentos e das ações tem seu centro em Páris e Helena; a partir desse centro, ela se dissemina por todos os níveis da hierarquia constitucional. Páris e Helena são a brecha na ordem troiana na qual se derrama uma força sombria de destruição, assim como Aquiles era a brecha na ordem dos aqueus. Na caracterização dessa força, do *eros*, Homero usa a mesma técnica de simbolização empregada no caso de Aquiles. O peleu era isolado da comunidade por seu temor obsessivo da morte, simbolizado pela predição; era um tipo peculiar de segredo aberto que o herói podia divulgar livremente aos outros, embora os outros livremente se portassem como se não tivessem tomado conhecimento dele. Consequentemente, a conversa assumia a complexidade de um jogo, com cada figura falando em seu próprio sonho e suas ações realizando um destino comum. No caso de Páris, o isolamento erótico, o rompimento do contato real com a ordem das relações sociais é simbolizado mais drasticamente pelo desfecho burlesco do combate pessoal com Menelau. Num primeiro momento, ainda estamos na ordem da realidade, com Menelau asfixiando o inimigo até a morte; no momento seguinte, Páris está invisível no isolamento erótico de seu quarto, esperando por Helena, enquanto Menelau, segurando um elmo vazio, procura pelo homem que o trazia à cabeça.

A participação de Helena no isolamento de Páris é uma cena repulsivamente profunda. Depois de salvar seu querido no campo de batalha e colocá-lo em seu quarto, fresco e perfumado para um combate mais doce, Afrodite sai para chamar Helena, que ainda está junto à porta Ceia assistindo à frenética busca por Páris, que, agora, já deveria estar morto (III, 385-94). Helena, a princípio, não acredita no que lhe diz a deusa; aquela quebra da ordem, o ultraje à decência são demais para ela. Ela está disposta a aceitar o acordo entre os beligerantes, a dar fim à guerra e voltar para Menelau, restaurando assim a ordem normal da sociedade. Ela sente que algo terrível vai acontecer e tenta impedir que aconteça. Helena faz uma desesperada encenação ao suspeitar que a deusa talvez tenha um mal menor reservado para ela, que Afrodite pretende entregá-la a algum outro de seus favoritos agora que Páris perdeu o combate, continuando a desgraçada saga de sua beleza. Então Helena titubeia em sua encenação e o horror começa a surgir. Ela insulta a deusa; manda-a deixar o Olimpo e tornar-se ela própria a amante e a escrava de Páris, já que o ama tanto. Recusa-se rispidamente a ir e cometer o ato vergonhoso (*nemesseton*) pelo qual todas as mulheres de Troia a censurariam para sempre (395-412). A deusa, porém, é implacável, e sua cólera (*cholos*) está agora acirrada. Com a brutalidade autoritária de uma cafetina olimpiana, ela ordena que Helena se deite, a menos que queira ter um destino terrível que a deusa lhe imporá nas mãos de aqueus e troianos (413-17). Sob tal ameaça, a amedrontada Helena encaminha-se ao quarto. Numa última tentativa desesperada, ela tenta despertar alguma decência em Páris, acusando-o de covarde e pusilânime, e dizendo-lhe que gostaria de vê-lo morto, mas não obtém resultado (418-36). O impassível Páris a informa de que seu espírito está obcecado pelo *eros*; que nunca, nem mesmo no dia em que a levou de Esparta, a desejou tanto quanto agora; e gentilmente, porém com firmeza, obtém sua submissão (437-47). A construção se assimila muito ao caso de Aquiles. O peleu quer burlar o destino pelo grande, embora efêmero, triunfo em vida; no caso de Páris, a deusa burla o destino transfigurando a morte iminente no abraço de Helena.

O peixe começa a apodrecer pela cabeça; e na cabeça — como se torna cada vez mais claro — estão os deuses. Do quarto de Páris e Helena, a cena passa à fonte suprema da desordem, aos olimpianos que estão reunidos e assistem com atenção aos acontecimentos que se dão diante de Troia. Zeus está satisfeito. A despeito do desaparecimento de Páris, há esperança de um final feliz que evitará a destruição de sua querida Ílion, bastando que os troianos cumpram o acordo e devolvam Helena. O final burlesco do combate acrescenta sabor à situação, e o governante divino maliciosamente escarnece de Hera e de Atena por sua passividade enquanto Afrodite prega uma peça em seus amigos aqueus. O sarcasmo precipita uma crise. Zeus sugere ao conselho dos deuses que esta seria a ocasião para dar fim à guerra, se assim o desejarem. Entretanto, seus comentários escarnecedores provocaram em Hera uma intensa *cholos*; com indignação, ela rejeita a ideia de que todo o seu esforço pela destruição de Troia seja perdido, e inflexivelmente assegura a Zeus que nem todos os deuses darão o seu consentimento. Os subsequentes protestos jovianos apenas suscitam a indicação da informação legal de que Zeus não é o governante absoluto do mundo; a constituição olímpica é uma monarquia limitada, e cada um dos deuses tem direitos e privilégios inalienáveis. A crise é solucionada por uma conciliação. Zeus não pode sobrepor-se à vontade de Hera de destruir sua Ílion, mas pode ameaçá-la com retaliações contra cidades que lhe são caras. Hera aceita a ameaça e, em troca de Troia, não oferecerá resistência se Zeus quiser destruir Argos, Esparta e Micenas. Para os deuses, este parece ser um acordo sensato. Eles concordam com a destruição de Troia como o primeiro passo do grande programa, e Atena é despachada para inspirar a previamente descrita violação da trégua (IV, 1-72).

O problema da desordem, portanto, é traçado até sua fonte primária no conselho dos deuses, e é até aí que vai a *Ilíada*. A hora de avaliar os resultados, contudo, ainda não chegou. Essa assembleia dos deuses, cuja principal ocupação parece ser a destruição da civilização micênica, é estranha, para dizer o mínimo. Antes de nos aprofundarmos mais nos mistérios da teologia homérica, seria conveniente ampliar a base do estudo com as ideias constantes da *Odisseia* que possam contribuir para o tema da ordem e da desordem.

4 A *Odisseia* e a desordem

A *Odisseia* tem início com uma assembleia dos deuses numa atmosfera um tanto diferente. Já se passaram dez anos após a grande guerra; Zeus entrega-se à recordação e à reflexão. Há mal no mundo, como o destino de Egisto, que matou Agamenon e foi, por sua vez, morto por Orestes. Mas os mortais estão errados em afirmar que o mal provém dos deuses; por meio de sua própria perversidade, eles geram para si mesmos sofrimentos acima de sua cota, como é comprovado pelo caso de Egisto, que fora alertado do destino que teria se cometesse seus crimes. Tais reflexões piedosas permitem que Atena chame a atenção de seu pai divino para o caso de Odisseu. Ele está no infausto cativeiro de Calipso, em Ogígia, enquanto, muito longe dali, seu lar é rapidamente destruído pelos insolentes pretendentes de Penélope. Aqui há um mal sem que se tenha conhecimento de nenhum crime cometido por Odisseu; e pode-se até dizer que os deuses são a sua causa, pois a deusa Calipso o retém porque o deseja como amante, e Posêidon o persegue pelos mares sem cessar porque ele levou a melhor sobre Polifemo em uma bem razoável legítima defesa. Zeus admite que o caso precisa ser resolvido para que suas reflexões sejam justificadas. Felizmente, Posêidon está ausente num país distante, de modo que as primeiras medidas podem ser tomadas sem o seu conhecimento; e, depois, ele terá de poupar sua *cholos* ao ver que os outros deuses se uniram contra ele. Hermes, portanto, é enviado para Ogígia para informar Calipso de que terá de frustrar sua paixão e permitir que Odisseu vá embora, enquanto Atena dirige-se a Ítaca a fim de preparar Telêmaco para resistir aos pretendentes de sua mãe (*Odisseia*, I, 31-95).

No que toca aos deuses, o mal que ainda pode ser atribuído às suas pequenas entregas ao *eros* e à *cholos* será eliminado sob o novo regime de moralidade. No que se refere aos mortais, as reflexões jovianas são o prólogo das desordens de Ítaca e de sua punição com o retorno de Odisseu. Teremos de prescindir das intricadas minúcias da lei matrimonial aqueia (meticulosamente descrita por Homero a fim de discriminar precisamente o delito dos pretendentes indesejáveis), dos sutis graus de corrupção dos principescos pretendentes, assim como da pitoresca história do retorno e da punição. Temos de nos concentrar nos traços fundamentais que caracterizam a desintegração da ordem pública. Ao descrever os sintomas da desintegração, Homero usa o mesmo método empregado na correspondente descrição da desordem em Troia, traçando os sintomas através dos níveis da hierarquia constitucional.

O mal no topo régio da pirâmide é óbvio. O rei está ausente há quase vinte anos, enquanto seu velho pai está afastado e impotente. O filho, Telêmaco, é um insípido jovem de vinte anos. Sua decência, é verdade, não é prejudicada pela complicada situação na casa, e seu desenvolvimento é até promissor sob a orientação de Atena, mas ele chegará no máximo a um grau mediano. Mesmo a deusa demonstra impaciência com sua desencorajadora insignificância e reflete tristemente: "Poucos filhos tornam-se iguais aos pais; a maioria é inferior, e somente alguns poucos são melhores" (*Odisseia*, II, 176 s.). Com essa generalização a partir da desalentadora aparência de Telêmaco, Atena dá sequência às reflexões de Nestor na *Ilíada*, segundo as quais a geração de Troia não se equipara às companhias de sua juventude — a geração de Telêmaco constitui um declínio ainda maior.

Em seguida na hierarquia vêm os nobres da região da Cefalônia. Os mais distintos entre eles formariam o conselho constitucional e se encarregariam de estabelecer uma regência na ausência de Odisseu ou de regular a sucessão ao trono. Os membros mais velhos da nobreza que não se uniram à expedição contra Troia são, no todo, respeitáveis, mas seu número é reduzido e são impotentes contra a propensão da geração mais jovem. E os nobres mais jovens são os cem perdulários que ocuparam a residência de Odisseu e devoraram seus bens assediando Penélope. Eles presumem que Odisseu está morto, mas não reconhecem seu filho como o rei, tampouco algum deles tem estatura suficiente para alcançar a soberania por si mesmo. O reino está num estado de anarquia. O contraste entre o antigo e o novo, quanto ao resto, desempenha um papel importante ao longo de toda a *Odisseia*. Talvez seu significado apareça de modo mais claro nas figuras do guardador de porcos Eumeu e no disfarce de mendigo de Odisseu: os antigos homens de qualidade estão disfarçados e em posição humilde, enquanto as boas posições públicas pertencem à vulgaridade jovem.

O papel do povo, por fim, assim como sua relação com a nobreza são caracterizados na ocasião da assembleia convocada por Telêmaco por ordem de Atena. Não houve nenhuma sessão da assembleia desde que Odisseu partiu para Troia. Um velho nobre (que tem um de seus filhos entre os pretendentes), amigo de Odisseu, preside a reunião. Telêmaco aparece não como rei ou como sucessor ao trono, mas como um querelante particular, pedindo ajuda do povo contra os nobres que estão destruindo sua propriedade. A ordem constitucional como um todo entra em cena. Os pretendentes nobres se exasperam com esse apelo à assembleia; entretanto, ficam também receosos, e, por meio de argumentos acalorados, tentam desviar a atenção do assunto. A assembleia, contudo, não tem grande propensão a uma ação armada, que equivaleria a uma guerra civil, ou seja, à única atitude que poderia expulsar os atrevidos pretendentes. A obstinada hesitação do povo torna-se tão repulsiva que Mentor profere uma maldição: Que no futuro nenhum rei seja benévolo e justo, que seja severo e injusto, já que Odisseu não é lembrado pelo povo que governou como um pai (*Odisseia*, II, 229-41)! A corrupção atingiu o povo; se o futuro trouxer um declínio da monarquia na tirania, o povo terá feito por merecer.

5 A etiologia da desordem

Poderemos agora avaliar a teoria da ordem que surge das epopeias homéricas — se, por falta de um termo mais abrangente, aceitarmos a palavra *teoria* para denotar uma técnica de simbolização que é distintamente pré-teórica. Convém iniciar a avaliação com um problema que está no cerne do simbolismo homérico, ou seja, a função dos deuses. Observou-se amiúde que as reflexões de Zeus no início da *Odisseia* são uma espécie de teodiceia. Os deuses são absolvidos de causar o mal no mundo. Essa concepção dos deuses parece ser mais pura, ou ao menos mais cuidadosamente refletida, do que a concepção que pode ser encontrada na *Ilíada*, e o aparente avanço do sentimento religioso e da teologia é usado como um argumento para situar a *Odisseia* num momento posterior ao da *Ilíada*.

Não questionamos a data posterior da *Odisseia*, mas somos inclinados a questionar as premissas nas quais se baseia o argumento, pois o argumento da maior pureza pressupõe que os "deuses" são algo de que se pode ter concepções mais puras ou menos puras independentemente de um contexto mais amplo, e que existe um desenvolvimento "teológico" independente de uma visão geral relativa à ordem da existência humana na sociedade. Tais pressuposições, contudo, parecerão duvidosas quando examinadas mais minuciosamente. Assumamos, por hipótese, que não há mais de duas fontes do mal, isto é, os deuses e o homem. Neste caso, a transposição da responsabilidade de uma fonte à outra só pode isentar os deuses em detrimento dos homens ou os homens em detrimento dos deuses; quanto mais puro se tornar um dos lados, mais impuro será o outro. Nem a realidade nem o montante do mal são considerados por tais permutas, e, enquanto essas operações forem interpretadas sob o aspecto de seus resultados "purificadores", permanecerá obscuro o que se consegue, precisamente, ao situar o mal nos homens em vez de nos deuses.

A abertura da *Odisseia* adquirirá um novo significado se reconhecermos que Homero está interessado não na purificação dos deuses, mas na etiologia da desordem. O mal é experimentado como real, e as forças malignas que conturbam a ordem são certamente conturbadoras o bastante para convidar à investigação de sua natureza e de sua fonte. A imputação, ou a transferência, da responsabilidade ganhará interesse se for entendida como uma busca pela *verdade* a respeito da fonte do mal. A preocupação de Homero é a verdade, mais que a purificação. E já que os "deuses" não são entidades autocontidas, mas complexos de poder na ordem do ser que também abrange o homem, um aumento da verdade sobre os deuses aumentará também a verdade sobre o homem. O que está realmente em jogo, portanto, não é um progresso da moralidade ou da teologia, mas a questão genuinamente teórica da natureza do ser no que se refere à ordem e à desordem da existência humana.

Logo, se reformularmos a questão em termos ontológicos, a relação entre deuses e homens aparecerá sob nova luz. Deuses e homens não são entidades fixas, mas forças discernidas de modo mais ou menos claro numa ordem que abrange ambos. A experiência primária é a de uma ordem do ser que permeia o homem e o transcende. Ambas as relações têm igual importância; não há uma ordem claramente circunscrita do homem situada sob uma ordem transcendente dos deuses; as forças que operam e interagem na ordem abrangente do ser penetram o próprio homem de tal modo que a fronteira entre o humano e o transumano é difusa. Se nessa interação de forças o homem é distinguível como uma unidade, isto se deve à sua existência corporal que findará pela morte. E até mesmo esta formulação atribui ao complexo a que chamamos homem uma demarcação maior do que a que encontramos nas epopeias, pois na linguagem de Homero não há palavras para corpo e alma.

A palavra *soma*, que no grego tardio significa "corpo", efetivamente ocorre, mas tem o sentido de "corpo morto", "cadáver". A forma do ser humano vivo só pode ser designada por *chros*, pele; e *chros* não significa pele no sentido anatômico (a pele ou o couro de um animal que podem ser escorchados, o *derma*), mas a pele no sentido de uma superfície que possui cor e visibilidade. Essa visibilidade homérica da superfície (como distinta de nossa noção da existência corpórea) é uma qualidade imaterial, intangível, à qual muitas coisas inesperadas podem acontecer. A forma visível pode se tornar invisível no momento estratégico correto e reaparecer em outro lugar, como no caso do desaparecido Páris. E, novamente, ela pode se expandir demonicamente, como no aparecimento de Aquiles, quando faz que os troianos tenham medo do corpo de Pátroclo, com uma nuvem dourada em torno de sua cabeça emanando chamas brilhantes, gritando com o som de uma trombeta. Tais reduções e aumentos da forma visível, porém, são entendidos como mais que humanos; eles só ocorrem com a ajuda dos deuses, um fenômeno intermediado, como se estivesse entre a aparência humana normal e a atribuição ocasional de uma forma visível por parte dos imortais. A concepção habitual de um "corpo vivo" não existe nas epopeias; ela pressuporia a noção de um princípio animador que conferisse forma ao corpo, a noção de uma "alma" — e não há uma palavra para "alma" nas epopeias.

Mais uma vez, certamente, a palavra *psyche*, que no grego tardio significa "alma", está presente, como a palavra *soma*, mas denota um órgão do homem, e não a forma organizadora de um corpo. Não é possível extrair das epopeias muitas informações sobre essa *psyche*, a não ser que significa uma força vital que abandona o homem no momento de sua morte e então assume uma existência independente e desventurada como a sombra, o *eidolon*. E, já que não há concepção da alma, fenômenos tais como "emoções", "arrebatamento de emoções", "pensar" não podem ser concebidos como funções da psique, mas têm de ser compreendidos (pelos termos *thymos* e *noos*) como órgãos adicionais do homem. Como veremos, os problemas do homem e de sua alma não estão ausentes na obra homérica; todavia, essa articulação peculiar do homem num conjunto de órgãos e forças obriga o poeta a tratar essas questões por meio de um simbolismo que mal reconhece o homem como um centro de ação distintamente circunscrito e mundano-imanente[9].

Os problemas homéricos da ordem originam-se nas incertezas concernentes à natureza do homem. Apenas uma coisa é realmente certa até mesmo sobre o homem homérico: ele tem de morrer. Por conseguinte, "mortal" é o sinônimo preferido para o homem, distinguindo sua natureza, de modo indubitável, da natureza dos deuses imortais. Quanto ao resto, os elementos transumanos da ordem do ser penetram tão profundamente no homem ou, por outro lado, o homem é tão imperfeitamente fechado como agente autoconsciente e reflexivo que é sempre duvidoso se os vários fenômenos têm estatuto humano ou divino, e, em particular, frequentemente não se terá certeza de até que ponto as ações do homem são efetivamente dele. As dificuldades de Homero em lidar com esses problemas, assim como a importância de suas soluções parciais só podem ser entendidas se nos situamos em sua posição. Se, pelo contrário, interpretarmos as epopeias sob a pressuposição de que ele já sabia o que eram os deuses e os homens, sua conquista específica de esclarecer a natureza do homem e o significado da ordem ficará obscurecida. Por conseguinte, devemos adotar uma abordagem casuística do problema, analisando as duas principais classes de ação como aparecem nas epopeias, ou seja, primeiramente as ações que mantêm e restabelecem a ordem e, em segundo lugar, as ações que perturbam a ordem.

---

[9] Para a antropologia de Homero, cf. Bruno SNELL, *Die Entdeckung des Geistes:* Studien zur Entstehung des europäischen Denkens bei den Griechen, Hamburg, Claasen, 1946, o capítulo Die Auffassung des Menschen bei Homer.

Do início ao fim das epopeias, ocorrem intervenções divinas que resultam em decisões humanas de importância pública. Um caso típico é a ação enérgica de Odisseu, no Canto II da *Ilíada*, quando traz de volta o exército que está prestes a embarcar nos navios para o retorno; é uma ação ordenada por Atena. Casos desse tipo são frequentes. Toda decisão, hesitação ou resolução humanas um tanto fora do comum estão aptas a aparecer como inspiradas por um conselho divino. Essas intervenções são tão frequentes que por vezes tornam-se rotina. Atena é onipresente, especialmente na *Odisseia*, organizando passo a passo a viagem de Telêmaco; ela impele o jovem à ação, apresta o navio e o põe a caminho. No todo, porém, as intervenções efetivamente servem ao propósito de elevar os feitos do homem que, de outro modo, seriam irrelevantes à categoria de ações que são transparentes em relação à ordem do ser. Os homens comuns, ocupando-se de seus assuntos ordinários, não são favorecidos dessa maneira; as aparências divinas são conferidas aos heróis quando as consequências de suas ações afetam a ordem pública. Por conseguinte, a ação, nesse sentido limitado, adquire o significado mais-que-humano de uma manifestação da ordem divina; e o herói no sentido homérico pode ser definido como o homem em cujas ações uma ordem do ser mais-que-humana torna-se manifesta. Ésquilo deu prosseguimento ao esclarecimento homérico do significado da ação. Nas *Suplicantes*, especialmente, Ésquilo caracterizou a ação heroica (essa é a única ação que merece o nome, enquanto distinta dos atos ordinários) como a decisão pela Dike contra a desordem demônica; a ordem da pólis, na medida em que foi estabelecida e mantida por essa ação, representou a ordem de Zeus. A ação no apogeu heroico, portanto, é tão humana como é a manifestação de uma força divina. E a ordem pública de uma sociedade, na medida em que, em conjunturas críticas, depende do futuro de tal ação, é precariamente mantida no ser na fronteira dessa união das forças humanas com as forças divinas.

A etiologia da ordem e da desordem obviamente não pode ser reduzida a uma fórmula simples. Os responsáveis pela ação heroica são os deuses que inspiram ou os homens que obedecem? E quem é responsável pelo desastre quando um herói não recebe uma inspiração divina no momento certo? O deus que cometeu a negligência ou o homem que empreendeu por conta própria um curso de ação desafortunado? E essas questões tornam-se ainda mais pungentes quando as ações são conturbadoras. Qual é o significado da *ate* na ética homérica? Por um lado, é a paixão cega que motiva as ações que violam a ordem justa; por outro, ela é uma deusa, a filha mais velha de Zeus, que, por vezes, prega uma peça no próprio pai. Quem é o responsável pelos delitos causados pela *ate*? Uma resposta detalhada a essas questões exigiria uma monografia. Não podemos senão estabelecer o princípio da posição de Homero com base em alguns casos.

Ao longo da *Ilíada*, o poeta parece travar uma polêmica sutil contra a moralidade de várias de suas figuras — e a polêmica muito provavelmente também visava seu ambiente social, que simpatizava com essas figuras. Tomemos o caso de Aquiles: nas descrições de Homero, ele surge como um guerreiro esplêndido, útil para se ter ao lado numa emergência, mas como uma figura não muito atraente, quase um caso patológico. E o poeta não deixa dúvidas de que o problema provém de brincar com o destino e tentar alterá-lo, do mau uso da divina Tétis para satisfazer os desejos infantis do herói e da relutância em assumir o fardo da humanidade. As dificuldades desaparecem quando o fardo do destino e da responsabilidade é aceito com humildade.

Um segundo exemplo importante é fornecido pelo pedido de desculpas a Aquiles feito por Agamenon (*Ilíada*, XIX, 78-144). O rei atribui a responsabilidade por sua ação injusta a toda uma assembleia de deuses (Zeus, Moira, Erínia, Ate) que o cegou. Mas, quando a cegueira o abandona e ele passa a enxergar novamente, assume a responsabilidade por sua ação e oferece reparação. Com Homero, as ações de um homem só são propriamente suas quando ele vê o que está fazendo; enquanto está cego, suas ações não são propriamente suas, e ele não é responsável por elas. Mas quando ele passa a ver novamente, o que cometeu na cegueira se torna seu em retrospecto, por meio da visão, e ele compensa seus delitos. A análise mediante o simbolismo da "cegueira" e da "visão" possui considerável interesse para o posterior desenvolvimento de uma teoria da ação, pois Homero está a caminho de descobrir o que os filósofos chamam de "o verdadeiro eu", ou seja, a área na alma de um homem na qual ele é orientado para a ordem *noética*. Quando o verdadeiro eu domina, o homem "vê"; e, por meio do reconhecimento retroativo da "cegueira", o delito é integrado (como se fosse por uma "consciência") no eu que age. Entretanto, no caso de Agamenon, a cegueira persiste como obra dos deuses; a absorção do delito no eu ainda não chega a ponto de aceitar a culpa pela "cegueira" temporária. E em geral não há tendência a uma compreensão da culpa no sentido cristão — seja em Homero, seja nos filósofos do período clássico que, embora desenvolvam mais o problema, mantêm a posição de Homero por princípio. A continuidade com relação a esse problema, desde Homero até o século IV, irá longe para explicar a ideia peculiar de Sócrates-

Platão de solucionar o problema da verdadeira ordem na alma e na sociedade por meio da "visão", ou seja, do conhecimento.

Todavia, a autointerpretação de Agamenon em seu pedido de desculpas a Aquiles talvez não seja a última palavra de Homero a esse respeito. Um psicólogo cuidadoso se perguntará como é a "verdadeira" história de Agamenon sobre a cegueira temporária. É possível que um homem, mesmo que esteja tomado pela ira, não saiba, em algum recanto de sua mente, que está fazendo algo que não deveria fazer? Existe realmente um intervalo de tempo entre a cegueira e a visão? É possível realmente que um homem seja, num dado momento, um eu tomado pela paixão, cego, e, num momento posterior, um eu horrorizado com os atos de seu eu tomado pela paixão? Homero certamente se fez essas perguntas. Prova disso é a cena de Páris em seu quarto. É o caso do elegante patife que, numa excelente autoanálise, informa Helena de que sua mente está obcecada pelo *eros*, e, em seguida, aprazivelmente, passa a agir não de acordo com a "visão" de sua própria análise, mas de acordo com a "cegueira" de sua paixão. O caso de Páris mostra a simultaneidade da cegueira e da visão. E o que acontece em seu caso proporciona o esclarecimento máximo da teoria da ação homérica, assim como da teoria da ação grega em geral. Nós não caímos na situação assombrosamente desesperada descrita por São Paulo em Romanos 7, mas numa patifaria refinada, não desprovida de profundidade.

O caso de Páris mostra que Homero estava ciente dos mistérios da cegueira e da visão. Todavia, o caso não deve ser considerado uma expressão de sua opinião quanto ao assunto. As desculpas de Agamenon não pretendem caracterizar o rei como um hipócrita que tenta encobrir o fato de que sabia muito bem o que estava fazendo no momento e preferiu ignorar a voluptuosidade de sua raiva[10]. O caso de Agamenon tem de ser entendido em seu valor nominal como um dos vários tipos numa psicologia da ação. A própria posição de Homero deve ser inferida com base na maneira como constrói por princípio o enredo das epopeias. Em ambas as epopeias, o enredo se apoia, como vimos, na análise meticulosa das questões legais envolvidas nas várias ações. O conhecimento público da ordem, da *themis*, do que é certo, é o fundamento das ações dos heróis. *Todos* sabem exatamente, como algo de conhecimento público, o que *devem* fazer — e, então, alguém faz algo diferente. Como um caso extremo que sustenta isto recordemos o velho Príamo, que sabe muito bem o que é errado, mas não é capaz de se afastar do empenho para manter

---

[10] "A *cholos* [...] mais doce que o mel" (*Ilíada*, XVIII, 108-109).

a ordem pública — ele transfere a responsabilidade aos deuses e permite que Troia caminhe rumo à destruição. As várias figuras das epopeias, portanto, são definidas por Homero contra um pano de fundo do conhecimento público sobre o que é certo. Todas elas "veem" ao mesmo tempo em que estão "cegas"; mas há diversos graus de cegueira e de visão, assim como uma variedade de relações entre ambas.

Com base na análise precedente, podemos nos atrever a formular a relação entre as duas epopeias. A *Ilíada*, segundo parece, é muito mais rica em sua exploração dos mistérios da ação que a segunda epopeia. Não é claramente permissível considerar a *Odisseia* um avanço em relação à *Ilíada* no que se refere à teologia ou aos sentimentos religiosos. Pode-se no máximo dizer que, no prólogo no céu, Homero formula de modo explícito o problema que o preocupou ao longo de toda a *Ilíada*, isto é, a etiologia do mal. Convém precisar melhor o termo "etiologia" — usado até aqui de forma não definida —, o que se torna agora possível. Usamos esse termo porque é a palavra empregada por Homero ao lidar com seu problema. A questão é se os deuses são *aitioi* ou não *aitioi* com respeito ao mal que sucede aos homens. O significado de *aitios* (*Ilíada*, III, 164) vai, nos contextos homéricos, de "culpado" ou "censurável" a "responsável" ou "ser a causa de". Quando Homero fala dos homens que atribuem o mal aos deuses, usa a palavra *aitioontai* (*Odisseia*, I, 32) com um leque correspondente de significados que vai desde "eles acusam" ou "censuram" os deuses chegando a "responsabilizam-nos" ou "veem neles a *fonte* ou a *causa* do mal". A principal preocupação de Homero não é a justificação dos deuses, mas a interpretação que os homens fazem de sua conduta. A tendência de seu interesse etiológico pode ser portanto circunscrita pelas seguintes teses:

1. O homem tem o hábito de responsabilizar os deuses por seus delitos, assim como pelas más consequências de seus erros.
2. Teoricamente, esse hábito implica a afirmação de que os deuses são a causa do mal que os homens praticam e sofrem. Esta afirmação está errada. É o homem, e não os deuses, o responsável pelo mal.
3. Na prática, esse hábito é perigoso para a ordem social. Os delitos serão mais facilmente cometidos caso se possa transferir a responsabilidade aos deuses.
4. Historicamente, uma ordem civilizacional está em declínio e irá perecer se esse hábito obtiver aceitação social geral.

Essa circunscrição da preocupação etiológica de Homero pode ser baseada unicamente na *Ilíada*. As reflexões de Zeus na *Odisseia* não fazem senão estabelecer uma parte do problema em linguagem direta, preparatória para o mal que os pretendentes acarretarão para si mesmos por seus próprios atos.

O fenômeno mais impressionante, como sempre ocorre no declínio de uma ordem, tinha de se mostrar nos atos de permissividade licenciosa, devidos ao *eros* e à *cholos*, assim como de ambição "além do limite" (*hyper moron*) (*Odisseia*, I, 35), que rompem a boa ordem (*themis*) com tanta frequência e com tal profundidade que uma sociedade não é mais capaz de se autodefender. Esse é o fenômeno que Toynbee chamou de suicídio de uma civilização. Uma vez que esse fenômeno é o mesmo que Platão tentou analisar no caso helênico, não deveria nos causar surpresa que o interesse etiológico de Homero (conforme formulado nas quatro teses) tenha uma notável similaridade com os problemas platônicos.

No presente contexto, porém, a similaridade é menos importante que a grande diferença, que se deve ao fato de que Homero registrou antes, enquanto Platão registrou depois, a descoberta da psique. A conquista homérica é notável como empenho pela compreensão da psique com os símbolos rudimentares que estudamos. Homero sagazmente observou que a desordem de uma sociedade consistia numa desordem na alma de seus membros, e especialmente na alma da classe governante. Os sintomas da doença foram magnificamente descritos pelo grande poeta, mas o verdadeiro gênio do grande pensador se revelou na criação de uma psicologia experimental sem o auxílio de um aparato conceitual adequado. Sem ter um termo para ela, Homero imaginou o homem como tendo uma psique com uma organização interna por meio de um centro de paixões e um segundo centro de conhecimento ordenador e judicativo. Ele entendia a tensão entre os dois centros assim como as armadilhas da paixão para o conhecimento superior. E Homero empenhou-se bravamente na descoberta da noção de que a ação ordenadora é a ação em conformidade com a ordem divina transcendente, enquanto a ação conturbadora é um rebaixamento no qual se passa da ordem divina para a desordem especificamente humana. Podemos discernir o esboço rudimentar da antropologia platônica, e até do postulado platônico de que Deus, e não as veleidades desordenadas do homem, deve ser a medida da ação humana.

Essa linha do pensamento homérico, contudo, estava fadada a oscilar como fio solto, porque os meios teóricos para tecê-la de modo a formar uma concepção consistente da ordem não estavam disponíveis. Se lermos com cuidado a famosa abertura da *Odisseia*, encontraremos Zeus ponderando que os homens, por seu próprio desatino, atraem para si sofrimentos "além da sua cota" (*Odisseia*, I, 34). Os deuses não são responsáveis pelo mal que os homens provocam a si mesmos — mas quem é responsável pelo mal que não é causado nem pelo homem nem, aparentemente, pelos deuses? A divisão nítida entre a ordem divina e a desordem humana deixa um considerável resíduo de mal, simbolizado de diversas maneiras nas epopeias. Em primeiro lugar, a ordem divina dos olimpianos estende-se apenas à terra habitada com suas sociedades humanas; ela não se estende à esfera de Posêidon ou ao submundo de Hades; Zeus é o maior dos deuses e tem prerrogativas de soberano, mas sua jurisdição tem limites definidos. Em segundo lugar, os próprios deuses olimpianos são uma fonte duvidosa de ordem imperturbada, já que estão sempre envolvidos em suas próprias disputas jurisdicionais e em rivalidades internas. E, em terceiro lugar, há a Moira, a Sina, com suas decisões fora do alcance dos outros deuses. Homero não se aventura a penetrar teoricamente essa turbulência além da ilha da precária ordem joviana. Símbolos tais como a criação platônica do manipulador divino de marionetes, que puxa os vários fios e deixa ao homem seguir o fio certo, ainda não estavam à sua disposição.

Entretanto, no que toca ao problema central, a queda da civilização micênica, estava claro que, à guisa de explicação, era preciso algo mais que a má conduta de alguns poucos membros da classe governante. Os indivíduos, como por exemplo Egisto ou os pretendentes, podiam ser prevenidos de que seus crimes pessoais seriam retribuídos de forma terrível. Mas o processo histórico pelo qual uma sociedade entra em declínio, assim como a infinitude de atos que, no conjunto dos séculos, acarretam a destruição têm um padrão próprio que não poderia ser descrito em termos de delitos individuais. Homero tinha de enfrentar o problema de que a causalidade cotidiana da ação humana explica os detalhes dos processos históricos, mas não sua configuração. Sua resposta a esse mistério da ascensão e da queda das civilizações foi a extraordinária assembleia olímpica na qual Zeus e Hera entraram em acordo sobre seu programa de destruição da civilização micênica, incluindo aqueus e troianos. A resposta hoje pode parecer grosseira; mas, novamente, Homero ainda não poderia inventar um símbolo altamente teorizado como o mito dos movimentos alternativos do Universo como no *Político* de Platão. E se lembrarmos que até um pensador moderno, com a experiência de dois mil anos de metafísica à sua disposição, não pôde senão inventar a *List der Vernunft* [astúcia da razão] a fim de explicar o padrão da história, a realização de Homero ao reconhecer o problema exigirá nosso respeito.

Parte 2
Do mito à filosofia

Capítulo 4
A pólis helênica

Quando a obscuridade após o colapso micênico deu lugar a uma nova luz, a forma de existência política na área civilizacional grega era a pólis. Sobre as origens da pólis, não sabemos quase nada a partir de fontes de primeira mão. Para o período crítico do chamado sinecismo*, temos de nos apoiar em reconstruções. Na data das fontes literárias mais antigas, por volta de 700 a.C., a nova forma de existência política estava firmemente estabelecida e tinha uma pré-história de duração indeterminada. Uma fase do antigo reino já pertencia ao passado. E até a próxima fase o governo de uma aristocracia detentora de terras estava num estágio de instabilidade, devido à pressão do crescimento da população, assim como da ascensão de uma economia mercantil. A instabilidade e o vigor em lidar com o problema populacional manifestaram-se no grande movimento de colonização ocorrido entre 800 e 600 a.C. A fase de governo aristocrático até então avançara efetivamente rumo a uma crise, de modo que a obra de Hesíodo, o primeiro estudo literário a se ocupar da ordem da pólis, era uma obra de descontentamento e crítica.

Antes de ingressarmos no estudo do modo como os helênicos se ocupavam da ordem da pólis, trataremos, no presente capítulo, da instituição da pó-

---

* Do grego συνοικισμός = colonização, coabitação. O termo designa a união de vários vilarejos ou cidades em uma só ou sob o comando de uma única capital. (N. do E.)

lis e de sua história, da diversificação da instituição e das tentativas de superar o paroquialismo da forma mediante a organização regional mais ampla¹.

1 O sinecismo e a estrutura gentílica

A princípio, a pólis não surgiu como um tipo uniforme de organização em toda a área da civilização helênica. As várias pólis não se organizaram ao mesmo tempo, nem sob as mesmas circunstâncias. E as variações do processo de fundação determinaram decisivamente a estrutura das pólis individuais em datas historicamente registradas.

As povoações urbanas na área egeia em geral chegam até o terceiro milênio a.C. Os principais centros da civilização micênica assumiram a forma de uma cidadela fortificada, a residência do príncipe, cercada por um povoado aberto, a *asty*. Esse agregado, a cidade pré-dórica, na maioria dos casos não sobreviveu à invasão dórica — embora no caso mais importante, o de Atenas, a continuidade entre a povoação egeia e a pólis posterior pareça ter permanecido intata. O tipo helênico de pólis foi provavelmente criado por refugiados da Grécia continental que conquistaram antigos povoados ou fundaram novos num ambiente estranho na costa leste do Egeu. A partir da costa anatólia, a forma recém-criada se disseminou, por mimese, pela Grécia continental. Quanto às motivações da forma, são possíveis apenas conjecturas. Usualmente, a topografia da área, com suas paisagens relativamente estreitas, é enfatizada como a causa da organização política em pequenas cidades, com um interior agrícola. Contudo, a sucessão das conquistas frígia, lídia e persa da pólis na Anatólia provaram que a área podia ser perfeitamente integrada em domínios mais amplos, se houvesse poder e vontade de fazê-lo. Embora o fator topográfico não deva ser rejeitado, a escassez numérica dos grupos de refugiados que se estabeleceram na Jônia também afetou a forma como se orga-

---

¹ Para a história institucional da pólis, ver Georg Busolt, *Griechische Staatskunde*, München, Beck, ³1920, 248 ss., 264, v. I; 957 ss., v. II. Foram também usados: Ulrich von Wilamowitz-Moellendorf, *Aristoteles und Athen*, Berlin, Weidmann, 1893, v. II; Max Weber, *Wirtschaft und Gesellschaft*, Tübingen, Mohr, 1922, parte 2, cap. 8, Die Stadt; os artigos em *Cambridge Ancient History*: de F. E. Adcock, The Growth of the Greek City Start (3:16), The Reform of the Athenian State (4:2), Athens under the Tyrannis (4:3); e de E. M. Walker, Athens: the Reform of Cleisthenes (4:6). Foram muito úteis Toynbee, *Study*, 2:37 ss., 97 ss. Para as fases da história intelectual, ver Jaeger, *Paideia*, v. I. O melhor estudo recente é de Schachermeyr, Geschichte der Hellenen, 116-215.

nizaram. A terminologia sugere que as circunstâncias das primeiras fundações foram um tanto extraordinárias. As "tribos" que constituem a pólis são chamadas *phylai*, embora a língua tenha outro termo para referir-se a uma tribo estabelecida num território, *ethnos*. Por conseguinte, é plausível conjecturar que as *phylai* da pólis eram originalmente unidades militares, talvez corporações navais, como devem ter se formado por ocasião de uma migração transoceânica à Anatólia. A probabilidade é corroborada pela origem das *phylai* espartanas — os hileus, os dimanes e os pânfilos — nas unidades militares da migração dórica. Pode-se reconhecer como pano de fundo da pólis uma quebra de continuidade com as organizações sociais da época pré-pólis e um crescimento de novas unidades sociais no decurso das migrações.

O processo pelo qual a pólis foi fundada, o chamado sinecismo, estendeu-se por séculos e, em alguns casos, só se concluiu no período clássico. Para Atenas, o sinecismo se completou aproximadamente no final do século VIII. As constituições resultantes da pólis assinalaram uma clara ruptura com as organizações tribais precedentes, assim como com as simbioses das tribos após a conquista dórica. Todavia, a era tribal deixou uma marca na estrutura da pólis, profunda o bastante para se tornar um fator decisivo na conformação de sua história interna e externa até o fim no triunfo macedônio, na medida em que a pólis preservou a ordem do parentesco sanguíneo em suas subdivisões, por mais fictício que tal parentesco tenha se tornado ao longo do tempo. Como uma cidade, portanto, a pólis nunca se desenvolveu numa comunidade de cidadãos individuais unidos pelo vínculo de uma *conjuratio* como as cidades ocidentais medievais; e, como um Estado territorial, a pólis nunca foi capaz de se expandir para formar uma nação composta de cidadãos individuais como os Estados nacionais ocidentais. O indivíduo nunca obteve a posição pessoal em sua unidade política que, sob a influência da ideia cristã do homem, caracterizou as formações políticas da civilização ocidental; ele permaneceu sempre numa posição de mediação por meio dos parentescos sanguíneos tribais fictícios e estreitos no interior da pólis.

O exemplo de Atenas ilustrará o problema. À parte a comunidade doméstica, composta de pais e filhos, a menor unidade organizada de parentesco era a *anchisteia*, que incluía três gerações, desde o chefe da família até seus próprios netos, os filhos de seus sobrinhos e sobrinhas, e os netos de seus tios. Este grupo de parentes formava uma unidade na família e na lei sagrada com direitos a heranças, com obrigações fúnebres e ritos mortuários. Acima da *anchisteia*, encontramos o *genos*, a unidade de família aristocrática que podia se formar se as condições externas (como riqueza herdada, posição social e assim por diante) fossem favoráveis. O vínculo unificador de um *genos* era a descendência de um ancestral comum, real ou fictício, e o culto do ancestral. Os *gene* atenienses formaram-se na idade média helênica tardia, na época da predominância política e militar da aristocracia detentora de terras. Cada *genos* tinha seus locais de culto, um corpo sacerdotal, um local para as reuniões, uma tesouraria comum e um executivo, o *archon*, provavelmente determinado anualmente por sorteio. A *phratría* era uma comunidade ainda maior, abrangendo as unidades de consanguinidade, unidas como uma irmandade pela descendência de um ancestral comum. E, novamente, a *phratria* tinha seus templos, seus cultos, suas festividades e suas funções legais em relação às relações familiares. Acima das *phratriai*, por fim, temos as *phylai* com suas funções cerimoniais. Na reforma de Clístenes, em 508 a.C., o pertencimento a uma *phratria* era o prerrequisito para a cidadania ateniense.

A força da experiência gentílica da ordem revelou-se plenamente quando da reforma feita por Clístenes em 508 a.C. A reforma tencionava romper a dominação dos *gene* e das fratrias por parte das famílias aristocráticas. Para atingir seu propósito, Clístenes dividiu o território ático em dez regiões e constituiu seus habitantes em dez novas *philai*. Cada uma das dez *phylai* foi subdividida em dez distritos, os *demoi*. A cidadania agora dependia do pertencimento a um dos *demoi*. Dado que, a um só tempo, um número considerável de pessoas recebeu a cidadania e as antigas tribos ficaram confinadas às suas funções religiosas, o efeito global foi uma democratização bem-sucedida da constituição, dissolvendo o poder da antiga estrutura gentílica. Todavia, apenas o poder dos *gene* aristocráticos foi extinto, não o espírito gentílico das instituições. O *demos*, a despeito de sua base territorial, era uma corporação de pessoas semelhante aos antigos parentescos sanguíneos. Embora a cidadania do ateniense não dependesse mais de um ato legal que tornava sua pessoa um membro da pólis, ainda dependia de seu pertencimento a um demo. Além de seu nome pessoal, portanto, ele trazia o *demotikon*, o nome que denotava seu demo de origem; e o *demotikon* o seguia e a seus descendentes, a despeito da mudança da residência do distrito original, do ano de 508, para outro distrito. O demo substituiu o antigo *genos* e a *phratria*. Afirmou-se, corretamente, que Clístenes estendeu a posição aristocrática gentílica para todos os cidadãos atenienses. Ao lado da genealogia aristocrática, desenvolvera-se agora uma genealogia demótica remontando ao ancestral que residia no demo na data de sua organização. Os membros do demo cultuavam seus heróis locais, assim como a nobreza cultuava seus ancestrais, e formavam comunidades na lei sagrada como os *gene* e as fratrias. Essa forma assumida pela reforma democrática de Clístenes talvez mostre melhor a força do sentimento gentílico, assim como a resistência a qualquer ideia que conferisse ao indivíduo uma posição pessoal na comunidade política mais ampla.

2 A pólis

Uma compreensão da pólis helênica tem de partir da estrutura gentílica, mas não pode terminar nela.

Tal compreensão tem de partir da estrutura gentílica porque o modo de existência criado pelos *gene* aristocráticos, como o conhecemos por meio dos poemas homéricos, persistiu como o modo dominante na cultura política helênica no decurso de todas as transformações e democratizações até a conquista macedônia no século IV a.C. O poder político da aristocracia pode ter sido destruído, mas sua cultura permeava o povo; a democratização na Hélade significava uma extensão da cultura aristocrática ao povo — ainda que no processo de difusão a qualidade tenha se diluído. Nunca devemos nos esquecer de que o povo que cometeu as atrocidades descritas por Tucídides foi o povo do Século de Ouro de Péricles, que os torpes assassinos e conspiradores eram os homens que encenavam e apreciavam os dramas de Sófocles e Eurípides, e que a plebe urbanizada esclarecida, odiada por Platão e Aristóteles, foi o povo no meio do qual a Academia e o Liceu puderam florescer. Na história da pólis helênica, não encontramos as sublevações que acompanham a ascensão social das classes urbanas na civilização ocidental. Com as mudanças na estrutura social e econômica e com o desenvolvimento da personalidade, a epopeia deu lugar ao poema lírico, o poema lírico, à tragédia, e a tragédia, à filosofia — mas a cultura musical e ginástica da sociedade homérica permaneceu como o paradigma da cultura de Homero a Platão e Aristóteles.

A estrutura gentílica, embora assegurasse a unidade da cultura helênica ao longo dos séculos, não proporcionou a ordem institucional na qual se desenvolveu. Acima da multiplicidade das tribos, das fratrias e dos *gene*, elevava-se a pólis, que abarcava todos eles. A pólis era a unidade autônoma não tribal da ordem política.

Com respeito ao primeiro período desse fator autônomo, como dissemos, não sabemos praticamente nada. E, quando as fontes literárias começam a aparecer com maior abundância, ainda assim só podemos tirar conclusões razoáveis com respeito às mudanças sociais que provavelmente estavam subjacentes às mudanças na forma literária e nas experiências nela expressas. Ademais, as várias regiões da civilização helênica — a Anatólia e as ilhas, a Grécia continental, a Sicília e a Magna Graecia — diferiam quanto à natureza de seus problemas políticos e quanto ao ritmo de seu desenvolvimento. A história das pólis não foi uniforme, e, consequentemente, as instituições e as ideias diferiam de região para região, e até de pólis para pólis, no interior de uma mesma região. Somente nos séculos V e IV, após as Guerras Persas, quando Atenas se tornou o centro do poder e da cultura, encontramos a ocupação contínua com o problema da ordem que culminou na obra de Platão e Aristóteles.

Os documentos literários mais antigos transmitem antes a impressão de um declínio da antiga ordem aristocrática que de uma forte consciência da pólis. Na Grécia continental, a obra de Hesíodo (c. 700 a.C.) é o magnífico princípio de uma preocupação articulada acerca da ordem correta, mas com respeito à pólis, por mais importante que seja sob outros aspectos, ela é negativa, pois Hesíodo estava na posição de alguém vitimado. Ele reclamou dos príncipes cuja corrupção pôs em risco sua propriedade; ele expressou o *ethos* do trabalho; mas não tinha nada a dizer sobre o governo e a ordem constitucional. O *pathos* da pólis não estava vivo em Hesíodo. Na Jônia, o século do poema lírico, de Arquíloco (c. 700) a Safo (c. 600), assinala o início da vida da alma. Mais uma vez, no entanto, atesta o declínio de uma ordem aristocrática da vida que deixa livre a alma individual, em lugar de revelar uma nova vontade política. Tampouco a especulação milesiana de Tales, Anaximandro e Anaxímenes (c. 650-550) sugere algo além de uma nova liberdade intelectual que se desdobrará quando da dissolução do modo de existência e da tensão de uma cultura política.

As evidências literárias dos processos nos quais a consciência da pólis se formou tornam-se tangíveis pela primeira vez na Grécia continental, em Esparta e Atenas. As circunstâncias políticas das duas ocasiões diferem enormemente. Em Esparta, a emergência da revolta messênia ocasionou os poemas de Tirteu em louvor da virtude específica — diferente do heroísmo aristocrático — que defenderia e manteria a pólis. E, na esteira da revolta, aprovou-se a eunomia (c. 610), que transformou Esparta numa formidável organização militar, de prontidão para a qualquer momento intimidar sujeitos inclinados à revolta. Em Atenas, foi a paralisia social e econômica resultante da situação de escravidão por endividamento que levou à seisateia e à reforma constitucional de 594. Os poemas de Sólon descreviam as dificuldades da pólis e, pela primeira vez, expressaram seu *pathos* por meio do princípio da *eunomia*, da ordem correta que integrará todas as seções do povo na unidade da pólis.

A consequência da reforma, a tirania de Pisístrato (561-527), nos lembra que o esforço soloniano provavelmente não foi senão uma solução parcial do tipo de crise que engoliu todo o mundo da pólis, da Jônia à Sicília, e se manifestou na ascensão dos tiranos, no período de 650-500 a.C. No caso ateniense, somos informados, por Aristóteles, sobre a natureza dos problemas sociais cuja solução requeria tiranos. Na época de Pisístrato havia três partidos em Atenas: os *paralioi*, os homens da costa, uma classe média comerciante que almejava uma "forma intermediária de constituição"; os *pediakoi*, os homens da planície, a aristocracia detentora de terras que queria uma constituição oligárquica; e os *diakrioi*, o grupo dos homens das montanhas, composto por pequenos artesãos, pastores e fazendeiros desfavorecidos que, com a reforma de Sólon, obtiveram liberdade, mas não recursos, pobres descontentes que temiam perder sua cidadania porque não tinham ascendência pura. Este terceiro grupo, dos *diakrioi*, foi organizado num partido e liderado por Pisístrato[2].

A administração de Pisístrato era não apenas humana (*philanthropos*) e moderada, como também seguia uma política definida. O tirano forneceu dinheiro aos camponeses, que estavam livres porém sem recursos, a fim de que pudessem incrementar as finanças de suas pequenas propriedades. Com essa medida, ele os removeu de Atenas e os dispersou por todo o interior; deste modo, ele manteve a população pobre ocupada com suas propriedades rurais e evitou que vadiassem nas cidades e que se envolvessem nos assuntos públicos. Ao mesmo tempo, o cultivo maciço do campo aumentou a renda privada e também os rendimentos públicos. Com os mesmos propósitos, Pisístrato realizava julgamentos na área rural para que os camponeses não perdessem tempo com viagens à cidade. Seu respeito pelo governo constitucional, seu comparecimento ao tribunal quando acusado e suas boas relações pessoais com a classe dominante ajudaram-no a manter um estado geral de paz e satisfação na pólis[3]. O "tirano" foi o estadista que, por sua política habilidosa e seu tato pessoal, resolveu os conflitos sociais e forjou o Estado em que até os pobres sentiam-se favorecidos. Depois que a pólis passou pela "tirania", podia ingressar sem desmoronar em sua tumultuosa história de conflitos entre os ricos e os pobres.

---

[2] ARISTÓTELES, *Athenian Constitution*, 13.
[3] Ibid., 16.

A função do tirano como o moderador da pólis é confirmada por Aristóteles em sua interpretação da história constitucional como uma sucessão dos "chefes do povo" (*prostates tou demou*). "Sólon foi o primeiro e original chefe do povo, o segundo foi Pisístrato, um homem nobre e notável."[4] Pisístrato foi seguido por Clístenes e uma linha de sucessores que chegou até Péricles. Depois de Péricles, teve início o declínio da instituição, porque o povo adotara um chefe, Cléon, que não gozava de boa reputação entre as classes dominantes. E, depois de Cleofonte, "a liderança do povo [*demagogia*] foi passada adiante numa sucessão ininterrupta pelos homens que mais falavam e agradavam à multidão, atendendo apenas ao interesse do momento"[5]. O "chefe do povo" era a designação aceita para o líder do partido democrático; não surgiu um título equivalente para o líder do partido aristocrático. Para a observação crítica de Aristóteles, a linha dos grandes "chefes" definia o setor significativo da história constitucional de Atenas. Ela começou com Sólon e o tirano Pisístrato, e encerrou-se com Cleofonte, perto do fim da Guerra do Peloponeso. A história da pólis em sentido estrito tornou-se coincidente com o período que vai desde a primeira efervescência de seu *pathos* até o triunfo da democracia urbanizada. A pólis efetiva, da integração realizada por Sólon e pela tirania até sua dissolução pelos demagogos, durou apenas dois séculos.

O padrão da história constitucional ateniense não pode ser senão um meio de orientação no labirinto da história política helênica. Ele não pode ser transposto para outras regiões e nem mesmo para outras pólis da Grécia continental. Na Anatólia, por exemplo, o curso da história constitucional foi decisivamente interrompido pelo evento externo da conquista persa em 546 a.C. Na Sicília, por outro lado, a "tirania" foi muito mais que uma fase passageira no processo de democratização, pois a perigosa situação de uma fronteira com cartagineses e etruscos, e também com a população nativa não helênica, requeria uma organização militar permanente mais efetiva, com poder de combate maior do que o que poderia ser proporcionado por uma pequena pólis isolada. E Esparta, por fim, não teve nem uma tirania nem um desenvolvimento democrático, já que, após a revolta messênia, a situação de conquista foi permanentemente fossilizada como a constituição "aristocrática".

---

[4] Ibid., 18.2. A designação de Sólon como "o primeiro chefe do povo" ocorre também em 2.2. Sólon aparentemente criou o tipo de homem fidalgo que se tornou "o chefe do povo" e serviu como o mediador entre a nobreza e o povo.

[5] Ibid., 28.1 e 4.

À parte todas as ressalvas necessárias, podemos arriscar a generalização: o *pathos* da pólis era o *pathos* de uma participação dinâmica do povo numa cultura que se originou na sociedade aristocrática. A dinâmica estava do lado do "povo". Essa pode ser a razão pela qual ouvimos tão pouco a respeito da aristocracia que, afinal, criou o paradigma da cultura helênica. Com efeito, nenhuma antiga expressão pós-homérica do *pathos* aristocrático foi preservada. A aristocracia só se tornou vociferante quando, sob o impacto da democracia, sua posição foi seriamente ameaçada; somente quando ela se tornou um "partido" — na batalha constitucional que estava em vias de perder no interior da pólis — seu *pathos* encontrou uma breve porém grandiosa expressão nos poemas de Teógnis de Mégara (fl. c. 545 a.C.) e Píndaro de Tebas (518-442 a.C.).

3 Simpoliteia

A força do sentimento gentílico e sua expansão da aristocracia para o povo eram os grandes obstáculos a uma evolução da pólis rumo a um Estado territorial nacional. Uma vez que a estrutura gentílica da pólis estava fixada, as possibilidades para a formação de unidades maiores eram limitadas. O problema confrontado pelas cidades-estado, podemos dizer, era o oposto do problema que as tribos germânicas da migração tinham de resolver após a conquista das grandes províncias romanas. As tribos conquistadoras germânicas começaram com a posse de um grande território, e tiveram de organizar, administrar e unificar política e culturalmente sua população por séculos, até que o sentimento de nacionalidade e as formas de autogoverno por eleição e representação houvessem evoluído. A pólis começou com autoconsciência e autogoverno fortes, e teve de inventar as formas que transcenderiam as instituições locais e integrariam a pluralidade das pólis numa unidade territorial mais ampla. A forma legal básica que a pólis tinha à sua disposição para esse propósito era a simpoliteia, ou seja, a extensão da cidadania à população da área campestre circundante ou das outras pólis.

A forma da simpoliteia foi empregada com sucesso em pequena escala no chamado sinecismo ateniense. A povoação ateniense remontava à época pré-dórica. Por conseguinte, o que é chamado de sinecismo ateniense não foi um estabelecimento voluntário ou compulsório, numa cidade recém-fundada, de uma população agrícola até então dispersa, mas, antes, uma extensão da cidadania ateniense às vilas da Ática; foi um processo de integração pacífica por meio do entendimento, que se estendeu por um longo período de tempo.

Numa escala maior, sob circunstâncias mais difíceis, a simpoliteia foi novamente empregada, no século V, na criação de uma Grande Olinto (c. 432 a.C.). As comunidades calcídicas que se combinaram nessa forma mantiveram sua condição de pólis, cada uma com sua própria cidadania, embora suas populações recebessem a cidadania de Olinto. É o mesmo expediente da dupla cidadania usado mais tarde na extensão da cidadania romana às municipalidades italianas. A experiência de Olinto terminou definitivamente com a intervenção lacedemônia de 382-379, que tolheu em seu início o poderio helênico em ascensão. A queda da Grande Olinto decidiu historicamente que a unificação da Hélade fora derrotada pela monarquia macedônia. Quando, em 349, a pólis da Calcídica solicitou a ajuda ateniense contra Filipe II, a desintegração interna de Atenas havia ido tão longe que uma ação decisiva, comparável à lacedemônia de 382, tornara-se impossível. É duvidoso, contudo, que a unificação por meio da dupla cidadania pudesse ter sido alcançada para uma parcela considerável da Hélade mesmo que o empreendimento de Olinto não houvesse sido frustrado pela intervenção lacedemônia. No caso romano, de qualquer modo, a extensão da cidadania tinha pouca importância se comparada à transformação da população do império na clientela do *princeps*. A instituição da clientela e a evolução do paganismo como a religião do Estado criaram a coerência do império, mais que qualquer construção legal que definisse as formas da pólis.

4 O fracasso das ligas

O único expediente que poderia superar a radical autonomia das pólis e proporcionar ao menos um certo grau de unificação para as grandes áreas era a federação. Em toda a história grega podem-se traçar tentativas de formar coligações entre as pólis. Na época das Guerras Persas, o movimento ganhou força, resultando em alianças militares temporárias e na formação de grandes confederações. As tentativas, contudo, continuaram estéreis. As coligações dissolveram-se com a diminuição do perigo ou degeneraram-se em uniões mantidas apenas pela força, prestes a se romper tão logo o poder hegemônico mostrasse quaisquer sinais de fraqueza. Tais tentativas federativas requerem uma breve consideração, especialmente pelo fato de que, ao final, a federação se tornou a estratégia para submeter a Hélade ao poder macedônio.

O processo do sinecismo não havia destruído completamente as prévias afiliações clânicas e tribais. Nas grandes áreas, como a dórica ou a jônica, vemos as mesmas tribos como unidades religiosas constituindo a pólis. Essas afiliações clânicas parecem ter desempenhado um papel na construção das mais antigas coligações entre as pólis recém-criadas, no Peloponeso setentrional e também na Grécia central e setentrional. A relação clânica vigorante no interior de um grupo de pólis induzia-as, com frequência sob a liderança da pólis mais poderosa, a ingressar em alianças defensivas mais ou menos voluntárias, as simaquias contra outras federações, e também a firmar acordos para uma certa coibição das guerras entre elas mesmas.

Um segundo tipo de federação carateriza-se pela posse de um centro religioso comum. As federações desse tipo eram chamadas ligas anfictiônicas. A mais famosa delas foi a anfictionia délfica. Os membros da federação délfica faziam o juramento de não destruir completamente uma pólis pertencente à federação ao lutar entre si, e de não cortar o suprimento de água na paz nem na guerra; e concordavam, além disso, em proteger o templo délfico a todo custo. Essas estipulações (assim como outras concernentes à arbitragem de disputas de fronteiras e assim por diante), contudo, não devem ser entendidas de modo otimista como o importante início de uma organização interna. Está claramente em discrepância com os fatos elementares da história grega que interpretemos um acordo firmado entre pequenas cidades vizinhas de uma mesma linhagem e civilização comprometendo-as a não se exterminar mutuamente numa disputa por um acre de terra como uma grande conquista do direito internacional. Não há razão para entusiasmo quando cidades estreitamente aparentadas concordam em deixar de pé algumas poucas casas e em interromper a matança quando metade da população houver sido morta. É, pelo contrário, motivo de espanto que tais regras fossem quase o melhor a que se chegou na direção de uma unificação nacional. As federações devem ser vistas contra o pano de fundo da contínua luta mortal entre as pólis. É verdade que elas alcançaram uma relativa pacificação de certas áreas, mas a força que preservaram devido a isso foi usada com o propósito de conduzir uma guerra de todos contra todos no nível das federações. Tudo o que se ganhou foi uma certa chance de sobrevivência para as pólis pertencentes a elas. A fim de alcançar esse objetivo, algumas federações chegaram a tornar obrigatórias as disputas entre seus membros. Os julgamentos proferidos, porém, nem sempre eram aceitos; a parte vencida com frequência recorria à guerra, e isto acontecia até em momentos de emergência nacional. A Segunda Guerra Sagrada teve início porque os fócios não se submeteram a uma pena que lhes foi infligida pelo Conselho Anfictiônico; eles se opuseram à sentença saqueando o tesouro do templo de Delfos e usando-o para o provimento de equipamento militar. A guerra que se sucedeu durou dez anos e levou à intervenção de Filipe da Macedônia, o primeiro passo para a subjugação da Grécia.

As ligas anfictiônicas eram formadas e reformadas, ingressavam em alianças e se dissolviam temporária ou permanentemente. Com exceção da Liga Beócia, as ligas em seu todo tinham pouca influência sobre os assuntos políticos da Grécia. Os grandes centros de poder que configuraram a história da Grécia na política mundial foram a Liga Espartana e o império ateniense. A Liga Espartana foi a primeira a se formar. O clã e os fatores religiosos tinham, no melhor dos casos, pouca importância em sua organização. Sua formação deveu-se à superioridade militar do Estado espartano e a sua relutância em tolerar ligas independentes nos arredores. Após a batalha de Tirene, em 549 a.C., que resultou na dissolução da Liga Argiva, a unificação das comunidades peloponésias numa liga militar sob a supremacia de Esparta foi praticamente completa. Sua grande eficiência como máquina militar tornou-a o poder hegemônico de toda a Hélade no início das Guerras Persas, quando as pólis gregas se uniram num esforço de defesa nacional e conferiram o comando militar da campanha aos espartanos. Após as batalhas de Plateia e Micala em 479, porém, quando o perigo imediato para a Grécia continental havia sido afastado, a Liga Espartana mostrou-se incapaz de liderar. A disputa interna grega revigorou-se sob a forma de ataques cada vez mais violentos de Esparta contra Atenas, assim como sob a forma de conflitos internos dentro da própria Liga do Peloponeso.

Em 478, a hegemonia na Guerra Persa transferiu-se para Atenas, que tinha o maior interesse em afastar o perigo que os persas representavam para o mundo insulano e os gregos anatólios. Formou-se uma Confederação Helênica, constituída pelas cidades egeias insulares e litorâneas, com Atenas como o poder hegemônico e Delos como o centro religioso e financeiro. A nova confederação era um empreendimento mais promissor que a Liga Espartana, pois não se baseava numa vitória do poder hegemônico sobre os membros da federação, mas numa comunidade de interesses em face de um perigo estrangeiro. Era uma simaquia, uma aliança militar voluntária entre os governos interessados para a condução da guerra. Embora os fatos da situação e a construção da liga tenham favorecido a dominação de Atenas sobre todos os outros membros, as circunstâncias de sua formação mantiveram a promessa de uma união mais estável que pudesse se expandir numa organização pan-helênica. A guerra efetiva contra a Pérsia, entretanto, não foi muito bem-sucedida.

Ademais, foi gravemente dificultada pela resistência espartana e beócia contra uma expansão da liga marítima ateniense. Em 454, o impulso da simaquia havia diminuído de tal modo que Atenas teve de abrir mão de qualquer intento de expansão imperial e até se viu obrigada a consolidar a posição vigente transformando a simaquia no império ateniense. O tesouro foi transferido de Delos para Atenas, as contribuições federais tornaram-se tributos, os tribunais de Atenas tornaram-se tribunais superiores para julgamentos nas pólis, o elemento voluntário desapareceu e seguiu-se uma série ininterrupta de revoltas que tiveram de ser dominadas com severidade. O império tornou-se uma confederação hegemônica similar, em sua estrutura geral, à hegemonia espartana sobre o Peloponeso. No tratado da Paz dos Trinta Anos entre Atenas e Esparta, em 445, a existência das duas confederações foi mutuamente reconhecida. O sonho pan-helênico havia terminado.

O século seguinte — o século dos sofistas, de Tucídides, de Sócrates, Platão e Aristóteles — viu a luta mortal das federações gregas. A Guerra do Peloponeso (431-404) terminou com a derrota de Atenas e sua incorporação na Segunda Hegemonia Espartana (404-371). A guerra entre Esparta e a Pérsia terminou com a Paz de Antálcidas (387-386); as pólis da Ásia Menor foram cedidas à Pérsia, enquanto as outras ilhas e pólis ficariam independentes segundo a garantia assegurada por Esparta e pela Pérsia. Essa era a primeira vez que a condição das cidades gregas era assegurada por um poder não helênico. Contudo, a guerra mortífera prosseguiu, e, após a breve Hegemonia Tebana de 371-361, a Segunda Guerra Sagrada contra os fócios acarretou a previamente mencionada intervenção macedônia, com o resultado de que a Fócia foi reintegrada na anfictionia délfica por Filipe da Macedônia. Um monarca havia se tornado membro de uma confederação helênica. A nova posição foi usada por Filipe para outras intervenções nos assuntos gregos, que culminaram, em 338, na derrota da oposição nacional helênica, liderada por Demóstenes, e na fundação da Liga de Corinto, sob a hegemonia macedônia. Os espartanos, que durante certo tempo resistiram à sua incorporação na liga, tiveram de se submeter em 331. Todos os grandes Estados gregos estavam agora unidos numa única confederação para o propósito da guerra final contra a Pérsia e para a libertação dos gregos asiáticos. Agora, porém, a iniciativa da ação histórica havia passado da pólis helênica para uma monarquia estrangeira.

Capítulo 5
Hesíodo

A criação da filosofia como forma simbólica é a conquista da Hélade. A nova forma começa a se desvincular do mito, quase no fim do século VIII, na obra de Hesíodo, visto que, em sua *Teogonia*, o mito é submetido a uma operação intelectual deliberada, com o propósito de remoldar seus símbolos de modo que surja uma "verdade" sobre a ordem com validade universal. Os conceitos metafísicos estão formados de maneira incipiente, e sua formação suscita problemas que, por sua vez, impelem a uma elaboração mais consistente. Em suma: a razão especulativa do pensador afirma sua autonomia contra o modo mitopoético de expressão. O *pathos* do ser e da existência, que até então se expressava de modo compacto na forma do mito, agora tendia a uma expressão mais diferenciada por meio do instrumento da especulação.

1 Do mito à metafísica

A transição do mito para a metafísica é repleta de problemas que a ciência ainda não solucionou definitivamente. Contudo, pode-se formular o ponto central: que a especulação racional, embora possa ser usada no interior das formas simbólicas tanto do mito como da filosofia, não é nem uma nem outra[1].

---

[1] Ao longo do presente capítulo sobre Hesíodo, pressupõe-se a análise de "A dinâmica da experiência" egípcia em *Ordem e história*, v. I, cap. 3, §3.

O mito e a filosofia, assim como o mito e a revelação, são separados pelo salto no ser, ou seja, pela ruptura com a experiência compacta da ordem cósmico-divina por meio da descoberta da ordem transcendente-divina. O salto no ser, porém, a despeito do radicalismo do evento quando ocorre, é historicamente preparado por uma variedade de modos pelos quais o mito se afrouxa e se torna transparente com respeito à ordem transcendente. Na forma egípcia da ordem, a especulação teogônica da teologia menfita, as especulações sumodeístas dos teólogos do império, culminando no simbolismo de Akhenaton, e também na piedade pessoal dos Hinos a Amon, tornaram o mito cosmológico tão transparente para o ser transcendente que as formulações resultantes podiam ser erroneamente entendidas pelos historiadores como "monoteístas". O portador desse progresso é o homem, na medida em que sua existência sob a autoridade de Deus é real mesmo que ainda não esteja iluminada pelo salto no ser. O desejo de conhecer a verdade da ordem, que Aristóteles reconhecia como natural do homem, está presente mesmo onde tem de lutar com a compacidade da experiência e de sua expressão cosmológica. Na Hélade, esses passos preparatórios rumo ao salto no ser foram dados pelos aedos. Homero criou o presente do homem, se não sob a autoridade de Deus, ao menos sob os olimpianos organizados de forma monárquica, e, junto com esse presente, o passado dos feitos memoráveis e o futuro da sobrevivência nos cantos. Em sua busca da verdade, Hesíodo, para quem o simbolismo da existência sob os deuses olímpicos já estava dado, aplicou a esse simbolismo a especulação racional. A especulação hesiódica, contudo, não pertence ao mesmo tipo de especulação dos egípcios, pois o mito olímpico de Homero, ao qual se aplicava, não era mais cosmológico. O passo decisivo rumo à criação da forma histórica foi dado por Homero, ao transfigurar a queda aqueia no passado da sociedade helênica. Diferentemente da especulação egípcia, que permaneceu um evento na forma cosmológica, a obra hesiódica tem sua continuação na filosofia porque opera na forma mnemosínica do aedo; os poemas de Hesíodo são um simbolismo *sui generis*, na medida em que estabelecem uma forma genuinamente transicional entre o mito e a metafísica. Certamente, já que os símbolos compactos do mito compreendem nuances da experiência que fogem aos conceitos diferenciados da metafísica, enquanto a linguagem da metafísica confere precisão aos significados que ficam inarticulados no mito, as unidades de significado não podem ser amplamente emparelhadas umas às outras. Entretanto, a transição é um processo inteligível, pois o substrato experiencial fornecido por Homero permanece reconhecível em sua mesmidade ao longo da alteração das formas simbólicas; e sua mesmidade é mais claramente reconhecível no início do processo hesiódico, tateando e tropeçando no caminho da especulação, no qual os símbolos do mito apontam perscrutadoramente para significados para os quais as gerações subsequentes de filósofos desenvolverão um vocabulário técnico. A *Teogonia* representa um primeiro mergulho no mito olímpico com intenção especulativa; e uma linha inteligível de evolução especulativa inicia-se desses inícios, passando pelos filósofos jônicos e itálicos até chegar a Platão e Aristóteles.

A continuidade dessa evolução foi reconhecida na Antiguidade. O termo "teologia", cunhado por Platão, foi usado por Aristóteles para designar sua *prima philosophia* (posteriormente, a "metafísica"): "Há três filosofias teóricas: a matemática, a física e a teológica"[2]. Com um refinado senso da derivação histórica, Aristóteles entendia a *Teogonia* hesiódica como o primeiro passo evidente na direção da especulação filosófica. Ele estava inclinado, porém, a distinguir Hesíodo e seus seguidores, como os "primeiros pensadores teologizantes", dos jônicos, como os "primeiros pensadores filosofantes"[3]; e encontrou o traço específico dos "teólogos" em seu hábito de especular "mitologicamente" (*mythikos*)[4]. Em um de seus significados, o novo termo *teologia* foi usado por Aristóteles para designar a forma de simbolização, intermediária entre o mito e a filosofia, que encontrou em Hesíodo[5].

A caracterização preliminar da forma hesiódica leva à questão de por que o mito teria sido considerado um meio de expressão deficiente, e quais mudanças no substrato da experiência fizeram que a especulação parecesse

---

[2] ARISTÓTELES, *Metafísica*, VI, 1026a18 s. Para a mesma classificação das "ciências teóricas", ver *Metafísica*, XI, 1064 ss.

[3] "*Protoi theologesantes, protoi philosophesantes*", *Metafísica*, I, 983b29 e 982b11 ss.

[4] *Metafísica*, III, 1000a9, com referência especial a Hesíodo como teólogo, e 1000a 18. Ver Werner JAEGER, *The Theology of the Early Greek Philosophers*, London, Oxford University Press, 1947, 9-17.

[5] Um importante empenho para examinar a forma simbólica intermediária de Hesíodo foi empreendido por Olof GIGON, *Der Ursprung der griechischen Philosophie: Von Hesiod bis Parmenides*, Basel, Schwabe, 1945, especialmente 36-40. Estou de acordo com a análise de Gigon até onde ela chega, mas duvido que essa distinção dos meios simbólicos ("Alles wird Person"–"Alles wird zum Gegenstand") seja suficiente para dar conta dos problemas que surgem na filosofia grega, não pelo lado dos símbolos, mas pelo lado das experiências expressas por meio deles. A simbolização da realidade transcendente como *eidos*, forma, na filosofia de Platão, por exemplo, ilustra a predominância da "*Sachanalogie*". Todavia, a experiência platônica do ser transcendente é importante em si mesma — e é mais próxima do âmbito de experiência hesiódica, com sua expressão por meio dos símbolos pessoais do mito, que da experiência dos filósofos jônicos.

necessária como um meio suplementar. Felizmente, o próprio Hesíodo nos dá as respostas. Sua especulação incipiente é uma resposta à experiência da instabilidade social.

O pai de Hesíodo foi para a Beócia cruzando o mar, vindo da cidade eólia de Cime, na Ásia Menor. O pai passou a navegar para aumentar seu sustento insuficiente. Uma dessas viagens foi a derradeira. Ele "deixou Cime, na Eólia, e fugiu, não de bens e riquezas, mas da desgraçada pobreza que Zeus infligiu aos homens", e se estabeleceu na Beócia na miserável vila de Ascra, que é "terrível no inverno, sufocante no verão, e boa em época nenhuma"[6]. Ele conseguiu subsistência, mas não riqueza. Após sua morte, a herança foi dividida entre Hesíodo e seu irmão Perses. Uma situação não muito boa foi ainda gerada pela corrupção de figuras eminentes da vila, pois Perses conseguiu obter a maior parte dos bens subornando os magistrados[7]. As experiências com as mulheres também não parecem ter sido as melhores, pois certas referências à raça fatal das mulheres, que são "imprestáveis na pobreza", que ficam em casa e esperam que o homem trabalhe, têm um toque autobiográfico[8]. Quando à situação financeira, ele era um "pastor de regiões agrestes", uma "abjeção repulsiva", uma "mera barriga"[9]. E, para completar, o trapaceiro Perses o estava envolvendo num novo processo judicial para roubá-lo ainda mais com a ajuda dos juízes coniventes, os príncipes (*basileis*) de *Os trabalhos e os dias*[10].

Tais percalços fazem que um homem reflita sobre sua posição no mundo e na sociedade e sobre o sentido de uma ordem na qual a superfície tornou-se duvidosa, caso a reflexão seja o seu talento e o estado civilizacional lhe forneça os meios para articular seu pensamento. Ambas as condições são satisfeitas no caso de Hesíodo. A forma literária geral, que será mais bem discutida, foi fornecida pelos poemas de Homero, e os meios de articulação pormenorizada foram

---

[6] *Works and Days*, texto e tradução de Hugh G. Evelyn-White, Loeb Classical Library, London, Heinemann, 1936, 631-640. Ao longo deste capítulo, uso a tradução de Evelyn-White, mas tomo a liberdade de fazer pequenas modificações sempre que parecerem desejáveis para acentuar o sentido. Foram usados também o texto de *Hesiodi Carmina*, ed. Aloisius Rzach, Leipzig, Teubner, ³1913, e ainda as seguintes obras de comentadores: Ulrich von WILAMOWITZ-MOELLENDORF, *Hesiods Erga*, Berlin, Weidmann, 1928; JAEGER, *Paideia*, v. 1; JAEGER, *The Theology of the Early Greek Philosophers*; Friedrich SOLMSEN, *Hesiod and Aeschylus*, Ithaca [N.Y.], Cornell University Press, 1949; e Frederick J. TEGGART, The Argument of Hesiod's *Works and Days*, *Journal of the History of Ideas* 8 (1947).

[7] *Os trabalhos e os dias*, 37 ss.

[8] *Teogonia*, 590 ss.

[9] Ibid., 26 ss.

[10] *Os trabalhos e os dias*, 33 ss.

proporcionados pela riqueza de mitos e fábulas altamente desenvolvidos. Ademais, o fator pessoal, isto é, o desejo e o talento de usar tais instrumentos para um mergulho reflexivo no significado da ordem, estava certamente presente, como é evidenciado pela obra de Hesíodo; e estava presente não só de fato, mas também reflexivamente na consciência do poeta, como uma nova aventura do homem na tarefa de lidar com os problemas da ordem, pois a *Teogonia* principia com a narrativa sobre as Musas helicônias, que apareceram para o pastor Hesíodo, dotaram-no com o bastão do rapsodo e insuflaram-lhe a voz do cantor que celebra coisas passadas e coisas que ainda estão por vir. Essa narração em si foi uma inovação, pois o poeta saiu da anonimidade dos épicos precedentes e apareceu em pessoa, nomeando-se como o portador da inspiração. Além disso, o aparecimento pessoal de Hesíodo foi motivado por sua consciência da diferença entre a inspiração da antiga poesia e a da sua própria, e até de uma oposição à de Homero. Pois as Musas, ao insuflar a voz em Hesíodo, informaram-no de que poderiam contar mentiras (*pseudea*) que soassem como coisas reais — aparentemente, um remoque dirigido a Homero —, mas que também sabiam dizer a verdade (*aletheia*) quando assim o queriam, e que isto era o que pretendiam fazer no caso de Hesíodo[11]. Aparentemente, foi o tormento pessoal de Hesíodo, o sofrimento causado pela injustiça, que o motivou a romper a antiga anonimidade, a aparecer como o homem individual em oposição à ordem aceita e a opor seu conhecimento da verdade à falsidade da sociedade.

Penetrando especulativamente no mito, vemos o problema da verdade exibindo toda uma gama de matizes. Qual é a verdade do antigo mito? Qual é a fonte da verdade na especulação do filósofo? Qual mudança de significado um antigo mito sofre ao ser narrado por Hesíodo como uma fábula paradigmática num contexto de verdade especulativa? Que tipo de verdade tem um deus quando é moldado por Hesíodo, até onde podemos ver, para se adequar a um requerimento especulativo? Que tipo de verdade têm as genealogias dos deuses inventados por Hesíodo? Estas questões perpassam, daí em diante, toda a história do pensamento grego, até chegar ao seu ápice no conflito de Platão com a verdade do antigo mito, à qual opõe a verdade de seu novo mito da alma, e especialmente na muito mal interpretada invenção de Platão de um falso mito, uma "mentira" (*pseudos*), ao lado de seus mitos verdadeiros na *República*[12]. A preocupação fun-

---

[11] *Teogonia*, 26 ss.
[12] Sobre o problema da verdade e da mentira no pensamento grego, ver Wilhelm LUTHER, *Wahrheit und Lüge im ältesten Griechentum*, Leipzig, Koehler Ameland, 1935.

damental de Hesíodo é com um novo tipo de verdade, e sua convicção de estar dizendo "coisas verdadeiras" (*etetyma*) reaparece em *Os trabalhos e os dias*[13].

É à luz dessa preocupação que devemos entender a curiosa passagem na *Teogonia* sobre o efeito catártico da expressão da verdade inspirada. As Musas, Calíope em particular, visitam os príncipes e os aedos. Quando as Musas favorecem um príncipe, palavras afáveis fluirão de sua boca, e sua sabedoria e sua prudência porão fim às maiores discórdias. Quando o povo está desencaminhado na assembleia, ele corrigirá as coisas com a desenvoltura de sua persuasão. E quando um príncipe tão leal atravessa o local da assembleia as pessoas o saudarão com a mesma reverência dedicada a um deus. O efeito catártico e ordenador do príncipe sobre a turbulência do povo é equiparado ao efeito do rapsodo sobre o turbilhão da alma individual. Quando a alma de um homem está pesarosa devido a uma mágoa recente, e o sofrimento enche de angústia seu coração, ele esquecerá seu tormento quando o servo das Musas cantar os gloriosos feitos dos antigos e dos bem-aventurados deuses[14].

As Musas são as filhas de Zeus, da força ordenadora do Universo. Elas transmitem a ordem joviana ao príncipe e ao aedo, para que seja retransmitida ao povo, assim como ao homem em sua solidão. A verdade musal do príncipe e do aedo que possui esse efeito catártico não consiste numa informação verdadeira; ela é, antes, a substância da ordem se afirmando contra a desordem da paixão na sociedade e no homem. Hesíodo, por conseguinte, distingue os três níveis da verdade e da ordem em Deus, na sociedade e no homem, níveis que ainda podemos reconhecer, em sua transformação filosófica, nos três níveis aristotélicos da autarquia em Deus, na pólis e no homem. Ademais, as Musas são as filhas de Zeus com Mnemosine, a Memória. Zeus as gerou com Mnemosine quando buscava o esquecimento (*lesmosyne*) da fealdade e um descanso de seus indisciplinados imortais[15]. O próprio Zeus, portanto, necessita aliviar seu coração, e ele encontra esse alívio na Memória cósmica, como os mortais o encontram na memória de seu mito. E, novamente, podemos ouvir o eco tardio da catarse hesiódica por intermédio de Mnemosine na anamnese de Platão, especialmente na forma simbólica tardia do *Timeu*, em que a memória esquadrinha o cosmos à procura dos indícios da verdadeira ordem que resolverão a desordem da época.

---

[13] *Os trabalhos e os dias*, 10.
[14] *Teogonia*, 75-103.
[15] Ibid., 53 ss.

2 A *Teogonia* — a origem da ordem

Uma interpretação dos poemas hesiódicos apresenta certas dificuldades. Numa primeira leitura, eles não parecem constituir histórias bem construídas nem raciocínios firmemente concatenados, mas, antes, sequências frouxamente unidas de mitos, fábulas, digressões filosóficas, visões apocalípticas, discursos exortatórios, recomendações financeiras e sabedoria do tipo que se pode encontrar num almanaque de agricultor. Uma vez que o fio que vincula esses materiais variados quase não é discernível, é grande a tentação de isolar as peças e interpretá-las fora do contexto. E dado que não podemos analisar as obras como um todo, e temos de nos concentrar nos problemas pertinentes ao nosso estudo, é ainda mais impositivo que estejamos cientes da forma literária geral que efetivamente determina o significado das partes componentes. Já quanto à sua forma literária, os poemas derivam de Homero. A *Teogonia* é uma *aristeia*, isto é, uma balada ou uma narrativa de uma aventura heroica; e *Os trabalhos e os dias* é uma *paraenesis* ou *protrepticus*, isto é, um discurso admonitório.

Na presente seção, trataremos de alguns problemas da *Teogonia* que ilustrarão o estado de teorização alcançado por Hesíodo. A seção subsequente tratará mais extensamente da especulação de Hesíodo sobre a ordem política em *Os trabalhos e os dias*.

A *Teogonia*, como dissemos, é uma *aristeia*. Seu assunto é a vitória de Zeus sobre as antigas divindades; e a história culmina na Titanomaquia, a descrição da batalha entre Zeus e a geração de deuses descendentes de Cronos. Uma vez que Zeus é o pai de *eunomia* (Ordem), *dike* (Justiça) e *eirene* (Paz) a Titanomaquia traz a vitória das forças da verdadeira ordem sobre a selvageria das forças cósmicas e telúricas. Esse é o nível de significado determinado pela forma literária.

A história da *Teogonia* é um problema central numa filosofia da história e da ordem. Em linguagem não mítica, consiste na tensão entre uma ordem civilizacional arduamente conquistada, num equilíbrio precário, e um submundo murmurante de forças demoníacas que a qualquer momento podem irromper e destruí-la. O perigo dessa irrupção, experimentada por Hesíodo, está por trás de sua ânsia por esclarecimento e articulação persuasiva dos princípios da ordem representados por Zeus. Na execução desse programa (se podemos empregar este termo racional com referência a um poema teogônico), porém, Hesíodo é restringido pelas regras da linguagem mítica. A própria tensão se torna o combate entre Zeus e as forças da desordem; e o significado da ordem tem de ser encontrado no desenvolvimento da personalidade do deus. Por conseguinte, quando passamos do problema geral para a realização especificamente hesiódica em sua formulação, devemos observar, acima de tudo, a evolução de Zeus como uma personalidade ética.

Tal evolução não começa com Hesíodo — é perceptível já na *Odisseia*[16] —, mas agora progride para além do alcance homérico, visto que a predominância das forças éticas torna-se a *raison d'être* do reino de Zeus. Os outros deuses são deuses mais "primitivos", em virtude de sua luxúria selvagem, sua crueldade tirânica e, especialmente, devido ao hábito incivilizado de engolir seus filhos para evitar uma partilha aristocrática do poder entre os imortais. As atrocidades provocam vinganças atrozes, e as vinganças provocam novas atrocidades. Somente Zeus põe fim a essa sucessão funesta, pois, embora sua vitória seja conquistada pela força, é sustentada pela distribuição justa a cada um dos imortais da cota (*time*) honrosa que lhe cabe[17]. Essa é, substancialmente, a concepção de Zeus que foi posteriormente desenvolvida na *Oréstia* esquiliana, na figura do deus que chega à sabedoria por meio do sofrimento, e no *Fedro* de Platão, no Zeus cujos sucessores são os filósofos, em particular o filho de Zeus, o próprio Platão.

O Zeus da *Teogonia* está no início de uma evolução que termina na divindade platônica dos filósofos. Na obra de Hesíodo, contudo, ele ainda é um dos muitos deuses do mito, não um símbolo cujo significado está fixado, independentemente das tradições do mito, pela experiência do filósofo. Por conseguinte, sua existência e sua função específica tinham de ser esclarecidas de acordo com suas relações com os outros deuses. Hesíodo, embora numa situação inteiramente diferente, tinha de lidar com o problema que motivou as construções sumodeístas dos teólogos do império egípcio e mesopotâmico; e, como seus predecessores do Oriente Médio, ele o resolveu por meio de uma teogonia. Ele assumiu três gerações de deuses, descendentes umas das outras: Urano (o Céu) e Gaia (a Terra), Cronos e Reia, Zeus e Hera. Hesíodo, contudo, não tinha, como os teólogos imperiais do Oriente Médio, o ônus da tarefa de racionalizar a posição de um deus superior como a fonte da ordem imperial; ele estava livre para penetrar no problema da ordem e de sua origem por princípio. Em Hesíodo, já está presente o universalismo helênico, que não tem

---

[16] No início da *Odisseia*, cf. cantos III-V.
[17] *Teogonia*, 71-74.

paralelo nas construções da teologia menfita ou no *Enuma Elish*. A especulação teogônica, isenta como era de preocupações imperiais, podia redundar na especulação filosófica que nela estava contida de forma compacta. É bem verdade que era preciso atribuir a cada deus do mito um lugar na árvore genealógica, mas nessa derivação ordenada dos deuses a partir de seus ancestrais estava prefigurada, através do mito, a posterior especulação etiológica, a busca pela causa final (*aition*) do fenômeno que ora se experimenta. A explanação hesiódica da ordem joviana por meio da ascensão à primeira geração de deuses se torna, com os filósofos jônios, a ascensão do mundo experimentado a um princípio gerador (*arche*), seja a água, o fogo ou o ar.

A construção genealógica parece ser arruinada por uma falha óbvia. Se a existência de Zeus e de sua geração de imortais requer uma explicação, a existência da primeira geração de deuses (Caos, Gaia) também a requer. Os deuses são imortais, mas surgem de algum modo; e como teriam surgido os primeiros deuses? A maneira como Hesíodo responde a essa questão pertinente revela a incomum qualidade de seu gênio especulativo. Pois as gerações de deuses que descendem umas das outras por meio daquilo que — com a devida licença poética — pode ser chamado de relações maritais são precedidas por deuses que surgem do nada. Essas entidades primordiais são Caos, Gaia e Eros. Com o surgimento de Eros, Caos e Gaia tornam-se fecundos. Caos produz Noite e Érebo, Gaia produz Urano. Somente após esses prelúdios cósmicos há um número de deuses suficiente para iniciar as gerações[18]. Hesíodo, portanto, distingue as gerações de deuses procriadores dos deuses que surgem sem o benefício do simbolismo da procriação. Na esfera do mito em si, a trindade Caos–Gaia–Eros é designada como a *arche* dos deuses, do mesmo modo como um dos elementos é postulado como a *arche* das coisas na especulação jônia. Por conseguinte, não podemos concordar com as interpretações precedentes (que são ainda aceitas) segundo as quais o sistema teogônico hesiódico deixa sem resposta a questão da "origem" e somente os jônios teriam abordado o problema especulativamente. O erro é provocado pela linguagem simbólica que Hesíodo tem de usar inevitavelmente ao expressar um problema estritamente especulativo. As três divindades primordiais não existem, em sua linguagem, desde a eternidade, mas "surgem" como os outros deuses. Essa linguagem que fala de "surgir", que pertence às regras do mito helênico, se compreendida (ou antes, mal compreendida) como *oratio directa*, deixará sem resposta a questão

---

[18] Ibid., 166 ss.

da "origem". Se, contudo, distinguirmos — como devemos fazer na análise do mito — a linguagem do mito e o significado que ela possui, perceberemos que Hesíodo esmerou-se muito para distinguir o "veio a ser" (*geneto*) pré-erótico da geração erótica. Logo, a *Teogonia* é, no nível do mito, uma especulação tão acabada e completa sobre a origem das coisas quanto o fisicismo jônio.

Uma vez que se tenha assentado esse ponto, podemos enfrentar as complexidades da própria trindade primordial. Os modernos foram menos venturosos que os antigos no que diz respeito a esse problema. As observações mais penetrantes sobre o assunto são as de Aristóteles. Na *Metafísica* I, quando Aristóteles explora a ascendência das quatro causas que havia distinguido na *Física*, descobre que os jônios, com sua pressuposição de uma *arche* elementar, haviam tocado ao menos o problema da *causa materialis*. Contudo, ele considera esse tipo de especulação metafisicamente insuficiente: "Por mais verdadeira que possa ser a afirmação de que toda geração e toda destruição provenham de um elemento ou mais, por que isso ocorre e qual é a causa?"[19]. O substrato material não produz por si sua própria mudança; necessitamos de um segundo princípio a fim de compreender a mudança. Com respeito a esse segundo princípio (a *causa efficiens*), "pode-se suspeitar que Hesíodo foi o primeiro a procurar tal coisa". E então Aristóteles cita a passagem sobre as divindades primordiais, "o que implica que, entre as coisas existentes, tem de haver, primeiramente, uma causa que porá as coisas em movimento e as conciliará"[20]. Quanto ao resto, ele lamenta que os filósofos pré-socráticos nunca tenham ido além dessas duas causas e não tenham apreendido os problemas da forma e do fim[21].

Embora as observações de Aristóteles sejam passíveis de críticas em mais de um aspecto, elas discernem o ponto essencial de que a trindade hesiódica tem alguma relação com o problema do processo do mundo. A busca da origem tem de levar em conta que o mundo de nossa experiência não é uma estrutura estática, mas um processo; e a especulação sobre a origem tem de projetar (em um simbolismo ou em outro) essa experiência num processo na própria origem. A especulação hesiódica, longe de ser "primitiva" nesse aspecto, é, com efeito, do maior interesse para a história dos símbolos, pois nela encontramos, no contexto do mito helênico, uma organização interna

---

[19] *Metafísica*, I, 984a19 ss.
[20] Ibid., 984b23 s.
[21] A queixa aristotélica é mais antiga. Cf. a caracterização da situação filosófica em sua juventude feita por Sócrates no *Fédon*.

da origem que corresponde à especulação gnóstica dos períodos posteriores. Há um princípio a partir de lugar nenhum, resultando na extensão vazia do Caos, uma articulação no nada que produz um nada articulado (muito similar à articulação cabalística do *En Sof* na primeira *Sefira*), seguida pela articulação numa matriz de criação e num desejo por uma forma definida. Na medida em que esses complicados problemas podem ser traduzidos no simbolismo rudimentar das divindades personalizadas e distintas, temos na trindade hesiódica uma especulação que se assemelha, em sua intenção, à gnose das *Sefirot* ou das potências[22]. O aparecimento desse tipo de especulação no mito hesiódico não é nem anacrônico nem surpreendente. Em vista da escassez de fontes preservadas, temos sempre de fazer suposições quanto ao período helênico do século VIII a.C., com uma vasta massa de ideias flutuantes das quais nos chegam apenas fragmentos por meio das sobras literárias. Que a especulação sobre a origem fazia parte dessa massa está suficientemente comprovado pelo difundido símbolo trinitário da flor-de-lis na civilização cretense. O leitor deve recordar o que tivemos de afirmar a respeito desse problema na seção 2.1, sobre a sociedade cretense, assim como os comentários sobre o provável significado da *tetraktys* pitagórica.

Por fim, deve-se observar que a especulação hesiódica pressupõe uma considerável flexibilidade do mito, uma ampla margem de liberdade disponível para a invenção e a transformação. Pois os mitos que entraram na *Teogonia* não são os mitos do povo, ligados a localidades e ritos específicos; pelo contrário, Hesíodo faz um esforço deliberado para superar, se não abolir, os

---

[22] Gershom Sholem, *Major Trends in Jewish Mysticism*, New York, Schocken, 1949, 213: "A crise pode ser retratada como a irrupção da vontade primordial, mas o cabalismo teosófico frequentemente emprega a metáfora mais enfática do Nada. A arrancada ou o ímpeto primário no qual o Deus introspectivo se externaliza e a luz que brilha internamente se torna visível, essa revolução da perspectiva, transforma o En-Sof, a plenitude inexprimível, em nada. É esse 'nada' místico do qual emanam todos os outros estágios do desdobramento gradual de Deus nas Sefirot". Ver também Sholem, *Die Geheimnisse der Schöpfung*: Ein Kapitel aus dem Sohar, Berlin, Schocken, 1931. O tipo cabalístico de Gnose difere da especulação hesiódica na medida em que En-Sof é o ponto de origem da criação assim como o meio no qual o processo segue o seu curso; esse meio não aparece como uma pessoa separada em Hesíodo. A ideia do En-Sof (ou do *Ungrund* de Boehme) só pode se desenvolver no simbolismo de uma religião monoteísta. Embora este não seja o lugar para desenvolver o problema, pode-se sugerir que a especulação gnóstica, quando aparece como um movimento teosófico numa cultura monoteísta, é uma reversão para o mito. A desmitificação do mundo não é um processo contínuo; pode irromper novamente, na fase monoteísta da religiosidade, um desejo por uma remitificação no mais alto nível da especulação intelectual. Esse certamente foi o caso do *Weltalter* de Schelling.

múltiplos mitos locais e substituí-los por um sistema de deuses típicos — por vezes as variantes locais ainda podem ser discernidas no novo tipo, como por exemplo no caso da história do nascimento de Afrodite com a explicação de seus vários nomes como Citereia e Ciprogeneia[23]. Hesíodo, como Homero, foi um criador de deuses para toda a área da civilização helênica e, deste modo, um dos grandes criadores de sua unidade. A obra mitopoética dos dois poetas foi uma revolução espiritual e intelectual, pois ao ter estabelecido os tipos de forças cósmicas e éticas, assim como os tipos de relações e tensões entre elas, ela criou, na forma do mito, um corpo altamente teorizado de conhecimento concernente à posição do homem em seu mundo que poderia ser usado pelos filósofos como ponto de partida para a análise e a diferenciação metafísicas[24]. A liberdade dessa criação, embora assuma proporções revolucionárias em Homero e Hesíodo, é uma característica geral do processo mitopoético na Hélade[25]. Ela continua sendo a pressuposição da posterior evolução dos deuses desde Hesíodo, por meio da tragédia do século V, até Platão, que, após a desintegração do mito na época das luzes, recupera sua verdadeira função como o instrumento de simbolização dos problemas transcendentais limítrofes que estão além do alcance da construção metafísica mundano-imanente.

3 *Os trabalhos e os dias* — invocação e exortação

Os trabalhos e os dias é uma parênese, um discurso exortatório que Hesíodo dirige a seu irmão Perses. Como no caso da *Teogonia*, é preciso estabelecer, antes que possamos proceder à análise das várias subdivisões do poema, o significado determinado pela forma literária. Isto é especialmente necessário porque o argumento do poema é sustentado pelas famosas fábulas paradigmáticas de Pandora e das Idades do Mundo (ou, mais precisamente, das raças de

---

[23] *Teogonia*, 188-200.

[24] Na construção do *Banquete*, por exemplo, Platão deixa que o primeiro orador, Fedro, faça uma exposição geral do que havia sido dito até então sobre Eros. E essa exposição começa com as respectivas passagens de Hesíodo e Parmênides (179). O mesmo procedimento, embora conduza a um resultado metafísico inteiramente diferente, é seguido por Aristóteles: na *Metafísica* 1.4, ele principia a discussão novamente com as mesmas passagens de Hesíodo e Parmênides.

[25] Para a impressionante produção de deuses numa continuidade que vincula a sociedade cretense à helênica, ver o excelente levantamento em Axel W. PERSSON, *The Religion of Greece in Prehistoric Times*, Berkeley, University of California Press, 1942, cap. 5: Minoan-Mycenaean survivals in the greek religion of Classic Times.

homens), que induziram mais de um comentador a considerá-las sem atentar a seu significado no contexto mais amplo.

O tema da exortação é formulado na invocação inicial das Musas. Elas são evocadas pelo poeta para exaltar Zeus, já que o destino do homem está nas mãos do deus; os homens serão célebres ou não, cantados ou não, segundo a vontade do deus. Com a mesma facilidade com que o deus engrandece um homem, ele o arruina; com a mesma facilidade humilha aqueles que caminham sob a luz e favorece os obscuros; facilmente endireita o que está errado e facilmente derruba os arrogantes. E então o poeta se dirige a seu irmão: "Presta atenção com olhos e ouvidos, e endireita os julgamentos arrogantes com a probidade (*dike*), pois o que lhe digo, Perses, é a absoluta verdade (*etetyma*)"[26].

O trecho é autoexplicativo. Todavia, não fará mal salientar o tom profético e as afinidades com a inversão hebraica. Não que tenhamos de procurar "influências" — todos os paralelos com as expressões babilônicas e hebraicas podem ser suficientemente explicados pela suposição de um conjunto circulante de contos, fábulas, imagens típicas e metáforas que permeia toda a área mediterrânea oriental (e talvez a Índia e a China) e determina expressões muito similares quando, no século VIII a.C., as classes baixas adquirem voz literária[27]. Estamos interessados, mais propriamente, na influência que Hesíodo exerceu sobre a filosofia grega da ordem por meio de sua criação de tipos que recorrem como as constantes da especulação posterior.

A esse respeito, as linhas introdutórias de *Os trabalhos e os dias* possuem considerável importância, pois não só estabelecem Zeus como o deus da ordem política justa, mas porque a exemplificação da justiça divina implica que os homens no poder são injustos e que o restabelecimento da ordem justa implica a queda dos grandes e a ascensão dos humildes. Encontramos essa concepção da

---

[26] *Os trabalhos e os dias*, 10.

[27] Ver Persson, *The Religion of Greece in Prehistoric Times*, cap. 1: "Supor que as grandes culturas da área mediterrânea oriental e do Oriente Médio estavam separadas umas das outras, no início, pelo maior dos golfos é uma interpretação que está em total desacordo com os fatos. Pelo contrário, já foi esclarecido de modo suficientemente claro que temos de considerar, nessa região, uma cultura original ou básica, se não completamente uniforme, tão amplamente difundida que podemos chamá-la de cultura afrásica. Ela se estendia para oeste até a Tessália e o sul da Itália, talvez até a China ao leste, e, certamente, abrangia uma grande parte do continente africano". Ver ainda Sir John Marshall et al., *Mohenjo-Daro and the Indus Civilization*, London, Probsthain, 1931, I, 93 ss; as sugestões em Ernest Mackay, *Early Indus Civilization*, New Delhi, Eastern Book House, ²1948, cap. 8; Leo Frobenius, *Kulturgeschichte Afrikas*, Zurich, Phaidon, 1933, passim; e, mais recentemente, Cyrus H. Gordon, *Homer and Bible*.

justiça ainda como um conteúdo típico na noção platônica de que os homens que detiveram o poder nesta vida terão maior probabilidade de ser condenados pelos Filhos de Zeus na vida após a morte, enquanto aqueles que não se envolveram nos assuntos políticos receberão sua recompensa antes do tribunal eterno. Ademais, o tipo prossegue na produção literária dos socráticos, na qual o Sócrates social e espiritualmente humilde é vitoriosamente oposto ao aristocrático Alcibíades e aos intelectualmente arrogantes sofistas, enquanto as respectivas atitudes são sublimadas na oposição da *alazoneia* (soberba) alcibidiana à *eironeia* (ironia) socrática. A lembrança da origem hesiódica do tipo aguçará nossos ouvidos para as referências escatológicas em Platão.

A estrutura de *Os trabalhos e os dias* é ainda de tal modo objeto de debate que nos sentimos justificados em apresentar nossa própria opinião sem cerimônia. Encontramos duas partes principais no poema, cada uma delas introduzida por uma exortação a Perses. A primeira exortação (11-41) é seguida pelas grandes fábulas e pelas seções apocalípticas subordinadas; a segunda exortação (274-97) é seguida pelos conselhos minuciosos referentes à vida agrícola diligente, à navegação, ao matrimônio, à sabedoria geral e à superstição, assim como por um calendário dos bons dias. Consideraremos primeiramente as exortações, pois elas não apenas suplementam-se umas às outras como também suplementam a invocação às Musas.

A primeira exortação começa com a reflexão: "Afinal, não há somente uma espécie de Éris (disputa), mas duas delas perambulando pela terra" (11 ss.). Esse comentário casual refere-se à *Teogonia* 225, em que Éris é enumerada como uma das filhas da Noite. Com magnífica liberdade mitopoética, uma nova deusa é agora acrescentada ao sistema. A malvada Éris da *Teogonia* ganha uma irmã, a boa Éris. A Éris má incita guerras, batalhas, injustiças, crueldades e todos os tipos de malfeitorias entre deuses e homens. A boa Éris, estabelecida "nas raízes da terra", instiga o indolente a labutar, gera um senso benéfico de competição entre vizinhos e estimula os artífices a superar-se uns aos outros na qualidade de seu trabalho. Perses é aconselhado a seguir a boa Éris. Ele tem de encontrar sua prosperidade por meio do esforço, e não perseguir seu irmão com ardis legais inspirados pela má Éris.

A segunda exortação (274-97) relaciona as duas Éris com a Dike de Zeus. Perses deveria dar ouvidos à Dike e esquecer inteiramente a violência (*bia*), pois este é o modo de vida que Zeus ordenou aos homens[28]. Peixes, feras sel-

---

[28] O termo grego aqui traduzido por "modo de vida" é *nomos*. O termo ainda não tem o sentido de "lei". Ver, sobre esta questão, JAEGER, *Theology*, 68, nota 4.

vagens e pássaros alados devoram-se uns aos outros, pois o reino animal não é onde habita Dike, mas os homens receberam Dike e devem viver em acordo com ela. Aqueles que observam a Dike prosperarão com sua descendência, enquanto os outros afundarão da obscuridade. O caminho para a Desventura (*kakotes*) é fácil e plano, "mas os deuses imortais antepuseram o suor ao Êxito (*arete*) — longo e íngreme é o caminho rumo a ele, e árduo de início, mas quando se chega ao topo ele é alcançado facilmente, a despeito da dificuldade"[29].

A Dike de Zeus determina que só podemos chegar à *arete* através do trabalho árduo sob o impulso da boa Éris. Essa *arete* hesiódica do camponês (ao ser contrastada com a *arete* homérica do guerreiro aristocrático) é então detalhada na segunda parte do poema, numa profusão de regras. O modo de vida do camponês pacífico e trabalhador é a ordem em conformidade com Dike, e Hesíodo se dá ao trabalho de fazer essa exposição porque tem a esperança de que "o insensato Perses" possa ser induzido a seguir o conselho. Sem esse tom fundamentalmente esperançoso, todo o poema, como uma exortação, não faria sentido; e temos de ter em mente essa noção orientadora ao abordar as fábulas da primeira parte, que, se tomadas isoladamente, podem transmitir a impressão de que Hesíodo é um filósofo do pessimismo cultural.

Antes de nos voltarmos para as fábulas, contudo, é preciso considerar as linhas finais da segunda exortação (293-97). Uma admoestação pressupõe que o admoestado não está em posição de conhecer a verdade por si mesmo e agir em conformidade com ela; e, ademais, assume as possibilidades alternativas de que o admoestado siga o conselho ou de que não o faça. Hesíodo concentrou essa situação no apotegma: "Excelente é o homem que compreende todas as coisas por si mesmo; é bom um homem que ouve um bom conselheiro; mas aquele que não é capaz de pensar por si nem de atentar ao que outro lhe diz é um homem sem valor [*achreios*]". No contexto, essas linhas marcam a transição para a segunda parte do poema com seus conselhos detalhados, mas elas se desdobraram num dos maiores problemas da ciência política grega. Aristóteles cita o trecho na *Ética a Nicômaco* (1095b10-13) para confirmar sua tese de que a verdade de uma ciência da prudência só é acessível àqueles que, por inclinação e treino, são predispostos a ela, enquanto será rejeitada pelos "homens sem valor". A situação hesiódica da admoestação desenvolve-se segundo o princípio epistemológico de que a ciência da ética só pode ser

---

[29] Nas traduções "Desventura" e "Êxito", estou seguindo Jaeger. Ver, *ibid.*, 70 e nota 51 para as razões disto.

cultivada pelos homens cujo caráter é suficientemente maduro para servir como instrumento da cognição.

4 As fábulas — Paraíso

A primeira parte de *Os trabalhos e os dias* contém as três fábulas e os apocalipses a elas subordinados.

O uso da fábula faz parte do estilo exortativo proveniente de Homero. A força persuasiva da admoestação é intensificada pelas ilustrações apropriadas extraídas do reservatório compartilhado dos mitos, e o argumento em si é sustentado pela autoridade da sabedoria paradigmática incorporada na tradição mítica da comunidade. O exemplo clássico desse tipo de *paraínesis* é o discurso exortatório que Fênix dirige a Aquiles na *Ilíada* IX, 434-605, com seu clímax no mito paradigmático da Cólera de Meleagro[30]. Hesíodo revela o significado de seu instrumento exortativo qualificando a fábula "O gavião e o rouxinol" (a terceira da série) especificamente como um *ainos*. Embora o termo *ainos* seja mais estritamente aplicável às fábulas animais, designa também, na linguagem antiga (Homero, Píndaro), o conto paradigmático em geral; o *ainos* como uma ilustração imbuída de uma moral contém o significado do conselho. "Logo, o *ainos* não é meramente a fábula animal do gavião e do rouxinol. Esse é somente o exemplo que Hesíodo dá aos juízes. Tanto o conto de Prometeu como o mito das cinco idades são também verdadeiros *ainoi*."[31] Por meio da exposição paradigmática da verdade, Hesíodo e outros poetas antigos criaram um tipo que se desdobra em continuidade na especulação filosófica do século IV. O modelo platônico da pólis, o paradigma que está guardado no céu, é a última transformação especulativa dos paradigmas míticos dos antigos poetas[32]. Além disso, a técnica dos poetas que recorre à autoridade da ilustração desdobrou-se na retórica da pólis, e Aristóteles dedicou uma parte de sua obra lógica, os *Tópicos*, ao uso correto dos *tópoi*.

À luz dessas reflexões, uma análise das fábulas tem de distinguir a história em si de seu propósito paradigmático. Pois a história pode ser um conto de infortúnio, enquanto sua narração é inspirada pela esperança de que o ouvinte entenda

---

[30] Ver JAEGER, *Paideia*, 26 ss., v. I.
[31] Ibid., 68.
[32] Ibid., 32-34.

a lição e evite o infortúnio graças a uma conduta mais inteligente. Esse conflito de sentidos ocorre no caso das fábulas hesiódicas. Se as pusermos lado a lado e tentarmos harmonizar seu conteúdo num retrato consistente das opiniões políticas de Hesíodo, como fizeram alguns comentadores, enfrentaremos dificuldades intransponíveis. Se as tomarmos como paradigmas no contexto da exortação, chegaremos à conclusão de que são idênticas quanto ao propósito, já que as três fábulas transmitem a moral de que a ordem de Zeus tem de ser aceita e de que qualquer um que viole a Dike padecerá. Pela autoridade do mito, as fábulas tentam impressionar Perses com as consequências de sua conduta injusta; e as três fábulas, ao lamentar o infortúnio que é uma consequência da revolta contra Zeus, são inspiradas pela convicção de que a ordem da Dike por fim prevalecerá.

Embora todas as fábulas, portanto, apontem para a mesma lição, seus conteúdos têm vida própria. Do reservatório de contos míticos, elas extraem as imagens que simbolizarão o ônus da existência, as fontes de angústia, a melancolia de um paraíso perdido, a esperança de que tempos melhores virão e o desejo obstinado de sobreviver. Pois nas experiências desse tipo o gênio de Hesíodo encontrou os símbolos que se tornaram tipos não apenas para a especulação helênica, mas também para os romanos e para a civilização ocidental.

A primeira fábula é a de Pandora, que conta a história das imposturas de Prometeu e da punição infligida por Zeus à humanidade (42-105). Em sua ira provocada por uma impostura de Prometeu, Zeus escondeu dos homens seu sustento (*bion*), para que tivessem de se manter vivos por meio do trabalho árduo. Então Prometeu roubou o fogo para os homens e, como punição por essa segunda impostura, Zeus ordenou que se forjasse Pandora, um ser humano em forma de donzela, imitando as deusas imortais, dotada de todas as graças e prendas e, além disso, equipada com um vaso cheio de pragas para o homem. Epimeteu, de baixa perspicácia, aceitou a dádiva dos deuses — e foi assim que o mal (*kakon*) começou. "Antes disso, as tribos dos homens viviam na terra livres do mal e do trabalho penoso e das moléstias dolorosas que trazem as sombrias Parcas sobre os homens — pois na desventura [*kakotes*] os mortais envelhecem rapidamente. Mas a mulher retirou com as mãos a grande tampa do vaso e dispersou esses e outros sofrimentos para o homem" (90-95). Somente a Esperança, por determinação de Zeus, foi mantida no interior do vaso. "Logo, não há como escapar da vontade [*noon*] de Zeus" (105).

A fábula de Pandora está relacionada à história da Queda e da expulsão do paraíso no Gênesis. Pode-se assumir um reservatório comum de mitos pré-literários do qual os dois mitos derivariam. A forma hesiódica, porém, distingue-se da forma bíblica por sua distribuição das ênfases. O motivo da rivalidade entre o homem e Deus é abrandado, enquanto a queixa a respeito da condição humana passa para o primeiro plano. Certamente, a rebeldia contra a ordem de Zeus é a causa da desgraça do homem — esse é o ensinamento da fábula. Prometeu enganou Zeus duas vezes. Mas a primeira burla não é especificada, e a segunda é o roubo do fogo. O simbolismo não exibe a clareza bíblica do homem esforçando-se pelo conhecimento e pela vida dos *elohim*. Essa redução da escala da ambição, embora encubra a enormidade espiritual da Queda, tem a consequência — ou, pode-se até dizer, a vantagem — de pôr em foco uma área mais simples da experiência, pois o sonho hesiódico do paraíso é a contrapartida do ônus da existência como experimentada pelo homem comum. A fábula de Pandora, especialmente quando sustentada pelas expressões oníricas paralelas contidas em outras passagens, tem o mérito de listar com rara precisão e abrangência os elementos que entram na formação do paraíso de todos os homens, e, portanto, recorre constantemente como um tipo no processo da política. Esse sonho comum está menos interessado em possuir o conhecimento dos deuses que em ter a carga de trabalho reduzida e em não sofrer devido à fome e à doença; está menos interessado na imortalidade que em viver mais, de modo indefinido, em algo como a "imortalidade prática" dos mortais de Hesíodo antes do advento de Pandora. E, no caso pessoal do poeta, ele não estaria feliz a menos que fosse libertado das mulheres do tipo de Pandora — com a graça da áurea Afrodite, uma mente despudorada (literalmente: de cadela) e um caráter ardiloso (65-67).

O sonho hesiódico de que não houvesse trabalho, fome, doenças, envelhecimento e morte, mulheres arrola os negativos das experiências que são as principais fontes de angústia na vida humana. O paraíso, nesse sentido, como o sonho de libertar-se do fardo e da angústia da existência, é uma dimensão constante da alma que se expressa não só nas imagens da existência imortal no além, mas, em geral, permeia a ocupação imaginativa com um estado desejável da existência mundana. Não é preciso insistir em expressões vulgares que vêm à mente de imediato, como "uma existência livre de penúria e de temor" — da Carta do Atlântico. De modo mais sutil, o sonho é o componente dinâmico nas tentativas de criar um paraíso terreno reduzindo as horas de trabalho (sem trabalho), fornecendo uma remuneração (sem fome) e cuidados médicos (sem doenças) para todos, e aumentando a longevidade humana (sem morte). E até mesmo o problema do ser humano ser criado como homem e mulher, embora não possa ser solucionado, pode ser psicologicamente reduzido à famosa "satisfação das necessidades biológicas". Ademais, o sonho do paraíso geralmente estimula a imagem de uma ordem imutável que se expressa no desejo de estabilidade, conservação, preservação do *statu quo*, assim como na apropriação monopólica das oportunidades lucrativas e na resistência à ascensão de rivais e concorrentes. Uma explicação de tais fenômenos segundo uma psicologia dos interesses materiais toca somente a superfície do problema. A força da fábula de Pandora está em penetrar numa dimensão constante dos sonhos que corresponde à experiência do fardo da existência. O paraíso está efetivamente perdido — esse é o mistério da existência — e não pode ser reconquistado na vida do homem em sociedade; mas na tentativa de recuperá-lo o esforço do homem se torna o "interesse material" que viola a ordem de Zeus e da Dike. A submissão à ordem da vida conforme determinada por Zeus para o homem significa carregar o fardo da existência em competição e cooperação com os outros homens: "Tolos, que não sabem quão maior que o todo é a metade!" (40).

5 As idades do mundo

A análise da segunda fábula é intitulada "As idades do mundo" porque a expressão é de uso geral para designar o tipo de especulação da qual a fábula hesiódica é uma amostra[33]. O título, entretanto, não deve influenciar a análise — qual é efetivamente o assunto da fábula terá de ser julgado pela leitura de seu texto (106-79). Dado que a análise a seguir se desviará das interpretações estabelecidas em vários aspectos, farei, primeiramente, um resumo do conteúdo da fábula.

A fábula é introduzida por um breve comunicado dirigido a Perses, de que ele agora ouvirá uma outra narrativa (*logos*) que deve levar em consideração, a história de como os deuses e os homens mortais possuem a mesma origem (*homothen gegaasi*). Esta é a história:

> Os olimpianos imortais primeiramente criaram uma raça [*génos*] humana de ouro. Quando Cronos reinava no céu, os homens viviam como deuses, sem pesares, labuta, sofrimento e o penoso envelhecimento. Sua felicidade era completa; a terra forne-

---

[33] Ver o artigo Ages of the World, e também o artigo relacionado Cosmogony, in *Encyclopedia of Religion and Ethics*, New York, Scribners, 1913-1923.

cia alimento e rebanhos em abundância; tranquilas, confortáveis e festivas eram suas vidas. Eram amados pelos deuses; e morriam como se fossem tomados pelo sono. Sendo mortais, tinham de morrer, e a terra os cobria; mas na outra vida tornavam-se bons espíritos [*daimones hagnoi*], rondando a terra como guardiões dos homens, velando o certo e o errado, e gozando da bem-aventurança.

Então os olimpianos criaram uma raça de prata, muito inferior em qualidade, que não se assemelhava à raça de ouro nem quanto à aparência nem quanto ao espírito. As crianças cresciam sob a proteção das mães durante cem anos, simplórias. E, ao chegar à maturidade, viviam somente um breve período de tempo e em sofrimento, pois não conseguiam se abster da *hybris*, prejudicando-se uns aos outros e descuidando da honra aos deuses. Então Zeus, furioso, enviou-os para debaixo da terra. Porém, na vida após a morte eles se tornaram os espíritos bem-aventurados do submundo [*hypokhthónioi makares*], ocupando a segunda posição na hierarquia dos bons demônios, mas dignos de ser honrados.

Então Zeus criou a raça de bronze, feita de madeira dura, raça forte e poderosa, muito diferente da raça de prata. Eram afeitos à guerra [*Ares*] e aos atos de violência [*hybris*]. Suas armaduras, suas casas e seus utensílios eram feitos de bronze; ainda não existia o ferro negro. Destruíram-se uns aos outros e foram para o Hades, sem deixar nome.

Então Zeus fez uma quarta raça de homens, mais nobres e justos, a raça dos heróis, chamados de semideuses, a raça que precede nossa própria raça. Muitos deles foram destruídos nas terríveis guerras em Tebas e em Troia; mas Zeus removeu os outros para os confins da terra, onde vivem nas Ilhas dos Bem-Aventurados, junto às praias de Oceanos; ali a terra dá frutos três vezes ao ano, e ali vivem os ditosos heróis sob o governo de Cronos, que Zeus libertou dos grilhões com esse propósito.

E então Zeus fez a quinta raça, de ferro, que nunca cessa, durante o dia, de labutar e penar, e, à noite, de temer a morte. Todavia, mesmo esses homens têm algo de bom misturado ao mal.

Mesmo a leitura mais superficial da história revelará que a sequência das idades do ouro, da prata, do bronze, dos heróis e do ferro é desordenada, pois a série dos metais é interrompida pelos heróis. A conjectura sugere que Hesíodo se baseou em algum mito das quatro idades dos metais, talvez um mito babilônico, e o adaptou para seus propósitos, inserindo o mundo da epopeia homérica entre a idade do bronze e a do ferro. Com efeito, existem histórias sobre as quatro idades no Oriente Médio e na Índia que podem remontar a fontes similares às hesiódicas. Reitzenstein, por exemplo, sugeriu um interessante paralelo nas idades de Krishna conforme preservadas na tradição jainista. Segundo esse mito, há quatro idades caracterizadas pelas cores branca, vermelha, amarela e negra. No decurso das quatro idades, o estado do mundo se deteriora. Na idade branca, não há doenças nem a tristeza da velhice, não há paixões e não há guerras. Na idade vermelha, a justiça e a piedade são reduzidas em um quarto; a religião torna-se externalizada, aparecem novos costumes e desperta a consciência do dever. Na idade amarela, a justiça e a piedade são reduzidas à metade; começa a formação de seitas, surgem as paixões e as doenças, e o destino do homem torna-se penoso. Na idade negra, somente a quarta parte da justiça e da piedade é preservada; os homens são governados pela ira; é a idade da fome, do medo e das pragas[34]. O mito é instrutivo na medida em que mostra o tipo de simbolismo ao qual Hesíodo poderia ter acesso para expressar a deterioração do mundo em fases sucessivas; contudo, ele também deixa claro que o *logos* hesiódico, diferentemente de sua contrapartida oriental, não é inspirado pela concepção clara de um ciclo no qual a ordem sagrada se deteriora até que o cosmos pereça com sua lei[35]. Nem mesmo é certo que Hesíodo nutria uma ideia de ciclo. Certamente, há a expressão de seu desejo de não estar entre os homens da quinta raça, e de ter "morrido antes ou de nascer mais tarde"[36], que parece sugerir um futuro melhor após a idade do ferro. Porém, é duvidoso que esse desejo justifique a conjectura de que Hesíodo imaginava uma *ekpyrosis*, uma conflagração geral, seguida de um novo ciclo do mundo, considerando que a ideia estaria em conflito com o propósito exortativo do poema.

A investigação do campo das possíveis fontes e paralelos hesiódicos realizada por eminentes orientalistas não deve em absoluto ser depreciada — especialmente se, agora, nós mesmos tencionarmos nos devotar a essa investigação. Todavia, a busca por esses paralelos dificultou seriamente uma compreensão do logos, pois desviou a atenção de seu conteúdo. A análise seguinte concentra-se no texto em si e procura interpretá-lo segundo as categorias mitoespeculativas hesiódicas com as quais já estamos familiarizados.

Acima de tudo, o logos não diz respeito primordialmente às "idades do mundo", mas às "raças dos homens". E, quando examinarmos mais detidamente esses "homens", veremos que os integrantes das primeiras três raças dificilmente podem ser qualificados propriamente como homens. São criatu-

---

[34] R. REITZENSTEIN, *Altgriechische Theologie und ihre Quellen*, Vorträge der Bibliothek Warburg 1924-1925, Leipzig, Teubner, 1927. Para outras fontes mandeanas, iranianas e indianas, ver R. REITZENSTEIN e H. H. SCHAEDER, *Studien zum antiken Synkretismus aus Iran und Griechenland*, Studien der Bibliothek Warburg 7, Leipzig, Teubner, 1916. Para uma avaliação crítica da obra de Reitzenstein e Schaeder, ver a resenha de A. D. NOCK, *Journal of Hellenic Studies* 49 (1929) 111-116.

[35] REITZENSTEIN, *Altgriechische Theologie*, 4.

[36] *Os trabalhos e os dias*, 175.

ras cordiais de um mundo confuso que simplesmente vivem o prazo que lhes foi outorgado; ou deploráveis simplórios que se envolvem em problemas até que sejam afastados; ou monstros fabulosos, aparentemente feitos de madeira rija, que destroem uns aos outros e dos quais nunca mais se ouve falar. Somente a quarta raça tem a humanidade abrangente, embora exaltada, dos heróis homéricos, e já com a quinta raça estamos inteiramente familiarizados, na esfera do demasiadamente humano. Se seguirmos a sugestão do texto, é preciso estabelecer um corte entre as fabulosas criaturas das primeiras três raças e a humanidade inteligível da quarta e da quinta raças. Se fizermos esse corte, não precisaremos mais estar fascinados pela série dos quatro metais em abstrato; podemos esquecer nossa erudição com referência aos mitos orientais paralelos das quatro idades; não somos compelidos a conceber os "heróis" como a interrupção de uma sequência original; nos libertamos, ao mesmo tempo, da noção de que o mito necessariamente tem de elaborar a deterioração do mundo por meio de fases sucessivas. Estamos livres para abordar o poema em si e perceber que as três primeiras raças, efetivamente, formam uma série de deteriorações; que, com os heróis, entra em cena uma raça melhor, mas que a transição da quarta para a quinta raça traz nova deterioração. As três primeiras e as duas últimas raças são, portanto, grupos distintos que deterioram a si próprios internamente.

Tendo em mente o corte entre os dois grupos, podemos agora considerar os versos introdutórios endereçados a Perses, versos que, em nossa opinião, contêm a chave da estrutura do logos. Hesíodo informa seu irmão de que irá lhe contar a história de como os deuses e os mortais surgiram do mesmo ponto de origem (*homothen*). Uma vez que Hesíodo não diz nada a respeito da origem dos deuses ao longo da fábula, conjectura-se que a linha em questão (108) é remanescente de um projeto que não foi executado. Contudo, a linha faz sentido se assumimos que Hesíodo se refere à sua *Teogonia* e agora pretende mostrar que os homens têm o mesmo tipo de origem que os deuses. Se lermos o *logos* nesse sentido, veremos que o primeiro grupo de três raças corresponde às três gerações de deuses na obra precedente. Aparentemente, Hesíodo fez corresponder à sua *Teogonia* uma antropogonia.

Se sua intenção era a criação de uma antropogonia, isso explicaria a peculiar vagueza na caracterização das três raças, sempre apontada pelos historiadores. Afora a convicção abstrata da deterioração, não há uma descrição concreta de um declínio na religião, na justiça, nos costumes, na fertilidade do solo ou nas condições climáticas, como se encontra nas narrativas orientais sobre as idades, ou, posteriormente, no Ocidente, nas idades de Ovídio[37]. Hesíodo estava menos interessado no conteúdo da suposta fonte — se, de fato, era articulada o bastante — do que em garantir três raças fabulosas, não muito humanamente inteligíveis, que pudessem servir como um paralelo da *Teogonia*. Ademais, a gênese das raças parece ter sido descrita de modo vago deliberadamente, a fim de cumprir esse propósito. A primeira raça foi criada pelos "olimpianos" e viviam "sob o governo de Cronos"; mas teria sido ela criada por Cronos ou pela primeira geração da *Teogonia*? A segunda raça, novamente criada pelos "olimpianos", entra em conflito "sob o domínio de Zeus"; porém, teria sido criada por Zeus ou talvez pela segunda geração da *Teogonia*? Somente a terceira raça foi com certeza criada por Zeus. Isso causa uma dificuldade para Hesíodo, pois sai das gerações de deuses e tem de conceder que a raça heroica também foi criada por Zeus; e isso nos faz pensar por que, em primeiro lugar, Zeus teria criado as criaturas de madeira de aparência nada promissora.

Todas essas curiosidades ganham sentido tão logo deixamos de insistir em que uma linha contínua de evolução ou dissolução tem de percorrer os cinco estágios, tão logo reconhecemos o corte entre os dois grupos como determinado por um princípio de construção mitoespeculativa. Então as três primeiras raças tornam-se uma antropogonia em correspondência com a *Teogonia*, embora com a quarta e a quinta raças entremos propriamente na esfera do homem sob o governo de Zeus. Assim, distinguiremos terminologicamente os dois grupos, e designaremos a primeira parte do *logos* como o "mito antropogônico" e a segunda parte como o "mito épico".

Designamos a segunda parte do *logos* como um "mito épico" porque a visão hesiódica do problema do homem sob a administração de Zeus obviamente se desenvolve no horizonte das epopeias de Homero e dos homéridas. A nobre sociedade cuja existência histórica está suficientemente atestada pela *Ilíada* e pela *Odisseia* pertence ao passado; no que se refere à experiência de Hesíodo, não resta vestígio dela. A humanidade tem duas idades, o passado heroico e o presente de ferro. Isso suscita a questão de se o significado da idade do "ferro" não pode ser determinado no interior do mito épico, independentemente dos metais do mito antropogônico. O *logos* em si oferece uma indicação da resposta. Os metais do mito antropogônico parecem não ter outra função senão simbolizar a diminuição de qualidades das sucessivas raças — a menos que queiramos assumir (o que também já foi feito) que as três raças realmente

---

[37] OVÍDIO, *Metamorfoses* I, 89-150.

consistiam de ouro, prata e bronze, respectivamente. Na descrição da terceira raça, entretanto, Hesíodo insiste de maneira peculiar que as casas, as armas e os utensílios da raça eram de bronze, e que "não havia o ferro escuro"[38]. Aqui, o "bronze" aparentemente não é apenas um símbolo mítico, mas também caracteriza a idade do bronze no sentido da história cultural. Parece possível, portanto, que Hesíodo pretendia que sua raça de ferro fosse principalmente a raça que vivia na idade do ferro cultural, ou seja, na época que foi historicamente introduzida pela invasão dórica que encerrou a glória micênica da idade do bronze. A sugestão entenderá as duas raças do mito épico como representantes dos dois grandes períodos da história grega.

Se adotamos essa visão, podemos também resolver o complicado problema de um mito das quatro idades dos metais que foi encontrado por Hesíodo e alterado por ele com a inserção da idade heroica. Embora esse mito possa ter existido, certamente não temos evidências dele. Sua existência é assumida com o propósito exclusivo de explicar a estrutura do logos hesiódico. A. D. Nock formulou de modo excelente o motivo da pressuposição: "Certamente, a inserção da Idade Heroica na sequência dos metais sugere que o poeta tomou emprestado um esquema, mas o modificou porque a memória popular da Idade Heroica excluía a crença na degeneração contínua"[39]. Outra autoridade afirma: "Não há nenhuma referência a essa versão nos poemas homéricos, mas, mesmo naquele remoto período, alguma forma dela era provavelmente corrente entre os gregos"[40]. Se a estrutura do *logos* possui sentido em seus próprios termos, a pressuposição é desnecessária. Embora Hesíodo provavelmente tenha se baseado num reservatório de mitos das idades do mundo, de mitos de uma idade do ouro, e em atribuições de outros metais a outras eras, não há razão para assumir que os vários elementos apareciam na combinação de um mito das quatro idades de metal antes de sua época. Em lugar de um Hesíodo que altera um bom mito, ganhamos a figura mais interessante, e muito mais consistente, de um Hesíodo que constrói um novo mito a partir de materiais não tão bem organizados. A construção de um mito consistente das quatro idades de metal como uma série de períodos descendentes — como encontramos em Ovídio, provavelmente com a mediação de fontes órficas — seria então um novo passo mitopoético baseado na obra de Hesíodo.

---

[38] *Os trabalhos e os dias*, 151.
[39] A. D. Nock, na resenha da obra de Reitzenstein e Schaeder, previamente citada.
[40] Kirby F. Smith, Ages of the World (Greeks and Romans), *Encyclopedia of Religion and Ethics*, 193, v. I.

A pressuposição de um mito preexistente das quatro idades de metal é, em nossa opinião, desnecessária. Estamos livres, portanto, para considerar o que realmente sabemos sobre os elementos que fazem parte da construção hesiódica. As idades do mundo, em geral, e as idades de metal, em particular, apontam para a Babilônia como sua origem. A teoria das idades como tal pertencia ao Oriente antigo em geral e foi cuidadosamente elaborada no sistema cosmológico babilônico. O ano do mundo, posteriormente o *magnus annus* dos romanos, é determinado pela precessão do equinócio vernal. A cada 2.200 anos, o ponto vernal percorre uma figura, ou seja, um duodécimo do Zodíaco; e se considera que cada um dos anos do mundo é governado pela respectiva figura do dodecaedro. Na época histórica que observamos, o calendário babilônico indica a Era de Touro. O touro se torna o símbolo do deus; e encontramos o simbolismo completo que predomina concomitantemente em todo o Oriente Médio, no Egito e em Creta. A Era de Touro começa por volta de 1.800 a.C. No século VIII o calendário foi modificado, e a Era de Áries seguiu-se à Era de Touro. Embora a mudança no calendário tenha coincidido com o colapso do poder babilônico, disseminou-se pelo Oriente Médio e parece ter encontrado sua principal base no Egito. O simbolismo dos deuses políticos mudou com o calendário, e o deus-touro foi substituído por Júpiter-Amon com cabeça de carneiro, que Alexandre restaurou (ao conquistar o Egito) a fim de receber a sanção suprema de seu poder.

Na concepção das eras baseada somente nos cálculos zodíacos, as eras seguem-se umas às outras sem diferenças qualitativas entre elas. A noção de que as sucessivas eras estão se tornando piores tem sua fonte independente na experiência do declínio no curso da história. Sempre que a experiência se combina com o ritmo de tempo que chamamos de "idade" ou "era" isso resulta no símbolo de um mau estado presente do mundo, precedido por um estado melhor; o mundo era bom ao ser criado pelas mãos dos deuses e se tornou pior no decurso do tempo por uma razão ou por outra. Duas eras são o mínimo necessário para tal simbolização, e, por conseguinte, o mito de uma era de ouro que precedeu a desventura histórica sempre pode se desdobrar independentemente de qualquer outra especulação sobre as eras. Se a especulação se expandirá num mito triádico, tetrádico ou até em mitos mais elaborados de uma sequência de eras que se deterioram dependerá de sua combinação com elementos que se desenvolvem independentemente em outras áreas da especulação cosmológica. E se essa série de idades será combinada com uma série de metais ou de outros objetos ou substâncias orgânicos ou inorgânicos dependerá do desenvolvimento independente de tais séries em outras áreas da especulação sobre os fenômenos naturais. Na civilização babilônica estavam de fato presentes os vários elementos independentes que poderiam se fundir num mito das idades de metal, a despeito da variedade triádica, e não tetrádica, pois os principais planetas do sistema cosmológico babilônico — Sol, Lua e Istar (Vênus) — formavam uma trindade divina similar a outros grupos desse tipo no Oriente Médio, enquanto os outros quatro planetas — Júpiter, Mercúrio, Marte e Saturno — formavam uma tétrade simbolizando os quatro cantos do mundo. E os membros da trindade principal eram associados aos metais: ouro, prata e cobre[41].

Logo, estavam presentes os elementos para a formação de um mito das idades de metal. Todavia, terá ele sido efetivamente formado? Tudo o que sabemos é que as relações de valor entre os metais exerceram um enorme fascínio em virtude de sua associação divina. Por vezes, a proporção comercial do ouro em relação à prata era de 1:13 $^1/3$, pois essa era a relação entre o comprimento das trajetórias lunar e solar (27:360). Mas, se esse mito que expressava os valores relativos das eras por meio dos metais divinos havia se formado, seria um mito triádico — e é esse o tipo de mito que encontramos na seção antropogônica do *logos* de Hesíodo. Por conseguinte, permanece incerto se um mito tetrádico das idades de metal existiu antes de ser extraído da combinação hesiódica dos elementos. Nessa conexão, vale observar que o mais antigo caso documentado de um mito do Oriente Médio das quatro idades de metal ocorre numa especulação persa do século IX a.C. Embora a forma literária não date o mito em si, é curioso que não fossem conhecidos registros literários anteriores, se os mitos desse tipo eram correntes no Oriente Médio por mais de um milênio e meio antes dessa data[42].

As duas partes do *logos* hesiódico são construções que podem ser compreendidas separadamente. Podemos agora passar ao problema de sua integração num todo dotado de sentido. Para compreender o sentido do todo, seremos grandemente auxiliados pela existência de um mito chinês das cinco

---

[41] O material contido nessa exposição dos elementos do mito babilônico são extraídos de Alfred Jeremias, Age of the World (Babylon), *Encyclopedia of Religion and Ethics*.

[42] Nathan Soederbolm, Age of the World (Zoroastrian), *Encyclopedia of Religion and Ethics*. O mito está inserido em *Dinkart 9.8, Sacred Books of the East*, ed. F. Max Muller, Oxford, Clarendon, 1879-1910, 37, 18, uma compilação do século IX. Com respeito à data da origem do mito, Soederblom (209) sugere: "As quatro Idades de Ouro, Prata, Aço e Ferro foram adotadas — a princípio provavelmente por um compilador ortodoxo — durante as antigas controvérsias com o maniqueísmo e outras heresias". Isso admite o século III como a data de origem mais remota.

eras que guarda certas características formais em comum com o *logos* hesiódico. Ele se originou na escola Tsou Yen dos Cinco Elementos, pouco antes da vitória final de Ch'in Shih Huang Ti em 221 a.C. Não há suspeita de "influências" do Ocidente; é um caso de motivação paralela resultando em especulação paralela. O conteúdo do mito é o seguinte:

> Sempre que um imperador ou um rei está prestes a ascender, o Céu primeiramente tem de manifestar alguns augúrios favoráveis entre os homens comuns.
> Na época do Imperador Amarelo, o Céu primeiro fez aparecer um grande número de minhocas e grilos. O Imperador Amarelo disse: "A força do elemento terra está na ascendência". Portanto, ele adotou o amarelo como sua cor e a terra como referência para suas atitudes.
> No tempo de Yu (fundador da dinastia Hsia), o Céu primeiro fez aparecer capim e árvores que não morriam no outono nem no inverno. Yu disse: "A força do elemento madeira está na ascendência". Logo, ele adotou o verde como sua cor, e a madeira como referência para suas atitudes.
> No tempo de T'ang (fundador da dinastia Shang), o Céu primeiro fez aparecerem lâminas de faca na água. T'ang disse: "A força do elemento metal está na ascendência". Logo, ele adotou o branco como sua cor, e o metal como referência para suas atitudes.
> Na época do Rei Wen (fundador da dinastia Chou), o Céu primeiro fez aparecer uma chama, enquanto um pássaro vermelho, segurando um livro vermelho em seu bico, pousou no altar da Casa de Chou. O Rei Wen disse: "A força do elemento fogo está na ascendência". Portanto, ele adotou o vermelho como sua cor e o fogo como referência para suas atitudes.
> A água será inevitavelmente o próximo elemento que substituirá o fogo. E o Céu, antes de qualquer coisa, tornará a ascendência da água manifesta. Estando a força da água na ascendência, o preto será adotado como sua cor e a água será adotada como referência.
> Se o poder da água chegar sem ser reconhecido, a operação, quando o ciclo se completar, se reverterá mais uma vez para a terra.[43]

A formação do mito se dá na plena luz da história. Embora o simbolismo dos Cinco Elementos seja de uma data muito anterior, ele só se torna um princípio de especulação de uma escola no século III, e a aplicação do princípio ao curso da história pode ser datada de modo razoavelmente preciso devido ao fato de que o autor se abstém a respeito do símbolo do quinto período. O período Chou chegava ao seu fim e a vitória de Ch'in era iminente; mas ainda não estava decidido se o conquistador usaria a água como um

---

[43] Fung Yu-Lan, *A History of Chinese Philosophy*, trad. Derk Bodde, Princeton, Princeton University Press, 1952, 161 s., v. I.

símbolo de seu reinado (como efetivamente o fez em 221) ou a terra do mítico Imperador Amarelo[44]. Além disso, somos amplamente informados das intenções do autor pelo relato de Sima Qian em *Shi Ji*. Sima Qian relata, a respeito de Tsou Yen:

> No país de Ch'i [...] havia Tsou Yen, que veio depois de Mêncio. Tendo observado que aqueles que governavam países estavam se tornando cada vez mais licenciosos e incapazes de apreciar o poder moral [...] e de influenciar as pessoas comuns, ele realizou uma profunda pesquisa do fluxo e refluxo do Yin e do Yang, e escreveu ensaios de mais de cem mil palavras sobre suas permutações e os ciclos das grandes eras. [...] Ele foi o primeiro a pôr o presente numa relação exata com um passado tão longínquo quanto o do Imperador Amarelo. Com base em tudo o que os eruditos narraram, ele fez uma grande correlação das eras em seu surgimento e sua queda, elaborando seus augúrios, bons e maus, e suas instituições, extraindo daí inferências de grande alcance. Isso o levou à época anterior à existência do céu e da terra, àquilo que está tão oculto que sua origem não pode ser investigada.[45]

O paralelo entre Tsou Yen e Hesíodo é espantoso no que se refere à sua situação e à sua resposta. O declínio da moralidade política fornece a experiência motivadora; a especulação sobre a maré e a corrente rítmicas da ordem e do poder políticos é a resposta. Ambos os mitólogos utilizam símbolos de períodos e ciclos que encontraram na tradição, e ambos os aplicam ao material histórico dentro de seu âmbito de conhecimento. E, acima de tudo, ambos pensam nas categorias do mito cosmológico e sentem-se, portanto, obrigados a construir o problema da ordem presente numa cadeia de períodos que ascendem às eras pré-históricas. Tsou Yen ascende para além dos períodos históricos até o mítico Imperador Amarelo, Hesíodo vai além do período homérico, chegando às raças de seu mito antropogônico. Ademais, o relato de Qian nos informa que Tsou Yen foi além dos períodos caracterizados pelos cinco elementos e ascendeu até as origens cósmicas no céu e na terra, e até mais longe, até a origem oculta desses primeiros princípios cósmicos. O mito das cinco eras, portanto, foi suplementado por uma especulação sobre a origem cósmica, assim como o *logos* de Hesíodo de *Os trabalhos e os dias* foi suplementado pelas especulações da *Teogonia* sobre a questão da origem dos deuses e do homem. Em ambos os casos, a ordem política tornou-se problemática; em ambos

---

[44] Com respeito à situação na qual o mito foi criado, ver Derk Bodde, *China's First Unifier*: a study of the Ch'in dynasty as seen in the life of Li Ssu, Sinica Leidensia III, Leiden, Brill, 1938, 112 ss.

[45] E. R. Hughes, *Chinese Philosophy in Classical Times*, Everyman's Library, London, Dent, 1942, 213.

os casos os mitólogos, em seu esforço restaurador, trataram da desordem de sua época e posteriormente passaram à ordem divina do cosmos.

6 O apocalipse

Sob o título apocalipse abordaremos as linhas 180 a 285 de *Os trabalhos e os dias*. A delimitação da passagem envolve uma cota de arbitrariedade, na medida em que as seções nas quais dividimos o poema para o propósito de nossa análise não foram feitas por Hesíodo. Um intricado padrão de temas permeia todo o poema, de modo que uma passagem particular, plena de significados de diversos temas, pode ser corretamente incluída em mais de uma subdivisão. As linhas de 180 a 201, por exemplo, seguem-se imediatamente ao logos das raças do homem, e poderiam ser apropriadamente tratadas como parte integrante do *logos* em si, já que contêm uma visão do funesto futuro da raça de ferro. Entretanto, poder-se-ia também considerar que o *logos* cumpriu sua função e que em 180-201 Hesíodo está tratando da humanidade presente, a despeito de sua interpretação como a última das cinco raças. Além disso, a passagem é destacada do *logos* em si estilisticamente, por meio da conjugação dos verbos no futuro. No final da seção como um todo (180-285) incluímos então as linhas 274-285, que, anteriormente, neste mesmo capítulo, tratamos como parte da segunda principal exortação endereçada a Perses, pois essas linhas podem efetivamente ser entendidas como a conclusão do apocalipse e também como o início da segunda exortação.

A unidade de 180-285 é dada pelo tema que permeia as linhas. Ele pode ser descrito como o futuro da humanidade sob os aspectos alternativos de sua obediência à justa ordem de Zeus ou de sua rebeldia contra ela. O tema, portanto, está entrelaçado com as queixas particulares de Hesíodo contra Perses e os magistrados corruptos. Alternadamente, os magistrados e Perses são admoestados a renunciar à sua iniquidade e, assim, assegurar para si e sua pólis o venturoso destino dos justos. Entremeando as alternativas do futuro humano, assim como as admoestações alternadas, no pano de fundo geral do tenebroso agouro, Hesíodo chega à seguinte estrutura para toda a passagem:

(1) 180-201 – Apocalipse geral do futuro sombrio para a raça de ferro. "Zeus destruirá essa raça de homens mortais" (180). Todavia, há "algo de bom mesclado aos males" dessa raça (179). Sem essa concessão, as exortações e alternativas seguintes não teriam sentido.

(2) 202-224 – As admoestações aos príncipes e a Perses.
  (1) 202-212 – A fábula "O gavião e o rouxinol", a "fábula para os príncipes".
  (2) A admoestação a Perses.
(3) 225-247 – Os apocalipses das cidades justas e injustas.
  (1) 225-237 – O apocalipse da cidade justa.
  (2) 238-247 – O apocalipse da cidade injusta.
(4) 248-285 – Admoestações e reflexões finais.
  (1) 248-266 – Advertência aos príncipes de que os mensageiros de Zeus veem sua injustiça, e de que devem estar certos de sua punição.
  (2) 267-273 – Expressão da própria hesitação de Hesíodo entre a esperança e o receio do pior.
  (3) 274-285 – Advertência a Perses de que a prosperidade ou o mal virão de Zeus de acordo com sua obediência à ordem de Dike.

Os trabalhos e os dias é um poema, não a exposição discursiva de uma tese. É preciso ler e estudar a obra em si a fim de chegar à compreensão da riqueza de seu conteúdo. Não podemos senão auxiliar tal compreensão circunscrevendo as áreas da experiência na qual se baseia o apocalipse.

A área em si, assim como sua simbolização, será mais bem circunscrita, como no caso de Pandora, ao ser relacionada ao fenômeno israelita paralelo. Os apocalipses hesiódicos das cidades justas e injustas, correspondentes às alternativas da obediência ou da rebeldia em relação à ordem de Zeus, obviamente têm seu paralelo nos tipos proféticos de existência na fé ou no vício, com o correspondente simbolismo dual da salvação ou da punição para Israel[46]. A parênese do poeta é um apelo existencial do mesmo tipo do chamado do profeta para o retorno à ordem de Yahweh. Certamente, a ordem de Zeus e da Dike não é a ordem revelada no Sinai. O apocalipse de Hesíodo, passando do mito para o salto no ser, não tem a tensão espiritual do apelo dos profetas após o salto no ser; suas visões do bem e do mal continuam sendo a prosperidade e o desastre terrenos; mas sua menor tensão preserva-o do descarrilhamento metastático de um Isaías[47]. Contudo, Hesíodo experimentou a angústia da desordem existencial e descobriu sua conexão com a ordem da sociedade, assim como os profetas; e para a expressão de sua experiência ele desenvolveu

---
[46] Sobre o simbolismo dual dos profetas, ver *Ordem e história*, I, 516 ss.
[47] Sobre as experiências metastáticas e sua simbolização, ver ibid., 507 ss.

símbolos estreitamente paralelos. Se o helenismo e a cristandade puderam se mesclar numa civilização mediterrânea comum, foi devido ao ritmo paralelo de desenvolvimento espiritual da Hélade e de Israel; e, no compasso desse ritmo, Hesíodo está emparelhado com os profetas.

A experiência hesiódica que motiva o apocalipse tem de ser diferenciada da variedade de experiências que motivam símbolos similares em sua obra. As revelações visionárias não são histórias sobre deuses e homens; são formas simbólicas, movendo-se claramente para além do mito, que expressa a angústia da alma ao perceber a possibilidade de sua destruição espiritual e moral. O sintoma significativo na nova angústia é a previsão de Hesíodo de que ele e seu filho deixarão de ser homens corretos, "pois não é bom ser um homem justo quando a iniquidade tem prerrogativa"; ele só pode esperar que Zeus, que tudo planeja, não permita que isso aconteça (270-73)[48]. Se essa inquietação e essa esperança forem consideradas o cerne experiencial que motiva o apocalipse, poder-se-ão distinguir, recorrendo às experiências motivadoras, os seguintes tipos de símbolos que se assemelham intimamente uns aos outros:

(1) As visões das cidades justas e injustas (255 ss.) originam-se nas inquietações indicadas.

(2) A existência venturosa que o homem perdeu devido às imposturas de Prometeu e aos presentes de Pandora originam-se na experiência do "paraíso perdido" discutida numa seção anterior deste capítulo.

(3) O simbolismo das eras melhores precedentes e, em particular, a inocência ditosa da Idade do Ouro originam-se na experiência da deterioração histórica da sociedade.

(4) E os símbolos estreitamente relacionados da existência dos demônios bem-aventurados, assim como dos semideuses vivendo eternamente nas Ilhas dos Bem-Aventurados, originam-se na experiência da potencialidade de um ser mais perfeito, intermediário entre homem e Deus, que, no século III, desenvolve-se na demonologia das escolas e, posteriormente, pode se fundir à angelologia oriental. Todas essas experiências, assim como suas expressões simbólicas, podem ser claramente distinguidas na obra de Hesíodo; no entanto, na história posterior, quando os símbolos estão separados de suas experiências e se tornam unidades tópicas na poesia e na espe-

---

[48] Sobre a resposta egípcia frente à desordem, ver a seção respectiva em *Ordem e história*, v. I, cap. 3, § 3, 3. Sobre a retomada do problema hesiódico por Platão, na *República*, ver *Ordem e história*, v. III, cap. 3, § 3.

culação, seus significados se misturarão. Então se tornará difícil distinguir um paraíso de uma idade do ouro, ou uma idade do ouro do passado de uma idade do ouro do futuro, ou um paraíso perdido de um paraíso terrestre a ser concretizado por meio de esforços organizacionais, ou uma Ilha dos Bem-aventurados de uma Utopia.

Havendo já delimitado a área da experiência na qual os apocalipses de Hesíodo se originam, podemos agora considerar a estrutura concreta da experiência. A angústia da aniquilação assume a forma específica do temor de que o próprio Hesíodo e seu filho tenham de se tornar desonestos para conseguir sobreviver. Esse temor ainda não pode ser enfrentado pela resistência de uma alma que se tornou consciente de sua própria vida. A alma ainda está inextricavelmente entrelaçada com o tecido da ordem social e cósmica; quando a ordem se torna injusta, a alma tem de se tornar também injusta, pois a vida não tem sentido a não ser como a vida no interior da ordem. Estritamente falando, a alma ainda não existe. A resistência autoconsciente de um Xenófanes ou de um Heráclito estava fora de questão. Passaram-se vários séculos antes que a alma estivesse suficientemente formada a ponto de se tornar uma fonte da ordem em oposição à sociedade, como ocorre na vida e na obra de Platão. Embora a alma comece a "vir a ser" — se podemos empregar a própria expressão do poeta —, o ser primário ainda é a ordem da realidade social e cósmica da qual o homem não é senão uma parte subordinada.

Consequentemente, a experiência hesiódica é um curioso complexo de elementos conflitantes. A individualização da alma avançou mais em alguns aspectos que em outros. A exortação, por exemplo, pressupõe áreas de sensibilidade na alma que responderão ao apelo. Na grande visão do fim da raça de ferro, Hesíodo chama de Aidos e Nêmesis as duas deusas que retornarão ao círculo olímpico quando a corrupção da raça de ferro houver se tornado irreparável. *Aidós* é o senso de vergonha que, quando está vivo num homem, torna-o capaz de reagir a um apelo que lhe mostra a infâmia de sua conduta. Na *Ética a Nicômaco* de Aristóteles, a *aidós* se torna a condição de uma sociedade boa; quando a vergonha não reage, deve-se usar o medo para preservar a ordem da sociedade. Nêmesis é um sentimento de indignação suscitado pelo espetáculo da injustiça bem-sucedida. Em Homero, tem o matiz de um insulto pessoal sofrido em virtude do reconhecimento e do favorecimento do homem inferior; em Platão, seu significado e sua função são englobados pela *andreia*, a reação corajosa contra a injustiça. Quando Aidos e Nêmesis desaparecem, desmoronam as últimas barreiras contra o mal (197-201).

Sem a vergonha e a indignação na alma do destinatário, a exortação não teria a que se dirigir. Contudo, ao extrapolar o apelo pessoal, Hesíodo extrapola a vida da alma e alcança o tecido circundante da ordem. Assegura-se a Perses que a recompensa da boa conduta será a prosperidade para si e para sua prole (280-85). Os príncipes são alertados de que a Dike e as miríades de vigilantes imortais relatarão as más ações a Zeus e de que o deus os punirá não com a mortificação pessoal de suas almas, mas com a miséria de seu povo, de modo que os prazeres da regência sejam seriamente diminuídos (248-64). As consequências da má conduta, portanto, aparecerão no tecido externo da vida individual e social, e os males são ajustados à posição social[49]. Hesíodo chega a tratar com certa condescendência a *hybris* nos príncipes. Ao menos essa parece ser a implicação da fábula "O gavião e o rouxinol", a "fábula dos príncipes":

> O gavião levou o rouxinol para o alto por entre as nuvens, firmemente preso em suas garras. O rouxinol, trespassado pelas garras, gemia miseravelmente. Com desprezo, o gavião disse: "Infeliz, por que gritas? Alguém mais forte que ti te segura; tu irás aonde eu te levar, ainda que sejas cantor. Comer-te-ei ou te libertarei ao meu belprazer. Tolo é aquele que tenta se opor ao mais forte, pois não pode vencer e, além da vergonha, sofrerá também dor". Assim falou o veloz gavião, pássaro de longas asas.

É uma "fábula para príncipes que compreendem por si mesmos" (102) — o próprio Hesíodo não aponta a lição. Há um tom de aceitação no verso. Embora os príncipes saibam o que não se deve fazer, em certas ocasiões entregar-se-ão à sua *hybris*; tal comportamento principesco faz parte da ordem das coisas, e os súditos têm de estar cientes de sua fraqueza. Em seu contexto, a fábula para os príncipes, portanto, torna-se uma fábula para Perses, que é alertado de que a *hybris* é má para um homem pobre, já que até mesmo os prósperos serão subjugados por suas consequências — pois "a Dike vence a Híbris quando chega ao fim da raça" (213-19)[50]. Por conseguinte, embora pareça haver dife-

---

[49] Para uma apreciação do avanço na compreensão da alma de Hesíodo a Platão, cf. o capítulo sobre o *Górgias* de Platão em *Ordem e história*, v. III, especialmente a análise de "O julgamento dos mortos".

[50] A tradução unívoca não faz justiça ao original. O "homem pobre" traduz o grego *deilos brotos*, e o significado dessa expressão é condicionado pelo subsequente *esthlos* (próspero). *Deilos* e *esthlos* significam o pobre e o rico ou nobre no sentido social. Cf., a esse respeito, a nota em Thomas A. Sinclair, *Hesiod: Works and Days*, London, Macmillan, 1932, 26. *Deilos brotos*, contudo, também pode significar o "miserável mortal" contrastado com os deuses. Com base neste sentido, *esthlos* recebe, por espelhamento, a aura de um ser que, por sua posição social, é elevado acima da posição dos "miseráveis mortais".

rentes níveis de indulgência para a *hybris* do poderoso e a *hybris* do humilde, o resultado, no final, será o mesmo. A comunidade como um todo sofrerá a punição de Zeus. "Muitas vezes, toda uma pólis sofre por causa de um homem mau [...] quando Zeus inflige desgraças ao povo, penúria e pragas, a fim de que os homens pereçam e de que as mulheres não gerem filhos e suas casas se tornem poucas [...] ou quando extermina seu vasto Exército, ou seus muros, ou destrói seus navios no mar" (238-47).

Convém ter certeza a respeito da estrutura da experiência hesiódica caso se deseje preservar uma visão equilibrada acerca dos paralelos entre a visão hesiódica da felicidade e da ruína e as visões correspondentes dos profetas israelitas do século VIII a.C. Embora a busca por paralelos orientais não deva ser mais reprovada que nos casos da fábula de Pandora, ou do *logos* das Idades do Mundo, é preciso ter em mente que não é possível suscitar questões referentes a influências literárias. Estamos lidando com a história das experiências e sua simbolização, e as experiências de Hesíodo, assim como suas expressões, são inteligíveis no contexto da história helênica, sem que se recorra a "influências". Cada uma das linhas do apocalipse hesiódico poderia ter sido escrita sem o conhecimento dos paralelos hebraicos. Tendo em mente este alerta, faremos agora uma justaposição de algumas passagens de Hesíodo e de alguns versos dos profetas[51].

Na grande visão do futuro da raça de ferro, Hesíodo escreve (182 ss.):

> Nem o pai estará de acordo [*homoiios*] com seus filhos, nem os filhos com seu pai; nem o hóspede com o anfitrião, nem amigo com amigo; nem o irmão será estimado pelo irmão como dantes. Os homens desonrarão seus pais senescentes, criticando-os e insultando-os com palavras ásperas, monstruosamente arrogantes, desconsiderando a vingança dos deuses; tampouco retribuirão o custo de sua criação a seus idosos pais. [...] Tampouco será favorecido o homem que mantém seu juramento, ou aquele que age conforme as leis, ou o homem de excelência; os homens exaltarão os malfeitores e os atos guiados pela *hybris*. A justiça estará lado a lado com a força bruta, e a vergonha não mais existirá; os piores homens prejudicarão os melhores, dizendo palavras tortuosas e prestando juramento contra eles. A inveja, as discussões, o regozijo no malefício serão, para o seu pesar, as companhias de todos os homens.

Encontramos paralelos dessa visão em profetas como Isaías (3,4 ss.):

---

[51] Para uma seleção mais rica dos paralelos entre Hesíodo e os profetas, cf. TEGGART, The Argument of Hesiod's *Works and Days*.

> Dar-lhes-ei crianças como seus príncipes, e meninos os governarão.
> E as pessoas serão oprimidas umas pelas outras, e cada um por seu próximo: a criança se portará com petulância ante o ancião, e o homem da plebe ante o nobre.

Ou em Oseias (4,1 ss.):

> Não há sinceridade, nem piedade, nem conhecimento de Deus na terra.
> Sucumbem sob imprecações, mentiras, assassinatos, roubos e adultérios, e derrama-se mais sangue sobre o sangue já derramado.
> Por isso, a terra se lastimará, e todos os seus habitantes definharão; juntamente com os animais selvagens e as aves do céu, também os peixes do mar desaparecerão.

Ou em Miqueias (7,2 ss.):

> O homem bom desapareceu da terra: e não há mais justo entre os homens; estão todos à espreita para derramar sangue; cada qual caça o seu irmão com uma rede.
> Eles são capazes de fazer o mal resolutamente com ambas as mãos; o príncipe e o juiz pedem gratificação; o grande declara seu desejo malévolo: então eles ficam satisfeitos.
> [...]
> Não confies num amigo, não te fies num guia: contém as palavras que saem de tua boca diante daquela que repousa em teu peito.
> Pois o filho desrespeita o pai, a filha se ergue contra a mãe, a nora contra a sogra; os inimigos de um homem são as pessoas de sua própria casa.

Contra essa visão da ruína, Hesíodo sustenta sua esperança de uma cidade justa (225 ss.):

> Mas quando eles concedem julgamentos imparciais a estrangeiros e aos homens locais, e não se desviam daquilo que é justo, sua cidade floresce e o povo prospera. A paz, a governanta das crianças, está fora de sua terra, e Zeus, que tudo vê, nunca ordena guerras cruéis contra eles. Nem a penúria nem o desastre assombram os homens que agem com verdadeira justiça; mas guardam de boa vontade os campos que são tudo o que lhes importa. A terra produz seus víveres em abundância, e nas montanhas o carvalho oferece frutos e abelhas. Suas lanosas ovelhas são constantemente tosquiadas; suas mulheres geram filhos semelhantes aos pais. Eles prosperam continuamente com coisas boas, e não viajam em navios, pois a fecunda terra rende-lhes frutos.

Esta visão pode ser comparada com a de Miqueias (4,3 s.):

> Ele será Juiz entre numerosos povos, e repreenderá nações poderosas muito distantes; martelando suas espadas, delas farão arados; e de suas lanças, foices para podar: nenhuma nação brandirá a espada novamente contra outra nação, nem aprenderá a guerrear.
> Ficará cada qual sob sua vinha e sua figueira, ninguém os ameaçará: pois a boca do Senhor de todos assim falou.

Ou com a de Isaías (30,23):

> Ele dará a chuva para a semente que tiveres semeado na terra; e o pão feito com o produto da terra será nutritivo e abundante: naquele dia, teu gado terá pastagens vastas.
> Os bois e os jumentos que lavram o solo comerão forragem de qualidade, joeirada com a pá e o forcado.

Contudo, não devemos negligenciar o fato de que certos versos da *Odisseia* (XIX, 109 ss.), nos quais Odisseu, incógnito, exalta Penélope, são mais próximos da visão de Hesíodo que quaisquer trechos dos Profetas:

> Tua fama chega ao vasto céu, assim como a fama de um irreprochável rei, que, com o temor aos deuses no coração, é senhor de muitos homens poderosos, sustentando a justiça; e a negra terra produz trigo e cevada, e árvores vergam-se com frutos, os rebanhos procriam sem cessar, e o mar fornece peixes — tudo isso porque ele é um bom líder; e o povo prospera sob seu governo.

Portanto, há paralelos — mas, precisamente no caso dos apocalipses, e, em particular, no caso do apocalipse da ruína, sua existência não remete a fontes comuns, pois o apocalipse da ruína tem como cerne uma intensificação dos males vivenciados pelo profeta. A visão apocalíptica é algo como a acentuação da descrição empírica de um estado de coisas insatisfatório, chegando a um tipo ideal do mal. O profeta da ruína não tem de explorar civilizações estrangeiras em busca de símbolos que expressem adequadamente sua angústia da aniquilação — tudo o que tem de fazer é apreender a essência do mal que o cerca e retratar seus fenômenos sem o entremeio amenizador do bem. Os símbolos paralelos devem-se à disposição paralela no modo de percepção dos fenômenos empíricos do mal. Isto é ainda mais verdadeiro no que se refere às profecias da bem-aventurança. No cenário de uma economia rural, o anseio por paz, fertilidade e prosperidade está fadado a produzir símbolos paralelos.

Essa relação entre a experiência e o símbolo apocalíptico tem considerável importância para o filósofo da história, pois os apocalipses da ruína, quando o profeta é perspicaz, podem se realizar. A aniquilação que essa angústia apreende como um perigo pode se tornar uma realidade histórica; e, quando se torna empiricamente real, a descrição de sua realidade pode coincidir notavelmente com o apocalipse. Tal confirmação do apocalipse pela história aconteceu com Hesíodo via Tucídides. Tendo-se em mente a fábula do gavião e do rouxinol, leiamos algumas passagens do famoso Diálogo dos Mélios. Em Tucídides, os delegados atenienses aconselham os mélios a se abster de manifestações fúteis de sentimentos referentes ao certo e ao errado: "já que vocês sabem tão bem quanto nós que, no mundo, o certo só tem importância em questões entre partes de poder equivalente; de outro modo, os fortes fazem tudo de que são capazes e os fracos suportam o que têm de suportar"[52]. Quando os mélios manifestam sua confiança nos deuses que apoiarão os justos em sua luta contra os injustos, os atenienses respondem:

> Vós falais da proteção dos deuses, mas nós podemos esperar a mesma proteção, pois nem nossas pretensões nem nossa conduta estão, de modo algum, em desacordo com aquilo que os homens creem a respeito dos deuses, ou com aquilo que praticam entre si mesmos. Acerca dos deuses supomos, e acerca dos homens sabemos, que pela lei necessária de sua natureza governam onde quer que possam. E não somos acaso os primeiros a criar essa lei ou a agir de acordo com ela; tudo o que fazemos é aplicá-la, sabendo que vós e todos os outros, se tivésseis o mesmo poder, agiríeis do mesmo modo que nós.[53]

Lembramos da advertência que Hesíodo dirige a seu irmão (anexada à fábula) de que para um "homem pobre" é mau agir segundo a *hybris*, com a implicação de que se concede aos "príncipes", a este respeito, uma margem mais larga que aos "miseráveis mortais". Agora esse caráter subordinado na experiência hesiódica monstruosamente adquiriu vida própria, tornando a ordem dos deuses idêntica à ordem da *hybris* e identificando a ordem da *hybris* à ordem da política. O apelo aos deuses é suprimido quando a ordem do poder desamparada pela Dike é experimentada como a ordem dos deuses. O apocalipse se torna realidade histórica quando a tensão apocalíptica da alma é premida e a desolação da aniquilação paira sobre uma sociedade. Quando isto ocorre, é incerto se ainda se pode falar de ordem. Recorde-se a visão hesiódica do futuro da idade do ferro (182 ss.), com a destruição e a perversão das relações sociais. Podemos compará-la com a descrição da sociedade em revolução feita por Tucídides:

> As palavras tiveram de mudar seu sentido ordinário e adotar o sentido que lhes era agora atribuído. A audácia precipitada passou a ser considerada como a coragem de um aliado leal; a hesitação prudente, covardia especiosa; a moderação era considerada uma dissimulação da fraqueza; a habilidade de ver todos os lados de uma questão, inépcia para atuar em qualquer deles. [...] O defensor de medidas extremas era sempre digno de confiança; seu opositor, um homem do qual se deveria suspeitar. [...] Promessas de reconciliação, proferidas somente por um dos lados com o fim de

---

[52] Tucídides, V, 9. A partir da trad. de Crawley em Everyman's Library.
[53] Tucídides V, 195.1-2.

superar uma dificuldade imediata, eram consideradas apropriadas apenas enquanto não se tivesse outra arma em mãos. [...] Por conseguinte, a religião não era honrada por nenhuma das partes; mas o uso de belas expressões para alcançar fins condenáveis gozava de grande reputação. Enquanto isso, a parte moderada dos cidadãos perecia entre os dois lados, seja por não se envolver na desavença, ou porque a inveja não lhes permitia escapar.[54]

Os paralelos entre Hesíodo e Tucídides sugerem sérios problemas para uma epistemologia da ciência política. Se as visões geradas pela angústia da aniquilação podem vir a se tornar a estrutura da sociedade, o que é a realidade? É a angústia de Hesíodo ou o niilismo dos atenienses? Que condição de realidade possui uma sociedade que pudesse ser criada por uma visão apocalíptica? E qual é o "realismo" de um Tucídides se seus tipos são fábulas e visões? Destas questões originou-se a ciência da política com Platão e Aristóteles. Há uma frase interessante na passagem citada do Diálogo dos Mélios: "tudo o que fazemos é aplicá-la [a lei do domínio pelo poder], sabendo que vós e todos os outros, se tivésseis o mesmo poder, agiríeis do mesmo modo que nós". Essa pressuposição do niilista de que sua nadidade pessoal é a medida do homem é o grande erro do "realismo". A suposição reaparece na boca de Polo, o representante sofista do niilismo, ao (no *Górgias* de Platão) acusar o discordante Sócrates de má vontade:

> *Sócrates*: Não posso aceitar nenhuma palavra do que você acaba de dizer.
> *Polo*: Isto porque não quer admiti-lo, pois certamente pensa como eu.[55]

Se entendermos a "realidade" descrita por Tucídides como um pesadelo apocalíptico, chegaremos a uma primeira abordagem do muito mal compreendido "idealismo" de Platão como a tentativa de superar um pesadelo por meio da restauração da realidade.

---

[54] Tucídides, III, 82 passim.
[55] Platão, *Górgias*, 471d-e.

Capítulo 6
A ruptura com o mito

§1 A emergência da filosofia

Nossa imagem da história intelectual grega ainda é substancialmente influenciada pelas convenções historiográficas do período helenístico. O desenvolvimento de escolas filosóficas no século IV a.C. induziu os historiadores posteriores, que eram, eles mesmos, membros de escolas, a projetar a instituição nas épocas anteriores e a construir as famosas "Sucessões". O resultado foi um desenvolvimento linear do pensamento grego desde a "escola" milesiana até Sócrates, e uma bifurcação ou uma trifurcação de escolas em sua sucessão.

O quadro que resulta de um estudo crítico da história mostra aspectos inteiramente diferentes. A civilização helênica era vasta, estendendo-se da Sicília à Anatólia e do extremo da Macedônia aos postos avançados no norte da África. O desenvolvimento político e intelectual naquela ampla área não era nem uniforme nem contínuo, e foi transmitido não somente pelos filósofos, mas primordialmente pelos poetas. De tais transmissores, estudamos Homero e Hesíodo, os poetas do século VIII, e nos referimos incidentalmente à lírica jônica do século VII, assim como à especulação milesiana do século VI. Contudo, a especulação milesiana não teve sucessores imediatos. Ao que parece, a conquista pelos persas em 546 a.C. atrapalhou profundamente o desenvolvimento interno das pólis anatólias. Xenófanes de Colofão (*c.* 565-470) emigrou para a Itália; e, em 494, Mileto foi destruída. Em seguida, no século VI, o movimento órfico, com seu mistério da purificação da alma, disseminou-se pela Grécia, enquanto surgia na Itália o movimento pitagórico com ele relacionado, e ambos enriqueceram, com sua experiência da alma, a obra dos filósofos da virada do século VI para o século V a.C. O conhecimento órfico da alma permeava a obra de Xenófanes e de Heráclito (c. 535-475). Os dois grandes filósofos falaram com a autoridade do místico e representaram a ordem da alma em oposição à ordem da pólis. Em meados do século V, por fim, a cena filosófica deslocou-se da Itália de Parmênides para a Atenas de Anaxágoras e Demócrito.

Mais importante, todavia, é o fato de que não havia "escolas" em nenhum sentido concebível do termo. O estilo da civilização helênica é indelevelmente caracterizado pela ausência de burocracias temporais e eclesiásticas. Por um milagre da história, a área geográfica da civilização helênica permaneceu imperturbada por invasões estrangeiras desde a migração dórica até as Guerras Persas, ou seja, aproximadamente de 1.100 a 500 a.C. Durante seiscentos anos, enquanto no Oriente Próximo e no Extremo Oriente as civilizações imperiais com suas inevitáveis burocracias eram fundadas, destruídas e restabelecidas, o paraíso geopolítico em torno do Egeu pôde desenvolver as civilizações "livres"; primeiramente, de clãs e aristocracias locais, e, mais tarde, de pólis que eram tão pequenas que não demandavam uma administração burocrática de dimensões consideráveis. Sob tais circunstâncias historicamente únicas, a transição da Hélade arcaica para a Hélade clássica pôde assumir a forma de aventuras intelectuais empreendidas por indivíduos não tolhidos pela pressão de hierarquias, que tendem a preservar as tradições.

A mais antiga aventura desse tipo registrada, a epopeia homérica, revelou a livre manipulação de um estoque de mitos. A forma mítica foi transformada na imagem de uma sociedade aristocrática palaciana composta por deuses e homens, num mundo de personalidades inteligíveis magistralmente construídas da clareza "olímpica" que se deve à eliminação radical dos horrores ctônicos. Aqui nasceu e foi moldado o componente jônico da religiosidade grega, essa peculiar liberdade em relação ao horror e também em relação ao *tremendum* de um "Deus pavoroso". O homem não encara os imortais com um estremecimento devido à sua própria nulidade, mas com um sentimento de insignificância, como "a criatura do dia", diante do esplendor de uma vida tão elevada, ou com o assombro homérico, transformando-se na admiração, quando Aquiles se volta e vê Atena atrás de si, aconselhando comedimento com um gentil "caso queira me obedecer". Da intimidade respeitosa de tal assombro (*thambos*) provém a admiração maravilhada, o *thaumazein* jônico, diante do espetáculo do cosmos, que Aristóteles ainda reconhecia como a origem da investigação filosófica.

A próxima aventura, a hesiódica, introduziu um afluxo de divindades ctônicas primordiais no material de especulação. Tal afluxo foi característico da Grécia Continental, onde a continuidade do mito foi menos interrompida que nas cidades jônicas dos refugiados que foram separados das divindades de seus rios e montanhas e do solo sob seus pés. Embora a base do mito, portanto, fosse mais ampla para Hesíodo que para Homero, sua obra foi porém o primeiro documento importante tanto do despertar como dos efeitos da especulação. Os elementos do mito do povo foram submetidos, com uma liberdade e uma despreocupação quase inacreditáveis, às exigências da indagação especulativa sobre as origens do ser e da ordem. Ademais, no centro dinâmico do esforço mitopoético e especulativo, a personalidade de um grande poeta e pensador não teve de ser presumida, como no caso de Homero — o criador da obra apresentava-se em pessoa, plenamente consciente daquilo que estava fazendo ao opor o princípio de sua nova Aletheia à falsidade das pseudo-inspirações anteriores. Com a emergência vitoriosa da Dike joviana sobre os deuses cósmicos e telúricos, surgiu a autoconsciência do pensador como o transmissor de uma nova verdade na história. A personalidade do homem que é capaz de distinguir verdades da ordem e criar os símbolos para expressá-las tornou-se, com Hesíodo, um novo elemento na estrutura da realidade.

O mesmo estilo de aventura intelectual caracterizou o modo de filosofar dos grandes milesianos, de Tales, Anaximandro e Anaxímenes, quando substituíram as figuras divinas do mito, em busca das origens, por símbolos criados extraídos de objetos e substâncias do mundo da percepção sensorial. Infelizmente, conhecemos extremamente pouco a respeito de sua obra, pois a conquista persa, como indicamos, interrompeu a formação de uma tradição. A memória de Tales foi preservada por meio de historietas; a perda de suas obras foi tão completa que não se pode sequer ter certeza de que ele tenha escrito um tratado. Anaximandro e Anaxímenes foram inteiramente esquecidos. Seus nomes apareceram novamente quando Aristóteles e sua escola empreenderam uma procura por predecessores; praticamente tudo o que sabemos sobre sua obra provém dos excertos que Aristóteles e Teofrasto colheram de um manuscrito que provavelmente obtiveram. Isto não significa dizer que a obra dos milesianos permaneceu sem efeitos, pois a eliminação dos personagens míticos da especulação propriamente dita foi estabelecida. Nem o ataque de Xenófanes ao mito, nem a análise heraclítea da alma, nem mesmo a especulação de Parmênides, a despeito do fato de estar inserida num mito, podem ser concebidos sem a base milesiana.

Uma "escola", no sentido de gerações sucessivas de pensadores que se apoiam num substrato comum fornecido pelo "fundador", só é possível quando tal substrato é espiritual e intelectualmente rico o bastante para se tornar um centro efetivo para a organização das almas humanas em rivalidade com o estoque comum de tradições, ou quando constitui uma variante específica e intensa no interior da tradição. Antes da fundação da Academia sob o impacto de Sócrates em Platão, apenas dois homens podem ser considerados, com ressalvas apropriadas, fundadores de "escolas": Pitágoras e Parmênides.

A associação pitagórica era uma comunidade religiosa, com um "modo de vida" distinto, apoiada em doutrinas concernentes ao destino da alma e seguidora de uma disciplina requerida para assegurar sua purificação e sua imortalização. É preciso contudo apor ressalvas ao exemplo do pitagorismo como uma escola, devido ao caráter político da associação. Na medida em que é possível formar um julgamento apesar da insuficiência das fontes nas quais baseá-lo, os pitagóricos constituíam um clube ou uma organização política, similar, em seu tipo, à *hetaireia*, que evoluiu passando da livre formação de grupos de nobres para diversos propósitos de guerra, pilhagem e festins pacíficos na época pré-pólis, a pequenos clubes aristocráticos na pólis democrática do século V. Os pitagóricos distinguiam-se da *hetaireía* comum pela considerável dimensão da associação, assim como pela organização hierárquica interna em iniciados e novatos. A opinião de que o pitagorismo, sociologicamente, era um ramo aristocrático dos movimentos religiosos de mistérios que se expressava popularmente nas comunidades de culto órfico tem muito em seu favor[1].

No caso de Parmênides, por outro lado, não havia em absoluto traços de organização formal. O efeito de uma "escola" resultava da natureza de seu poema didático, que, pela primeira vez na história da filosofia, oferecia uma argumentação coerente de especulação ontológica. Havia aqui um manancial de problemas metafísicos, epistemológicos e lógicos, próprios para uma elaboração por parte de sucessores que, mesmo sem formalidades sociais, seriam uma "escola", em virtude das intenções teóricas derivadas de sua fonte comum.

---

[1] Sobre os aspectos políticos do pitagorismo, cf. Kurt von Fritz, *Pythagorean Politics in Southern Italy*, New York, Columbia University Press, 1940, e Edwin L. Minar Jr., *Early Pythagorean Politics*, Baltimore, Johns Hopkins University Press, 1942.

A Hélade não ultrapassava o nível da cidade-estado mediante a unificação imperial e o desenvolvimento de um sumodeísmo político de tipo simbólico análogo ao do mito das cidades-estado singulares, como o faziam as civilizações mesopotâmicas, mas por meio dos esforços de indivíduos que descobriram a ordem da psique humana para além da ordem da pólis e articularam sua descoberta na forma simbólica que chamavam de filosofia. Por conseguinte, a filosofia era mais que um empreendimento intelectual no qual alguns indivíduos gregos se sobressaíam; era uma forma simbólica que expressava experiências definidas da ordem em oposição à pólis. A tensão entre a Hélade dos poetas e dos filósofos e a pólis à qual estavam em oposição era a própria forma da civilização helênica. Todavia, essa forma tinha algo de indefinível quando comparada aos impérios do Oriente Próximo, pois a ordem pessoal de uma alma por meio da orientação rumo a uma realidade transcendente não poderia ser institucionalizada, mas tinha de se apoiar em sua formação autônoma por seres humanos individuais. E uma vez que essa indefinibilidade da forma é a causa do erro de conceber a filosofia como uma atividade "intelectual" ou "cultural" conduzida num vácuo, sem relação com os problemas da existência humana em sociedade, torna-se ainda mais importante enfatizar as raízes da filosofia na ordem da pólis. Este problema pode ser mais bem esclarecido por uma comparação entre o penhor imposto pela sociedade helênica e pela sociedade israelita sobre sua forma simbólica.

O salto no ser teve resultados diferentes em Israel e na Hélade. Em Israel, assumiu a forma da existência histórica de um povo sob a autoridade de Deus; na Hélade, assumiu a forma da existência pessoal de seres humanos individuais sob a autoridade de Deus. Formulando-se a questão desta maneira, ficará patente que "uma hipoteca perpétua do evento concreto e imanente ao mundo sobre a verdade transcendente que, em sua ocasião, foi revelada", da qual tivemos de falar no caso de Israel[2], seria um ônus menor para a filosofia helênica do que para a revelação israelita. A validade universal da verdade transcendente, a universalidade do Deus Único sobre a humanidade como um todo, poderia ser mais facilmente desvinculada da descoberta, por parte de um indivíduo, da existência de sua psique sob os deuses do que da revelação sinaítica da existência de um povo sob a autoridade de Deus. Não obstante, assim como Israel tinha de carregar o fardo de Canaã, também a filosofia tinha de carregar o fardo da pólis. Pois as descobertas, embora efetuadas por indiví-

---

[2] *Ordem e história*, I, 218, 234.

duos, foram feitas por cidadãos de uma pólis; e a nova ordem da alma, quando comunicada por seus descobridores e criadores, estava inevitavelmente em oposição à ordem pública, com o apelo implícito ou explícito aos seus concidadãos para reformarem sua conduta pessoal, os costumes da sociedade e, por fim, as instituições em conformidade com a nova ordem. A filosofia helênica se tornou portanto, em grande medida, a articulação da verdadeira ordem da existência no interior da estrutura institucional de uma pólis helênica. Isso não é necessariamente o grande defeito que os modernos frequentemente acreditam ser, pois, afinal, a filosofia se desenvolveu no interior da pólis, e talvez a verdadeira existência filosófica só seja possível num ambiente que se assemelhe ao da cultura e das instituições da pólis. Essa, porém, é uma questão complicada; dela trataremos mais detidamente em volumes posteriores deste estudo, quando teremos de abordar os problemas de uma filosofia especificamente "cristã" e "moderna"; por ora bastará dizer que a questão está longe de ser resolvida. Em alguma medida, as instituições da pólis eram, distintamente, um fator limitante na exploração helênica da ordem, mesmo nas grandes construções das pólis paradigmáticas feitas por Platão e Aristóteles.

As reflexões precedentes, a despeito de sua brevidade e das simplificações, serão suficientes como uma orientação preliminar, pois a filosofia como uma forma simbólica distingue-se do mito e da história em virtude de sua autoconsciência reflexiva. Não é preciso determinar o que a filosofia é falando-se *sobre* a filosofia discursivamente; ela pode, e deve, ser determinada adentrando no *interior* do processo especulativo em que o pensador expõe suas experiências da ordem. A ruptura consciente dos filósofos com a forma do mito ocorreu por volta de 500 a.C. O resultado cumulativo dos passos individuais rumo a uma experiência diferenciada da psique, durante os dois séculos após Hesíodo, foi permitir a emergência da alma autoconsciente como a fonte experimental da ordem, competindo com o mito e também com a cultura aristocrática da pólis arcaica. A lírica jônica e a especulação milesiana, a revisão das *aretai* por Tirteu e Sólon, a tirania e a democratização, o movimento órfico, os pitagóricos e o reconhecimento público dos cultos dionisíacos — tudo isso contribuiu para a experiência da alma e de sua ordem, que agora tornava-se a força motivadora na obra de Xenófanes (c. 565-470), Parmênides (fl. c. 475) e Heráclito (c. 535-475).

À exceção de algumas passagens mais extensas dos poemas didáticos de Parmênides, preservaram-se apenas breves fragmentos da obra dos três filósofos místicos. É impossível fazer uma reconstrução que possibilite que as sentenças isoladas sejam compreendidas em seu contexto. Deste modo, selecionaremos grupos de fragmentos relacionados com as questões básicas da revolta contra o mito e que, consequentemente, iluminam o significado da nova ordem. O primeiro de tais grupos consistirá de alguns fragmentos de Xenófanes. Ele foi o primeiro pensador a desafiar a autoridade de Homero e Hesíodo a partir de seus princípios, pelo fato de aceitarem o mito em suas obras assim como por sua concepção antropomórfica dos deuses[3].

§2 O ataque de Xenófanes ao mito

1 A adequação dos símbolos

O mito recebeu sua forma pan-helênica por meio dos poetas: "Desde o início [*ex arches*] todos aprenderam de Homero"[4]. Por conseguinte, a afirmação de uma verdade em oposição ao mito tinha necessariamente de assumir a forma de um ataque a seus criadores. Xenófanes foi o primeiro a ousar fazê-lo. E seu ataque tornou-se a expressão paradigmática da tensão entre o filósofo-místico e o poeta, que no século IV motivou ainda o ataque de Platão a Homero na *República*.

A tensão não se originou numa aversão utilitária à poesia — embora ainda hoje os críticos de Platão entreguem-se a essa desatinada suposição —, mas foi causada pela autoridade que o poeta conquistara na Hélade. Homero e Hesíodo transformaram os mitos primitivos e locais na forma intermediária de um mito especulativo com validade pan-helênica. No que se refere à compreensão correta da ordem da existência humana, haviam adquirido, na área da civiliza-

---

[3] Nos capítulos seguintes, todas as citações de pensadores pré-socráticos, salvo quando mencionadas outras fontes, referem-se a Hermann DIELS e Walther KRANZ, *Fragments der Vorsokratiker*, Berlin, Weidmann, [7]1954, doravante citada como DIELS-KRANZ. Uma tradução completa para o inglês dos fragmentos B está disponível em Kathleen FREEMAN, *Ancilla to the Pre-Socratic Philosophers*, Oxford, Blackwell, 1948. Também valiosa como auxílio é a obra, da mesma autora, *The Pre-Socratic Philosophers*, Oxford, Blackwell, 1946. A maioria dos fragmentos está disponível em tradução para o inglês em John BURNET, *Early Greek Philosophy*, London, Black, [4]1948. Os fragmentos de Xenófanes também estão disponíveis em inglês na tradução de John M. EDMONDS, *Elegy and Iambus*, Loeb Classical Library, London, Heinemann, 1912-1931, v. I. As obras de comentadores mais frequentemente usadas são as de JAEGER, *Paideia*, v. I; Olof GIGON, *Der Ursprung dr griechischen Philosophie*; JAEGER, *The Theology of the Early Greek Philosophers*; e SNELL, *Die Entdeckung des Geistes*. É ainda básica a obra de Eduard ZELLER, *Die Philosophie der Griechen*, Leipzig, Fues, [6]1920-[7]1923, 1-2, v. I.

[4] DIELS-KRANZ, Xenófanes B 10.

ção helênica, uma autoridade pública que correspondia às autoridades reais e sacerdotais dos impérios do Oriente Próximo. O ataque de Xenófanes era dirigido não contra a poesia (que não existia na Hélade na abstração burguesa), mas contra a forma do mito como um obstáculo à adequada compreensão da ordem da alma. Ele não questionava, de modo algum, a forma poética em si, mas a aceitava como o instrumento adequado para expressar a sua própria verdade. Xenófanes usou primeiramente a forma dos *silloi*, breves poemas satíricos. Mesmo uma verdade oposta ao mito tinha de ser expressa em versos, a fim de que apresentasse uma roupagem de autoridade diante do público; a prosa ainda não era um veículo de comunicação detentor de autoridade.

Organizamos os fragmentos pertinentes em três grupos:

(1) O ataque em si dirigia-se à apresentação imprópria dos deuses. "Homero e Hesíodo atribuíram aos deuses todas as coisas que constituem vergonha e infâmia entre os homens, como o roubo, o adultério e a burla" (B 11). Xenófanes aparentemente busca e encontra a razão dessa interpretação equivocada na ingenuidade dos antigos poetas. "Os mortais supõem que os deuses nascem, que usam roupas, que têm vozes e formas corpóreas como as suas próprias" (B 14). Os homens criam os deuses à sua imagem, chegando até às diferenças raciais: "Os etíopes fazem seus deuses negros e de narizes largos, os trácios fazem que os seus tenham olhos azuis e cabelos ruivos" (B 16). E, se os cavalos e os bois e os leões pudessem criar obras de arte como os homens, "modelariam seus deuses com a aparência de cavalos e de bois, cada um à semelhança de sua própria espécie" (B 15).

(2) A estas ideias, Xenófanes opôs sua própria concepção de Deus: "Um Deus é maior entre os deuses e os homens, não como os mortais em corpo ou pensamento [*nóema*]" (B 23). O divino é um ser vivo (*zoon*), porém não em forma articulada, pois "ele tudo vê, tudo pensa e tudo ouve" (B 24). Sem esforço, ele controla todas as coisas por meio de seu pensamento (B 15). "Ele sempre se mantém no seu mesmo lugar e nunca se move; nem lhe é apropriado [*epiprepei*] ir para lá ou para cá" (B 16).

(3) Com respeito à fonte e à certeza de seu conhecimento, Xenófanes não fez afirmações específicas: "Os deuses não concedem aos mortais o conhecimento de todas as coisas desde o início; mas, esforçando-se, os mortais descobrem, com o tempo, o que é melhor" (B 18); e: "Jamais houve nem haverá um homem que tenha conhecimento sobre os deuses e todas as coisas de que falo. Mesmo que, por acaso, alguém diga a verdade plena, ainda assim não saberia estar fazendo isto; há fantasia em todas as coisas" (B 34).

Não sabemos nada a respeito do contexto mais amplo desses fragmentos; cada um tem de ser compreendido apenas por si mesmo. A divisão dos fragmentos em três grupos não reflete uma intenção de seu autor.

A chave para a compreensão dos fragmentos está na palavra *epiprepei*, que significa "é apropriado". O que Homero e Hesíodo têm a dizer sobre os deuses é inapropriado; o que tem a dizer Xenófanes, por sua vez, é, presumivelmente, apropriado. Contudo, não são apresentados critérios para o caráter apropriado daquilo que é dito, e os fragmentos 18 e 34 indicam que estão em evolução histórica. Há um elemento de fantasia (*dokos*) nas asserções concernentes aos deuses e a outras coisas a respeito das quais fala Xenófanes; e uma vez que não há critérios objetivos a verdade plena não será reconhecida como tal mesmo que alcançada. Se as noções do que é apropriado se modificassem, até o próprio Xenófanes poderia ser alvo de acusações similares às que dirige contra Homero e Hesíodo.

Foi exatamente isto o que aconteceu a Xenófanes na geração subsequente, pelas mãos de Heráclito. O efésio disse: "Uma grande quantidade de conhecimento [*polymathia*] não ensina a compreensão [*noon*]; do contrário, teria ensinado a Hesíodo, Pitágoras, Xenófanes e Hecateu" (B 40). Nessa ocasião, porém, tornou-se claro que o critério para o que é apropriado, embora mutável, não era arbitrário. Heráclito, embora não tenha fornecido uma definição dos critérios, deu ao menos uma indicação da região da experiência que autorizava a noção do que é apropriado; num dos fragmentos (B 45), ele diz: "Você não encontrará as fronteiras da alma ainda que percorra todos os caminhos; seu logos é muito profundo". Heráclito descobrira a alma e sua dimensão mais profunda; ele opôs a "profundidade do conhecimento" (*bathys*) à "quantidade de conhecimento" (*polys*). A profundidade da alma revelou-se como a fonte do conhecimento. Voltaremos a esta questão no capítulo sobre Heráclito.

Embora a noção de *epiprepei* exigisse uma elaboração consideravelmente maior, foi Xenófanes, contudo, quem a concebeu pela primeira vez. É com sua oposição ao mito de Homero e Hesíodo que tem início a distinção consciente entre os vários tipos de formas simbólicas, que se desenvolveu nos séculos seguintes até culminar na classificação de Varrão das *genera theologiae* como teologia mítica, teologia civil e teologia física. A partir das obras *De rebus divinis*, de Varrão, e *De natura Deorum*, de Cícero, inseriu-se na literatura cristã e converteu-se na distinção agostiniana entre uma *theologia naturalis* (anteriormente a física ou filosófica) e uma *theologia civilis* (à qual Santo Agostinho tendia a subordinar também a teologia poética ou mítica); às duas últimas categorias opôs-se então a *theologia supranaturalis* cristã[5]. A classificação das formas simbólicas, portanto, tem uma longa história, que começa com Xenófanes.

O tratamento do problema feito por Platão no livro II da *República* marcou uma época nessa história, pois envolveu a criação do termo *teologia*. Ao discutir a educação das crianças que se tornarão os guardiães de sua Politeia, Platão suscitou a questão de que tipos de narrativas deveriam ser contadas aos jovens a fim de inculcar em suas almas o traços de caráter apropriados. Novamente, as fábulas de Homero e Hesíodo foram atacadas como inadequadas, e, agora, a inadequação era especificamente caracterizada pelo termo "mentira" (*pseudos*) (377D-E). O termo *pseudos* dava continuidade ao procedimento hesiódico (*Teogonia* 27) de designar os antigos mitos como falsidades (*pseudea*). Como exemplos de mentiras, Platão listou ocorrências de conduta imoral, violação da piedade filial, guerras entre os deuses, gigantomaquia e titanomaquia. Tais mentiras deveriam ser substituídas, na educação dos jovens, por narrativas de padrão mais conveniente. Assim, Platão introduziu a expressão "tipos de teologia" (*typoi perí theologías*) (379A) como uma expressão técnica para tais padrões. O restante do livro II trata então de uma exposição dos "tipos" verdadeiros.

A exposição de Platão culminou na noção da "verdadeira mentira" (*alethes pseudos*), a mentira no coração da alma em que sabemos sobre a verdadeira natureza dos deuses. Uma concepção equivocada sobre os deuses não é uma mentira ordinária para a qual se podem encontrar circunstâncias atenuantes — é a mentira suprema que consiste numa "ignorância no interior da alma" (*en te psyche agnoia*) (382A-B). A ignorância da alma é a fonte das ficções mitopoéticas. Aos *phantasmata* ou *plasmata* do mito, Platão opôs a verdade da Ideia. Na medida em que seus próprios "tipos de teologia" estavam relacionados à divindade, ao desafio e à veracidade, Platão ofereceu, nessa seção da *República*, a mais explícita autointerpretação da filosofia como a nova teologia em oposição aos tipos do antigo mito.

2 O antropomorfismo

A diferenciação consciente da nova teologia em relação ao mito começa com a noção xenofaniana de *epiprepei*. Antes de examinarmos os aspectos

---

[5] JAEGER, *Theology*, 1 ss., 49 ss.

apropriados ou inapropriados em si, entretanto, é preciso eliminar um outro problema que, desde Xenófanes, agitou a filosofia das formas simbólicas.

Xenófanes não apenas censura os poetas por atribuírem ações desonrosas aos deuses, mas também desenvolve uma teoria concernente aos motivos de tais atribuições inapropriadas, assim como uma teoria concernente à falácia nelas contida. Os deuses, ele opina, são dotados de atributos impróprios porque o homem cria os deuses à sua imagem. Essa é a falácia a que os sociólogos modernos dão o nome de "antropomorfismo". Segundo Comte, a história do pensamento humano desloca-se da teologia antropomórfica, passando pela metafísica, até chegar à ciência positivista. A Xenófanes se deve creditar a formulação da teoria de que o mito é uma representação antropomórfica da divindade, a ser superada com a dedução de símbolos mais apropriados. Uma vez que a teoria teve consequências de amplo alcance, devemos aqui examinar brevemente a natureza do problema.

A caracterização da simbolização mítica como antropomórfica é um equívoco teórico. Em primeiro lugar, seria preciso, antes de qualquer coisa, efetuar algumas correções na teoria para que pudesse ser discutida. Obviamente, no mito grego os deuses nunca eram realmente apresentados como seres humanos. Os deuses distinguiam-se dos homens por sua imortalidade, eram fisiologicamente distintos por viverem sob uma dieta especial e eram dotados de uma variedade de qualidades não humanas, como conhecimento e força superiores, a habilidade de se tornar invisíveis e de mudar suas formas e assim por diante. Falar de representação antropomórfica dos deuses sem tais ressalvas é tão inadequado quanto considerar os anjos de uma pintura renascentista como representados "realisticamente", ignorando o fato de que a representação de criaturas com forma humana flutuando nas nuvens é por si mesma irreal. Uma vez que tenham sido feitas tais ressalvas e que o significado de "antropomorfismo" tenha sido adequadamente restrito à representação dos deuses como seres que ocasionalmente assumem a forma humana e falam e agem como os homens, tornamo-nos cientes do problema teórico fundamental de que tal transferência parcial de qualidades humanas (que não afeta a divindade essencial dos deuses) pode ter alguma relação com a ideia que o homem tem de si mesmo. Poderíamos indagar: não seria provável que as qualidades humanas sejam transferidas para os deuses somente enquanto as esferas do divino e do humano não estão nitidamente estabelecidas uma em contraposição à outra? Tal "antropomorfismo" não é possível apenas enquanto a ideia do homem ainda não está claramente diferenciada? Esse "antropomorfismo" ocorre somente quando não pode ocorrer em absoluto porque uma ideia do homem que possa ser transferida para os deuses ainda não se desenvolveu? E ele tende a desaparecer precisamente quando finalmente se formou uma ideia transferível do homem?

Como fato histórico, o problema do antropomorfismo torna-se visível, como no caso de Xenófanes, quando a psique e sua autoconsciência começam a emergir. É nessa ocasião que os pensadores descobrem que algo está errado com a representação dos deuses, ainda que não saibam precisamente o que é "inapropriado". Certamente, parte do caráter inapropriado reside na atribuição da forma, da voz e da vestimenta humanas aos deuses; porém, uma parte muito mais importante reside na atribuição de uma conduta que é considerada "uma desonra e vergonha" entre os homens. Uma sensibilidade nova e diferenciada do homem reconhece como impróprio entre os deuses aquilo que é impróprio entre os homens. Com a descoberta da psique e de sua ordem como a característica especificamente humana, os deuses têm de estar à altura dos novos padrões do homem. O próprio Hesíodo já tem isto como um problema, embora em sua obra ele ainda não tenha ingressado no nível da discussão crítica. A narrativa da *Teogonia* é, afinal, a história da eliminação dos deuses "inapropriados" pela titanomaquia, e do advento da ordem mais apropriada de Zeus e sua Dike. Xenófanes, com seu ataque a Hesíodo, dá prosseguimento à operação de purificação do mito iniciada pelo poeta antecessor. Por conseguinte, podemos dizer que a representação antropomórfica dos deuses é experimentada como embaraçosa quando os deuses não agem como um homem mais diferenciado e sensível agiria. Em retrospecto, o antropomorfismo aparece como uma simbolização dos deuses que corresponde a uma fase passada na autocompreensão do homem. O problema não emerge em nenhuma fase dada da autocompreensão, pois em cada presente a simbolização dos deuses está em harmonia com o grau de diferenciação atingido pelo homem. Xenófanes, por exemplo, embora critique Hesíodo por seu antropomorfismo, não se incomoda com sua própria simbolização de deus como um ser que ouve, vê e pensa e sempre se mantém no mesmo lugar. Por trás do termo *antropomorfismo*, que se tornou um clichê cientificista, se oculta o processo por meio do qual a ideia do homem se diferencia e, concomitantemente, a simbolização da transcendência.

Obviamente, esse processo tem um limite. Ele atinge seu clímax quando a diferenciação do homem avançou até o ponto em que o núcleo da alma espiritual, a *anima animi* no sentido agostiniano, é descoberto. Nesse ponto inefável de abertura para a realidade transcendente, nesse âmago da alma onde a infusão da graça é experimentada, também a divindade se torna inefável. O deus do místico não possui nome, está além da simbolização dogmática. Nesse clímax do processo, o problema do antropomorfismo se dissolve no novo problema das *nomina Dei* como predicados análogos do *ens perfectissimum* inefável. Na medida em que esse problema recebeu, por meio de Santo Tomás, o nome técnico de *analogia entis*, a crítica de Xenófanes ao mito, assim como o postulado da adequação, é a primeira tentativa consciente, embora ainda primitiva, de lidar com a analogia do ser[6].

A falácia de interpretar um complexo de símbolos mais antigo como uma construção racional que pressuporia um grau de diferenciação posterior, que encontramos pela primeira vez em Xenófanes, permaneceu até hoje como um padrão de interpretação histórica equivocada. É preciso considerar brevemente uma variante moderna dessa falácia, o animismo de Tylor, porque este se tornou uma fonte de compreensões equivocadas da história helênica da ordem pela mediação da *Psyche* de Rohde[7].

Tylor desenvolveu a falácia xenofaniana transformando-a num princípio da historiografia. "Quanto às doutrinas e práticas religiosas examinadas, elas são tratadas como pertencendo a sistemas teológicos elaborados pela razão humana, sem auxílio sobrenatural ou revelações; em outras palavras, como desenvolvimentos da religião natural"[8]. A louvável decisão de tratar os símbolos como fenômenos históricos, sem relação com uma fonte de inspiração transcendental, desencaminha-se (por meio de uma complicada sequência de equívocos que não podemos desfiar aqui) na suposição de que a simbolização da transcendência é um "sistema elaborado pela razão humana". De modo consistente, Tylor criou a figura do "filósofo selvagem primitivo"[9], que realizou as mais extraordinárias façanhas de raciocínio, culminando na doutrina dos "seres espirituais". "Busco aqui, sob a denominação animismo, investigar a profunda doutrina dos seres espirituais, que incorpora a própria essência da filosofia espiritualista enquanto oposta à filosofia materialista[10]."

---

[6] Para o aparecimento do problema da *analogia entis* na forma compacta do mito cosmológico, cf. *Ordem e história*, I, 135.

[7] Sir Edward B. Tylor, *Primitive Culture*, New York, Harper, 1871; as referências são à 3ª edição americana, 1889. Erwin Rohde, *Psyche: Seelenkult und Unsterblichkeitsglaube der Griechen*, Freiburg, Wagner, 1891-1894.

[8] Tylor, *Primitive Culture*, 427, v. I.

[9] Ibid., 428.

[10] Ibid.

Hoje em dia, não é necessário argumentar acerca do anacronismo de projetar tais conceitos nas culturas primitivas. Mencionemos apenas que o "filósofo selvagem" especula sobre a "diferença entre um corpo vivo e um corpo morto"[11], embora nem mesmo em Homero exista já a ideia de um corpo vivo; ou que "a alma ou o espírito pessoal" possui "a consciência pessoal *e* a volição de seu dono corpóreo"[12], embora novamente as figuras homéricas não tenham consciência ou alma pessoal, e mesmo em Platão o significado de *volição* (a língua grega, incidentalmente, não tem palavra para isso) ainda está tão pouco desenvolvido que os problemas da ética só podem se tornar conscientes por ocasião de decisões concretas (*prohaíresis*)[13].

3 A universalidade do divino

A crítica da representação antropomórfica aparecerá sob um novo aspecto ao se considerar a alternativa de Xenófanes ao mito homérico e hesiódico. Uma vez que os homens criam os deuses à sua própria imagem no nível comparativamente indiferenciado descrito e criticado por Xenófanes, haverá tantos deuses quantos homens que se dediquem a tais criações. Somente quando essa simbolização primitiva for abandonada será possível reconhecer o "deus único que é maior" como um deus comum para todos os homens, correlato à humanidade idêntica em todos os seres humanos. Por trás da crítica ao antropomorfismo aparece a experiência da universalidade divina e humana como a força motivadora. As simbolizações primitivas particularizam e paroquializam a divindade junto com a humanidade; um deus universal para todos os homens requer

---

[11] Ibid.
[12] Ibid., 429.
[13] As críticas não devem depreciar o mérito que a teoria de Tylor teve em sua época. O animismo de Tylor, como uma teoria da religião, era um claro avanço em relação às suposições rudimentares alimentadas por antropólogos na metade no século XIX. Ele tem de ser visto contra o pano de fundo de tais visões, como reveladas na afirmação de Lang de que os aborígines da Austrália "não tinham nada que tivesse caráter de religião, ou de observância religiosa, que os distinguisse das bestas que perecem" (ibid., 418). Os princípios subjacentes a nossa crítica não diferem substancialmente dos de CASSIRER, *Philosophie der Symbolischen Formen*, v. 2, Das Mytische Denken, Berlin, B. Cassirer, 1925, 191 ss. [Edição brasileira: *Filosofia das formas simbólicas*, São Paulo, Martins Fontes, 2001.] A terminologia neokantiana, assim como a vagueza peculiar do estilo filosófico de Cassirer infelizmente despojam seu argumento de grande parte da eficácia que, em substância, possui. Quero salientar acima de tudo que a obra de Cassirer ainda é a mais séria tentativa de tratar do problema do mito em princípio.

um "tipo" diferente de simbolização. Quando falamos de Deus analogicamente, como temos de fazer, nem todas as analogias são igualmente convenientes à universalidade de sua natureza, nem à universalidade da natureza humana. A preocupação acerca do caráter apropriado, portanto, revela-se como a preocupação acerca da representação adequada de um deus universal. Na investigação desse problema Xenófanes opôs-se a Homero e Hesíodo, embora efetivamente tenha dado continuidade à obra dos poetas antecessores, pois a criação homérica e hesiódica substituíram os mitos locais por um mito pan-helênico, enquanto Xenófanes deu o próximo passo rumo à criação de uma divindade universal.

Conferi ênfase maior que a usual ao universalismo na teologia de Xenófanes porque parece ser um fator independente no novo tipo de simbolização, equiparável à unicidade da divindade. Esse ponto é importante por duas razões.

Em primeiro lugar, embora o próprio Xenófanes não tenha um termo específico para predicar a universalidade de sua divindade, o problema alcança diferenciação terminológica já na obra de seu contemporâneo mais jovem, Heráclito. Na especulação de Heráclito sobre a ordem social, o fator no uno-divino que constitui a comunidade entre os homens é terminologicamente distinto como *xynon*, como aquilo que é "comum". A presença menos articulada do fator em Xenófanes deve ser notada para traçarmos a continuidade da questão.

Em segundo lugar, a consciência da universalidade como um motivo independente no pensamento de Xenófanes nos ajudará a compreender um problema que tem de permanecer intrigante, já que fixamos nossa atenção exclusivamente na unicidade do deus de Xenófanes. A evocação do Deus Uno que é superior a deuses e homens (B 13) é um fato importante na história religiosa da humanidade, e, como tal, ocasionou um debate entre estudiosos acerca da questão de se Xenófanes seria um pensador monoteísta. Alguns são inclinados a responder à questão afirmativamente; outros apontam o fato de que Xenófanes fala várias vezes dos deuses no plural, e que portanto deve ser considerado um politeísta. Outros, ainda, indicam fragmentos como "Aquela a quem chamamos de Íris é também uma nuvem purpúrea, escarlate e amarela aos nossos olhos" (B 32) e estão propensos a estabelecer o panteísmo. Em nossa opinião, o debate sobre esta questão é despropositado, pois concebe equivocadamente a simbolização da divindade como um assunto de sistemas teóricos. Ele se baseia na suposição de que a "religião" consiste na adesão a um "sistema" de proposições concernentes à existência e à natureza de deus. Ademais, presume que um pensador é obrigado a optar por sua adesão a um ou a outro entre sistemas mutuamente excludentes — pois, obviamente, ao assumir-se a existência de muitos deuses, não se pode, logicamente, assumir ao mesmo tempo a existência de um único deus; e ao assumir-se a existência de um deus pessoal transcendente não se pode simultaneamente assumir uma divindade impessoal mundano-imanente. Em oposição a essa atitude racionalista eu recordaria um dito de Goethe: "Como moralista, sou monoteísta; como artista, sou politeísta; como naturalista, sou panteísta".

Séculos de pensamento racional e de especulação secularizada atrofiaram nossa consciência da complexidade pré-especulativa das experiências pelas quais a transcendência é apreendida pelo homem. O divino pode ser experimentado como universal (ou comum, no sentido heraclíteo) sem ser experimentado necessariamente como único; Xenófanes poderia evocar o Deus Único como um deus universal sem vincular importância sistemática ao atributo da unicidade. Ele foi um gênio religioso que descobriu a participação num *realissimum* inominado como a essência de sua humanidade. Além disso, Xenófanes percebeu a essencialidade de sua descoberta, ao menos na medida em que podia expressá-la no símbolo de um "deus maior" para todos os homens — com a implicação de que o *realissimum* seria correlato à transcendência experimentada da existência comum a todos os seres humanos. Foi a universalidade do *realissimum* que fez que todas as representações idiossincráticas de deuses particulares parecessem "inapropriadas". Todavia, os deuses que eram inapropriadamente representados eram, ainda assim, deuses; a inadequação dizia respeito à sua representação, não à sua divindade. Xenófanes poderia aceitar como suas as palavras atribuídas a Tales: "O mundo está cheio de deuses". A universalidade da transcendência descoberta por ele não aboliu os antigos deuses, apenas melhorou sua compreensão.

Temos um vislumbre dessa nova religiosidade na prática na maravilhosa elegia festiva que assim começa:

Agora que o chão está limpo, e as mãos de todos, e os copos [...]

Quando as preparações para o banquete estão prontas e o altar está enfeitado com flores, primeiramente "os homens jubilosos devem entoar hinos a Deus com mitos piedosos e palavras puras". E, durante o banquete, quando chega a hora de os homens demonstrarem sua memória dos mitos, que não contem "as batalhas dos Titãs ou dos Gigantes, nem dos Centauros, essas ficções [*plasmata*] dos homens de antigamente, nem de discórdias veementes, pois tais coisas não têm valor; mas sempre reverenciem [*prometheia*] os deuses, isto é bom" (B 1)[14].

---

[14] Cf. PLATÃO, *República*, 378B-C. A formulação de Xenófanes tornou-se um "tipo" da nova teologia.

4 A divindade do Um

Isolamos um dos componentes experienciais que se transformaram no símbolo do "deus maior". Contudo, expressa-se nele mais que a mera experiência da transcendência, pois o novo deus não nasceu, não passou a existir como os deuses hesiódicos (B 14), ele sempre está no mesmo lugar e não se move para lá ou para cá (B 26), e de sua posição imóvel controla todas as coisas com sua mente (*noou phreni*) (B 25). Em suma: ele já apresenta uma notável semelhança com o primeiro movente de Aristóteles. O debate sobre um monoteísmo xenofaniano, embora se baseie em suposições errôneas, é certamente motivado por um problema real.

Felizmente, somos informados a respeito da natureza do problema por algumas observações feitas por Aristóteles. No livro I da *Metafísica*, Aristóteles investiga as variantes da filosofia monista. Parmênides entendia o Um "de acordo com o logos"; Melisso o entendia "de acordo com a matéria" (*hyle*); Xenófanes, porém, não fez nenhuma afirmação clara e parecia não ter apreendido a natureza de nenhuma das duas causas. No entanto, Xenófanes foi o primeiro dos pensadores do Um (*henizontes*), pois, "perscrutando a vastidão do Céu [*ton holon ouranon*], 'O Um', disse ele, 'é Deus'"[15]. Segundo Aristóteles, portanto, Xenófanes é o primeiro de um grupo de pensadores monistas. De modo distinto dos últimos eleatas, ele ainda não havia levado a especulação ao ponto de interpretar o Um como Logos ou como Hyle. Seu gênio tem uma retidão espiritual peculiar que pode ser percebida no vislumbre do Céu, seguido pela asseveração de que o Um é Deus. A parte mais importante de sua concepção é, para nós, a formulação dessa asseveração. Talvez Deus não seja uno, mas o Um é Deus. A experiência concerne ao Um, e se predica acerca dessa divindade Una.

A atribuição da divindade ao Um sugere que a especulação milesiana sobre a natureza (*physis*) influenciou o pensamento de Xenófanes; e, mais especificamente, pode-se discernir a influência de certas ideias de Anaximandro. Os milesianos despojaram o problema da origem da roupagem mítica que ainda ostentava na *Teogonia* hesiódica. Hesíodo havia distinguido cuidadosamente sua trindade arcaica (Caos, Gaia, Eros) das gerações de deuses; mas suas divindades primordiais ainda "vinham a ser", pois esse era o "tipo" dos

---

[15] ARISTÓTELES, *Metafísica*, I, 986b18 ss. DIELS-KRANZ, Xenophanes A 30. Não há por que duvidar da confiabilidade da informação. Cf. JAEGER, *Theology*, 51 ss.

deuses do mito. Na especulação milesiana sobre o tornar-se (*physis*), o mito foi abandonado como meio, e, em consequência, uma das coisas ou substâncias que estavam dadas na experiência sensível podia ser postulada como o algo do qual o mundo das coisas experimentadas se originava. Nesse sentido, Tales postulou a água como a origem das coisas. Anaximandro deu então o passo decisivo para despojar o algo originador de todas as qualidades que eram dadas na experiência finita, postulando um algo infinito como a origem do conteúdo qualitativamente diferenciado do mundo. Ele chamou este algo de Ilimitado, o *apeiron*.

Mais uma vez, é Aristóteles quem nos informa sobre a especulação referente ao Ápeiron.

> Tudo é um princípio ou provém de um princípio; não há, porém, um princípio do Ilimitado [*apeiron*], pois, de outro modo, haveria uma delimitação [*peras*]. Uma vez que ele é um princípio [*arche*], é imperecível. O que veio a ser tem necessariamente de chegar a um fim; e há também um fim de tudo o que é perecível. Portanto, como dizemos, ele [o Ilimitado] não tem um princípio [*arche*], mas é ele mesmo o princípio de todas as coisas.

Tal Ápeiron "abrange e governa todas as coisas, segundo dizem aqueles que não postulam outras causas além do Ápeiron", como por exemplo o Nous de Anaxágoras ou a Philia de Empédocles. E, em seguida, Aristóteles conclui com a formulação que parece ter sido a inspiração de Xenófanes: "E isso é o Divino [*tò theion*], pois é imortal e imperecível, como sustentam Anaximandro e a maioria dos filósofos naturais [*physiologoi*]"[16].

O significado da passagem é claro o bastante, desde que se evitem equívocos modernistas. A *physis* dos milesianos ainda está próxima do significado do verbo *phynai* (vir a ser, emergir); *physis* pode, portanto, ser sinônimo de gênese[17]. Uma vez que a natureza é algo que veio a ser, uma investigação da natureza pode tratar tanto do processo como de seu resultado. E, se a investigação se voltar para o processo, virão à tona o problema do princípio e também o de sua dialética. A especulação resultante sobre a *physis* será portanto um simbolismo intermediário entre a teogonia hesiódica e a especulação posterior sobre o tempo e a criação como encontramos, por exemplo, em Santo Agostinho, pois os milesianos especulavam sobre a origem à maneira

---

[16] ARISTÓTELES, *Física*, III-IV, 203b6 ss.; DIELS-KRANZ, Anaximandro A 15. A confiabilidade da passagem como uma interpretação correta da ideia de Anaximandro foi questionada. Para o argumento em seu favor, cf. JAEGER, *Theology*, cap. 3, especialmente as notas.

[17] JAEGER, *Theology*, 20 ss.

de Hesíodo, embora seu filosofar não estivesse mais preso à forma do mito. Eles chegaram a uma das grandes ideias diferenciadoras na história da humanidade, ao descobrir a natureza, conforme dada na experiência sensível, como um âmbito autônomo, e sua especulação transitava nesse novo meio. Todavia, embora os milesianos houvessem diferenciado o âmbito e o processo da natureza, mesmo eles ainda não diferenciavam a dialética como uma lógica do processo e o infinito; por conseguinte, sua dialética do Ápeiron não podia se separar da especulação específica sobre o processo da natureza. Nessa situação intermediária, por ocasião da descoberta milesiana, emergiu a experiência do processo da natureza como infinito. A abertura do homem à natureza, quando experimentada como um novo tipo de transcendência na indelimitação do mundo, encontrou seu símbolo adequado no Ápeiron de Anaximandro. A transcendência milesiana na natureza tem de ser graduada como uma experiência independente ao lado da transcendência universal xenofaniana. O "fisiólogo" no sentido aristotélico é propriamente um filósofo da transcendência, ao lado do "teólogo". As duas experiências da transcendência, representadas no século IV por Aristóteles e Platão, respectivamente, permaneceram até hoje como as forças motivadoras de dois modos de filosofar.

Contudo, tão logo foi descoberto o novo tipo de transcendência, sua relação com a transcendência dos deuses tornou-se problemática. O relato aristotélico é revelador no tocante a essa questão. O "ilimitado" que era experimentado no princípio (*arche*) de todas as coisas tinha de ser "não nascido e imperecível"; era algo que "abrangia tudo e governava todas as coisas". Estes, entretanto, eram atributos da divindade. Por conseguinte, afirmando que o algo era "imortal e imperecível", Anaximandro conferia-lhe o predicado "o Divino". Foi a primeira aparição do abstrato *to theion*. Na formulação de Anaximandro, as experiências "fisiológica" e "teológica" da transcendência convergiam rumo ao ponto em que o Um se tornaria o Deus dos "monistas". Na lógica imanente desse processo, não há razão para que a mescla das experiências resulte no "monoteísmo" em lugar do "panteísmo". Pelo contrário, a análise mostra que uma fixação dos sistemas teológicos era improvável, já que as experiências originadoras estavam vivas. Ademais, as experiências eram capazes de variações que não se encaixavam em nenhum "sistema" teológico, e isso era particularmente verdadeiro acerca da variante xenofaniana, pois o "vislumbre da vastidão do Céu" de Xenófanes, pelo qual reconhecia o Um como o Deus, não era nem uma especulação sobre a *physis* nem a experiência da transcendência universal, mas uma experiência *sui generis* na qual se prefigura a religiosidade do posterior Platão e de Filipe de Opunte, e até da *bios theoretikos* de Aristóteles[18].

---

[18] Pela mediação de Aristóteles, esse complexo de experiências e especulações prosseguiu como um "tipo" de teologização na cristandade ocidental. A fórmula xenofaniana "o Um é o Deus" ainda é reconhecível no *primum ens quod Deum dicimus* (*Summa contra gentiles*, I, 14) tomista. O leitor deve comparar nossa análise no texto com Santo Tomás, *Contra gentiles* I, 10-14, isto é, com o exemplo clássico da transposição do complexo pré-socrático das experiências para o meio cristão de teologizar.

Capítulo 7
As *aretai* e a pólis

1 A *sophia* de Xenófanes

As noções de Xenófanes foram alcançadas em oposição à cultura da sociedade circundante. Felizmente, preservou-se o fragmento de uma elegia (B 2) no qual o poeta discorre sobre o conflito e sua natureza:

Se um homem, pela rapidez de seus pés, alcançasse a vitória,
Ou pelo pentatlo, no recinto de Zeus
Junto à correnteza de Pisa em Olímpia, ou por meio da luta,
Ou se se mantivesse firme no doloroso pugilato,
Ou naquele terrível torneio chamado pancrácio –
Ele conquistaria a glória diante dos cidadãos,
Ganharia um assento de honra nos jogos,
Receberia alimentos às custas do povo
Da pólis, e um presente como galardão –
Ou se vencesse com os cavalos,
      tudo isto seria seu quinhão –

E ele não seria tão merecedor quanto eu!
Pois melhor que a força
De homens ou de cavalos é a nossa sabedoria [*sophie*]!

Com efeito, os costumes são insensatos a esse respeito;
      Não é correto [*dikaion*]
Julgar a força superior à sagrada sabedoria [*sophie*].

> Mesmo que surja dentre o povo um ótimo pugilista,
> Ou alguém que se destaque no pentatlo, ou na luta,
> Ou na agilidade de seus pés – que é considerada com máxima honra
> Entre as proezas da força dos homens nos jogos –
> Nem por isso a pólis estaria melhor em sua ordem [*eunomie*];
> E pouco júbilo adviria disso para a pólis
> Se um homem, com seus esforços, vencesse às margens de Pisa,
> Pois com isso não engordarão as despensas da pólis.

A elegia é um documento precioso da consciência do filósofo a respeito da ordem na época em que sua especulação entra em oposição com a sociedade. Na orgulhosa declaração de seu próprio mérito em primeira pessoa, Xenófanes segue o paradigma hesiódico, agora fortalecido por dois séculos de desenvolvimento da personalidade pelos poetas líricos. Além disso, sua autoconsciência está enraizada na autoridade de sua *sophie*, assim como a de Hesíodo estava enraizada na autoridade de sua *aletheia* (verdade) específica. Não se pode determinar numa tradução simples qual é o significado preciso do termo *sophie*. Traduzimos o termo por "sabedoria" a fim de preservar a continuidade terminológica da *sophia* de Xenófanes até a de Platão. Outros a traduzem por "arte" ou "destreza" — mas não se tem muito a ganhar com tais traduções interpretativas, que requereriam, por sua vez, uma elaboração de seu significado. O significado de *sophie* só pode ser determinado por referência ao todo da obra de Xenófanes; deve ser compreendido, de modo abrangente, como a diferenciação da personalidade juntamente com o correlato corpo de conhecimentos estudados no capítulo anterior, na seção "O ataque de Xenófanes ao mito". Tendo em mente esse significado abrangente do termo *sophie*, podemos abordar a rebelião em nome da nova excelência (*arete*) do homem contra a cultura aristocrática agonal da pólis helênica na qual o vencedor em Olímpia tornara-se o sucessor do herói homérico.

O ataque a Homero e Hesíodo é ampliado na elegia pelo ataque à glória da excelência pan-helênica. Com respeito à sua estrutura teórica, o novo ataque assemelha-se muito ao ataque anterior aos poetas. A descoberta da *sophie* vem acompanhada de uma ideia concernente à graduação da área recém-diferenciada da alma; o filósofo sabe que "não é correto" julgar a força superior à sabedoria; a fórmula "não é correto", que aparece no caso, corresponde à anterior "não é apropriado". Teoricamente, a nova fórmula padece portanto da mesma falácia que a primeira, já que aqueles que glorificam as excelências olímpicas não as consideram efetivamente superiores à sabedoria xenofaniana, pela simples razão de que não têm conhecimento dela. A nova sabedoria como um "conhecimento sobre" as coisas das quais fala Xenófanes é acessível somente àqueles que a desenvolveram existencialmente como uma consciência e uma habituação da alma. Por conseguinte, Xenófanes fala corretamente de "nossa sabedoria", no modo possessivo, pois os outros, que supostamente não têm consideração apropriada por ela, com efeito não a possuem em absoluto.

O conhecimento e a existência dependem um do outro; a ordem do ser só se torna viável para aqueles cujas almas são bem ordenadas. A correlação, que entra em foco por ocasião dos ataques de Xenófanes, transformou-se no problema fundamental de uma epistemologia da ciência política, ou seja, no problema do duplo estatuto dos tipos de cognição como (a) funções cognitivas da mente e (b) como excelências ou virtudes da alma. Em Platão, veremos o problema se desdobrar na noção de que a "verdadeira" ciência do homem na sociedade só é acessível aos filósofos que viram o Agathon. Em Aristóteles encontraremos os tipos de cognição (sabedoria, ciência, arte, prudência e inteligência) como as excelências dianoéticas que tornam o homem apto a conduzir a *bios theoretikos*. Em Xenófanes, o problema aparece numa forma ainda rudimentar, encerrado no ato prático de uma rebelião da "sagrada sabedoria" contra uma glória que não contribui em nada para a boa ordem (*eunomia*) da pólis.

Os aspectos práticos da rebelião estabelecem um outro padrão, que governou a política helênica desde Aristóteles. A falácia de censurar as pessoas por suas preferências, enquanto, na verdade, vivem inocentemente numa tradição sem conhecimento de uma alternativa preferível, era mais que um problema teórico; como frequentemente ocorre nas falácias desse tipo, havia uma questão prática por trás da fachada de um engano teórico. Xenófanes não estava satisfeito em ter alcançado sua sabedoria; ele também almejava reconhecimento público. O desejo não deve ser compreendido no sentido vil do linguajar moderno. Xenófanes não queria ganhar atenção por idiossincrasias. Ele havia descoberto novas áreas da experiência, e sabia que a diferenciação de tais experiências era uma atualização da essência comum do homem. A cultura tradicional da pólis ainda não ascendera ao novo nível da civilização humana; mas Xenófanes percebia tal ascensão como o dever de cada ser humano individualmente assim como da comunidade em geral. A qualificação da tradição cultural como uma "preferência" (embora, na realidade, não exista tal preferência) deve portanto ser entendida contra o pano de fundo do postulado implícito de que o conhecimento concernente aos elementos essenciais da humanidade é um dever e, consequentemente, de que a ignorância no tocante a isso é uma preferência.

A descoberta da transcendência, da ordem intelectual e espiritual, embora ocorra nas almas de seres humanos individuais, não é uma questão de "opinião subjetiva"; uma vez que a descoberta foi feita, adquire qualidade de autoridade como um apelo para que cada homem a atualize em sua própria alma; a diferenciação do homem, a descoberta de sua natureza são uma fonte de autoridade social. A asserção de tal autoridade, assim como o apelo para que o ignorante atualize as potencialidades de sua humanidade, é um fator permanente na dinâmica da ordem. Ela é discernível como o cerne justificador mesmo em distorções tão atrozes quanto a colonização de povos "atrasados" por parte de povos mais "avançados". Embora a autoridade objetiva do apelo não confira ao profeta ou descobridor do qual provém um direito subjetivo de maltratar os outros homens ignorantes, certamente não há, por outro lado, um direito subjetivo de ser ignorante. A unidade da humanidade é a comunidade do espírito. Com o desdobramento da natureza do homem na história, os homens que atualizam potencialidades até então dormentes em suas almas têm o dever de comunicar suas descobertas a seus iguais; e aos outros cabe o dever de viver abertos a essa comunicação[1].

Essa estrutura fundamental do progresso da humanidade na história tem de ser pressuposta no ataque de Xenófanes à cultura agonal. O ataque não é um assunto pessoal, mas um evento que cria um tipo. A crítica da sociedade com a autoridade do apelo espiritual perdura, de agora em diante, como um tipo para a expressão do pensamento político. A consciência desse tipo criado por Xenófanes nos ajudará a entender certos aspectos da obra platônica que, de outro modo, permaneceriam enigmáticos. A tensão peculiar da *República*, por exemplo, provém de seu caráter de apelo, dirigido aos atenienses com a autoridade espiritual do filósofo. Seria um lamentável equívoco interpretar essa convocação intensa a uma reforma espiritual como um projeto racional de uma "constituição ideal".

---

[1] Deve-se notar que a violenta asserção do direito de ser ignorante com respeito aos elementos constitutivos da essência da humanidade — asserção característica dos movimentos contemporâneos do progressismo, do positivismo, do comunismo e do nacional-socialismo — é um marco na história da ordem, já que, pela primeira vez, movimentos de vigência mundial propagam sistematicamente a destruição da unidade da humanidade.

Ademais, mesmo a limitação específica do apelo de Xenófanes estabeleceu um tipo para os posteriores políticos helenos. A princípio, o apelo poderia dirigir-se à humanidade como um todo; poderia transcender os limites da pólis e até da Hélade. Na realidade, porém, tanto a rebelião como o apelo de Xenófanes admitiam a pólis como seu campo social. A cultura agonal é submetida a um ataque porque uma vitória em Olímpia não contribui em nada para a *eunomia* da pólis; inversamente, a nova excelência da *sophia* está em busca de reconhecimento por parte não do homem, mas do cidadão. A limitação do apelo xenofaniano persistiu típica da especulação ulterior sobre a existência do homem na sociedade. Mesmo Platão, a despeito de sua preocupação com a reforma espiritual da Hélade, não levou o âmbito de sua imaginação institucional para além da federação helênica sob a hegemonia de uma pólis salvadora. E Aristóteles ainda considerava o homem um *zoon politikon* em sentido estrito, ou seja, um ser que só poderia realizar a excelência da *bíos theoretikós* como cidadão de uma pólis. O processo de diferenciação espiritual e intelectual do homem foi concebido como vinculado à cultura da pólis até o amargo fim na conquista macedônia.

2 A bravura impetuosa de Tirteu

Xenófanes queria ter sua *sophie* reconhecida pela pólis; sua rebelião voltava-se contra a cultura agonal, não contra a pólis em si, a qual ele aceitava, juntamente com as virtudes que a criaram e a mantinham em existência; e tais virtudes criadoras e preservadoras obviamente não se limitavam àquelas excelências que conduziam um homem à vitória em Olímpia. As exortações xenofanianas são um esforço para reordenar o campo de excelências já existente. Temos agora de examinar este campo na medida em que os fragmentos o permitirem. Começaremos com uma elegia de Tirteu.

A elegia de Xenófanes criou um novo tipo somente na medida em que articulava a oposição do filósofo-místico à cultura agonal da pólis; a forma literária usada para esse propósito, contudo, já era um tipo por si mesma. A estrutura da elegia de Tirteu sobre a qual nos debruçaremos agora é a mesma da elegia citada de Xenófanes[2]. Em primeiro lugar vem a enumeração das excelências tidas com grande apreço tradicional; em seguida, vem a exortação

---

[2] *Elegy and Iambus*, v. 1, Tyrtaeus 12.

para que se siga a nova *arete*. Tirteu começa: "Eu não recordaria nem poria em minha narrativa um homem por sua excelência [*arete*] na corrida ou na luta; nem que tivesse o tamanho e a força dos ciclopes, nem que pudesse correr mais rápido que o vento do norte trácio; nem que tivesse figura mais bela que a de Titono ou que fosse mais rico que Midas ou Ciniras; nem que fosse mais régio que Pélops ou mais suaviloquente que Adrasto". Esse catálogo de excelências, não rejeitadas mas delegadas ao segundo plano, é mais arcaico que o xenofaniano. Embora já se faça sentir[3] a oposição à graduação que as vitórias olímpicas tinham na avaliação pública, a lista ainda inclui a beleza, a riqueza, a realeza e a persuasão; em outras palavras, as excelências homéricas da antiga sociedade aristocrática. Se um homem fosse famoso por todas essas virtudes tradicionais, prossegue Tirteu, ele não o enalteceria a menos que tivesse também a nova virtude, superando todas as outras, a *thouris alke*, a "bravura impetuosa": "Pois um homem não é bom na guerra a menos que possa suportar a visão de matanças sangrentas e que possa alcançar seu inimigo, avançando contra ele de perto. Isto é virtude [*arete*]! O melhor e mais belo prêmio que um jovem pode ganhar entre os homens! É um bem comum [*xynon esthlon*] para a pólis e para todo o seu povo quando um homem persevera à frente entre os primeiros guerreiros, aguentando firmemente, esquecendo toda fuga vergonhosa, entregando-se de corpo e alma".

A estrutura da elegia de Tirteu (até o ponto em que a citamos) é a mesma da de Xenófanes. Entretanto, num exame mais minucioso, a elegia revela peculiaridades que permitirão uma compreensão mais profunda da relação entre as formas literárias helênicas e as ideias que transmitem. A origem da forma elegíaca é obscura; Tirteu não a inventou, mas a empregou num uso específico. No caso presente, ele a usou para discursar diante de uma audiência concreta de cidadãos-soldados lacedemônios, exortando-os a praticar a virtude da "bravura impetuosa". Isto suscita, a princípio, a questão de se haveria uma conexão entre a forma lírica de Tirteu e seu conteúdo protréptico. Já examinamos o problema da exortação com Homero e Hesíodo. Nos poemas homéricos, as exortações eram dirigidas por uma pessoa do épico a outra; a relação exortativa mantinha-se inteiramente no interior do próprio poema; o poeta não aparece em pessoa exortando sua audiência — embora possamos presumir que as récitas não somente das passagens exortativas mas também dos relatos dos feitos dos heróis fossem experimentadas pelos ouvintes como

---

[3] O registro olímpico tem início em 776 a.C.; a elegia de Tirteu deve situar-se em 640 a.C.

exortações para seguir os grandes modelos. *Os trabalhos e os dias*, de Hesíodo, trouxe a primeira grande inovação, já que a exortação não era mais encenada dentro da narrativa, atingindo a audiência, portanto, apenas de modo indireto, mas era agora expressa no discurso direto, que o poeta em pessoa dirigia a outras pessoas específicas. Este também é o caso da elegia de Tirteu; e não há dúvida de que Tirteu seguiu o exemplo de Hesíodo. Novamente, no entanto, encontramos uma inovação, pois a parênese é agora impelida pelo *pathos* da pólis. Tirteu não era nem um rapsodo que, como Homero, celebrava em seu épico os feitos e as excelências de uma sociedade aristocrática, nem, como Hesíodo, um humilde fazendeiro numa comunidade pacificamente corrompida que aconselhava seu irmão e os oligarcas da vila a cultivar as virtudes da conduta justa e do trabalho árduo. Embora nada se saiba com certeza acerca de suas circunstâncias pessoais, ele aparece em seus poemas como o membro de uma sociedade de cidadãos-soldados que aconselha seus companheiros a aprimorar-se na virtude da "bravura impetuosa" porque da prática desta excelência depende a existência da pólis num combate mortal contra súditos e vizinhos que, curiosamente, desejam libertar-se do domínio espartano.

A exaltação protréptica da "bravura impetuosa" como a excelência específica da pólis é um novo "tipo" na história da ordem e de sua simbolização. Ela introduz um problema que acomete a especulação política até hoje — o *pathos* da pólis origina o desejo de lutar pela comunidade a despeito da justeza da causa. O *pathos* da pólis cinde seu *ethos*. Não se devia indagar se a revolta messênia era a luta inteiramente justificada de um povo oprimido por sua liberdade; não se devia indagar se "a pólis espartana e seu povo", assim referidos, constituíam uma associação altamente competente de ladrões que havia atacado e saqueado um país e obrigado seu povo a trabalhar como servo em sua antiga propriedade. Suscitar a questão da justiça seria traição e deserção. A investigação de Tirteu sobre a natureza da verdadeira *arete* aceita o fato da conquista; ela parte da pólis espartana em existência histórica inquestionada[4]. O *pathos* da existência comunitária, portanto, aparece como um fator independente numa teoria da ordem e das excelências que a manterão, ao lado da Dike, que era a preocupação de Hesíodo. Uma teoria da política, consequentemente, não é exaurida por uma teoria da justiça ou por uma filosofia da moral;

---

[4] Resta um fragmento de um poema intitulado *Eunomia* (Tirteu 2) no qual "a pólis" é exaltada como concedida pelo próprio Zeus "aos heráclidas". Tirteu, portanto, parece não desconhecer inteiramente a necessidade de justificação.

o *mysterium iniquitatis* faz parte da existência humana em sociedade. Com a exaltação de Tirteu da "bravura impetuosa" incondicional, este problema torna-se articulado no pensamento helênico.

Na situação de uma luta pela existência, a poesia protréptica de Tirteu adquire uma pungência peculiar. Certamente, o poeta aparece como o orador que exorta sua audiência — uma exortação sempre pressupõe alguém que precisa dela —, mas Tirteu não fala nem com a autoridade da verdade, como Hesíodo, nem com a autoridade da sabedoria, como Xenófanes. Ele não é um profeta em oposição à sociedade, mas o orador para a comunidade. Embora a forma externa, literária do discurso implique a tensão entre o orador e a audiência, a substância do poema a elimina, pois o poeta se identifica com sua audiência, ele é a voz da própria comunidade; e, por sua forma interna, portanto, sua elegia não se dirige a ninguém. As canções de Tirteu defendem seu enérgico apelo como o lirismo da existência em sua glória e em seu horror, como o lirismo da vida sob o risco da morte, e em virtude desta qualidade suas canções tornaram-se imortais.

Todavia, a forma literária da exortação não é desprovida de significado. A *arete* de Tirteu é uma excelência na formação histórica de uma comunidade; não é, de modo algum, uma propriedade indiscutível de todo guerreiro lacedemônio. A questão de se haverá uma pólis lacedemônia em existência histórica continuada depende expressamente de se a excelência da "bravura impetuosa" é ou não uma força viva na alma de cada indivíduo lacedemônio, e sua articulação protréptica pelo poeta é um dos fatores que trazem a questão à consciência, lhe dão forma e a preservam. A *arete* de Tirteu é uma habituação da alma que tem de ser gerada em competição com outras motivações. "É doce e honroso morrer pela pátria" — mas nenhum guerreiro que retornou da batalha jamais cometeu suicídio em desespero por não ter alcançado tal doçura. Se o amor humano pela doçura da vida é negligenciado, o lirismo da "bravura impetuosa" e da morte em combate podem chegar ao ponto perigoso do despropósito romântico. O Tirteu exortador, porém, não é um romântico; pelo contrário, ele pretende fortalecer sua exaltação da *arete* fatal por meio de um apelo ao desejo de sobrevivência. Em outra elegia, Tirteu aconselha os jovens a não temer a profusão de inimigos (como aparentemente são), a lutar na linha de frente (o que não estavam particularmente ansiosos por fazer), a não se esconder atrás de seus escudos fora do alcance dos projéteis (o que eles parecem preferir), e a tomar a Vida como seu inimigo e os espíritos negros da Morte como mais prezados que os raios do sol (uma perversão psicológica da qual não gostavam muito). E após tais admoestações, aparentemente dirigidas a um exército desmoralizado, ele secamente explica que lutar na linha de frente, ombro a ombro com seus companheiros, oferece ao soldado uma maior chance de sobrevivência que fugir e, deste modo, convidar o inimigo a persegui-lo para matá-lo facilmente (11).

Tirteu não é portanto um romântico. Mas é precisamente sua especulação de senso comum sobre a chance de sobrevivência que, em última análise, corroeria sua exaltação da bravura a menos que a *arete* tivesse um apelo por si mesma. O poeta revela esse apelo específico na segunda parte da grande elegia. A bravura em combate é o "bem comum" da pólis — e a pólis tem algo a oferecer em recompensa a esse valoroso serviço, mesmo aos mortos, pois quando um homem perde sua "amada vida" em combate, ganhando assim a glória "para a cidade, seu povo e seu pai", ele será pranteado tanto pelos jovens como pelos velhos e toda a pólis o lamentará em triste melancolia. "Seu túmulo e seus filhos serão honrados entre os homens, e os filhos de seus filhos e sua raça por todo o futuro; sua boa fama [*kleos*] e seu nome [*onoma*] jamais perecerão; e, embora esteja sob a terra, ele se torna imortal [*athanatos*]" (12, 20-44).

A fim de estimar todo o peso do apelo de Tirteu, deve-se recordar que os homens do século VII a.C. não tinham alma, fosse uma alma imortal ou de outro tipo. Os termos *imortal* e *mortal* simplesmente designavam os deuses e os homens. Um homem só poderia se tornar imortal tornando-se um deus. A promessa feita por Tirteu de uma transfiguração por meio da morte na memória eterna da pólis revela o desejo de imortalidade como uma experiência motivadora de sua ordem. A imortalidade da sociedade aristocrática, por meio de Mnemosine dos poetas, tornou-se a imortalidade dos cidadãos mediante a sobrevivência na memória da pólis agradecida. Evidentemente, outros fatores entraram na formação da pólis, e a promessa de Tirteu não é a chave de todos os seus enigmas. Entretanto, chegamos aqui à experiência que determinou decisivamente o *pathos* da pólis, o caráter apaixonado de sua existência que não foi destruído pelas mais óbvias exigências de uma política racional. A vida na pólis era realmente a vida num sentido que os cristãos terão dificuldade em reconstruir imaginativamente, pois pressupõe uma compacidade indiferenciada da experiência que já não temos. Trata-se de uma compacidade que se torna luminosa com a transcendência por meio da prefiguração da imortalidade da fama e do nome. A tenacidade da pólis torna-se inteligível se a compreendemos como a fé imortalizadora dos homens cujas autoconsciências diferenciadoras atingiram o estágio do "nome" mas ainda não o da alma. Sua força deve ser avaliada pelo fato de que permaneceu como a fé limitante em última instância até mesmo para Platão e Aristóteles.

Se agora a resposta de Tirteu para o problema da *arete* é considerada ao lado da resposta xenofaniana, começa a surgir um padrão teórico e histórico. Os poetas e pensadores helênicos estavam envolvidos numa busca pela *arete*. O que eles encontraram não foi uma única *arete*, mas toda uma série de *aretai*. Com cada nova descoberta, a reivindicação de graduação superior da precedente era posta em xeque; e, no final, teria de surgir o problema de se a última descoberta invalidava todas as descobertas prévias, ou se cada descoberta diferenciava um determinado setor da experiência humana de modo que somente uma prática equilibrada de todas as *aretai* expressaria plenamente as potencialidades do homem. Esta última fase de uma investigação sistemática e ordenadora das *aretai* foi alcançada na obra de Platão, em particular na *República*, com sua ordem hierárquica das excelências que vai da sabedoria à temperança.

A transição da descoberta das novas *aretai* para sua ordenação sistemática, porém, não deve ser confundida com algum despertar misterioso de um "espírito científico" ou com o início de uma "ciência" da ética; antes, ela indica que a busca chegou ao fim. A busca pelas verdadeiras *aretai* termina na descoberta de que as *aretai* são habituações da alma que conciliam a vida do homem com a realidade transcendente; com a plena diferenciação do campo das *aretai*, emerge o "verdadeiro eu" do homem, o centro no qual ele vive em abertura para o mais alto bem transcendental, o *agathon* platônico. A transição para a investigação ordenadora das *aretai* significa que o *agathon* foi descoberto como o princípio da ordem na alma.

Quando toda a série das *aretai* é compreendida como a transparência da vida para o *realissimum*, as *aretai* singulares têm de ser submetidas a uma reavaliação mediante a relativização. A compacidade que uma *arete* possui na experiência de sua descoberta tem de se dissolver sob o impacto de outras descobertas diferenciadoras e, em particular, sob o impacto da descoberta do *agathon*. A força da elegia de Tirteu deve-se ao fato de que a experiência da nova *arete* traz consigo todo o peso da experiência da transcendência. Com a ulterior diferenciação da alma, com a descoberta da sabedoria e do *nous*, a transcendência mediante a "bravura impetuosa", ainda que mantendo a verdade que possuía, decairá para uma graduação comparativamente baixa. Este é o destino que a *arete* de Tirteu sofreu nas mãos de Platão, o ponderador de todas as coisas. Nas *Leis* (629 ss.), Platão refletiu sobre a elegia de Tirteu, concluindo que a "bravura impetuosa" tinha seus méritos como uma virtude nas guerras contra estrangeiros, mas que não contribuiria muito para a justa ordem da pólis. O que o cidadão-soldado pode fazer como guerreiro também pode ser feito por mercenários que estão dispostos a morrer em seu posto; tais mercenários, todavia, com poucas exceções, são insolentes, injustos, brutais, e, mais propriamente, indivíduos insensatos. A coragem de Tirteu alcançará apenas a quarta posição na ordenação platônica das excelências, precedida pela sabedoria, pela justiça e pela temperança.

3 A eunomia de Sólon

A bravura cantada por Tirteu manterá a pólis em existência numa crise nefasta, mas não consiste numa virtude da ordem cívica. Certamente, não é inteiramente desprovida de conteúdo ordenador, pois a bravura do cidadão-soldado já pressupõe uma democratização da sociedade em comparação com a aristocracia homérica. Contudo, a democratização espartana limitava-se aos homens livres dos clãs; o povo em grande escala permanecia uma população subjugada sob o domínio do grupo governante lacedemônio. Esparta nunca desenvolveu uma ordem política do povo; sua constituição, como dissemos, era a ordem da conquista fossilizada. Os símbolos da ordem para todo um povo com seus conflitos de interesses foram desenvolvidos em Atenas, por Sólon. Além de pensador e poeta, Sólon era um estadista; vários de seus poemas sobreviveram para nos informar acerca do desenvolvimento de suas ideias desde a crise precedente à reforma de 594 a.C. até a tirania de Pisístrato após 561 a.C.

Numa elegia precedente à reforma, Sólon reflete sobre o provável destino de "nossa pólis"[5]. Ela jamais perecerá por vontade dos deuses, mas somente pela insensatez de seus próprios cidadãos. Iníquo é o pensamento dos líderes do povo; sem respeito pelo que é sagrado ou pelo que é público, roubam a torto e a direito, e não têm consideração pelos fundamentos veneráveis da Dike. Mas a Dike, em seu silêncio, está ciente de tais atos e sua vingança sempre chega no final. Inelutavelmente (*aphyktos*), as consequências da violação da Dike se manifestarão na disputa política. Formar-se-ão conventículos (*synodoi*), tão caros aos iníquos, e o governo cairá pelas mãos de seus inimigos, e o pobre povo será vendido em escravidão para nações estrangeiras. O mal público (*demosion kakón*) penetrará em cada casa privada; trancar as portas não

---

[5] *Elegy and Iambus*, v. 1, Solon 4.

o manterá distante, pois ele pula por sobre os muros e encontra cada homem no mais íntimo recesso de seu lar. Cheio de lástima diante de tais perspectivas, Sólon conclui: "Meu coração (*thymos*) me obriga a ensinar isto aos atenienses" — que a iniquidade (*dysnomia*) criará muito mal para a pólis, enquanto a justiça (*eunomia*) deixará as coisas em ordem e da forma apropriada (*eukosma kai artia*). A *eunomia* reprimirá os iníquos, conterá os excessos, reduzirá a *hybris*, retificará os julgamentos distorcidos, abolirá as facções e o conflito civil, e tornará "todas as coisas apropriadas e sensatas para os assuntos dos homens".

A elegia é cuidadosamente construída e contém as principais ideias que Sólon elabora em seus poemas. Podemos seguir seu fio condutor e considerar os tópicos em sequência.

A elegia principia com uma reflexão sobre as causas da crise ateniense. A responsabilidade não é dos deuses, mas do desatino dos homens. Esse é o grande tema da teodiceia, seguindo o paradigma da *Odisseia*. Sólon, porém, vai muito mais longe que Homero na exploração do problema. Posteriormente, quando a tirania de Pisístrato se estabelece, ele adverte seus compatriotas a não culpar os deuses, pois sofrem em virtude da própria covardia. Os próprios atenienses deram ao tirano os guardas que agora os mantêm em servidão; eles andam como raposas, mas não têm cérebro; confiam nas palavras de um homem, mas não veem seus atos (10). Pela primeira vez, o processo histórico-político aparece como uma cadeia de causa e efeito; a ação humana é a causa da ordem ou da desordem da pólis. A fonte da nova etiologia torna-se aparente no seguinte fragmento: "Da nuvem vem a força da neve e do granizo, e o trovão nasce do relâmpago brilhante; uma pólis é arruinada por seus grandes homens, e o povo cai na servidão de um tirano por causa de sua credulidade" (9). A causalidade histórica é moldada segundo a causalidade da natureza que estava sendo descoberta na época pelos físicos jônios.

Entretanto, estamos distantes de uma causalidade política do tipo da de Tucídides. As ações do homem ainda estão inseridas numa ordem cósmica que é governada pelos deuses. A má conduta levará a resultados ruins porque a Dike, ofendida, terá a sua vingança. Esse é o aspecto da teodiceia que Sólon explora na formidável Elegia às Musas (13). Concedei-me prosperidade (a *olbos* homérica), roga ele às Musas, e boa fama entre os homens; e com a prosperidade virá o poder, que ele pede, de ser "doce para os amigos e amargo para os inimigos". Mas a súplica pelas excelências de um aristocrata homérico é suavizada pela preocupação com a Dike hesiódica: "Desejo prosperidade — mas não a obteria de modo injusto, pois a Dike sempre alcança". O próprio Zeus, por meio de sua

Dike, observa as ações do homem; os produtos da *hybris* e da força provocam sua ira vagarosamente, mas sempre a despertam com certeza; um pagará antes, outro depois; e, se alguém conseguir escapar, seus filhos inocentes e sua descendência pagarão por seus maus atos. Então o poema se estende numa grandiosa meditação sobre as ilusões do homem. Cada um de nós, seja bom ou mau, vive absorto em sua própria ilusão (*doxa*) até que sofra. Os doentes têm esperança de ficar saudáveis, os pobres têm esperança de ficar ricos, os covardes acreditam ser corajosos e o feio acredita ser bonito. Cada um, ademais, segue a sua ocupação e espera ter ganhos com ela — seja como pescador, camponês, artesão, médico ou vidente; e não se intimidará pelo trabalho árduo, pelo fracasso e pelo lucro baixo. Mas os bens da decência e da prosperidade, do sucesso e das riquezas não estão à mercê da ação mortal. A Moira, o destino, traz o bem e o mal para os mortais; e as dádivas dos imortais têm de ser aceitas. O esforço honesto pode fracassar, e o malevolente pode ter sucesso. Todavia, essa ordem das coisas não é absurda; ela só parece destituída de sentido se os desejos e as buscas ilusórios do homem são substituídos pelo sentido dos deuses. A fonte do absurdo é a ilusão (*doxa*) do homem. E, em particular, a luta pela prosperidade, a principal meta de todos os esforços, não pode ser um princípio da ordem. Não há um fim (*terma*) claro para esse empenho, pois os mais ricos de nós são duas vezes mais ávidos para ter mais que os outros; e quem poderia permitir que todos se satisfizessem? As posses, certamente, provêm dos deuses; mas há uma fatalidade vinculada a elas, que anda junto com elas, de uma mão a outra.

Na prece meditativa de Sólon, como na elegia de Tirteu, a pólis se afirma contra as excelências da antiga aristocracia. Um cidadão da pólis não pode levar a vida heroica de um príncipe homérico. Se todos quisessem representar o papel de Agamenon ou de Aquiles, o resultado não seria uma cultura aristocrática, mas uma guerra de todos contra todos e a destruição da pólis. Numa pólis heroica, a existência se degenera na exploração e na tirania. O conflito se torna a ocasião para uma profunda reconsideração da ética política por parte de Sólon. Se os aristocratas atenienses usam as vantagens de sua posição econômica ao máximo, é iminente o perigo de que Atenas pereça e de que as condições homéricas sejam efetivamente restauradas. Tucídides, em sua *História*, sagazmente discerniu que as mais atrasadas regiões da Hélade dão uma ideia das condições na época retratada por Homero. Sólon reconheceu a verdade das excelências homéricas, mas também sabia que a pólis requeria uma nova temperança. A prosperidade e a magnificência ingênuas do herói não podiam mais ser a Arete do homem. "Muitos homens maus são ricos, muitos homens bons são pobres; mas nós, por nossa parte, não devemos trocar a Arete por riquezas, pois a Arete dura para sempre, enquanto as posses estão agora nas mãos de um homem e, depois, nas de outro" (15). A verdadeira Arete do homem é distinta como algo menos tangível que as posses nas quais o herói encontra a confirmação de seu mérito. Mas em que consiste precisamente a recém-descoberta Arete? O gênio religioso de Sólon revela-se na recusa de uma resposta positiva. A excelência do homem não pode encontrar sua realização na posse de bens finitos. Os bens que o homem visa em sua ação são apenas aparentes; eles pertencem à *doxa* de seus desejos e buscas. A verdadeira Arete consiste na obediência do homem a uma ordem universal que, em sua totalidade, só é conhecida dos deuses. "É muito difícil conhecer a medida oculta do julgamento justo; e, todavia, só ela contém os limites exatos [*peirata*] de todas as coisas" (16). A verdadeira Arete é um ato de fé na ordem desconhecida dos deuses que cuidarão para que o homem que renuncia a sua *doxa* aja de acordo com a Dike. Por um lado, "A mente dos imortais é inteiramente desconhecida para os homens" (17); por outro lado, "Por ordem dos deuses, eu fiz o que eu disse" (34, 6). Já estamos muito próximos do *agathon* platônico, sobre o qual nada se pode dizer positivamente, embora seja a fonte da ordem na Politeia.

A Doxa é a fonte da desordem; a renúncia à Doxa é a condição da ordem justa, a Eunomia. Quando o homem supera a obsessão de sua Doxa e amolda sua ação à medida invisível dos deuses, então a vida em comunidade se torna possível. Esta é a descoberta de Sólon. No cerne de sua Eunomia, como a experiência que a anima, encontramos a religiosidade de uma vida em tensão entre o desejo passional humano pelos bens da existência exuberante e a medida imposta a esse desejo pela vontade em última instância inescrutável dos deuses. Nenhum dos dois componentes da vida é invalidado pelo outro. Sólon não é nem um tipo de classe média que encontra a virtude numa situação média porque se ajusta à sua estatura média; nem é um Titã decaído, resignado à frustração de seus desejos pelo Destino. Ele ama apaixonadamente a magnificência e a exuberância da vida, mas a experimenta como uma dádiva dos deuses, não como uma meta a ser realizada por meios tortos contrários à ordem divina. Através da abertura para a transcendência, a paixão da vida é revelada como a Doxa que tem de ser refreada pelo bem da ordem.

A concretização dessa natureza oculta, sua tradução em regras de conduta, é determinada pela existência da pólis. Concretamente, a política de Sólon torna-se o apelo e a prática do estadista, para equilibrar os desejos conflitantes dos grupos sociais a fim de que sua coexistência no interior da pólis — e, deste modo, a existência da própria pólis — seja possível. O seguinte fragmento de um apelo é típico:

> Acalmai o coração ardente em vosso peito,
> Vós, que vos fartastes de muitas coisas boas,
> E ponde dentro de limites
> vossa ambição [*megan noon*]. (28c)

E o mesmo princípio de restringir o excesso de paixão está subjacente a seu conselho de como lidar com as massas:

> Pois a abundância gera a *hybris*
> quando há demasiada prosperidade [*olbos*]
> Para homens cujas mentes não estão aptas para ela. (6)

Ficando entre a facção dos aristocratas proprietários de terras que não queriam abrir mão de nenhum de seus privilégios e a facção do povo pobre que estava ávido por mais do que seu calibre pessoal podia ter, Sólon tinha de atingir um equilíbrio. E ele se orgulhava de ter dado ao povo o privilégio que lhe bastava, e de que os ricos e poderosos não sofreram agruras indevidas em virtude de sua reforma: "Segurando um forte escudo protegi ambos, e não permitiria que um se beneficiasse injustamente em detrimento do outro" (5).

A parte mais importante da política de Sólon, porém, foi a conduta do próprio homem. Ele não apenas tinha de servir como árbitro e legislador para os grupos sociais conflitantes, mas também tinha de resistir à tentação de usar seu imenso poder em proveito próprio e de se impor como tirano sobre a pólis. Em sua justificação, no poema iâmbico, Sólon recorda seus críticos de que outro homem, "um homem insensato e ganancioso, se houvesse tido a aguilhada nas mãos, não teria contido o povo". A classe dominante poderia também exaltá-lo como um amigo, pois "se outro homem obtivesse tal honra, não teria contido o povo antes que houvesse feito sua manteiga e colhido a nata do leite" (36 e 37). A tentação deve ter sido grande, pois o povo tinha uma certa expectativa de que ele assumisse o papel de tirano; não somente o povo o teria desculpado, como, antes, o considerava um tolo, dado que não se valeu da oportunidade. Muitos zombaram de Sólon por não ter aproveitado a chance, e muitos proclamaram alto e bom som que estariam dispostos a se submeter a qualquer punição posterior se antes obtivessem riquezas e exercessem a tirania sobre Atenas por um único dia (33). Contra tal opinião popular, Sólon declarou não ter vergonha de não ter adotado a tirania e, assim, de não ter desonrado o seu bom nome (32). Críticas e escárnios desse tipo devem ter sido penosos, pois, em certa ocasião, ele lamenta: "Em questões de grande alcance, é difícil agradar a todos" (7). Sólon deixou Atenas por dez anos para fugir a tais afrontas; e, do julgamento dos cidadãos, ele altivamente apelou para "o tribunal do tempo" (36).

Julgamentos impulsivos sobre tais questões são tão fáceis quanto perigosos. Entretanto, ousamos dizer que, por seu comedimento e sua motivação, Sólon foi a mais importante personalidade individual da política helênica. Muito poucos indivíduos na história da humanidade, como Alexandre ou César, tiveram o privilégio de criar um novo tipo pessoal. Sólon foi um deles. Ele criou o tipo do legislador, o *nomothetes*, no sentido clássico, não apenas para a Hélade, mas como um modelo para a humanidade. Ele foi um estadista, não acima dos partidos, mas entre eles; ele partilhou as paixões *do* povo e, desse modo, pôde se fazer aceito como parte dele na política; e agiu com autoridade como o estadista *para* o povo, pois em sua alma essas paixões se submeteram à ordem universal. A Eunomia que Sólon criou na pólis foi a Eunomia de sua alma. Em sua pessoa ganhou vida o protótipo do estadista espiritual. Sua alma tinha amplitude e elasticidade únicas. Ele podia partilhar o pessimismo dos jônios ao escrever: "Nenhum homem é feliz; todos os mortais fitados pelo sol são miseráveis" (14); e podia desejar viver até os oitenta anos (20) porque sentia que sua mente ainda se desenvolvia: "À medida que envelheço, aprendo muitas coisas" (18). Ademais, o milagre de sua vida determinou inestimavelmente o pensamento posterior sobre a ordem, já que a obra de Platão dificilmente é concebível — e certamente não é inteligível — sem a vida paradigmática de Sólon. No *Timeu*, Platão interpreta a *República* retrospectivamente como a fase solônica de sua própria vida. A concepção da Politeia como "o retrato amplificado do homem" é fundamentalmente a concepção solônica da pólis cuja ordem personifica a Eunomia da alma; enquanto a concepção do rei-filósofo como a substância da ordem remete ao paradigma de Sólon como a fonte substantiva da ordem ateniense. Entre Sólon e Platão está a história da pólis ateniense — desde a criação de sua ordem por meio da alma de Sólon até sua desintegração quando a renovação da ordem por meio da alma de Sócrates e Platão foi rejeitada. A união das paixões humanas e da ordem divina na Eunomia dissociou-se nas paixões do *demos* e na ordem que vive por meio da obra de Platão.

4 "Mas eu vos digo..."

O tema das Aretai está longe de se esgotar pela análise precedente. Uma quantidade considerável de detalhes teria de ser acrescentada a fim de completar o retrato. Ainda não mencionamos, por exemplo, o primeiro aparecimento da excelência da *andreia*, a valentia, num poema de Simônides de Céos[6], embora seja a excelência que, posteriormente, desempenha um papel importante na hierarquia platônica das virtudes. Também não abordamos a glorificação pindárica das excelências aristocráticas na época em que, politicamente, a aristocracia da pólis helênica finalmente sucumbiu à democracia emergente, embora, novamente, o aristocracismo de Platão seja dificilmente concebível sem a força viva das *Odes* de Píndaro na consciência do povo. Tampouco tratamos dos poemas de Teógnis, que mostram a aristocracia na crise de sua passagem de estado governante para um grupo político dentro da pólis, e que mostram as excelências dessa aristocracia no momento de sua transformação nas lealdades e regras de conduta de um clube político com traços conspirativos. Contudo, devemos resistir à tentação de expandir um estudo da ordem e da história tornando-o um estudo da cultura política helênica — a análise deve se restringir aos pensadores representativos cujas descobertas promoveram de modo decisivo a compreensão da ordem do homem e da sociedade.

Todavia, o tema das Aretai e da Pólis requer algumas reflexões conclusivas sobre um tipo de experiência que só foi plenamente articulado pelas teorizações platônico-aristotélicas e cristãs, e também sobre a forma simbólica que foi desenvolvida para exprimi-la na época.

Na elegia xenofaniana sobre a *sophia*, a enumeração das excelências popularmente prezadas seguiu-se pela oposição da nova excelência que, dali em diante, ocuparia a primeira posição na graduação. A elegia de Tirteu sobre a "bravura impetuosa", em seguida, mostrou-se o protótipo da forma xenofaniana de expressão. E os poemas de Sólon, por fim, exibiram a mesma oposição da nova Arete às excelências aristocráticas precedentes. A recorrência dessa forma não é simplesmente uma questão de imitação, mesmo que uma das elegias sirva como o modelo literário para outra; antes, sua repetição é sugerida porque a situação experiencial se repete. A natureza precisa dessa situação torna-se mais claramente visível na lírica não política do que nas profissões políticas formais. Ela se revela em sua pureza por ocasião de sua emergência na poesia de Safo. Consideremos, portanto, a seguinte estrofe sáfica:

> Alguns dizem que uma marcha de cavalo, alguns, que uma marcha militar,
> Alguns dizem que uma exibição naval é, na superfície da sombria terra,

---

[6] *Lyra Graeca*, v. 1, Simonides 65. Simônides viveu por volta de 556 a 468 a.C.

> O que há de mais esplendoroso: Mas eu digo que é
> Aquilo que se ama ardentemente.[7]

A estrofe tem a mesma estrutura formal das elegias de Tirteu e Xenófanes; mas aqui podemos ver mais claramente que uma forma popular para expressar preferência por uma coisa em detrimento de outra (o chamado "preâmbulo") é usada com o propósito específico de opor um julgamento de autoridade a opiniões comumente aceitas[8]. Com essa utilização, o significado da preferência sofre uma mudança radical, pois Safo não se entrega à sua inclinação pessoal; pelo contrário, ela enumera várias predileções a fim de reuni-las no que poderíamos chamar de leque de preferências convencional; e sobre e contra todo esse leque convencional ela define: "O que há de mais belo [*kalliston*] é aquilo que se ama [*eratai*]". Eros é a paixão que autentica o "realmente" belo em contraposição à mera subjetividade das preferências convencionais. Com a diferenciação do Eros como a fonte da objetividade no julgamento, a convenção adquire a característica da "subjetividade".

O problema da subjetividade surge quando os valores inquestionados da sociedade arcaica são desafiados pela nova autoridade da alma que se diferencia. No curso desse processo, surge uma consciência das diferenças qualitativas entre os homens como expressas em suas preferências. Na *Ilíada*, essa consciência ainda não está fortemente desenvolvida; na *Odisseia*, porém, o herói já manifesta sua preferência pela guerra, em contraposição ao cultivo da própria terra ou ao cuidado de seu lar — "pois diferentes homens têm satisfação em diferentes trabalhos"[9]. E Arquíloco, resumindo a linha homérica, diz: "Uma outra coisa aquece o coração de um outro homem"[10]. É nos poemas de Arquíloco que a visão da variedade de preferências adquire um toque de "desmascaramento"; as preferências convencionais aparecem como ilusórias, se não hipócritas, e são opostas ao julgamento sensato, como por exemplo nos seguintes versos:

> Eu não gosto de um general alto, nem de pernas longas, com passos largos,
> Nem de um que se orgulha de seus cachos, ou que ostenta uma barba requintada;
> Antes, dê-me um general baixo, até de pernas arqueadas,
> Se tiver os pés firmes e for íntegro de coração.[11]

---

[7] *Lyra Graeca*, v. 1, Sappho 38.
[8] Sobre as questões do presente parágrafo e do seguinte, cf. SNELL, *Die Entdeckung des Geistes*, 60 ss.
[9] *Odisseia*, XIV, 228.
[10] *Elegy and Iambus*, v. 2, Archilocus 36.
[11] Arquíloco, 58.

A preferência pela "figura de homem" militar é expressa de tal maneira que o general alto mais parece um afetado cujas passadas largas podem se acelerar até chegar à corrida. O contraste entre os dois tipos prefigura o conflito teórico entre a aparência e a realidade. Na estrofe sáfica previamente citada, o contraste é articulado até o ponto em que a paixão do Eros é entendida como a fonte do conhecimento sobre a verdadeira realidade. E, na meditativa Elegia de Sólon, por fim, o termo *Doxa* é introduzido para designar o caráter ilusório da opinião comum em contraste com a verdade da Medida invisível.

A recorrência da forma literária, por conseguinte, não é um jogo de imitação. A forma é recorrentemente determinada pela experiência de uma verdade, alcançada por meio da diferenciação da alma, em oposição às ilusões da opinião comumente aceita. E, uma vez que a diferenciação da alma não é um processo coletivo, mas um processo que ocorre nas almas individuais de pessoas especialmente dotadas, a expressão se tornará mais aguda à proporção que a universalidade da verdade se tornar compreendida como mediada pelos indivíduos em oposição à comunidade. Quanto mais nos aproximamos da revelação de uma verdade transcendente válida para toda a humanidade, mais intensa se torna a solidão dos mediadores. Na elegia xenofaniana, a *Sophia* ainda é "nossa". Na apologia socrática, as fórmulas de Xenófanes são repetidas, mas o isolamento se tornou fatal. Sócrates requer como sua recompensa a manutenção no Pritaneu; como Xenófanes, ele orgulhosamente afirma merecer a honra em lugar do vencedor olímpico; e, em seguida, prossegue: "Pois o vencedor oferece a ilusão da felicidade, mas eu ofereço sua realidade"[12]. A revolta xenofaniana contra os julgamentos injustos do costume radicalizaram-se até a rejeição fatal do mediador por seu povo. Platão articula ainda mais sua própria posição no *Górgias*, defendendo a estadística de Atenas contra os líderes renomados que somente na aparência são representativos da pólis[13], até que, na plenitude dos tempos, essa fórmula se tornou o receptáculo da afirmação da autoridade de Cristo contra a Antiga Lei nas poderosas repetições:

Vós ouvistes isto dos antigos...
Mas eu vos digo...

---

[12] PLATÃO, *Apologia*, 36D-E.
[13] PLATÃO, *Górgias* 517-21.

Capítulo 8
Parmênides

Em Tirteu, o homem bravo é imortalizado por meio do *pathos* comemorativo da pólis; em Sólon, a Doxa do homem é amenizada na Eunomia no interior da pólis por meio da experiência da "Medida invisível"; em Xenófanes, a *sophia* do filósofo-místico vai além da pólis rumo a um *realissimum* universal para a humanidade. Mesmo em Xenófanes, porém, a pólis em si não é transcendida; mesmo o filósofo-místico é uma figura na luta competitiva para a formação da pólis. E isso, como destacamos, persiste como a estrutura limitante do filosofar helênico sobre a ordem até a conquista macedônia. Entretanto, na sucessão de descobertas, pode-se discernir a tendência experiencial, que, por sua lógica interna, articulará a alma até o ponto em que seu destino sobrenatural obtenha consciência. Na geração posterior a Xenófanes (embora ainda no decurso de sua vida, já que Xenófanes atingiu idade muito avançada) essa fase de articulação foi alcançada por meio de Parmênides.

Em seu poema didático, (c. 485 a.C.), o filósofo eleata criou o símbolo do "Caminho da Verdade" que conduz o homem para além da surdez e da cegueira da Doxa rumo à sua realização. O Caminho da Verdade era um "tipo" no sentido platônico. Esse caminho, que vai do *pathos* imortalizador da pólis até a verdade para a alma individual, é paralelo no tempo ao caminho, na história israelita, que vai do Povo Eleito até o Servo Sofredor do Dêutero-Isaías. Em ambos os casos, o processo pelo qual a alma se destaca da existência coletiva e alcança harmonização com a realidade divino-transcendente foi, em princípio, igual — com a importante diferença, porém, de que em nenhum período da história judaica antes do aparecimento de Cristo a articulação da vida da alma, e também da verdade, atingiu intensidade e precisão de simbolismo comparáveis às da articulação helênica dos séculos V e IV a.C. Somente com Jesus o símbolo do Caminho da Verdade aparece na órbita judaica. Mas quando Jesus responde ao pedido do apóstolo com "Eu sou o caminho, a verdade e a vida" (João 14,6), ele firmemente afasta o símbolo dos filósofos. Dali em diante, a redenção da alma passa por Cristo; o componente da redenção, que ainda está presente no filosofar compacto de Parmênides, foi revelado em seu verdadeiro significado; e a filosofia, a única fonte da ordem transcendente para a pólis, tornou-se uma das duas fontes da ordem para a humanidade, a da Razão, ao lado da Revelação.

O poema de Parmênides organiza-se num prólogo, que narra o transporte do filósofo para a presença da deusa inominada da luz, e em outras duas partes, que relatam o conhecimento recebido da deusa a respeito da Verdade (*aletheia*) e da Ilusão (*doxa*). O prólogo e a maior fração da parte sobre a Verdade estão preservados; da parte sobre a Ilusão restam apenas fragmentos, que se estima representarem cerca de um décimo do texto[1].

1 O Caminho

O prólogo faz um relato, em símbolos míticos, do transporte do filósofo. Provavelmente expressa uma experiência que Parmênides teve em sua juventude, pois a deusa se dirige a ele por "Ó jovem"[2]. Ele a descreve como uma jornada num coche puxado por cavalos. Os "sagazes cavalos", guiados pelas donzelas do Sol, conduzem-no pelo "afamado caminho" até a deusa. É o caminho que será trilhado "incólume pelo homem sábio até onde seu coração permitir [ou: desejar]". As donzelas apressam o trajeto em seu decurso; e, tendo abandonado a Morada da Noite, arrancam seus véus à medida que o carro se aproxima da Luz. Chega-se ao portal que separa os caminhos da noite e do dia, e a guardiã Dike o abre, persuadida pelas donzelas. O coche e sua escolta entram. Nesse ponto, quando a visão iluminada principia, todas as imagens

---

[1] Ainda é básica a edição com tradução, introdução e comentários de Hermann DIELS, *Parmenides: Lehrgedicht*, Berlin, Reimer, 1897. A interpretação seguinte deve-se principalmente a Francis M. CORNFORD, *Plato and Parmenides*, London, Kegan Paul, 1939, e também aos capítulos sobre Parmênides em GIGON, *Der Ursprung des griechischen Philosophie*, e JAEGER, *Theology*.

[2] DIELS-KRANZ, Parmenides B 1.24.

cessam. Somos informados apenas da deusa (não descrita nem nomeada), que recebe o jovem graciosamente: "Não é uma má Moira que o traz por este caminho [pois ele está afastado dos caminhos dos homens], mas Têmis e Dike. Convém que aprendas sobre todas as coisas: sobre o âmago inabalável da Verdade [*aletheia*] bem redonda e sobre a Ilusão [*doxa*] dos mortais na qual não há verdadeira segurança. E isso aprenderás também perfeitamente — como, passando de parte a parte por todas as coisas, deve-se discernir claramente as ilusões [*dokounta*]". Após tais comentários iniciais, tem início a instrução propriamente dita (B 1).

O prólogo retoma diversos temas que já conhecemos em contextos anteriores. Podemos identificar o paradigma de Hesíodo na busca por uma verdade oposta a falsidades comumente aceitas, assim como na imagem dos dois caminhos que conduzem à miséria e à verdadeira *arete*, respectivamente. E toda a construção do poema, com sua autenticação da verdade por meio da deusa inominada, segue o modelo hesiódico de autenticar seu novo mito por meio das Musas helicônias. Ademais, a oposição soloniana da Medida invisível à Doxa do homem é agora intensificada na oposição de uma visão mística da verdade às ilusões dos mortais. Esses temas tradicionais, porém, são subordinados a um novo tipo de imagem. Ouvimos sobre o "famoso caminho" da deusa que leva para longe dos "caminhos dos homens"; aprendemos que esse caminho não é seguro para todos, mas somente para os "homens que sabem"; aprendemos que outros podem não trilhá-lo "incólumes"[3]; que o homem é guiado em parte pelo "desejo do coração" e em parte por Têmis e Dike; por fim, que é um caminho que leva da Noite à Luz. Nessas imagens podemos reconhecer o simbolismo de uma religião de mistério, exprimindo a ascensão do iniciado rumo à plena revelação da verdade, e podemos estar certos de que provêm do orfismo e do pitagorismo do século VI. Lamentavelmente, entretanto, sabemos muito pouco sobre suas fontes; os fragmentos remanescentes desses movimentos são tão escassos que o desenvolvimento dos símbolos não pode ser traçado de modo contínuo[4]. E sabemos também com certeza que nas religiões de mistério desse período foi experimentada a divindade essencial da alma, e a experiência foi expressa na crença na imortalidade da alma[5].

---

[3] Sigo aqui a revisão de Meineke e Jaeger.
[4] Sobre a proveniência do transporte de Parmênides, ver a investigação em DIELS, *Parmenides*, 13 ss.
[5] Para um estudo deste problema e bibliografia, ver JAEGER, *Theology*, cap. Origin of the doctrine of the soul's divinity.

Dado que a compreensão da nova concepção da alma é importante para a interpretação de Parmênides, e como as fontes mais antigas são insuficientes, temos de providenciar uma formulação posterior, que provavelmente a traduz corretamente; trata-se de uma passagem de Platão[6]. No *Timeu* 90A-B, Platão diz:

> Com respeito ao tipo de alma dominante em nós, devemos considerar que Deus a concedeu a cada um de nós como um *daimon*, residindo, como dissemos, no topo do corpo; e, em virtude de sua afinidade com o Céu, ela nos puxa da Terra, pois somos mais propriamente um produto celestial que terreno. O Divino [*tò theion*], com efeito, posicionou nossa cabeça na direção de onde a alma teve sua primeira origem, como se fosse sua raiz, fazendo assim o corpo vertical. Ora, quando um homem se abandona a seus desejos [*epithymia*] e ambições [*philonikia*], entregando-se a eles incontinente, todos os seus pensamentos [*dogmata*] tornam-se necessariamente mortais, e, em consequência, ele tem de se tornar mortal por completo, tanto quanto isso é possível, pois nutriu sua parte mortal. Quando, pelo contrário, um homem cultivou resolutamente seu amor pelo conhecimento e pelas coisas divinas, tornar-se-á — uma vez que, desse modo, está tocando a verdade — necessariamente imortal, tanto quanto é possível que a natureza humana participe na imortalidade, pois ele está incessantemente envolvido no culto ao Divino; e, uma vez que mantém em boa ordem [*eu kekosmemenon*] o *daimon* que nele vive, tornar-se-á completamente *eudaimon* [abençoado].

A passagem articula uma concepção da alma que tem de ser pressuposta não só na obra de Parmênides, mas também na de Xenófanes e Heráclito. A articulação é concisa no sentido de que revela os elementos essenciais de uma doutrina da alma, mas não vai muito além dos meros elementos essenciais. Devido a essa concisão, que se desenvolve como se fosse um dogma mínimo da alma, sentimo-nos justificados em introduzi-la, neste ponto, como um instrumento para interpretar o poema de Parmênides.

Em primeiro lugar, a passagem acentua uma conexão entre a divindade e a imortalidade. No pensamento grego arcaico, os homens são mortais, os deuses são imortais; se o homem se torna imortal, ele alcançará tal imortalidade por meio daquilo que é divino nele. A atribuição da divindade e da imortalidade à alma, no entanto, não deve ser entendida como a indulgência fútil de um "desejo de imortalidade", talvez como uma "racionalização" no sentido da psicologia contemporânea ideologizante. A experiência da imortalidade é uma experiência humana fundamental, que, historicamente,

---

[6] Sigo aqui uma sugestão de Cornford, *Plato and Parmenides*, 27.

precede a descoberta da alma como a fonte de tal conhecimento. A imortalidade é predicada dos deuses muito antes que a alma esteja diferenciada como o sujeito acerca do qual, com certas condições, a imortalidade poderia ser predicada. Podemos dizer que a experiência da imortalidade progride da opacidade arcaica para a translucidez da consciência, na qual se torna claro que o divino pode ser experimentado como imortal porque a alma que o experimenta partilha ou participa (*metaschesis*) no divino. Essa participação, porém, é experimentada como precária; é algo que pode aumentar ou diminuir, que pode ser conseguido ou perdido. Por conseguinte, a prática da alma nutrirá o seu elemento mortal ou o seu elemento imortal. O cultivo da parte imortal mediante a ocupação da mente com coisas imortais e divinas é entendido como um "culto" ao divino, simbolizado como o *daimon*; e, por meio de uma vida de tal prática de culto, a própria alma se tornará *eudaimon*.

A metáfora do homem como um produto celestial (*phyton ouranion*) merece atenção especial. O cenário da metáfora ainda é hesiódico; o homem vive na tensão entre Gaia e Urano. Mas, sutilmente, os significados dos símbolos estão se modificando, devido à introdução da ideia de crescimento, de *physis*. Sob o novo "tipo" do mito hesiódico, deuses e homens "vêm à existência" ou "são feitos"; e ali ficam lado a lado como figuras estáticas. Agora o homem é concebido como um "desenvolvimento"; as qualidades terrenas e as celestiais, as mortais e as imortais são internalizadas numa "alma", que é o sujeito que pode se desenvolver numa direção ou noutra. A vida é o culto do divino no interior da alma, e por meio desse culto a alma se desenvolverá em sua própria divindade. No poema de Parmênides também encontramos o aparato hesiódico dos símbolos míticos com a tensão da alma entre a Noite e a Luz; e, além disso, encontramos uma designação, se não uma descrição, das forças na alma que fornecem poder motor e direção para o desenvolvimento. O *thymos* (coração) que impele o pensador é a força na alma que, posteriormente, na obra platônica, se torna o Eros do filósofo; e a direção é dada por meio de Têmis e Dike, as deusas da boa ordem e da justiça, que também reaparecem na *República* de Platão como a Dike, que é a força que proporciona a ordem na alma. A terceira força platônica da alma, Tánatos, não é diretamente nomeada no poema de Parmênides, mas está presente permeando a concepção do caminho catártico que levará o homem da Noite dos mortais (a existência submarina de Platão) para a Luz da verdade eterna.

2 A verdade do ser

Qual é a verdade do ser? Com esta questão, voltamo-nos da experiência do transporte místico para a articulação filosófica da visão[7].

A primeira coisa a ser considerada é a conexão íntima entre o conteúdo da verdade e o transporte místico. A filosofia de Parmênides é uma especulação sobre o Éon, sobre o Ser. O símbolo "Ser" aparece pela primeira vez; e, sem exagero, pode-se dizer que tem início em Parmênides a história da filosofia propriamente dita, como a exploração da constituição do Ser. O Ser de Parmênides não é uma origem das entidades percebidas sensorialmente (*ta onta*), como na especulação jônia. Ele é o algo que é dado na experiência do transporte. Por conseguinte, sua existência não pode ser derivada de modo especulativo como a *arche*, como o princípio do fluxo das entidades experimentadas (que, como fluxo, é, ao mesmo tempo, um tornar-se), mas é dado à especulação como um dado imediato da experiência. A origem experiencial do Ser no transporte místico tem de ser adequadamente compreendida, pois, do contrário, o aparecimento histórico do novo objeto da especulação permanecerá enigmático. Parmênides não tem predecessores, e seu conceito do Ser não tem pré-história[8]. O processo histórico que resulta no conceito de Ser não se move no nível da especulação filosófica; antes, é o processo da alma na qual o Ser como transcendência absoluta tem, por fim, apreensão experiencial. Se buscamos os antecessores de Parmênides, temos de procurar não uma filosofia do Ser anterior e mais primitiva, mas uma experiência diferenciada da transcendência, como encontramos por exemplo no universalismo de Xenófanes.

O filósofo visionário, dado que foi além do âmbito da percepção sensorial, não especula sobre a pluralidade de coisas dadas aos sentidos. Sua visão possui um conteúdo específico, e a fim de percebê-la necessita de uma faculdade específica da alma. Parmênides chamou essa faculdade de *nous*: "Veja com o *Nous*, que torna com certeza presente o ausente" (B 4). O *Nous* é descoberto como o órgão da cognição que porá a realidade não sensorial, inteligível, ao alcance da apreensão do homem. Nesse ponto, contudo, é preciso ter cautela, pois o *Nous* é um símbolo compacto, e até em Aristóteles ele ainda tem uma

---

[7] Interessa-nos somente aqueles aspectos da obra de Parmênides relacionados à gênese da especulação sobre a ordem. Para uma exposição mais completa, cf. GIGON, *Ursprung*.

[8] Cf. ibid., 270 ss.: "o surgimento do conceito de ser um Parmênides permanece um enigma. Há entre ele e o antecessor imediato de Parmênides uma lacuna que o historiador não pode preencher".

amplitude de significado que vai da intelecção à fé. A fim de atribuir ao termo significados posteriores e mais diferenciados, devemos compreendê-lo estritamente como o órgão da alma que faz que o "Ser" seja apreensível, de modo que sua ulterior determinação dependerá do significado do "Ser". Ademais, o *Nous*, embora torne o Ser apreensível, não articula seu conteúdo. O conteúdo do Ser é articulado por outra faculdade que aparece nessa ocasião pela primeira vez, pelo *logos* no sentido mais estrito da argumentação lógica. O *Nous* e, juntamente, o *Logos* são os órgãos cognitivos parmenidianos para determinar a natureza do Ser.

A revelação da verdade sobre o Ser assume a forma de uma classificação dos vários modos de investigação. Estendendo a metáfora do "Caminho", a deusa informa Parmênides dos "caminhos da investigação" que podem ser pensados isoladamente. O significado de "caminho", do *hodos*, altera-se nessa abertura do caminho místico para o caminho lógico, prenunciando o significado do *methodos*, do método da investigação científica. Há dois desses caminhos: "Um dos caminhos, que É e não pode ser *Não-É*[9], é o caminho da Persuasão [*peitho*], que é subordinado à Verdade [*aletheia*]. Mas o outro caminho é absolutamente indiscernível; pois o Não-Ser não pode ser conhecido nem pronunciado; pois aquilo que é é o mesmo [*auto*] para o pensamento e para o ser" (B 2 e 3). A deusa alerta Parmênides para que se afaste desse segundo caminho. E, em seguida, informa-o do terceiro caminho, que também deve ser evitado, ou seja, a suposição de que tanto o Ser como o Não-Ser existem. Esse é o caminho no qual "vagueiam os mortais que nada sabem, os dicéfalos. A perplexidade guia a mente errante em seu íntimo. Eles são conduzidos, surdos e cegos, uma multidão estupidificada e sem discernimento, pela qual o Ser e o Não-Ser são presumidos [*nenomistai*] como sendo o mesmo e não sendo o mesmo, para a qual em todas as coisas há um caminho que se volta em oposição a si mesmo" (B 6).

Essas breves linhas contêm o primeiro produto do filosofar metódico na história ocidental. A verdade sobre o Ser é o objeto da investigação. A investigação é conduzida por meio (1) de uma enumeração que esgota logicamente as teses concernentes à natureza do Ser e (2) da eliminação das teses errôneas. No presente contexto, não podemos abordar os detalhes técnicos do processo de eliminação; devemos meramente chamar a atenção para esse ponto. O filósofo é alertado a respeito do segundo caminho (segundo o qual o Não-ser

---

[9] Ou, de modo mais discursivo: "segundo o qual o Ser é e o Não-Ser não é".

existe): "Afasta teu pensamento [*noema*] desse caminho de investigação; não permita que o hábito arraigado te force para esse caminho, deixando que imperem o olho que não vê e o ouvido que zune e a língua, mas toma tua decisão na controversa investigação por meio da argumentação [*logos*]" (B 7). O Logos é o instrumento para apurar a verdade; e paralela ao Logos aparece a fonte do erro, ou seja, o hábito ou costume (*ethos*) da "experiência arraigada", conforme transmitida de modo acrítico através dos ouvidos, dos olhos e da língua. A "experiência" (*polypeiria*) comumente aceita passa, no nível epistemológico, para a posição das valorações comumente aceitas contra as quais a nova descoberta se afirmava desde Safo até Xenófanes. Um novo matiz de significado é acrescentado a essa experiência comum por meio da caracterização do terceiro caminho no qual o Ser e o Não-ser são "presumidos" ou "considerados" (*nenomistai*) o mesmo, com a implicação (no termo grego) de que o *nomos*, o costume, é a fonte da confusão. Esse significado parmenidiano do *nomos* insere-se como um componente importante nos posteriores conceitos sofísticos de *physis* e *nomos*.

Na descrição do único verdadeiro caminho da investigação sobre o Ser, aparece uma peculiaridade de expressão muito debatida entre os filósofos. O leitor terá notado que na descrição do caminho segundo o qual "*É* e *Não-É* não podem ser", "*É*" não possui sujeito gramatical. Os tradutores frequentemente suplementam com um sujeito, como "algo é" ou "o Ser é". No que concerne ao significado da passagem, a suplementação do sujeito gramatical com o "Ser" é perfeitamente legítima, e o *Eon* de fato aparece em outras passagens nessa função. Todavia, não aparece nas formulações preliminares, e não nos parece satisfatória a explicação (tão prontamente à mão quando se trata dos antigos pensadores gregos) de que o bom homem era "desajeitado" e ainda não sabia bem como manejar o vocabulário filosófico que estava prestes a criar. Antes, suspeitamos que havia uma boa razão para a hesitação em usar o sujeito *Eon* e que nessa hesitação se revela o verdadeiro gênio filosófico de Parmênides. Pois o "Ser" que se torna o objeto da investigação pode ser apreendido no transporte místico, e a área da alma na qual o objeto é experimentado pode ser chamada de *Nous*; mas isso não faz do "Ser" um dado no sentido imanente, uma coisa com uma forma que pode ser discernida pela noese. Para falar de tal sujeito, que não é um objeto, em proposições com sujeito e predicado é preciso hesitar. No que diz respeito aos predicados de um sujeito transcendental, a questão tem de ser elucidada em princípio pela *analogia entis* tomística; contudo, mesmo a exposição tomística do problema deixa inteiramente em aberto a questão do sujeito. Nomear o sujeito "Deus", como se faz na teologia cristã, é uma conveniência, porém inteiramente insatisfatória na filosofia crítica. Com grande circunspecção, Parmênides resistiu à tentação de chamar seu Ser de Deus — uma tentação que deve ter sido grande em face da especulação jônica e itálica precedente; e, aparentemente, ele resistiu até a chamá-lo pelo nome de "Ser"[10]. Aquilo que é apreendido pelo Nous não é apreendido como o é um objeto do discurso. O progresso no caminho rumo à Luz culmina na experiência de uma realidade suprema que só pode ser expressa no "É!" exclamativo. Quando o filósofo é confrontado com essa realidade esmagadora, o "Não é" torna-se desprovido de significado para ele. Com a exclamação "É!" chegamos mais perto do âmago da experiência parmenidiana. As expressões propositais "o Ser é" e "o Não-ser não pode ser" já são circunscrições "desajeitadas".

Uma compreensão clara desse ponto é de especial importância, pois sua má compreensão está na base de grande parte do filosofar grego das seguintes três gerações. A convicção experiencial do "É!", conforme apreendido pelo Nous, foi expressa por Parmênides nas fórmulas já citadas de que o pensar e o ser são o mesmo, de que o Não-ser não pode ser porque não pode ser pensado (*noein*), e assim por diante. Se tais formulações não forem entendidas como verdadeiras somente no contexto de uma investigação sobre o "É!", se forem generalizadas para teorias lógicas aplicáveis a proposições concernentes a objetos imanentes, seguir-se-ão consequências fantásticas. Se assumirmos que tudo o que é pensável é, poderemos chegar à conclusão de que o erro é impossível; se o erro se refere ao Não-ser, ele é impossível porque o Não-ser não existe — e essa foi de fato a teoria de Antístenes. Uma vez que o resultado é absurdo, outros podem chegar à conclusão oposta de que o Ser é impensável, e somente o Não-ser é pensável — como fizeram Górgias ou Aristipo. E, se a tese de que o pensável é acaba ganhando uma inclinação subjetiva, chegamos ao princípio protagoriano do homem como a medida das coisas[11]. O problema permanece um dos componentes não resolvidos no *Parmênides* de Platão, e, pela mediação de Platão, codeterminou a especulação neoplatônica. A inabilidade para alcançar clareza sobre ele determina ainda o ataque de Aristóteles à concepção platônica das Ideias como formas em existência separada.

---

[10] Em outros contextos, como por exemplo em Parmênides B 8.53, a "atribuição de nomes" aparece como uma fonte de erros.

[11] Para uma tentativa de classificação das consequências do princípio de Parmênides nas filosofias sofística e socrática, cf. GIGON, *Ursprung*, 253 ss.

Passemos agora do sujeito para os predicados das proposições de Parmênides sobre o Ser:

(1) Um primeiro grupo de predicados dá prosseguimento e elabora as negações da especulação anterior. Parmênides fala de muitos signos (*semata*) do Ser na única via verdadeira da investigação. São eles: incriado, imperecível, total (ou completo), imoto (ou imóvel) e sem fim (*ateleston*) (B 8.1-4). O último predicado parece significar que o Ser não pode existir rumo a um fim porque um fim, como quer que seja entendido, implicaria um vir-a-ser ou um cessar.

(2) A enumeração é seguida de um novo tipo de predicação a respeito do tempo: "E ele não foi e não será, pois é inteiramente Agora [*nyn*]" (B 8.5). O Ser não é um fluxo com um passado e um futuro. A predicação expressa o que consideramos a experiência primária de Parmênides, o "É!". Na forma exclamativa ele repete a questão: "*É* ou *Não É*" (B 8.16). Quando decidimos pelo É, ele não pode ter um vir-a-ser. "Desse modo, o 'vir-a-ser' é extinto e 'perecer' não é admissível" (B 8.21). A predicação realiza, por esse primeiro movimento especulativo, a filosofia do tempo que Platão e Santo Agostinho elaboraram ulteriormente, ou seja, a filosofia de um fundamento do ser que existe na eternidade do *nunc stans*. Parmênides chega a ela por meio de uma argumentação sobre o "É". "A Dike não abre seus grilhões para permitir [ao "É"] o vir-a-ser nem o perecimento, mas o restringe firmemente" (B 8.13-15). Caso contrário, o presente do "É" seria negado, já que Parmênides equipara o vir-a-ser ou o perecimento, no tempo passado ou no futuro, a "foi" ou "será". A concepção do *Nyn*, o Agora, como o predicado do Ser provém do significado de "É".

(3) Um argumento similar é usado para estabelecer o *continuum* do Ser como uno, homogêneo e indivisível (B 8.6 e 22 ss.). Como o mesmo no mesmo, ele permanece no seu mesmo lugar, residindo em si mesmo. A poderosa Ananke (Necessidade) o mantém nos limites da fronteira que o cerca por todos os lados, pois o Ser não pode ser ilimitado (*ateleuteton*). Pois o Ser não carece de nada; mas, se fosse ilimitado, careceria de tudo (B 8.29-33). O *continuum* homogêneo autocontinente é o predicado espacial do Ser, correspondendo ao Agora temporal. Como o Agora, ele atingiu um desenvolvimento posterior na filosofia, que começa com sua elaboração na teoria do *continuum* do ser de Anaxágoras e com a concepção de partículas homogêneas indivisíveis (*atomos*) da matéria na teoria atômica de Demócrito.

(4) É de especial interesse a descrição metafórica do Ser como uma "esfera bem redonda" (B 8.42-49). A ideia de uma fronteira do Ser, portanto, é elaborada pela ideia de um formato espacial que, por sua limitação, transformaria

o Ser numa forma num ambiente do Não-ser. Para os sucessores eleáticos, já para Melisso, essa concepção da fronteira do Ser parecia inadmissível, e tanto Anaxágoras como Demócrito voltaram à ideia da infinitude do Ser. Parmênides, no entanto, é específico sobre o ponto de que o Ser é "comparável" a tal esfera, de que ele não é realmente uno. A imagem da esfera é introduzida com o fim de predicar a respeito do Ser uma homogeneidade de extensão em todas as direções comparável à equidistância de todos os pontos de uma superfície esférica em relação ao seu centro. Na terminologia moderna, podemos dizer que Parmênides tentou expressar em símbolos da geometria euclidiana uma qualidade da extensão que só poderia ser adequadamente expressa por símbolos do espaço curvo não euclidiano.

O leitor deve estar ciente de que nossa análise não apresenta muito mais que o mero esqueleto de um rico corpo de argumentação. Mesmo com tal abreviação, porém, terá ficado claro que, no poema de Parmênides, estamos testemunhando a erupção de uma nova força. A autonomia do Logos se afirma; a especulação crítica, no fecundo sentido parmenidiano de distinções e decisões lógicas (*krinein*), desenvolve não apenas um método, mas, o que é igualmente importante, um *ethos*. A rigidez do curso do argumento é uma característica extremamente impressionante do filosofar de Parmênides. Essa erupção tem uma ocasião específica, na medida em que as operações lógicas não são realizadas num assunto indiferente, mas na realidade que é apreendida por meio do *Nous*. A especulação crítica, a filosofia num sentido técnico, surge como uma operação lógica sobre a experiência do "É!".

Na especulação de Parmênides, os dois componentes, o experiencial e o operacional, são inseparáveis. Para Parmênides, o que resulta dessa combinação é a Verdade sobre o Ser enquanto distinta da Doxa acrítica. No prólogo, a deusa assegura ao filósofo que lhe revelará o âmago "imóvel" da Verdade "bem redonda" (B 1.29). Os atributos da Verdade que aparecem nessa asseveração são os mesmos (*atremes, eukyklos*) que surgem posteriormente como os predicados do Ser (B 8.4 e 43). O resultado da especulação, portanto, é não somente uma verdade *sobre* o Ser; é a Verdade *do* Ser proclamada pelo "homem que sabe". No meio da especulação, o filósofo reproduz o próprio Ser; a esfera bem redonda do Ser torna-se a esfera bem redonda da ordem especulativa. A especulação filosófica é uma encarnação da Verdade do Ser. A compacidade hierática do filosofar é a grandeza de Parmênides.

A tensão hierática de Parmênides não foi retida por seus sucessores. Com a expansão das operações lógicas para os domínios imanentes do ser, como aludimos, muita confusão ocorreu. Os equívocos entre o ser imanente e o Ser que gramaticalmente explicava a experiência do "É!" levaram aos problemas lógicos que conhecemos como os paradoxos eleáticos, às falácias epistemológicas de Protágoras e à teoria dos átomos. Na lógica erística dos sofistas, o Logos operacional separou-se completamente da substância da Verdade. Entretanto, a efetividade de Parmênides mesmo em tais desvios seria ininteligível sem o significado inicial de sua obra. Esse significado foi recuperado, e magnificamente enriquecido, na obra de Platão. A *República* é animada pela concepção parmenidiana da visão iluminada, dando ao filósofo sua apreensão da Verdade do Ser e da encarnação da ordem paradigmática na obra do filósofo, ou seja, na ordem de sua Politeia. A filosofia no sentido estrito, como a árvore da especulação que cresce a partir da raiz celestial, é a criação de Parmênides e de Platão.

3 Doxa

Por tradição, atribui-se a Parmênides a posição do filósofo do Ser, e sua posição é acentuada opondo-se-o a Heráclito como o filósofo do Devir. Com efeito, não sabemos se algum dos dois filósofos conhecia a obra do outro; e a tradicional caracterização dos dois tipos opostos, embora esteja apoiada na autoridade de Platão, tem valor duvidoso. Certamente, Parmênides especulava sobre a experiência do "É!"; no *Éon* ele encontrou o *realissimum*, na existência homogênea autocontinente no Agora eterno, além da realidade da experiência sensorial ou do costume. Ademais, ele entendia a Ananke desse Ser como a Ananke do Logos que determinava seus predicados. Todavia, ele não poderia ter a experiência do "É!" sem a experiência do Caminho que tinha de ser percorrido até ele; e não poderia ter a experiência do Caminho sem a experiência de seu ponto de partida no *kata doxan* mundano, ou seja, de acordo com a Ilusão dos mortais. Ele não poderia alcançar a Verdade do Ser sem compreender o campo da Ilusão. Por conseguinte, a segunda parte de seu poema didático, a parte sobre as ilusões (*doxai*), no plural, dos homens, é tão essencial para a filosofia de Parmênides quanto a primeira parte sobre a *Aletheia*.

O significado da Doxa de Parmênides, assim como sua relação com a Verdade parmenidiana, é objeto de um debate milenar. Os pontos fundamentais foram esclarecidos em um momento ou em outro; mas com respeito ao problema como um todo ainda não se tem uma imagem convincente. A principal razão para esse estado de coisas parece ser a falácia que distorceu a grande descoberta já na sucessão imediata de Parmênides, ou seja, a confusão latente ou explícita entre o par de conceitos Verdade–Ilusão no sentido parmenidiano e o par verdadeiro–falso no sentido em que falamos de proposições verdadeiras ou falsas com respeito aos objetos da experiência imanente. Segundo o argumento, se a filosofia do Ser é um corpo de proposições verdadeiras, então as *doxai* têm de ser proposições falsas sobre a natureza do Ser. Tais erros de argumentação só podem ser evitados se determinarmos o significado de Doxa no contexto do poema, sem nos entregarmos a suposições especulativas sobre o significado que tal termo tem de ter com base no uso geral.

No contexto do poema em si, a Doxa é simplesmente uma cosmologia no sentido jônio. Ele é dualista em sua concepção, assumindo a Luz e a Noite como os dois princípios (ou formas) de cujas interações e misturas emergem os fenômenos do mundo da experiência, incluindo o mundo do homem. Esse cosmos tem um início, um desenvolvimento no futuro e terá um fim. Os complicados detalhes não são nosso interesse aqui. Estamos antes interessados na questão de por que essa cosmologia — que poderia se manter perfeitamente por si mesma — é situada como a segunda parte de um poema didático cuja primeira parte chama-se "Verdade", e por que se chama "Ilusão". O significado de "Ilusão" obviamente não pode se encontrar no conteúdo da segunda parte em si; ele só pode ser encontrado ao se relacionar essa segunda parte com os significados da Verdade na primeira parte. Somente pelo fato de que a exposição da primeira parte é a "Verdade" se pode denominar o conteúdo da segunda parte "Ilusão". Temos de retornar ao cerne dessa Verdade, ou seja, à experiência do "É!".

O filósofo, em seu transporte, experimenta a presença de uma realidade suprema; podemos chamá-la, como fizemos antes, de *realissimum*. O argumento parmenidiano assume agora o seguinte curso:

(1) Se aquilo que é dado na experiência do "É!" for chamado de Ser, então o que quer que não seja dado nessa experiência de uma presença homogênea tem de ser chamado por definição de Não-Ser.

(2) Se o Logos for aplicado a essa situação inicial, chegamos a um corpo de predicados sobre o Ser; e esse corpo será a "Verdade" sobre o Ser.

(3) Todas as proposições que desconsideram a situação inicial, que entram na órbita dos materiais de especulação que não são encontrados na experiência do "É!", serão compelidas a tratar como Ser aquilo que, de acordo com a definição inicial, é Não-Ser. Todas essas proposições são "Ilusões".

O conflito entre Verdade e Ilusão, portanto, não é um conflito entre proposições verdadeiras e falsas. De fato, a Ilusão é tão verdadeira quanto a Verdade, se por verdade entendemos uma articulação adequada e consistente de uma experiência. O conflito ocorre entre dois tipos de experiência. A Verdade é a filosofia do *realissimum* que experimentamos quando seguimos a via da imortalização na alma; a Ilusão é a filosofia da realidade que experimentamos como homens que vivem e morrem num mundo que tem extensão no tempo com um princípio e um fim. A caracterização dessa filosofia da realidade como uma Ilusão deriva sua justificação da experiência de uma realidade superior, de um fundamento imortal do mundo mortal. O conflito remonta à experiência das partes mortais e imortais que compõem a alma.

A Verdade é uma, as *doxai* são muitas. Todavia, a multiplicidade das *doxai* não significa que a filosofia da realidade mortal seja um campo anárquico de arroubos fantasiosos. A experiência do mundo é comum a todos os mortais, e a articulação da experiência pode ser mais ou menos adequada, completa e consistente. A parte sobre a Doxa, portanto, não é, como às vezes se assume, uma avaliação das opiniões de outros filósofos, mas contém a cosmologia de Parmênides. A própria deusa da luz lhe dá a informação, assim como lhe deu a informação sobre a Verdade; e ela promete lhe contar sobre a organização do mundo (*diakosmos*) como tudo o que é verossímil (*eoikota panta*) (B 8.60), de modo que o pensamento dos outros mortais não superará o seu relato (B 8.61). Essa concepção de um relato "verossímil", um relato que pode ser mais ou menos verdadeiro, de uma verdade especificamente contingente quando comparada à verdade estrita do Logos, tem uma importante consequência na história das ideias, pois teve prosseguimento e ulterior elaboração na concepção platônica do *eikos mythos*, a fábula ou mito "verossímil" no *Timeu*. Especialmente nas obras tardias de Platão, o mito se tornou o instrumento de expressão de determinadas áreas da experiência que Parmênides vinculara à Doxa.

O peculiar desenvolvimento da posição secundária da Doxa em Parmênides para a importância primária do Mito na obra tardia de Platão vem acompanhado por um enriquecimento do tema do filosofar, sobre o qual temos de nos debruçar por um momento. Parmênides justapõe o Ser e a Ilusão sem tocar o problema de que a realidade como dada no "É!" e a realidade da Ilusão têm de estar ontologicamente conectadas de algum modo[12]. O Ser e a Ilusão não são

---

[12] Os fragmentos da parte sobre a Doxa são escassos, mas parecem suficientes para permitir a conclusão de que a conexão ontológica entre o ser homogêneo e o mundo dualista de fato não foi abordada.

dois mundos diferentes; são dois aspectos de um mesmo mundo que é dado em dois tipos de experiências cognitivas do mesmo ser humano. Parmênides, porém, simplesmente descreve o cosmos ilusionista. Os fatores componentes da Luz e da Escuridão o permeiam inteiramente; e, uma vez que o homem participa dessa mistura, experimenta o cosmos em seu dualismo ilusionista. Além disso, Parmênides situa os deuses na ilusão. No centro do cosmos físico há um *daimon* feminino que governa sua ordem, e essa deusa central cria os outros deuses, dos quais Eros é "o primeiros de todos eles" (B 12 e B 13). De que modo o Ser, que aparentemente não é Deus ou *um* deus, proveio do mundo da Ilusão que inclui os deuses permanece um mistério. Esse mistério torna-se a preocupação de Platão. Em seu mito do cosmos, Platão preenche a lacuna na filosofia de Parmênides com o símbolo do deus-criador, do Demiurgo. O Demiurgo é o mediador entre o Ser e o cosmos; ele encarna o paradigma eterno no mundo. O Mito verossímil fornece o elo entre o Ser e o mundo da Doxa verossímil. Podemos nos aventurar a fazer a generalização de que o mito platônico é, primordialmente, o instrumento para expressar a encarnação do Ser — e não a encarnação do Ser apenas no cosmos físico, mas também (e esse é o nosso principal interesse) na ordem da sociedade e da história. A parte sobre Platão no presente estudo fará uma exposição completa desse problema.

4 O antagonismo entre os Caminhos da Verdade

Começamos nosso estudo de Parmênides com reflexões sobre o simbolismo do Caminho e da Verdade e sua consumação no simbolismo joanino de Cristo como o Caminho e a Verdade. Nossas últimas reflexões sobre a evolução da Doxa para o Mito abrem uma perspectiva histórica inteiramente diferente. O Caminho de Parmênides conduz da escuridão do mundo como experimentado pelos mortais ao além de uma visão de luz na qual o homem, por meio do *Nous*, experimenta a presença imortal do "É!". Esse Ser imortal é determinado em sua natureza pela necessidade do Logos, e a mesma necessidade determina sua articulação cognitiva. É uma pura estrutura lógica repousando em si mesma; não tem alma, nem vontade, nem poder criador; e, o que é mais característico, não pode sequer revelar-se, mas tem de ser revelada por uma deusa da luz. A experiência do "É!" assim como sua articulação lógica estão cercadas por um simbolismo da revelação por meio de poderes divinos. Esse cenário da revelação suscita questões interessantes, pois na própria revelação os deuses são situados no mundo da Ilusão. Quais são as relações entre os deuses que aparecem na revelação concernentes à Ilusão e a deusa que revela os deuses como ilusórios? Poderia ser que, afinal, nós não tenhamos emergido da Doxa para a Verdade do Ser, mas que a Verdade do Ser seja abarcada pela Doxa? Ou haverá deuses não ilusórios além do Ser? Ou a revelação da Verdade proveniente de uma deusa seria talvez ela mesma uma Ilusão? O poema não oferece respostas para tais questões; chegamos aos limites e às limitações do filosofar parmenidiano.

Essas questões, no entanto, embora não sejam respondidas pelo poema, são suscitadas por sua própria estrutura. O cenário de revelação, tanto quanto o conteúdo da revelação, é uma expressão das experiências parmenidianas. Por conseguinte, Parmênides tem como poeta um alcance de sensibilidade muito mais amplo do que como um filósofo do Ser. Esse maior alcance terá de ser levado em conta se quisermos chegar a uma compreensão plena da posição histórica de Parmênides e do segredo de sua efetividade. A Doxa e o prólogo revelador, como vimos, estão repletos de problemas que pedem uma articulação. Na evolução da Doxa verossímil para o Mito verossímil, reconhecemos um primeiro passo dessa articulação, preenchendo a lacuna entre a Ilusão e a Verdade; o Mito expande o campo da Doxa para incluir a encarnação da Verdade. Se a articulação do leque de problemas parmenidiano se desse na mesma direção para além de Platão, poderíamos antecipar uma expansão da Doxa de modo a incluir a própria esfera reveladora; a Doxa como Revelação seria uma verdade acima da verdade parmenidiana do Ser. Esse passo final foi dado não na filosofia helênica, embora sua lógica fosse imanente a seu curso, mas somente na revelação hebraico-cristã.

Na Revelação, a Doxa expandiu-se como uma Verdade acima da Verdade e da Ilusão de Parmênides. A fim de chegar a essa Verdade superior, contudo, o homem teve de descobrir a cognição da fé; e o caminho da Pistis (a Fé) não é o caminho do Logos que especula sobre a experiência do "É!". Novamente, como na análise de Xenófanes, somos confrontados com o problema de uma pluralidade de experiências na qual a transcendência é apreendida. Na fé e na revelação tornam-se acessíveis níveis de transcendência acima da verdade do Ser — mas o simbolismo da fé e da revelação detém as qualidades da "plausibilidade" que caracterizavam a Doxa e o Mito, enquanto distintos da Ananke e do Logos. A revelação não abole a verdade do Ser. Por conseguinte, com o ingresso da revelação na história, entramos na história do antagonismo permanente entre as duas fontes da verdade, um antagonismo que ocupou pensadores judeus, cristãos e islâmicos. Ele poderia ser expresso na demanda de que a verdade do filósofo seja subordinada à verdade revelada, de que a filosofia seja serva da Escritura ou da teologia; ou na demanda de uma interpretação alegórica das Escrituras a fim de conformar seu significado à filosofia; ou na teoria de uma harmonia entre a fé e a razão; ou na concepção árabe das Escrituras como concedendo ao povo, na forma dóxica, a mesma verdade que a especulação dá ao filósofo na forma lógica; ou, por fim, o intelecto poderia assumir a ofensiva e substituir a verdade da fé pela verdade da especulação, como ocorreu nos movimentos gnósticos modernos do progressivismo, do hegelianismo, do comtismo e do marxismo.

O conflito entre os Caminhos da Verdade é a questão fundamental da história intelectual ocidental desde a combinação do helenismo com o cristianismo até hoje. E Parmênides foi o pensador que criou o "tipo" desse conflito da história universal por meio de sua inabalável instituição do Caminho do Logos.

Capítulo 9
Heráclito

A especulação de Parmênides concentra-se intensamente na experiência do "É!". A luz do Logos enfoca, no âmbito revelador muito mais amplo do poema, a única experiência que relega tudo o mais ao Não-Ser. Logo, caso se rompa com a tradição historiográfica de classificar Parmênides como "o filósofo do Ser", reconhecendo os setores não logicizados de suas obras como tão essenciais quanto sua logicização do "É!", diversas áreas do assunto podem ser distinguidas e organizadas numa escala de penetração lógica decrescente. A área de penetração máxima é a experiência do "É!"; a segunda área é o campo da Doxa, no qual Parmênides reconhece a possibilidade de simbolizações mais ou menos "plausíveis", sem chegar à clareza quanto ao critério; a terceira área é a esfera da revelação do prólogo, em que mesmo a questão da verossimilhança dóxica desaparece; e a quarta área (se é que podemos chamá-la assim) é a lacuna ontológica entre os campos do Ser e do Não-Ser, onde nem mesmo uma tentativa de simbolização é feita. A experiência do caminho da escuridão para a luz e a própria visão da luz absorveram os poderes especulativos de Parmênides a ponto de negligenciar todas as demais áreas experienciais como fontes de cognição que mereceriam articulação especulativa igualmente cuidadosa. Em particular, notamos a estrutura puramente lógica do Ser, excluindo não somente a matéria, mas também a mente, a vontade e a criatividade. Um componente da vida da alma afirmou-se com força subjugante. Esta é a força de Parmênides; ele experimentou plenamente a dimensão íntima da alma, como se sua estatura fosse abarcada pelo Ser transcendente. E a articulação paradigmática dessa dimensão interna tornou-se parte da *philosophia perennis*[1].

Se, portanto, situamos a filosofia do Ser no contexto mais amplo do poema de Parmênides, torna-se visível a direção que a ulterior exploração da alma é forçada a tomar. O Ser pode ser apreendido porque o pensador alcançou consciência da dimensão interna de sua alma; com a compreensão da alma como algo que possui uma dimensão interna, dá-se, de modo correlato, a consciência de uma fronteira deste algo e de um Além dessa fronteira. O Ser não é descoberto por um homem estático, pois no ato da descoberta a própria alma do homem se diferencia e ganha consciência de sua dimensão. Com a consciência parmenidiana do caminho que conduz rumo à fronteira da transcendência, a alma passa para o campo da especulação filosófica. Podemos especular sobre o Ser transcendente porque a alma é um *sensorium* da transcendência. A luz de Parmênides não pode ser vista sem uma luz na alma que ilumina o caminho rumo à sua fronteira. Por conseguinte, o progresso da especulação tinha de estar intimamente vinculado a uma exploração sistemática da dimensão interna da alma, das múltiplas fontes experienciais de conhecimento unicamente por meio das quais se pode autenticar a especulação e elevá-la acima da mera "plausibilidade". Tal exploração da alma foi a obra de Heráclito.

1 O destino pitagórico da alma

Mais uma vez, trataremos do complicado problema da alma — complicado porque os documentos literários restantes são tão escassos que o desenvolvimento rumo à autocompreensão da alma não pode ser traçado em continuidade. Há um período no qual um conhecimento da alma ainda não existe, e mal podemos chamar esse período de "homérico"; e então, subitamente, o significado da alma está presente na obra de Xenófanes, Parmênides e Heráclito, provavelmente sob a influência do movimento pitagórico.

No período homérico, ainda não temos "vida da alma". O termo que posteriormente designa a alma, *psyche*, existe, mas designa a força vital que parte do homem na morte. A *psyche* homérica tem a existência peculiar da "sombra" que também pode aparecer nos sonhos, mas não é uma alma imortal com uma vida após a morte do corpo. O que chamaríamos de "pessoa" de um homem — na

---

[1] O mito platônico no *Fedro* dá prosseguimento e desenvolve essa experiência parmenidiana.

linguagem homérica, seu *thymos* — morre com ele. Uma vez que não há concepção de uma alma, de uma *anima* no sentido cristão, também não pode haver um "corpo" animado. O termo que mais tarde designa o corpo da pessoa viva, *soma*, também aparece em Homero, mas tem ali o sentido estrito de "cadáver"; não há um termo homérico para "corpo". A seguir, em Xenófanes, os termos aparecem em seu novo significado. Num dos fragmentos ele narra uma anedota de Pitágoras: "Certa vez, ele passava por um lugar quando um cachorro estava sendo surrado. Ele se apiedou e disse: 'Pare! Não bata nele, pois é a alma [*psyche*] de um homem, de um amigo que reconheci ao ouvi-lo gritar com sua voz!' E no fragmento previamente citado, sobre os animais que se fossem capazes de criar obras de arte atribuiriam aos seus deuses suas respectivas formas animais, as formas são *somata*[2]. Aqui temos corpos vivos de animais, homens e deuses; e temos uma psique que pode migrar para um animal e preservar sua identidade.

No fragmento B 7, sugere-se que o pitagorismo é a fonte da nova concepção. Na ausência de fontes pitagóricas diretas já oferecemos, na seção que trata de Parmênides, uma passagem de Platão sobre o demônio no homem. Seguiremos agora o mesmo procedimento e apresentaremos as ideias pitagóricas concernentes ao destino da alma, que devem ser pressupostas como o pano de fundo do filosofar de Heráclito, com base numa fonte posterior, as *Katharmoi* (purificações) de Empédocles (fl. c. 450 a.C.).

Empédocles fala de um antigo oráculo de *Ananke* (Necessidade), uma ordenação dos deuses: Sempre que um dos demônios, cujo quinhão é a vida longa, tenha se maculado pecaminosamente com sangue ou tenha cometido perjúrio, terá de vaguear fora da morada dos santos por três miríades de anos, nascendo em todos os tipos de formas mortais, mudando de um caminho de vida para outro[3]. O *daimon* (que já conhecemos pela passagem do *Timeu*) já teve uma existência santa que foi perdida devido a alguma ação conspurcadora. O mau ato foi seguido pela queda na mortalidade e pela transmigração de um corpo mortal para outro. Da morada dos santos "viemos para esta gruta sob um teto"[4]. "De que honra e que elevação de felicidade decaí para chegar aqui na terra entre seres mortais" (B 119). "Eu chorei e pranteei quando vi a terra estranha" da morte e da ira e da putrefação (B 118, B 121). Os demônios, contudo, não se tornarão necessariamente homens; eles podem se tornar bes-

---

[2] Diels-Kranz, Xenófanes B 7, B 15.
[3] Diels-Kranz, Empédocles B 115.
[4] Empédocles B 120. O simbolismo do mundo dos mortais como a gruta sob o teto do céu é desenvolvido por Platão, na *República*, na Parábola da Caverna.

tas ou árvores (B 127); mas, por fim, tornar-se-ão profetas, poetas, médicos ou príncipes entre os mortais; e após essa encarnação final ascenderão aos imortais, reunindo-se mais uma vez à companhia dos deuses (B 146, B 147).

Da concepção geral da alma como um *daimon* que decaiu da santidade e que é agora sucessivamente aprisionado numa série de corpos mortais provêm as regras pitagóricas para a pureza e a purificação da vida[5]. Da multiplicidade de detalhes, mencionamos somente o repúdio da "matança" para propósitos sacrificais e também a putrefação da carne como uma das origens do vegetarianismo.

De maior interesse para nós é a seguinte questão: de que Pitágoras e Empédocles derivam seu conhecimento da metempsicose? Com respeito a esta questão, não temos senão meras indicações de uma resposta. Num fragmento que mesmo na Antiguidade helênica era considerado referente a Pitágoras, Empédocles fala de um homem de conhecimento extraordinário que, quando se empenhava com toda a sua mente, era capaz de ver todas as coisas que houvessem "no período de dez ou vinte vidas dos homens" (B 129). De si mesmo ele dizia que, antes da vida presente, havia sido um menino e uma menina, uma planta e um pássaro e um peixe (B 117). Tais fragmentos parecem apontar para uma experiência extática na qual a mente "se estende" ou "se esforça" ao máximo (*orexaito* em B 129). De um êxtase desse tipo, que (como a formulação sugere) pode ter sido induzido por uma disciplina, provavelmente provém a absoluta convicção que Empédocles expressa ao dirigir-se aos cidadãos de Agrigento: "Eu ando entre vocês como um deus imortal, não mais um mortal" (B 112). Essa convicção da divindade essencial, combinada com a experiência da queda na corporeidade mortal e com um alto grau de empatia pela psique na vida vegetal e animal, parece ser o agregado experiencial que, no nível doutrinal, resulta na concepção da metempsicose[6].

2 A exploração da alma

A concepção da alma imortal, de sua origem, sua queda, suas migrações e sua bem-aventurança final, que acabamos de reconstruir com base nos frag-

---

[5] A concepção do corpo (*soma*) como a prisão ou o túmulo (*sema*) da alma é pitagórica. Ela aparece no *Fédon* 62 de Platão, atribuída a Filolau, mas com a implicação de uma origem mais antiga. Cf. o *Górgias* 493 de Platão, em que a concepção *soma-sema* é atribuída a um "sábio"; e *Fedro* 250C, em que Platão fala sobre o estado em que as almas ainda são "puras e insepultas".

[6] A metempsicose pitagórica foi ulteriormente desenvolvida por Platão, tornando-se o Julgamento dos Mortos.

mentos de Empédocles, tem de ser pressuposta nos pensadores da geração de 500 a.C. aproximadamente. Em particular, tem de ser pressuposta em Heráclito, que explora conscientemente as dimensões dessa alma[7].

A nova intencionalidade e o novo radicalismo da investigação talvez possam ser mais claramente percebidos no famoso fragmento: "Para o homem, o caráter é o demônio" (B 119). Não é fácil avaliar toda a importância do fragmento, uma vez que está isolado. Numa primeira abordagem, pode-se atribuir a ele o mínimo possível de significado técnico, considerando-o não mais que uma formulação em oposição às opiniões convencionais sobre o caráter como o fator interno e o demônio como o fator externo do destino humano. Mesmo que adotemos esta cautela, resta ainda o importante fato de que o demônio é tornado imanente e é identificado com o caráter (*ethos*). Se, contudo, pomos o fragmento no contexto da concepção pitagórica da alma (um procedimento que nos parece justificado), então ele identifica o *daimon* no sentido pitagórico àquela estrutura da alma que Heráclito designa pelo termo *ethos*. Essa identificação implicaria a ruptura decisiva com a inseparável vinculação arcaica da imortalidade com a divindade. A alma, para ser imortal, não teria de ser um *daimon*; passaríamos de uma concepção teomórfica da alma para uma concepção verdadeiramente humana. A base para uma antropologia filosófica crítica estaria criada[8].

Acreditamos, com efeito, que esta é a grande conquista de Heráclito. E julgamos nossa interpretação fundamentada ao situar o fragmento no contexto dos significados heraclíteos, pois mesmo que o fragmento B 119 seja entendido como identificando o *daimon* e o *ethos* não avançamos muito, já que não sabemos o que Heráclito queria dizer com *ethos*, e a tradução convencional por "caráter" não contribui. O auxílio necessário provém de B 78: "O *ethos* humano não tem inteligência, mas o divino sim". O *ethos* humano é distinguido do divino pela ausência da inteligência (*gnome*). Por conseguinte, o termo *ethos* tem de ter um alcance de significado que vai além do caráter; ele tem de

---

[7] A seguinte interpretação de Heráclito guia-se principalmente pelas obras de GIGON, *Untersuchungen zu Heraklit*, Leipzig, Dieterid, 1935; ID., *Der Ursprung der griechischen Philosophie*; e de JAEGER, *Theology*. Foram de grande valia as páginas sobre Heráclito contidas em SNELL, *Die Entdeckung des Geistes*, 32 ss. As obras enumeradas acima conferiram nova base à compreensão de Heráclito.

[8] O termo *teomórfico* tem implicações teóricas que não podem ser elaboradas aqui. O chamado antropomorfismo da simbolização arcaica não é na verdade uma simbolização dos deuses na forma humana, mas, pelo contrário, uma simbolização das áreas e das forças da alma por meio de divindades. O "antropomorfismo" desaparece quando as divindades são absorvidas na alma.

designar a "natureza" de um ser em geral, seja ele humano ou divino (*theion*). Ademais, a diferença entre o *ethos* humano e o divino é muito considerável. A proporção é expressa em B 79: "O homem é chamado de bebê pela divindade [*daimon*], como uma criança o é pelo homem". *Daimon* é usado neste fragmento especificamente para distinguir deus e homem. Além desse ponto, lamentavelmente, incorremos em certas dificuldades, pois os textos não estão muito bem preservados. Aparentemente, Heráclito imputou a sua divindade o predicado "o único sábio", como em B 32: "O Um, o único sábio [*to sophon mounon*] quer e não quer ser chamado pelo nome de Zeus". Ademais, em B 108, ele considera a característica distintiva de seu filosofar o reconhecimento de que "o Sábio está separado de todas as coisas". Mas em B 41 ele fala do *hen to sophon*, do Um que é Sábio, como "a compreensão da inteligência [*gnome*] que controla todas as coisas por intermédio de todas as coisas [ou seja, governa o Universo]". *Sophon* parece designar uma sabedoria humana concernente à *gnome* que governa o mundo[9]. Se aceitarmos ambos os fragmentos como estão, o termo *sophon* seria usado tanto com referência a deus como ao homem — com a distinção, porém, de que o predicado "o Único Sábio" está reservado para deus. A sabedoria humana consistiria então na compreensão de que ele não possui sabedoria própria; a natureza humana (*ethos*) é sábia quando compreende a *gnome* que governa o cosmos como exclusivamente divina.

As naturezas humana e divina, portanto, são distinguidas pelos "tipos" de sabedoria, e relacionadas uma à outra, na medida em que a sabedoria humana consiste na consciência de uma limitação em comparação com a divina. Sabemos da sabedoria divina, mas não a temos; participamos nela o suficiente para tocá-la com nosso entendimento, mas não podemos possuí-la como nossa. A experiência heraclítea assemelha-se à parmenidiana. Mas Heráclito não tenta articular o "Ser" por meio de uma explicação lógica; antes, ele está interessado

---

[9] Acerca do significado do texto deteriorado, assim como das diversas tentativas de reconstruí-lo, cf. ZELLER, *Die Philosophie der Grieschen*, I/2, 839 ss. William A. Heidel (1913) e Karl Reinhardt (1916) sugeriram reconstruções que resultariam substancialmente no seguinte: "Somente um, o Sábio, possui a inteligência para governar todas as coisas". A opinião recente se divide acerca da questão. JAEGER, *Theology*, 125, nota 58, refere o "um, o Sábio" de B 41 à divindade, assim como a mesma expressão em B 32; GIGON, *Ursprung*, 258, interpreta a expressão como a sabedoria humana. As reconstruções como um atributo da divindade são motivadas pela convicção fundamentada permitida pelo texto de que a expressão *hen to sophon* refere-se tão claramente à divindade. A aceitação da interpretação como a sabedoria humana leva em consideração que o fragmento aparece em Diógenes Laércio 9.1 num contexto que prova que o antigo autor a entendia sem hesitação como a sabedoria humana. Em nossa opinião, uma decisão final é impossível no presente.

na relação entre as duas naturezas e nos tipos de sabedoria. No nível da lógica, consequentemente, encontramos formulações "contraditórias" que, por sua própria contradição, expressam uma sabedoria que partilha a verdadeira sabedoria sem possuí-la plenamente. Por conseguinte, no trecho B 108 previamente citado, Heráclito exalta como o resultado específico de seu *logos* (discurso), como distinto dos *logoi* de todos os outros pensadores, o discernimento de que o "*sophon* está separado de todas as outras coisas". Em B 50, por outro lado, ele insiste em que é sábio (*sophon*) que todos os que ouvem seu *logos* concordem (*homologeein*) que "tudo é um". O Um que é sábio está separado de todas as coisas; mas para o homem que é sábio todas as coisas são o Um. O significado é elucidado por outro par de fragmentos contraditórios. Em B 40 (fragmento ao qual já nos referimos na seção sobre Xenófanes), Heráclito fala do *polymathes*, do "que sabe muito", mas que não ensina a "compreensão"; e, mais especificamente, em B 129, ele fala de Pitágoras, que empreendeu mais investigações (*historie*) científicas que qualquer outro homem, e chegou apenas a uma sabedoria (*sophie*) particular, uma *polymathia*, uma "má arte". Em B 35, por outro lado, ele insiste em que o "amante da sabedoria" (*philosophos*) tem necessariamente de ter investigado (*historein*) muitas coisas. A intenção de Heráclito agora transparece mais claramente. A sabedoria humana não é uma posse efetuada, mas um processo. A participação na sabedoria divina que está separada de todas as coisas não pode ser alcançada por meio de um salto além de todas as coisas; ela é o resultado da ocupação com essas mesmas coisas, ascendendo do múltiplo ao Um que se encontra em todas elas. A tentativa pode fracassar; e o amante da sabedoria, o filósofo, pode terminar como um *polyhistor*.

O primeiro aparecimento do termo "filósofo" nesse contexto sugere as passagens no *Fedro* em que Platão — indubitavelmente seguindo Heráclito — contempla um novo termo para os poetas, oradores e legisladores que podem ir além da palavra escrita de suas composições e provar, por meio da elaboração e da defesa oral, que sua obra efetivamente se baseia no conhecimento da "verdade". O novo termo para homens com esse conhecimento superior não deve ser *sophos* — pois este é um grande nome "adequado somente a Deus" —, mas o termo mais humilde e apropriado *philosophos* (278D). E aqueles que não são capazes de ir além de sua compilação e composição, do recorte e do remendo serão por direito chamados de poetas, oradores e legisladores (278D-E). A oposição platônica da palavra viva, falada, à palavra meramente escrita — que é ainda objeto de debate — ilumina a intenção heraclítea e, por sua vez, é iluminada por ela. A composição literária em si parece estar repleta de riscos, pois gera a ilusão de que a "verdade" ou a "sabedoria" podem ser plenamente expressas e armazenadas na obra. A verdade viva, porém, é um movimento da alma na direção do *sophon* divino, e tal movimento jamais pode ser inteiramente banido para a forma. Por conseguinte, a obra só tem qualidade na medida em que baniu esse movimento de modo que as formulações estimulem o movimento correspondente na alma do leitor; e o teste decisivo de tal qualidade é a habilidade do criador de elaborar esse assunto oralmente com base nos recursos de sua alma. Com essa livre expressão oral na conversa, o criador provará que é de fato um criador, e não meramente um *polyhistor* ou um artesão que confeccionou uma colcha de retalhos com instrumentos fornecidos pela tradição. O ataque heraclíteo dirige-se primordialmente contra o colecionador poli-histórico de fatos; o platônico, contra o artesão poético, legal e oratório. Tanto Heráclito como Platão, porém, concordam em que nenhuma composição pode reivindicar a "verdade" a menos que seja autenticada pelo movimento da psique rumo ao *sophon*. O problema da verdade está agora diferenciado na medida em que o movimento de amor da alma rumo ao "Único Sábio" é reconhecido como a fonte da verdade que a produção do pensador ou poeta deve ter. Uma vez que esse reconhecimento implica uma clara distinção entre a divindade da "sabedoria" e a humanidade do "amor pela sabedoria", a orientação filosófica da alma se torna o critério essencial da "verdadeira" humanidade. A alma do homem só é uma fonte da verdade quando está orientada rumo a deus por meio do amor à sabedoria. Em Heráclito começa a se formar a ideia de uma ordem da alma, que em Platão se desdobra no princípio perene da ciência política de que a boa ordem da alma fornece por meio da filosofia os padrões para a boa ordem da sociedade humana.

Se a natureza, o *ethos*, do homem é um processo ou um movimento que resultará no aumento da sabedoria ou no fracasso, pode-se esperar ao menos uma tentativa de descrever a dinâmica da psique. Alguns dos fragmentos preservados mostram que Heráclito de fato ocupou-se dessa questão. Em B 45, ele diz: "Não se poderiam encontrar os limites da alma, mesmo que se percorressem todos os caminhos; seu logos é muito profundo". Neste fragmento, não se pode decidir, com base nesta única frase, se "logos" significa simplesmente extensão ou medida (conforme sugerido por Burnet) ou se significa uma substância inteligente com uma profundidade de entendimento. Preferimos a segunda hipótese porque o logos reaparece em B 115: "A alma possui um logos que se amplia". Essa autoampliação ou aumento deve-se à atividade exploratória do pensador. O fragmento B 101 afirma enfaticamente: "Eu explorei a [ou: busquei em] mim mesmo" — e esta frase certamente não é uma confissão de atividades introspectivas no sentido moderno, antes alude a uma investigação no interior de profundezas previamente insuspeitas da alma, aumentando assim sua autocompreensão[10]. A polaridade desse movimento exploratório é novamente expressa por meio de "contradições". Temos, por um lado: "O que está ao alcance dos olhos, dos ouvidos e do aprendizado é o que prezo acima de tudo" (B 55); mas, por outro lado, "A harmonia invisível é melhor [ou: maior, mais poderosa] que a visível" (B 54). O movimento vai portanto da verdade visível à verdade invisível. A verdade invisível, porém, é difícil de encontrar, e não será encontrada a menos que a alma seja animada por um prévio anseio na direção correta. "Se você não espera, não encontrará o inesperado, pois ele é difícil de ser encontrado e o caminho é quase impenetrável" (B 18). "A natureza ama ocultar-se" (B 123) e "Pela falta de fé [*apistie*] o divino [?] deixa de ser conhecido" (B 86). Quando a alma não tem direção por meio dos anseios da esperança [*elpis*] e da fé [*pistis*], não há movimento do visível para o invisível. As experiências ordinárias permanecerão indecifradas, e podem até se tornar equivocadoras: "Os tolos [*asynetoi*], mesmo quando ouvem, são como os surdos; a respeito deles se diz: 'Embora presentes, estão ausentes'" (B 34); e: "Olhos e ouvidos são más testemunhas para homens cujas almas são bárbaras" (B 107). E, acima de tudo, o destino da alma está oculto para os "tolos": "Na morte aguarda os homens aquilo que eles não esperam nem imaginam" (B 27).

A linguagem de Heráclito é muito próxima do simbolismo do cristianismo paulino. O amor, a esperança e a fé são as forças que orientam a alma; a harmonização invisível é difícil de encontrar, a menos que esperemos encontrá-la; e o divino deixa de ser conhecido a menos que tenhamos fé. Recordamos forçosamente Hebreus 11,1: "A fé é a substância do que se espera, e a prova das coisas não vistas". Não há razão para diminuir a importância de tais paralelos; deve-se conferir a eles (embora isto raramente seja feito) todo o peso que têm ao se avaliar o prazo de preparação para a irrupção da realidade transcenden-

---

[10] O fragmento B 101 está também preservado em outras versões, permitindo a interpretação de que Heráclito insistia em sua independência em relação a qualquer professor. Eu prefiro a interpretação dada no texto, pois harmoniza-se com o estilo délfico do pensamento de Heráclito. É absolutamente possível que o fragmento expresse uma obediência à determinação délfica "conhece-te a ti mesmo". Por questão de princípio, sempre que é preciso decidir entre duas interpretações que podem ser ambas sustentadas filologicamente, prefiro o sentido mais profundo ao mais superficial.

tal no cristianismo, assim como a importância histórica que a vida da alma adquiriu ao desembocar na experiência da Revelação. Por outro lado, os paralelos não devem ser superestimados. Heráclito está longe de ser uma *anima naturaliter Christiana*. A exploração da alma na direção cristã é uma linha em seu filosofar de longo alcance, e está profundamente inserida nas experiências do fluxo infinito e dos ciclos cósmicos. Não há um traço de Revelação em sua obra; o divino está efetivamente oculto e não se revela claramente na alma. "O Senhor em Delfos não fala nem oculta; ele dá um sinal" (B 93). E, quando ele se manifesta através do mundo, usa a linguagem do oráculo: "A Sibila, com a boca delirante, proferindo sons sem júbilo nem adorno nem aroma, transpõe mil anos com sua voz, pois está plena do Deus" (B 92). A forma oracular, deliberadamente adotada por Heráclito como mais conveniente para um pronunciamento humano que está pleno do Deus, transmite sua sabedoria pelas eras. Essa forma é a sua realização e o seu limite; ela está a cerca de meio caminho entre o mito dos poetas e o mito platônico da alma[11].

3 A filosofia da ordem

Da obra de Heráclito preservaram-se somente fragmentos. Eles consistem em partes daquilo que um dia já constituiu um "livro". Considerando-se a forma oracular das sentenças sobreviventes, o "livro" dificilmente poderia ter sido um discurso argumentativo filosófico, mas, antes, deve ter sido uma concatenação cuidadosamente ponderada de "alusões" ou "sinais" délficos. Por conseguinte, não é de surpreender que mesmo os pensadores que na Antiguidade tiveram o "livro" sob seus olhos tenham exprimido opiniões largamente diferentes no tocante à natureza de seu conteúdo. Diógenes Laércio o denomina um tratado *Da natureza*, mas refere seu conteúdo como constituído por três *lógoi* (discursos), sobre o Universo, política e teologia. Esse tipo de divisão "sistemática" do assunto é em si mesmo improvável na época, e, ademais, está em conflito com a compacidade dos fragmentos preservados. Podemos até duvidar de que o título *Da Natureza* tenha sido dado pelo próprio Heráclito; de sua atribuição, só podemos concluir que a obra devia conter um número de

---

[11] Heráclito é, por tradição, "obscuro". Com efeito, ele não é tão obscuro quanto a tradição o teria tornado. O nível e a forma de seu misticismo tornar-se-iam mais inteligíveis por uma comparação com fenômenos orientais paralelos, em particular com o misticismo zen. O plano de nosso estudo não nos permite explorar tais possibilidades na ocasião presente.

pronunciamentos suficiente para permitir que alguém estivesse tão disposto a classificar Heráclito como um "fisiólogo" de tipo milésio e a extrair do "livro" uma cosmologia[12]. Por outro lado, temos a opinião do gramático Diodoto, que insistia em que o livro não era sobre a natureza, mas sobre o governo (*perì politeias*), e em que a parte sobre assuntos naturais servia apenas "como paradigma"[13]. Os fragmentos preservados sugerem que a opinião de Diodoto está consideravelmente mais próxima da verdade que a opinião naturalista. Parece-nos que Heráclito estava preocupado com uma filosofia da ordem que tivesse seu centro experiencial na ordem da alma e que daí se ramificasse para a ordem da sociedade e do cosmos. Seria uma concepção muito próxima da posterior concepção de Platão no *Timeu* e no *Crítias*. A questão de qual seria efetivamente o assunto da obra, se é que pode ser respondida no presente, tem de ser resolvida por uma análise dos fragmentos restantes, sob o pressuposto de que Heráclito era um pensador de primeiro nível e de que as linhas de significado encontradas nas partes preservadas podem portanto ser legitimamente usadas para reconstruir seu pensamento. Tal reconstrução, acreditamos, sustentará a opinião de Diodoto, em detrimento da dos "fisiologistas".

Afortunadamente, estão preservadas as primeiras sentenças da obra, que presumivelmente estabelecem o tema:

> Esse Logos, embora seja eterno, os homens são incapazes de compreender, tanto antes que o tragam consigo como depois de o terem ouvido pela primeira vez. Pois, embora todas as coisas sucedam de acordo com esse Logos, eles são como homens inábeis [inexperientes] ao ensaiar palavras e atos como os que descrevo, explicando cada coisa segundo sua natureza e mostrando como realmente é. Mas, quanto a esses outros homens, não notam o que fazem despertos, assim como sua memória não apreende aquilo que fazem adormecidos. (B 1)

Na compacidade oracular dessas sentenças, Heráclito entrelaçou um número considerável de seus principais temas. Ele fala do Logos referindo-se a seu discurso, mas esse Logos é, ao mesmo tempo, um sentido ou significado existente desde a eternidade, seja ou não proclamado pelo Logos literário heraclíteo. Os homens em geral não o compreenderão, com ou sem sua exposição pelo filósofo. Então Heráclito sugere que esse Logos é uma lei ou ordem do cosmos, pois todas as coisas ocorrem de acordo com ele. Uma vez que ele é a ordem das coisas que tudo permeia, os homens devem estar inteiramente

---

[12] Diógenes Laércio, IX, 5.
[13] Ibid., IX, 15.

familiarizados com ele; mas, na verdade, eles agem como se não o experimentassem em absoluto e, por conseguinte, quando examinam o discurso de Heráclito, com sua exposição da verdadeira natureza das coisas, esse Logos lhes é estranho. Os homens são em sua maioria sonâmbulos que podem experimentar sem se tornar conscientes do significado de sua experiência.

Antes que sigamos as linhas individuais da intricada trama é preciso refletir sobre a situação social que está pressuposta. Se o Logos governa todas as coisas, saiba o homem disso ou não, e se os homens não o compreenderão mesmo quando exposto por Heráclito, podemos indagar: qual seria o propósito de o expor? A situação protréptica que se tornara difícil para Xenófanes revela agora complicações adicionais. No caso do pensador precedente, tivemos de refletir sobre a obrigação do filósofo-místico de promulgar suas descobertas e sobre a obrigação correspondente dos receptores de viver em abertura para tal sabedoria; o sentimento de um vínculo comum da humanidade por meio do espírito estava em formação. Com Heráclito, o abismo entre o filósofo e a massa ampliou-se, embora o sentimento do vínculo comum e da obrigação espiritual tenha se aprofundado. A sentença "Não é adequado falar e agir como homens adormecidos" (B 73) pode ser principalmente uma reflexão dirigida por Heráclito a si mesmo[14], mas também pode ser entendida como um preceito dirigido aos homens em geral, envolvendo uma obrigação do filósofo de despertar os sonâmbulos de seu sono. É ao menos nessa direção que apontam os fragmentos B 71: "Pense também no viajante que não sabe onde vai dar o caminho"; e B 75: "Os adormecidos são também operários, e colaboram no que está ocorrendo no mundo"[15]. Portanto, embora Heráclito possa ser cético quanto à habilidade de despertar dos adormecidos, ele contudo os convida a participar em seu Logos. O fragmento B 50 previamente citado exorta-os a concordar com ele (*homologeein*), não ouvindo Heráclito, mas ao *logos*. A concordância com seu *logos* produzirá a *homologia*, uma concepção de comunidade que prefigura a *homonoia* de Aristóteles, de Alexandre e de São Paulo.

Uma vez que o modo de expressão heraclíteo não é discursivo, mas oracular, empregaremos o método de procurar a palavra-padrão nos fragmentos a fim de reconstruir um corpo de significados mais abrangente:

---

[14] Vale observar que este fragmento foi preservado por meio de Marco Aurélio em suas reflexões dirigidas a si mesmo (*Meditações* 4.46).

[15] O fragmento B 71 também foi preservado por Marco Aurélio, 6.42, no contexto de uma reflexão de que todos nós cooperamos na realização do mesmo plano, alguns com conhecimento e compreensão, outros sem o saber.

(1) Se as sentenças iniciais (B 1) forem usadas como ponto de partida, poderemos nos mover na direção indicada pelo termo *logos*. Em B 2, Heráclito determina como dever para todos os homens "seguir o comum [*xynon*]". E então prossegue com a queixa: "Mas, embora o Logos seja comum, a maioria vive como se tivesse uma sabedoria própria [*idian phronesin*]". O Logos é o que os homens têm em comum, e, quando estão em acordo com respeito ao Logos (*homologia*), estão verdadeiramente em comunidade.

(2) O par comum–privado é então identificado com o par acordado–adormecido (B 1) em B 89: "Aqueles que estão acordados têm um mundo [*kosmos*] único e comum, mas aqueles que estão adormecidos voltam-se cada qual para seu mundo privado".

(3) Em B 2 aparece o termo *phronesis* numa relação específica com a qualidade criadora de comunidade do Logos, posteriormente reafirmada em B 113: "É comum a todos os homens compreender [*phroneein*]". A tendência rumo ao significado da *phronesis* como a sabedoria prudencial em questões éticas e políticas, que encontramos plenamente desenvolvida em Aristóteles, é inequívoca.

(4) A *phronesis*, contudo, tem de partilhar essa função com o *Nous* que conhecemos de Xenófanes e Parmênides. Pois, brincando com uma associação fonética, Heráclito diz em B 114: "Aqueles que falam com a mente [*xyn nooi*] têm de se fortalecer com aquilo que é comum [*xynoi*] a todos". A comunidade do Logos, portanto, põe-se em oposição ao "que sabe muito" (B 40), que não ensina a compreensão (*noon*), enquanto a *polymathia* de Hesíodo, Pitágoras, Xenófanes e Hecateu passa para o lado dos sonâmbulos.

(5) Ademais, o jogo fonético de B 114 transfere o significado do *Nous* comum para o *Nomos* comum: "Aqueles que falam com a mente [*nooi*] têm de se fortalecer com aquilo que é comum a todos, como a pólis faz com a lei [*nomoi*], e de modo mais intenso. Pois todas as leis humanas nutrem-se da lei divina — que prevalece, e é suficiente para todas as coisas e é mais que suficiente". É provável que o posterior jogo platônico com *Nous* e *Nomos* remonte a esta sentença heraclítea.

(6) Seguindo-se o termo *xynon*, chega-se ao conteúdo da ordem comum, ou da lei, ou do logos. B 80 diz: "É preciso saber que a guerra é comum [*xynon*], e que a justiça [*dike*] é disputa [*eris*], e que todas as coisas vêm a ser de acordo com a luta e a carência [ou: necessidade]". A guerra (*polemos*) é o símbolo dominante de Heráclito para a ordem do mundo no qual o homem se encontra: "A guerra é a mãe de todas as coisas, e governa todas as coisas; ela transforma alguns em deuses e outros novamente em homens; alguns ela

torna escravos e outros, novamente livres" (B 53). A lei da guerra prevalece sobre os homens assim como os deuses: "Imortais–mortais, mortais–imortais, eles vivem a morte uns dos outros e morrem a vida uns dos outros" (B 62). E ela também prevalece sobre os corpos celestiais: "O Sol não transgredirá sua medida; se o fizer, as Erínias, as filhas da Dike, o descobrirão" (B 94).

(7) Além desse cosmos, que, conforme B 89, é "único e comum" para todos os homens despertos, está o princípio que nele vive. "Essa ordem [*kosmos*], que é a mesma para todos, nenhum deus ou homem criou; ela sempre foi [*aei*], é e será um fogo sempre vivo [*aeizoon*], fulgurando com as medidas [ascendentes] e mitigando com as medidas [descendentes]" (B 30). O governante do cosmos determina a ordem pela qual a coisas vêm a ser e se extinguem. "O raio governa todas as coisas" (B 64). "O fogo em progressão julgará e sentenciará todas as coisas" (B 66). Esse fogo está acima de todos os fogos do cosmos e até acima do Sol: "Como é possível ocultar-se daquilo que nunca para" (B 16). E, por fim, esse fogo é *phronimon*, ou seja, é dotado de inteligência ou sabedoria (B 64).

Esse núcleo de significados inter-relacionados, inteiramente dependente das sentenças iniciais da obra, é obviamente uma tentativa de construção de uma filosofia da ordem. O termo *comum* é usado com a designação global da função criadora de comunidade do Logos. E o "comum" é identificado, sucessivamente, com a ordem do cosmos, com a lei divina e com a lei da guerra que governa o vir-a-ser e a extinção de todas as coisas.

A fim de chegar a uma compreensão mais profunda desses símbolos, é preciso estar ciente de que têm uma pré-história na filosofia milesiana, e de que seus significados contêm uma diferenciação provavelmente consciente anterior a tentativas precedentes. Em particular, preservou-se um fragmento de Anaximandro: "A origem das coisas é o *Apeiron*. [...] É necessário que as coisas pereçam naquilo de onde nasceram; pois elas pagam as penas [*dike*] e as compensações umas das outras por sua injustiça [*adikia*] de acordo com a ordenação [ou: decreto, *taxis*] do Tempo"[16]. Embora o termo *kosmos* não apareça nessa passagem, "as coisas" são claramente concebidas como um universo com um processo ordenado. E a ordem, como mostra a terminologia legal, é concebida nos moldes de um processo judicial no qual a justiça é ministrada — o decreto do Tempo determina a extinção "das coisas", de volta para o lugar de onde vieram, a fim de que outras coisas possam existir por seu tempo

---

[16] DIELS-KRANZ, Anaximandro 9. Para a interpretação, cf. JAEGER, *Paideia*, 158 ss., v. I, e *Theology*, 34 ss.

designado. O "cosmos" não é algo que se encontra pela observação do mundo exterior; é, antes, a projeção de uma ordem humana no universo. Esta já é fundamentalmente a experiência que Heráclito expressou na fórmula: "vivem a morte uns dos outros e morrem a vida uns dos outros". Com sua projeção da ordem da sociedade no cosmos, Anaximandro e Heráclito criaram um "tipo" que determinou todo o futuro curso da teoria política grega e ocidental, na medida em que o paradigma dessa projeção (como o reconhece Jaeger) foi seguido por Platão em sua concepção da Pólis ideal como "a representação amplificada do homem" e posteriormente (podemos acrescentar) em sua concepção do cosmos como uma psique.

A linha que vai de Anaximandro a Heráclito é inequívoca. Entretanto, Heráclito não é simplesmente um continuador dos naturalistas milesianos. Em nossa análise de Xenófanes, distinguimos as duas experiências da transcendência que conduzem aos respectivos símbolos de uma *arche* das "coisas" e de uma divindade universal. Na primeira dessas experiências, a natureza, em seu fluxo infinito, tornou-se transparente quanto a uma origem do próprio fluxo; na segunda experiência, a transcendência da alma rumo ao *realissimum* era entendida como a característica universal de todos os homens. As duas experiências foram então interpretadas como apontando na direção da mesma realidade transcendente, e a identidade encontrou expressão na fórmula "o Um é Deus". Essa identidade, ainda no estágio da descoberta e da tentativa de expressão em Anaximandro, e até em Xenófanes, é pressuposta como estabelecida em Heráclito; o pensador efésio a assume como dada e elabora suas consequências especulativas. O cosmos é agora a natureza no sentido milesiano e, ao mesmo tempo, é a manifestação da divindade universal invisível; é um universo oferecido aos sentidos e, ao mesmo tempo, o "sinal" do deus invisível.

A formulação preliminar do problema pode servir de guia para um grupo de fragmentos entre os quais nem todos podem ser facilmente decifrados quando tomados isoladamente sem tal orientação. Antes de tudo, há uma afirmação categórica concernente à identidade do mundo visível e seu fundamento invisível em B 10: "De tudo é Um, e do Um é tudo". Mas o mesmo pensamento também pode ser expresso por meio de "contradições". Há, por um lado, os fragmentos previamente citados sobre o *kosmos* que é um, e comum, e animado pela ordem perene do fogo; e há, por outro lado, o fragmento B 124: "O mais belo *kosmos* é como um monte de detritos espalhado aleatoriamente". O cosmos, portanto, só é ordem na medida em que é transparente quanto à força ordenadora invisível, e é desordem quando visto como uma ordenação externa opaca de "coisas". Então há dois fragmentos que parecem "sugerir" as duas dimensões da experiência transcendental separadamente. Há o fragmento B 103, enganosamente simples: "Comuns [*xynon*] — princípio e fim [*arche kai peras*] — na periferia do círculo". É mais provável que essa sentença não revele um interesse pela geometria, mas que use o círculo como um símbolo para a identidade do princípio e do fim no *xynon*, articulando mais adequadamente o pensamento de Anaximandro segundo o qual "as coisas" perecem naquilo de que nasceram. A busca milesiana pelo princípio na linha horizontal do fluxo das coisas é agora curvada, por meio do símbolo do círculo, de modo que o princípio e o fim se encontrarão na presença permanente do *xynon* que é experimentado na direção vertical da alma rumo ao "Onisciente". E essa direção vertical é expressa em B 60: "O caminho [*hodos*] — para cima e para baixo — um e o mesmo", uma sentença que soa quase como uma resposta à especulação unidirecional de Parmênides, preenchendo a lacuna ontológica do pensador eleata. Por fim, devemos considerar nesse contexto um dos mais enigmáticos pronunciamentos de Heráclito, o B 52: "O Éon é uma criança jogando damas; o governo real [ou: reino, *basileie*] é o governo de uma criança". As traduções convencionais de Éon (*Aion*) por "tempo" (Diels, Bywater, Nestle, Burnet) não são profícuas, pois o Éon é uma divindade e era entendido como tal na Antiguidade. Mesmo Clemente de Alexandria ainda assumia que a criança que brincava era Zeus[17]. E Eurípides associava o Éon, o "filho de Cronos", com a Moira, iniciando e amadurecendo "muitas coisas"[18]. Ademais, há, muito provavelmente, um pano de fundo órfico e cretense para a "criança que brinca"[19]. Qualquer que seja a ancestralidade mitológica do Éon heraclíteo, parece-nos certo que o efésio pretendia criar um símbolo que expressasse a ambiguidade da ordem e da desordem no *kosmos*, a ambiguidade que é explicitada em B 102: "Para Deus, todas as coisas são belas e boas e justas, mas os homens consideram algumas justas e outras injustas". Certamente, era nesse sentido que Platão entendia o símbolo quando transmutou a criança que jogava damas (*paizon, petteuon*) no Deus das *Leis* (903D), o jogador (*petteutes*) que move as peças de acordo com uma ordem que, para os homens, parece desordem[20].

---

[17] Clemente, *Paedagogus* 22.1.
[18] Eurípides, *Heraclidae* 898-900.
[19] Persson, *The Religion of Greece in Prehistoric Times*, 136 ss., e Vittorio D. Macchioro, *From Orpheus to Paul*, New York, Holt, 1930, 171 ss.
[20] Suspeitamos que o "governante real" do *Político* de Platão também descenda em parte do Éon heraclíteo.

A tensão entre a experiência do fluxo das "coisas" e a experiência de uma direção na alma rumo ao "Onisciente" divino, assim como a tensão entre os símbolos que expressam essas experiências permanecerão, de agora em diante, em vários graus de consciência, como um tipo dominante da especulação helênica sobre a ordem na obra mais tardia de Platão e em Aristóteles. A tensão não se dissipou. Nem a orientação erótica da alma rumo ao *sophon* tornou-se um desejo escatológico de fugir do mundo, nem a participação passional no fluxo e na luta das "coisas" degenerou-se numa rendição romântica ao fluxo da história ou ao eterno retorno. O equilíbrio emocional entre as duas possibilidades era precário, e, na geração dos sofistas após Heráclito, a tensão começou a emergir; figuras menores cederiam sob ela, mas os grandes pensadores mantiveram o equilíbrio. Boa parte dos equívocos de interpretação das obras de Platão e Aristóteles poderiam ser evitados se esse problema fosse compreendido; e temos de estar cientes dele agora ao interpretar os significados sutilmente matizados dos raríssimos fragmentos de Heráclito que conduzem sua filosofia da ordem ao nível mais concreto do destino humano e da conduta política.

Comecemos pelo fluxo das coisas. Heráclito expressou sua experiência do fluxo em sentenças famosas, tais como: "Não se pode entrar duas vezes no mesmo rio" (B 91) e "Entrando-se nos mesmos rios, correrão outras e outras águas" (B 12). O homem participa no fluxo, e a proeza de entrar no mesmo rio duas vezes é impossível também porque o homem se modificou nesse entretempo e não é mais o mesmo: "Nas mesmas águas entramos e não entramos: somos e não somos" (B 49a). A mudança permanente pode até se tornar monótona: "Um dia é como todos os outros" (B 106). A monotonia sem propósito do fluxo é então rompida pelo desejo de nele participar, por algo similar a uma ânsia animal: "Quando nascem, desejam viver e cumprir seus destinos; e atrás de si deixam filhos que também cumprirão os seus destinos [*morous*]" (B 20). E essa ânsia animal de viver ao preço da morte tem raízes ainda mais profundas na ânsia cósmica da Éris (B 80) que move todas as coisas a ser.

A Éris e o desejo de viver simbolizam a paixão de participar no fluxo, mas não sugerem um propósito. A questão do fim é suscitada, na forma mais geral, numa concepção da filosofia de Heráclito oferecida por Diógenes Laércio. O narrador diz: "Entre os opostos, aquele que impele ao nascimento [*genesis*] chama-se guerra e disputa, e aquele que impele à destruição pelo fogo [*ekpyrosis*] chama-se *homologia* e paz"[21]. A *ekpyrosis* estoica é um item duvidoso a este

---

[21] Diógenes Laércio, IX, 8. Diels-Kranz, Heráclito A 1.

respeito, mas quanto ao resto a linguagem soa genuína o bastante para justificar a suposição de que Heráclito de fato concebia como o fim do ser uma libertação da guerra da existência e uma transfiguração na paz da *homologia*. A direção rumo à paz do Logos, contudo, é contrabalançada pela reflexão de que Homero estava errado em desejar "que o conflito (*eris*) se extinguisse entre os deuses e os homens", pois então a vida, que é a existência no conflito, desapareceria completamente[22]. No nível do impulso animal e cósmico, a morte é o preço que tem de ser pago pela vida; no nível da reflexão sobre o fim, a vida é o preço que tem de ser pago pela transfiguração na morte. A tensão é magistralmente expressa no símbolo: "O nome do arco [*biós*] é vida [*bíos*], mas sua obra é a morte" (B 48).

A vida, portanto, torna-se a arena da luta na qual a união com o Logos é alcançada, ou antes, deveria ser alcançada, pois nem todos os homens estão dispostos a empreendê-la. "Muitos não compreendem tais coisas, ainda que se deparem com elas; e, quando ensinados, não as experimentam, embora acreditem fazê-lo" (B 17). "Pois que pensamento ou sabedoria têm eles? Creem no cantor na rua e tomam o vulgo como mestre; sem saber que 'a maioria é má, e poucos são os bons'" (B 104). Os caminhos dividem-se nitidamente: "O melhor escolhe a melhor coisa entre todas: fama eterna entre os mortais; a maioria come sua porção como gado" (B 29). E o caminho dos poucos não é fácil de trilhar; é uma luta contínua, conforme sugerido pelo elíptico fragmento B 85: "É difícil combater o desejo do próprio coração [*thymos*]" e, todavia, isto tem de ser feito, pois "o que quer que ele queira obter, o consegue ao preço da alma". A alma, a psique, aparece pela primeira vez como objeto da preocupação humana; seu bem-estar tem de ser buscado por meio da repressão dos desejos. "Não é bom para os homens conseguir tudo o que desejam" (B 110); e, quando os desejos tornam-se exuberantes, "É mais necessário extinguir a Híbris que um incêndio" (B 43). A alma deve arder, mas com o fogo divino do cosmos: "A alma seca é a mais sábia e a melhor" (B 118); por outro lado: "Quando um homem se embebeda, é guiado por um menino imberbe; ele tropeça, sem saber onde pisa, pois sua alma está úmida" (B 117); mas, lamentavelmente, "Tornar-se úmidas é um deleite para as almas" (B 77)[23]. A disciplina que cria e preserva a saúde da alma, porém, não é teórica como a

---

[22] DIELS-KRANZ, Heráclito A 22.

[23] Também diz respeito a esse contexto da saúde da alma o relato indireto B 46 de que Heráclito chamou a opinião ou presunção (*oiesis*) de "doença sagrada". Se o relato (em DIÓGENES

posterior disciplina aristotélica; é a disciplina de um guerreiro e aristocrata em obediência à Guerra que é o pai e o rei de todas as coisas: "Deuses e homens honram aqueles que são mortos em batalha" (B 24). A paz do Logos só pode ser alcançada pela participação na guerra da existência; e foi feita a promessa de que "Mais grandiosas mortes obterão maiores quinhões" (B 25)[24].

Um grupo final de fragmentos absorveu mais intensamente as experiências que Heráclito teve com seus efésios. "Os efésios fariam bem em enforcar a si próprios, todos os adultos, e deixar sua pólis para os meninos imberbes, pois baniram Hermodoro, o melhor entre eles, dizendo: 'Nenhum de nós será o melhor, e, se ele é, terá de sê-lo em outro lugar e entre outros'" (B 121). Hermodoro foi para Roma e, segundo a tradição, seu aconselhamento foi seguido ao se determinar a lei das Doze Tábuas. Para uma testemunha sagaz, um evento desse tipo poderia revelar a sordidez fundamental de uma sociedade e abrir seus olhos para a possibilidade de que um homem pudesse estar certo e todo o restante do povo, errado. Dessa experiência pode haver emergido o aguçado fragmento B 39: "Em Priene vive Bias, o filho de Teutames, que é digno de maior consideração [*logos*] que os demais", assim como o severo fragmento B 49: "Um homem para mim vale dez mil, se ele for o melhor". Numa sociedade corrompida só pode haver um homem em cuja alma arde o fogo cósmico, um homem que vive no amor ao *nomos* divino; então pode surgir a situação considerada em B 33: "Pode ser lei [*nomos*] obedecer à vontade [ou: ao conselho] de um". À luz desta sentença pode-se ler também B 44: "O povo [*demos*] tem de lutar por sua lei como por suas muralhas" — com a implicação de que, na prática, o povo não deseja envolver-se na luta pela lei que se nutre do divino (B 114).

4 Conclusões

Os filósofos místicos rompem com o mito porque descobriram uma nova fonte de verdade em suas almas. Os deuses "impróprios" de Homero e Hesíodo devem empalidecer diante da harmonia invisível do *realissimum* transcendental; e o magnífico épico homérico que se passa nos dois planos, no dos deuses e no dos homens, tem de decair ao nível da "poesia" quando se desco-

---

Laércio IX, 7) for autêntico, Heráclito teria usado o conceito de uma doença (*nosos*) da alma no mesmo sentido usado por Platão nas *Leis*.

[24] No tocante à conexão entre o amor ao Onisciente e a *áskesis* do guerreiro, uma comparação com o misticismo zen seria especialmente proveitosa para a compreensão de Heráclito.

bre o drama da alma com seus movimentos intangíveis e silenciosos de amor, esperança e fé rumo ao *sophon*. A ordem da pólis não pode permanecer a ordem última e inquestionada da sociedade quando está em formação uma ideia do homem que identifica a humanidade com a vida do Logos comum em cada alma. O que aparece negativamente como a ruptura com o mito é, positivamente, a transição de uma simbolização teomórfica das experiências para a sua compreensão como movimentos da própria alma humana. O verdadeiro alcance da humanidade evidencia-se de modo correlato à transcendência radical do *realissimum* divino. É um processo que pode ultrapassar seu alvo — e efetivamente o faz no século subsequente a Heráclito —, na medida em que o reconhecimento do Deus invisível pode degenerar na negação da existência de Deus quando a visibilidade se torna o critério da existência. Os movimentos da alma que animam a especulação de um Xenófanes, de um Parmênides e de um Heráclito não são a preferência de todos — como Heráclito acertadamente diagnosticou. Muitos precisam de deuses com "formas". Quando as "formas" dos deuses são destruídas com efetividade social, muitos não se tornam místicos, mas agnósticos. O agnóstico empirista, se o podemos definir historicamente, é um politeísta esclarecido que não é espiritualmente forte o bastante para a fé.

A irrupção transcendental que torna a geração dos filósofos místicos uma época na história da humanidade afetou profundamente o problema da ordem social até o presente, pois a antiga ordem coletiva no nível menos diferenciado da consciência está sob julgamento (*krisis*) permanente por parte da nova autoridade, enquanto a nova ordem do espírito é, socialmente, uma conquista aristocrática de indivíduos carismáticos, das "almas secas" que podem dizer: "Eu vim para lançar o fogo sobre a terra. [...] Credes que vim para trazer paz à terra? Não, eu vos digo, vim para trazer a divisão" (Lc 12,49.51). Consequentemente, surgem problemas inteiramente novos relativos à organização social. Ocorre que nem a manifestação helênica (ou a revelação cristã) do espírito pode ser removida da história, pois, do lado humano, são estruturas da alma, nem o problema dos sonâmbulos heraclíteos pode ser removido da história por meio de ações humanas, não importando a quantidade de fogo que místicos e santos possam produzir sob os adormecidos para despertá-los do sono ou ao menos para conseguir alguns episódios de vigília. De agora em diante, a ordem social dependerá da estrutura hierárquica prenunciada na autoafirmação de autoridade das almas carismáticas desde Hesíodo a Safo, assim como no pensamento heraclíteo de que pode ser lei obedecer ao conselho de um único homem. E, a fim de tornar essa estrutura hierárquica efetiva na prática social, serão necessárias instituições para dar continuidade às noções espirituais e para transmiti-las, assim como a cultura intelectual que é necessária para expô-las e comunicá-las, ao longo das gerações, servindo como mediadora para os muitos e minuciosos processos de educação apropriados à sua receptividade.

Este é o problema que foi visto por Platão. Em seu rei-filósofo ele criou o símbolo da nova ordem: que o espírito tem de estar associado ao poder a fim de se tornar socialmente efetivo. E essa demanda não é um reflexo de proteção sob o impacto do destino de Sócrates, que demonstrou que os sonâmbulos podem resolver seus problemas da ordem no curto prazo pelo simples recurso de matar uma "alma seca" conturbadora; essa demanda provém do pensamento do patriota que vê o poder de sua pólis desintegrando-se em virtude de não estar vinculado ao espírito. A obra de Platão, contudo, a criação da ciência da ordem sob as condições da nova época, não deslanchou antes que a grandeza e a catástrofe de Atenas tivesse proporcionado a lição que a tornou persuasiva e convincente.

Parte 3
O século ateniense

A união entre a pólis e a empreitada espiritual dos poetas e filósofos foi a forma civilizacional assumida pela Hélade. As potencialidades da empreitada foram, no entanto, plenamente realizadas, e talvez exauridas, com a geração de Heráclito e Parmênides. O mito, o *terminus a quo* do movimento rumo à transcendência foi desintegrado por meio da descoberta da alma e de sua autoridade; e um *terminus ad quem*, um povo que viveria de acordo com as ideias dos filósofos místicos, não havia sido encontrado. A sentença de autoridade "Eu vos digo..." requeria uma resposta social para não se esgotar em repetições, de tempos em tempos, por parte de indivíduos solitários[1]. As reflexões heraclíteas sobre os "sonâmbulos" esclarecem funestamente o impasse social da magnífica aventura. A fim de se tornar verdadeiramente a forma de uma civilização, a tensão tinha de ser mais que uma irritação da pólis por parte de indivíduos excepcionais. Era necessário algo como um Grande Despertar para criar uma sociedade em resposta alerta para a profundidade da alma, para a nova humanidade em amor ao *sophon* descoberto pelos filósofos.

O Grande Despertar foi o feito do povo ateniense no século V a.C. — com consequências para a história da humanidade que não desapareceram até hoje, pois, sem a existência paradigmática da Atenas de Maratona, a substância comunitária espiritual e intelectual da qual a filosofia política de Platão e Aristóteles nutriu-se não teria existido. Somente com o paradigma de uma tal sociedade

---

[1] O problema do crescimento comunitário mediante uma resposta aos indivíduos solitários, ao qual posso apenas aludir no texto, é o grande tópico, sob o título de uma transição da sociedade fechada para a sociedade aberta, da obra *Lez deux sources de la morale et de la religion*, Paris, Alcan, 1932, de Bergson.

em existência histórica se poderia desenvolver com convicção uma filosofia da ordem para uma sociedade de homens maduros.

Uma história de Atenas sob o aspecto indicado ainda terá de ser redigida. Essa lacuna, entretanto, não pode ser preenchida pelo presente estudo, uma vez que seria preciso mais de um volume para um tratamento moderadamente adequado dos tópicos mais importantes. As páginas seguintes não oferecem senão um catálogo dos problemas essenciais. Os problemas serão classificados em três grupos principais, e dedicar-se-á um capítulo a cada um deles. Os três grupos são: (1) problemas relacionados ao surgimento e ao fim da tragédia; (2) problemas relacionados ao chamado movimento sofista; (3) problemas relacionados à ascensão histórica e à queda de Atenas como poder político.

Capítulo 10
Tragédia

1 A verdade da tragédia

O despertar do sono foi um despertar para uma nova consciência. Os atenienses estavam sumamente cientes do papel histórico que se tornara seu destino em sua glória e em seu amargo fim. No grande discurso fúnebre, o tucidiano Péricles exaltou Atenas como "a escola [*paideusis*] da Hélade". No *pathos* da pólis, conforme manifesto por seu chefe de Estado, a consciência do poder mesclara-se à consciência da mais elevada posição humana; o povo alcançara a posição de indivíduos audazes, e o povo de Atenas, coletivamente, havia se tornado o mestre dos helenos. Poder e espírito haviam se vinculado na história por um áureo momento, mediante os eventos inseparáveis da vitória ateniense nas Guerras Persas e da criação esquiliana da tragédia.

O cenário remonta a Sólon. Sua concepção da Eunomia da pólis estabeleceu o padrão para a árdua porém segura evolução rumo à democracia constitucional, atraindo o povo para a cultura da aristocracia e submetendo a antiga nobreza ao princípio da isonomia[1]. A fé de Sólon na Dike e na medida invisível era fundamentalmente a fé de Ésquilo. Os principais eventos intermediários foram a tirania de Pisístrato e a reforma de Clístenes.

A reforma de Sólon havia sido insatisfatória nos pormenores, e um período de guerra civil seguiu-se em 561 sob o governo de Pisístrato como o líder

---

[1] *Isonomia* é o termo mais antigo. *Democracia* é termo que irá surgir somente no século V.

dos pobres das montanhas. Sob seu governo, o culto a Dioniso foi introduzido como um culto oficializado a fim de enfraquecer o poder dos sacerdócios hereditários dos clãs nobres. Pela primeira vez, nos festivais dionisíacos de 535 a.C. (ou num dos dois anos seguintes), Téspis apareceu com seu coro de *tragodoi*, os cantores do bode, a forma arcaica a partir da qual, uma geração mais tarde, se desenvolveria a tragédia. Desde seu início a tragédia foi estabelecida como culto e instituição do povo.

Após a expulsão dos pisistrátidas e um breve interlúdio de luta partidária, Clístenes pôde efetuar a grande reforma democrática de 508 a.C. que descrevemos num capítulo anterior. Com a reorganização de Atenas numa base territorial, o poder dos clãs nobres foi enfraquecido por princípio, e, imediatamente depois, o estilo da nova democracia se fez sentir na conduta dos políticos — no início do atrito com a aristocrática Esparta, na expansão para a Eubeia, no apoio naval aos jônios em seu combate com a Pérsia que precipitou a expedição persa contra Atenas, no desenvolvimento do Pireu, na grande qualidade militar exibida em Maratona e na punição histórica do general vitorioso Milcíades por não ter também conquistado Paros. A década entre Maratona e Salamina ilustra melhor o novo nervosismo dos políticos. Todos sabiam que à derrota persa de 490 seguir-se-ia uma guerra em grande escala. Todavia, em lugar de preparar-se sistematicamente para o grande massacre, Atenas conduziu uma guerra inconclusa contra Egina (489-483), fez uma grande reforma constitucional em 488-7, introduziu a instituição do ostracismo, praticando-o ao banir sucessivamente Hiparco, Mégacles, Xantipo e Aristides, e, a despeito dessa atividade desordenada, foi capaz de impulsionar a posição decisiva do *strategos autocrator* Temístocles, o novo líder do povo, o primeiro ateniense genuinamente "moderno", que prefigurou, em sua complexa personalidade, as qualidades que determinariam a grandeza e a queda de Atenas por meio de Péricles e Alcibíades.

Pode-se apreender o significado da tragédia na vida da democracia ateniense — porém não mais que numa primeira abordagem — com base no confronto de Ésquilo e Eurípides em *As rãs* de Aristófanes. Os poetas aparecem como os educadores do povo, ostentando para ele uma humanidade exemplar; a qualidade do povo dependerá do tipo de humanidade apresentada nas grandes atuações nos festivais dionisíacos. Ésquilo aparece como o educador, o moldador da geração das Guerras Persas; Eurípides, como o corruptor, o responsável por uma geração de indulgência efeminada destituída de vigor bélico, uma geração de impostores e retóricos sofísticos, de relações incestuosas, de crimes de paixão, de vida desregrada em geral, carecendo de moral na marinha e de disciplina no exército, e que perdera excelência até mesmo nos exercícios ginásticos. A ideia de ligar os poetas às causas da grandeza e do declínio ateniense foi certamente forçada. Quaisquer que sejam os efeitos que a conduta de uma Fedra encenada no palco possa ter tido sobre a vida amorosa de uma senhora de inclinações naturalistas que estivesse presente no auditório, o problema da tragédia não reside nesse nível. Todavia, a excitação de Aristófanes revela a evolução da tragédia de Ésquilo a Eurípides como a expressão representativa do declínio político de Atenas.

Embora a acusação contra Eurípides seja praticamente insustentável, a natureza da acusação possui interesse, pois a forma que a crítica assume é em si mesma uma forma intelectual de decadência política. O Ésquilo da comédia insiste em que o poeta tem, em relação aos homens adultos, a função que o professor tem em relação às crianças. O poeta é o professor (*didaskalos*) do povo, aparentemente na forma elementar de informações diretas relativas ao certo e ao errado em questões políticas e morais. Se compreendemos Aristófanes corretamente, ele aceita o que podemos chamar de atitude "naturalista" diante das obras de arte complexas, ou seja, a atitude na qual o edifício de significados composto pelas múltiplas histórias é desconsiderado e nada é extraído da obra senão a "história". Esta é a atitude de críticos literários contemporâneos que classificam *A montanha mágica*, de Thomas Mann, como uma história sobre a vida num sanatório, ou que condenam *Ulisses*, de James Joyce, como "imoral" ou "indecente". Aristófanes dá por certa a atitude da audiência — e as tragédias de Eurípides encenadas diante de uma audiência desse tipo pode, de fato, ter tido efeitos perniciosos. Mas, quando a comunicação indireta se torna impossível porque a audiência só é capaz entender o discurso direto, a época das estruturas complexas como as grandes tragédias chega ao fim. É sintomático que a comédia *As rãs* tenha conquistado honras excepcionais para Aristófanes, assim como a incomum distinção de ter uma segunda encenação, não em virtude das grandes qualidades da comédia, mas devido a uma exortação política direta aos atenienses (vv. 686-705) para que restituíssem os direitos civis das pessoas que haviam participado das conspirações do período dos Quatrocentos, em 411 a.C. A exortação era considerada um feito patriótico digno de ser recompensado. Certamente, é uma reminiscência de um grande período o fato de que um discurso político possa ter um efeito particularmente forte se apresentado incidentalmente numa obra literária proeminente, mas não é mais que uma reminiscência, e o momento é oportuno para "ensinar" por meio do tratamento discursivo direto da política.

A desintegração da tragédia é completa quando se chega ao tratado-modelo sobre o assunto, a *Poética* de Aristóteles. A tragédia se tornou um gênero literário, a ser dissecado em suas características formais, em suas "partes". É o gênero mais importante em virtude de sua complexidade formal; aquele que compreende a tragédia compreendeu todas as demais formas literárias. No que diz respeito à substância e à função histórica da tragédia, no entanto, há meramente uma alusão evasiva na *Poética*; para Aristóteles, obviamente, o problema ultrapassara inteiramente seu horizonte de interesses. A situação é iluminada pela famosa definição da tragédia como "uma encenação de uma ação séria, que chega a um fim, e de certa magnitude, enriquecida pelo emprego apropriado de toda espécie de linguagem nas diversas partes da peça, e que representa por meio da ação, não por narrativa, e produz, por meio da compaixão e do temor, a catarse dessas e de outras emoções"[2]. Tomamos Aristóteles por suas palavras, como fizemos com Aristófanes, e assumimos que ele descrevia da forma melhor que seu conhecimento permitia aquilo que uma audiência do século IV experimentava ao presenciar a encenação de uma tragédia. Em seu efeito sobre os espectadores, a tragédia tornara-se agora algo como uma terapia psicológica. Os acontecimentos que se davam no palco suscitavam nos espectadores compaixão e temor, e ainda outras emoções, e, desse modo, ofereciam alívio para as quantidades represadas de paixão. Se, novamente, nos atrevemos a fazer uma comparação com fenômenos contemporâneos, a teoria de Aristóteles assemelha-se à teoria de certos psicólogos modernos que consideram os jogos de futebol e eventos esportivos similares uma coisa benéfica porque propiciam aos espectadores a satisfação virtual de sua agressividade. Certamente, é uma diferença cultural considerável que esse alívio seja proporcionado por uma tragédia grega ou por jogos ou filmes, mas o princípio é o mesmo; o espírito da tragédia desapareceu.

Não obstante, Aristóteles alude ao problema real ao comparar o objeto do poeta ao objeto do historiador. O poeta não conta aquilo que efetivamente ocorreu, como faz o historiador (*historikos*), mas conta o acontecimento "de acordo com a probabilidade e a necessidade". Por essa razão, a poesia é algo "mais filosófico e sério" que a história; ela não relata meros fatos, mas comunica o que é "geral"; ou podemos dizer, talvez, o que é "essencial"[3]. Sen-

---

[2] ARISTÓTELES, *Poética*, VI, 2.
[3] Ibid., IX, 1-4.

do essas alusões tão evasivas, ouvimos nelas um eco dos problemas da época de Heráclito e Ésquilo. O "saber extenso" do historiador é oposto ao "saber profundo" do filósofo. O poeta cria uma ação que contém um conhecimento "geral"; ele participa na grande busca pela verdade desde Hesíodo até os filósofos místicos.

A tragédia prossegue a busca da verdade, e Aristóteles percebeu corretamente que há algo de "geral" acerca dessa verdade. A ação da tragédia, seu *drama*, não consiste nem em informações sobre acontecimentos particulares, nem em ficção para entretenimento. O material usado para a ação é extraído do corpo de mitos, mas a tragédia não o narra à maneira da epopeia homérica, com a intenção ainda irrefletida de contar uma história "verdadeira", nem remodela o material em forma especulativa à maneira de Hesíodo, com a intenção de opor a nova verdade à antiga falsidade. De Ésquilo a Eurípides a tragédia é, deliberadamente, uma peça. Nem o poeta nem sua audiência têm dúvidas de que a ação seja inventada, de que usa os materiais míticos de modo totalmente livre, reorganiza-os para satisfazer exigências da forma literária e acrescenta numerosos detalhes imaginativos. Não há sequer aquele elemento da realidade que estava vinculado às danças do antigo culto e da lírica córica de reencenar um evento mítico paradigmático. Pois o coro e a audiência haviam se separado; o coro tornara-se parte da peça, atuando sobre o palco, e a audiência não participava na ação. Somente quando todas as associações errôneas são eliminadas chegamos ao verdadeiro cerne do problema: a verdade da tragédia é a ação em si, ou seja, a ação no novo nível diferenciado de um movimento na alma que culmina na decisão (*prohairesis*) de um homem maduro e responsável. A recém-descoberta humanidade da alma expande-se para o âmbito da ação. A tragédia como uma forma é o estudo da alma humana no processo de tomar decisões, enquanto as tragédias, individualmente, constroem condições e situações experimentais nas quais uma alma plenamente desenvolvida e autoconsciente é forçada a agir.

2 O significado da ação

O caráter da tragédia como um estudo experimental, assim como sua busca pela verdade da decisão tornar-se-ão claros mediante uma análise das *Suplicantes* de Ésquilo. Contudo, não analisaremos a tragédia integralmente, mas nos restringiremos à exposição do argumento que conduz à decisão e, em seguida, à ação[4].

Dânao foi derrotado por seu irmão Egito na batalha pelo domínio sobre o vale do Nilo, e os cinquenta filhos de Egito queriam desposar as cinquenta filhas de Dânao. Uma vez que as virgens guerreiras não desejavam a união com os violentos egiptíades, fugiram do Nilo com seu pai e procuraram refúgio em Argos, onde residia seu ancestral Io. O drama tem início com o surgimento das danaides na costa de Argos.

Pelasgo, o rei da pólis, aparece, e o pedido dos fugitivos lhe é apresentado. Ele não fica satisfeito. Quanto mais pondera sobre as complicações legais do caso, mais claro se torna o embaraço de sua situação. As danaides não são nem cidadãs de Argos nem helenas que pudessem reivindicar *proxenía* (237-40), e, por conseguinte, não poderiam ser legitimamente recebidas na pólis. Ademais, sua fuga dos egiptíades não é inteiramente justificada. Segundo o *nomos*, a lei de seu país, elas teriam de aceitar o matrimônio com seus parentes (387-91). Seria melhor abandonar as donzelas suplicantes aos egiptíades, seus perseguidores e pretendentes, a fim de evitar uma guerra que, no melhor dos casos, seria um incidente oneroso para a pólis.

Lamentavelmente, há argumentos que pendem para o outro lado. As danaides chegam como suplicantes e incidem na proteção de Zeus sob seus vários aspectos. Antes de tudo, elas podem apelar a Zeus, seu ancestral por meio de Io (206), que talvez seja também o Zeus de sua pátria egípcia (4, 558). Além disso, elas se aproximam de Argos entoando uma prece a Zeus Soter, o "guardião dos lares dos homens devotos" (26-17). Há também o Zeus cuja filha é Têmis, "a protetora dos suplicantes" (359-60) — um predicado que também se aplica ao próprio Zeus (347). Por fim, há o "outro Zeus" (231), "o sumo acolhedor" (157), que recebe os mortos e faz o julgamento final (231). As suplicantes dirigirão a ele seu último apelo, dispostas a cometer suicídio,

---

[4] Presumiu-se que a obra *As suplicantes* era a mais antiga tragédia sobrevivente de Ésquilo, mas a recente análise de um fragmento de papiro feita por Albin LESKY, Die Datierung der Hiketiden und der Tragiker Mesatos, *Hermes* 82 (1954) 1-13, estabeleceu a data de 463 a.C. como praticamente indubitável. Para uma análise mais completa de *As suplicantes* no tocante aos problemas da lei e da justiça, cf. Erik WOLF, *Griechisches Rechtsdenken. I: Vorsokratiker und Frühe Dichter*, Frankfurt, Klostermann, 1950. Ver ainda o capítulo sobre Ésquilo em JAEGER, *Paideia*, v. 1; o capítulo Mythus und Wirklichkeit in der griechischen Tragödie, em SNELL, *Die Entdeckung des Geistes*. De considerável interesse, ainda que a ser usado com cautela, é Alfred WEBER, *Des Tragische und die Geschichte*, Hamburg, Govert, 1943. Para a literatura mais antiga sobre Ésquilo, ver WOLF, *Griechisches Rechtsdenken*, 340.

a menos que obtenham justiça, enforcando-se nas estátuas dos deuses (461). Isso exporá o Zeus do Olimpo à acusação de injustiça (168-69) e acarretará a ruína para Pelasgo e sua pólis (468 ss.).

Ésquilo constrói cuidadosamente uma situação incômoda. A ordem de Têmis não é isenta de conflito. Têmis governa a ordem do matrimônio. Os egiptíades têm controle legal sobre as danaides e podem exigi-las em matrimônio. Somente se o enlace for repugnante para as mulheres sua realização forçada será *me themis*, incorreta (336). Esse é o caso que as danaides alegam. Sua alegação, porém, não é inteiramente sincera, pois opõem-se não apenas aos egiptíades, mas ao próprio vínculo do matrimônio por princípio (1030-34). Embora a rejeição de um homem específico seja justificada, a rejeição do matrimônio por princípio não é *themis*. A ordem de Têmis, além disso, protege os suplicantes, especialmente quando são parentes (por meio de Io). Por conseguinte, a súplica não pode ser simplesmente rejeitada, ainda que sua justiça não seja inquestionável. E, por fim, Têmis governa a devoção em relação aos deuses. A conspurcação das estátuas pelo suicídio terá consequências terríveis para Argos, ainda que a ameaça de suicídio seja claramente uma chantagem contra Pelasgo, assim como de *hybris* contra Zeus. O que então deve fazer o rei, ameaçado pelos conflitos de *themis* e forçado a violar o *nomos* dos egiptíades com a consequência da guerra ou a atrair a ira dos deuses sobre si e sua pólis?

O rei está num estado de indecisão e formula seu dilema: "Não sei como ajudá-las sem incorrer em prejuízo; e, todavia, não é aconselhável desprezar essas súplicas". Ele é tomado de uma confusão irremediável (*amechanos*), e sua alma (*phren*) teme "agir ou não agir e receber o que o destino lhe trouxer" (376-80). Com austeridade, ele reflete: "É necessário um aconselhamento profundo e decisivo, como o de um mergulhador, que chegue às profundezas com visão aguçada e não demasiadamente aturdida" (407 ss.). Essas linhas recordam claramente o "saber profundo" heraclíteo da alma cuja fronteira não pode ser determinada porque seu Logos é demasiadamente profundo. A dimensão heraclítea da alma, em sua profundidade, é dramatizada por Ésquilo por meio da efetiva descida de uma alma a uma situação concreta que requer uma decisão[5].

Espera-se que o rei traga das profundezas uma decisão que esteja de acordo com a *dike*. O Coro o aconselha a fazer da Dike sua aliada (395) e lhe asse-

---

[5] Os pontos esquilianos similares apontam para uma sentença atribuída a Sócrates segundo a qual é preciso um mergulhador délfico para imergir até o significado das formulações heraclíteas.

gura que a Dike protege seus aliados vigorosamente (343). Além da ordem da *themis* e de seus conflitos há uma ordem da *dike*, no duplo sentido de uma lei superior e de decisões concretas. A situação que não é envolvida pela *themis* terá de ser ordenada por uma decisão concreta, uma *dike*, de correção definitiva. Essa *dike* além da *themis* tem sua fonte na profundidade da reflexão à qual o rei está disposto a descer. Nesse ponto, entretanto, quando da descida efetiva, torna-se claro que Ésquilo foi muito além da situação do solitário Heráclito no interior da comunidade de uma pólis cujos cidadãos estão dispostos a mergulhar na alma como um povo, pois o rei informa as danaides de que não estão se refugiando no aconchego de seu lar privado, mas numa pólis. "O comum" (*to koinon*) da pólis é ameaçado por elas; e "em comum" (*xyne*) o povo terá de encontrar uma solução. O rei não pode prometer nada antes de haver se "comunicado" (*koinosas*) com todos os cidadãos (365-69). O *xynon* de Heráclito é institucionalizado como a comunidade dos cidadãos em conselho. O Coro protesta veementemente com um apelo à sua soberania absoluta: "Tu és a pólis! Tu és o povo!" (370). Mas Pelasgo não é um filósofo místico; ele tem um povo, e diz energicamente ao Coro: "Nada sem povo [*demos*]" (398). Ele deixa as suplicantes a fim de reunir o povo e submeter o caso ao exame do corpo geral (*koinon*) dos cidadãos (518), e espera que Persuasão (*peitho*) o auxilie (523). O discurso do rei é efetivamente bem-sucedido. Os decretos estendendo a proxenia às suplicantes são aprovados. "Foi o povo pelásgico que ouviu condescendentemente as sinuosidades do discurso; mas foi Zeus quem consumou o fim" (623-24). A descida na profundeza foi efetuada em comum, e o que o povo encontrou foi a Dike de Zeus.

Reunimos os principais elementos da teoria esquiliana da ação. A ordem de Têmis ainda governa os deuses, o mundo e a sociedade, como nas epopeias homéricas. Mas a existência do homem sob a ordem tornou-se difícil, na medida em que a *themis* não é mais um guia para as decisões nas situações concretas. Na epopeia homérica, podia-se chegar a uma decisão pela ponderação das consequências da ação no nível utilitário ou pelo acatamento de conselhos, divinos ou humanos. Esse foi o peso do grande discurso parenético de Fênix a Aquiles. Com Ésquilo, ambas as possibilidades são excluídas. A ponderação utilitária é expressamente rejeitada como um motivo (443-54); e Ésquilo, a fim de preparar o caso em pureza experimental, até recorre à técnica de aduzir razões sensatas que o homem tem de rejeitar a fim de chegar à conclusão correta (477). E não está disponível nenhum conselho externo mediante o aparecimento de um homem ou deus homérico. É preciso chegar à decisão sem tal aconselhamento, a partir de uma busca da alma. O salto no ser não assume a forma de uma revelação israelita de Deus, mas da descida dionisíaca no homem, na profundeza na qual se encontra a Dike. Nem todos os tipos de conduta, portanto, são ações. Só podemos falar de ação quando a decisão foi tomada por meio da descida dionisíaca à profundeza divina. E, inversamente, nem todas as situações são trágicas. Só podemos falar de tragédia quando o homem é forçado a recorrer à Dike. Somente nesse caso ele enfrenta o dilema expresso em "agir ou não agir". Aparentemente, Ésquilo considerava como ação apenas a decisão em favor da Dike. Uma decisão negativa, uma evasão mediante cálculos utilitários ou uma mera insensibilidade em relação à questão não seriam consideradas ações.

O significado esquiliano de *drama*, de ação, simboliza a ordem dionisíaca da Dike. O grande símbolo suscita questões sérias a respeito da história de Atenas e da história da tragédia. A ação, experimentada e expressa por Ésquilo, requer uma certa estatura humana. Uma situação trágica pode surgir sem um ator trágico. Se a alma não for sensível à Dike e o homem não estiver disposto a descer à sua profundeza, uma solução fácil poderá ser encontrada na ponderação das perdas presentes contra os lucros futuros incertos. A paixão do momento, o cálculo utilitário ou a total covardia podem obscurecer, ou toldar completamente, a questão trágica. A tragédia do tipo esquiliano, a fim de ser socialmente possível como um dispendioso culto oficial numa democracia, requer um corpo de cidadãos disposto a reconhecer a ação trágica como paradigmática. A atitude heroica da busca na alma e da aceitação das consequências tem de ser experimentada como o culto da Dike, e o destino do herói tem de provocar na alma do espectador o estremecimento de seu próprio destino — ainda que, numa situação similar, esse espectador sucumbisse à sua fraqueza. O significado da tragédia como um culto oficial tem de ser procurado nesse sofrimento representativo. A vinculação da alma ao seu próprio destino por meio do sofrimento representativo, e não a catarse aristotélica através da compaixão e do medo, é a função da tragédia. O Epitáfio, segundo a tradição redigido pelo próprio Ésquilo, nos diz inequivocamente:

> Sua gloriosa bravura [*alke*] a província de Maratona proclame,
> E os Medos de longas cabeleiras que a conheciam bem.

Ter provado seu valor como o soldado da pólis em ação é seu orgulhoso título para a fama, em lugar de sua obra como poeta; Maratona é o teste da tragédia.

Com o espírito de Maratona, a tragédia teria de morrer. A aceitação do destino se tornaria um fardo excessivamente pesado. No pleno desdobramento da tragédia, nas grandiosas personalidades de Sófocles, pode-se perceber o caráter excepcional desse sofrimento; começa a se propagar em torno do herói uma solidão que torna seu sofrimento irrepresentativo para o homem comum. E Eurípides, como veremos, já estava preocupado com o problema do herói que desmorona sob seu destino. Um sentimento de voluntariosidade demônica dos deuses torna-se mais forte que a fé na ordem final harmonizadora da Dike. Em tais condições, a função social da tragédia tornar-se-á problemática e, por fim, impossível. *As suplicantes* têm seu lugar distinto na história da ordem porque a linha ao longo da qual a tragédia como uma instituição da pólis virá desaparecer emerge da própria ação. Pelasgo, o rei, como vimos, passou pela decisão em sua própria alma; e então ele tem de induzir o mesmo processo na alma dos cidadãos por meio de seu discurso, reencenando seu próprio argumento e o argumento do Coro perante a assembleia. Por meio de Peitho (persuasão), a ação paradigmática do herói tem de se expandir na alma do povo, ligando-a ao propósito comum. Na última obra de Ésquilo, a *Oréstia*, Peitho se torna o grande instrumento da ordem de Zeus, pelo qual as divindades demônicas da antiga lei, as Erínias, são submetidas à Dike e transformadas nas Eumênides. Em *As suplicantes*, esse sentido de Peitho como a pesuasão da Dike joviana (talvez não como controle psicológico) é sugerido nas linhas do Coro segundo as quais o povo tomou a decisão, mas foi Zeus quem "consumou o fim" (623-24). Quando Peitho, a persuasão neste sentido fecundo, não for mais socialmente eficaz, a ordem política da democracia que tem de repousar na Dike se desintegrará e dará lugar à horripilante desordem que vemos descrita por Tucídides. A restauração da ordem social na pólis, para que repouse no espírito, e não na temerosa subserviência ao poder, exigirá então a restauração da persuasão espiritual. E, com efeito, este se tornou um dos grandes temas da política de Platão, com intensidade crescente nas últimas obras, até que, no *Timeu*, Peitho aparece como a força da psique que impõe a ordem sobre a recalcitrante Ananke do cosmos.

3 Tragédia e história

As Suplicantes constitui o mais refinado estudo da essência da ação trágica, mas não vai além de sua essência estrita. A ação central é cercada por uma área de questões, algumas delas de natureza inquietante. O herói segue a Dike, o sumo princípio ordenador do cosmos e da pólis — e pobre dele se não a seguir —, mas a situação como um todo não mostra o princípio ordenador como particularmente efetivo. Há a conduta brutal dos egipcíades e a correspondente desgraça das danaides; no pano de fundo desse episódio está o destino igualmente injusto da ancestral dos primos, Io, que foi amada por Zeus, metamorfoseada numa vaca por Hera e perseguida pela terra enlouquecida por um moscardo, sem que tivesse qualquer culpa; e Pelasgo com razão lança algumas imprecações sobre uma situação que o envolve em todos os tipos de perigos, ainda que preferisse tratar de seus próprios assuntos. O único ponto do Universo onde a Dike realmente reside parece ser a alma do rei, enquanto os arredores parecem um mundo de desregramento demônico. Ademais, a Dike na alma heroica não ajudaria as danaides a menos que fosse a alma de um rei que pode empregar seu poder de persuasão sobre seus cidadãos-soldados de modo a fazer que sua decisão seja implementada por um exército quando sobrevier o conflito com os egipcíades. O rei não considera nem por um momento usar seus poderes de persuasão sobre os egipcíades — embora encete uma argumentação legal com seu emissário. A pólis helênica então aparece, por meio de sua combinação da Dike e da Bravura em seu corpo de cidadãos militares, como um reluzente baluarte da ordem num mundo extremamente desordenado.

Ao abordarmos *Prometeu acorrentado*, a obra de Ésquilo na qual o pântano do mal demônico que cerca a ilha da ordem se torna o grande problema, o inquietante pano de fundo da ação trágica tem de estar claro.

A interpretação enfrenta a dificuldade de que o *Prometeu* é uma parte remanescente de uma trilogia, provavelmente a segunda parte (embora até isto seja contestado), de modo que nem sempre se pode saber com certeza onde as linhas de significado têm seu início e seu fim. Ademais, o isolamento do *Prometeu* deu ensejo a um grande crescimento do simbolismo prometeico moderno, de Shaftesbury e Goethe, de Shelley e do jovem Marx, próprio da era da autoconfiança humana iluminista, do titanismo do artista e do revolucionário desafiador que tomará o destino da humanidade em suas próprias mãos. Isto não tem nenhuma relação com Ésquilo, mas se tornou um obstáculo adicional para a compreensão do autor em nosso tempo[6].

---

[6] O prometeísmo "moderno" é, de fato, uma forma de gnose. A reinterpretação do Prometeu hesiódico e esquiliano como o símbolo do filósofo que é superior ao destino remonta ao

No que se refere ao seu tema, Prometeu é uma história sobre os deuses, não sobre os homens. É um episódio da titanomaquia no sentido hesiodiano. Quando Zeus empreendeu sua batalha contra a geração de deuses liderados por Cronos, um dos titãs, que se distinguia por sua "antevidência" (Prometeu), sabia que a vitória dependia do intelecto, e não da força, e aliou-se aos que seriam as futuras potências. Como aliado de Zeus, conseguiu persuadi-lo a não extinguir a insatisfatória raça dos homens nem substituí-la por outra, e, após salvá-los do extermínio, ajudou-os de diversas maneiras, motivado por sua filantropia, mediante intervenções para melhorar seu triste destino. Prometeu, no entanto, foi longe demais em seus esforços humanitários, transgredindo a nova ordem instituída por Zeus — ele furtou o fogo divino e o concedeu aos homens. Por sua transgressão, Prometeu tem de sofrer a punição que sabia que lhe seria imposta por violar a ordem joviana, embora não esperasse que ela fosse tão terrível quanto por fim se mostrou. O *Prometeu* tem início com a cena do Titã sob o jugo do Poder e da Violência (*Kratos kai Bia*), prestes a ser acorrentado por Hefesto ao penhasco à beira do mar da Cítia.

À primeira vista, a escolha do assunto pareceria nos lançar de volta à teogonia e à antropogonia hesiódicas. As *dramatis personae* são divindades: Prometeu, Oceano, as oceânides como Coro e o próprio Zeus, embora este não apareça no palco, agindo por intermédio de seus mensageiros e agentes, Hefesto, Hermes, Crato e Bia. De que modo se pode examinar a ação trágica, a ação do homem maduro confrontado com uma decisão, nos conflitos com os deuses? Estaríamos lidando com um sério retorno ao "antropomorfismo" pré-filosófico de Hesíodo? Só se pode responder negativamente à questão, mas é preciso suscitá-la a fim de salientar apropriadamente o sucesso esquiliano em penetrar no pano de fundo demônico da ação trágica.

Podemos dizer que o movimento da especulação filosófica dos milesianos a Heráclito é um movimento que se afasta da experiência da desordem concreta na direção de um princípio da ordem. A descoberta da medida invisível soloniana, ou do Ser parmenidiano, ou da orientação da alma por meio do amor, da esperança e da fé rumo ao *sophon*, são realmente grandes descobertas; com efeito, elas são o fundamento da especulação filosófica como uma exploração crítica da constituição do ser. Todavia, esse movimento e suas descobertas são ameaçados por um grave perigo. A ocupação com o ser transcendental e

---

alquimista gnóstico Zózimo. Cf. Hans Jonas, *Gnosis und Spätaniker Geist*, Göttingen, Vandenhoek u. Ruprecht, 1954, 218 ss., v. I.

com a orientação da alma rumo à medida invisível pode se tornar uma preocupação que permita ao homem esquecer que vive num mundo de almas desorientadas. O movimento de uma alma rumo à verdade do ser não suprime a realidade demônica da qual se afasta. A ordem da alma não é algo em que alguém pode se acomodar e ser feliz para sempre. A descoberta da verdade pelos filósofos místicos e, mais ainda, a revelação cristã podem se tornar uma séria fonte de desordem caso sejam mal compreendidas como forças ordenadoras que efetivamente governam a sociedade e a história. De tais incompreensões resultam os "grandes" problemas da teodiceia, psicologicamente compreensíveis porém intelectualmente deploráveis, como a reconciliação do mal demasiadamente presente no mundo com a onipotência e a bondade de Deus. Problemas desse tipo implicam a falácia especulativa de que a ordem transcendental, que é percebida nos movimentos orientadores da alma, é uma ordem mundano-imanente, que se realiza na sociedade independentemente da vida da alma. Em suma: a descoberta pode produzir uma intoxicação que permita ao homem esquecer que o mundo é o que é.

A grandeza de Ésquilo foi ter compreendido a ordem da Dike na sociedade como uma encarnação precária da ordem divina, como uma realização passageira arrancada das forças da desordem por meio da ação trágica via sacrifícios e riscos, e — ainda que momentaneamente bem-sucedida — sob a sombra que, por fim, a envolverá. O *Prometeu* não é um retorno ao tipo hesiódico de especulação sobre o mito. Não é uma "história verdadeira" sobre um episódio teogônico, mas um estudo perfeitamente consciente sobre as forças da alma humana que, quando adequadamente equilibradas, criarão a ordem social e destruirão essa ordem quando o equilíbrio for perturbado. Foi sorte do artista Ésquilo que a simbolização teomórfica da alma no mito lhe tenha proporcionado um elenco divino capaz de encenar com credibilidade a tragédia da alma.

O problema do equilíbrio e do conflito entre as forças é cuidadosamente elaborado. A vitória de Zeus na titanomaquia resultou na ordem da Dike. É o governo da lei tomando o lugar dos antigos horrores. A vitória não foi obtida por meio da docilidade e da razão, mas por uma luta violenta; e as forças que foram vencidas não estão mortas, mas são mantidas no mundo inferior pela contínua aplicação da força. Na luta histórica a realização da ordem é inseparável da força; Zeus e sua Dike agora aparecem acompanhados pelos sinistros executores Crato e Bia, que irão assegurar que a ordem arduamente obtida não seja imediatamente ameaçada pela transgressão. Sob este aspecto da força que conquistou a nova ordem e está decidida a mantê-la, o governo de Zeus é uma "tirania" (10). É preciso compreender o significado preciso do termo *tirania* nesse contexto, a fim de evitar equívocos convencionais. O Zeus que governa pela Dike não se tornou repentinamente um tirano que se entrega a caprichos pessoais ilegítimos. Não há dúvida quanto à situação legal: Prometeu cometeu uma transgressão, ele sabia que seria licitamente punido, e Zeus inflige a punição a fim de preservar a Dike. O caráter tirânico da ação se deve à severidade exagerada da punição, e essa severidade é expressamente declarada como um aspecto da recentidade do regime (35). Se o poder estivesse firmemente estabelecido há mais tempo, a punição seria menos atroz. O fator tempo, a história da ordem, é introduzido no argumento. Ademais, permite-se que suspeitemos que sob condições menos árduas a transgressão poderia não ter ocorrido — seja porque Zeus poderia ter persuadido Prometeu a abandonar sua ação voluntariosa, seja porque Prometeu poderia ter persuadido Zeus a permiti-la e, portanto, legalizá-la. A própria Dike tem uma história e pode se tornar mais equitativa com o tempo; e, na última parte da trilogia, *Prometeu libertado*, os antigos inimigos se reconciliarão.

Esse problema deve ter ocupado Ésquilo permanentemente, pois reaparece na última obra, a *Oréstia*. Orestes, a mando de Apolo, assassina sua mãe para vingar o pai, por ela assassinado, e é agora perseguido pelas Erínias. Pela lei divina, o pai tinha de ser vingado, e o matricídio não podia passar impune; tudo é perfeitamente legal. Mas essa terrível legalidade, pedindo crime sobre crime, tem de ser interrompida por algum grau de sensatez e de equidade. A solução é proporcionada por Atena, que induz Apolo e as Erínias a submeter o caso à sua arbitragem juntamente com um tribunal de cidadãos atenienses, o Areópago, instituído nessa ocasião. Os juízes empatam e Orestes é absolvido; mas essa absolvição do homem Orestes pelo simples expediente de um empate entre seus juízes humanos não satisfaz as Erínias, cuja *timé*, seu direito aquinhoado e sua honra, é depreciada. E agora Atena tem de conter as querelantes Erínias por meio da persuasão de seus argumentos, oferecendo-lhes honras compensatórias. Peitho é usada para solucionar uma dificuldade surgida sob o regime de Zeus; as Erínias, com suas queixas, pertencentes à antiga geração de deuses, não são simplesmente derrotadas — mesmo agora, quando um Zeus mais velho e mais sábio prefere meios mais brandos, a ameaça da força está no pano de fundo e Atena lembra às Erínias (827 s.) que detém a chave do arsenal no qual o raio está trancado. A Dike, portanto, evolui da rígida coação à flexibilidade e à persuasão; e, na *Oréstia*, como em *As suplicantes*, o desenvolvimento é realçado pela instituição de um tribunal de cidadãos que decidirá o caso (literalmente: diagnosticarão a Dike), sem dar espaço para "a anarquia ou o despotismo", inspirado pela "reverência e pelo temor".

A análise da figura de Prometeu tem de evitar as armadilhas do titanismo romântico. Certamente, há algo como uma revolta do homem contra Deus na conduta de Prometeu, mas a fórmula não significa muito, já que os termos *Deus* e *homem* não estão definidos. Temos de partir da base firme de que Prometeu não é um homem, mas um deus, assim como Zeus; ambos são genericamente parelhos; ambos, igualmente, representam forças que são experimentadas na alma do homem. A divindade de Prometeu é especialmente salientada pelo executor (29); o deus deveria ter tido mais senso de lealdade para com os deuses, seus iguais, não deveria ter provocado sua cólera entregando-se a sua inclinação filantrópica (*philanthropos tropos*) (28). Há portanto uma força divina no homem, que pode se aliar à ordem da Dike, como fez Prometeu com Zeus na titanomaquia; todavia, ela pertence à raça vencida dos deuses e está apta a se afirmar de modo desleal contra a nova ordem. E sua inclinação filantrópica provavelmente não é acidental, pois a raça dos homens não foi criada por Zeus, mas encontrada por ele como parte do mundo antigo; a raça dos homens partilha com Prometeu o caráter de uma relíquia da antiga administração, aceita na nova mas, aparentemente, ainda tomando parte nas qualidades demônicas desordenadas do antigo período[7].

Com respeito à natureza da força divino-demônica é preciso novamente ser o mais fiel possível ao texto esquiliano. Prometeu é um *sophistes*. Ele é agrilhoado ao rochedo para que aprenda que, apesar de ser um *sophistes*, é um estulto comparado a Zeus (62); e, ainda, Hermes dirige-se a ele nos seguintes termos: "Tu, o *sophistes*, amargo acima de toda amargura", e assim por diante (944). A sabedoria ou o conhecimento aos quais Prometeu deve o título de *sophistes* têm considerável amplitude de significação. Ele é um sofista porque levou a ciência ao homem, e especialmente a matemática, a "maior das ciências" (*sophismata*). Mas o termo *sophismata* também tem o significado de plano, estratagema ou artimanha, quando Prometeu se queixa de não ter *sophisma* para desembaraçar a si mesmo da circunstância presente, a despeito de todas as invenções (*mechanemata*) que projetara para os mortais (469-71). E uma outra faceta de significado aparece nas passagens que refletem sua fal-

---

[7] A caracterização não pode ir além das probabilidades, pois a primeira parte da trilogia, na qual as questões desse tipo devem ter sido esclarecidas, foi perdida.

ta de sabedoria. A deficiência se expressa em sua *authadia* (1012, 1037), um termo que não pode ser traduzido por uma única palavra, mas pode ser circunscrito como uma autossatisfação escancarada, despudorada, pretensiosa e autoconfiante. Persistir nessa atitude é vergonhoso e desonroso; não é muito digno de um *sophos*; e o Coro o aconselha a aceitar os "bons e sábios [*sophen*] conselhos" (1036-39).

Das várias passagens, o sofista emerge como uma figura complexa. Não há dúvidas acerca de sua inventividade e sua descoberta das ciências, mas tal sabedoria ainda o deixa incomparavelmente inferior à sabedoria de Zeus. A *polymathia* no sentido heraclíteo não é a verdadeira *sophia*. Contudo, ao menos potencialmente ele é mais que um sofista; ele é "sábio" no sentido de ser capaz de acatar conselhos "sábios"; se não os acata, o que o impede é sua *authadia*. Essa *authadia* é um modo de existência ambíguo. Ela se manifesta na deslealdade deliberada à ordem dos deuses. Zeus queria extinguir a raça dos homens, mas Prometeu interveio em seu favor porque teve "compaixão" deles. Ao salvá-los, contudo, compadeceu-se ainda mais e tentou melhorar seu miserável destino de várias maneiras. Neste ponto, a filantropia e a compaixão para com o homem começam a se infundir do orgulho da inventividade. Ésquilo faz que seu Prometeu apresente o magnífico catálogo da história da civilização: o homem recebeu a arte de edificar casas, de observar as estações e as estrelas, a ciência dos números, a domesticação dos animais, a arte de construir navios e navegar, a medicina, a arte de ler presságios, a metalurgia e, além de tudo, recebeu o fogo. Em suma, o catálogo conclui: "Todas as artes dos mortais vieram de Prometeu" (506). O orgulho da realização civilizacional irrompe; e podemos suspeitar de que essa torrente de dádivas para os mortais não se deveria inteiramente à compaixão, mas, em parte, ao menos ao regozijo da invenção criativa, e de que a exuberância criativa levou ao ato final de transgressão.

Há um estrato ainda mais profundo na *authadia*. No diálogo com Oceano, Prometeu parece omitir alguns pontos de sua grande confissão. Ouvimos Oceano aconselhar Prometeu a ser um pouco menos amargo e ruidoso em suas queixas acerca de seu destino nas mãos de Zeus, pois o enfurecido tirano poderia infligir-lhe punição ainda pior. A presente condição de Prometeu recaíra sobre ele em consequência de seu prévio linguajar arrogante (320-21), mas nem mesmo agora ele havia aprendido a humildade. O "linguajar arrogante" é a causa da punição; o furto do fogo nem sequer é mencionado. Além da filantropia e do orgulho da inventividade civilizacional, ao que parece havia uma afronta ainda mais primordial em função da qual o furto era apenas o sintoma mais tangível. A natureza do sentimento talvez seja revelada na advertência: "Aprende a conhecer-te e a adquirir novos hábitos, pois o tirano é também novo entre os deuses" (311-12). A prescrição délfica "Conhece-te a ti mesmo!" é recomendada como a cura para o problema de Prometeu, e esse autoconhecimento é significativamente requerido como um correlato ao governo de Zeus. A *authadia* pertence ao período pré-joviano; é um remanescente do dinamismo demônico, ainda não aprimorado (*metharmozein*) pelo autoconhecimento reflexivo que torna alguém consciente de seus limites e obrigações sob a ordem. A afronta deliberada de Prometeu (ver especialmente 268) não é a asserção de uma reivindicação justa contra o despotismo. O eu de Prometeu não é ameaçado pelos deuses; pelo contrário, a ausência de um eu no sentido délfico é a fonte da dificuldade. A nova ordem requer a maturidade e a humildade da ação "profundamente" refletida. O Prometeu da tragédia remanescente está longe de ser um herói trágico; ele é punido por sua ação demônica pré-trágica.

O tema que aparece na cena com Oceano torna-se então o centro da cena posterior com Hermes. Mais uma vez Prometeu proclama em termos indubitáveis seu desdém pelos novos e prepotentes deuses. O titã da antiga ordem recorda dois tiranos derrubados do poder. Ele sobreviverá ao terceiro e o verá na angústia que a guinada da fortuna lançará sobre ele. O conflito tornou-se claramente a contenda dos antigos deuses contra os novos. E Prometeu resume seus sentimentos nas seguintes linhas: "Numa só palavra, odeio todos os deuses a quem beneficiei e que injustamente me retribuíram com o mal" (975-76)[8]. O diagnóstico do conflito, iniciado por Oceano, é agora continuado por Hermes em sua resposta: "Ouço o que dizes e impressiona-me tamanho desatino" (977). A *authadia* é uma insensatez, *nosos*, uma enfermidade. O mesmo termo que aparece em Ésquilo aparece na caracterização heraclítea da vaidade como uma "enfermidade sagrada". É uma enfermidade espiritual que só pode ser curada pela submissão por meio do autodomínio (999 s.); e se isto se mostrar impossível como um ato pessoal a redenção teria de vir de outra fonte, anunciada por Hermes: "Não esperes ver o fim da tua agonia, a menos que um deus disposto a descer ao sombrio Hades e às profundezas tenebrosas do Tártaro venha tomar para si o teu sofrimento" (1026 ss.). A ação trágica na

---

[8] O trecho "Numa só palavra, odeio todos os deuses" impressionou profundamente o jovem Marx. Ele o citou como a confissão da filosofia e transformou-o no portador de sua própria revolta antiteísta.

qual o Prometeu demônico fracassou terá de ser completada pelo sofrimento representativo da descida divina às "profundezas".

As complexidades do *Prometeu* não estão nem de longe esgotadas, mas ficará suficientemente claro que estamos lidando com a evolução da alma rumo ao nível de maturidade no qual a ação trágica é possível, assim como com as ramificações do processo na sociedade e na história. A ordem da Dike empenha-se na existência com o auxílio dinâmico das forças representadas por Prometeu. Dessas forças depende o progresso civilizacional por meio das invenções, da qualidade imaginativa do intelecto pragmático e das ciências do mundo exterior, e por meio da criação de um sentimento de segurança derivado da previsibilidade dos acontecimentos. A força civilizacional, no entanto, não cria por si mesma uma ordem da alma ou da sociedade. Ésquilo foi além da reprovação heraclítea da *polymathia*, chegando a uma crítica da civilização. Antes que a era dos sofistas houvesse propriamente começado, ele compreendeu o poder e a conquista do intelecto sofístico, assim como o perigo de que ele se exceda e destrua a ordem da Dike pela desmedida busca demônica de suas possibilidades. Os conceitos empregados no diagnóstico psicológico da enfermidade são altamente desenvolvidos. Prometeu concedeu "o primeiro lugar em sua compaixão" ao homem (241), e lhe foi possível entregar-se a tal sentimento porque "não temia Zeus" (542). Ao ler essas linhas podemos apenas admirar a argúcia de Ésquilo ao tratar da conexão entre o excesso de compaixão e uma deficiência no temor a Deus. Pois o excesso de compaixão distorce o senso do lugar do homem em sua relação com Deus, de sua *conditio humana*: Prometeu tentou conceder ao homem honras (*timas*) que estavam "acima de seu verdadeiro quinhão" (30), e substituiu a decisão divina a respeito do destino do homem por sua "opinião ou decisão particulares" (*idia gnome*) (544)[9]. Numa fascinante passagem, Ésquilo finalmente identifica, numa declaração explícita, o Prometeu da tragédia com o impulso prometeico do homem. A indulgência na *philanthropia* e na *authadia* resultou em pesar: "Vê agora, amigo, quão desgraçadas são tuas graças!" (545). Quando o impulso civilizacional conturbou a ordem da Dike e causou uma catástrofe social, o homem é impotente: "Que socorro esperas agora, que auxílio, dessas criaturas efêmeras?" (546-47). Prometeu não estava ciente da debilidade do homem? E,

---

[9] Em sua oposição do aquinhoamento divino da *timé* entre os deuses e os homens à opinião privada, Ésquilo está novamente muito próximo da oposição heraclítea do Logos, que é comum a todos, aos "mundos privados".

em discurso direto, Ésquilo conclui: "Os desígnios dos mortais jamais perturbarão a harmonia de Zeus" (550-51).

Prometeu simboliza o ímpeto demônico da existência humana em sua autoafirmação e sua expansividade. Dado que simboliza apenas esta única força da alma, ele não é o herói trágico, pois somente a alma como um todo é capaz de uma ação trágica. A tragédia da ordem na história vem à tona na interação da Dike joviana com o ímpeto de Prometeu. Por um lado, Prometeu é mais que um vilão que transgride a lei; por outro, Zeus é menos que uma força pura de bondade e justiça. No que concerne a Prometeu, o tom de simpatia com o destino do sofredor é inegável ao longo da peça. O mar, o céu, a terra e as estrelas estão alvoroçados com a execução, e a natureza responde ao retinir dos grilhões com o aparecimento das oceanides. O homem e seu ímpeto prometeico fazem parte da ordem das coisas; os mortais são certamente miseráveis criaturas efêmeras, mas necessitam mais ainda da piedade, da inventividade e da autoajuda imaginativa. Prometeu pecou pelo excesso, mas despida do excesso sua compaixão é um elemento legítimo da ordem. Zeus aparece sob uma luz dúbia, pois é desprovido de compaixão ao recusar-se a considerar a compaixão como uma circunstância atenuante na transgressão de Prometeu (241 ss.). No que se refere a Zeus, sua ordem não é uma ordem divina e eterna no sentido cristão. Ela veio a existir e deixará de existir, não sendo mais que uma fase na vida do cosmos. E o próprio Zeus não é o Deus além do mundo, mas um deus no mundo. Os traços que marcam a historicidade de sua ordem, traços que acarretarão sua queda, são visíveis mesmo agora. Zeus teve de se valer do auxílio de alguns dos titãs para vencer os outros. Consequentemente, há algo de demônico na própria fundação de seu domínio, representado na vitimização de Prometeu pelo Poder e pela Força. Ademais, ele é o Zeus que, por seus flertes, ocasionou o terrível destino de Io, e Io entra em cena para oferecer uma lição objetiva do componente demônico em Zeus que inflige o suplício à inocente. Um dos aspectos mais impressionantes da encenação da peça deve ter sido a cena sinistra na qual Prometeu é agrilhoado, imóvel, no alto do rochedo, enquanto abaixo, à beira da praia, Io se contorce loucamente em sua dança, ferroada pelo moscardo — ambos ligados em seu destino pela predição do presciente sofredor do penedo de que um descendente da licenciosidade joviana fará ao seu pai o que Zeus fez a Cronos. O executor acreditava que "Ninguém é livre a não ser Zeus" (50), mas Prometeu sabe mais. Até mesmo Zeus está enredado na trama de Ananke (Necessidade), contra a qual é inútil qualquer artifício (514), e a própria Ananke é dirigida pelas Moiras e pelas Erínias (515 ss.). O domínio de

Zeus não durará para sempre; e Prometeu, o imortal, pode esperar até que tenha decorrido o seu "breve prazo" (939). A perda do *Prometeu libertado* torna impossível saber como Ésquilo conduziu esses problemas até a sua conclusão. Os antagonistas, aparentemente, teriam chegado a uma conciliação, e a revelação da previsão de Prometeu acerca da ruína de Zeus teria desempenhado algum papel nela. Um tema considerável teria sido o desenvolvimento da sabedoria por meio do sofrimento de ambos os lados — pois "o tempo sempre a correr ensina todas as coisas" (982). Entretanto, não sabemos se a revelação do segredo teria evitado a queda de Zeus somente por algum tempo ou para sempre. É certo apenas que a "ação" trágica teria sido completada garantindo-se o equilíbrio da sabedoria para o éon presente.

No *Prometeu*, Ésquilo usou a forma da tragédia para apresentar o drama histórico da alma. A ordem da alma em evolução histórica é o "herói" da trilogia, e não alguma das *dramatis personae*. Tais formulações, contudo, não implicam que Ésquilo tenha tentado um *tour de force*, que tenha usado a forma da tragédia para abordar um assunto inadequado. Pelo contrário, a experiência da história provém da tragédia. Somente quando as ideias de uma alma completamente humana, da imersão reflexiva em sua profundidade, de uma decisão que é extraída de suas profundezas e de uma ação que é a responsabilidade do homem estão plenamente desenvolvidas o significado da ação trágica pode se irradiar e iluminar a ordem da existência humana na sociedade. A ordem social em si adquire a nuança da tragédia quando é entendida como obra do homem, como uma ordem arrebatada pelo homem das forças demônicas da desordem, como uma encarnação precária da Dike alcançada e preservada pelos esforços da ação trágica. O curso das questões humanas torna-se um curso da história quando a ordem da alma se torna a força ordenadora da sociedade, pois somente então a ascensão e a queda de uma organização civilizacional podem ser experimentados através de uma psique em desenvolvimento ou em desintegração.

É preciso, contudo, apor ressalvas às formulações do parágrafo precedente, pela comparação com a gênese da história em outras civilizações. A história nasceu da tragédia na Hélade, mas em nenhum outro lugar. A experiência helênica da história, assim como sua simbolização podem ser mais precisamente determinadas pela comparação com as formas chinesas, mais compactas, e também com as menos compactas formas israelitas. O significado chinês da história desenvolveu-se não da tragédia, mas da experiência de florescimento, decadência e extinção de forças organicamente concebidas. Tais forças poderiam viver numa família e torná-la, por um período limitado, a portadora da ordem cósmica na sociedade. A historiografia, portanto, seria o relato de uma série indefinida dessas forças vitais, as "dinastias". Além disso, o simbolismo das dinastias estava imbuído na forma simbólica mais ampla da sociedade como uma organização universal da humanidade análoga à ordem do cosmos, ou seja, no estrato de simbolização comum a todas as civilizações cosmológicas, isto é, tanto do Extremo Oriente como do Oriente Médio. A tragédia da ascensão e da queda estava por certo presente na historiografia chinesa, mas ainda estava compactamente limitada pelo mito cosmológico. A ruptura radical com o mito cosmológico só foi consumada por Israel. E a ruptura foi tão completa que a história foi imediatamente estabelecida como a forma simbólica da existência para o Povo Eleito no presente sob a autoridade de Deus. Israel, todavia, ainda tinha de sustentar o penhor de sua revelação, na medida em que o universalismo da existência sob a autoridade de Deus ainda era restrito a um povo em particular. A existência do Povo Eleito, por conseguinte, prefigurava a história universal da humanidade sob a autoridade de Deus por meio de Cristo. A experiência helênica da história trágica tem um grau de compacidade intermediário entre a chinesa e a israelita. A tragédia ateniense certamente não está mais vinculada pelo mito de um império cosmológico, mas sustenta o penhor da pólis, como Israel sustentava o penhor do Povo Eleito. Ademais, a pólis de Ésquilo, diferentemente do povo de Moisés, não existe livremente sob a autoridade de Deus por meio do salto no ser, mas tem acesso a essa existência pelos esforços trágicos de seu povo para penetrar na profundidade divina da Dike. O componente dionisíaco da existência trágica impede a irrupção de uma revelação divina vinda de cima.

As ressalvas não devem depreciar a grandeza de Ésquilo. A revelação de Deus ao homem na história ocorre onde Deus deseja. Se Ésquilo não foi um Moisés para o seu povo, não obstante descobriu para ele a psique como a fonte da ordem significativa para a pólis na história. Se ele não trouxe a lei do Sinai, estabeleceu os fundamentos para uma filosofia da história, pois a filosofia da história de Platão derivou da tragédia esquiliana, e não apenas em princípio, mas em detalhes tão específicos quanto a transformação da trindade de *Prometeu* (Prometeu, Zeus, Ananke) na trindade mítica (Desejo Inato, Demiurgo, Heimarmene) do *Político*. Além disso, Ésquilo criara uma forma simbólica ao usar as simbolizações teomórficas das forças da alma como as pessoas de seu drama. E, novamente, essa forma foi seguida e desenvolvida por Platão, pois o mito platônico como uma forma simbólica deriva da *mitopoiese* do *Prometeu* e das *Eumênides* de Ésquilo.

4 O fim da tragédia

A tragédia como a ação representativa do povo ateniense tinha de morrer quando a realidade de Atenas tornou a ação heroica inverossímil e a ilha de Dike foi engolida pelo mar da desordem. Traçar a agonia e o naufrágio da pólis por meio das tragédias remanescentes seria por si só um estudo colossal. Não podemos fazer mais que assentar o fato de que a desintegração da democracia ateniense está fielmente refletida na obra dos grandes tragediógrafos e apontar alguns exemplos que ilustrarão o processo. Alguns exemplos típicos, que denunciam a crescente devastação durante a Guerra do Peloponeso, podem ser compilados na obra de Eurípides depois de 428 a.C.

A *Hécuba* (c. 425) estuda a desdita que sucede à rainha após a queda de Troia. Até certo ponto, ela pode sustentar o fardo de seu sofrimento. E o sacrifício de Policena abre novos recursos de dignidade. No entanto, quando chegam as notícias da morte de seu último filho, Hécuba desmorona ao tomar conhecimento da extinção de sua raça. A ordem de sua alma se desintegra; ela está agora possuída pelo demônio da vingança que arrastará o mundo à aniquilação que ela mesma sofre. Com autodepreciação e astúcia, Hécuba prepara a cegueira de Polimestor, que traiu sua confiança e assassinou seu filho para obter o tesouro que estava em sua posse, e antes de cegá-lo mata seus dois filhos inocentes. O horror termina quando Dioniso informa ao cego Polimestor que a rainha será metamorfoseada num cão de olhos rubros. A ordem da Dike ruiu; alma não mais se torna sábia por meio do sofrimento, mas desaba sob seu destino; e a heroína se transforma numa cadela.

Similarmente devastador é o final de *Héracles* (c. 421). Héracles, como Io, é um descendente de Zeus perseguido por Hera. O demonismo dos deuses governa os eventos da tragédia sem cessar. Na ausência de Héracles, um usurpador fez-se governante de Tebas e planeja extinguir a família do herói. No último momento, Héracles retorna, depois que o iminente destino de sua família possibilita caracterizar o invejoso Zeus, salva sua família e mata o tirano. Hera, contrariada, envia o demônio da loucura, de modo que Héracles, por ele acometido, prossegue em sua carnificina e mata sua própria família. Quando Héracles desperta e percebe o que fez, seu primeiro pensamento é a solução clássica: "O principal homem da Hélade" não pode continuar vivo após tal desonra. E então surge a guinada surpreendente. Seu amigo Teseu convence-o a viver, com o argumento revelador de que os deuses cometeram todos os tipos de crimes e continuam a viver alegremente. Teria ele, um homem, de ser mais rigoroso que os próprios deuses? A obra dos filósofos místicos é desfeita por Eurípides. O ascenso da alma rumo ao *sophon* retrocedeu; os deuses tornaram-se uma vulgaridade despudorada, e o homem não deve tentar ser melhor que eles. Héracles, resignado, é conduzido por Teseu a Atenas. O herói se retira com uma pensão.

Nas *Troianas* (*c.* 415), por fim, Eurípides aponta o espelho para a própria Atenas. A tragédia remanescente é a terceira parte de uma trilogia. As duas primeiras partes, *Alexandre* e *Palamedes*, foram perdidas. Do *Palamedes*, sabemos que o sábio herói, uma humanização do Prometeu civilizador, torna-se vítima da deslealdade invejosa de Odisseu; o século IV entendia a tragédia como uma predição do destino de Sócrates nas mãos de Atenas. O desfecho das *Troianas* é o suicídio da alma grega na hora da vitória. O que começou como uma aventura heroica termina na vulgaridade e na atrocidade da conquista. O lamaçal e o abuso engolirão os próprios gregos. Atena, a guardiã de seu povo, mudará de lado porque seu templo foi insultado. Na funesta cena que inicia o drama, ela e Posêidon estipularam destruir os vitoriosos em sua jornada de retorno a casa. As *Troianas* incidem no ano subsequente ao massacre em Melos, que revelara a corrupção do *ethos* ateniense; e incidem no mesmo ano da expedição siciliana que culminou em desastre. Esse foi o ano em que o destino de Atenas foi selado; e os deuses haviam efetivamente mudado de lado.

Capítulo 11
Os sofistas

A tragédia foi eminentemente a criação de Atenas, na medida em que os grandes poetas eram atenienses que baseavam sua obra nos recursos espirituais de seu povo; ela foi a dádiva da nova democracia à Hélade e à humanidade. O povo despertara para o apelo à ação no sentido trágico, e pôs à prova sua maturidade nas Guerras Persas.

A vitória provocou uma completa modificação da atmosfera intelectual e política. Antes da guerra, Atenas havia sido uma cidade politicamente insignificante, e quase não participava nas aventuras intelectuais da Jônia e da Itália. Após a guerra, a cidade foi propelida à liderança política em rivalidade com Esparta; sua hegemonia na Liga de Delos logo foi convertida no domínio do império marítimo unido pela força, e Atenas tornou-se a opulenta e esbanjadora capital dessa nova estrutura política. Além disso, as pólis helênicas emergiram da guerra como um mundo unido de modo muito mais coeso, como uma área de relações intensas, e em Atenas esse mundo encontrou uma cidade que era capaz de desempenhar o papel não só de centro político, mas também de capital cultural. A cidade cumpriu esse papel de modo brilhante, mas para isso o povo teve de abandonar o seguro remanso da devoção ancestral, da qual proviera a grandeza da geração de Maratona, e mesclar suas habilidades à vida intelectual da Hélade. Para se tornar, nas ufanas palavras de Péricles, a escola da Hélade, Atenas teve antes de ser sua aprendiz ao longo de duas gerações. A educação de Atenas pela Hélade até o ponto em que a pupila se tornou a representante inquestionável da cultura helênica foi o evento decisivo da chamada

Era dos Sofistas. Nessa interpenetração das habilidades atenienses com a antiga cultura das regiões fronteiriças surgiu aquilo que, em retrospecto, aparece como a cultura helênica clássica. Esse foi o processo pelo qual, após o desastre político, despontaram Platão e Aristóteles.

§1 A educação de Atenas

Socialmente, o processo de educação assumiu a forma do que só pode ser descrito como uma ida para Atenas de todos aqueles da Hélade que possuíam algum conhecimento desejável, num momento ou noutro de suas vidas, para ser recebidos nas casas de homens de Estado e líderes sociais, às vezes por períodos prolongados, a fim de oferecer sua sabedoria por meio de instrução individual ou preleções públicas, em troca de alta remuneração por parte daqueles que podiam pagar e preços mais baixos para a audiência menos abastada. É o período que Aristóteles caracterizou sucintamente numa frase de sua *Política* (1341a28-32): quando os atenienses "passaram a ter mais tempo livre em virtude de sua riqueza e sua mentalidade elevou-se na proporção de sua excelência, mesmo antes, mas especialmente após as Guerras Persas, quando adquiriram confiança em virtude de suas conquistas, começaram a envolver-se em todos os ramos do conhecimento, sem discriminação, desenvolvendo-se em todas as direções". Aos "estrangeiros" que estavam dispostos a satisfazer essa sede ateniense de conhecimento pode-se aplicar o termo *sofistas*.

Contudo, não se deve atribuir muita importância ao termo *sofista* e à sua definição. Estamos menos interessados em definir o termo que se tornou uma conveniência historiográfica do que no processo que caracterizamos como a educação de Atenas. A cena modificou-se rapidamente e as diferenças nos casos concretos eram com frequência tão ou mais importantes que as características gerais de um professor estrangeiro migrante. É preciso portanto usar o termo tendo-se em mente que possui um centro de aplicação seguro, cercado por grandes anéis de casos nos quais só pode ser aplicado com crescentes restrições.

Em primeiro lugar, evidentemente, o termo se aplica aos homens que são chamados sofistas pela tradição historiográfica, e especialmente aos Quatro Grandes: Protágoras de Abdera, Górgias de Leontini, Hípias de Élis e Pródico de Céos. Eles representam o tipo em sua pureza; todos pertencem aproximadamente à mesma geração, e seu modo de pensar exibe traços de vigência em Atenas da década de 440 em diante. Além desse centro, devemos incluir entre os membros relevantes da geração mais antiga Zenão de Eleia e Anaxágoras de Clazômena, embora não sejam convencionalmente considerados sofistas. Eles certamente eram "estrangeiros", viajavam, ensinaram em Atenas, e a influência principalmente de Anaxágoras sobre a formação de Péricles foi considerável. Ademais, eles foram o elo mediador entre a filosofia de Parmênides e os métodos de argumentação desenvolvidos por Protágoras e Górgias. E é preciso incluir também aqueles que mediaram a sabedoria pitagórica, especialmente após o desastre de Crotona em 440, assim como os homens que mediaram o conhecimento da escola médica de Cós.

Ainda que estendamos o termo ao máximo, porém, a categoria do professor estrangeiro migrante não abrangerá todos os aspectos do processo relevantes para nosso propósito. Hesitamos em falar do jônio Heródoto como um sofista, embora tenha vivido durante certo tempo em Atenas e sua *História*, com suas informações sobre costumes das civilizações estrangeiras, fosse um esplêndido baluarte do relativismo sofístico no que se refere à ética. Não aplicamos o termo a Demócrito de Abdera, embora tenha passado uma vez por Atenas em suas viagens e encontrado o velho Anaxágoras, pois sua estatura filosófica é demasiadamente elevada para que o ponhamos na companhia até de um Protágoras ou de um Górgias — e todavia ele é uma das mais interessantes figuras na educação de Atenas, pois conseguiu passar da antiga devoção para a nova consciência e para a ataraxia imune ao relativismo da época, e afetou de modo inestimável as filosofias da conduta que se desenvolveram em Atenas após 400 a.C. Além disso, surgem dificuldades na aplicação do termo quando nos aproximamos do final do século V e os próprios atenienses começam a mostrar os efeitos da educação sofística em sua política e em suas realizações intelectuais. Devemos incluir entre os sofistas os produtos de sua educação entre os oligarcas atenienses dos quais temos um retrato composto no *Cálicles* de Platão? O tirano Crítias era um sofista? E hesitamos em falar de Tucídides como um sofista, embora sua *História da Guerra do Peloponeso* seja o grandioso epitáfio da época, o produto, em cada uma de suas sentenças escritas, da cultura sofística em seu ápice.

Com Sócrates e Platão, por fim, chegamos à oposição aos sofistas. Sob o presente aspecto, essa oposição significa que Atenas superara seu ordálio de ser educada por "estrangeiros". Os atenienses eram finalmente capazes de articular seus problemas por si mesmos, à sua própria maneira. O sentimento xenofóbico de Sócrates e Platão matizou profundamente sua oposição aos sofistas, mas essa oposição não implica que as realizações da era sofística fossem rejeitadas. Pelo contrário, essas realizações foram incorporadas, mas num grau ainda não plenamente reconhecido, porque nossa historiografia das ideias dedica mais atenção às vociferantes críticas que Platão dirige aos sofistas que à aceitação silenciosa que faz de suas obras.

Ao caracterizar as realizações da sofística, temos de proceder de modo conciso. Os sofistas eram professores migrantes. A fim de encontrar audiência e remuneração, tinham de oferecer o que seu público demandava. A natureza e a forma de seu ensino eram inseparáveis das necessidades da nova democracia, em particular da democracia ateniense. Devido a nosso estudo da tragédia, estamos familiarizados com o significado da ação assim como com a necessidade de que a decisão do líder político se traduzisse na vontade do povo por meio do discurso persuasivo. A supremacia política dos clãs aristocráticos se desfez, e ainda que os aristocratas transmitissem seu estilo de vida tradicional para seus filhos pela educação, essa transmissão tornara-se o procedimento privado de uma classe social, mas não conduzia por si mesma ao sucesso político numa pólis de homens livres. Na época de Sólon, como vimos, o antigo estilo estava ruindo, e agora, na era das reformas constitucionais democratizantes de Clístenes, Temístocles e Péricles, estava morto como força política. Ainda que os principais chefes de Estado, generais e magistrados pudessem provir das antigas famílias, seu sucesso político dependia de sua habilidade para obter a preferência do povo contra adversários e também para conquistar apoio para suas políticas em face de intensas críticas, intrigas e maquinações numa cidade relativamente pequena. O domínio de situações e argumentos típicos do debate público, um cabedal de conhecimento completo sobre os assuntos públicos da pólis nas relações domésticas e imperiais, uma inteligência vívida, uma boa memória aprimorada pelo treino, um intelecto disciplinado pronto para apreender a substância de uma questão, a habilidade treinada para ordenar argumentos de improviso, um acervo de anedotas, *paradigmata* e palavras extraídas dos poetas para ilustrar argumentos, perfeição oratória geral, habilidade de estorvar um oponente de modo mais ou menos polido no debate, uma boa dose de conhecimento psicológico para lidar com as pessoas, boa aparência e bom porte, elegância natural e exercitada na arte da conversação, tudo isto era necessário para ter sucesso no competitivo jogo da pólis. Nessa nova forma de política, alguém que pudesse treinar a mente para chegar a decisões sensatas e impô-las aos outros por meio do debate, do discurso, da argumentação e da persuasão seria sempre acolhido.

Obviamente, nem a especulação milesiana nem o estudo dos oráculos heraclíteos podiam desempenhar um papel apreciável no ensino que se estimava pudesse satisfazer tais necessidades. Era necessária uma poli-história classificada de tipo inteiramente diferente. Até onde os recursos permitem que avaliemos, os sofistas de fato ordenaram as áreas do conhecimento que seriam úteis para um homem bem-educado numa sociedade culta e competitiva. Eles criaram algo como um currículo da educação liberal, e seus esforços nesse quesito resistiram à prova do tempo, pois sua ordenação das matérias da educação foi mantida ao longo das épocas como o quadrívio e o trívio. O quadrívio, composto por aritmética, geometria, música e astronomia, defrontou-se com algumas suspeitas na época, pois o valor do conhecimento matemático para um jovem cavalheiro que almejasse se tornar um líder político parecia duvidoso; mas na *República* de Platão, assim como na prática da Academia, encontramos a matemática, e em particular a geometria, já firmemente estabelecida como o início do currículo, não só como um instrumento de treinamento intelectual geral, mas também como um método conveniente para desabituar o estudante do fascínio dos fatos concretos e torná-lo ciente da importância das estruturas formais e, por fim, das ideias. Acerca do valor prático do trívio, composto por gramática, retórica e dialética, nunca houve dúvidas; as formas da linguagem, do discurso e do pensamento tinham de ser dominadas sob todas as circunstâncias.

Pródico de Céos parece ter sido o mais notável filólogo entre os principais sofistas. Segundo a tradição, Sócrates foi seu pupilo em algum momento, e ainda podemos perceber uma clara simpatia por ele nos diálogos de Platão. Interessava-se pelos problemas semânticos, preocupava-se em definir com precisão os significados das palavras e em distinguir matizes de significados em termos relacionados. Além disso, seu interesse pelos significados aparentemente o levou a ocupar-se dos objetos denotados. Tudo isso seria mais que suficiente para explicar o interesse de Sócrates e Platão por Pródico, pois sob certo aspecto o filosofar de ambos é o árduo processo de desenvolver os termos — que em retrospecto se tornaram o "vocabulário filosófico" — com base nos significados que as palavras tinham no linguajar cotidiano. A simpatia de Platão por Pródico poderia estar enraizada num respeito profissional pela valiosa obra de um predecessor.

Além dos fundamentos do quadrívio e do trívio, os sofistas desenvolveram a *techne politike*, a arte da política, como uma nova disciplina específica. Era a teoria de uma educação desde a mais tenra infância que moldaria um homem aos costumes e padrões culturais de sua comunidade. E, uma vez que as leis eram personificações dos princípios últimos nos quais jazia a ordem da comunidade, o processo culminava com a concessão ao jovem de um conhecimento completo das leis de sua pólis. Nesse ponto, a diferença decisiva entre a antiga educação aristocrática e a nova talvez se torne mais visível. O apelo à autoridade na educação não mais recorre à conduta dos honoráveis ancestrais e heróis, nem à paradigmática Aristeia ou às seções parenéticas das epopeias; recorre antes às leis da pólis, como os padrões de conduta obrigatórios e supremos no comando e na obediência. A nova educação estava ligada ao horizonte da pólis; seu propósito era a formação de cidadãos responsáveis e bem-sucedidos.

Até onde podemos fazer um julgamento a esse respeito, em razão da quase completa perda das fontes primárias, as mais notáveis contribuições para a arte da política devem-se a Protágoras. Se aceitarmos a autoapresentação do grande sofista no *Protágoras* de Platão como uma exposição substancialmente correta de suas ideias, ele terá desenvolvido uma teoria detalhada da educação, da história e da política. Ademais, as ideias que aparecem em sua declaração (*epangelia*) não estão, no geral, em desacordo com as ideias que conhecemos como sendo de Platão por seus próprios diálogos. Aparentemente, a arte sofística da política desenvolveu um corpo teórico que poderia ser considerado uma parte importante da política de Platão. Em sua teoria da educação, Protágoras chegou à noção da "natureza" de uma criança ou estudante, sendo essa natureza e seus dons a precondição do trabalho educacional. O educador teria de aperfeiçoar a natureza do estudante desde o mais cedo possível, por meio de uma instrução que fornecesse conhecimento, assim como por meio da prática que fizesse desse conhecimento uma segunda natureza. Os princípios de Protágoras retornam como os fundamentos da educação em Platão, como, na verdade, os encontramos desde então em todas as teorias da educação. Platão, além disso, adotou a concepção protagórica da lei como a suprema mestra do cidadão, e, nas *Leis*, converteu-a nos proêmios das leis, com sua função educacional e epódica. Protágoras insistiu particularmente em que "a reverência e a justiça" (*aidos, dike*) seriam forças de amor na alma de todo ser humano, pois sem a sua presença a ordem de uma comunidade não poderia se manter. As leis devem providenciar que um homem seja morto como uma "doença da pólis" caso seja considerado deficiente a esse respeito. E esse requerimento expresso de Protágoras reaparece nas *Leis* como a regra de Platão segundo a qual um homem espiritualmente enfermo deve ser condenado à morte quando as tentativas educacionais, com duração contínua de cinco anos, se houverem mostrado ineficazes[1].

A arte sofística da política tratou, por fim, dos princípios da ordem social. O apelo às leis como a autoridade educacional máxima leva inevitavelmente a questões de princípio, pois as leis são outorgadas e modificadas, e as regras que governam a outorga e a modificação das leis estão acima do conteúdo da lei efetivamente válida. O homem de Estado que surge dentre os estudantes precisará de informações sobre os princípios da justiça e da conduta proba. Sabemos mais acerca da natureza desse debate que acerca das conclusões alcançadas. O debate dizia respeito à multiplicidade das Aretai conforme se desenvolveram historicamente. Suscitou-se a questão de se a virtude seria fundamentalmente uma ou se haveria uma pluralidade irredutível de virtudes; e se houvesse uma pluralidade de virtudes seria preciso indagar se o seu número seria infinito ou limitado. Desse debate resultaram as tentativas de estabelecer de modo exaustivo listas de virtudes, como a justiça, a sabedoria, a coragem e a temperança, o grupo das quatro virtudes que encontramos na *República* de Platão. Podem ter existido outros desses grupos, e certamente não havia concordância quanto a nenhuma lista específica como sendo a correta, pois mesmo nos diálogos de Platão ainda notamos as hesitações sobre essa ou aquela virtude e seu lugar no "sistema". Ademais, os debates éticos estendiam-se às excelências da esfera somática, resultando na lista da saúde, da beleza e da força. Por fim, se considerarmos os debates sobre as artes (*technai*), sobre as várias ciências sobre as quais se fundam as artes, e também sobre a prudência política, deve ter havido investigações muito abrangentes, se não listas de fato, das excelências que Aristóteles classificou como virtudes dianoéticas. Em conjunto, os sofistas devem ter deixado como legado um inventário amplo e sólido dos problemas que, posteriormente, aparecem nos textos de maior teorização de Platão e Aristóteles.

O muito considerável grau em que a política de Platão se apoia nas construções dos sofistas, particularmente nas de Protágoras, não deve obscurecer, porém, a diferença decisiva entre seus universos de pensamento. Platão

---

[1] A conformidade de Platão com Protágoras nesse ponto específico merece atenção, pois Platão é ainda tratado, em virtude dessa regra, como um pensador antiliberal, autoritário, se não "fascista", por um considerável número de historiadores. O fato de que a crítica liberal contra Platão teria de ser dirigida também contra o grande sofista deve representar objeto de reflexão.

deliberadamente contrapôs seu "Deus é a medida" à fórmula protagórica "O homem é a medida". No pensamento sofista, podemos dizer sucintamente, faltava o elo entre os fenômenos observados e classificados da ética e da política e a "medida invisível" que irradia a ordem na alma. Em momentos críticos de sua obra, Platão manifestou repetidamente sua oposição a um mundo do pensamento sem ordem espiritual. Em particular, citou duas vezes, como alvo de críticas, um grupo de proposições agnósticas, se não ateístas, que podem muito bem proceder de uma fonte sofista[2].

1) Aparentemente não existem deuses.
2) Mesmo que existam, eles não se importam com os homens.
3) Mesmo que se importem, eles podem ser aliciados com oferendas.

Platão contrapôs a elas as proposições opostas de que os deuses existem, de que se importam com os homens e de que não podem ser abrandados por meio de orações e sacrifícios.

Somos inclinados a assumir uma origem sofista (talvez o livro *Sobre os deuses*, de Protágoras) para essas proposições, pois o padrão de argumentação é autenticado como sofista pelo ensaio de Górgias *Sobre o ser*, a única obra de um sofista preservada como um todo, ao menos num resumo[3]. Dessa vez temos a oportunidade de estudar a organização do argumento por um importante sofista com base numa fonte muito próxima do original. O tratado de Górgias referia-se a problemas parmenidianos. Era organizado em três partes, que defendiam sucessivamente as seguintes proposições:

1) Nada existe.
2) Se algo existe, é incompreensível.
3) Se é incompreensível, é incomunicável.

Na primeira parte de seu tratado, Górgias provou a não existência do Ser. Ele procedeu demonstrando as contradições às quais conduziriam os predicados do Ser estabelecidos por Parmênides. Selecionamos como representativo o argumento sobre o predicado "eterno":

> O Ser não pode ser eterno porque, nesse caso, não teria início; o que não tem início é ilimitado, e o que é ilimitado não está em lugar nenhum, pois se estivesse em algum lugar teria de estar cercado por algo maior que ele mesmo; mas não há nada que seja

---

[2] *República*, 365D-E, e *Leis*, 885B.
[3] Diels-Kranz, Górgias, B 3.

maior que o ilimitado; por conseguinte, o ilimitado não está em lugar nenhum, e o que está em lugar nenhum não existe.

O resumo do ensaio *Sobre o ser* é um documento de valor inestimável, pois preservou o mais antigo exemplo, se não o primeiro, do tipo perene do filosofar iluminista. O pensador opera com símbolos que foram desenvolvidos por filósofos místicos para a expressão de experiências de transcendência. Seu procedimento é ignorar a base experiencial, separar os símbolos de sua base como se tivessem um significado independente da experiência que expressam e, com uma lógica brilhante, demonstrar que, como todo filósofo sabe, esses símbolos conduzirão a contradições se forem equivocadamente compreendidos como proposições sobre objetos da experiência mundano-imanente. Górgias aplicou sua acuidade ao Ser parmenidiano, mas o mesmo tipo de argumento poderia ser aplicado a outros símbolos da transcendência, e o grupo de três proposições sobre os deuses é provavelmente o resumo de um argumento desse tipo.

Se assumirmos que o tratado de Górgias é representativo da atitude sofista em relação aos problemas da transcendência, e se, além disso, definirmos o iluminismo pelo tipo de filosofar caracterizado acima, poderemos chegar a alguma clareza com respeito à questão de se a era sofista pode ser com justiça rotulada de uma era de iluminismo. Podemos dizer que a época teve de fato um traço de iluminismo, uma vez que seus pensadores representativos exibem perante as experiências da transcendência o mesmo tipo de insensibilidade que foi característica do Iluminismo do século XVIII d.C., e que essa insensibilidade tem o mesmo resultado de destruir a filosofia — pois a filosofia por definição tem o seu centro nas experiências de transcendência. Ademais, o caráter essencialmente não filosófico dos escritos sofísticos pode ter sido a principal causa de seu quase completo desaparecimento a despeito da impressionante compilação e organização das matérias que tais escritos provavelmente continham, pois as matérias podem ser apropriadas por escritores posteriores e, afora as matérias, os escritos não preservam nenhum interesse para os filósofos. Por fim, podemos entender mais claramente por que Platão concentrou a essência de seu próprio filosofar na enfática contraposição ao *homo mensura* protagórico. Após a destruição da filosofia pelos sofistas, sua reconstrução tinha de enfatizar o *Deus mensura* dos filósofos, e a nova filosofia tinha de ser claramente um "tipo de teologia".

A grande realização dos sofistas na organização material das ciências da educação, da ética e da política tem de ser reconhecida tanto quanto sua decisiva deficiência filosófica, a menos que o repentino e magnífico desenvolvimento via Platão e Aristóteles aparecesse como um milagre extrapolando a causalidade histórica. O gênio filosófico era uma propriedade de Platão, mas as matérias às quais aplicou seu gênio tinham de ser amplamente preexistentes. Foi preservado um comentário de Aristóxeno, pupilo de Aristóteles, afirmando que a *República* de Platão havia sido substancialmente prenunciada pelas *Antilogias* de Protágoras[4]. Nessa formulação, o comentário é um total exagero, pois ignora a diferença filosófica; ele tem de ser tomado como uma das cortesias que os intelectuais gregos com frequência dirigiam uns aos outros. Entretanto, pode haver nele um sólido núcleo de verdade, no que se refere às matérias e seu tratamento técnico.

Fizeram-se conjecturas plausíveis com respeito aos tópicos da *República* aos quais Aristóxeno poderia estar se referindo. Um dos argumentos desenvolvidos pelos primeiros sofistas foi o argumento da "probabilidade". Na aplicação à política, seria possível desenvolver tipos como "democrata" ou "oligarca" e em seguida expandi-los, pelo argumento da probabilidade, para representar classes sociais e o caráter das instituições dominadas por essas classes; conhecemos os tipos psicológicos individuais e somos inclinados a tirar conclusões com respeito às prováveis "tendências" ou ao provável desenvolvimento histórico que as instituições associadas com os tipos individuais irão seguir. Esse tipo de raciocínio na construção das formas de governo é encontrado na *História* de Heródoto, assim como na obra do Pseudo-Xenofonte *A Constituição de Atenas* (o tratado do "Velho Oligarca"); ele pode ter sido usado em outras obras que foram perdidas; está certamente presente em Tucídides e, por fim, aparece na classificação platônica das formas de governo na *República* VIII. Uma vez que Heródoto e o Velho Oligarca revelam a influência sofística, provavelmente protagórica, é perfeitamente possível que o livro VIII da *República* tenha absorvido um vasto corpo de matérias classificadas que, em última análise, remonta a Protágoras[5].

Também é possível, contudo, que Aristóxeno pensasse no método protagórico das demonstrações paralelas da tese e da antítese. Esse problema remonta a Zenão de Eleia e Parmênides. O próprio Zenão estabeleceu a tarefa de sustentar, por uma série de demonstrações, a tese de que o Ser é Um. Ele procedeu mostrando as contradições que se seguiriam do pressuposto oposto

---

[4] Diels-Kranz, Protágoras, B 5. Diógenes Laércio, 3.37.

[5] Para a genealogia do problema, materiais adicionais e referências bibliográficas, ver John H. Finley Jr., *Thucydides*, Cambridge [Mass.], Belknap, 1947, 46 ss.

de que o Ser é Múltiplo. Se o Ser é múltiplo, então teria de ser ao mesmo tempo grande e pequeno, móvel e imóvel, e assim por diante. Zenão, segundo a tradição, desenvolveu não menos que quarenta de tais pares que visavam mostrar o caráter contraditório do mundo da ilusão. Protágoras deu continuidade a esse método e elaborou-o — provavelmente não com o propósito de mostrar que o Ser só podia ser Um. Ele estendeu o método aos problemas éticos e, em longas cadeias de argumentos, parece ter mostrado que o justo é, ao mesmo tempo, injusto, o corajoso é covarde, o verdadeiro é o falso, e assim por diante. Não há dúvida de que foi com base nessas demonstrações dos opostos que evoluiu uma arte da dialética, independente do assunto específico que se tivesse em mãos, de que a habilidade em tais demonstrações era a base dos debates teóricos e de que a prática dos debates nas escolas é uma das raízes do diálogo socrático-platônico. Por conseguinte, é bem possível que um diálogo como a *República* contenha, passim, uma grande quantidade de literatura sofística e de tradições dos debates dialéticos nas escolas, cuja presença nos escapa porque a literatura mais antiga foi perdida[6].

Em conclusão, podemos dizer que o comentário de Aristóxeno, a despeito de sua tendência depreciativa, merece séria atenção por parte do historiador, pois sugere que o fio de continuidade entre os sofistas e os filósofos do século IV a.C. estava provavelmente na superfície de matérias muito mais amplas do que nossas convenções historiográficas nos acostumaram a acreditar.

§2 Platão sobre os sofistas – Hípias

Na seção precedente, mais de uma vez tivemos de salientar a quase completa perda da literatura sofística. À exceção do resumo do ensaio *Sobre o ser*, de Górgias, as fontes primárias remanescentes consistem em fragmentos insuficientes. Só podemos chegar a um retrato coerente do período sofístico de modo precário, graças a suposições concernentes à natureza das ideias que devem ter produzido os efeitos que podemos estudar nas fontes secundárias. Se por um lado nem sempre for possível atribuir ideias formuladas precisas a um sofista específico, aparecerão contudo problemas e soluções típicos. Esse método, todavia, depara-se com uma séria dificuldade,

---

[6] Para a genealogia do problema, ver Olof Gigon, *Sokrates: Sein Bild in Dichtung und Geschichte*, Bern, Francke, 1947, 204 ss.

pois a mais importante fonte secundária é Platão. Não que as informações oferecidas por Platão não sejam confiáveis em si mesmas; pelo contrário, são, provavelmente, inteiramente confiáveis, e selecionamos várias partes do *Protágoras* porque não vimos razão para suspeitar de Platão quando atribui expressamente ao grande sofista uma ideia que ele mesmo adotou em sua obra posteriormente. A dificuldade provém do fato de que os diálogos de Platão são obras de arte — não se pretende que as informações fornecidas constituam um relato histórico, e a forma como estão formuladas serve, mais provavelmente, para favorecer a economia da própria obra de Platão. Embora as exposições possam ser substancialmente corretas no que se refere aos significados das ideias, não temos nenhuma garantia de que algum sofista tenha dado a elas a forma específica que possuem no diálogo platônico. Ilustraremos esse problema por meio de uma anedota que Platão narra acerca de Hípias de Élis.

Em seu *Hípias menor*, Sócrates trata o sofista como o mais instruído de todos os homens na maioria das artes. Hípias proclamou-se como tal na ágora. Como prova de seu talento universal, presume-se que o sofista contou uma história sobre seu aparecimento nos jogos olímpicos. Em tal ocasião, cada um dos itens que portava em sua pessoa havia sido feito por ele mesmo: havia um anel manufaturado por ele, e Hípias se gabava de dominar a arte do entalhe; o brasão que trazia fora feito por ele, assim como seu estrígil e seu frasco de óleo; seus sapatos, seu manto e sua túnica haviam sido feitos por ele; e o que atraía mais atenção era um cinturão tão bem urdido quanto o mais caro tecido persa. Além disso, tinha consigo poemas, épicos, trágicos e ditirâmbicos, assim como escritos em prosa variados; ademais, podia se vangloriar de seu domínio da matemática, da música, da astronomia, da gramática e da mnemônica. Aqui temos o retrato do sofista multifacetado, se não onifacetado; e essa passagem, juntamente com materiais corroborantes do *Hípias maior*, é convencionalmente utilizada em histórias das ideias políticas como uma fonte de informação direta. Em particular, a anedota de seu aparecimento num traje completamente feito por ele mesmo é considerada uma perfeita ilustração do caráter de Hípias.

A fim de chegar a uma opinião quanto à confiabilidade dessa anedota, confrontá-la-emos com uma passagem do *Cármides* (161E-162A). Aqui, Sócrates pergunta a seu jovem interlocutor: "Você julga que uma pólis seria bem ordenada se sua lei determinasse que todos tecessem e lavassem seus próprios mantos, e fizessem seus próprios sapatos, e seus próprios frascos e estrígeis, e o mesmo para todas as demais coisas, sob o princípio de não tocar as coisas dos outros, mas de que todos trabalhassem e agissem para si mesmos?" A questão é respondida negativamente, e o princípio da autossuficiência é contraposto pelo argumento da divisão das funções, da maneira como é posteriormente elaborado na vasta discussão da *República*.

As passagens do *Hípias menor* e do *Cármides* estão intimamente relacionadas entre si devido a sua formulação paralela, e suspeitamos que estejam também intimamente relacionadas quanto à sua função na obra de Platão. A insistência na divisão de funções numa pólis bem ordenada tem um tom polêmico contra a ideia de uma autossuficiência radical apresentada por alguém. Podemos assumir com segurança que um sofista, muito possivelmente o próprio Hípias, propôs a ideia em algum contexto. A passagem no *Cármides* pode ter sido o recurso que Platão encontrou para ilustrar o absurdo (do ponto de vista da vida civilizada) ao qual a ideia da autossuficiência conduziria se fosse cumprida ao pé da letra; e a anedota do *Hípias menor* pode ser uma invenção caricatural (de Platão ou outra pessoa), fixando-se em Hípias como um notório defensor da ideia[7].

Embora nos pareça indubitável que a passagem do *Cármides* esteja conectada com a anedota sobre Hípias e que tenha alguma relação com a concepção platônica da ordem política em oposição à autarquia individual, talvez haja mais coisas por trás dela. A autarquia de Hípias é peculiar; certamente não é a autarquia de um sábio cínico que alcança a independência apolítica mediante a redução ascética de seus desejos. O anel, o brasão e o cinturão parecem elegantes; e, com base na tradição anedótica a respeito de Hípias sabemos que seu talento para arrecadar dinheiro estava acima da média. Ademais, a anedota sobre o traje feito por ele mesmo aparece no contexto da investigação da poli-história do sofista. Sobre a natureza de seu "muito saber", temos um trecho de informação direta graças ao único fragmento que oferece as próprias palavras de Hípias: "Dessas coisas, algumas podem ser encontradas em Orfeu, outras em Museu, outras em Homero e Hesíodo ou em outros poetas, algumas em escritos de helenos, outras em escritos de bárbaros. De todas elas, reuni as mais importantes e mais afins [*homophyla*] a fim de compor este novo e variado livro"[8]. O fragmento é usualmente entendido como sintoma

---

[7] Sigo aqui a sugestão de Gigon, *Sokrates*, 264 ss.
[8] Diels-Kranz, Hípias, B 6, preservado por Clemente de Alexandria.

de um ecletismo superficial. Pode ser, no entanto, uma pista valiosa para um interesse enciclopédico baseado em fontes helênicas e também bárbaras com o propósito de extrair um corpo de informações verdadeiras e relevantes, sendo tal verdade e tal relevância asseguradas pelo caráter "homófilo" dos itens. E "homófilo" pode significar uma consonância generalizada das fontes, que é tomada como prova de uma origem comum da informação. O fragmento pode ser o programa de um enciclopedista que seleciona suas fontes a fim de encontrar uma sabedoria comum da humanidade que fala por intermédio de diversos autores e diversas nações.

A suposição adquire maior probabilidade à luz de um diálogo entre Sócrates e Hípias sobre a natureza da lei, conforme relatado por Xenofonte nos *Memorabilia*. Sócrates sustenta que justo (*dikaion*) e legal (*nomimon*) são a mesma coisa. Hípias, primeiramente, comete enganos acerca da identificação; as leis não parecem ser um assunto tão sério, considerando-se que os mesmos homens que as criam com frequência as modificam. Por fim, Sócrates o convence invocando o problema das "leis não escritas" (*agraphoi nomoi*). As leis não escritas são definidas por Hípias como aquelas que são uniformemente observadas em todos os países; e, uma vez que tal uniformidade não foi produzida por um acordo da humanidade, os deuses têm de ter criado essas leis para os homens. Nesse diálogo, o termo *lei* não se refere necessariamente à lei positiva sancionada, dado que inclui costumes tais como a gratidão por benefícios concedidos; a não observação dessas leis acarreta consequências indesejadas sem sanções legais, e esse caráter autocoercitivo da "lei não escrita" é assumido como prova de sua origem divina. Uma vez que os deuses não ordenam o que é injusto, os interlocutores concordam a respeito da identificação entre justo e legal[9]. Por trás dessa concepção das "leis não escritas" deve haver, mais uma

---

[9] XENOFONTE, *Memorabilia* 4.4. Eu interpretei o argumento, naquilo que se refere ao problema da lei, com especial cuidado, pois esse cuidado é usualmente negligenciado nos comentários sobre esse capítulo de Xenofonte. Uma vez que é usado como uma das fontes favoritas da ideia da lei natural de Hípias, deve-se estar ciente de que o termo *natureza* não ocorre nele. Ademais, o uso do diálogo como uma fonte das ideias de Hípias apoia-se na pressuposição de que Sócrates (que lidera o diálogo) introduziu o argumento das "leis não escritas" porque este poderia ter apelo para Hípias, forçando-o assim a consentir na identificação do justo e do legal, acerca da qual Hípias não estava inteiramente persuadido. A pressuposição parece ser justificada, pois a ideia de "leis não escritas" não parece muito socrática. O capítulo como um todo, enquanto argumento teórico, é um texto fraco. Lamentavelmente, não conhecemos o diálogo socrático no qual Xenofonte se baseia, e, por conseguinte, não sabemos até que ponto Xenofonte mutilou ou deturpou o original. A lacuna no argumento entre IV, 4-18 e XIX sugere que uma boa parte do assunto deve ter desaparecido nas mãos do gracioso editor.

vez, um estudo poli-histórico das instituições que resulte na observação de uniformidades. Apesar de seu caráter escasso, a evidência aponta para uma tentativa, da parte de Hípias, de criar uma teoria empírica da natureza humana extraindo um denominador comum de um estudo comparativo de civilizações e fontes literárias. A *polymathie*, o saber em demasia, que Heráclito censurou, tenta se tornar filosófica por meio da substituição da universalidade da transcendência pela generalidade empírica.

Essa filosofia antifilosófica dificilmente seria do gosto de Platão. A tentativa de fundar a ordem do homem na sociedade num estudo comparativo só pode despertar a ironia de um filósofo, como vemos patenteado por Sócrates no *Hípias menor*. A alma como o órgão que experimenta a medida invisível e por meio dessa experiência cria sua própria ordem seria abandonada. A verdadeira ordem teria de ser encontrada mediante estudos empíricos de grande alcance; para conhecer essa ordem, uma sociedade estaria à mercê dos intelectuais poli-históricos; tais "peritos" tornar-se-iam o núcleo de autoridade da sociedade; e a ordem que se desenvolveu historicamente seria depreciada pelo argumento de que o povo altera suas leis e, desse modo, admite que são injustas. A imediatidade e a concretude da ordem na alma seriam substituídas pela informação aprendida. Em suma: o homem abdicaria diante do intelectual sofista. O sofista, em virtude de seu amplo domínio de todas as coisas humanas, se tornaria um epítome da humanidade — mas seria esse epítome em razão da omniversalidade de sua perícia, não da universalidade de sua essência. É possível que a anedota que estamos discutindo seja uma invenção caricatural que visa essa humanidade substituta e exteriorizada do sofista.

A famosa intervenção de Hípias no *Protágoras* de Platão, por fim, parece se encaixar na interpretação sugerida. Sócrates e Protágoras chegaram a um impasse no debate; Hípias aconselha o entendimento com a seguinte advertência:

> Todos nós aqui presentes eu considero como família, lar e pólis — pela natureza [*physei*], não pela lei [*nomo*]. Pois, pela natureza, o semelhante é parente do semelhante, enquanto a lei, como tirana dos homens, força muitas coisas contra a natureza. Quão ignominioso então seria se nós, que conhecemos a natureza das coisas e somos os mais sábios dos helenos, e, como tais, nos reunimos agora na capital da sabedoria da Hélade e, nesta cidade, em sua mais importante e gloriosa casa — se não nos mostrarmos dignos de tal mérito, discutindo uns com os outros como os mais ignóbeis dos homens! (337C-E)

A passagem só revela plenamente seu significado quando considerada em seu todo. Se isolamos a primeira parte sobre a *physis* e o *nomos*, o significado dos termos fica indeterminado, e podemos chegar a conclusões errôneas[10]. Uma vez que pode ser tentador encontrar na oposição entre *physis* e *nomos* os primeiros rudimentos de uma teoria da lei natural, ou a ideia da igualdade natural de todos os homens ou talvez até da fraternidade da humanidade, tais interpretações, no entanto, iriam longe demais ou não iriam longe o bastante. No que concerne à essência do homem — a essência que constitui a igual humanidade de todos os homens —, ela havia sido descoberta duas ou três gerações antes, pelos filósofos místicos, em particular por Xenófanes e Heráclito. Quanto à lei superior, em oposição à lei positiva decretada, a ideia estava presente onde quer que a Dike fosse oposta ao Nomos, e o conflito entre os dois foi, particularmente, o problema central da tragédia esquiliana. A novidade do período sofístico é, em primeiro lugar, o uso do termo *physis* numa discussão sobre a humanidade essencial, em vez de termos como *logos* ou *nous*; e, em segundo lugar, a direção na qual se busca essa humanidade essencial. A primeira dessas inovações, o uso do termo *physis*, será explorada posteriormente neste mesmo capítulo; a segunda inovação, a nova direção, emerge na passagem de Hípias que ora discutimos. "Natureza", nessa passagem, não se refere a uma essência que é comum a todos os homens e os torna iguais no sentido heraclíteo. Hípias diz, expressamente, que "o semelhante é parente do semelhante pela natureza"; o parentesco pela natureza só prevalece entre homens que são "semelhantes"; e os homens não se restringem, nem de longe, a "todos aqui presentes"; os presentes são "parentes pela natureza" porque são os mais sábios de todos os helenos, e são os mais sábios porque "conhecem a natureza das coisas" que os tornam "parentes pela natureza", enquanto a semelhança entre os homens em outros aspectos não teria esse mesmo efeito. O seleto grupo dos "mais sábios" é, ademais, considerado "como família, lar e pólis" por natureza. A enumeração dos três tipos de relações que constituem a *koinonia*, a comunidade no sentido aristotélico, provavelmente pretende ser exaustiva; todo o leque de relacionamentos humanos, que é ordinariamente abarcado pelo *nomos*, é, para os mais sábios, abarcado pela *physis*; e, uma vez que eles *não* pertencem, efetivamente, à mesma família, ao mesmo lar e à mesma pólis, sua relação supostamente os liga, por natureza, de modo tão completo como os outros homens estão ligados pelos tipos ordinários de comunidade huma-

---

[10] A primeira parte é, com frequência, analisada fora do contexto. Ver, por exemplo, Sir Ernest BARKER, *Greek Political Theory*: Plato and his Predecessors, London, Oxford University Press, 1918, e JAEGER, *Paideia*, 326 ss., v. I.

na. Os homens ordinários, e particularmente os "mais ignóbeis", pertencem à esfera do *nomos* com seus três tipos de comunidade; os mais sábios pertencem à esfera da *physis* em virtude de sua associação no conhecimento da natureza das coisas. A admoestação de Hípias, longe de ser uma declaração da comunidade da humanidade, é a declaração de uma *république des savants*.

A evocação de Hípias tem o seu lugar na história da ordem como a tentativa de transferir a ideia de uma comunidade da humanidade do nível dos filósofos místicos ao nível dos intelectuais enciclopedistas. Um movimento xenofaniano rumo ao *realissimum* ou uma exploração heraclítea do logos mais profundo são um evento na alma do pensador solitário; resultam na penetração na existência da comunidade entre os homens por meio do espírito universal que vive em todos eles. O filósofo místico não tem informações a oferecer; ele só pode comunicar a descoberta que efetuou em sua própria alma, esperando que tal comunicação provoque descobertas análogas nas almas de outros. Se ele causar tal efeito sobre outros, terá afetado a comunidade existente na proporção de sua influência. Nada resulta diretamente desse feito no tocante à organização social, embora, indiretamente, a diferenciação da vida da alma num maior número de homens numa comunidade possa ter o efeito de alterar os costumes e, por fim, as instituições de uma sociedade, pois a hierarquia de propósitos da ação individual terá se modificado. No caso de Hípias, está com certeza presente um senso de comunidade da humanidade. O sofista, entretanto, não pode manejá-lo a ponto de sua presença concreta, ou seja, em sua própria alma; tem de buscá-lo em suas objetivações culturais no tempo e no espaço, entre a multiplicidade dos povos, entre helenos e bárbaros. O resultado não é de todo desprezível, dado que se estende às artes e às ciências, a um compêndio da sabedoria comum da humanidade e às "leis não escritas". Entretanto, a natureza das coisas é um registro de manifestações opacas e externas; a busca não penetra na profundidade da psique. Ensinar, portanto, tem de se converter em informar sobre coisas e treinar habilidades; não pode ser o movimento íntimo no qual uma alma adormecida desperta e se abre para uma alma madura e diferenciada. O resultado desse ensino não é o crescimento espiritual no interior de uma comunidade concreta, mas a criação peculiar de uma nova supercomunidade "por natureza" acima das sociedades historicamente concretas do *nomos*. A comunidade "por natureza" dos sábios enciclopédicos é uma figuração da comunidade da humanidade, mas não é de fato essa comunidade. O perigo óbvio de tal desenvolvimento, se a comunidade de intelectuais se tornar socialmente efetiva, é a destruição da substância espiritual e sua substituição pela informação externa que não é capaz de construir a ordem da alma e da sociedade.

Isto é tão longe quanto podemos ir numa interpretação das fontes platônicas e de outras fontes relacionadas concernentes a Hípias de Élis. Agora enfrentaremos a questão: quanto de tudo isso é verdade no sentido de que as ideias podem, de fato, ser atribuídas a uma pessoa histórica chamada Hípias? Pode ser que a única resposta seja que não sabemos. Temos apenas uma citação direta na qual a palavra *homófilo* aparece — mas com respeito ao seu significado não podemos formar uma suposição mais razoável. O capítulo de Xenofonte fornece a expressão "leis não escritas" — mas a fonte é, em questões teóricas, tão diletante e superficial que, novamente, não obtemos um significado preciso. A anedota no *Hípias menor* é altamente suspeita; pode ser uma invenção para ilustrar as ideias de Hípias sobre a autossuficiência — sobre as quais, infelizmente, não temos informações independentes. A admoestação posta nos lábios de Hípias no *Protágoras* é o mais preciso trecho de informação, mas a passagem é determinada por sua função no diálogo: supostamente ilustra a atitude de um "estrangeiro", de um intelectual sem uma nação, em contraste com Sócrates, que está firmemente enraizado na sociedade de sua pólis e que morrerá em obediência ao *nomos* que Hípias despreza. A passagem como um todo é suspeita; não pode ser usada como informação direta sobre Hípias, e com certeza não temos o direito de isolar de seu contexto a passagem sobre a natureza e a lei e citá-la como um dito do sofista — além disso, não ganharíamos muito com o procedimento, pois a separação do contexto destitui o termo *natureza* de seu significado. Chegamos à conclusão de que, com raras exceções, a tarefa de separar informações históricas diretas da forma que receberam nas mãos de Platão é infrutífera. Isto não significa, porém, que os diálogos não possam ser usados como fontes. Pelo contrário, um crítico esplendidamente competente preservou a essência de ideias das quais, de outro modo, não teríamos nenhum conhecimento. Por conseguinte, o diálogo pode ser usado se as informações que pudermos obter dele forem reconhecidas como a essência das ideias sofísticas conforme vistas por Platão.

Esta situação suscita sérios problemas técnicos de apresentação. Por um lado, os diálogos platônicos não devem ser negligenciados numa avaliação das ideias sofísticas; por outro, as ideias são tão firmemente uma parte estrutural do diálogo que seu significado não pode ser determinado sem que se analisem os diálogos como um todo. Um estudo das ideias sofísticas conforme relatadas por Platão, caso tenha algum valor, tornar-se-ia uma análise dos respectivos diálogos, com o irônico resultado de que um setor substancial das ideias de Platão seria tratado como um apêndice das ideias sofísticas. O seguinte compromisso pareceria ser proveitoso: as informações de Platão sobre as ideias sofísticas permanecerão em seu contexto e serão tratadas no volume III do presente estudo. Será aberta uma exceção somente para o caso do diálogo *Protágoras*. Neste caso, as informações sobre o grande sofista preponderam tão fortemente no diálogo que pareceu justificado tratar a oposição expressa por Sócrates como incidental às ideias de Protágoras.

§3 O *Protágoras* de Platão

A virtude pode ser ensinada? Esta é a questão do *Protágoras* de Platão. Os sofistas são professores, e Protágoras, em particular, ensina a *techne politike*, a arte da política, que incutirá nos jovens a prudência (*euboulia*) necessária para os assuntos públicos e privados. Sócrates duvida de que a arte e a virtude da política possam ser ensinadas, e sustenta sua dúvida com o exemplo dos homens de Estado atenienses que certamente não negligenciaram a educação de seus filhos e, todavia, não foram capazes de transmitir suas virtudes aos descendentes. O debate que se segue desenvolve a diferença entre as concepções sofista e socrática da virtude, assim como dos métodos de ensino. Protágoras expõe sua posição narrando o mito de Prometeu:

Houve um tempo em que somente os deuses existiam, e ainda não havia nenhuma criatura mortal. Quando chegou o momento de sua criação, os deuses as modelaram em várias misturas compostas de terra e fogo. Antes que as criaturas fossem libertadas do interior da terra para a luz do dia, os deuses ordenaram que Prometeu e Epimeteu as equipassem com qualidades apropriadas. Epimeteu distribuiu as qualidades e, após ter equipado convenientemente as diversas criaturas, Prometeu inspecionou o trabalho e concluiu que seu irmão havia esgotado todas as qualidades à sua disposição, mas que havia esquecido o homem — que estava nu, descalço, desabrigado e desprovido de armas. Prometeu, não sabendo de que outro modo poderia munir as desamparadas criaturas, roubou de Hefesto e Atena a habilidade inventiva (*ten entechnon sophian*) e o fogo. Assim, o homem tinha as habilidades (*sophia*) necessárias para a preservação da vida, embora não para a existência em comunidade, pois a sabedoria política estava sob a guarda de Zeus em sua cidadela, na qual Prometeu não podia penetrar. Postos à luz em liberdade com aquilo de que foram providos, os homens eram as únicas criaturas vivas a ter deuses, pois através das dádivas prometeicas o homem participava de seus atributos; somente ele era semelhante aos deuses. Nem foi moroso para criar a fala e os nomes com suas habilidades, para construir abrigo e vestimentas e extrair seu sustento da terra. Assim dotados para a mera subsistência, os homens viviam dispersos, sem pólis, e eram presa fácil para os animais selvagens, pois não possuíam a arte política da ação comum, da qual faz parte a arte da guerra (*polemike*)[11]. A fim de evitar o extermínio da raça, Zeus enviou Hermes para dotar os homens da reverência (*aidos*) e da justiça (*dike*) como os princípios ordenadores e aglutinantes da amizade. Além disso, tais qualidades não deveriam ser distribuídas ao modo das outras habilidades, sendo um homem dotado dentre outros, mas todos os homens deveriam partilhá-las igualmente, já que, caso contrário, a existência da pólis não seria possível.

Explicamos por que não há sentido em especular se Protágoras ou qualquer outro sofista chegou a narrar um mito desse tipo. Temos de aceitar o mito como uma tradução da essência das ideias sofistas sobre a virtude política. Acima de tudo, parece que os sofistas não apenas falavam sobre a natureza do homem, mas faziam um sério esforço teórico para determiná-la de modo mais preciso. O homem pertence ao gênero das criaturas mortais; distingue-se delas pela *differentia specifica* de possuir habilidades inventivas; ele é definido como *homo faber*. Além disso, as habilidades não estão no mesmo nível do equipamento natural das outras criaturas, mas constituem atributos divinos; em virtude de possuí-las, o homem partilha a divindade e se torna aparentado aos deuses — uma qualidade que se manifesta na característica de "ter" os seus deuses e na instituição de seus cultos. A habilidade inventiva, ademais, é uma faculdade criativa. O Prometeu de Protágoras não dota o homem com cada uma das artes — como o faz o Prometeu esquiliano —, mas com a faculdade genérica de inventá-las por si mesmo. O progresso civilizacional, por conseguinte, torna-se uma realização especificamente humana; vemos em formação a concepção de uma história humana da civilização. E então a Dike joviana, no sentido esquiliano, é introduzida como a fonte da "reverência e da justiça", as virtudes que possibilitam a ordem política, distribuídas a todos os homens igualmente. Na superfície, a teoria sofista da

---

[11] A associação entre uma *techne politike* e a *polemike* é encontrada ainda na *Política* de Aristóteles, em que o termo *politeia* é associado com os cidadãos-soldados que são seus membros.

política e da história parece ter absorvido os problemas no estágio em que foram deixados por Ésquilo.

O mito é relatado por Protágoras em apoio à sua tese de que é possível ensinar a virtude. Todos os homens estão igualmente munidos das dádivas de Zeus. Este é o ponto realmente decisivo para Protágoras — que não pode haver uma pólis a menos que todos os seus membros participem nas virtudes especificamente políticas, ou seja, na justiça *(dikaiosyne)*, na temperança *(sophrosyne)*, na piedade *(hosiotes)*, na coragem *(andreia)* e na sabedoria *(sophia)* (324E-325A). A dúvida de Sócrates é absurda porque toda a vida da pólis com sua educação desde a infância se baseia nessa premissa, e, no geral, com sucesso (325C-326E). O argumento de que os grandes homens de Estado têm filhos de habilidade duvidosa é inválido, pois Sócrates negligenciou o fato de que em todo talento acima da faculdade humana geral tem de estar presente também uma habilidade natural; e não há garantia de que filhos de grandes pais herdem seu talento natural. O ensino da virtude, portanto, é possível; e Protágoras afirma ser tal professor dos homens. Ele possui o conhecimento com o qual pode tornar os homens "nobres e bons" *(kalos k'agathos)*. Admite livremente ser um sofista, ou seja, um professor dos homens, dando prosseguimento a uma tradição nobre, pois a mesma profissão era dantes seguida — sob os nomes de poetas, hierofantes e profetas — por homens tais como Homero, Hesíodo, Simônides, Orfeu e Museu.

Sócrates, contudo, não está satisfeito. Ele quer saber se a lista das virtudes enumerada por Protágoras pretende ser uma lista de partes distintas num todo ou se a virtude é somente uma, de modo que a enumeração de Protágoras seria uma lista de sinônimos. Por trás dessa questão há mais do que poderia parecer à primeira vista. Com efeito, embora importante em si, a questão se torna, nas mãos de Sócrates, um instrumento para questionar o próprio Protágoras — como professor, estrangeiro e homem de boa educação.

A insistência nessa questão precisa dá início ao ataque socrático ao método sofístico de ensinar por meio de discursos. Sócrates adverte Protágoras de que o discurso esplêndido está também à disposição de Péricles e de outros oradores atenienses; mas após terem feito um discurso esses oradores são como livros, a que não se pode fazer indagações; caso se questione a menor parte de seus discursos, responder-lhe-ão com um novo discurso, e assim nunca se consegue fazer que se prendam a um problema (329C). Sócrates então desafia Protágoras a ser melhor que seus colegas oradores em Atenas e a mostrar sua sabedoria por meio de sua habilidade de aprofundar-se num argumento restrito. Protágoras concorda; mas quando o argumento se volta contra ele tenta discursar novamente, com o resultado de que Sócrates ameaça partir. É o conflito típico entre a retórica sofista e a investigação socrática, que ocorre também no *Górgias*, e ali conduz igualmente à ameaça de saída por parte de Sócrates. O relutante Protágoras é por fim persuadido a prosseguir, mas não antes que tenha revelado sua fraqueza com a gentil afirmação de que não teria adquirido sua fama de grande sofista entre os helenos se sempre houvesse se submetido às condições de debate impostas por seu interlocutor (353A).

A subsequente discussão de um poema por Simônides dá então a Sócrates a oportunidade de atacar Protágoras indiretamente por meio do exame da filosofia arcaica lacedemônia. Sócrates sustenta que a ascendência dos lacedemônios na Hélade deve-se à sua filosofia superior. Isso é um grande segredo, que guardam com zelo. Deixam que seus imitadores acreditem que os exercícios ginásticos e as habilidades com as armas são as fontes de seu êxito, embora, na verdade, a fonte tenha de ser buscada no treino filosófico que lhes permite expressar as famosas respostas lacônias. Quando desejam dedicar-se livremente aos seus debates, excluem previamente todos os laconizadores e estrangeiros e em seguida encontram-se com seus próprios sábios (sofistas). Do treinamento em tais debates emerge o homem perfeitamente educado que é capaz de proferimentos concisos — como os Sete Sábios dos quais o sétimo foi o lacedemônio Quílon. O primeiro fruto de sua sabedoria foi dedicado a Apolo em Delfos: as célebres inscrições "Conhece-te a ti mesmo!" e "Nada em demasia!" (342A-343C). Protágoras, portanto, é diretamente lembrado de que é um estrangeiro que deve ser expulso antes de se empreender um debate filosófico sério, de que sua própria educação deve começar com o autoconhecimento délfico de sua estatura humilde como homem e de que seu discursar é inteiramente excessivo.

O debate que havia sido iniciado por Protágoras sobre o poema fornece por fim a Sócrates o ensejo de insistir em que a discussão não deve ser desperdiçada em torno de poemas e seus significados. Isso é como um entretenimento para pessoas vulgares que se reúnem num simpósio e têm de contratar aulétrides porque são demasiadamente estúpidas para entreter-se umas às outras com sua própria conversa. Homens educados dispensam tal entretenimento; preferem conversar uns com os outros e chegar à verdade pondo-se à prova mutuamente no debate (347B-348A).

Mediante esse persistente procedimento, cortês quanto à forma, mas severo quanto à substância, Protágoras é pressionado por meio das indagações e respostas socráticas sobre a questão da virtude única. O resultado da investigação é a tese socrática de que nenhum ser humano erra voluntariamente ou deseja voluntariamente cometer ações más e desonrosas (345E). Caso cometa más ações, o faz por ignorar aquilo que é verdadeiramente aprazível e bom. As coisas erradas são preferidas porque suas consequências são mal avaliadas. Males iminentes aparentam ser maiores que consequências distantes, e os prazeres presentes são superestimados devido à mesma distorção de perspectiva através do tempo. Assim como na perspectiva espacial não se podem avaliar as verdadeiras dimensões pelas aparências, mas somente aplicando a régua diretamente, também nas distorções temporais dos bens e dos males é necessária uma arte de medição a fim de se reconhecerem as proporções verdadeiras. A arte da medição (*metretike techne*) eliminaria as aparências e faria que a alma encontrasse repouso na verdade, salvando nossa vida (356D-E). Logo, ser dominado pelo prazer equivale a ser dominado pela própria ignorância (357E). Ser inferior a si mesmo é ignorância; ser superior a si mesmo é sabedoria (358C). Em última análise, a virtude é uma só: a sabedoria da medição.

Nesse ponto, o argumento se interrompe. A estrutura do diálogo está completa porque todos os motivos estão agora reunidos na conclusão de Sócrates. Protágoras começou com a tese de que a virtude pode ser ensinada; Sócrates duvidava da tese — e estava certo, pois as virtudes diferem umas das outras e não são redutíveis à sabedoria, que é a única que pode ser "ensinada". Ademais, mesmo que a virtude possa ser ensinada, o método sofista de ensinar por meio do discurso é inadequado para isto, pois a oratória de Protágoras o impede de descobrir o que é a virtude que supostamente pode ensinar. Então, no decurso do argumento, Sócrates passa à posição de que a virtude pode ser ensinada — e, novamente, está certo, sob a condição de que as diferentes virtudes sejam variedades do conhecimento sobre o bem. "O conhecimento (*episteme*) é uma coisa nobre e preponderante"; não pode ser superado pelos prazeres; a sabedoria (*sophia*) fundada no conhecimento (*episteme*) é a substância de todas as virtudes (352C-D). Se a virtude é a arte da medição, então, e somente então, pode ser ensinada. A conclusão é hipotética. A virtude pode ser ensinada *se* for conhecimento; mas ela *é* conhecimento? A questão permanece em suspenso. Sócrates professa seu desejo (*prothymia*) de esclarecer essa questão, e deseja tal esclarecimento último porque prefere Prometeu a Epimeteu, na preocupação precavida [*prometheia*] com as coisas da vida (361C-D). O símbolo prometeico de Protágoras é adotado, no fim, por Sócrates. O sofista se torna o Epimeteu de intelecto lento, que cria a confusão porque não é capaz de pensar adiante rumo à parte mais importante de sua tarefa; e Sócrates, por sua arte da medição, torna-se o tutor prometeico do homem.

O Protágoras platônico é inseparável de seu Sócrates. A oposição entre os dois tipos só se torna plenamente inteligível se consideramos a insuficiência de Protágoras à luz da posição socrática. O diálogo, porém, não nos oferece explicitamente tal visão, pois, como vimos, termina antes que o ponto decisivo da posição de Sócrates seja esclarecido. Não obstante, embora a resposta não esteja explícita no diálogo, pode ser, em nossa opinião, inferida com absoluta segurança. Tal inferência requer que rememoremos sucintamente o método pelo qual nos guiamos, cujo princípio é o de que não devemos buscar no diálogo informações históricas diretas, mas somente informações sobre a essência das ideias conforme vistas por Platão. O que dissemos quanto ao uso das fontes platônicas para a compreensão das ideias sofistas é também válido para seu uso com respeito às ideias de Sócrates. Uma vez que Sócrates não escreveu, não temos, nesse caso, nenhuma fonte primária; nossa única fonte de conhecimento é a essência de suas ideias segundo mediadas por Platão e pelos outros socráticos. Esse estado de coisas tem de ser claramente entendido agora que tentamos determinar o que Sócrates queria dizer com sua identificação da virtude e do conhecimento, assim como com sua caracterização da sabedoria como "a arte da medição". Qualquer tentativa de reconstruir as opiniões do Sócrates "histórico" sobre essa questão não pode levar senão às conhecidas contradições entre o Sócrates "utilitarista", que dá conselhos de senso comum sobre amoladeiras e sobre o respeito à lei, e o Sócrates que está preocupado com a saúde e a salvação da alma. O significado da identificação da virtude e do conhecimento tem de ser determinado como um significado pretendido pelo Sócrates "essencial", a ser inferido do texto do *Protágoras* e de nada mais.

A *techne metretike* é cuidadosamente definida como a arte que permite ao homem corrigir as distorções do julgamento provenientes da perspectiva temporal. Obviamente, tais perspectivas podem ser de longo alcance ou de alcance mais curto; e, de acordo com o alcance e a previsibilidade das consequências, a *metretike techne* será um campo de conhecimento altamente diversificado. Não será preciso muito treino e persuasão para se compreender que as mentiras serão frequentemente descobertas após um certo prazo, que a conduta desonesta nos negócios arruinará sua credibilidade, que a descortesia não granjeará amigos, que a entrega descomedida aos prazeres sensuais destruirá sua saúde e o tornará obeso, que a covardia em combate não trará honras e que a desobediência generalizada às leis desorganizará um país. Entretanto, se reflexões desse tipo constituíssem toda a soma da sabedoria de Sócrates, seu impacto sobre seus contemporâneos seria quase incompreensível — ainda que seja altamente provável que boa parte de suas discussões de fato tratassem das distorções do julgamento em tais perspectivas de curto alcance. Somos inclinados a pôr acima de qualquer dúvida que a importância real da "arte da medição" deveria consistir em sua aplicação às perspectivas de longo alcance, e especialmente à mais longa de todas, ou seja, ao todo da vida que termina na morte. Na sabedoria prometeica que afeta o todo da vida, todas as distorções de perspectiva através do tempo serão corrigidas pela perspectiva da morte e da eternidade. Com certeza não é um acidente que a concepção da sabedoria como a arte da medição seja desenvolvida no diálogo com Protágoras, o Protágoras que inicia sua *Aletheia* com a afirmação de que "o homem é a medida de todas as coisas"[12]. Sentimo-nos justificados em projetar a arte socrática da medição na contrafórmula platônica de Deus como a Medida. Quaisquer que possam ter sido as formulações do Sócrates "histórico", a "essência" de sua identificação da virtude e do conhecimento, com um princípio de oposição aos sofistas, só faz sentido caso se pretenda que as distorções do tempo sejam corrigidas pelo amor da medida que está fora do tempo.

§4 Os fragmentos das fontes primárias

A literatura sofística como um todo foi destruída. As fontes primárias remanescentes consistem em fragmentos, na maior parte demasiadamente breves para permitir uma reconstrução do contexto de ideias do qual provêm; e, com frequência, tão lacônicos que sequer é possível determinar seu próprio significado com precisão. Se esses fragmentos são tratados isoladamente, torna-se difícil evitar interpretações fantasiosas. O seguinte exame dos fragmentos, portanto, adotará um procedimento propício a minimizar o risco de interpretações equivocadas. Uma vez que o contexto literário que iluminaria seu significado se perdeu, os fragmentos serão situados num contexto de questões teóricas. Este procedimento se baseia na suposição de que existe um *continuum* histórico de problemas entre os filósofos místicos da virada do século VI para o século V, sobre os quais estamos mais bem informados, e Platão, cuja obra está preservada. Com nosso conhecimento dos *termini a quo* e *ad*

---

[12] Diels-Kranz, Protágoras B 1.

quem dos problemas, será possível derivar linhas prováveis de seu desenvolvimento, e poder-se-á fazer a tentativa de situar os fragmentos em tais linhas.

1 De Parmênides a Protágoras

A análise começará propriamente recordando a origem de certos teoremas sofísticos na filosofia do Ser de Parmênides. O "caminho" parmenidiano, o transporte místico levaram a uma visão do Ser que se expressa no *É!* exclamativo. O órgão de cognição para esse Ser além da Noite das aparências era o *Nous*; e o instrumento da articulação discursiva do que foi visto era o Logos. Além disso, a verdade alcançada pelo Logos foi caracterizada como "imóvel" e "redonda", ou seja, pelos predicados do próprio Ser; a verdade do Logos participava na natureza do Ser. Por meio da especulação lógica sobre a experiência do *Nous*, a mente do homem havia criado uma esfera de verdade autônoma além do conhecimento ilusório das aparências, do mesmo tipo do Ser autônomo em si.

No complexo da especulação parmenidiana, podem-se distinguir três ideias, das quais decorrem linhas de significado que atravessam a era sofística e chegam ao século IV. A primeira delas é a ideia do "homem conhecedor", uma categoria existencial que denota o tipo de homem que é capaz de discernimento a respeito do Ser. A segunda é a ideia do Logos autônomo que chegará à verdade sobre o Ser independentemente da multiplicidade de aparências enganosas. A terceira é a ideia da correlação entre pensar e ser, identificando aquilo que é com aquilo que pode ser pensado. No presente contexto não trataremos da primeira dessas ideias, pois a emergência do filósofo como um novo tipo existencial é o problema geral da época, desde a geração dos filósofos místicos, passando pelos vários tipos sofísticos, até o clímax em Sócrates e nos fundadores das escolas depois dele. Traçaremos apenas as linhas que partem da segunda e da terceira das ideias de Parmênides[13].

Entre os fragmentos de Anaxágoras, preservou-se uma sentença que pode ser considerada a declaração de independência da mente em relação ao resto do ser:

---

[13] A análise segue estreitamente o exame do problema oferecido em Gigon, *Sokrates*. Ao longo desta seção sobre os fragmentos, os números entre parênteses (A 1, B 1) referem-se a Diels-Kranz, 7ª ed. Para uma tradução para o inglês dos Fragmentos B, cf. Freeman, *Ancilla to the Pre-Socratic Philosophers*. As traduções no texto, contudo, são, em sua maioria, nossas.

> As outras coisas contêm de tudo uma parte; o Nous, porém, é algo ilimitado [*apeiron*] e que se autogoverna [*autokrates*], e não está mesclado com nenhuma outra coisa, mas é só por si mesmo. (B 12)

A autonomia do *Nous* é afirmada nesse excerto de modo ainda mais vigoroso que em Parmênides. Os predicados que o antigo pensador atribui ao Ser e à Verdade, "redondos" e "eternos", indicavam um distanciamento autocontido, um jazer em si mesmo; Anaxágoras, embora preserve tais matizes de significado, acrescenta uma qualidade de ação, de dinamismo, mediante o predicado "autogovernante". Esse volume acrescido de soberania deve-se a uma mudança decisiva na condição ontológica do *Nous*. O *Nous* parmenidiano era o órgão da cognição para o Ser; o *Nous* de Anaxágoras tornou-se uma parte do ser, porém de posição mais elevada, a parte soberana. E essa "melhor" e "mais pura" entre as coisas é, ademais, a força ordenadora de todas as outras, da revolução universal e dos corpos celestiais à multiplicidade qualitativamente diferenciada de todas as coisas; é, especialmente, o que governa tudo o que possui *psyche*, das maiores e das menores coisas, e pode exercer esta função de ordenar e governar porque tem completo conhecimento (*gnome*) de tudo, e detém o maior poder de todas as coisas (B 12).

Os fragmentos de Anaxágoras, felizmente, são extensos o bastante para permitir uma compreensão de suas motivações teóricas. Em seu poema didático, Parmênides deixou em aberto a questão de como se poderia transpor a lacuna entre o Ser descoberto no transporte místico e o mundo da Ilusão; não havia resposta para a questão de como o Ser revelado ao *Nous* e o mundo das aparências poderiam ser entendidos como partes do mesmo universo. Anaxágoras queria resolver o grande problema combinando a filosofia parmenidiana do *Nous* com uma ontologia de tipo milésio. A fim de atingir esse propósito, primeiramente preservou o *Nous* como um órgão autônomo do conhecimento e, em seguida, tornou-o um ser que, em virtude de seu conhecimento e de seu poder autocráticos, organizava todas as outras coisas num universo ordenado.

Como um feito de especulação metafísica, a tentativa merece respeito, mas o êxito foi conseguido à custa de uma séria destruição dos resultados obtidos por Parmênides, pois quando o *Nous* se torna o organizador soberano do ser sua função como o revelador do Ser é perdida, e com ela o Ser em si mesmo. O *Nous* e o Ser parmenidianos têm seu sentido como símbolos que explicam uma experiência da transcendência; se são extraídos de seu contexto experiencial, tornam-se termos opacos de construção metafísica a partir de uma posição imanentista. A lacuna entre a Verdade do Ser e o mundo da Doxa não pode, como apontamos no capítulo sobre Parmênides, ser transposta pela especulação, mas somente por um mito do tipo criado por Platão no *Timeu*. E esse mérito como pode ser encontrado na especulação de Anaxágoras sobre o *Nous* terá de ser buscado portanto em sua natureza, como um mito que se aproxima mais do Demiurgo platônico.

O procedimento de Anaxágoras para resolver seu problema é característico daquilo que pode ser chamado de pensamento sofista em sentido técnico. O problema do filósofo místico, assim como seus símbolos (*Nous* e Ser), são aceitos, enquanto a experiência da transcendência, que está na raiz do problema e motiva a criação dos símbolos para sua expressão, é abandonada. Como consequência, os símbolos da transcendência agora serão empregados, ou antes, mal empregados, na especulação sobre problemas imanentes. Desenvolve-se um estilo peculiar de pensamento que permite que homens que não são filósofos no sentido existencial expressem suas opiniões sobre problemas que envolvem a experiência da transcendência, com a autoridade usurpada do filósofo existencial. Esse é o estilo do intelectual sofista. É incerto se o próprio Anaxágoras foi culpado de tal usurpação, pois (1), como veremos a seguir, ele desenvolveu uma epistemologia do conhecimento imanente que não se baseia no *Nous*, e (2) o estado dos fragmentos torna impossível entender como as duas partes de sua filosofia estavam vinculadas uma à outra.

Já no caso de Protágoras, seu contemporâneo mais jovem, a nova atitude é plenamente desenvolvida. Preservou-se a famosa primeira sentença de sua obra *Da Verdade*:

> O homem é a medida de todas as coisas, do ser que são e do não-ser que não são. (B 1)

A correlação parmenidiana entre o *Nous*-Logos e o Ser tornou-se a correlação entre o homem e as coisas imanentes; a autonomia do Logos ao explorar a Verdade sobre o Ser transcendente tornou-se a autonomia do homem ao explorar seu mundo circundante. A consequência desse imanentismo radical, no que concerne aos problemas da transcendência, torna-se tangível na primeira frase da obra *Sobre os deuses*, de Protágoras:

> Sobre os deuses, não posso saber que são nem que não são, ou como são quanto à sua forma, sendo muitas as coisas que impedem tal conhecimento, como a obscuridade do assunto e o fato de que a vida do homem é curta. (B 4)

A sentença não exprime o ateísmo dogmático, mas, antes, uma suspensão do julgamento quanto à existência dos deuses. Esta é a forma como o problema da transcendência se apresentará a um imanentista que não possui experiência da transcendência, uma vez que sua disciplina intelectual o impedirá de cair na negação dogmática da existência divina. Todavia, a linha de descarrilamento dogmático é indicada pela curiosa conclusão da sentença, que parece assumir que a certeza nesse assunto obscuro poderia ser alcançada, presumivelmente por meios imanentes, se a vida fosse mais longa. Sofistas mais impetuosos concluirão, mais cedo ou mais tarde, que sua vida é longa o bastante para chegar a um juízo, e este será negativo.

Na experiência parmenidiana da transcendência, o *Nous* como seu termo subjetivo pode ser distinguido do Ser como seu termo objetivo. Rastreamos a linha da imanentização do termo subjetivo no Homem-Medida protagórico. Rastrearemos agora a linha da imanentização que provém do termo objetivo no pensamento sofista.

Parmênides formulou três proposições sobre o ser: (1) que somente o Ser existe; (2) que somente o Não-Ser existe; (3) que tanto o Ser como o Não-Ser existem. Ele decidiu que a primeira formulação era a Verdade, a segunda era inconcebível e a terceira era a opinião dos homens que se fascinavam pela multiplicidade do mundo mutável. A decisão parmenidiana certamente ocasionou resistência pelo fato de violar o senso comum quanto à experiência do mundo em que vivemos. A obra de Zenão de Eleia pressupõe tal resistência, uma vez que tem a forma de uma demonstração de que o pensador se envolverá em contradições caso assuma que o Ser não é Um, mas Muitos. Os ataques de Zenão à pluralidade consistem numa série de demonstrações de que o Ser, sendo pressuposto como Muitos, terá de ser, ao mesmo tempo, grande e pequeno, homogêneo e heterogêneo, finito e infinito, móvel e imóvel, e assim por diante. O breve trecho B 4 pode ilustrar o tipo de argumento ali contido: "Aquilo que se move não se move no lugar em que está nem no lugar em que não está". Esta é, provavelmente, a demonstração à qual, mais tarde, anexaram-se os famosos paradoxos eleáticos, como, por exemplo, o de Aquiles e a tartaruga ou o da flecha que não pode se mover.

As demonstrações de Zenão implicam uma má construção metafísica similar à de Anaxágoras. Este último tornou o *Nous* uma coisa que é; Zenão construiu a multiplicidade de seres (*ta onta*) como um Ser (*to On*) que é Muitos, envolvendo-se inevitavelmente nos paradoxos do infinito. O Ser revelado ao *Nous* no transporte parmenidiano não é o ser da experiência imanente; e, por conseguinte, Parmênides está totalmente certo ao categorizar o ser imanente como Não-Ser. O problema do ser imanente não pode ser solucionado por meio de sua construção como um Ser que é Muitos; a investigação de sua natureza conduzirá, antes, à descoberta da forma, da essência no ser, como por fim ocorreu com Platão e Aristóteles. Entretanto, uma vez que essa construção equivocada ocorreu, estabeleceu-se um estilo de demonstração dialética que pôde estender-se além do âmbito do assunto de Zenão (tempo, espaço, movimento, quantidade etc.) para questões éticas. Aparentemente, Protágoras foi o primeiro pensador a aplicar o raciocínio antilógico a problemas de justiça. Há uma tradição de que ele foi o primeiro a dizer que havia dois argumentos contraditórios sobre tudo (B 6a); e, especificamente, ele tinha a reputação de ser capaz de fazer o mais fraco causar o mais forte (B 6b). Em sua forma remanescente, essa informação específica tem provavelmente uma intenção caluniosa; entretanto, indica o uso ao qual se podia aplicar a técnica antilógica no debate público.

As antilogias protagóricas concernentes a questões éticas foram perdidas. Felizmente, podemos formar uma opinião de como deviam se parecer com base na obra anônima *Dissoi Logoi*, escrita provavelmente pouco depois da Guerra do Peloponeso. Nos capítulos intitulados "Sobre o bem e o mal", "Sobre o honroso e o desonroso" (ou "o decente e o indecente"), "Sobre o justo e o injusto", são apresentados longos catálogos de opiniões contraditórias referentes ao mesmo evento. Alguns exemplos de cada um dos capítulos ilustrarão o tratamento dispensado ao problema:

> A satisfação das necessidades no que se refere a alimentos, bebida e sexo é boa para o homem saudável, mas é má para o homem adoentado. O consumo descomedido de alimentos e bebidas é mau para o consumidor descomedido, mas é bom para o comerciante. A vitória nos jogos é boa para o vitorioso, mas é má para o derrotado. O desfecho da Guerra do Peloponeso foi bom para os lacedemônios, mas foi mau para os atenienses.
> Usar enfeites e cosméticos é indecente para um homem, mas é decente para uma mulher. Na Macedônia, é decente que uma moça tenha relações pré-maritais; na Hélade, não.
> Enganar um inimigo é justo; enganar um amigo é injusto. Assassinar parentes é injusto, mas, algumas vezes, como no caso de Orestes, é justo. Furtar templos é injusto, mas levar o tesouro de Delfos quando a Hélade está ameaçada pelos bárbaros é justo.

Os argumentos duais, portanto, consistem num catálogo de ações e eventos típicos que receberão predicados de valor contraditórios de acordo com a situação em que ocorrem, ou de acordo com a posição da pessoa que avalia. Os tipos vão desde as ocorrências domésticas — como a quebra de um pote, que é uma perda para o dono e um ganho para o oleiro —, passando por situações competitivas nos jogos públicos, até assuntos de guerra; eles mostram uma importante influência da literatura médica, com seu conhecimento de que a mesma dieta não é boa para pessoas saudáveis e doentes, e também a influência de informações etnográficas concernentes às diferenças de costumes nas diversas civilizações. O conhecimento de senso comum, o conhecimento médico e o conhecimento etnográfico comparativo parecem ter sido, na era sofista, as principais fontes de exemplos de avaliações contraditórias. E a composição de tais catálogos poderia querer dizer, embora nem sempre tivesse o propósito de provar, que não existia uma verdade única sobre os fenômenos morais.

Por fim, a teoria da percepção sensorial de Anaxágoras tem de ter vista como um elo mediador entre a filosofia parmenidiana do Ser e o Homem-Medida protagórico. Imanentizando o Ser de Protágoras, Anaxágoras negou a multiplicidade das coisas mutáveis:

> Os helenos não têm uma opinião correta sobre o vir-a-ser e o extinguir-se. Nada vem a ser ou se extingue; uma coisa se agrega a partir das coisas existentes e, nelas, desintegra-se novamente. (B 17)

O Ser é um e o mesmo o tempo todo, e consiste numa infinidade de coisas imutáveis e qualitativamente diferenciadas, aglomerando-se e mesclando-se em produtos compostos e decompondo-se outra vez. O Homem é um entre esses produtos compostos (B 4). Todos os tipos de coisas estão mescladas nos produtos compostos, embora em diferentes proporções, de modo que os compostos são, com efeito, parte do mesmo ser constitutivo:

> Não é possível existir isoladamente, mas todas as coisas contêm uma porção de tudo (B 6). As coisas não são separadas umas das outras no cosmos único, e não são apartadas umas das outras com um machado, nem o quente em relação ao frio, nem o frio em relação ao quente. (B 8)

Por conseguinte, o homem é composto do mesmo ser de todas as outras partes do mundo circundante; e a percepção sensorial é uma participação do ser no ser. Ela ocorre por meio do encontro das partes componentes das coisas com seus opostos no homem. Por exemplo, recebemos a sensação de calor ou de frio daquilo que é mais quente ou mais frio que nosso corpo. A correlação parmenidiana entre o *Nous* e o Ser transcendente converte-se na relação imanente entre o homem e as coisas percebidas (A 92, A 94, A 106).

Mediante a especulação de Anaxágoras sobre o ser, chegamos mais uma vez ao princípio protagórico do *homo mensura*, que agora se torna inteligível com respeito ao seu fundamento ontológico. No que se refere às implicações do princípio, as opiniões dos estudiosos diferem amplamente. Esta não é a ocasião para uma discussão detalhada da questão; devemos apenas indicar nossa preferência pela tradição antiga. De acordo com os antigos, especialmente a explanação de Platão no *Teeteto* (152 ss.), o princípio significa que as coisas são para cada homem como aquilo que lhe parece, e que não se pode chegar a nenhuma verdade sobre as coisas independentemente da relação dessas coisas com o sujeito que as percebe.

2 Demócrito

Os problemas deixados por Parmênides foram ulteriormente desenvolvidos na obra de Demócrito de Abdera. Sua especulação, como a de Anaxágoras, tentou reconciliar a multiplicidade de coisas experimentadas com as proposições de Parmênides de que o Ser é Um e de que o Não-Ser não existe. Para tornar o ser uno, ele assumiu que todos os corpos aparentes são compostos de um "ser original" (*archai*), consistindo de pequenas e indivisíveis unidades invisíveis, os "átomos". A construção do ser como uma infinidade de átomos revela um refinamento especulativo, já que leva em conta os argumentos de Zenão concernentes à divisibilidade infinita das coisas que leva à margem do não-ser. Para que os átomos finitos compusessem as coisas visíveis, Demócrito assumiu também um vazio (*kenón*) no qual poderiam se mover; a divisibilidade das coisas visíveis poderia então ser explicada pelo fato de serem compostas de átomos e pelo vazio. Com o símbolo especulativo do "vazio", Demócrito inventou um Não-Ser que não existe da mesma maneira do Ser, e, no entanto, era algo, o que quer que fosse. Ele expressou a condição ontológica peculiar do vazio em relação aos átomos na fórmula compacta: "Não mais [ou maior, ou mais forte, *mallon*] o Algo que o Nada" (B 156) — evitando um predicado do ser, que, por conseguinte, também deve ser evitado na tradução[14].

Os detalhes da física democrítica não são nosso interesse no momento. A análise tem de se concentrar em determinadas consequências epistemológicas que afetam a teoria da ética e da política. Sob a superfície das aparências está a verdadeira realidade do Ser atômico. O homem tem de aprender que ele "é removido da realidade" (B 6). "Não conhecemos nada na realidade [*etee*]; a verdade está na profundidade [*bytho*]" (B 117) — uma sentença com um toque

---

[14] O melhor estudo dos problemas de Demócrito ainda é ZELLER, *Die Philosophie der Griechen*.

heraclíteo. "Há duas formas [*ideai*] de conhecimento, a verdadeira e a obscura; à obscura pertence tudo o que se segue: visão, audição, olfato, paladar, tato" (B 11). O conhecimento obscuro é aquele que é convencionalmente chamado de conhecimento: "Por convenção [*nomo*] existem a cor, o doce e o amargo"; "na realidade" [*etee*] existem apenas os átomos e o vazio (B 125, B 9).

Com respeito à interpretação de tais fragmentos, as opiniões divergem. É grande a tentação de reconhecer neles algo como a teoria lockiana das qualidades primárias e secundárias; outros se opõem a essa interpretação. Concordamos com os últimos, pois a interpretação mediante analogias modernas é um erro metodológico por princípio. O sentido tem de ser encontrado situando-se os fragmentos no contexto de seus próprios problemas; e não pode haver dúvidas acerca do caráter parmenidiano do contexto. Ainda que Demócrito atribua a seus átomos invisíveis extensão, substância, variedade infinita de formas e variedade de peso específico, estas não são qualidades primárias das coisas aparentes, mas as hipóteses especulativas que têm de ser formuladas para explicar a multiplicidade de coisas nos termos do Ser Uno parmenidiano. As metáforas por meio das quais Demócrito expressa a relação entre aparência e realidade subjacente, ademais, não apontam na direção de Locke, mas retrocedem a Heráclito. Observamos o toque heraclíteo no fragmento sobre a profundidade (*bythos*) na qual reside a verdade; e outros fragmentos confirmam essa procedência: "Muitos homens de grande erudição [*polymathees*] não possuem muita inteligência [*nous*]" (B 64); "Deve-se praticar a grande inteligência [*polynoien*], não a grande erudição [*polymathien*]" (B 65); "Não procures saber tudo, para que não te tornes ignorante de tudo" (B 169). A imanentização do Ser parmenidiano levou a uma estrutura da realidade em sua profundidade, expressa nas metáforas desenvolvidas por Heráclito para a profundidade da alma. E, por fim, deve-se estar ciente da oposição democrítica de um conhecimento da aparência "por convenção" (*nomo*) a um conhecimento "na realidade" (*etee*), que poderia ser interpretada por Diógenes Laércio (9.45) como: "As qualidades são por convenção [*nomo*]; por natureza [*physei*] são os átomos e o vazio". Embora Demócrito dificilmente tenha tido a intenção de substituir "na realidade" por "por natureza", a substituição revela o direcionamento que o problema tomava: a imanentização do Ser parmenidiano culminará no reconhecimento da natureza, da essência na realidade.

Na física de Demócrito, o movimento rumo à descoberta da essência é ainda encoberto pelas condições do problema parmenidiano. Em sua ética, a tendência se torna claramente visível. Os fenômenos morais são fenômenos da alma; a descoberta da alma é aceita, e a tradição do filósofo místico e dos tragediógrafos tem continuidade:

> A felicidade [*eudaimonie*] é uma propriedade da alma [*psyches*], e também o é a infelicidade [*kakodaimonie*]. (B 170)

A sentença dirige-se contra a crença de que a *eudaimonia* poderia ser encontrada em posses externas, "em rebanhos de gado ou em ouro"; essa opinião é rejeitada recordando-se a etimologia de *eudaimonia*:

> A psique é a residência do daimon. (B 171)

O fato de que a felicidade situe-se na alma, contudo, não determina por si em que ela consiste. Nesse ponto, Demócrito vai além da tradição introduzindo definições:

> O critério [*houros*] do vantajoso e do desvantajoso são o prazer e o desprazer. (B 4, B 188)

Com a introdução do prazer (*terpsis*) e do desprazer (*aterpie*) como o critério de preferência, pode-se dizer com justiça que tem início uma ciência da ética. Mas ela não faz senão começar; obviamente, os critérios, assim como o "vantajoso" (*sympheron*), requerem maior especificação:

> É melhor para o homem levar a vida o mais serenamente possível, e com o mínimo possível de descontentamento; isso pode acontecer se não extrair seus prazeres das coisas mortais (B 189). Por conseguinte, não se deve dar preferência a todos os prazeres, mas somente àqueles que residem no moralmente belo [*to kalon*] (B 207). Os grandes júbilos provêm da contemplação de obras [ou ações] nobres (B 194). [Feliz é] o intelecto [*logos*] que está acostumado a derivar suas alegrias [*terpsias*] de si mesmo. (B 146)

Esses fragmentos parecem refletir um estudo dos fenômenos morais, criticamente considerados de modo muito mais cuidadoso do que usualmente se assume nas interpretações de Demócrito. Ele claramente distingue os bons prazeres e os maus prazeres, o problema de Platão no *Filebo* e nas *Leis*. E os fragmentos indicam inclusive uma diferenciação terminológica consciente entre o prazer em geral (*hedoné*, B 189, B 207) e o prazer que se torna o critério daquilo que é vantajoso (*terpsis*, B 198, B 194, B 146). Somente o prazer específico, o júbilo (*terpsis*), define o *sympheron*, não o prazer (*hedone*) em geral. A diferença entre o prazer e o júbilo é sugerida pelo fragmento B 174:

> O homem sereno [*euthymos*], impelido a obras [ou ações, *erga*] justas e lícitas, é alegre, resoluto e isento de preocupações; mas para aquele que negligencia a justiça

e não age como deve, tudo isso é uma lembrança inquietante, e ele tem medo e se atormenta.

A *eudaimonia* da alma está nesse fragmento mais estreitamente caracterizada como *euthymia*, serenidade. E tal serenidade é a consequência da ação justa. A ética de Demócrito absorveu a ideia esquiliana da ação. "Justiça [*dike*] é fazer o que deve ser feito; injustiça [*adikia*] é não fazer o que deve ser feito, mas evitá-lo" (B 256). Somente as ações em conformidade com a Dike podem ser propriamente consideradas ações, enquanto as ações que desatendem à justiça, fugindo da questão e tomando a saída mais fácil, são a fonte de uma tonalidade inferior da alma, do descontentamento que leva ao medo e à autodegradação. Diógenes Laércio (IX, 45) aparentemente estava certo ao reportar a ideia central da ética democrítica, preservando-a de mal-entendidos: "O fim da ação é a *euthymia*, que não é o mesmo que *hedone*, como alguns erroneamente entenderam, mas um estado continuamente calmo e forte da alma, imperturbado por medos ou superstições ou qualquer outra emoção".

A serenidade como um estado contínuo da alma depende da ação correta. Um curso contínuo de ações corretas, porém, tendo como efeito a serenidade, ordinariamente não ocorre por si mesmo. Requer conhecimento e prática. "A causa da ação errada [*hamartia*] é a ignorância [*amathia*] do que é melhor" (B 83); e "Mais homens tornam-se bons por treino [*askesis*] que por natureza [*physis*]" (B 141). Nesse ponto, a ética de Demócrito se aproxima estreitamente de Protágoras, e provavelmente também de outros sofistas. Foi Protágoras quem disse: "A arte do professor tem de se apoiar na natureza [*physis*] e no treino [*askesis*]" (B 3). E Demócrito distende ainda mais o pensamento no argumento seguinte: "A natureza e a instrução são similares, pois a instrução transforma o homem e, ao transformá-lo, cria sua natureza" (B 33). A habituação inteligente mediante o conhecimento e o treino, portanto, será a condição da verdadeira *epithymia*, e não meramente a conformidade externa em relação às regras, talvez por coerção; por conseguinte:

> Mostrar-se-á um guia mais eficaz para a virtude [*arete*] aquele que usa a exortação e o discurso persuasivo do que aquele que usa a lei e a coerção, pois, em segredo, provavelmente procederá mal aquele que pela lei é impedido de fazê-lo; mas aquele que é conduzido ao dever pela persuasão provavelmente não cometerá nenhuma transgressão nem em segredo nem abertamente. (B 181)

O propósito da educação é a edificação de um centro de resistência à má conduta na alma, de uma personalidade moral que funcionará de modo autônomo, independentemente de pressão externa:

> Ninguém deve ter mais escrúpulo diante dos outros homens que diante de si mesmo; e não se deve fazer o mal quando ninguém tomará conhecimento mais do que quando toda a humanidade o saberá. Antes, diante de si mesmo deve-se ter o máximo escrúpulo. E isso deve ser uma lei para a alma: não fazer nada que seja impróprio. (B 264; ver também B 84, B 179, B 244)

Abundantes ditos gnômicos e outros fragmentos elaboram os princípios detalhadamente. Alguns deles merecem atenção especial na medida em que constituem um passo rumo à ética de Platão:

> Um homem que deseja viver em serenidade não deve se envolver em muitas atividades, sejam pessoais ou na vida em comum; e o que quer que faça não deve sobrecarregar-se além de sua força e natureza particulares. Mas deve prevenir cuidadosamente que, mesmo quando a sorte lhe for adversa e o induzir ao excesso com sua dissimulação, ele não o superestime e não se proponha a fazer coisas que estejam além de seu poder. Pois a carga certa é mais segura que a sobrecarga. (B 3) A serenidade advirá ao homem por meio da moderação do gozo [*terpsis*] e do equilíbrio [*symmetrie*] da vida. A carência e o excesso de coisas podem tornar-se seus opostos e causar grandes comoções na alma. E as almas que se movimentam em grandes amplitudes não são nem estáveis nem serenas. (B 191)

Esses fragmentos tratam, de forma compacta, de dois aspectos do excesso na ação que foram, posteriormente, mais bem diferenciados por Platão. A serenidade da alma será perturbada, em primeiro lugar, por atividades demasiadamente variadas, nos assuntos pessoais ou comunitários, acima dos poderes limitados de um indivíduo. Foi o excesso que Platão estigmatizou como a *polypragmosyne* dos sofistas, como fez na caricatura de Hípias e, com maior elaboração conceitual, na *República*. Um homem só pode levar uma vida justa se ajusta seu âmbito de ação a suas capacidades, de modo que a multiplicidade de obrigações não o obrigue a deixar de cumprir adequadamente seus deveres. Em segundo lugar, mesmo que a serenidade não naufrague sob o ônus da variedade demasiada, o equilíbrio pode ser seriamente perturbado pelo excesso numa dada direção em detrimento de outros setores da ação normalmente requerida. E esse excesso perturbaria a "simetria" da vida mesmo que fosse um excesso de *terpsis*, de gozo, e não, talvez, uma entrega a um tipo inferior de *hedone*. A fim de compreender a importância teórica dessa questão, será necessário recordar uma passagem de Alcmeão de Crotona, o médico que sobressaiu no início do século V:

> Segundo Alcmeão, o que constitui a saúde é o equilíbrio [*isonomia*] das forças, seco-molhado, frio-quente, amargo-doce, e o restante; mas o domínio único [*monarchia*] de um deles produz a doença [...] A saúde é a mistura harmoniosa [*symmetros*] das qualidades. (B 4)

Aqui chegamos à origem da concepção de uma vida equilibrada na ideia médica da saúde; e essa ideia médica é expressa, por sua vez, na terminologia política. No início do século V, *isonomia* significava o equilíbrio constitucional entre a antiga aristocracia e as forças emergentes do povo, um balanceamento político de forças. A saúde foi definida por Alcmeão como tal balanceamento de forças no corpo, enquanto a doença seria causada pela predominância de uma das forças, uma *monarchia*. Os fragmentos de Demócrito são importantes como o elo mediador entre a concepção médica da saúde e da doença e a posterior concepção platônica de uma "verdadeira politeia", caracterizada pela mistura equilibrada das forças componentes e das "não constituições", como a democracia, a oligarquia e a tirania, caracterizadas pela dominação de uma de suas partes componentes.

Pode-se dizer que a concepção do médico sobre a saúde e a doença é, para Demócrito, a ideia governante no julgamento das questões humanas. "A doença do lar e da vida ocorre da mesma maneira que a doença do corpo" (B 288). E ele estende esse princípio da vida individual (*bíos*) e do lar (*oikos*) para a pólis:

> Os assuntos da pólis têm de ser considerados os maiores de todos para que ela seja bem governada; não se deve lutar em rivalidade acima da equidade, nem arrogar-se poder acima daquilo que é bom para a comunidade [*xynon*], pois uma pólis bem governada é a maior estrutura de suporte, e tudo está nela contido. Desde que ela esteja bem preservada, tudo estará bem preservado; e quando ela perecer tudo perecerá. (B 252)

O meio para preservar a pólis no equilíbrio de sua saúde é a lei. "A lei quer dar prosperidade à vida dos homens, mas só pode fazê-lo se eles quiserem receber prosperidade; pois somente ao que obedece ela revela sua virtude própria" (B 248). A restrição da lei é necessária porque os seres humanos são inclinados a causar dano uns aos outros por rivalidade ou inveja; e essa inveja é o início da disputa na comunidade (B 245). E se essa disputa (*stasis*) irrompe é igualmente mau para ambas as partes; tanto o subjugador como o subjugado sofrem a mesma destruição da vida equilibrada da comunidade (B 249). Somente sob condições de concórdia (*homonoie*) podem-se empreender as grandes obras de paz, assim como as de guerra (B 250), pois a concordância (*homophrosyne*) propicia a amizade entre os membros da nação (B 186).

Até onde os fragmentos permitem que se faça um julgamento, a teorização democrítica da ética, embora não vá longe na ramificação dos problemas, ao menos tocou as questões essenciais. A teorização democrítica introduziu na discussão da ordem a ideia médica da saúde como uma constituição equilibrada do organismo, ideia que determinou o curso ulterior da ética grega, especialmente na concepção platônica da justiça e da forma mista de governo. Por meio dessa ideia, ademais, Demócrito chegou aos critérios da preservação saudável e da perturbação insalubre, cuja influência se faz sentir, mais uma vez, na concepção platônica e aristotélica da *philia* e da *homonoia* como as virtudes especificamente políticas, e também no posterior debate sobre o "vantajoso", o *sympheron*, na conduta moral. E, por fim, Demócrito desenvolveu a concepção da serenidade, da *euthymia*, como o bem máximo a ser alcançado por meio da conduta apropriada, dando início, assim, a um debate filosófico sobre a conduta que leva à felicidade, debate que permeia o século IV. Além desses problemas específicos, a ética de Demócrito recorda que a era dos sofistas não foi uma era exclusivamente de relativismo moral. Os fragmentos de outros sofistas que revelam um toque relativista talvez tenham sido preservados em virtude da sensacional novidade de sua abordagem, enquanto blocos inteiros de escritos que pudessem ser mais próximos da posição de Demócrito foram perdidos, talvez porque sua qualidade literária fosse baixa em comparação com as sentenças de Demócrito, que foi, ao que parece, o maior artista prosador entre Heráclito e Platão. As ideias atribuídas por Platão a Protágoras, por exemplo, indicariam que a ética substantiva deste último (enquanto distinta de sua teoria antilógica) não pode ter diferido muito da de Demócrito.

3 O Nomos e a *Physis*

Um dos mais intricados problemas na história do pensamento sofístico é a gênese da ideia de uma *Physis*, uma natureza, em oposição ao *Nomos*, ou à convenção, como usualmente se traduz. A eficácia revolucionária e desintegradora dos sofistas concentra-se nesse ataque à ordem política, às tradições civilizacionais, aos costumes e às crenças religiosas em nome de uma verdadeira natureza do homem que se afirmará. O efeito é evidente, e tornou-se tão evidente mediante o retrato platônico dos sofistas, que a questão *Physis-Nomos* tornou-se um clichê historiográfico que obscurece um problema diverso. É especialmente importante, neste caso, o método de reconstrução do significado dos escassos fragmentos por meio de sua inserção no contexto dos problemas[15]

---

[15] Quanto às linhas de desenvolvimento e também ao material, esta seção sobre "*nomos* e *physis*" apoia-se em Felix HEINIMANN, *Nomos und Physis*, Basel, Reinhardt, 1945.

A busca pela essência do homem e da ordem social sob o título da *Physis* pressupõe certas modificações no significado original de *Nomos*. Essas modificações originam-se historicamente na transição da simbolização mítica para a simbolização especulativa da ordem. Píndaro, no fragmento 169, fala do *Nomos* como "o soberano de tudo, dos mortais e dos imortais"; e Heráclito, em B 53, diz: "*Polemos* [a Guerra] é o pai de todos, e de todos o rei; alguns ele revela como deuses, outros, como homens; e alguns fez escravos, outros, livres". Esses fragmentos do início do século V mostram a transferência dos atributos de Zeus (rei, pai) aos símbolos especulativos — no caso de Píndaro, ainda com todo o peso de sua religiosidade joviana; no caso de Heráclito, com um toque de ironia dirigido à simbolização antropomórfica da divindade. Uma ordem de deuses e homens que até então havia sido aceita em sua compacidade mítica conforme o intento de Zeus, incluindo suas variedades históricas na multiplicidade de comunidades políticas, torna-se agora objeto de exploração especulativa no tocante à sua natureza e à fonte de sua validade.

No novo *medium* de especulação, o problema do *nomos* revela uma complexidade que se torna tangível no fragmento B 114 de Heráclito:

> Vós que falais com o intelecto [*xyn nooi*] deveis fortalecer-vos com aquilo que é comum [*xynoi*] a todos, como a pólis faz com a lei [*nomo*], e ainda com mais vigor, pois todas as leis humanas [*anthropeioi nomoi*] nutrem-se da única lei divina [*theios nomos*] que governa tudo o que deseja, e basta para todas as coisas, e é mais que bastante.

O fragmento distingue um *Nomos* divino e uma pluralidade de *nomoi*; ademais, tem-se de assumir que a lei divina é idêntica ao comum, ao *xynon*, que é, por sua vez, idêntico ao *Nous*. Por conseguinte, o fragmento em sua concisão está repleto de uma série de ideias que talvez possam ser explicadas da seguinte maneira. Em primeiro lugar, há um *Nous* transcendente comum que tem de nutrir tanto o homem individual que pensa com seu *nous* como a lei da comunidade. Em segundo lugar, a lei humana é uma lei correta na medida em que verdadeiramente se nutre da lei divina, mas, obviamente, pode deixar de fazê-lo. Em terceiro lugar, portanto, pode ocorrer que seja *nomos* obedecer à vontade de um único homem, desde que seja um homem que se nutra do *Nomos* divino (B 33). Em quarto lugar, há mais de uma pólis com um único *nomos* humano; as "leis humanas" existem na pluralidade da variedade histórica.

Nesta série de ideias estão contidos os seguintes significados do termo *Nomos*: (1) o *Nomos* como a ordem divina transcendente; (2) o *Nomos* como a ordem constitucional e legal de uma pólis em conformidade com a ordem transcendente — o *Nomos* pelo qual um povo lutaria como se defendesse suas muralhas (B 44); (3) *Nomoi* no plural, significando a multiplicidade de ordens das pólis historicamente existentes; (4) o *Nomos* como a ordem histórica de uma pólis, independentemente de sua conformidade com o *Nomos* divino; (5) o *Nomos* como a ordem que pode residir num homem, um *nomos empsychos* — que pode aparecer num *nomothetes*, ou no rei-filósofo de Platão; e (6) *Nomoi* no plural, que podem perfeitamente conter a associação dos *nomoi* no sentido de estatutos, como passou-se a usar desde a reforma de Clístenes, substituindo o antigo termo *thesmoi*.

Com a diferenciação dos significados, está montado o palco para os inevitáveis problemas (1) de reconciliar a multiplicidade de *nomoi* historicamente diferentes com a unicidade do *Nomos* divino, (2) de interpretar os *nomoi* históricos à luz de sua conformidade ou sua divergência em relação ao *Nomos* divino e (3) da tensão entre o *nomos* que reside no filósofo e o *nomos* da sociedade circundante.

No complexo de significados determinado pela especulação heraclítea não há espaço para uma ideia da *physis* em oposição ao *nomos*. A fonte da ordem é o *Nomos* divino, e o *nomos* humano é essencialmente a ordem correta na medida em que participa do *Nomos* divino. Por conseguinte, quando o termo *physis* ocorre nos fragmentos heraclíteos, não está relacionado à precedente distinção sofista — antes, significa a natureza de uma coisa ou de um problema. A ideia da *physis*, da Natureza como uma fonte autônoma da ordem em competição com o *Nomos* só pode se formar quando a ideia de um *Nomos* divino transcendente como fonte da ordem tenha se atrofiado; e isso só pode acontecer num contexto teórico quando o filosofar, no sentido existencial, houver sido abandonado.

Esse novo estágio de teorização foi alcançado por volta da metade do século V, na pessoa de Protágoras, embora o próprio Protágoras ainda não houvesse introduzido a ideia da *Physis*. O grande sofista, como apresentado por Platão, afirmava ser um professor da arte da política. A fim de cumprir eficazmente os deveres de sua profissão, ele tinha de aceitar o *nomos* da pólis como existia historicamente e de ensinar a seus pupilos como ter êxito em transitar em seu ambiente concreto. Sua ética substantiva, como observamos anteriormente, provavelmente não diferia muito da de Demócrito ou das tradições prevalecentes em geral. A esse convencionalismo conservador, porém, ele combinava seu relativismo imanentista no tocante à teoria do conhecimento. Como cético e agnóstico, portanto, ele rejeitava toda especulação baseada em experiências de transcendência, e, em particular, não podia admitir a especulação sobre a fonte da ordem e sua validação numa lei divina transcendente. A pedra fundamental da especulação heraclítea sobre o *Nomos*, o *theios nomos*, foi eliminada por Protágoras, que, no entanto, não preencheu a evidente lacuna teórica gerada por essa eliminação. Protágoras não substituiu a fonte transcendente da ordem por uma fonte imanente — a *Physis* de seus sucessores sofistas —, mas deixou o problema inteiramente em aberto, simplesmente aceitando como uma ordem válida o que quer que os homens (em qualquer civilização política) acreditassem ser válido.

Seria precipitado, porém, interpretar a atitude peculiar de Protágoras como uma mera insuficiência teórica. Ele, por certo, não foi capaz de resolver o problema, mas, ao aceitar como válido aquilo que os homens acreditavam sê-lo, talvez fosse motivado por um profundo respeito pela crença como a manifestação de uma ordem dada, se não como sua fonte, um respeito que talvez não seja muito diferente da aceitação pré-especulativa da ordem como a vontade de Zeus. Uma motivação desse tipo é sugerida como possível por uma reflexão de Heródoto (3.38) sobre o desatino de Cambises ao violar e ridicularizar os costumes dos persas e dos povos estrangeiros:

> Para mim está claro, indubitavelmente, que Cambises estava desatinado; caso contrário, jamais se poria a escarnecer de cultos e costumes, pois se todos os homens pudessem escolher, entre todos os *nomoi*, aqueles que considerassem os melhores, após o devido exame classificariam como principais os seus próprios, já que acreditam firmemente que seus próprios *nomoi* são os melhores de todos.

Caso se aceite a suposição dos filólogos de que esta passagem foi influenciada por Protágoras, ela seria de fato uma chave para a atitude de Protágoras, pois o capítulo se encerra com a linha de Píndaro que afirma ser o *Nomos* o soberano de tudo. A lacuna teórica talvez não tenha sido tão fortemente sentida porque, para Protágoras, o *Nomos* ainda era o soberano das crenças humanas, em lugar de ser a crença humana a soberana do *Nomos*.

Em Protágoras aparece pela primeira vez o tipo de pensador que é um cético, ou agnóstico, com respeito à realidade transcendente e, ao mesmo tempo, um conservador no tocante à ordem histórica. Uma vez que a combinação das duas atitudes causou, e ainda causa, dificuldades na compreensão do pensador, pode ser conveniente recordar que este caso não é singular. O tipo do cético conservador reaparece, quase no fim do século IV, na pessoa de Pirro, e tem continuidade com seus sucessores céticos. Na civilização ocidental, ele ocorre, após a sublevação da Reforma, em Montaigne, Bayle e Hume. A dificuldade de compreender a posição híbrida é causada por sua insuficiência teórica; parece inacreditável que um pensador tão sagaz quanto ao resto fosse cego à lacuna teórica previamente caracterizada. É sumamente necessário ter clareza sobre o elemento de sabedoria arcaica na mente conservadora, impedindo-a, numa época de movimento intelectual acelerado, de descarrilar e cair no dogmatismo revolucionário. Embora tal equilíbrio possa ser preservado no caso individual, a atitude do ceticismo conservador é instável por princípio; ela só pode ser preservada sob a condição de que a questão teórica acerca da validade e de sua fonte não seja suscitada. Uma mente mais inquisitiva não ficará satisfeita com tal abstinência. E, tão logo se suscite a questão, a posição se dissolverá no dogmatismo imanentista dos sofistas da segunda geração, tornando a *Physis* a nova fonte de autoridade, ou no restabelecimento dos problemas da transcendência, como vimos na oposição de Sócrates ao sofista no *Protágoras* de Platão.

Protágoras manteve seu pensamento no suspense cético. Sua disciplina intelectual era forte o bastante para impedi-lo de substituir a essência da ordem por uma *Physis* imanente, para ele inaceitável, que se revelasse nas experiências da transcendência. Todavia, o termo *Physis* aparece em sua obra; e, embora não seja oposto ao *Nomos*, tem uma importante função como elemento mediador entre a ética aristocrática mais antiga e seu uso posterior na ética revolucionária dos sofistas. Recordamos o fragmento B 3: "A arte de ensinar tem de apoiar-se na natureza [*physis*] e no treino [*askesis*]". Essa natureza na qual tem de apoiar-se a arte do ensino é uma generalização da ideia grega tradicional, exaltada pelos poetas mais antigos nas seções parenéticas de suas obras, de que as qualidades de um homem não são adquiridas, mas consistem num dom inato, e, particularmente, oriundo de uma ascendência nobre. A educação pode desenvolver tais dons da natureza, mas nenhum artifício educacional é capaz de enxertá-los num homem que deles careça por nascença. No século V, ainda durante a vida de Protágoras, a concepção aristocrática da *Physis* tem seu grande representante em Píndaro, cujas Odes são ricas em exaltações da equipagem natural, a *phya*, dos rebentos das famílias nobres que demonstraram seu valor como vitoriosos nos jogos. Mas o próprio Píndaro, que canta o louvor da nobreza e de suas virtudes, amplia o significado de *phya* para além da natureza herdada do aristocrata e inclui outros tipos de dons naturais, especialmente seu próprio dom da poesia; e se volta contra seus rivais que adquiriram sua arte por meio do aprendizado e acreditam poder praticá-la sem a *phya*, ou seja, sem o dom dos deuses. O provimento natural nessa forma generalizada é a condição da educação para Protágoras. Definitivamente, não se trata mais de uma pertença da ascendência nobre, pois, no diálogo de Platão, o sofista afirma especificamente que os filhos dos grandes homens de Estado atenienses são singularmente desprovidos dos dons de seus pais, e são, portanto, objeto pouco promissor para sua arte educacional. Embora retire o dote natural de seu contexto da ética aristocrática, Protágoras, entretanto, não o "democratiza" numa "natureza humana" geral. Sua *Physis* manteve um caráter valorativo positivo, na medida em que torna seu possuidor apto ao treino na arte da política. Não se trata de uma *Physis* em oposição ao *Nomos*, mas, claramente, de um dom natural que habilita um homem a levar uma vida bem-sucedida no *Nomos*. E, uma vez que esse dom não é nem de longe possuído por todos, pode-se falar de uma concepção protagórica de uma "aristocracia natural", cujos membros seriam capazes de se tornar os líderes de sua pólis e os protetores de seu *Nomos*. Somente quando a orientação da *Physis* rumo ao *Nomos* foi perdida a *Physis* pôde se tornar uma fonte autônoma da ordem detentora de autoridade, como no *Cálicles* de Platão. Mesmo nesse descarrilamento, contudo, a ética dos "homens fortes" ainda traz as marcas da tradição aristocrática da qual é a caricatura.

Em diversas ocasiões apresenta-se ainda um outro significado da *physis*, a saber, seu significado como a "natureza" e a "essência" das coisas. Na oposição sofista da *physis* ao *nomos* esse significado tornou-se de fundamental importância, pois transmite a autoridade de uma verdadeira natureza das coisas em oposição àquilo que as pessoas desinformadas apenas acreditam (*nomizein*) que as coisas sejam. A origem do significado tem de ser buscada no ambiente da especulação jônica. Xenófanes, falando sobre o arco-íris, diz: "E aquilo que eles chamam [*kalein*] de íris é, por sua natureza [*pephyke*], uma nuvem" (B 32). Heráclito, no fragmento B 1, propõe explicar palavras e coisas analisando cada uma "segundo sua natureza" (*kata physin*); e, em B 112, define a sabedoria como "dizer o que é verdade e agir de acordo com a natureza [das coisas] escrupulosamente". Ambos os filósofos usam o termo *physis* com um tom polêmico que é importante para nosso problema. Eles expõem ou insistem sobre a "natureza" das coisas porque estão em busca da verdade; e a verdade sobre as coisas é diferente daquilo que as pessoas comuns acreditam ser. Nessa linguagem arcaica compacta, "acreditar erroneamente" ainda é o mesmo que "chamar as coisas pelo nome errado"; a busca filosófica pela verdade, em seu início, é uma luta por um novo vocabulário em oposição à linguagem mítica; por conseguinte, os desinformados "chamam" [*kalein*] o arco de "íris". Esse ponto é esclarecido por uma linha de Empédocles: "Eles não dizem [*kalein*] o que é certo [*themis*], mas, seguindo o costume [*nomo*], uso a mesma linguagem" (B 9,5). Com Empédocles, cujo zênite está por volta de 450 a.C., *nomos* já detém uma conotação depreciativa como o costume das pessoas que chamam [*kalein*] as coisas pelos nomes errados. E no fragmento B 17 de Anaxágoras citado previamente (segundo o qual os helenos não opinam [*nomizousin*] corretamente a respeito de certas questões), o verbo *nomizein*, substituindo o anterior *kalein*, adquiriu o significado de crer ou pensar sem estar bem informado. Logo, a busca do filósofo pela verdadeira natureza das coisas, sua *physis*, empurra o *nomos*, o corpo irrefletido de tradições civilizacionais no sentido mais amplo, para a condição de crenças errôneas das pessoas comuns não esclarecidas.

As linhas ao longo das quais os termos *physis* e *nomos* modificam seu significado foram traçadas independentemente uma da outra até o ponto em que convergem para o tardio par de opostos sofista. Resta considerar a situação histórica na qual começaram a formar um par. Até o limite em que as fontes nos permitem fazer um julgamento sobre a questão, o par parece ter se formado na esteira das Guerras Persas, com a surpreendente vitória dos gregos, mais fracos, sobre os persas. Em busca de uma explicação para a vitória, sugere-se a ideia de que a superioridade numérica de um exército não seria, em si mesma, garantia de vitória; um importante fator seria o espírito com que um exército combate, e esse espírito é formado pelas instituições, pelo *nomos*. Essa ideia pode ser apreendida no tratado hipocrático *Ares, águas e lugares*, que deve datar de pouco antes de 430 a.C. Na segunda parte do tratado (capítulos 12 a 24), etnográfica, o autor desconhecido compara a Ásia e a Europa, estudando suas diferenças climáticas, hidrográficas e topográficas, assim como as diferenças de seus povos com respeito à aparência física e aos traços de caráter específicos. Ao descrever as diferenças, o autor distingue cuidadosamente as características devidas à "natureza", produzidas por fatores climáticos e topográficos da paisagem, e as características que se devem aos costumes e às instituições políticas, ao *nomos*. Ele reflete, em particular, sobre o caráter belicoso dos europeus e o temperamento mais frouxo e pacífico dos asiáticos, encontrando no *nomos* um importante fator na determinação da diferença: "Os europeus são mais belicosos em virtude de seus *nomoi*, não estando sob o domínio de reis como estão os asiáticos, pois aqueles que vivem sob o governo de reis são, necessariamente, os homens mais covardes, já que as almas dos homens tornam-se escravizadas e relutantes em expor-se a perigos para aumentar o poder de uma outra pessoa. Homens independentes [*autonomoi*], porém — assumindo riscos por si mesmos e não por outros —, dispõem-se e anseiam por enfrentar o perigo, pois conquistam o prêmio da vitória para si mesmos. Os *nomoi*, portanto, têm um papel especialmente forte na formação da coragem" (23)[16].

O mesmo argumento, elaborado de modo mais dramático, é encontrado em Heródoto VII, 101-104. A ocasião é a revista e o censo do exército e da marinha por parte de Xerxes. Impressionado com o resultado, Xerxes pede a opinião de Demarato, o rei exilado de Esparta que reside em sua corte, perguntando se os gregos ousariam fazer frente a tal força esmagadora. Demarato explica ao rei que a pobreza é realmente inata (*syntrophos*) na Hélade, enquanto a excelência (*arete*) é adquirida (*hepaktos*) como resultado da sabedoria e do *nomos* forte. Em virtude de sua *arete*, os gregos não se submeterão ao rei que traz a escravidão à Hélade. Xerxes sorri perante tal ilusão, e responde com sua própria ideia da natureza do homem. Como poderia um reduzido número de homens, todos livres e não sob o governo de um único homem, resistir à sua força? Se estivessem sob o governo de um, poderiam temê-lo e mostrar-se mais corajosos do que determinaria sua natureza (*physis*), e, compelidos pela chibata, estariam prontos a lutar em desvantagem. Mas não o fariam se fossem livres. Em sua resposta, Demarato entra no argumento do rei. Os lacedemônios "são livres, porém não inteiramente livres, pois seu *nomos* é o seu mestre, e eles o temem muito mais do que vossos homens vos temem". O que seu *nomos* determina que façam, eles farão; e ele ordena que eles não fujam da batalha, que permaneçam em seus postos até a vitória ou a morte.

A *História* de Heródoto é contemporânea de *Ares, águas e lugares*. Uma vez que não se pode demonstrar de modo convincente qualquer influência de uma obra sobre a outra, o uso paralelo do par *physis-nomos* em ambas provavelmente remonta a fontes comuns. Entretanto, essa literatura precedente, cuja existência temos de presumir, não foi preservada.

4 Antifonte

Atribui-se a Antifonte sofista (para distingui-lo de Antifonte orador e Antifonte tragediógrafo) um grupo de fragmentos, contidos no *Oxyrhynchus papyri*, que fazem parte de uma obra sobre *A Verdade*. A obra, como indica

---

[16] *Hippocrates* I, ed. e trad. de William Henry S. Jones, Loeb Classical Library, London, Heinemann, 1923, 132.

o título, deve ter sido um tratado sobre a teoria do conhecimento, seguindo a tradição dos tratados sobre a *Aletheia* na esteira de Parmênides. Logo, o fato de que os fragmentos preservados tratem do tema da justiça é provavelmente um acidente e não justifica a suposição de que o todo da obra fosse um tratado sobre política. Antes, os fragmentos têm de ser considerados uma seção da obra na qual os princípios gerais da ontologia e da epistemologia foram aplicados ao tópico específico da justiça. Por conseguinte, nosso procedimento será primeiramente isolar os princípios gerais, tanto quanto são discerníveis nos fragmentos, e somente depois tratar de sua aplicação[17].

Ao expor os princípios de Antifonte, é necessário estabelecer termos definidos na tradução, pois o sofista desenvolveu um vocabulário técnico e usou-o de modo consistente. Ele empenhou-se em construir uma teoria das leis que governam a vida dos homens, usando para elas o termo *tà nomima*. A fim de evitar confusões, traduziremos o termo por "leis". As leis têm origem na natureza (*physis*) ou nas instituições humanas (*nomos*). As leis da natureza são necessárias (*anankaia*); as leis de origem humana são adventícias (ou fictícias, *epitheta*). As leis da natureza, ademais, são dadas (*phynta*); as leis do *nomos* são acordadas ou convencionadas (*homologethenta*). No âmbito das leis, o homem tem de chegar ao que quer orientando sua conduta para aquilo que é vantajoso ou proveitoso (*sympheron*) para ele.

A conduta em busca do *sympheron* requer o exame dos dois tipos de leis, pois não há certeza *a priori* de que sejam ambos vantajosos, ou de que apenas um dos tipos é vantajoso, ou de que sejam parcialmente vantajosos e parcialmente desvantajosos. Como orientação a respeito do assunto, Antifonte estabelece dois princípios. O primeiro se refere à natureza: um homem que tenta, contra a possibilidade, violar uma das leis implantadas pela natureza em nós causará dano a si mesmo, e o dano não será somente uma questão de opinião (*doxa*), mas um dano real (*aletheia*). O segundo princípio concerne ao *nomos*: a maior parte do que se considera justo de acordo com as leis do direito é adverso à natureza. Na seguinte passagem, o princípio é mais retoricamente enfatizado que propriamente demonstrado: "Há leis feitas para os olhos, o que devem ver e o que não devem ver; para os ouvidos, o que devem ouvir e o que não devem ouvir; para a língua, o que deve dizer e o que não deve dizer; para as mãos, o que devem fazer e o que não devem fazer; para os pés, aonde devem

---

[17] A análise dos princípios segue estreitamente a seção sobre Antifonte em Heinimann, *Nomos und Physis*, 133-422.

ir e aonde não devem ir; e para a mente, o que deve desejar e o que não deve desejar. E o que o direito proíbe e ordena aos homens é igualmente pouco amigável e pouco condizente com a natureza". O direito, portanto, é, em seu todo, um "grilhão sobre a natureza".

Equipados com os dois princípios, pode-se abordar a questão do *sympheron*. O argumento de Antifonte trilha os seguintes passos:

(1) À natureza pertencem o viver e o morrer. Os homens extraem a vida de coisas que são vantajosas (*sympheronta*); incorrem na morte devido a coisas desvantajosas. As coisas que conduzem à morte, portanto, podem ser excluídas de maiores discussões; interessam-nos somente as coisas que promovem a vida. (Deve-se observar que a *physis* está longe de ser apenas a fonte do que é vantajoso, já que quando a natureza acarreta a morte ela é desvantajosa.)

(2) As *sympheronta* são estabelecidas tanto pela natureza (*physis*) como pelo direito (*nomos*). Mas as *sympheronta* da natureza surgem espontaneamente, livremente, enquanto as do direito são restrições impostas à natureza.

(3) Ora, não é correto considerar que as coisas que causam dor (*algynonta*) beneficiam a natureza (pois são afins à morte) como o fazem as coisas agradáveis (*euphrainonta*). Logo, as coisas que causam prejuízo, restrição, contrariedade (*lypounta*) não podem ser vantajosas como aquelas que dão prazer (*hedonta*).

(4) Por conseguinte, somente as *sympheronta* da natureza podem ser consideradas verdadeiramente (*to alethei*) vantajosas, enquanto as do direito são, na realidade, desvantajosas. Portanto, um homem que seguir os *nomoi* sofrerá danos.

Os princípios e a definição aproximada das *sympheronta* podem então ser aplicados ao problema da justiça, aplicação em si breve e simples. A justiça na visão comum consiste em não transgredir as leis da pólis da qual se é cidadão, logo um homem tirará o máximo proveito da justiça se, na presença de testemunhas, obedecer às leis do direito e, na ausência de testemunhas, obedecer às leis da natureza. Se um homem que transgride as leis do direito não é visto por aqueles que estão de acordo com elas, ele escapa da punição e da desgraça, e ele só estará sujeito às sanções se sua transgressão não se mantiver oculta. Se, no entanto, ele transgredir uma lei da natureza, o dano para si não será menor se a violação permanecer oculta, e não será maior se for visto por todos os homens.

Não é fácil fazer uma avaliação desses fragmentos. Não sabemos nada a respeito do contexto mais amplo do qual foram extraídos, e outras partes da obra poderiam esclarecer alguns dos pontos mais obscuros. Não se pode senão sugerir algumas probabilidades, com a devida cautela.

Na exposição desse problema, Antifonte claramente tem um método. Seu argumento é antitético. O procedimento, ao esclarecer as *sympheronta*, é desenvolver dicotomias e em seguida excluir sistematicamente um dos termos da dicotomia com base em considerações suplementares. As leis são da natureza ou do direito — concernindo à natureza a vida e a morte. Portanto, a natureza do homem se confronta com as *sympheronta* e as *me sympheronta* — as *sympheronta* são estabelecidas pela natureza ou pelo direito. De tais dicotomias procedem a morte, as *me sympheronta* que conduzem à morte e as *sympheronta* dóxicas do direito, de modo que no final temos as *sympheronta* da natureza que promovem a vida. É razoável assumir que esse método de exposição não foi inventado por Antifonte, mas que era comumente usado pelos sofistas. Ele conferiria uma aparência ordenada ao argumento e tornaria a classificação convincente — especialmente na exposição oral, quando o ouvinte não tivesse tempo para refletir sobre as complicações do problema.

A relação do método com o assunto apresentado é o segundo ponto a ser considerado. Com base na exposição da teoria de Antifonte, terá ficado claro que o método é um mecanismo extremamente deficiente. O sofista quer chegar à proposição de que as *sympheronta* da natureza devem ser o guia da conduta. A estrutura da realidade, porém, é bastante descortês em não corresponder ao método das dicotomias, sendo, pelo contrário, mais complexa. Por conseguinte, o resultado não pode ser alcançado por meio da subdivisão consistente do termo positivo de cada dicotomia, mas somente pelo cruzamento de várias dicotomias não relacionadas. Ademais, as dicotomias não se ajustam muito bem a seus objetos. A dicotomia natureza-direito não resulta da dicotomia viver-morrer; e a dicotomia vantajoso-desvantajoso (1) subdivide a natureza, (2) corresponde à dicotomia natureza-direito e (3) até subdivide o direito, um fato que Antifonte tenta encobrir, aparentemente de má-fé, mediante a passagem retórica segundo a qual todas as leis do direito constituem uma restrição da natureza, o que não é, em absoluto, um ponto inquestionável. No conjunto, portanto, a argumentação é grosseira, ocultando as questões reais em lugar de revelá-las. A "teoria" de Antifonte não pode ser adequadamente interpretada com base em suas dicotomias. Seria incorreto, por exemplo, dizer que ele opõe a *Physis* ao *Nomos* como o guia da conduta correta, como se lê com frequência nas histórias das ideias, pois a dicotomia natureza-direito faz parte do sistema de dicotomias como um todo, e a dicotomia viver-morrer revela que metade da natureza não deve ser seguida de modo algum na busca do *sympheron*. Por conseguinte, será necessário desassociar a teoria substantiva de Antifonte da forma dicotômica.

Dado que as verdadeiras *sympheronta* de Antifonte são aquelas da natureza, será apropriado iniciar com sua ideia da natureza. A essa natureza pertencem o viver e o morrer. A concepção da natureza como dividida em dois compartimentos da vida e da morte é em si mesma curiosa. Não está enraizada na grande tradição da tragédia, nem, mais remotamente, nos filósofos místicos, nem, por fim, em Homero, com sua compreensão da imanência da morte na vida, na tradição na qual Platão desenvolve a ideia da vida como a prática do morrer. A noção de dividir as coisas entre aquelas que são proveitosas para a vida no sentido psicológico e aquelas que precipitam a morte é peculiarmente vazia, fora do âmbito da cultura espiritual. Ademais, não se pode sequer dizer que tal vacuidade seja característica da especulação da época em geral sobre as necessidades, as *anankaia*, da natureza. Demócrito, por exemplo, que também refletiu sobre o problema da *Physis*, tratou-o de modo diferente. Ele parece manter a mesma posição de Antifonte ao dizer: "É irracional não se submeter às necessidades da vida" (B 289), mas em seguida considera cuidadosamente quais são realmente essas necessidades. Num ponto específico, ele diz: "Ter filhos parece ser, aos homens, uma necessidade proveniente da natureza e da ordem primeva do ser. E isso é também óbvio no caso dos outros animais, pois todos têm proles de acordo com a natureza, e não devido a qualquer proveito" (B 278). Mas então ele reflete: "Não me parece que se deva ter filhos" (B 276) — afirmando a liberdade do sábio de rejeitar com base na razão aquilo que "aos homens parece ser" uma necessidade da natureza. E, no geral, ele formula o princípio: "Lutar contra o desejo é difícil, mas dominá-lo é a característica do homem eminentemente racional" (B 236). Demócrito, portanto, reconhece as necessidades da natureza, seus ímpetos e desejos, assim como Antifonte, mas as vê relativamente ao centro racionalmente organizador do homem, seu logos, e o logos frequentemente decidirá que é melhor para o homem não seguir as necessidades da natureza, e sim frustrá-las. Deste modo, a vacuidade peculiar da ideia de Antifonte pode ser mais precisamente definida como sua cegueira para as fontes espiritual e intelectual da ordem; com efeito, a natureza se tornou para ele um guia autônomo acima de qualquer crítica. Essa peculiaridade pode agora ser referida a seu embasamento na concepção médica da *physis* e àquilo que é vantajoso (*sympheron*) para a natureza do homem no sentido psicológico. Uma frase do tratado sobre a *Medicina antiga* ilustrará a questão: "Deve-se entender que mingaus não beneficiarão [*sympherei*] alguns enfermos, pois, ao tomá-los, sua febre e sua dor agravam-se notavelmente; e fica evidente que aquilo que se toma mostra-se nutritivo e intensificador para a enfermidade, mas desgasta e debilita o corpo"[18]. Aqui, numa reflexão terapêutica, encontramos a dicotomia do vantajoso e do desvantajoso com respeito à enfermidade e à saúde — em última análise, à morte e à vida — em seu contexto original. E a singular concepção de Antifonte tem de ser explicada mediante uma transferência da ideia médica para problemas inteiramente diferentes respeitantes à ética e à política.

A dicotomia médica, após ser estabelecida no âmbito da *Physis*, em seguida entra em ação como portadora de uma dicotomia correspondente referente ao *Nomos*. O par doloroso-agradável (*algynonta-euphrainonta*), como vimos, corresponde ao par restritivo-prazeroso (*lypounta-hedonta*). As leis do direito são restritivas, não prazerosas. O fato de que a ordem do *Nomos* tenha um significado próprio não é discutido; as leis do direito só têm significado na medida em que afetam a *Physis*. E, por analogia, deslizando numa linha de sinônimos que vai do doloroso ao restritivo e do agradável ao prazeroso, a dicotomia médica é estendida à dicotomia concernente às leis do direito. É uma trapaça retórica, baseada num silogismo por analogia duvidoso. Mesmo que se aceite a desconsideração de Antifonte em relação ao *Nomos* como uma fonte independente da ordem, e também sua crença na *Physis* como um guia rumo ao *sympheron*, ainda faltaria alguma prova de que as *sympheronta* do *Nomos* são efetivamente nocivas para a *Physis*. E, neste ponto, como vimos, não se encontra senão a frouxa asserção de que isso ocorre.

O tratamento "teórico" do *Nomos* é tão pouco convincente que se tem de assumir que não é mais que um mecanismo retórico que encobre uma questão mais profunda. Mesmo um pensador não muito astuto teria de ter percebido que muito pouca "vida" adviria para a *Physis* de alguém se todos desconsiderassem as restrições do direito e agissem de acordo com as "necessidades da natureza". E Antifonte, certamente, via este ponto muito bem. Uma outra seção do fragmento deve ser considerada a chave para essa concepção acerca do verdadeiramente vantajoso que seria, de outro modo, incompreensível. Nessa seção, Antifonte explica que a obediência às leis do direito não seria, com efeito, destituída de benefício se aqueles que obedecessem a elas fossem favorecidos por elas, enquanto aqueles que as violassem sofressem efeitos adversos. Na

---

[18] *Hippocrates* I, 22.

prática judicial concreta, porém, a vítima não tem certeza absoluta de receber reparação, e o criminoso, através de habilidades apelatórias superiores, pode facilmente influenciar o tribunal a seu favor. O *Nomos* de Antifonte, portanto, revela-se não como o direito no sentido filosófico, mas como os costumes e a prática judiciária de uma sociedade corrupta. Nessa selva de informantes chantagistas, perjuros, juízes emocionais e subornados, o homem que se conforma às normas do direito pode, de fato, sucumbir. E, nessa situação, a sentença introdutória do fragmento faz sentido como uma regra de sobrevivência: um homem usará a justiça para seu máximo proveito se obedecer à lei quando em presença de testemunhas e, na ausência destas, seguir o interesse natural. Por conseguinte, mesmo para Antifonte, será *sympheron* obedecer às normas do direito se a presença de testemunhas tornar a transgressão arriscada, pois a lei e as instituições que a impõem fazem parte do ambiente no qual o homem atua com sua *Physis*.

Parece duvidoso que o corpo antifontiano de reflexões possa ser caracterizado como uma "teoria do direito natural" ou uma "teoria do contrato social", como fazem usualmente os historiadores. Essa desordem de ideias mal consideradas e pouco formalizadas (dificilmente se poderia dizer que sejam teorizadas) parece antes um conselho de salve-se quem puder num período de desintegração. É certo que as leis em sentido mais amplo, incluindo os costumes, derivam de um "acordo", mas, ao menos nos fragmentos remanescentes, não há indicação do propósito ao qual serviria tal acordo. A existência da lei convencionada é registrada meramente como um fato social, um tipo de estorvo, e com certeza nenhuma obrigação procede de tal convenção. Os teoremas básicos que constituiriam uma teoria do direito por contrato estão, portanto, ausentes. A caracterização do direito como "convencionado" tem, antes, o propósito de mostrar sua qualidade dóxica, seu caráter de uma "crença" errônea em oposição à verdade, *aletheia*, no sentido parmenidiano. As "leis da natureza", por outro lado, não estão elaboradas no interior de uma teoria do direito natural. Essa parte das ideias de Antifonte permanece no nível de uma concepção fisiológica das "necessidades naturais" e das coisas vantajosas ao "viver"; mais uma vez, estão ausentes os teoremas básicos que baseariam nessa concepção uma ordem viável da vida em sociedade.

Além disso, há ainda uma fração de texto remanescente que deixa a concepção de Antifonte acima de qualquer dúvida. Ele se queixa de que reverenciamos e veneramos aqueles que têm ascendência nobre, mas não aqueles de origem humilde. Nesse aspecto, os helenos se tratam como bárbaros, pois, pela natureza, somos todos igualmente dotados, helenos e bárbaros, pois todos temos igualmente aquilo que é necessário a todos os homens por natureza. Todos nós inalamos o ar pela boca e pelas narinas, e comemos usando nossas mãos. Nesse ponto, o fragmento se interrompe. Mais uma vez, consideramos um exagero aclamar essa passagem como reveladora de uma "teoria" da igualdade dos homens, talvez atingindo um nível de profundidade moral, pois provavelmente ninguém jamais duvidou de que todos os homens sejam iguais no que se refere à posse de um aparelho respiratório ou de mãos, mas ninguém jamais concebeu a ideia de fazer dessa observação um argumento em prol da igualdade dos homens. A tentativa de reduzir a essência do homem a sua anatomia revela que o *pathos* da Hélade, o orgulho de seu *nomos*, de sua tradição civilizacional, está se dissolvendo.

Os fragmentos de Antifonte, longe de conter novas teorias importantes, parecem antes uma estrutura emergencial erigida por um intelectual de terceira categoria nas ruínas da cultura helênica. Isso não significa que os fragmentos sejam desprovidos de interesse. O fato de sua preservação sugere que eram considerados representativos e, portanto, que mereciam ser preservados. Se eram efetivamente representativos do debate sofista sobre os problemas da época (provavelmente teriam de ser situados na década de 420 a.C.), oferecem valiosas imagens da rápida desintegração de Atenas no último quarto do século V, assim como da decadência da cultura intelectual. A pólis deve ter parecido tão putrefata para um sofista como Antifonte, que era provavelmente um ateniense, que o caráter obrigatório de seu Nomos havia se tornado destituído de substância e o refúgio no apolitismo da *Physis* ganhara legitimidade. A resposta sofista para o estado de desintegração, por sua vez, deve ter agravado a situação. Quando lemos Antifonte, podemos compreender o ódio contra os sofistas que um conservador como Aristófanes manifesta nas *Nuvens*, especialmente no debate entre as figuras alegóricas de Dikaios Logos e Adikos Logos (889-1104), e se Antifonte é típico de uma classe de literatura tem-se de admitir que o grande comediógrafo quase não deu margem ao exagero satírico. A situação deve ter se assemelhado à nossa, quando Karl Kraus desistiu de escrever sátiras porque não era capaz de suplantar a sátira encenada pela realidade sobre a verdade da ordem. É difícil imaginar, no entanto, o que pensadores de estatura mediana poderiam ter feito sob as circunstâncias de progressiva desintegração, a menos que se mantivessem calados. Seriam necessários homens de outro calibre, como um Sócrates ou um Platão, para restabelecer os problemas da ordem e elaborá-los ulteriormente. E aqui, novamente, em relação a Platão, os fragmentos de Antifonte têm importância histórica porque provam que Platão, em sua polêmica contra os sofistas, não fez caricaturas; talvez fossem até piores do que aparecem nos retratos platônicos de um Trasímaco ou de um Polo.

5 Crítias

Sob o impacto da Guerra do Peloponeso, no último terço do século V, o *nomos* de Atenas desintegrou-se, e, paralelamente a ele, também a ideia do *nomos*. As antilogias da especulação ética e a substituição da *physis* como um critério da ordem para o *nomos* eram expressões desse processo. Outra de tais expressões é a concepção do *nomos* como um produto de evolução, como se encontra no fragmento *Sísifo*, de Crítias.

A concepção tem ancestrais veneráveis. A geração mais antiga de sofistas deve tê-la desenvolvido por volta da metade do século V ou pouco depois disso, se nos basearmos em Platão, que a atribuiu a Protágoras. Na forma protagórica, conforme relatada por Platão, a ideia da evolução civilizacional foi expressa no mito de Prometeu. Uma vez que a figura de Prometeu havia sido criada por Ésquilo, a sofística tinha de ser considerada derivada do mito esquiliano; e o mito de Ésquilo, por sua vez, nutriu-se das ideias teogônicas e antropogônicas de Hesíodo. Nessa genealogia parece ter se mesclado, na época de Protágoras, uma linha da especulação jônia por meio da cosmogonia de Arquelau. Infelizmente, não sabemos quase nada sobre o aspecto de sua obra relevante para nosso problema, a não ser que estendeu sua cosmogonia além da gênese dos animais e do homem, até a origem da civilização e da ordem governamental. Uma fonte posterior atribui a ele a opinião de que "o justo e o injusto [*aischron*] não são por natureza [*physei*], mas por instituição [*nomo*]" (A 1 e 2). Nesse formato, o relato é certamente tanto incorreto como anacrônico. As formas *physei* e *nomo* não estavam em uso na época, e tampouco é provável que ele tenha contraposto a *physis* ao *nomos*. É mais provável, contudo, que o relato indique que Arquelau tenha absorvido as concepções etnográficas jônias desde Hecateu e explicado as diferenças de costumes entre os vários povos mediante sua criação pelo *nomos* no sentido de convenção ou crença[19].

---

[19] Para as ideias de Arquelau, cf. HEINIMANN, *Nomos und Physis*, 110-115.

Esses antecedentes têm de ser pressupostos na história da evolução civilizacional conforme narrada pelo *Sísifo* de Crítias (B 15). Apresentamos a seguir uma tradução, o mais literal possível, omitindo alguns floreios não pertinentes ao nosso propósito:

> Houve um tempo em que a vida do homem era desordenada, bestial e sujeita à força; não havia recompensa para os excelentes, nem punição para os maus. E então, assim me parece, os homens estabeleceram as leis como gestores, a fim de que a justiça fosse a tirana de todos e a hybris, sua escrava, e de que todos os transgressores fossem punidos. Esse regime de leis, contudo, evitava apenas a violência manifesta, não os crimes cometidos secretamente. Então, ao que me parece, um homem sábio e inteligente inventou o temor aos deuses para os mortais, a fim de que houvesse um terror para os maus, mesmo que fizessem, dissessem ou pensassem algo em segredo. Por essa razão introduzimos o Divino [*to theion*]: "É um Daimon, florescendo com vida inesgotável, ouvindo e vendo com sua mente, sabendo além dos limites e observando o mundo, de natureza divina, que pode ouvir tudo o que se diz e tudo o que se faz entre os mortais, e até mesmo seus planos silenciosos de malefícios não permanecerão ocultos aos deuses". Deste modo, ele introduziu a mais persuasiva das lendas, encobrindo a verdade com uma falsa fábula [*pseudei logo*]. E, a fim de tornar sua fábula eficaz, fez que os deuses residissem no lugar cujo nome mais assustaria os homens, na abóbada revolta de onde provêm os temores e as recompensas para a dura vida do homem, onde ele enxerga a claridade e o trovão, no céu cintilante, a linda tapeçaria de Cronos, o habilidoso artesão. Assim, ele cercou os homens de temores, estabeleceu o Daimon por sua história, dando a ele um *habitat* próprio, e, ao mesmo tempo, extinguiu o desregramento por meio das leis [*nomoi*]. Dessa maneira, penso eu, alguém persuadiu os mortais a crer [*nomizein*] na existência de uma raça de deuses.

Como no caso de Antifonte, não é fácil determinar o significado preciso da história. Crítias não é um teórico mais capaz que Antifonte de penetrar no cerne de um problema desse tipo. Sua história não é uma teoria, mas o que Platão depois chamaria de *doxa*, uma opinião acrítica, debatendo-se nas complexidades das questões. Por conseguinte, seria uma superficialidade inadmissível resumir a história como uma teoria sofista de que as leis e os deuses foram inventados pelo homem. Por certo, em comparação com o mito protagórico de Prometeu, é inegável um tom mais radical de agnosticismo. No mito de Protágoras, os deuses criam os seres mortais, Epimeteu os equipa com suas faculdades, esquecendo-se do homem, Prometeu fornece as características do *homo faber*, e Zeus concede os dons da vida organizada na comunidade política. Na história de Crítias, os deuses criadores desapareceram, as leis são inventadas pelos homens em geral, e o temor aos deuses é a invenção de um homem particularmente "sábio e inteligente". Essa alteração dos agentes criadores, porém, nos dá certeza apenas de que o mito ao estilo antigo perdera, para Crítias, a autoridade de simbolizar "verdadeiramente" o mistério da ordem, tanto política como espiritual. Ela não demonstra que Crítias sustentava seriamente uma "teoria" da invenção humana. Pelo contrário, ele expressou sua ideia na própria forma do antigo mito, pois a história tem início com as mesmas palavras "Houve um tempo em que" (*hen chronos*) que iniciam o mito de Prometeu no *Protágoras* de Platão. Ademais, expressões como "ao que me parece" e "penso eu" constantemente entremeadas no texto depreciam qualquer verdade teórica e insistem no papel do narrador como o autor de um mito. Seria mais apropriado, portanto, caracterizar a história como um "mito sofista" da invenção humana que tende a substituir o antigo simbolismo politeísta. É uma forma de simbolização que está no meio do caminho entre o antigo mito, que não pode mais ser ingenuamente aceito, e o novo mito da alma, que requereu Platão para sua criação.

O mito de Crítias, ademais, não pretende invalidar a ordem civilizacional. A vida do homem, antes das invenções, era realmente desordenada e bestial; o estabelecimento das leis realmente tornou a justiça a tirana de todos; e a invenção dos deuses infundiu nos homens um temor que realmente melhorou sua conduta moral. As conquistas são consideradas reais, e Crítias é o último homem que desejaria arruinar a ordem da justiça e da moralidade. Ele não apresenta uma ordem da *physis* como uma alternativa ao *nomos*. Pelo contrário, insiste em que "uma maior quantidade de homens é boa em virtude do hábito que da *physis*" (B 12). Em suas *Constituições*, ele veementemente exalta em verso e prosa os hábitos severos dos lacedemônios, e numa passagem de seu *Radamanto* confessa querer para si somente a reputação da justa fama, ao comparar-se a outros que desejam ser fidalgos, ou donos de grandes propriedades, ou que se sentem atraídos por ganhos vergonhosos e não pela honra (B 15).

A chave para a intenção de Crítias, se há uma chave a ser encontrada em sua fabulação, deve ser procurada na breve e enigmática linha que afirma que o homem sábio e inteligente que inventou os deuses encobriu a verdade (*aletheia*) com sua fábula falsa (*pseudes logos*). Qual é essa verdade encoberta pelo falso logos? A verdade, agora revelada pelo orador Sísifo no drama, poderia ser que o logos seja falso? É improvável, pois isso seria uma imbecilidade que não se assumiria facilmente. A verdade encoberta pela história só pode ser o discernimento de que o próprio homem, a partir dos recursos de sua alma, é o criador da justiça e da moralidade. Nem todo homem, no entanto. Há homens "excelentes" que sofrem no desregramento, e a invenção das leis os protege contra os maus; e a invenção dos deuses deve-se ao "homem sábio e inteligente" que aparentemente possuiria a moralidade e que inventa o logos a fim de induzir a conduta moral através do temor aos deuses em outros homens que não eram capazes de alcançá-la espontaneamente sem tal expediente. A verdade agora desvelada é a criação da ordem civilizacional por parte dos excelentes, os aristocratas naturais, e sua imposição à massa do povo. Se essa interpretação for sustentável, o logos de Crítias teria um interesse histórico especial, pois o mesmo problema reaparece na obra do maior sobrinho de Crítias, na *República*, em que Platão introduz o *pseudes mythos* para a massa do povo, velando a verdade, pois a massa é incapaz de viver espontaneamente em conformidade com a verdade desvelada.

6 Igualdade, desigualdade, harmonia

Se assumirmos que os fragmentos de Antifonte e Crítias representam a teorização sofista perto do fim do século V, o nível das realizações teóricas não poderá ter sido alto. É necessário salientar esse ponto por causa do hábito historiográfico ainda persistente de atribuir aos pensadores desse período teorias do direito natural e do contrato social — uma generosidade não justificada pelo real conteúdo dos fragmentos remanescentes. Todavia, há em tais atribuições um cerne de verdade, na medida em que esses pensadores, embora não sejam grandes teóricos, criaram uma nova situação teórica e forneceram os símbolos para expressá-la. Não se pode extrair de Antifonte, por exemplo, uma teoria da origem do direito por meio de um contrato, pois o *nomos* com o qual seus homens "concordam" não é o direito no sentido técnico, mas inclui os costumes cuja transgressão seria uma "desgraça"; além disso, a "concordância" não cria uma obrigação, mas, pelo contrário, invalida a força obrigatória da lei e do costume, como indicamos. Antifonte, entretanto, havia visto que, nas condições concretas da democracia ateniense, o *nomos* acerca do qual os homens "concordavam" não tinha muita substância, por conseguinte tornava-se necessária uma busca por ela. Por estranho que pareça à primeira vista, a atitude de Antifonte era substancialmente a mesma de Platão, e sua caracterização do *nomos* como "convencionado" num sentido depreciativo tinha a mesma intenção da caracterização platônica das opiniões correntes sobre a justiça como *doxa*. A tentativa de encontrar essa substância na *physis*, no sentido médico ou fisiológico, foi, certamente um erro abortivo, e levou à ideia de basear a igualdade dos homens em sua anatomia. Mas aqui, novamente, à parte a inadequação filosófica, havia a ideia da igualdade em si. Da desintegração do *nomos* ateniense emergiu a visão de uma comunidade humana abrangendo helenos e bárbaros. Foi a precursora das ideias do século IV que transcenderam a pólis como a unidade última de existência social, foi a precursora do pan-helenismo de Isócrates, da ideia cínica e estoica de uma cosmópolis e da tentativa, por parte de Alexandre, de unir persas e helenos na harmonia (*homonoia*) de seu império.

Reflexões similares são sugeridas pelo fragmento do *Sísifo* de Crítias. A ideia de que as leis são "projetadas" e os deuses são "inventados" por alguém era uma racionalização dos fenômenos da ordem que pode ser rejeitada como a fantasia de um diletante aristocrático desconcertado com tais problemas; no entanto, a fantasia se baseava na experiência da Atenas decadente, na observação de um populacho emotivo, disposto a quaisquer desonestidades e crimes, e até a atos políticos estúpidos e autodestrutivos. A ordem civilizacional podia ser debilitada e destruída por essa turba livre e soberana, mas com certeza não podia ser criada por ela. Em tal circunstância de crise, tornou-se evidente que nem todos os homens eram iguais, que a criação e a manutenção da ordem civilizacional eram obra de minorias, dos excelentes, e, em situações de emergência, talvez dependesse de um único "homem sábio e inteligente". Mais uma vez, afora a racionalização inadequada, essa foi a ideia na qual Platão baseou suas concepções do rei-filósofo e do governante real, e na qual Aristóteles baseou sua concepção do homem maduro, o *spoudaios*, que era o portador da excelência moral assim como da ordem na pólis.

Da desintegração da pólis e de seu *nomos* começam a surgir os grandes problemas do século IV: a indagação acerca da natureza do homem que é a mesma em todos os seres humanos, o problema da desigualdade dos homens na amplitude de sua natureza igual, a busca por uma ordem comum que mantenha os desiguais unidos em harmonia sem destruir a excelência, e a diversificação histórica das civilizações nacionais. Os sofistas veem estes problemas, ainda que suas soluções sejam inábeis e inadequadas. Por mais falacioso que seja seu raciocínio, eles estão, como vimos em Antifonte e Crítias, em busca da verdade, *aletheia*. A busca da verdade do ser vai em ininterrupta continuidade de Parmênides a Platão. O fato não deve ser obscurecido pelas formas peculiares que a busca assume nas mãos dos últimos sofistas nem pelo protesto de Platão contra as perversões imanentistas da busca.

Os fragmentos dos últimos sofistas não são importantes primordialmente devido ao seu raciocínio ou ao seu conteúdo teórico; antes, seu valor deve ser procurado em suas motivações, em seu caráter como sintomas da desintegração de uma ordem mais antiga, assim como em sua função como sinalizadores que apontam para uma nova ordem. Sob esse aspecto, devemos listar numerosos fragmentos que, apesar de sua brevidade, iluminam o cenário intelectual dos fragmentos de Antifonte e Crítias.

Preservou-se uma passagem de Pródico de Céos:

> Ele disse: "Os antigos acreditavam que o Sol e a Lua, os rios e as nascentes, e, no geral, tudo o que é útil à nossa vida eram deuses, em virtude de sua utilidade, como os egípcios acreditavam acerca do Nilo", e é por isso que se acreditava que o pão era Deméter, o vinho, Dioniso, a água, Posêidon, o fogo, Hefesto, e assim com tudo o que podia ter um bom uso (B 5).

A explicação utilitarista da crença nos deuses mostra que a racionalização de Crítias não estava isolada em sua época. Pródico parece ter partilhado com Crítias um agnosticismo dogmático como o que surgiria na esteira do agnosticismo crítico protagórico. Não há indicação de que Pródico ou Crítias tenham usado sua crítica dos símbolos politeístas como um primeiro passo para chegar à ideia de um deus supremo, como fez Xenófanes.

Há duas referências remanescentes, por parte de Aristóteles, às ideias de Licofron. Na *Política* 1280b, Aristóteles fala da verdadeira pólis como preocupada com a excelência de seus cidadãos; sem tal preocupação, ela desceria ao nível de uma mera relação contratual, como no caso de uma aliança entre várias pólis. Nesse caso, a lei seria um pacto (*syntheke*) ou, "na expressão do sofista Licofron, um assegurador dos direitos dos homens uns contra os outros"; ela não se destinaria a tornar os cidadãos bons e justos. Deve-se notar que os termos "pacto" ou "contrato" nessa passagem são de Aristóteles, não de Licofron, como às vezes erroneamente se presume. No que se refere a Licofron, só se pode afirmar que concebia a lei como um assegurador (*engyetes*) dos direitos dos homens — aparentemente sem exibir nenhum interesse pela substância moral de uma comunidade. Além disso, um fragmento aristotélico atribui a Licofron a sentença "O esplendor do nascimento nobre é espúrio, baseia-se apenas nas palavras"[20]. Os fragmentos de Licofron denunciam uma afinidade com o ambiente intelectual de Antifonte e, como Licofron era provavelmente pupilo de Górgias, talvez também com a ascendência mais ampla das ideias de Antifonte.

---

[20] Diels-Kranz, Lycophron 4.

No século IV já aparecem as expressões mais radicais da ideia de igualdade, estendendo-a além da nobreza, dos helenos e dos bárbaros, incluindo também os escravos. Elas constam de alguns fragmentos de Alcidamas, o pupilo de Górgias e seu sucessor na direção de sua escola de retórica. Na *Política* 1253b 20-22, sobre o tema da escravidão, Aristóteles relata que alguns autores sustentam que "é contrário à natureza que um homem seja senhor de outro homem, pois somente pela lei (*nomo*) um homem é escravo e outro é livre; pela natureza (*physei*) eles não são diferentes; o domínio do senhor sobre o escravo se baseia na força e, portanto, não é justo". Nessa ocasião, Aristóteles não especifica quem são aqueles que sustentam esse princípio. Alcidamas, contudo, deve ter sido um deles, pois em sua *Retórica* Aristóteles refere-se a uma passagem do *Messeniakos* de Alcidamas: "Deus fez todos os homens em liberdade; ninguém foi feito escravo pela natureza"[21]. O *nomos* é o tirano que priva os homens da liberdade a eles concedida por Deus e pela natureza. Em outra passagem da *Retórica*[22], Alcidamas refere-se com desprezo às "leis: esses soberanos da pólis pela tradição" — uma alusão depreciativa ao verso de Píndaro. Mas contra tais soberanos — assegura Alcidamas à humanidade — surgiu um protetor: "A filosofia: este baluarte contra os *nomoi*"[23].

Por fim, devem ser considerados diversos fragmentos mais longos, discursivos, de autoria desconhecida, que indicam uma tendência conservadora, em oposição às ideias sofistas em desintegração, no final do século V. Um grupo desses fragmentos provém de um tratado sobre *Harmonia* (*Homonoia*), atribuído a Antifonte e impresso sob seu nome em Diels-Kranz. Se eles são mesmo de autoria do homem que escreveu os fragmentos anteriormente discutidos sobre *Verdade*, Antifonte deve ter passado por uma interessante mudança de ânimo no decurso de sua vida. É mais provável que os fragmentos sejam de alguma outra pessoa. Um segundo grupo de fragmentos advém do *Protréptico* de Jâmblico. Esse grupo foi determinado como constituído de excertos de um autor do final do século V, e recebe o título de *Anonymus Iamblichi*.

O autor do tratado *Da harmonia* é um moralista refinado, um homem de estatura e talento literário consideráveis. Ele vê a vida do homem como uma noite em vigília a ser passada adiante, quando nasce o dia, para a próxima gera-

---

[21] *Retórica*, 1373b18, Escólio.
[22] *Retórica*, 1406a22.
[23] *Retórica*, 1496b11.

ção (B 50). A vida, mesmo quando é feliz, não tem nada de extraordinário, formidável, nobre; na realidade, ela é trivial, frágil, efêmera e mesclada com pesar (B 51). Contudo, é a única vida que o homem tem. Estranhamente, porém, há pessoas que não vivem sua vida presente, mas que são assombrosamente ativas como se tivessem outra vida para viver, e, enquanto isso, o tempo se esgota (B 53a). O tempo de vida não pode ser recuperado; não é possível rearranjar o passado como se fosse um desenho numa lousa (B 52). Em algumas das sentenças ouvimos um tênue eco da teoria da ação de Ésquilo, como na passagem em que o autor fala dos homens que hesitam quando não há espaço para hesitação (B 55), ou na que fala de homens para os quais a enfermidade é um feriado, pois não precisam enfrentar a ação (B 57). E tais reflexões dispersas estão encadeadas numa meditação mais longa sobre o homem que sai para fazer mal a seu vizinho. No caminho, ele pode ter receio de não realizar sua intenção, mas de obter uma consequência inesperada. Isso é um princípio de sabedoria, pois, ao recear, ele hesita, e, ao hesitar, o tempo passa e ele pode mudar de ideia. O que já foi feito não pode ser desfeito, mas a hesitação contém a possibilidade de que o ato não seja levado a efeito, pois aquele que acredita poder causar dano a seu próximo e não acarretar dano para si mesmo é um tolo (B 58). Essa tentação e a resistência a ela são essenciais para a disciplina moral, pois um homem que não desejou nem tocou o mal não tem autocontrole, não havendo nada sobre o que possa obter controle e, desse modo, provar sua verdadeira decência (B 59). E nenhum homem será melhor juiz da prudência de outro homem que aquele capaz de reprimir o desejo do momento e de dominar-se (B 58).

A refinada cultura espiritual desses fragmentos contrasta radicalmente com o frágil intelectualismo e a precipitação de outros sofistas. Pode-se quase duvidar de que o autor do tratado fosse contemporâneo de Antifonte, a não ser que recordemos que ele era também contemporâneo de Demócrito e Sócrates. Suas ideias, porém, não eram singulares em sua época, como mostram os fragmentos dos *Anonymus Iamblichi*. Esses fragmentos não têm a qualidade literária do tratado *Da harmonia*, mas também revelam a aversão ao individualismo extremo, ao seu contrassenso irrealista e a suas consequências. O autor desconhecido é amargo quanto aos homens que se entregam à pleonexia, que consideram a força irrestrita a virtude do homem e a obediência às leis uma fraqueza. Esta é uma atitude repreensível, pois os homens são, por natureza, incapazes de viver como indivíduos; eles se uniram sob a pressão da necessidade e inventaram as habilidades que visam manter a vida. E, uma vez em comunidade, não podem viver sem lei, pois isso seria pior que a existência em isolamento. Por conseguinte, o direito e a justiça vigoram entre homens por necessidade, e essa ordem das coisas não pode ser modificada, pois é estabelecida pela natureza (6).

Embora as sentenças soem como uma polêmica contra Antifonte, a passagem imediatamente subsequente parece ridicularizar uma ideia do "homem forte" como a que é defendida pelo Cálicles de Platão no *Górgias*. Mesmo que existisse um homem com uma constituição natural extraordinária, prossegue o *Anonymus*, imune a ferimentos e enfermidades, insensível, sobrenatural (*hyperphyes*) e adamantino de corpo e alma, ele não seria capaz de estabelecer um domínio de força acima da lei, pois a multiplicidade dos outros homens, em virtude de sua ordem legal, superaria tal personagem e o subjugaria às ocultas e com força maior. Se um homem forte, contudo, estabelece uma tirania, deve-se entender que ele só conseguiu obter sua posição devido ao estado geral de desregramento (*anomia*). Alguns homens, certamente, são da opinião errônea de que um povo pode ser privado de sua liberdade por um tirano sem que haja falha. Isso, entretanto, não é verdadeiro. Tais coisas só podem acontecer quando a massa do povo voltou-se para o mal, pois uma comunidade não pode existir sem lei e sem justiça, e somente quando o povo afastou-se delas sua administração passará para as mãos de um único homem. O homem que fosse capaz de pilhar a lei, a vantagem comum de todos, teria de ser feito de ferro; sendo ele um ser de carne e osso, só pode conquistar o domínio depois de haver degradado o povo na anomia (7).

Mesmo nossa sumarização não eliminou a repetitividade do texto. Todavia, substancialmente, ele é uma análise perspicaz da origem da tirania e, em geral, da ideia sofista do "homem forte" no desgoverno do povo. Além disso, em reflexões desse tipo está prefigurada a ideia platônica de que a ordem de uma sociedade é a transposição amplificada da ordem que vige nos homens que a compõem e, em particular, sua ideia de que a ordem social ateniense é a amplificação do sofista.

7 Hipódamo e Faleias

Seria estranho se o rápido desenvolvimento constitucional do século V, assim como as frequentes guerras civis e mudanças de regime nas várias pólis não houvessem dado origem a uma literatura sobre estratégias constitucionais para a criação de uma ordem política relativamente estável. Tentativas desse tipo sugerir-se-iam ainda mais devido ao fato de que a prática da colonização — embora a grande época da expansão por meio de colônias já houvesse terminado — oferecia a oportunidade de pôr à prova os novos esquemas. Lamentavelmente, porém, todo esse ramo da literatura que provavelmente existiu foi perdido. Não sabemos nada a respeito dele, exceto aquilo que Aristóteles decide narrar no livro II de sua *Política*. Em certa altura, tendo concluído sua análise e crítica das constituições propostas por Platão na *República* e nas *Leis*, ele afirma: "Há outras constituições, algumas propostas por particulares, outras por filósofos e homens de Estado, todas elas mais próximas das constituições estabelecidas e efetivamente existentes" que as propostas platônicas (1266a 30-33). A passagem indica a existência de um considerável corpo literário, assim como de algumas classes de autores. No período precedente, os textos sobre constituições eram, aparentemente, ocupação dos homens de Estado. Aristóteles menciona um deles: "Fídon, o Coríntio, um dos mais antigos legisladores" (1265b 13); e argumenta que Hipódamo de Mileto foi o primeiro homem não envolvido em política a fazer investigações acerca da "melhor constituição" (1267b 29-31). No entanto, uma que vez que não sabemos nada sobre Fídon, o Coríntio, enquanto Hipódamo teve uma vida longa, estendendo-se provavelmente de 480 a 400 a.C., essa informação não nos permite fixar a data em que "particulares" começaram a escrever sobre constituições. Tudo o que se pode afirmar é que a extensão do debate constitucional fora dos círculos profissionais deve ter ocorrido em algum momento na segunda metade do século V. Quanto ao conteúdo do debate, novamente a informação de Aristóteles é apenas acessória. A constituição espartana deve ter atraído atenção favorável em virtude de sua estabilidade, pois "alguns" dizem que "a melhor constituição é a mescla de todas as constituições" e, portanto, exaltando assim a constituição dos lacedemônios. "Eles afirmam que ela consiste em oligarquia, monarquia e democracia, sendo estas formas representadas pelo conselho de anciãos, pelo rei e pelos éforos (1265b 33-1266a 1). Outros, porém, concentram-se na questão da propriedade, pois a distribuição da propriedade é o ponto sobre o qual se voltam todas as revoluções, e uma distribuição equitativa seria, por conseguinte, a chave da estabilidade constitucional (1266a 37-38). Não é possível extrair nada mais que isso à guisa de informação geral sobre esse tipo de literatura.

Aristóteles trata especificamente de duas de tais propostas para uma constituição estável. Elas são projetos de Faleias da Calcedônia e de Hipódamo de Mileto. A respeito de Faleias não sabemos nada além de seu aparecimento nesse contexto. Ele provavelmente viveu por volta do final do século V ou talvez dos primeiros anos do século IV. Hipódamo é o conhecido arquiteto que, sob as ordens de Péricles, projetou o novo Pireu com seus quarteirões retangulares.

O direito à honra de ser mencionado alegado por Faleias referia-se a sua proposta, feita pela primeira vez, de que todos os cidadãos tivessem posses e educação iguais. Ele julgava que tal esquema poderia ser facilmente implementado quando uma pólis houvesse sido recentemente fundada, enquanto numa pólis já estabelecida poderia ser posto em prática gradualmente, com os ricos concedendo dotes de casamento e os pobres recebendo-os. Além disso, Faleias sugeriu que todos os artesãos fossem escravos públicos. Este último expediente talvez indique que pretendia eliminar todas as fontes de renda que não a proveniente do cultivo da terra em lotes iguais. Sua pólis teria sido então uma comunidade agrária, sem negócios ou comércio, usando trabalhadores qualificados somente como escravos. Isto soa como um projeto nostálgico para curar os males da época mediante um retorno à vida simples, lembrando as ideias de intelectuais contemporâneos que querem abolir os males do capitalismo com um retorno aos modos de produção agrícolas. Aristóteles não tem dificuldade para demonstrar as insuficiências do esquema.

Hipódamo de Mileto aparentemente imaginou um projeto mais elaborado. Ele assumiu uma pólis de dez mil cidadãos. O conjunto dos cidadãos dividia-se em três classes: artesãos, lavradores e defensores armados da pólis. A terra se dividia em três partes: sagrada, pública e privada. A renda das terras sagradas deveria sustentar o culto habitual aos deuses, as terras públicas proveriam o sustento dos guerreiros, e as terras privadas estariam nas mãos dos proprietários. As três classes formariam a assembleia do povo, e a função de seu chefe seria a eleição dos magistrados. A jurisdição dos magistrados se estenderia a três assuntos: questões comunitárias, questões relacionadas a residentes estrangeiros e questões referentes aos órfãos. Haveria três divisões do direito, de acordo com os principais tipos de queixas: insultos à honra, danos e homicídios. O projeto estabelecia, assim, uma reforma dos procedimentos judiciais e a instituição de um tribunal superior de apelações, honras para aqueles que descobrissem algo vantajoso para a pólis e apoio público aos órfãos.

Aristóteles ressalta as questões deixadas em aberto nesse projeto (como, por exemplo, quem cultivaria as terras sagradas e públicas), mas não diz nada a respeito de suas motivações. A recorrência do número três sugere afinidades pitagóricas, e muito possivelmente a constituição de Hipódamo baseava-se fortemente numa imagem simbólica da ordem, como fazem as constituições de Platão, com as quais tem certa semelhança. Nesse caso, a crítica de Aristóteles, que sustenta que Hipódamo oferecia uma solução no nível das motivações utilitaristas, não atingiria o cerne da questão, assim como suas críticas à *República* e às *Leis* de Platão. O significado do projeto de Hipódamo foi provavelmente perdido.

Capítulo 12
Poder e história

Iniciamos nosso estudo do *Mundo da pólis* com reflexões sobre a delimitação da história grega por meio da memória do período clássico. Medimos o alcance da memória desde os primórdios egeus até o final do século V, e chegamos ao presente de sua formação. As reflexões precedentes sobre Heródoto e Tucídides, limitadas à tradução das tradições minoica e micênica na história grega, devem agora expandir-se com uma investigação sobre a gênese da consciência histórica assim como de suas categorias.

A situação na qual a consciência da história se formou assemelhava-se em muitos aspectos à homérica. Novamente as sociedades da área egeia estavam envolvidas numa grande guerra, e novamente apareceram como um todo quando seu prazo se esgotava e o visível declínio oferecia o incentivo para sua exploração. A Hélade e a Pérsia, certamente, tomaram o lugar dos aqueus e dos troianos, mas os personagens do drama ainda eram os poderes que circundavam o Egeu. Ademais, os historiadores do século V estavam tão cientes do drama da humanidade representado naquele cenário quanto estavam os poetas da *Ilíada*. O *pathos* do helenismo, inaugurando-se orgulhosamente com seu *nomos* contra os bárbaros, amenizara mas não extinguira a noção de um destino comum, e perto do fim do século V a noção de uma humanidade comum abriu caminho no *pathos* do *nomos* vacilante e ousou insistir na igual natureza de helenos e bárbaros. Porém, mesmo no auge da tensão, pouco após as Guerras Persas, o sentimento trágico era forte o bastante para afirmar-se num homem dificilmente concebível no emaranhado moralizador plebeu de nosso próprio tempo, quando Ésquilo, em *Os persas*, celebrou a vitória dramatizando a tragédia do inimigo derrotado. Numa década da luta pela sobrevivência, quando a cidade ainda estava em ruínas, foi escrito e encenado em Atenas o drama que espelhava o triunfo na trágica queda do formidável inimigo através da *hybris* de seus governantes.

A noção de unidade dramática da humanidade tem de ser salientada, pois no simbolismo da história sua presença não está tão palpavelmente manifesta quanto no mito. Na epopeia homérica não pode haver dúvida acerca do destino comum que engolfa troianos e aqueus na derrocada da civilização micênica, pois os deuses olímpicos são, no sentido mais literal, os poetas da tragédia. Tampouco pode haver dúvida em *As troianas*, de Eurípides, pois o simbolismo olimpiano marca o desastre ateniense na Guerra do Peloponeso, causado pela *hybris* após a vitória sobre a Pérsia, como a repetição mítica do desastre aqueu após a vitória sobre Troia. E a mesma clareza acerca dos destinos entrecruzados do Oriente e do Ocidente permeia o mito platônico de Atenas e Atlântida. O simbolismo dos historiadores nem sempre permite tal clareza de expressão. O governo mundial olimpiano, tendo a humanidade em seu domínio universal, acabou-se. O mundo do historiador é um campo de experiência aberto para o investigador, uma multiplicidade de povos e civilizações com diferentes *nomoi*, e especialmente com diferentes deuses; e nesse mundo está em andamento uma luta pelo poder entre homem e homem, governante e súdito, nação e nação, motivada pelo temor e pela cobiça, pela paixão e pela esperança. Um mundo assim ameaça fragmentar-se em centros de poder individuais e centros de poder nacionais, ascendendo e decaindo sem um sentido discernível. Veremos como os historiadores tentam preservar a noção de um drama comum num mundo sem deuses por meio de sua expressão em categorias filosóficas e como a tarefa se torna cada vez mais difícil quando a cena da ação significativa se restringe, passando do conflito europeu-asiático descrito por Heródoto para a erupção da Atenas de Péricles e sua subsequente desgraça descrita por Tucídides.

As seções seguintes tratam, primeiramente, das *Histórias* de Heródoto; em segundo lugar, da *Constituição de Atenas* do Pseudo-Xenofonte, um discurso de um autor desconhecido, convencionalmente denominado o Velho Oligarca; e, em terceiro lugar, da *História* de Tucídides.

§1 Heródoto

Heródoto de Halicarnasso nasceu por volta de 485 e morreu por volta de 425 a.C. Sua vida estendeu-se das Guerras Persas até os primeiros anos da Guerra do Peloponeso. Na época de seu nascimento, a cidade de Halicarnasso era um domínio da Pérsia, organizada como uma tirania sob uma dinastia grega. A condição de Heródoto como súdito da Pérsia, assim como uma tirania local tornavam impossível para ele inserir-se numa carreira política, como teria sido normal que um jovem de uma família abastada da classe alta fizesse numa cidade grega livre, e isso foi provavelmente um fator que contribuiu para sua dedicação precoce à vida literária, às viagens com propósitos determinados e à coleta do material coligido nas *Histórias*. Geograficamente, o mundo que ele conhecia se estendia de Susa a Cartago, e do mar Negro ao Egito. Politicamente, seu mundo foi a conturbação do poder desde Ciro, o Grande. No meio século anterior a seu nascimento, Ciro revoltou-se contra os medos, conquistou a Lídia (546 a.C.) e a Babilônia (538) e estabeleceu o império persa; Cambises conquistou o Egito (525); Dario I estendeu o império para além do Indo e o reorganizou, subjugou a revolta jônia e sofreu o primeiro revés persa em Maratona (490). Durante a vida de Heródoto deram-se o projeto naval de Temístocles, a batalha de Salamina (480) — na qual Artemísia, rainha de Halicarnasso e Cós, teve um papel destacado ao lado dos persas —, a formação da Liga de Delos e sua transformação no império ateniense, a aventura ateniense no Egito e a Era de Ouro de Péricles. Posteriormente em sua vida, Heródoto participou da colonização pan-helênica de Túri, da qual se tornou cidadão. Sobreviveu a Péricles, morrendo em 425 a.C. Intelectualmente, seu mundo foi o mundo da literatura épica, da lírica jônia, de Ésquilo e Píndaro e dos filósofos jônios desde Tales a Heráclito. Heródoto combinou essas influências variadas ao racionalismo que se havia gerado na fronteira jônia entre a Ásia e a Europa por meio de um conhecimento comparativo das civilizações. Ele estava familiarizado com a obra de seu grande predecessor, Hecateu de Mileto, e também, provavelmente, com outras obras literárias não preservadas. Por suas próprias investigações, reuniu conhecimento acerca de fatos geográficos, históricos, sociais e econômicos, de tradições e do folclore que se estendia pelo mundo de sua época, o que faz de suas *Histórias* um romântico jardim encantado e um universo nunca equiparado desde Homero.

Heródoto não expõe sua teoria da história de modo discursivo, mas em formulações breves dos princípios dispersas ao longo da obra. Suas intenções teóricas têm de ser derivadas dessas formulações em justaposição com o conteúdo e a forma da relação histórica. Alguns dos princípios são expostos como declarações programáticas pelo próprio historiador, outros são pronunciados por pessoas da história, intimamente entremeados com a narrativa. Alguns são inseridos nos principais cortes da obra, outros em pontos culminantes da ação e outros, ainda, parecem ser acidentais.

As *Histórias* têm início com a frase:

> Este é o registro de uma investigação [*historie*] realizada por Heródoto de Halicarnasso, relatada a fim de que aquilo que é recordado [*genomena*][1] pelos homens não seja obliterado pela passagem do tempo, de que os formidáveis e prodigiosos feitos de helenos e bárbaros não se tornem ignotos, e, especialmente, a razão [*aitie*] pela qual guerrearam uns contra os outros.

Para revelar seu sentido completo, o programa deve ser lido à luz de sua execução. A obra de Heródoto tem claramente um corte principal: os livros de I a VI tratam do conflito europeu-asiático desde seu início até sua culminação na expedição de Xerxes; os livros de VII a IX tratam da campanha de Xerxes, sua preparação, seu curso e seu desfecho. A divisão é frequentemente interpretada como manifestando a intenção do autor de redigir a história da guerra de 480/79, de modo que os livros de VII a IX constituiriam a obra propriamente dita, enquanto os livros de I a VI teriam a natureza de uma introdução. Essa interpretação deve suscitar reservas, pois imputa a um autor grego dotado de senso de proporções a falha de redigir uma introdução monstruosa que ocupa dois terços de toda a obra. Logo, é preferível aceitar a opinião do próprio Heródoto sobre aquilo que estava fazendo. A declaração programática supracitada é imediatamente seguida pelo início da história propriamente dita: que os fenícios foram a causa (*aitioi*) do conflito (*diaphore*), já que raptaram Io de Argos. A guerra explorada por Heródoto não é a campanha de Xerxes, mas a guerra entre europeus e asiáticos, remontando até onde alcança a memória da humanidade e somente chegando a um clímax na campanha de 480. As três partes da declaração programática, portanto, têm uma conexão clara. As recordações dos homens não devem ser obliteradas pela passagem do tempo, pois nas tradições estão preservados os formidáveis e prodigiosos feitos de helenos e bárbaros, e tais feitos são formidáveis e prodigiosos na medida em que são os feitos da guerra entre europeus e asiáticos, que, conjun-

---

[1] Há aqui um deslize na tradução do grego: *genomena* significa "aquilo que foi feito", "realizado", e não "recordado". (N. do E.)

tamente, constituem a humanidade. Mas por que razão seriam tais feitos tão formidáveis e prodigiosos ao ponto de que sua desaparição da memória da humanidade deva ser evitada? Esta questão será respondida pela descrição da guerra em si, assim como pela exploração de suas causas.

A guerra em cada uma de suas fases consiste de ações e reações típicas, e a guerra como um todo consiste de um encadeamento de tais fases típicas. Io é raptada pelos fenícios, e Europa é raptada pelos gregos. Esta é uma das fases de ação e reação, e "as contas estão equilibradas" (*isa pros isa*). Por ocasião da próxima fase, Heródoto elabora melhor o problema. Medeia é raptada pelos gregos, mas o rei da Cólquida exige a devolução e uma reparação; os gregos se recusam a isto, pois seu pedido de reparação pelo rapto de Io fora negado. A ação da segunda fase, portanto, está conectada à primeira fase e a questão permanece assim por ora. Duas gerações mais tarde, Páris rapta Helena, convencido de que não terá de prestar reparação já que não houvera uma para Medeia, e a exigência dos gregos é recusada consistentemente. Os gregos respondem com sua expedição, que resulta na destruição de Troia, e agora o conflito atingiu o estágio das guerras mundiais no qual o próximo passo atinge os asiáticos. O conflito está se tornando uma bola de neve, chegando à divisão do mundo entre a Pérsia como a representante da Ásia e a Grécia como a representante da Europa (I, 4). No interior desse grande conflito mundial ocorrem, porém, numerosos subconflitos. A história da guerra da humanidade, portanto, não pode ser confinada aos gregos e persas, mas tem de abarcar toda a cadeia de conflitos menores vinculados em algum ponto à batalha dos grandes protagonistas da época de Heródoto. A narrativa se estenderá para todo o mundo conhecido e alcançará "pequenos e grandes povoamentos humanos da mesma maneira", "pois muitos que eram grandes no passado tornaram-se agora pequenos; e aqueles que são grandes em minha época eram antes pequenos". "A felicidade [ou prosperidade, predominância, *eudaimonie*] humana nunca dura muito" (I, 5). A descrição do mundo em detalhes concretos, geográficos e etnográficos, constitui uma parte necessária da história, pois a terra, em sua extensão espacial, é o palco no qual as sociedades humanas, como os atores, encenam o drama da guerra no tempo.

Os nomes de Anaximandro e Heráclito nunca são mencionados por Heródoto. Entretanto, será apropriado recordá-los agora, pois a concepção da dinâmica histórica que emerge de Heródoto dá prosseguimento à concepção da dinâmica cósmica desenvolvida pelos filósofos jônios. Anaximandro proferiu o princípio: "Qualquer que seja a gênese das coisas que existem, nisto estará seu perecimento como uma dívida necessária [*chreon*]; pois elas pagam punições [*dike*] e reparações [*tisis*] umas às outras por suas transgressões [*adikia*], conforme aquilo que o tempo ordena" (B 1). E Heráclito diz: "É preciso saber que a guerra é comum [*xynon*, a realidade da ordem] e a justiça [*dike*] é disputa, e tudo acontece de acordo com a disputa e a reparação [*chreon*]" (B 80). O que quer que seja feito é uma ação na disputa geral, e para seu êxito é preciso pagar o preço da derrota nas mãos do próximo vitorioso, que, por sua vez, sucumbirá na cadeia de ascensão e queda. Este é o princípio transferido por Heródoto ao processo da história. Em sua forma mais sucinta ele é proferido por Creso, em aconselhamento a Ciro. O antigo rei da Lídia reflete, com um toque esquiliano: "Meus pesares [*pathemata*] transformaram-se em sabedoria [*mathemata*]". E, prolongando o tema da transformação, ele prossegue: "Se te julgas imortal, assim como o Exército que lideras, não cumpre a mim dar-te conselhos. Mas se reconheces ser um homem, e também aqueles sob teu comando, saiba disso acima de tudo: há uma roda [*kyklos*] das questões humanas que, ao girar, não tolera que sempre os mesmos homens prosperem" (I, 207).

Alguns exemplos ilustrarão os matizes de significado que o princípio da roda em movimento assume nas mãos de Heródoto. Amásis, rei do Egito, alerta seu amigo Polícrates, o bem-sucedido tirano de Samos, de que o divino (*to theion*) é invejoso. Ele preferiria uma mistura de êxitos e infortúnios à boa sorte ininterrupta, pois nunca ouviu falar de um homem cuja prosperidade contínua não houvesse culminado no mal e na total destruição (III, 40). A advertência de Amásis para a eliminação da sinistra ameaça do êxito mediante um sacrifício voluntário, porém, mostra-se vã; a roda se move segundo sua própria lei e não pode ser burlada por ardis humanos. É mais complexa a ocasião da campanha de Dario contra os citas. Após a queda da Babilônia, Dario se decide pela guerra contra os citas como seu próximo passo. Dois fatores determinam a decisão. A nova riqueza e o novo poderio militar do reino suscitaram no rei o "desejo" de pô-los em ação, e os citas são um alvo conveniente, porque duzentos anos antes atacaram os medos e este mal deve agora receber sua "punição compensatória" (IV, 1). Os citas, ao saber do ataque iminente, pedem apoio às tribos vizinhas. Mas os vizinhos recusam, sustentando que os citas haviam atacado sem provocação a nação persa, ocupando-a "pelo tempo que o deus permitiu, e que agora o mesmo deus incita os persas a vingar-se da mesma maneira" (IV, 119). Sua virtuosa abstenção, porém, não ajudou os vizinhos mais que o sacrifício voluntário o fez por Polícrates, e eles sofreram um amargo pesar no decurso dos eventos. No girar da roda, as forças que a mantinham em movimento tornaram-se visíveis — a riqueza e o grande poder militar nas mãos de um homem ávido por ações de expansão. O êxito cítico de dois séculos atrás é, antes, um mero pretexto encobrindo o desejo do rei como o verdadeiro motivo da ação. E este fator, mesmo desprovido da riqueza e do poder, é isolado por Heródoto como a força motriz no caso de Deioces, o Medo, que é possuído pelo "desejo de domínio" (*erastheis tyrannidos*) e, com absoluta sagacidade, consegue se colocar no lugar onde a riqueza e o poder estão à sua disposição para novas ações (I, 96).

O ímpeto em sua crueza é caracterizado de modo mais discursivo na fala de Atossa a Dario. A rainha quer incitar o rei a uma expedição contra a Hélade. Por que, indaga ela, um rei tão poderoso se acomodaria em vez de conquistar mais súditos e mais poder para os persas? Um homem que é jovem e senhor de enorme riqueza deve fazer suas qualidades brilharem a fim de que os persas saibam que são governados por um homem — e, ademais, a pressão da guerra evitará o aparecimento de revoltas. A juventude é o momento para os grandes feitos, pois a mente ganha força junto com o corpo; depois, ela envelhece com o corpo e declina rumo ao embotamento e à inação (III, 134). O ímpeto expansionista, portanto, é da essência do homem. A guerra existe porque é a natureza do homem expandir da juventude à maturidade, sem levar em conta as consequências; ser um homem significa participar no drama da ação bélica e da retaliação; acomodar-se significa declínio e morte, pois, tão logo arrefecer a tensão do ímpeto, o ímpeto de outros se afirmará na revolta. Essa indefinição da expansão suscita a questão de se o ímpeto de poder de uma nação, caso seja mantido por governantes sucessivos, não poderia vir a engolir todas as sociedades humanas, fundindo-as num só império, e deste modo dar fim às disputas. A resposta de Heródoto é negativa. O ímpeto não se tornará a lápide que ocupa o mundo e dá fim a todos os impérios; ele será combatido no devido tempo e a guerra prosseguirá. Após a batalha de Salamina, Temístocles diz aos atenienses: "Não fomos nós que conquistamos esta vitória, mas os deuses e os heróis que invejavam o homem que viria a ser rei da Ásia e da Europa" (VIII, 109). E não só os gregos sabem disso como uma compreensão tardia, mas também os próprios persas caminham conscientemente rumo ao desastre. Na véspera de Plateia, um senhor persa diz a seu amigo tebano durante o banquete que logo restarão poucos deles. Mas nada se pode fazer a respeito: "O que se passará pela vontade de Deus não pode ser prevenido pelo homem, pois ninguém acreditará naquilo que é com mais certeza verdadeiro.

Muitos dos persas sabem disso, mas seguimos sob o jugo da necessidade. A maior das agonias que afligem a humanidade é ter conhecimento de tanto e não ter poder sobre nada" (IX, 16). Essa é uma das raras ocasiões nas quais o traço de pessimismo e amargura subjacente em Heródoto irrompe na narrativa dos formidáveis e prodigiosos feitos. O homem está sujeitado, por uma necessidade despropositada, ao jogo da expansão e da derrota, sem esperança de escapar; ele sabe como tudo acontece, mas o porquê permanece um mistério. Essa amargura, fortemente suplantada em Heródoto pelo entusiasmo em relação à maravilha e à grandiosidade do espetáculo, chegará quase a seu ponto crítico no *pathos* de desespero e orgulho de Tucídides.

O curso dos eventos ilumina os princípios, e os princípios iluminam o significado da história. Essa técnica de iluminação mútua é o método historiográfico criado por Heródoto. Ela é admiravelmente adequada a seu estilo de episódios encadeados, e em geral Heródoto a emprega com a mesma liberdade com que Homero se vale das intervenções dos deuses. Os princípios podem aparecer, como vimos, em discursos públicos, em conversas entre marido e mulher, em discussões diplomáticas à mesa de jantar e em cartas.

Heródoto, entretanto, também pode enrijecer seu método, tão facilmente adaptável aos meandros da história, e transformá-lo num instrumento mais formal para registrá-la. Ocorrem dois exemplos nos quais essas potencialidades suplementares do método se tornam visíveis. A grande expedição de Xerxes contra a Hélade tem início com um debate no conselho real em que são expostos, numa série de discursos, as intenções do rei e também os argumentos a favor e contra a empresa (VII, 8-11). E a mesma abertura é usada na ocasião da revolta de Dario e seus amigos contra o falso Esmerdis. Após a conclusão bem-sucedida da revolta, os sete senhores se reúnem num conselho para determinar a futura forma de governo da Pérsia, e novamente os argumentos a favor e contra as várias formas são expostos numa série de discursos (III, 80-82). O método de inserir uma série de discursos, cada um deles iluminando um outro aspecto do problema, como conjunturas críticas precedendo uma decisão importante oferece a oportunidade de lançar luz sobre o significado de longos cursos de acontecimentos. Esse curso, determinado pela decisão, pode tomar rumos inesperados e ter resultados discrepantes da intenção original; os argumentos dos discursos podem apresentar de modo sistemático as forças que determinam a configuração concreta do curso e seu desfecho. A importância histórica do método vai além de seu emprego por Heródoto, pois dificilmente pode haver dúvida de que tenha influenciado Tucídides em seu uso de pares de discursos para salientar o significado dos acontecimentos.

O debate que precede a expedição contra a Hélade consiste de quatro discursos: os dois discursos de aquiescência e divergência, emoldurados pelos discursos de abertura e de fechamento do rei. Xerxes informa seu conselho de nobres acerca de sua intenção de transpor o Helesponto e de punir os atenienses pelo mal que infligiram a seu pai sem provocação. A punição, no entanto, é um motivo subalterno em relação à meta a ser alcançada mediante a subjugação dos helenos, pois quando os atenienses e os peloponésios forem dominados o território do império persa se estenderá tanto quanto o éter de Zeus; nenhuma nação sob o sol estará fora de suas fronteiras; todas formarão uma só nação, já que, segundo informaram ao rei, uma vez que os helenos estejam fora do caminho não restará nenhuma nação que possa oferecer resistência. Depois do rei discursa Mardônio, assentindo ao propósito real. Os persas estenderam seu domínio sobre os sacas, indianos, etíopes, assírios e muitos outros grandes povos que nunca haviam cometido nenhum agravo aos persas, apenas porque desejavam ampliar seu poder; com efeito, seria estranho se os helenos fossem isentados, já que, afinal, haviam dado motivo para a guerra. Ademais, eles eram pobres, mal organizados e tolos em suas táticas militares, de modo que a tarefa não devia se mostrar muito difícil. Em todo caso, é preciso ser audaz: "Pois nada vem por si só, mas tudo o que o homem preza possuir provém da audácia". Os demais nobres não gostam nem um pouco do plano; o silêncio desconcertado que se segue é rompido por Artabano, o tio do rei, com um discurso de oposição. Ele refere sua prévia experiência com expedições imponderadas, como a campanha de Dario contra os citas e o quase desastre em que terminou. E, então, reflete discretamente sobre a *hybris* de Xerxes. "Veja como o Deus com seu raio atinge as criaturas que crescem em excesso, não tolerando sua aparência arrogante, mas não é atiçado pelas pequenas. […] Ele preza reduzir aquilo que se eleva alto demais. […] Pois o Deus não tolera a ambição por grandeza em ninguém senão em si mesmo". Convém, portanto, ter cuidado. O rei se enfurece com o discurso; se Artabano não fosse seu tio, coisas desagradáveis lhe aconteceriam em razão de seu desencorajamento; Xerxes insiste na inevitabilidade da expedição, pois os helenos tomarão a iniciativa mesmo que os persas permaneçam em paz.

No conjunto dos quatro discursos, o problema da expedição aparece como um todo: o sonho do domínio mundial e o receio de tal *hybris*, o ímpeto do rei e a hesitação dos nobres, a fácil anuência do general que subestima a força militar do inimigo e o alerta contra tais suposições irresponsáveis, o problema técnico de construir uma ponte sobre o Helesponto e a fragilidade dessa ligação, que pode ser interrompida por um ataque surpresa com um subsequente desastre, e, acima de tudo, a franca admissão de que a busca de poder é um propósito por si mesmo, independentemente de quaisquer agravos cometidos pelas vítimas do ataque. Com a suspensão do conselho, a análise de uma aventura imperialista se encerra, e o palco parece estar pronto para a ação.

A ação, porém, não se segue imediatamente. Após o debate ocorre um episódio de significado profundo. Os argumentos de Artabano começam a se infundir e Xerxes reconsidera sua decisão; na manhã seguinte, ele cancela a expedição, para máxima satisfação dos nobres. Mas isto, novamente, não é o fim. Na noite antes de rescindir sua decisão, o rei tivera uma visão da qual não havia feito caso, e a visão retorna na noite seguinte. Um homem impressionante aparece no sonho e ameaça o rei com sua queda a menos que mude sua decisão e se lance à aventura. O amedrontado rei implora a seu tio que vista os trajes reais e durma em sua cama, a fim de verificar se a mesma visão lhe acometerá, e, de fato, a visão ameaça também o tio. O sinal divino por fim move ambos em favor da campanha. A decisão, portanto, não provém, afinal, de um debate racional, mas do sonho que aparece para um homem quando este usa o manto de um rei. Heródoto meramente narra a história, mas seria difícil não reconhecer as ideias heraclíteas dos sonâmbulos que vivem em seus mundos privados apartados do *xynon*. O debate no conselho, o *xynon*, volta-se contra a aventura; é preciso um sonho para lançar uma nação ao desastre. Ademais, vem-nos à memória a ideia de Platão de que um tirano realiza na ação aquilo que os outros homens apenas sonham. Finalmente, a construção do episódio do conselho e o sonho remetem àquele outro episódio do sonho e do conselho antes da desastrosa batalha dos aqueus, na *Ilíada* 2. Por sua forma literária, o episódio de Heródoto transpõe o episódio homérico para o contexto da história; por sua psicologia, faz um importante vínculo entre Heráclito e Platão.

O segundo grupo de discursos tem um lugar especial na história da ordem porque é o mais antigo argumento preservado sobre a melhor forma de governo. Após seu bem-sucedido *coup d'état*, Dario e os outros conspiradores reúnem-se a fim de decidir se a Pérsia deve ser uma monarquia, uma oligarquia ou uma democracia. A ideia de tal debate não é tão anacrônica quanto parece a princípio. Embora certamente possamos assumir que esse debate não foi conduzido na ocasião, deve-se considerar que os refugiados de Pisístrato que viviam na corte de Dario tinham algo a dizer sobre os oligarcas e os democratas atenienses, assim como sobre a superioridade de suas tiranias. Debates desse tipo devem ter ocorrido na fronteira entre a Grécia e a Pérsia mesmo no século VI, embora nos detalhes de seu formato herodotiano eles pertençam, antes, ao período sofístico. Tratava-se de um tópico que se sugeria no conflito entre reis e tiranos, por um lado, e entre democratas e oligarcas, por outro.

Otanes profere o primeiro discurso em favor da democracia (*isonomia*). A *hybris* de Cambises alimentara a *hybris* dos magos. Após uma consideração adequada, não se poderia encontrar nenhuma qualidade na monarquia. O melhor dos homens, ao receber tal poder irrestrito, incorrerá na insolência e na inveja, cometerá malefícios e porá a lei de cabeça para baixo. O governo da multidão (*plethos*), por outro lado, é o melhor, como sugere seu nome *isonomia*, igualdade do direito. Os cargos são atribuídos por sorteio, seus encarregados são responsáveis por aquilo que fazem, e os conselhos são assumidos pela assembleia comum. Todo o bem reside na multidão, e, por conseguinte, seu poder deve ser ampliado (III, 80). Megabises, no segundo discurso, concorda que a monarquia não é boa, mas a plebe, de qualquer modo, é pior. Trocar a *hybris* de um déspota pela *hybris* de um demo seria insustentável. Seria preferível investir de poder um grupo dos melhores homens, ao qual eles mesmos pertenciam (III, 81). Dario, no terceiro discurso, concorda com a avaliação de Megabises acerca da democracia, mas não da oligarquia. Ele é a favor da monarquia. Não pode haver governo melhor que aquele do melhor dos homens, cujo julgamento é análogo ao dele próprio. Ademais, as outras formas são instáveis. A oligarquia gera a inveja, a inimizade e o faccionismo entre os membros do grupo governante, resultando em violência e derramamento de sangue; e da desordem (*stasis*) nasce a monarquia, que, desse modo, se mostra a melhor. Mais uma vez, o governo do demo gera malignidade e conspirações contra o bem comum. Isto prosseguirá até que surja um líder (*prostas*) do povo como seu protetor que se tornará o monarca. Em conclusão, ele lembra seus amigos de que a liberdade dos persas não provém nem do povo nem de uma oligarquia, mas de um monarca; eles não devem rejeitar suas antigas instituições (*patrious nomous*) (III, 82).

Os três discursos em conjunto têm uma estrutura intricada. Eles argumentam, sucessivamente, que a monarquia, a democracia e a oligarquia são más formas de governo, na medida em que todas são potencialmente corruptíveis pela *hybris* dos governantes. Na mesma sucessão, argumentam que a democracia, a oligarquia e a monarquia são as melhores formas de governo, já que os governantes são os melhores homens e buscam, de modo inteligente, o bem comum. Nenhuma das duas linhas de argumento invalida a outra; andamos em círculo e o resultado é um empate. Heródoto rompe essa circularidade de raciocínios antilógicos penetrando no círculo mais profundo da realidade histórica. A vantagem de cada uma das formas é, no melhor dos casos, transitória; e, quando a forma na realidade é corrompida pela *hybris*, a situação tem de ser remediada pela ação de um líder. O bom monarca é a cura do despotismo; a tirania é a cura da oligarquia, e a prostasia é a cura da democracia. O governo de um único homem restaura a ordem à sua virtude, e a monarquia, nesse sentido dinâmico, é a constante estabilizadora que perdura ao longo do ciclo das formas estáticas. A observação empírica, contudo, não pode se tornar um argumento em prol da monarquia como uma forma estática que, como tal, está exposta à mesma corrupção que as outras; nesse nível, a questão da forma preferível tem de ser determinada recorrendo-se à situação histórica concreta. E, com efeito, Dario apela para a situação histórica ao exaltar, para sustentar sua preferência, a liberdade conquistada por Ciro para os persas, assim como a venerável antiguidade da instituição monárquica na Pérsia. Todavia, esse apelo ainda deixa em aberto a questão de se, na situação revolucionária concreta, pode-se encontrar o melhor dos homens que possa ocupar dinamicamente a forma estática da monarquia. Essa última questão está além da argumentação; ela tem de ser solucionada pela ação no concreto. Como no debate de Xerxes, a decisão histórica não provém da argumentação racional, mas das próprias forças da realidade. Dario se torna o monarca porque burla seus rivais por meio de um truque (III, 83-87). O debate, portanto, resolve-se no próprio curso da história, e a roda das questões humanas segue adiante.

A marcha da roda é inexorável. O pessimismo de Heródoto se expressa abertamente na narrativa do avanço dos citas nas terras dos cimérios, um relato que ele prefere às versões alternativas do episódio (IV, 11). À aproximação dos citas, que eram mais numerosos que os cimérios, a nação ameaçada reúne-se em conselho. O clã real quer defender o país; o demo quer partir sem lutar e estabelecer-se em outro lugar; nenhum dos lados consegue persuadir o outro. Os príncipes preferem morrer e ser enterrados em sua terra natal, na qual foram felizes. Assim resolutos, eles se dividem em dois grupos e lutam uns contra os outros até que o último homem seja morto. O demo então os enterra e parte; os citas tomam posse do país deserto.

§2 O Velho Oligarca

Como parte das obras de Xenofonte, sobreviveu um breve tratado intitulado *A Constituição de Atenas*, redigido na forma literária de um discurso. Os filólogos discordam quanto à data de sua composição. A opinião mais antiga favorece uma data entre 431 e 424 a.C., e a opinião mais recente argumenta, de modo muito convincente, em favor de uma data anterior ao início da Guerra do Peloponeso. Se a opinião mais recente, especialmente o cuidadoso argumento de Fritsch[2], for sustentável (como acreditamos que seja), o tratado ganhará importância, já que, nesse caso, sua apresentação da política de Péricles não teria sido influenciada pela avaliação posterior à guerra. No que concerne ao autor desconhecido, certos detalhes sugerem que ele era um ateniense, talvez ocupando um alto posto na marinha, um membro da antiga classe oligárquica, vivendo como emigrante político num ambiente de refugiados e de outros helenos que tinham vigorosa antipatia por Atenas. Quanto ao seu conteúdo, o discurso fictício é uma imparcial exposição dos méritos da democracia ateniense para um auditório que, como o próprio autor, detesta a ordem democrática. É um alerta de que os gostos e as repugnâncias pessoais, em assuntos políticos, não afetam minimamente o curso da história, e de que a ordem de Atenas é esplendidamente talhada para a ordem democrática, por mais imoral e vulgar que o espetáculo possa ser.

A atitude ambígua do autor, o cisma que permeia suas avaliações são o ponto de interesse para a origem da consciência histórica em geral, assim como da forma especial que ela assume na segunda metade do século V. Os problemas peculiares do processo histórico aparecem quando uma unidade política concreta, embora preservando sua identidade, altera rapidamente sua estrutura social, suas políticas e seus valores. A cidade pericleana ainda é Atenas, mas não é mais governada pelos aristocratas que a originaram e formaram; ainda existe um povo ateniense, mais poderoso que nunca, mas ele não mais aceita o *ethos* de Homero e Píndaro; ela ainda é a defensora da Hélade, mas não é mais a cidade dos hoplitas que foram vitoriosos em Maratona; o *pathos* de Atenas vive vigorosamente em Péricles, mas não é mais o *pathos* do Pireu. Quando a história, então, rouba a essência de uma cidade, alguns nem sequer reconhecerão sua identidade; um estranho monstro tomou o lugar da pólis que amavam. Contra esse romântico ressentimento, o autor do tratado

---

[2] Hartvig FRITSCH, *The Constitution of Athenians*, Copenhagen, Nordisk forlag, 1942.

afirma a vitalidade, a política inteligente e a viabilidade vitoriosa da Atenas democrática; o fim do mundo ainda não chegou — é apenas a história que segue em frente. Entretanto, ele só pode sustentar sua posição porque transfere a identidade da pólis de seu *ethos* aristocrático do passado para sua existência como uma unidade de poder na história, que, como no passado, também é no presente. A mudança essencial do *ethos* para o poder cria a ideia da história como o meio no qual as unidades de poder permanecem idênticas embora sofrendo modificações do *ethos*, assim como a ideia das entidades políticas que têm história na medida em que seu *ethos* se modifica. Ao tratar desse enorme problema, o autor desconhecido não tem nem a penetração nem a disciplina de um Tucídides, que nunca deixou que suas próprias avaliações se imiscuíssem ao descrever a derrocada do *ethos*, e menos ainda tem o alcance e a visão de um Platão, que entendia o processo como um declínio da civilização. Seu tratado apresenta o *ethos* do oligarca em total contraste com a realidade da democracia. E a mesma fenda percorre sua linguagem quando ele usa, lado a lado, o vocabulário do antigo *ethos* desde Homero e aquele da nova era sofista. Ele chega, por vezes, a empregar a mesma palavra na antiga e na nova acepção, como, por exemplo, no caso de *poneroi*, que usualmente ocorre como o termo técnico para as "classes inferiores", "os proletários", e, em seguida, sem aviso, aparece com o sentido de "mau"[3].

O tratado como um todo é um longo argumento contra a concepção errônea de que os méritos da democracia atenienses possam ser avaliados nos termos do *ethos* aristocrático. Não que o julgamento dos oligarcas fosse infundado; pelo contrário, o autor garante à sua audiência desaprovar a constituição ateniense tanto quanto eles, porque ela favorece as pessoas vulgares em detrimento das boas (ou: honradas, melhores). Mas essa desaprovação não deve obscurecer o fato de que a prática política de Atenas, que suscita severas críticas por parte dos oligarcas, seja eximiamente calculada para fortalecer a democracia internamente e fortalecer o poder da pólis nas nações estrangeiras.

Um primeiro grupo de críticas e contra-argumentos concerne à supremacia das classes inferiores em Atenas e em seu império. "O vulgar, o pobre e o povo" são "justamente" preferidos aos "distintos e ricos", pela boa razão de que o povo é a força motriz da marinha, na qual, em lugar da infantaria fortemente armada, se apoia a força de Atenas. Por essa razão, eles são licita-

---

[3] Para os problemas linguísticos, cf. o capítulo Sophistics and Sociology, em FRITSCH, *Constitution of Athenians*.

mente admitidos nos cargos por sorteio e eleição e têm permissão para falar na assembleia (I, 2). É sensato favorecer e enriquecer a classe mais baixa em detrimento da classe mais alta, pois prosperando os vulgares e os pobres a democracia se fortalecerá (I, 4), já que em todos os países existe uma tensão entre os aristocratas e os homens comuns; as pessoas melhores são as menos licenciosas e iníquas, e se preocupam com a moralidade; nas pessoas comuns, portanto, há um alto grau de ignorância, desordem e malícia (*poneria*) (I, 5). Por conseguinte, se apenas as pessoas melhores puderem falar na assembleia e determinar o curso das questões, farão o que é bom para elas, mas não para os proletários (*anthropoi poneroi*) (I, 6). Os homens comuns sabem que alguém da sua própria classe dirá o que for "proveitoso" para eles (I, 7). Tal pólis não será a melhor, mas a democracia será satisfatoriamente mantida, pois o povo não quer ser escravo sob uma constituição bem ordenada (*eunomia*); ele quer ser livre e poderoso seja a constituição boa ou má (*kakonomia*). "Pois o que pensais não ser uma boa ordem é justamente a condição na qual o povo é poderoso e livre" (I, 8). O leitor notará que o argumento se baseia na transição previamente discutida do antigo *ethos* para o novo utilitarismo do poder.

As mesmas considerações se aplicam ao tratamento das pólis tributárias do império. Os atenienses tentam arruinar a classe mais alta nas cidades do império, se necessário com acusações falsas. O oligarca certamente reprovará tais políticas, mas, do ponto de vista ateniense, essa é, mais uma vez, a coisa certa a fazer, pois os oligarcas das cidades do império odeiam a classe baixa de Atenas, e as classes mais altas de Atenas apoiam os oligarcas do império. Por conseguinte, espoliar, exilar e matar os membros das classes mais altas do império fortalece a democracia em Atenas. Certamente, a riqueza das cidades do império será assim reduzida, mas politicamente é mais vantajoso drenar sua riqueza para Atenas e deixar a plebe local apenas com o suficiente para sobreviver, de modo que não tenha tempo nem recursos para originar revoluções (I, 14-15). Além disso, convém que os conflitos legais sejam decididos em Atenas, pois com esse método os veredictos podem ser eficazmente manipulados contra os oligarcas (I, 16). Se os processos judiciais forem decididos prontamente pelos generais, almirantes e embaixadores atenienses, esses personagens ganharão uma posição de poder em detrimento do *demos* de Atenas (I, 18).

O segundo grupo de argumentos concerne à posição de Atenas como potência marítima. O autor não menciona nenhuma acusação específica contra a qual dirigiria seu argumento, mas o conduz de tal maneira que fica evidente que o desenvolvimento do poder naval deve ter sido uma queixa dos oligarcas de todas as partes da Hélade. Ele se esforça, portanto, por destacar as vantagens do poder naval sobre o poder terrestre. Primeiramente, abranda sua audiência assegurando que a infantaria ateniense não é digna de orgulho; ela não poderia se sustentar contra um poderio terrestre de primeira categoria, mas é deliberadamente mantida num grau de força suficiente apenas contra as cidades tributárias (II, 1). Não é preciso mais que isso, pois a superioridade militar é assegurada pela marinha. Os revoltosos do império insular não podem ter esperança de êxito, pois não podem unir suas forças como as pólis continentais vizinhas poderiam; uma vez que os atenienses controlam o mar, têm de lidar apenas com inimigos isolados e fracos. Sob o domínio ateniense, as cidades continentais maiores são controladas pelo medo; as menores, inteiramente pela necessidade; nenhuma delas perduraria se suas importações e exportações fossem suspensas (II, 2-3). Ao fazer frente a um oponente superior, os atenienses podem usar sua frota como transporte e empreender ataques em condições favoráveis (II, 5). Economicamente, eles são altamente independentes de más colheitas, pois tal infortúnio jamais afetaria seu abrangente império como um todo; os luxos de todo o mundo estão à sua disposição por meio do comércio; com seus ricos impostos, embelezam sua cidade e oferecem ginásios e balneários públicos para as massas; controlam o comércio internacional e, deste modo, todas as matérias-primas para manter sua frota (II, 6-12). Sua posição tem apenas uma desvantagem: Atenas não está situada numa ilha. Se os dominadores do mar fossem ilhéus, poderiam infligir dano a outros sem risco de retaliação, mas, nas circunstâncias como eram, os fazendeiros e as pessoas ricas de Atenas que têm seus bens e suas propriedades na Ática devem recear uma devastação por parte de um inimigo; isto, contudo, é de pouca importância para a massa do povo que vive na cidade e no Pireu e não tem nada a perder numa guerra. Ademais, se vivessem numa ilha, sua democracia estaria totalmente segura contra a deslealdade das classes superiores, pois nenhuma ajuda lhes poderia chegar por terra. Este defeito, porém, é altamente compensado pela política deliberada de distribuir a propriedade pelas ilhas e permitir a devastação da Ática em caso de guerra (II, 14-16).

Em conclusão, o autor retorna à questão do *ethos* e do poder. Ele sustenta que os atenienses sabem muito bem quais de seus cidadãos são bons e quais são patifes; com plena consciência, eles preferem aqueles que são devotados e úteis ao demo, por mais patifes que sejam, e odeiam os bons, pois estão convencidos de que a excelência inata não beneficia o povo, mas, antes, o prejudica. Por outro lado, há alguns poucos indivíduos que assumem sinceramente o lado do povo, embora por natureza não sejam do tipo da massa (*demotikoi*). O autor está disposto a perdoar o demo por sua democracia, pois todos devem ser perdoados por buscar seus próprios interesses; aqueles, porém, que escolhem viver sob uma democracia ainda que não pertençam ao demo estão no caminho da imoralidade (*adikein*), sabendo que um mau caráter pode penetrar mais facilmente numa democracia que numa oligarquia.

O tratado dificilmente pode ser distintamente qualificado como uma obra de reflexão ou de literatura. Seu caráter despretensioso o torna valioso como fonte de informação sobre aquilo que um ateniense inteligente sabia sobre a política de sua época e em que grau compreendia as forças sociais que estavam prestes a irromper na grande crise. Esse conhecimento é espantosamente claro e penetrante; revela a base da compreensão comum sobre a qual Tucídides poderia edificar seu estudo magistral. As principais características da política imperial pericleana são bem destacadas: a preferência deliberada pelo demo em virtude de fornecer a força de trabalho da marinha; a estratégia defensiva contra o poderio terreno do Peloponeso, que expôs a Ática à devastação e concentrou-se no Pireu e nos Longos Muros que o conectavam às fortificações da cidade; a estratégia ofensiva em relação ao império insular e litorâneo, baseado na fortaleza do Pireu; a degradação dos proprietários de terras e fazendeiros da Ática a cidadãos de segunda categoria em comparação com as massas urbanas; a incessante debilitação e a destruição das classes superiores nas pólis tributárias do império, transformando-as em algo como cidades satélites com "democracias do povo"; o enriquecimento do demo ateniense por meio dos tributos, impostos comerciais e taxas legais; e até, ainda que apenas discretamente aludido, o mau uso dos fundos confederados para o embelezamento arquitetônico da cidade. Além disso, emerge o retrato das classes sociais, representando diferentes modos de vida, assim como o ódio implacável e a guerra mais ou menos aberta entre elas. A categoria do vantajoso, o *sympheron*, é introduzida a fim de descrever e compreender as motivações do demo, que, afinal, quer apenas ser livre e viver à sua própria maneira; e o reconhecimento de que as massas querem ser livres e sentir seu poder, sem sofrer restrições por parte das regras de conduta aristocráticas, torna necessário distinguir diferentes tipos de homens, os aristocratas naturais e os homens naturais da massa (*demotikoi*). Logo, os tipos de ordem são relacionados aos tipos de homens política e socialmente predominantes. Pode-se reconhecer nessas classificações aparentemente casuais os fundamentos sobre os quais se constrói a política de Platão e Aristóteles, com suas distinções de diversos tipos de homens que devem ser todos acomodados numa ordem constitucional estável e equilibrada. E na firme resolução de reconhecer tanto os padrões de valor como o jogo do poder pode-se, finalmente, ver prefigurada a atitude de Aristóteles, que desenvolve uma constituição paradigmática com base nos padrões de sua antropologia filosófica e, ao mesmo tempo, reconhece que na situação histórica de sua época o paradigma não tem chance de realização.

§3 Tucídides

Tucídides nasceu por volta de 460 a.C., numa das primeiras famílias de Atenas, aparentada com Címon e Milcíades. Sua carreira pública foi desafortunada e breve: em 424, Tucídides foi eleito estratego e incumbido de uma expedição de socorro a Anfípolis; ele fracassou em sua tarefa, pois os recursos postos à sua disposição eram insuficientes, e foi exilado. Nos vinte anos seguintes, até o fim da guerra, viveu na Trácia, onde aparentemente tinha alguma propriedade; em 404, retornou a Atenas, e ali, provavelmente não depois de 399, faleceu. Não se sabe muito mais sobre sua vida; Tucídides era uma figura obscura em sua época, pois a grande obra na qual se apoia sua fama era um fragmento inédito na época de sua morte.

1 O *Síngrafo*

Num estudo crítico não se pode aceitar como fato inquestionável que Tucídides tenha escrito uma "História da Guerra do Peloponeso". A obra que nas traduções contemporâneas recebe este título foi designada por seu autor no máximo como "Síngrafo", uma palavra que pode ser mais bem traduzida como a redação de uma resenha; e o que ele "resenhou" foi "a guerra entre os peloponésios e os atenienses" (*xynegraphe ton polemon* etc.). A questão a ser investigada é em que sentido da palavra o resultado de seu esforço seria uma "história".

Esta questão está inseparavelmente vinculada ao assunto do qual trata o *Síngrafo*. Hoje, sob a influência de Tucídides, aceita-se como fato que houve o evento da "Guerra do Peloponeso" de 431 a 404, prolongando-se por vinte e sete anos. Os contemporâneos de Tucídides, porém, não estavam cientes do fato; tinham conhecimento apenas de uma Guerra Arquidamiana ou Guerra dos Dez Anos, estendendo-se de 431 a 411, e de uma Guerra Deceliana ou Jônica, de 414 a 404. Os sete anos de intervalo não foram exatamente pacíficos, mas, ao menos aos olhos dos contemporâneos, os conflitos ocasionais menores não excederam as interrupções habituais daquilo que os helenos chamavam de paz entre suas pólis, e a grande expedição de Atenas contra a Sicília em 415-413 não foi uma guerra contra os peloponenses. Mesmo depois de 404, visto que a obra de Tucídides ainda não havia sido publicada, a classificação da guerra e da paz não se modificou; em todo o decurso da primeira metade do século IV, ao menos, ninguém sabia que havia ocorrido uma grande Guerra do Peloponeso.

Ademais, não se sabe com certeza em que momento o próprio Tucídides descobriu o tema de sua obra. O *Síngrafo* começa com a declaração do autor de que redigira "a guerra entre peloponenses e atenienses", um início que aparentemente abarcaria todo o livro. Mas em V, 26 há uma outra sentença de abertura que diz que "o mesmo Tucídides" escreveu os eventos desde a Paz de Nícias até o fim do império ateniense, época em que "a guerra completava vinte e sete anos de duração". Essa segunda abertura sugere que Tucídides havia escrito, e difundido, a Guerra Arquidamiana, talvez numa forma menos elaborada que a hoje preservada. Como todos os outros, ele assumiu que a guerra chegara ao seu final, e somente após o recomeço das hostilidades, em 414, concebeu a grande unidade dos eventos abrangendo as duas guerras, a paz e a Expedição Siciliana. A visão dessa grande unidade e de sua importância peculiar, então, seria a consumação de seu gênio; ao criar essa unidade — que não existia no nível pragmático dos acontecimentos e passou despercebida a seus contemporâneos —, Tucídides criou a "história".

Não se pode concentrar a natureza da unidade numa definição breve, a menos que se considere satisfatória uma referência sumária à "queda do império ateniense". A nova criação requeria não só uma teoria, mas também esforços muito sérios de esclarecimentos metodológicos. Nas seções seguintes, trataremos, primeiramente, do método de Tucídides e, em seguida, de sua teoria da nova unidade histórica em si[4].

---

[4] Para esta seção, foram utilizadas as seguintes obras: Tucídides, *Historiae*, ed. Henry Stuart Jones e Enoch Powell; Arnold Wycombe Gomme, *Essays in Greek History and Literature*, Oxford, Blackwell, 1937; A. W. Gomme, *A Historical Commentary on Thucydides*, Oxford, Clarendon, 1941, v. I; o capítulo sobre Tucídides em Jaeger, *Paideia*, v. 1; Finley, *Thucydides*; G. B. Grundy, *Thucydides and the History of his Age*, Oxford, J. Murray, ²1948, v. I; David Greene, *Man and his Pride*: a study in the political philosophy of Thucydides and Plato, Chicago, University of Chicago Press, 1950; e também as traduções de Jowett, Crawley e Smith.

2 O método

Tucídides deu o nome de *kinesis* ao tipo de unidade que criou; a guerra por ele descrita era um movimento, ou uma irrupção. Foi a maior *kinesis* já ocorrida, dado que afetara não apenas os helenos, "mas também parte dos bárbaros, poder-se-ia quase dizer a maior parte da humanidade". A grandeza da *kinesis* num sentido quantitativo era, aparentemente, uma grande razão da ocupação de Tucídides com os eventos da guerra. Ele se dedicou a seu trabalho de registro justo no surgimento das hostilidades, pois os protagonistas estavam no auge de sua força e o restante dos gregos estava apoiando um dos lados. Ele pôde ver que a guerra seria "maior e mais importante" que qualquer outra que a houvesse precedido (I, 1). Ele forneceu a prova de sua avaliação por meio da *Arqueologia*, um levantamento da história helênica desde seus mais remotos tempos até o presente. Esse levantamento mostrou que em nenhum período anterior a população, a riqueza, o preparo militar e a organização do poder na Hélade tinham se aproximado da magnitude que possuíam quando da eclosão da guerra (I, 2-19). Ademais, a Guerra do Peloponeso não tinha paralelo, nem no que se refere à sua duração nem aos infortúnios que acarretou à Hélade. Nunca tantas cidades haviam sido conquistadas, destruídas e despovoadas; nunca tantos foram mortos em batalhas; nunca houvera tantos banimentos e matanças em razão de uma guerra civil nas cidades (I, 23).

Tucídides adota um orgulho peculiar pela dimensão do desastre. Este sentimento é raro, mas não singular; reaparece nos escritores italianos do século XV de nossa era, que, por meio do orgulho pelos levantes de sua época, afirmam sua independência em relação a uma Antiguidade paradigmática; a grandeza da *kinesis* intensifica uma autoconsciência "moderna" em oposição aos "antigos". Também no caso de Tucídides a insistência na grandeza denuncia uma rejeição do passado, uma consciência dos problemas específicos de uma nova época. A Guerra de Troia era uma questão comparativamente menor, dificultada pela insuficiência de suprimentos, e a Guerra Persa, decisiva mas breve, estava terminada em apenas quatro batalhas — duas no mar e duas em terra (II, 11 e 23). Tais reflexões não apenas minimizam a importância do passado, mas também sugerem a perspectiva na qual Tucídides quer que sua obra seja vista em relação a Homero e Heródoto. Não que ele queira competir com suas realizações particulares; pelo contrário, ele considera seu próprio esforço de registrar uma *kinesis* superior à obra dos poetas e logógrafos, na medida em que tem a oferecer uma descrição confiável dos eventos, baseada em evidências examinadas criticamente, em lugar de embelezamentos exagerados e narrativas acríticas de lendas (I, 21). Sua recusa em entregar-se ao lendário talvez torne a obra menos aprazível, mas ele se sentirá compensado se ela for considerada útil por aqueles que desejam um conhecimento exato das coisas passadas como um guia para as coisas futuras, que são iguais ou similares de acordo com a natureza humana (*kata tà anthropinon*). Sua obra não é uma realização que aspira ao aplauso do momento — ela pretende ser uma "posse perpétua" (I, 22).

A rejeição do passado pela falta de grandeza, portanto, está intimamente relacionada com a consciência de um novo método que fornecerá a verdade com mais exatidão (*saphes*). Embora Tucídides simplesmente use o método, sem se pronunciar formalmente acerca de sua natureza, há indicações suficientes na obra para relacioná-lo com problemas metodológicos de outras fontes contemporâneas. É especialmente reveladora a reflexão sobre a comparativa insignificância da Guerra Persa, com a implicação de que a obra do "logógrafo" que a descreve é, de modo correspondente, de pouca importância. O "logógrafo" vem a ser Heródoto. Ora, o tema da obra de Heródoto, como vimos, não é a Guerra Persa, mas a guerra da humanidade, coeva da memória humana, que chega a seu clímax na expedição de Xerxes. Mesmo um Tucídides admitiria que a guerra da humanidade como um todo é um curso de eventos "maior" que qualquer *kinesis* limitada que constitua apenas uma parte dela. Se ele não admite isto, a razão deve ser buscada em sua recusa em reconhecer a "guerra da humanidade" como uma unidade de eventos metodologicamente legítima; ele admite apenas as subdivisões dessa guerra como verdadeiras unidades cinéticas, de modo que a Guerra Persa, a maior dessas subdivisões, aparecerá como o maior caso precedente.

As razões para a reinterpretação metodológica de Heródoto podem ser encontradas explicitamente declaradas na literatura médica dele contemporânea. O tratado hipocrático *Sobre a natureza do homem* principia com a seguinte passagem:

> Quem costuma ouvir aqueles que discutem a natureza do homem extrapolando suas relações com a medicina não encontrarão interesse na presente exposição, pois aqui não afirmo de modo algum que o homem seja ar, fogo ou água ou terra, ou nenhuma outra coisa que não seja evidentemente constituinte do homem; deixo tais exposições para aqueles que se ocupam em fazê-las. Aqueles que as fazem, entretanto, não têm, em minha opinião, um conhecimento correto, pois embora cheguem todos à mesma concepção não oferecem a mesma explanação acerca dela. Todos explicam

sua concepção dizendo que "o que é" é um, e que este um é o um e o todo; entretanto, não concordam a respeito de seu nome, cada um chamando o Um e o Todo de ar, fogo, água ou terra, e cada um corroborando sua própria concepção com evidências e provas que equivalem a nada.[5]

O autor está a postos contra as incursões da especulação numa ciência empírica. Ele tem uma clara compreensão de uma "natureza do homem", a ser descrita mediante constituintes acerca dos quais os observadores empíricos podem concordar, e ele está na defensiva contra os leitores que aparentemente esperam que uma dissertação sobre a natureza do homem se expresse nos símbolos da cosmologia jônica e da especulação eleática sobre o Um e o Todo. A situação intelectual peculiar é mais bem iluminada pelo tratado sobre a *Medicina antiga*. A "medicina antiga" talvez não seja uma fase obsoleta da ciência a ser substituída por um novo método; pelo contrário, é a antiga ciência empírica dos clínicos que estão agora ameaçados pelo novo procedimento (*kainos trópos*) de abandonar o estudo das causas imediatas (*aitioi*) das doenças em favor de uma hipótese especulativa (*hypothesis*) concernente a uma causa última. Tais hipóteses, admite o autor, podem ser úteis para a exploração das coisas que estão no céu e sob a terra, onde as proposições não podem mesmo ser verificadas, mas não têm lugar numa ciência bem desenvolvida com um princípio (*arche*) e um método (*hodos*)[6].

No que se refere à posição de Tucídides, o paralelo é claro. Embora não o diga explicitamente, ele rejeita a "hipótese" de Heródoto, derivada de Anaximandro e Heráclito, ou seja, a hipótese de uma ascensão e uma queda compensatórias de todas as coisas existentes como o princípio para explicar o curso dos assuntos humanos. Para Tucídides, assim como para os autores hipocráticos, a hipótese jônica é improfícua no estudo das causas imediatas de um fenômeno que é definido mais ou menos claramente quanto à sua natureza. A hipótese não apenas desvia a atenção das causas, como também obscurece a natureza do fenômeno, seja ele um movimento (*kinesis*) ou uma doença (*nosos*).

As dificuldades em definir e sustentar esta posição empírica surgem da falta de uma terminologia adequada para sua expressão. Não se pode discernir nada além da direção para a qual a nova consciência metodológica caminha linguisticamente. Há uma interessante tentativa de esclarecimento conceitual

---

[5] Nature of Man, em *Hippocrates* 4, Loeb Classical Library. Modifiquei a tradução de W. H. S. Jones em pequenos pontos.

[6] *Hippocrates* 1, Ancient Medicine 1, 2, 13.

em *Sobre a medicina antiga* XV. O autor critica os defensores das hipóteses porque eles seguramente ainda não descobriram um "quente ou frio, seco ou úmido" que fosse uma "coisa em si", que não "tomasse parte numa outra forma". A "coisa em si" (*auto eph heautou*) é uma tentativa de formar a noção de uma essência que não seja um acidente; quente e frio, seco e úmido, as várias hipóteses mencionadas são acidentes que participam numa forma (*eidos*). Mas o uso de *eidos* ainda não é consistente — no contexto de *Sobre a medicina antiga* XII, o autor sugere que mais de um *eidos* da medicina (significando um "ramo" da ciência) atingiu um alto grau de exatidão[7]. Em Tucídides, o uso tende para o sentido de essência e de suas partes componentes. Ao tratar da peste, ele fala do *eidos*, a natureza da doença que frustra o esforço de descrição (II, 50), e pouco depois chama o agregado de sintomas de *idea* da doença (II, 51). No mesmo contexto, ao salientar a magnitude da epidemia, ele usa para doença o termo *metabole* (perturbação, revolução, revolta), associando estreitamente o significado de doença à *kinesis* geral sob investigação (II, 48). Podemos dizer que Tucídides foi fortemente influenciado pelos métodos da escola hipocrática. Ele usou a concepção médica de doença como modelo para conceber sua *kinesis*. Ele estava em busca de um *eidos* ou de uma *idea* da *kinesis* assim como de suas causas, e queria explorar e definir sua essência a fim de oferecer uma base de predição (*prophasis*) no futuro, e por esta razão rejeitou a hipótese jônica por meio da qual Heródoto formara a unidade de sua investigação.

O fato de que Tucídides tenha usado o método hipocrático como modelo é razoavelmente certo. Resta ainda, no entanto, a dificuldade de que ele o contrapôs, como o novo método, ao antigo método de Heródoto, enquanto os médicos o contrapunham, como o método antigo, aos novos procedimentos jônicos. A situação metodológica no final do século V era, aparentemente, mais complexa do que geralmente se presume, e será recomendável reconsiderar e apor ressalvas a certas convenções historiográficas: (1) Se o método das hipóteses era um obstáculo à ciência empírica, dificilmente se poderia sustentar irrestritamente que os filósofos do século VI e do início do século V houvessem sido os precursores da ciência; (2) se os médicos podiam falar dessa filosofia como uma nova intrusão em sua antiga ciência, deve ter havido fontes da ciência independentes da especulação jônia; (3) se Tucídides pôde insistir na novidade de seu método em oposição aos logógrafos, a situação na

---

[7] O mesmo uso inconsistente ocorre em Demócrito. Em B 167, *idea* tem o significado de *forma*, em B 11 denota um ramo do conhecimento.

ciência do homem na sociedade deve ter sido substancialmente diferente da situação na medicina; e (4) se o método de Tucídides, que estava intimamente relacionado à psicologia sofística, podia levar à busca do *eidos* ou da *idea* dos movimentos sociais, a busca platônica pela Ideia teria de ter um débito muito mais profundo para com o empirismo sofista do que usualmente se reconhece. As questões suscitadas por tais reflexões, cuja dimensão requereria uma monografia para respondê-las, não podem ser tratadas propriamente no presente contexto. Podem-se oferecer apenas algumas sugestões, resumindo aquilo que surgiu a respeito do problema no curso de nosso estudo.

A invasão da medicina pelas hipóteses filosóficas, das quais os médicos se queixavam, aparentemente fez parte do processo geral de imanentização que analisamos em nosso estudo dos fragmentos sofistas. Os símbolos, que tinham seu bom senso para explicar experiências de transcendência, eram usados na especulação sobre fenômenos mundano-imanentes; e este uso levou a construções hipotéticas que, do ponto de vista da ciência empírica, eram impasses, como por exemplo a física atomista de Demócrito. A expansão da especulação imanentista teve vários efeitos, segundo os âmbitos de fenômenos aos quais se estendia. Se ainda não existisse uma ciência empírica dos fenômenos em questão, a construção hipotética não encontraria a resistência dos empiristas; a especulação cosmológica desde os jônios até Anaxágoras e Demócrito pôde se expandir livremente porque ainda não havia uma ciência da física; seria preciso temer apenas a resistência oriunda de um conflito com as crenças populares concernentes aos deuses e à estrutura do Universo. Até um certo ponto, portanto, a física especulativa foi um avanço genuíno do conhecimento; os resultados da investigação empírica por parte dos físicos tinham seu valor, mesmo que submetidos a construções "hipotéticas" equivocadas; e o avanço seria legítimo até que se chegasse no ponto de declínio dos resultados, no qual a construção hipotética impedisse a assimilação dos fatos e até a sua observação. Se, todavia, a construção hipotética se estendesse a uma área de fenômenos que já houvesse sido ocupada por uma ciência empírica, como era o caso da medicina, isto provocaria a resistência dos cientistas. Por conseguinte, a especulação hipotética apareceu em diferentes perspectivas de acordo com a maturidade que uma ciência empírica houvesse atingido na época. Para um médico com sua antiga ciência, as hipóteses seriam um novo procedimento. Para um Tucídides, interessado em política, as mesmas hipóteses seriam antigas e obsoletas, pois uma ciência política estava para ser criada por meio de seus esforços e dos esforços de seus contemporâneos.

A ciência empírica é um fator independente na história intelectual; e, em particular, é preciso reconhecer sua independência em relação ao desenvolvimento da filosofia. A menos que se tenham preconcebido ideias acerca da origem da ciência, a existência desse fator não deve ser surpreendente, pois um conhecimento mais ou menos extenso das causas e dos efeitos no mundo circundante é uma inevitável condição da sobrevivência humana, mesmo nos níveis primitivos da civilização. E, onde quer que esse conhecimento seja intensificado por meio da especialização dos ofícios, a base da elaboração sistemática numa ciência empírica está presente. Em todas as civilizações, ocidentais ou orientais, antigas ou medievais, a ciência empírica não se originou na filosofia, mas no conhecimento daqueles que desempenhavam os ofícios. Quando esse corpo de conhecimento empírico cai nas mãos de teóricos profissionais, pode florescer numa ciência caso os métodos (como, por exemplo, a experimentação e a matematização) sejam adequados; mas, obviamente, pode ser também arruinado se o método for um procedimento de especulação falaciosa. Este é o perigo que uma ciência altamente desenvolvida como a medicina grega tinha de enfrentar. Mas o conhecimento empírico da política, como encontrado na arte dos homens de Estado, os profissionais da política, poderia ter o mesmo destino. Uma amostra do que poderia acontecer a esse respeito foi oferecida pelos casos de Hipódamo e Faleias, dos quais o primeiro foi destacado por Aristóteles como a primeira pessoa privada, ou seja, o primeiro não profissional, a especular sobre a melhor forma de governo, aparentemente usando uma "hipótese" pitagórica. Tucídides tem o seu lugar nesse desenvolvimento como o primeiro profissional a tentar transformar o conhecimento empírico da política numa ciência, usando a ciência da medicina como modelo para tal propósito. Os discursos no *Síngrafo* ganham particular importância sob este aspecto, pois neles Tucídides faz que os profissionais da política, os homens que lideram o Estado, os generais e os embaixadores, formem e formulem o *eidos* da *kinesis* que ele, como cientista, descrevia.

O feito de Tucídides de transformar o conhecimento dos profissionais numa ciência, porém, inevitavelmente suscitava graves problemas para o futuro da ciência política. A *kinesis* era uma "doença" da ordem política; os profissionais que moldavam e definiam seu *eidos* eram os coveiros da Hélade, como foram caracterizados por Platão no *Górgias*, e a ciência política de Tucídides era um estudo-modelo do suicídio de uma nação, mas dificilmente um estudo da ordem política bem-sucedida. Se Címon, Milcíades e Péricles eram, de acordo com o diagnóstico de Platão, maus estadistas que moldaram uma *kinesis* e, deste modo, destruíram a ordem da pólis ateniense e de seu império, onde se encontrariam os profissionais capazes de formar uma ordem justa, e como seriam eles? A resposta de Platão a esta questão foi o rei-filósofo, o governante que trazia a ordem justa em sua alma e, como homem de ofício, poderia moldar a ordem da pólis conforme a imagem, o paradigma, de sua alma, que era, por sua vez, moldada segundo o paradigma estabelecido no céu. A ciência de Tucídides explorava apenas a *idea* da *kinesis*, da perturbação da ordem; Platão explorava a *idea* da própria ordem. É preciso enfatizar esta relação entre Tucídides e Platão, pois, ocasionalmente, pode-se ainda ouvir a manifestação do sentimento nostálgico: Quão maravilhosamente poderia ter progredido a ciência política se outros houvessem seguido os passos de Tucídides, e se esse promissor princípio de uma ciência da política não houvesse sido interrompido pela influência da filosofia de Platão. Este preconceito dos empiristas negligencia o fato de que os dois pensadores complementam-se um ao outro: Tucídides estudou uma sociedade política em crise, e criou a ciência empírica da doença letal da ordem; Platão criou a outra metade da política, a ciência empírica da ordem. Se Platão entendesse sua tarefa como uma busca das ideias da virtude em geral, e da justiça em particular, e, para este propósito, usasse os mesmos termos *eidos* e *idea* como os médicos e Tucídides, o uso não seria considerado uma curiosidade filológica, mas uma pista das intenções de Platão. A compreensão dessa complexa fase da história intelectual grega é certamente acrescida quando não descartamos Platão classificando-o como um "idealista" filosófico, mas o reconhecemos como o homem de ofício empírico que tentou definir e moldar o *eidos* da ordem na sociedade vinculando a ordem imanente à sua origem transcendente no *Agathon*.

3 A teoria

Os contemporâneos de Tucídides, como previamente observado, não partilham sua opinião de que tenha ocorrido uma grande Guerra do Peloponeso. Quando diziam guerra, eles se referiam a uma série de batalhas e campanhas que tiveram um início formal com uma declaração de guerra e um fim formal com um tratado de paz. Quando Tucídides disse guerra, referia-se a um movimento que foi mais que uma série de ações diplomáticas e militares, na medida em que, além de conflitos físicos e desavenças de paixões, tinha uma dimensão de significado que se estendia às regiões de colapso e transfiguração moral. No nível paradigmático da ação política e militar, o império de Atenas primeiramente ascendeu à grandeza como potência e, depois, desmoronou derrotado. No nível da historiografia tucidadiana, ascensão e queda não se seguem uma à outra no tempo, mas estão entrelaçadas numa textura de significado fora do tempo. Era uma trama intricada, e às vezes o leitor se pergunta se o próprio historiador estava sempre certo do padrão que tecia. A ascensão ateniense ao poder foi, física e emocionalmente, uma explosão de forças, um engrandecimento da cidade hegemônica à custa dos aliados e vizinhos, mais fracos, e, moralmente, uma implacável indulgência para com as violações da justiça e as satisfações da cobiça, um colapso do *ethos*, uma grande queda contendo as sementes do subsequente desastre político.

Isso tudo está claro, mas, uma vez que Tucídides não é um intelectual moralizador discursando para imperialistas, não está claro de modo algum. Com certeza a expansão e a desintegração agressivas do *ethos* estavam inseparavelmente unidas, mas disso não se segue que a expansão agressiva era má. Embora a ascensão externa estivesse viciada pela corrupção da substância moral, abriu um campo de grandes oportunidades e permitiu ao homem a liberdade de experimentar suas habilidades, sua inventividade e sua imaginação; a ascensão ateniense ao poder foi um espetáculo esplêndido, desde o domínio naval dos mares até a ornamentação arquitetônica da cidade do império; a vulgaridade, a brutalidade, a atrocidade e a sordidez geral, que Tucídides reconheceu tão claramente quanto o Velho Oligarca, foram o preço que tinha de ser pago pela Acrópole e pelo esplendor da era de ouro pericliana. Atenas, como Tucídides a via, era um poder progressista na história, e suas potencialidades civilizacionais não poderiam ter se concretizado sem a exploração de seus confederados e súditos. Mas, novamente, convém ter cautela. Tucídides, embora não fosse um moralista, também não era um chauvinista que justificaria a dominação imperial com base na superioridade civilizacional do agressor. Ele estava claramente do lado do empreendimento ateniense e de sua atividade inovadora, mas estava aterrorizado com a desintegração moral e a destruição física que, aparentemente por necessidade, compensaram o efêmero esplendor da Atenas pericliana.

Outros aspectos da *kinesis* apareceram quando a aparente necessidade dessa conexão foi mais minuciosamente examinada. A responsabilidade pela forma peculiar que a expansão política e civilizacional assumiu não jaz somente em Atenas. A defesa da Hélade contra a ameaça persa requeria uma marinha forte, como Salamina demonstrara, e os confederados délios estavam dispostos a deixar que Atenas arcasse com o ônus da ação enérgica. A concentração do poder naval em Atenas devia-se em grande medida ao fato de que os membros da Liga de Delos preferiam o pagamento de contribuições monetárias para prover a construção, a manutenção e a tripulação de suas próprias esquadras; eles criaram o instrumento de sua subjugação com base em seu próprio tesouro e não possuíam poder militar próprio para resistir às usurpações da cidade hegemônica quando esta engrandeceu seu poder à custa das outras. Quando, após a Paz de Cálias, a ameaça persa tornou-se menos iminente, a estrutura social de Atenas havia se transformado, passando da pólis semiaristocrática e agrícola de Maratona a uma alvoroçada democracia industrial e comercial, um centro de construção náutica para a confederação e uma potência marítima. Nenhum homem de Estado seria capaz de reverter a evolução em oposição ao interesse e à vontade do povo. Atenas ajustara-se às exigências da nova era; e agora os antigos aliados tinham de ajustar-se à nova Atenas e submeter-se à transformação da liga num império.

Um problema similar surgiu em relação à Liga do Peloponeso. Os peloponenses certamente tinham razões para temer o novo e ainda crescente poderio de Atenas. Mas tinham de temê-lo porque os lacedemônios e seus aliados decidiram preservar seu antigo modelo de existência. Faltavam disposição e imaginação para contrabalançar a transformação ateniense por meio de ajustes nas políticas e na ordem constitucional que tivessem o mesmo caráter radical. As condições do poder estavam se modificando, e somente Atenas, entre as pólis helênicas, era flexível e ousada o bastante para fazer frente a elas. Os peloponenses, os ilhéus e os gregos asiáticos estavam inclinados a enxergar a nova ordem como uma violação da justiça e o poder revolucionário como um agressor.

Os atritos originados pelas mudanças na intensidade relativa da força, meticulosamente detalhados por Tucídides, forneceram ao historiador material para reflexões sobre a causalidade da ação política e seu conflito com os princípios da justiça. A expedição de Xerxes havia sido um fato histórico bruto, uma causa que determinou uma cadeia de efeitos. O primeiro dos efeitos foi a política naval de Temístocles, que salvou a independência da Hélade. O êxito em Salamina tornou-se uma causa adicional, determinando a contínua política naval da Liga de Delos, que, por sua vez, causou a transformação de Atenas. Por volta de 450, a nova ordem de Atenas tornara-se um fato consumado, e sua irreversibilidade tornou-se a causa inicial da política do império. A expedição de Xerxes, a batalha de Salamina, a fundação da Liga e a transformação de Atenas formam uma cadeia de causas e efeitos culminando no perturbador poder da cidade hegemônica; estamos no âmbito das *aitiai* que necessariamente têm seu efeito. A causalidade, porém, não é um argumento no que se refere às questões concernentes à justiça e à moralidade. Tucídides não espera que, tão logo a ameaça persa tenha se extinguido, as massas atenienses ajam contra seus próprios interesses, abdiquem de sua lucrativa ocupação e de sua vida aprazível e voltem a cultivar o solo da Ática como modestos lavradores sob condições severas. Elas são "forçadas" a organizar seu império, e, uma vez que ele é organizado com brutalidade, não se pode esperar que o abandonem e suprimam sua força naval como gesto de paz, pois seus antigos súditos se aliariam entre si ou com Esparta e efetuariam sua vingança contra os antigos opressores. Por conseguinte, os atenienses são "forçados" a manter o império de modo implacável. Entretanto, a atitude "inevitável" de cometer injustiças e atrocidades é, ainda assim, um declínio, o que se torna mais evidente quando a imposição do interesse é instituída na lei da ação que justifica as transgressões da moral e da justiça.

O conflito entre necessidade e justiça torna-se ainda mais complicado devido à conduta dúbia dos inimigos de Atenas. A crescente diferença de poder entre a cidade-império e seus inimigos é apenas parcialmente causada pela ação ateniense. Ela é também causada, em parte, pela inação dos membros da simaquia e dos peloponenses. Na ética da tragédia, porém, a inação é a fuga da Dike; o homem que não enfrenta a ação decisiva é negligente com seus deveres. É imoral deixar-se enfraquecer modificando a situação se uma ação corretiva puder manter ou restaurar a força. Um poder que se tornou relativamente fraco pela inação não pode atribuir toda a culpa por seus infortúnios a um poder maior que aproveita suas oportunidades. Tucídides depara-se com o problema de que o próprio gênio, a coragem e a energia de Atenas que salvaram a Hélade, assim como a operação contínua das forças salvas que resultaram em benefícios materiais e realizações culturais, tiveram consequências desastrosas num ambiente civilizacional de parceiros menos enérgicos. É o perpétuo problema dos efeitos de um poder progressivo sobre os vizinhos mais apáticos. Deve-se considerar um princípio da justiça, nas relações sociais em geral e nas relações políticas em particular, que um homem ou uma sociedade dispostos a tirar proveito de suas energias devam se conter e cortesmente acompanhar os indolentes e os retardatários? Especialmente quando a ação enérgica possui um núcleo que claramente serve ao interesse comum, e os defensores do *statu quo*, por sua resistência, põem em perigo a segurança da comunidade? Tucídides decide-se pelo lado progressista. O problema é bem iluminado pela famosa diferença de opinião entre Tucídides e Platão no que se refere aos méritos de Arquelau, rei da Macedônia. Tucídides o vê como o benfeitor de seu país que erigiu as fortificações que, pela primeira vez, puseram a Macedônia a salvo de invasões, construiu um novo sistema de estradas, organizou uma força militar e aumentou os recursos de defesa mais que os oito reis que o precederam (II, 100). No *Górgias* de Platão, o mesmo Arquelau aparece como um político repugnante que subiu ao poder por meio de assassinatos e crimes de espécies diversas. O impasse é que provavelmente ambos os retratos estão igualmente corretos; há situações nas quais a natureza da oposição requer meios brutais para a obtenção de fins políticos em si desejáveis.

A sondagem tortuosa no interior da estrutura e do significado do grande movimento, porém, não termina na planura da ética intencionalista. Os meios continuam sendo meios rumo a um fim na ordem da causalidade, e não são elevados à dignidade da ação moralmente justificada em razão de que o fim seja valioso; e, se são crimes, continuam sendo crimes na ordem da moralidade. Apenas em uma importante ocasião, na Oração Fúnebre, Tucídides apresenta um argumento que pretende transpor o vão entre as ordens da necessidade e da moralidade, no apelo de Péricles: "Nenhum inimigo ficará vexado ao ser derrotado por tal cidade, e os súditos não se queixarão de que não é merecedora de governá-los" (II, 41). Se pela ordem da necessidade é preciso que haja conquistadores e derrotados, senhores e súditos, essa fatalidade sem sentido ganhará significado por meio do mérito do conquistador ou senhor. A necessidade do poder é algo como um destino a ser suportado pela humanidade — o senhor sofre tanto quanto o súdito; e, no mérito do senhor, o súdito experimenta (ou supostamente experimenta) algo como uma representação comum da grandeza humana. Obviamente, o argumento é fraco; o próprio Tucídides dá exemplos de possíveis súditos que prefeririam correr o risco do extermínio a experimentar uma representação do merecimento ateniense. Todavia, essa mesma fraqueza é importante, na medida em que revela a desesperança do dilema. Na representação de Tucídides, nem mesmo o principal estadista ateniense se rebaixaria tanto a ponto de lambuzar-se no lodo da hipocrisia moral sobre a realidade brutal. Tudo o que Tucídides pode fazer é recorrer ao orgulho de Atenas, e em seu *pathos* pode-se perceber seu sofrimento sob o fardo de uma necessidade que exige que Atenas pague por sua vergonha.

Não há solução para o conflito. O estrato mais profundo que se pode tocar na teoria da *kinesis* é o desespero. Atenas está avançando, sob o ímpeto da necessidade, e a cada novo passo aprofunda-se mais no pântano da injustiça. A brilhante expansão é autodestrutiva no sentido mais literal de uma destruição da personalidade moral. O processo, expandindo-se da esfera pública para a privada, começa com a habituação à ação injusta nas questões do Estado, e termina com a dissolução da honestidade, da lealdade e da vergonha nas relações pessoais. Tucídides descreve o processo e seus resultados com a paixão de um anatomista dissecando um órgão doente; e, com um olho treinado por sua descrição, podemos discernir o desespero causado pela corrosão da personalidade nos fragmentos sofistas do último quarto do século V, assim como nos sofistas retratados por Platão. O conselho de seguir o *sympheron* na transgressão da lei, as asserções truculentas de que a justiça é aquilo que beneficia o mais forte, as afirmações de que o homem forte governa por direito, pois é o melhor homem, as "teorias" do direito e da justiça como sendo invenções dos homens fracos para conter os fortes — todas essas opiniões desesperadas, que nunca se aproximam da coerência teórica, refletem a confusão moral da grande *kinesis*. Essas várias *doxai* iluminam aspectos do conflito entre a necessidade e a justiça que conturbava a época.

Nem mesmo a disciplina moral de Tucídides era capaz de escapar inteiramente da profunda confusão do conflito. Aqui e ali encontramos reflexões segundo as quais, a despeito da necessidade, o curso efetivo dos acontecimentos não seria inevitável. A guerra, certamente, era inevitável, mas não era necessário que Atenas perdesse. A política pericliana de reduzir as perdas da superexpansão nos anos de 460 e 450, de abandonar a Ática à invasão em caso de guerra e de manter o império mediante o domínio do mar teriam assegurado a vitória. Mas após a morte de Péricles, em 428, as melhores chances de paz depois da questão de Pilos foram perdidas sob a liderança do emocional e ambicioso Cléon, e nem este nem seus sucessores tinham a integridade e a personalidade para manter a turba imperialista sob controle e evitar aventuras desastrosas. Esse fracasso da liderança pessoal que perdeu uma guerra que, pelo cálculo militar, deveria ter sido ganha, Tucídides é inclinado a considerá-lo acidental, um infortúnio imprevisível destruindo a coordenação de meios e fins na ordem da necessidade, da mesma maneira como a peste interrompeu os planos sensatos de Péricles.

Reflexões desse tipo mostram uma falta de clareza na mente de Tucídides no que se refere à conexão entre racionalidade e *ethos*. Aparentemente, sua percepção estava entorpecida, como a de seus contemporâneos sofistas, e ele não conseguia ver que a esfera do poder e do racionalismo pragmático não é autônoma, mas faz parte da existência humana, que, como um todo, inclui a racionalidade da ordem espiritual e moral. Se a ordem dominante do espírito e da moralidade ruir, a formação dos fins na ordem pragmática será controlada pela irracionalidade das paixões; a coordenação dos meios e dos fins pode continuar a ser racional, mas a ação, porém, tornar-se-á irracional porque os fins já não fazem sentido perante a ordem espiritual e moral. Quando a corrosão da razão já alcançou um determinado grau de profundidade e afetou uma proporção suficientemente grande do povo, a liderança eficaz com base na razão torna-se difícil ou até impossível, mesmo que o homem no posto máximo pudesse, em condições mais favoráveis, ter exercido tal liderança. Num grau mais avançado de corrosão, um homem com tais qualidades, precisamente por possuí-las, constata ser impossível chegar à posição de liderança; e, num último grau de corrosão, a sociedade, por sua corrupção, pode evitar a formação de um homem com tais qualidades, mesmo que ele, por natureza, não seja desprovido de dotes. Tucídides não estava disposto a admitir essa conexão entre a corrupção da sociedade e a impossibilidade da liderança racional. Ele não podia ou não queria ver que se uma sociedade e seu sistema político só pudessem manter-se em existência por meio do milagre de uma sucessão de personalidades periclianas, essa sociedade e esse sistema político estariam condenados; tampouco admitiria que, com a progressiva corrosão do *ethos*, um outro Péricles dificilmente poderia emergir da sociedade ateniense. E provavelmente nunca lhe ocorreu a ideia de que um homem de primeira qualidade não quisesse ser o líder político de Atenas e se voltasse para uma busca menos nauseante.

Chegamos ao fim da teoria da *kinesis* de Tucídides, e podemos sintetizar o resultado. Na execução de seu plano, os limites da *kinesis* no tempo aparentemente têm de ser estendidos para além do início formal da guerra. As primeiras sentenças designam a "guerra" em si como a *kinesis*, mas, uma vez que Tucídides queria apresentar mais que uma relação de eventos militares e diplomáticos, tinha de estender a unidade de significado de modo a incluir a etiologia da crise que atingiu seu clímax na guerra efetiva. Com esse propósito, inseriu os *Cinquenta anos*, a história que vai desde Salamina até a eclosão da guerra, no Livro Primeiro (I, 89-117). Com essa ampliação, o movimento se tornou a grande conturbação do mundo das pólis na esteira das Guerras Persas, prolongando-se, ao todo, de 480 a 404. A investigação desse *eidos*, da natureza do movimento, então, iluminou os vários aspectos de uma complicada estrutura dilemática: poder e justiça, necessidade e moralidade, progresso e retrocesso, ascensão civilizacional e declínio do *ethos*. O gênio de Tucídides revelou-se na disciplina com a qual resistiu à tentação de obscurecer a estrutura dilemática da existência política mediante uma tentativa de racionalização.

Em virtude desse feito, Tucídides deve ser considerado o verdadeiro herdeiro da tradição trágica. Ao mesmo tempo, porém, devido a seu conteúdo, sua obra marca o fim formal da tragédia, na medida em que narra a morte do herói que outrora representava a ordem de Zeus contra a *hybris* desordenadora do poder. A Dike de Zeus desapareceu da ordem de Atenas, e o sentimento trágico transferiu-se do povo para indivíduos isolados que, como espectadores, preservaram o significado da ordem ao mensurar a desordem circundante por meio da memória de seus modelos.

Neste ponto, chegamos ao limite da realização de Tucídides. Vale comparar sua dificuldade com a dificuldade similar de Maquiavel. Ambos os pensadores eram sensíveis ao dilema do poder e da moralidade, ambos estavam resignados diante da necessidade de meios criminosos por aquilo que consideravam um fim desejável. Mas Maquiavel estava sumamente consciente de que o Príncipe não podia efetivar senão a ordem externa, enquanto a ordem genuína tinha de ser instilada na comunidade por meio de um reformador espiritual. Tucídides, embora se movimentando no mesmo nível da ação política que Maquiavel, aparentemente não concebia uma alternativa a seu príncipe pericliano — pelo que dificilmente pode ser censurado, já que não tinha a experiência dos salvadores prototípicos, que Maquiavel tinha. Essa ausência de uma personalidade capaz de uma reforma espiritual, não só na realidade de Atenas, mas até na imaginação de um Tucídides, mostra claramente que uma era da cultura política havia terminado irrevogavelmente. O tempo da pólis estava acabando; uma nova época da ordem começava com Sócrates e Platão.

4 A forma

O *Síngrafo* é um fragmento que surge no vigésimo primeiro dos vinte e sete anos da guerra. Além disso, é mais provável que os livros posteriores não estejam na forma final que seu autor lhes teria dado. Portanto, um estudo da forma literária tem de se basear primordialmente nos quatro primeiros livros. Uma breve consideração do assunto é necessária, pois a forma literária de Tucídides está intimamente ligada à sua teoria.

Tucídides nunca apresentou sua teoria de maneira discursiva, mas sugeriu-a mediante o esclarecimento mútuo dos acontecimentos e dos discursos, intercalando reflexões diretas apenas ocasionalmente. O expediente literário, como vimos, foi desenvolvido por Heródoto com o propósito de interpretar a história por meio de uma "hipótese", mas adquiriu um novo significado quando Tucídides o usou com o propósito de explorar a realidade política. A questão do que Tucídides queria dizer com "realidade", ainda muito debatida, é de crucial importância para a compreensão da inter-relação da forma e da teoria. Em nossa atmosfera intelectual contemporânea, ainda fortemente impelida pelos ventos do positivismo, a questão tende a se tornar a questão da confiabilidade de Tucídides como historiador no sentido moderno. Torcê-la nessa direção, porém, embora não seja de todo impróprio, é errôneo o suficiente para distorcer a essência do problema. Se o *Síngrafo* não passasse de uma narração de "fatos históricos" no nível pragmático, nunca teria sido escrito, pois, conforme já detalhamos o bastante, no nível pragmático não houve uma ocorrência tal como a Guerra do Peloponeso. A *kinesis* é uma unidade pelo fato de ser o drama catastrófico dos homens que foram enredados no desconcertante dilema da necessidade e do *ethos*, e essa unidade dramática não poderia ser criada por uma mera narrativa dos acontecimentos, mas requeria os discursos que, como um coro na tragédia, alçaram o dilema à consciência lúcida. A realidade de Tucídides, portanto, é dramática no sentido de que as ações não são meramente relatadas como acontecimentos no tempo e no espaço, mas são tornadas transparentes ao drama da alma por meio do expediente dos discursos. Em consequência, a questão da "confiabilidade histórica" no sentido moderno não pode ser respondida simplesmente com "sim" ou "não", mas requer uma distinção delineada pelo próprio Tucídides. Em I, 22 ele distingue os discursos (*logoi*) e os acontecimentos (*erga*), e discerne os graus de exatidão (*akribeia*) que podia alcançar no relato de cada uma das duas classes de materiais históricos. No que diz respeito aos acontecimentos, ele usava o método de coletar relatos de testemunhas oculares, compará-los e, quando entravam em conflito, apurar a verdade tanto quanto possível. Quanto aos discursos, Tucídides não tentava relatá-los literalmente, já que sua própria memória, assim como a dos outros, era um instrumento muito deficiente. Antes, ele se certificava da situação em que o discurso fora proferido, assim como o sentido geral daquilo que efetivamente fora dito, e então punha na boca de seus oradores a linguagem que era "apropriada" (*ta deonta*) à ocasião. Os discursos, portanto, não oferecem nem as palavras exatas nem o estilo do orador, mas fornecem os argumentos "apropriados" uniformemente transpostos para o estilo retórico de Tucídides.

Os discursos são inseparáveis dos acontecimentos. Não é permissível extrair da obra os acontecimentos e satisfazer-se com uma colheita de "fatos" confiáveis sobre a história grega; os acontecimentos só são verdadeiros enquanto partes do todo constituído pela forma literária. Isto suscita um problema delicado. Por um lado, os discursos são eles mesmo uma parte integrante da realidade, persuadindo e impelindo sua audiência na direção de uma ação específica, os acontecimentos; por outro, são claramente um expediente literário, usado com circunspecção artística a fim de criar uma unidade de sentido. Nesta última função confundem-se com as reflexões diretas do próprio autor. Nessas circunstâncias, onde termina a realidade e onde começa a forma literária? Parece haver uma única resposta possível: essa estrutura peculiar só pode alegar ser uma descrição da realidade sob a condição de que a própria realidade contenha os elementos formais que possam ser elevados, sem distorção, à forma artística. Concretamente: o uso tucididiano dos discursos pressupõe uma cultura política em continuidade com a cultura que produziu a tragédia como sua expressão representativa; o governo por meio do argumento e da persuasão é a realidade que pode ser elevada, sem falsificação, a cursos definidos de acontecimentos por meio do sentido que irradia de discursos estrategicamente situados. Ademais, a inserção dos discursos em si não precisa estar em conflito com a realidade. Podemos assumir com segurança que os discursos foram pronunciados nas ocasiões selecionadas por Tucídides — pela boa razão de que o estilo da política helênica os requeria em cada uma das ocasiões. Melhor que duvidar dos três discursos de Péricles relatados no *Síngrafo* seria assumir que ele proferiu muitos outros de tipo similar. E quanto ao seu conteúdo novamente não há razão para duvidar de sua transposição substancialmente correta; entretanto, é possível, e até provável, que Tucídides tenha concentrado nos discursos que selecionou um corpo de argumentos que na realidade estava disperso em diversas ocasiões oratórias. Os discursos, em geral, são provavelmente retratos compostos de uma corrente de debates em andamento entre os gregos a respeito dessas acaloradas questões. Essa pré-formação da realidade por meio do debate e da persuasão podia ser alçada à forma dramática de discursos representativos, e a luminosidade dramática da história assim adquirida podia ser elevada ao grande drama da *kinesis* por meio da arte de composição do autor e também por meio dos toques adicionais de suas reflexões pessoais.

A forma de historiografia tucididiana é única, no sentido de que foi uma eflorescência da cultura política helênica do século V; ela não poderia ser imitada como modelo literário em circunstâncias diversas. Seus recursos artísticos, porém, não eram únicos em sua própria época. A elevação da realidade humana a grandes tipos por parte de um artista era globalmente possível numa cultura com grande sensibilidade para a forma, com um dom e uma habilidade aperfeiçoados para discernir o que é típico nas situações, funções e ações humanas, e essa disposição de moldar a vida como um drama podia ser fortalecida e facilitada pela criação de grandes paradigmas por parte dos poetas. Até onde remontam os registros literários, a cultura helênica estava permeada por essa interação mimética entre os tipos da vida e da arte. Nas epopeias homéricas, o mito paradigmático era usado para influenciar a conduta dos heróis, e os heróis estavam dispostos a moldar suas ações à imagem dos paradigmas. As próprias epopeias tornaram-se, então, os maiores estoques de sabedoria e feitos paradigmáticos até a imitação de Aquiles por Alexandre. O culto da tragédia, além disso, apoiava-se na representação mútua da decisão política em favor da Dike por parte dos heróis trágicos e da decisão heroica em favor da Dike por parte da assembleia dos cidadãos da pólis. E essa formação mútua do paradigma e da realidade atingiu por fim o seu clímax na figura de Sócrates, que desapareceu tão completamente por trás dos tipos criados pela literatura socrática que não sabemos quase nada sobre ele, a menos que assumamos que a realidade de sua vida e de seu pensamento conformava-se aos tipos literários. Perto do fim do século V, surgiram novos tipos na realidade, e a formação dos paradigmas passou dos poetas aos historiadores e filósofos; mas a relação entre a realidade e os tipos não mudou por princípio. Em nosso estudo dos sofistas, um dos grandes problemas veio a ser descobrir em que medida os retratos platônicos poderiam ser usados como fonte histórica, e a análise dos fragmentos das fontes primárias sugeriu que os sofistas reais correspondiam muito fielmente aos tipos desenvolvidos por Platão. O clímax foi novamente a criação platônica do tipo do filósofo com base na realidade da existência socrática. A conquista peculiar de Tucídides, no contexto desse problema, foi a criação do tipo da *kinesis* com base numa realidade que estava fortemente pré-moldada na direção do tipo.

5 Formulações

O desenvolvimento da teoria como uma sutil acentuação do que há de típico na realidade pode ser qualificado como a essência da cultura clássica. O profundo realismo de tal teorização, que se mantém tão próxima do objeto a ponto de que seus resultados quase não sejam distinguíveis dele, causa, no entanto, sérias dificuldades para o historiador que pretende descrevê-la adequadamente. A teoria de Tucídides, apresentada na seção precedente, tinha de ser extraída do *Síngrafo* com base nas sugestões da narrativa, especialmente dos discursos, em vez de nas reflexões do autor. O próprio Tucídides transmitia sua teoria da *kinesis* deixando que o próprio objeto se apresentasse por intermédio de sua autoarticulação nos discursos e debates. Consequentemente, nossa extração não apresenta nem as palavras de Tucídides, nem a linguagem dos discursos. Certamente foi possível extrair a teoria, mas a grandeza de sua expressão foi perdida. Com efeito, nenhuma exposição pode substituir a leitura da obra em si. Com o intuito de remediar ao menos parcialmente essa perda, ofereceremos uma seleção de certas passagens-chave[8].

A primeira de tais seleções incluirá passagens extraídas dos discursos dos enviados de Corinto e Atenas no primeiro congresso em Esparta que sintetizam as posições dos grandes protagonistas da guerra (I, 68 ss.)
O emissário coríntio apresentou o caso dos aliados peloponenses:

> A confiança que vós, lacedemônios, tendes em vossa constituição e vossa ordem social faz que suspeiteis de nós quando fazemos acusações contra outros. Daí provém vossa moderação, mas também vossa ignorância do que se passa fora de vosso país.

Tendo detalhado as transgressões atenienses, ele prosseguiu:

> Vós sois responsáveis por tudo isso, pois primeiro permitistes que os atenienses fortificassem sua cidade, e depois que construíssem os Longos Muros. Estais privando da liberdade não só aqueles por eles escravizados, mas também aqueles que, até agora, têm sido vossos aliados, pois verdadeiramente escraviza um povo aquele que tem o poder de evitar a escravidão mas dele não faz uso. [...] E nós sabemos por qual método e quais passos sutis os atenienses usurpam seus vizinhos. Eles são confiantes mesmo quando consideram que vós sois demasiadamente obtusos para notá-los; mas, ao saber que não desejais interferir, atacarão sem comedimento. De todos os helenos, somente vós, lacedemônios, estais inativos; somente vós defendei-vos não por meio de ações, mas de intenções, e tentais esmagar um inimigo não na infância, mas na plenitude de suas forças. [...] Os atenienses pendem para a inovação, com igual presteza concebem e executam cada novo plano, enquanto vós cuidais apenas de manter aquilo que possuís, não dais origem a nada e não agis sequer quando a ação é sumamente necessária. [...] Eles são impetuosos e vós sois dilatórios; eles estão sempre no exterior, e vós, sempre em casa. [...] Pode-se realmente dizer que eles vieram ao mundo para não ter descanso nem dar descanso aos outros.
> Vós não vedes que a paz perdura mais com aqueles que não só usam sua força com justiça, mas demonstram igual determinação de não se submeter à injustiça. Vossa

---

[8] Nas seleções seguintes, utilizei as traduções de Jowett, Crawley e Smith, com as modificações que uma transmissão mais exata do sentido parecia requerer.

ideia de justiça parece ser não ferir outros a fim de não correr risco nem mesmo em autodefesa. Esta política dificilmente seria bem-sucedida mesmo que seus vizinhos fossem iguais a vós; mas no presente caso vossos hábitos são antiquados em comparação aos deles. E, por necessidade, na política e nas artes, o novo prevalecerá sobre o velho. [...] A vasta experiência de Atenas levou-a mais longe que vós no caminho da inovação.

Que vossa procrastinação termine [...] Não nos levai, em desespero, a alguma outra aliança. [...] Os verdadeiros violadores de tratados não são aqueles que, quando desamparados, voltam-se para outros, mas aqueles que desamparam aliados que haviam jurado defender.

O coríntio foi sucedido pelo enviado ateniense, que fala em defesa do império (*arche*):

Esse império não foi adquirido pela força; mas vós relutáveis em permanecer e dar fim aos bárbaros, e os aliados vieram de seu próprio acordo e nos pediram que fôssemos seus líderes. Desde então, as circunstâncias nos forçaram a aumentar nosso poder: o temor foi nosso primeiro motivo; em seguida, a honra, e, por fim, o interesse. Quando incorremos no ódio da maioria de vossos aliados, quando alguns deles já haviam se rebelado e sido subjugados, quando já não éreis os amigos que fostes, mas vos tornastes suspeitosos e indispostos, nosso domínio não podia ser afrouxado sem risco, pois as cidades que nos renegassem teriam passado para o vosso lado. E ninguém pode ser censurado quando, sob grande perigo, faz aquilo que é para si mais vantajoso [*ta sympheronta*]. Se vós, e não nós, perseverásseis na liderança dos aliados tempo suficiente para serdes odiados, seríeis tão intoleráveis para eles quanto nós somos agora, e seríeis compelidos a escolher entre governar pela força ou pôr-se em perigo. Não tendes razão para surpreender-vos de que, agindo conforme a natureza humana, tenhamos aceitado um império que nos foi oferecido e que depois nos tenhamos recusado a renunciar a ele, cedendo a três imperiosos motivos: honra, temor e interesse. Além disso, não estabelecemos um exemplo destituído de precedentes, pois sempre se afirmou que o fraco deve se submeter ao mais forte. E julgamos ser dignos de nossa posição, e assim pensáveis vós até agora, quando, calculando vosso interesse [*ta sympheronta*], falais de justiça — uma consideração que nunca dissuadiu ninguém de tomar pela força tanto quanto pudesse. Exaltados como dignos devem ser aqueles que, permitindo à sua natureza humana governar a outros, mostram-se mais justos do que precisam ser.

Tucídides encerrou o prelúdio dos discursos com uma reflexão própria segundo a qual os lacedemônios se declararam pela guerra não por terem sido convencidos pelos argumentos de seus aliados, mas por receio do crescente poder de Atenas.

Um dos mais importantes fatores da *kinesis*, ou seja, o *pathos* de Atenas, não pode em absoluto ser traduzido em proposições teóricas. Nesse caso, os discursos que o expressam não se referem primordialmente a uma ordenação de argumentos, mas são uma manifestação do orgulho na existência. Algumas passagens dos discursos pericleanos exprimirão esse *pathos*. Selecionaremos um primeiro grupo da Oração Fúnebre (II, 35 ss.):

> Antes de exaltar os mortos, indicarei os métodos pelos quais ascendemos ao poder, a constituição e o modo de vida em virtude dos quais nosso império tornou-se grandioso. [...] Ele se denomina democracia porque é administrado para a maioria, não para a minoria. Mas embora a lei assegure justiça equitativa para todos igualmente em suas disputas particulares, a reivindicação de excelência é também reconhecida. [...] Não há exclusividade em nossa vida pública, e, em nossas relações privadas, não suspeitamos uns dos outros, nem nos exasperamos se nosso vizinho faz o que quer. [...] Embora sejamos assim liberais em nossas relações privadas, um espírito de reverência permeia nossos atos públicos; somos impedidos de proceder mal por respeito à autoridade e às leis.
>
> Nossos homens públicos têm, além da política, seus assuntos para resolver; e nossos cidadãos comuns, embora ocupados com seus negócios, são no entanto juízes das questões públicas. Somente nós vemos um homem que não se interessa pelos assuntos públicos não como inofensivo, mas como um caráter sem valor; e, se poucos de nós somos criadores, por outro lado somos todos juízes de uma política. Não consideramos a discussão um impedimento à ação, mas, antes, o pré-requisito indispensável para qualquer ação sensata. Em suma: digo que Atenas é a escola da Hélade, e que o ateniense individual em sua própria pessoa parece ter o poder de se adaptar às mais variadas formas de ação com a máxima versatilidade e graça. [...] Nenhum inimigo que se lance contra ela se indigna com os reveses que sofre nas mãos de tal cidade; nenhum súdito se queixa de que não é digna de governá-lo. [...] Não precisaremos dos louvores de Homero nem de nenhum outro panegirista cuja poesia possa comprazer momentaneamente, embora sua representação dos fatos não venha a suportar a luz do dia, pois forçamos todas as terras e todos os mares a abrir caminho para nossa bravura, e em todo lugar plantamos memórias de nossa amizade e de nossa inimizade.
>
> Vós, a cada dia, deveis fixar vossos olhos sobre a grandeza de Atenas, até que vos sintais cheios de amor por ela; e, diante do espetáculo de sua glória, refleti, vós, que esse império foi adquirido por homens que conheciam seu dever e tiveram a coragem de cumpri-lo; homens que, no momento do conflito, sentiram o sempre presente temor da desonra, e que, se houvessem falhado em sua tarefa, não permitiriam que suas virtudes fossem perdidas para sua nação, mas livremente entregariam suas vidas a ela como a mais justa oferenda que poderiam lhe prestar.

Mesmo o *pathos* pericliano, porém, aproxima-se do ponto de ruptura sob as pressões da guerra, agravadas pela peste (II, 64):

> É preciso que compreendais que vossa cidade tem o mais elevado nome entre todas em virtude de jamais ter se curvado diante do infortúnio; que ela consumiu na

guerra mais dores e corpos que qualquer outra, e que obteve o maior poder já visto até hoje. Mesmo que algum dia ela venha a recuar (pois tudo o que cresceu tem de decair), permanecerá a memória de que, entre todos os helenos, governamos mais helenos que qualquer outra pólis; que, nas maiores guerras, nos sustentamos contra todos eles unidos e separados; e que nossa cidade era a mais próspera e abundante em tudo.

O ódio e a repugnância sempre foram o destino daqueles que almejaram governar outros. [...] Mas o ódio não dura muito; a glória do presente, todavia, e o renome duradouro persistirão na memória para sempre.

Nada permanecerá senão a memória da glória e do poder efêmeros. Esse *pathos* lembra fortemente a fé arcaica tirteica na imortalidade por meio da preservação na memória grata de um povo. O povo, com certeza, tornou-se agora a humanidade; há, porém, um anacronismo no que diz respeito a esse consolo com a recordação de ações tanto gloriosas como corruptas. E, com efeito, se Atenas é hoje lembrada, não se deve ao fato de um dia ter governado os mares.

A glória de ser lembrado espalhava-se cada vez mais diluída com os crescentes horrores da guerra. Num contraponto provavelmente calculado, Tucídides equilibrou o *pathos* de Péricles com sua própria descrição das atrocidades nas quais terminou por se degenerar a luta partidária entre oligarcas e democratas (III, 82):

> Uma vez iniciados os conflitos nas cidades, aqueles que tomavam parte sucessivamente levavam o espírito revolucionário cada vez mais longe, decididos a superar o relato de todos os seus precedentes quanto à ingenuidade de suas ações e à atrocidade de suas vinganças. O significado das palavras não era mais o mesmo em relação às coisas, pois era modificado por eles conforme julgavam apropriado. A ousadia precipitada era considerada coragem leal; a protelação prudente, o pretexto de um covarde; a moderação era considerada a dissimulação de uma fraqueza pusilânime; a habilidade de ver todos os lados de uma questão, a incapacidade de agir por qualquer um deles. [...] Sempre se confiava no amante da violência e se suspeitava de seu oponente. [...] O vínculo do partido era mais forte que o vínculo de sangue, pois um partidário estava mais disposto a desafiar sem perguntar por quê. [...] A marca da boa-fé não era a lei divina, mas o companheirismo no crime. [...] Quaisquer acordos firmados em juramento por qualquer uma das partes, quando não havia alternativa, eram cumpridos somente enquanto estavam ambas desprovidas de poder.
>
> A causa de tudo isso era o desejo de governar, originado da pleonexia e da ambição, e o espírito partidário por elas gerado quando os homens estão inteiramente envolvidos numa contenda, pois os líderes de cada um dos lados usavam palavras especiosas, uma das partes professando sustentar "a igualdade política para as massas sob a lei", e a outra, "uma aristocracia moderada", enquanto o interesse público, ao qual,

em seu discurso, eram devotados, era, na realidade, substituído por seu prêmio. [...] E os cidadãos que não pertenciam a nenhum dos partidos tornavam-se vítimas de ambos, seja por não terem uma causa em comum com eles, ou por mera inveja de que pudessem sobreviver.

Uma atitude de antagonismo pérfido prevalecia em todo lugar, pois não havia uma palavra com suficiente força de compromisso, nem maldição terrível o bastante para reconciliar os inimigos. Cada homem era forte somente na convicção de que nada era seguro; ele tinha de se preocupar com sua própria segurança, e não podia se arriscar a confiar em outros. [...] Os intelectos inferiores geralmente tinham mais êxito, pois, conscientes de suas próprias deficiências, e temendo a capacidade de seus oponentes [...] atacavam audaciosa e imediatamente.

Despojado do *pathos* e reduzido meramente ao poder, manifestou-se, por fim, no Diálogo dos Mélios. As duas passagens seguintes tratam da justiça e dos deuses (V, 89 e 105):

Vós sabeis tão bem quanto eu que, nas discussões humanas, a justiça só entra onde a pressão da necessidade é igual. De resto, os poderosos extorquem o que podem e os fracos cedem o que têm de ceder.

Acerca dos deuses, acreditamos, e acerca dos homens sabemos que, por uma necessidade da natureza, governam o que quer que possam. Nós não criamos essa lei nem somos os primeiros a agir segundo ela; constatamos que ela existe antes de nós e continuará a existir depois; nós apenas fazemos uso dela, sabendo que vós e todos os demais, se fôsseis tão fortes quanto nós, agiríeis da mesma forma.

Os Mélios não se submeteram; quando sua cidade foi conquistada, todos os homens foram assassinados, e as mulheres e as crianças foram vendidas como escravas.

Os atenienses tiveram oportunidade de rememorar seus malefícios quando, em Egospótamos, sua última frota foi destruída e o fim chegou. Em sua continuação do *Síngrafo* de Tucídides, nas *Helênicas*, Xenofonte descreveu a cena em que as notícias do desastre chegaram:

Foi à noite que o *Páralo* [um dos velozes navios mensageiros que escaparam] chegou a Atenas com as notícias do desastre, e um som de lamento irrompeu do Pireu, passando ao longo dos Grandes Muros e chegando até a cidade, conforme a notícia era passada adiante de um homem para outro, e durante aquela noite ninguém dormiu, todos consternados, não apenas por aqueles que pereceram, mas muito mais por si mesmos, presumindo que sofreriam o mesmo tratamento que haviam infligido aos mélios.[9]

---

[9] Xenofonte, *Hellenica*, trad. Carleton L. Brownson, Loeb Classical Library, London, Heinemann, 1930, II, 2.3.

Os coríntios e os tebanos, com efeito, estavam dispostos a destruir a cidade; se os lacedemônios não houvessem resistido a este projeto, em reconhecimento pelos serviços prestados por Atenas nas Guerras Persas, este teria sido o fim da história ateniense.

Índice remissivo

Abel-Remusat, J.-P. 93
Aborígines 22, 252
Abraão 103, 108
Academia 191, 242, 351
Achreios (sem préstimo) 215
Aço, Idade do 226
Acosmismo 92
Adcock, F. E. 188
Adikein (cometer injustiça) 427
Adikia (injustiça) 310, 381, 416
Adimanto 53
Adrasto 264
Aei (sempre) 310
Aeizoon (sempre vivo) 310
Afrodite 42, 169, 170, 172, 173, 212, 218
Agamenon 44, 67, 138, 151, 154-159, 161-163, 166, 167, 173, 180, 181, 271
Agathon 34, 261, 268, 272, 436
Agora (assembleia do povo) 153
Agostinho, Santo 29, 31-34, 62, 87, 88, 93, 247, 256, 288
Aias 139
Aidos (reverência) 68, 232
Ainos (fábula animal) 216
Aión 312

Aischron (ignóbil/injusto) 399
Aitioi (responsável por, causa) 182, 414, 432
Akhenaton 202
Akhijava 105, n. 1
Akoe (tradição) 116
Akribeia (exatidão) 444
Alazoneia (soberba) 214
Alceu 109
Alcibíades 53, 214, 324
Alcidamas 72, 405
Alcínoo 150
Alcmano 109
Alcmeão de Crotona 71, 382, 383
Alegria e prazer 71
Aletheia (verdade) 79, 260, 280, 281, 285, 290, 371, 392, 397, 401, 403. *Ver também* Verdade
Alethes pseudos (a verdadeira mentira) 248
Alexandre Magno 47, 135, 225, 274, 403, 446
Alexandre (Eurípedes) 345
Alfabeto 108, 121
Algynonta (dor) 393
Alienação 30
Alke (bravura) 264, 331
Allen, Thomas W. 119, 146

Alma 27, 29, 48, 50, 51, 55, 57, 68-70, 117, 149, 151, 162, 165, 177, 178, 180, 181, 183, 192, 205, 206, 218, 231-233, 237, 240-244, 246-248, 250, 252, 260-262, 264, 266-268, 274, 276, 277, 279-286, 292, 293, 297-301, 304-307, 311-317, 321, 327, 329-335, 337, 340-345, 352, 354, 361, 363, 364, 369, 370, 379-382, 401, 407, 436, 444. *Ver também* Psique

Amarna, era de 135

Amásis, rei do Egito 416

Amathia (ignorância) 381

Amechania (confusão) 329

Ammerman, Robert 10

Amon, Hinos a 202

Amor 23, 49, 70, 125, 266, 282, 304, 305, 315, 316, 321, 334, 352, 371, 449

Analogia entis (analogia do ser) 251, 286

Analytica posteriora (Aristóteles) 97

Anamnesis (reminiscência evocativa) 49

Anankaia (necessário) 392, 395

Ananke (Necessidade) 288, 290, 294, 299, 332, 341, 343

Anatólia 108, 109, 120, 140, 188, 192, 194, 239

Anaxágoras 71, 109, 240, 256, 288, 289, 349, 372-375, 377, 378, 390, 434

Anax andron (senhor/mestre) 138

Anaximandro 49, 68, 72, 109, 192, 241, 255-257, 310-312, 415, 432

Anaxímenes 109, 192, 241

Anchisteia 189

Andreia (coragem, virilidade) 165, 232, 275, 367

Anfictionia délfica 197, 199

Anfictiônicas, ligas 67, 197, 198

Angelologia 231

Anima animi 250

Anima naturaliter Christiana 306

Animismo 251, 252

Anomia (ausência de leis) 407

Anonymus Iamblichi 72, 405, 406

Antenor 169, 171

Anthropeioi nomoi (leis humanas) 385

Anthropoi poneroi (proletários) 425

Antifonte, o Sofista 71, 72, 391-400, 402-407

Antígona (Sófocles) 56

Antigo Testamento 33, 90. *Ver também* Israel

Antilogias 72, 376, 399

Antilogias (Protágoras) 356

Antístenes 287

Antitético, método 71, 394

Antropologia 23, 42, 50, 67, 178, 183, 301, 428

Antropomorfismo 68, 248-252, 301, 334

Aoidos (cantor) 148

Apeiron (ilimitado) 49, 256, 257, 373

Aphyktos (inevitavelmente) 269

Apistie (falta de fé) 305

Apocalipse em *Os trabalhos e os dias* de Hesíodo 229-238

Apolo 40, 52, 119, 139, 155, 336, 368

Aqueus 39, 43, 44, 65, 66, 99, 105, 106, 112, 128, 130, 135, 136, 139-141, 143, 151-153, 155-157, 159, 163, 166, 167, 169-173, 184, 411, 412, 420. *Ver também* Micênica, civilização

Aquiles 43-45, 67, 113, 139, 148, 155, 158-172, 177, 180, 181, 216, 240, 271, 330, 375, 446

Aquiles e a tartaruga, paradoxo de 375

Árabe, civilização islâmica 89

Árabe, mundo 89

Arqueologia (Tucídides, *História da guerra do Peloponeso*) 430

Arcaicos, pensadores gregos 35, 50

Archai 378

Arche (princípio originador) 50, 209, 210, 256, 257, 284, 311, 312, 432

Arche (império) 448

Arche kai peras (princípio e fim) 312

Archon 190

Arco como símbolo 314

Arco-íris 389

Ares 139, 220

Ares, águas e lugares 71, 390, 391

Arete, aretai (excelência, virtude) 215, 244, 260, 263-269, 272, 275, 281, 353, 381, 391

Argiva, Liga 198

Argólida 129, 136, 140, 154

Argos 46, 112, 154, 159, 173, 328, 329, 414

Ariadne 131

Aristeia (balada ou narrativa de aventura heroica) 44, 207, 352

Aristides 324

Aristipo 287

Aristocracia 45, 47, 52, 171, 187, 190, 191, 193, 195, 269, 271, 275, 323, 383, 389, 450

Aristófanes 70, 324-326, 398

Aristoi (nobres) 153

Aristóteles 11, 12, 39, 40, 53-55, 63, 67, 68, 70, 71, 97, 103, 106, 107, 118, 120, 133, 158, 191-194, 199, 202, 203, 210, 212, 215, 216, 232, 238, 241, 244, 255-258, 261, 263, 268, 284, 287, 308, 309, 313, 321, 326, 327, 348, 353, 356, 366, 376, 403-405, 408-410, 427, 428, 435

Aristóxeno 356, 357

Armados, defensores, da pólis 409. Ver Defensores armados da pólis

Arquidamiana, Guerra 428, 429

Arquíloco 48, 192, 276

Artabano 419, 420

Ártemis 131, 139

Artemísia 413

Artesãos 193, 409

Ásia 43, 54, 110, 112, 140, 390, 413, 415, 417

Ásia Menor 109, 128, 129, 199, 204

Askesis (treino) 315, 381, 388

Assíria e assírios 102, 140, 419

Asty (cidade) 153, 188

Asynetoi (tolos) 305

Ate (culpa) 162-164, 179, 180

Ateleston (sem fim) 288

Ateleuteton (ilimitado) 288

Atena 42, 139, 157, 173-175, 179, 240, 336, 345, 365

Atenas 11, 36, 39, 47, 52-55, 57, 67, 70-73, 110, 114, 117, 118, 122, 130, 135, 188, 189, 192-194, 196, 198, 199, 240, 269, 271, 273, 274, 277, 317, 321-325, 331, 344, 345, 347-349, 356, 367, 398, 399, 403, 412, 423-426, 428, 429, 437-443, 447-452

Aterpie (desprazer) 380

Athanatos (imortal) 267

ática 56

Ática 195, 426, 427, 439, 441

Atlântida 131, 412

Atmã 92

Átomos 290, 378, 379

Atomos (indivisível) 288

Atossa 417

Atremes 289

Atreu 157

Austrália 252

Authadia 338-340

Auto eph heautou (a coisa em si) 433

Autonomoi 390

Auto (o mesmo) 285

Autoridade 16, 28, 33, 35, 42, 48, 49, 54-56, 65, 66, 69, 70, 75, 78-82, 84, 85, 87-89, 96, 105, 124, 140, 148, 151, 153, 156, 157, 162, 202, 216, 217, 224, 240, 243, 245, 246, 260, 262, 266, 274, 276, 277, 290, 316, 321, 343, 352, 353, 361, 374, 388, 389, 401, 449

Babilônia 413

Babilônia (cidade) 102, 128, 135, 140, 152, 213, 220, 225, 226

Bacon, Francis, sobre os ídolos 10

Banquete, O (Platão) 212

Bárbaros 85, 97, 111, 116, 151, 359, 363, 376, 397, 398, 403, 405, 411, 414, 430, 448

Barker, Ernest 362

Barry, Thomas 15

Basileie (reino) 312

Basileis (facção governante) 139, 204

Basileus (rei, senhor feudal) 139, 153

Bassett, Samuel Eliot 146

Bathys (conhecimento profundo) 247

Bauer, Bruno 92

Bayle, Pierre 387

Beócia 204

Beócia, Liga 198, 199

Bergson, Henri 21, 23, 24, 27, 28, 50, 321

Bias 315

Bia (violência) 214

Bíblia. *Ver* Novo Testamento; Antigo Testamento

Bion (sustento) 217

Biós (arco) 314

Bios theoretikos 258, 261, 263

Bíos (vida) 314, 383

Bizantina ortodoxa, civilização 89

Bodde, Derk 227, 228

Bodin, Jean 29

Boheme, Jacob 211

Boman, Thorleif 150

Bossuet, Jacques-Bénigne 29, 65, 88, 89

Boule (conselho) 153

Bowra, C. Maurice 146, 147

Brama 92

Bravura impetuosa, Tirteu sobre a 50, 69, 263-266, 268, 269, 275, 279

Briseida 155, 159

Britomartes 131

Bronze, Idade do / Raça de 43, 220, 224

Brooks, Cleanth 10

Buda e budismo 75, 92-94

Bultmann, Rudolf 85

Burnet, John 245, 304, 312

Burocracias 240

Busolt, Georg 188

Bythos (profundidade) 379

Bywater 312

Cabalismo 211

Calcídica 136, 196

Calcídicas, comunidades 196

Caldeus 108

Cálicles 11, 349, 389, 407

Calino 109

Calíope 206

Calipso 40, 174

Cambises 387, 413, 421

"Caminho da Verdade" 279, 280

Campbell, John Angus 10, 16

Camponeses 138, 193

Caos 209, 211, 255

Carianos 116

Carismáticas, almas 316

Cármides (Platão) 358, 359

Carta do Atlântico 218

Cartagineses 109, 194

Cassirer, Ernst 252

Catarse 67, 206, 326, 331

Causa efficiens 210

Causa materialis 210

Cavaignac, Eugène 128

Caverna, parábola da 299

Caverna de Zeus. *Ver* Zeus, gruta de

Cefalônia, região da 154, 175

Cegueira e visão 66, 67, 149, 180-182

César 274

Cévola 87

Chadwick, John 105, 129, 137

Charis (graça divina) 86

China 25, 70, 75, 78, 80, 81, 89, 93, 97, 213, 228

Ch'in Shih Huang Ti 227

Chipre 129, 136

Cholos 67, 163-167, 172-174, 181, 183

Chreon (dívida necessária) 416

Chros (pele) 177

Cícero 247

Ciclopes 264

Ciclos 30, 37, 54, 70, 72, 84, 90, 114, 122-124, 131, 146, 221, 227, 228, 306, 422

Ciclos cósmicos, mito dos 84, 306

Cidadania 52, 54, 190, 193, 195, 196. *Ver também* Pólis

Cidadãos-soldados, a bravura dos 264, 265, 333, 366

Cidades 35, 38, 39, 44, 46, 47, 51-57, 66, 68, 87, 102, 104, 109, 112, 114, 116, 118, 127-129, 131, 135, 137, 139, 143, 153, 154, 159, 170, 173, 187-189, 193, 195, 197-199, 204, 230, 231, 235, 241, 243, 267, 347, 350, 361, 412, 413, 423, 425-427, 430, 437-440, 447-452

Ciência e investigação científica 249, 268, 285, 303, 337, 338, 353, 434, 435

Cimérios 422, 435

Címon 428, 435

Cinco Elementos, escola dos 227, 228

Cínico 359

Ciniras 264

Ciprogeneia 212

Círculo como símbolo 312

Cirenaica 136

Ciro, o Grande 413, 416, 422

Citas 416, 419, 422

Citereia 212

Civilização 13, 18, 19, 21, 25, 26, 29-31, 35-39, 41, 43, 46, 54, 65-68, 72, 75, 79, 89, 90, 94, 95, 104-106, 108, 109, 113, 114, 118, 119, 121, 127, 128, 130-132, 134-136, 138, 143-146, 151, 152, 154, 173, 183, 184, 188, 189, 191, 192, 197, 211, 212, 217, 226, 231, 236, 239, 240, 243, 245, 261, 321, 338, 340, 342, 343, 349, 361, 366, 377, 387, 399, 403, 412, 413, 424, 435

Civilização helênica 12, 30, 32-37, 39, 46, 47, 49, 51, 63, 65-68, 73, 75, 76, 81, 83, 94, 102-111, 114, 115, 117, 119-125, 134, 140, 141, 144, 151, 152, 158, 187, 188, 190-192, 194, 195, 198, 199, 202, 212, 217, 234, 239, 240, 243-246, 251, 260, 261, 263, 264, 274, 275, 280, 294, 300, 313, 316, 333, 342, 343, 347, 348, 360, 398, 413, 430, 438, 445, 446. *Ver também* Atenas; Gregos; Pólis

Civilização micênica 36, 41, 43, 46, 65, 67, 101, 104-106, 108, 109, 113, 116, 119, 121, 129, 138, 140, 143, 144, 145, 151, 152, 173, 184, 188, 224, 411, 412. *Ver também* Aqueus

Civilização minoica. *Ver também* Creta e cretenses

Civitas Dei (Agostinho) 87, 88

Clânicas, ligas 67

Classes inferiores 424

Classes sociais 356, 427

Clemente de Alexandria 33, 65, 97, 312, 359

Cleofonte 194

Cléon 194, 441

Clístenes 190, 191, 194, 323, 324, 350, 386

Cnossos 9, 38, 39, 105, 118, 129, 130, 134, 136-138, 140. *Ver também* Civilização minoica

Cólera 44, 67, 148, 155, 158-164, 166-168, 172, 216, 337

Comites (companheiros de armas) 139

Commons, John R. 21

Comte, Augusto 249

Comum (*xynon*) 70, 72, 253, 264, 309, 312, 330, 383, 385, 416, 420

Comunidade de intelectuais 363

Comunismo 262

Confederação helênica 198, 199

Confúcio 75, 93, 94

Conjuratio 47, 189

Consciência 9, 11, 15, 17, 21-27, 30, 35-37, 43, 49, 51, 53, 54, 57, 66, 77, 79-81, 84, 85, 87-89, 91-93, 96, 102, 107-111, 119, 120, 122, 123, 125, 126, 144, 150, 180, 192, 205, 221, 252-254, 260-262, 266, 275, 276, 279, 283, 298, 302, 313, 316, 323, 349, 411, 423, 426, 430-432, 444

Constitucional, ordem. *Ver* Ordem constitucional

Constituição de Atenas, A (Velho Oligarca) 72, 356, 412, 423

Constituições (Crítias) 401

Contra Gentiles (Santo Tomás) 258

Contrato social, teoria do 397, 402

Cooper, Barry 12, 19, 56, 170

Coragem 50, 52, 165, 170, 237, 269, 353, 367, 391, 439, 449, 450

Core 131

Coríntios 452

Corinto, Liga de 67, 199

Cornford, Francis M. 134, 280, 282

Cós, escola médica de 349

Cosmologia e mito cosmológico 29, 34, 41, 63, 66, 69, 75, 78, 84, 92, 124, 126, 148, 202, 228, 251, 291, 292, 307, 343, 432

Cosmópolis 403

Crato 334, 335

Creso 416

Creta e cretenses 36-40, 66, 105, 106, 112, 113, 117-119, 121, 128-130, 132-134, 136, 138, 140, 143, 144, 154, 225. *Ver também* Minoica, civilização

Cristandade 30, 33-35, 82, 84-87, 92, 94, 95, 97, 103, 123, 231, 258. *Ver também* Agostinho, Santo; Paulo, São

Cristo 30, 84-86, 88, 95, 128, 135, 136, 277, 280, 293, 343

Crítias 72, 131, 307, 349, 399-404

Crítias (Platão) 131, 307

Cronos 207, 208, 219, 220, 223, 312, 334, 341, 400

Crotona 349, 382

Culpa 67, 155, 162, 163, 167, 170, 171, 180, 333, 439

Dabar (palavra criadora de Deus) 125, 148, 150

Da Harmonia (*Homonoia*) (Antifonte o Sofista) 405, 406

Daimon 69, 70, 282, 283, 293, 299-302

Daimones hagnoi (bons espíritos) 220

Danaides 328-330, 333

Dânao 328

Da Natureza (Heráclito) 306-315

Dante Alighieri 52

Dario I 413

Da Verdade (Protágoras) 374

Davi 145

Defensores armados da pólis 409

Deilos brotos (homens pobres ou miseráveis mortais) 233

Deioces, o Medo 417

Delfos e o oráculo de Delfos 39, 40, 119, 121, 305, 306, 339, 368, 376

Delos 119, 198, 199

Delos, Liga de 347, 413, 438

Demagogia (liderança do povo) 194

Demarato 391

Deméter 131, 404

Demiurgo 293, 343, 374

Democracia e democratização 52, 244, 269, 275, 323, 324, 350, 356, 408, 420-422, 424, 427, 450

Demócrito 71, 240, 288, 289, 349, 378-381, 383, 384, 386, 395, 406, 433, 434

Demos, demoi (povo) 190, 330

Demosion kakon (mal público) 269

Demóstenes 47, 199

Demotikoi (homens de massa) 427

Demotikon 190

De natura Deorum (Cícero) 247

De rebus divinis (Varrão) 247

Derma (pele) 177

Desespero 73, 266, 418, 440, 441, 448

Desigualdade 72, 402, 403. *Ver* Igualdade e desigualdade

Desordem 10, 11, 17, 26, 28, 29, 41, 43, 44, 51, 66, 67, 69, 70, 72, 107, 114, 121, 124, 125, 147, 151-154, 158, 163, 166, 171-174, 176, 177, 179, 183, 184, 206, 208, 229-231, 270, 272, 311, 312, 332, 334, 335, 342, 344, 397, 421, 425, 443. *Ver também* Ordem.

Deus 12, 23, 32-35, 42, 63, 68, 70, 71, 75, 77-86, 89, 91-93, 96, 97, 103, 124, 125, 150, 151, 183, 202, 206, 211, 218, 231, 235, 240, 243, 246, 253-255, 257, 258, 282, 287, 293, 303, 306, 311, 312, 316, 331, 335, 337, 340, 341, 343, 354, 355, 371, 405, 417, 419. *Ver também deuses e deusas específicos, como* Zeus

Deusa Mãe. *Ver* Grande Mãe (deusa)

Deuses, Sobre os (Protágoras). *Ver Sobre os deuses*

Deus mensura (Deus como medida) 355

Deus-touro 130, 131, 225

Dêutero-Isaías 82, 93, 103, 279

De vera religione (Agostinho) 62

Dewey, John 20

Diakosmos (organização do mundo) 292

Diakrioi 193

Diálogo dos Mélios 236-238, 451

Diaphore (conflito) 414

Dictina 131

Didaskalos (professor) 325

Diels, Hermann 245, 280

Differentia specifica 366

Dikaion (justo) 259, 360

Dikaiosyne (justiça) 367

Dike (correção, justiça) 56, 213, 309, 310, 329, 330, 352, 366, 381

Dimanes 189
Diodoto 307
Diógenes Laércio 302, 306, 307, 313, 314, 379, 381
Diomedes 44
Dioniso e cultos dionisíacos 55, 56, 131, 149, 244, 324, 331, 343, 344, 404
Direito natural 397, 402
Discursos 47, 56, 72, 73, 88, 118, 156, 157, 162, 207, 212, 216, 265, 266, 287, 303, 306, 307, 308, 323, 325, 330, 332, 341, 350, 351, 367, 369, 381, 412, 418-421, 423, 435, 443-445, 447-449, 451
Discurso sobre a história universal (Bossuet) 88
Dissoi Logoi 71, 376
Diwja 139
Doença e saúde 382, 383, 396, 432-434
Dogmata (pensamentos) 282
Dokounta (ilusões) 281
Dor 233, 393, 396, 450
Dórios e invasões dóricas 46
Doxa, doxai (ilusão, ilusões) 50, 271, 272, 277, 280, 281, 290-292, 392, 400, 402, 441
Drama (ação) 55, 56, 327, 331. Ver também Tragédia
Driver, Godfrey Rolles 105
Dysnomia (iniquidade) 270

Édipo rei (Sófocles) 54
Edmonds, John M. 150, 245
Edos (alegria) 167
Educação 54, 56, 71, 248, 317, 347-352, 355, 365, 367, 368, 381, 388, 409
Efésios 315
Egina 324
Egisto 173, 174, 184
Egito 37, 78, 102, 108, 109, 112, 113, 120, 129, 130, 132, 136, 137, 140, 143, 225, 328, 413
Egito (rei do Egito) 416
Egospótamos, batalha de 451
Ehrenberg, Victor 10
Eidolon (sombra) 178

Eidos (essência, forma) 72, 76, 203, 433-436, 442
Eikos mythos (fábula ou mito "verossímil") 292
Eironeia (ironia) 214
Ekpyrosis (destruição pelo fogo) 221, 313
Élan vital 28
Eleáticos 289, 290, 375. Ver também Parmênides
Elegia 254, 259, 260, 263-271, 275, 277
Eliade, Mircea 124
Élis 140, 348, 358, 364
Elohim 218
Elpis (esperança) 305
Empédocles 70, 71, 256, 299-301, 389, 390
Empirismo 72, 434
Empirismo radical 21, 23
Encarnação 91, 131, 132, 289, 290, 293, 294, 300, 335, 342
Enfermidade. Ver Doença e saúde
Engyetes (assegurador) 404
Ensaio sobre história geral (Voltaire) 89
En Sof 211
Ens perfectissimum 251
En te psyche agnoia (ignorância na alma) 248
Entole (mandamento) 85
Enuma Elish 209
Eoikota panta 292
Éon (Ser) 284, 286, 290, 312. Ver também Ser
Epangelia (declaração) 352
Epimeteu 217, 365, 369, 400
Epiprepei ('é apropriado') 246-248
Epistéme (conhecimento) 369
Epístola aos Gálatas 85, 86
Epístola aos Hebreus 305
Epístola aos Romanos 84
Epitheta (adventício ou fictício) 392
Epithymia (desejo) 282, 381
Erastheis tyrannidos (desejo de domínio) 417
Erga (eventos, ações) 380, 444
Érides 68
Erínia 180

Erínias 310, 332, 336, 342
Éris (disputa) 163, 167, 309, 214, 313
Eros (deus) 209, 212, 255
Escatologia 124
Escravidão 192, 269, 391, 405, 447
Escrita Linear A minoica 130, 138
Escrita Linear B micênica 101, 104
Escrita Linear B minoica 137-139
Esparta 46, 50, 52, 53, 172, 173, 192, 194, 198, 199, 269, 324, 347, 391, 439, 447
Espartana, Liga 67, 198
Esperança 21, 70, 81, 124, 157, 158, 169, 173, 215-217, 230, 231, 235, 271, 305, 316, 334, 412, 418, 426
Espiritual, processo, estágios do 65, 85
Ésquilo 41, 55, 56, 70, 71, 114, 125, 149, 179, 323-325, 327-333, 335, 336, 338-344, 367, 399, 406, 412, 413
Esthlos (rico ou pobre) 233
Estoicos 83
Estudo da história, Um (Toynbee) 26, 90, 94
Etee (realidade) 378, 379
Eteocretense 105
Etetyma (coisas verdadeiras) 206, 213
Ethnos 46, 120, 189
Ethos (costume, caráter) 286, 301, 302, 304
Ética 47, 52, 179, 208, 212, 215, 232, 252, 268, 271, 309, 349, 354, 355, 376, 378-384, 386, 388, 389, 396, 399, 439, 440
Ética a Nicômaco (Aristóteles) 215, 232
Etiologia 67, 114, 176, 179, 182, 270, 442
Etólia 140
Etruscos 109, 194
Eubeia 324
Euboulia (prudência) 365
Eudaimon (bem-aventurados) 282, 283
Eudaimonie (felicidade) 380, 415
Eufrates, vale do rio 127
Eu kekosmemenon (em boa ordem) 282
Eukosma kai artia (bem-ordenado e apropriado) 270
Eukyklos 289
Eumeu 175

Eunomia (Tirteu) 265
Eunomia (boa ordem) 207, 261
Euphrainonta (deleite) 393, 396
Eurocentrismo 97
Europa 43, 102, 110, 112, 131, 390, 413, 415, 417
Euthymia (serenidade) 71, 381, 384
Euthymos (homem sereno) 380
Evans, Arthur J. 129
Evolução 28, 68, 124, 195, 196, 203, 208, 212, 223, 247, 293, 294, 323, 325, 340, 342, 399, 400, 438
Êxodo de Israel 82, 83
Experiência, terminologia da 21, 22
Extremo Oriente 82, 240, 343. *Ver também* China; Índia

Fábulas 68, 205, 207, 212-219, 222, 230, 233, 234, 236-238, 248, 292, 400, 401. *Ver também* Mito
Falange hoplita 147
Faleias da Calcedônia 408
Falsidade. *Ver Pseudos, pseudea* (falsidade); Verdade
Fazenda e fazendeiros 193, 265, 426, 427
Fé 31-33, 69, 70, 84-86, 93, 95, 124, 230, 267, 268, 272, 285, 294, 295, 305, 316, 323, 332, 334, 394, 450
Fédon (Platão) 300
Fedra 325
Fedro (Platão) 208, 212, 298, 300, 303
Felicidade 219, 234, 277, 299, 380, 384, 415
Fenícia e fenícios 108, 109, 112, 113, 121, 147, 414, 415
Fênix 67, 113, 162, 163, 170, 216, 330
Ferro, Idade do / Raça de 108, 220, 221, 223, 224, 226, 229, 232, 234, 237, 407
Feuerbach, Ludwig 92
Ficino, Marsílio 33, 34
Fídon, o Coríntio 408
Filebo (Platão) 380
Filhos de Zeus 208, 214
Filipe da Macedônia (Filipe II) 198, 199
Filipe de Opunte 258

Filo 158

Filosofia 11, 16-18, 20, 21, 23, 29-31, 33-36, 48, 49, 52, 54, 63, 65, 67, 68, 70, 75, 77, 81, 82, 84, 86, 87, 90-97, 102, 103, 106, 107, 125, 152, 185, 191, 201, 202, 203, 207, 213, 239, 242-244, 248, 249, 251, 252, 255, 265, 280, 284, 287-295, 298, 304, 306, 307, 310, 313, 321, 322, 339, 343, 349, 355, 361, 368, 372-374, 377, 405, 433, 435, 436

Filosofia da história 11, 18, 29, 54, 65, 77, 81, 92, 93, 95, 96, 207, 343. *Ver também* História

Finley, John H., Jr. 356, 429

Física (Aristóteles) 210, 256

Fisiólogo 257, 307

Flor-de-lis, símbolo da 37, 38, 132-134, 211

Fluxo 22, 23, 57, 70, 133, 134, 149, 151, 228, 284, 288, 306, 311-313

Fócida e fócios 140, 197, 199

"Formas da mente" 24-26, 55

Freeman, Kathleen 245, 372

Frígios 188

Fritsch, Hartvig 423, 424

Fritz, Kurt von 242

Frobenius, Leo 213

Fung Yu-Lan 227

Gaia 208, 209, 255, 283

Gálatas, Epístola aos 85, 86

Gaskin, Richard 50

Gavião e o rouxinol, O (fábula) 216, 230, 233

Gebhardt, Jürgen 12, 16, 17, 19, 21, 23, 25, 30

Geist (forma da mente) 19, 26, 91, 92, 334. *Ver também* Formas da mente

Geltung (validade) 93

Genera theologiae 247

Gênesis (nascimento) 313

Gênesis, Livro do 109, 218

Geneto ("veio a ser") 210

Gengis Khan 127

Genomena (coisas executadas, realizadas) 414

Genos (unidade familiar aristocrática) 189-191

Gentílica, estrutura, da pólis 67, 188, 190, 191, 195

Geometria euclidiana 289

George, Stefan 10

Germânicas, tribos 136, 195

Germino, Dante 11

Gigon, Olof 203, 245, 280, 284, 287, 301, 302, 357, 359, 372

Glauco 53

Glotz, Gustave 37, 38, 128, 131

Gnome (inteligência) 301, 302, 373

Gnose 80, 89, 91, 92, 95, 211, 333

Gnosticismo 30

Goethe, Johann Wolfgang von 254, 333

Goetze, Albrecht 105

Gordon, Cyrus H. 105, 130, 135, 213

Górgias 11, 56, 71, 82, 233, 238, 277, 287, 300, 348, 349, 354, 355, 357, 368, 404, 405, 407, 435, 440

Górgias (Platão) 11, 82, 233, 238, 277, 300, 365, 407, 435, 440

Governantes 38, 83, 87, 105, 116, 118, 131, 139, 171, 173, 183, 184, 269, 275, 310, 312, 344, 383, 403, 412, 417, 421, 422, 436

Governo, formas de 72, 356, 418, 420-422, 435

Graça 57, 78, 84-86, 151, 217, 218, 250, 340, 357, 359, 449

Grande Mãe (deusa) 119, 131, 134

Greene, David 429

Gregos 9, 11, 12, 18, 19, 24, 31, 32, 34, 35, 37-40, 42, 46, 104, 108-116, 118, 120, 122, 125, 126, 131, 136-138, 140, 147, 154, 177, 178, 187, 198, 199, 205, 214, 224, 233, 239, 243, 249, 282, 286, 287, 345, 356, 390, 391, 414, 415, 417, 430, 438, 445. *Ver também* Civilização helênica; Civilização minoica; Civilização micênica; Pólis; e *autores e filósofos gregos específicos*

Grundy, G. B. 429

Gruta de Zeus. *Ver* Zeus, gruta de

Guerra. *Ver também* Peloponeso, Guerra do; Persas, Guerras; Troia, Guerra de

Guerra Deceliana (jônia) 429

Guerra do Peloponeso. *Ver* Peloponeso, Guerra do

Guerras Persas 53, 54, 111, 114, 115, 120, 135, 192, 196, 198, 240, 323, 324, 347, 348, 390, 411, 413, 442, 452

Haddas, Moses 13
Hall, H. R. 128
Hamartia (atitude errada, pecado) 381
Han, império 127
Hankins, James 33
Harmonia 30, 31, 54, 72, 250, 295, 305, 315, 341, 402, 403
Harmonia, Da (Antifonte o Sofista). Ver *Da Hamonia*
Hatshepsut 130
Hebreus. *Ver* Israel
Hebreus, Epístola aos 305
Hecateu de Mileto 413
Hécuba 150, 344
Hécuba (Eurípides) 344
Hedoné, hedonta (prazer) 380-382, 393, 396
Hefesto 139, 157, 334, 365, 404
Hegel, G. W. F. 26, 29, 31, 65, 90-93
Hegemonia Espartana, Segunda 199
Heidel, William A. 302
Heilman, Robert B. 32
Heilserkenntnis (conhecimento redentor) 31
Heinimann, Felix 384, 392, 399
Heitor 42, 112, 139, 167, 170
Helena 42, 43, 67, 112-114, 150, 158, 159, 168-173, 181, 415
Helênicas (Xenofonte) 451
Helenismo 35, 103, 110, 152, 231, 295, 403, 411
Helesponto 419, 420
Henizontes (Um) 255
Hen to sophon (o Um que é sábio) 302
Hepaktos (adquirido) 391
Hepetes 139
Heqetas (proprietário de terras) 139
Hera 46, 139, 151, 173, 184, 208, 333, 344
Héracles 167, 344, 345
Héracles (Eurípides) 167, 344, 345
Heráclito 15, 36, 48, 50, 53, 54, 69, 71, 72, 93, 109, 232, 240, 244, 247, 253, 282, 290, 297-299, 301-309, 311-316, 321, 327, 330, 334, 361, 362, 379, 384, 385, 389, 413, 415, 416, 420, 432

Hermes 139, 157, 174, 328, 334, 337, 339, 366
Hermodoro 315
Heródoto 36, 39, 42, 43, 57, 66, 71, 72, 90, 105, 108-115, 117, 121-123, 125, 148, 149, 349, 356, 387, 391, 411-418, 420, 422, 430-432, 433, 443
Heróis, Idade dos / Raça de 220
Hesíodo 36, 38, 48, 49, 51, 52, 55, 66-68, 79, 108, 139, 148, 149, 187, 192, 201-213, 215-218, 220-224, 226, 228-239, 241, 244-248, 250, 253, 255, 257, 260, 264-266, 281, 309, 315, 316, 327, 334, 359, 367, 399
Hetaireía 242
Hetaroi 139
Hetor (coração) 162
Hicsos 130, 136
Hierárquica, estrutura 316, 317
Hileus 189
Hinduísmo 94
Hino a Apolo 40
Hinos homéricos 149
Hiparco 324
Hípias de Élis 348, 358, 364
Hípias maior (Platão) 358
Hípias menor (Platão) 358, 359, 361
Hipocrática, escola 433
Hipódamo de Mileto 408, 409
Hipótese 72, 145, 176, 304, 379, 432-435, 444
História 11-13, 16, 18, 23-26, 28-31, 33, 34, 36, 37, 39, 41-43, 48, 49, 51-54, 56, 57, 63, 75-86, 88-97, 101-104, 107, 108, 110-115, 117, 119-129, 131, 134, 135, 137, 144, 147, 148, 152, 155, 156, 158, 159, 168, 174, 181, 184, 187-189, 191-194, 196-198, 205, 207, 210, 212, 216, 217, 219, 220, 222, 224, 225, 227, 231, 234, 236, 239-242, 244, 248-251, 253, 257, 262, 265, 274, 275, 279, 280, 285, 292-295, 313, 316, 321-323, 325-327, 331, 332, 334-336, 338, 340-343, 352, 358, 363, 366, 367, 384, 394, 400, 401, 411-416, 418, 420, 422-424, 428-430, 435-437, 442, 444, 445, 452
História contra os pagãos (Orósio) 88
História da Guerra do Peloponeso (Tucídides) 122, 349, 428

Historiai (investigações) 111, 122
Historia sacra 31, 81, 88-90, 94
História sagrada 65, 90
Historikos (historiador) 326
Historiografia 107, 117, 125, 251, 343, 350, 437, 445
History of Political Ideas (Voegelin) 12, 17
Hititas 105, 128, 137, 139, 140
Hiung-Nu, impérios 127
Hodos (via, método) 285, 312, 432
"Homem que sabe", o 69, 289
Homero 38-46, 49, 50, 66-68, 70, 105, 109, 111, 113-115, 117, 118, 138, 139, 143-147, 148, 151, 155-161, 167-169, 171, 174, 176-178, 180-184, 191, 202, 204, 205, 207, 212, 216, 223, 232, 239, 241, 245-248, 252, 253, 260, 264, 265, 270, 271, 299, 314, 315, 359, 367, 395, 413, 418, 423, 424, 430, 449
Homo faber 366, 400
Homófilo 360, 364
Homoiios 234
Homologeein 303, 308
Homologethenta (pactuado ou convencionado) 392
Homología (acordo a respeito do Logos) 309
Homo mensura ("o homem como medida") 354, 355, 375, 377
Homonoia (harmonia) 20, 383, 384, 403
Homophrosyne (concordância) 383
Homophyla (os de maior afinidade) 359
Homothen gegaasi 219
Hosiotes (piedade) 367
Houros (critério) 380
Howald, Ernst 147
Hughes, E. R. 228
Humana, natureza. *Ver* Natureza humana
Humanidade. *Ver também* Antropologia; Natureza humana
Humanistas do Renascimento 52
Humano, gênero. *Ver* Humanidade
Hume, David 387
Huno, império 127
Husserl, Edmund 23

Hybris (orgulho) 220, 234, 237, 329, 422
Hyle (referente à matéria) 255
Hyper moron (acima da quota) 183
Hyperphyes (sobrenatural) 407
Hypokhthonioi makares (espíritos do submundo) 220

Ibéria 129
Idade da prata. *Ver* Prata, Idade da
Idade do Aço. *Ver* Aço, Idade do
Idade do bronze. *Ver* Bronze, Idade do
Idade do ferro. *Ver* Ferro, Idade do
Idade dos heróis. *Ver* Heróis, Idade dos
Idade Média 88
Idades do Mundo (raças de homens), fábula das 212, 213, 216, 219-229
Idades dos metais. *Ver* Metais, idadess dos
Ideal heroico 51
Idee 91
Ideia 18, 433, 436
Idia gnome (opinião ou decisão privadas) 340
Idia phronesis 309
Idomeneu, rei 39
Igualdade e desigualdade 72, 81, 362, 398, 402, 403, 405, 421, 450
Ilhas Baleares 129
Ilíada, A 42-46, 110, 111, 116, 145-148, 150-161, 163, 166-169, 171, 173, 175, 176, 179-182, 216, 223, 276, 411, 420
Ílion 173
Ilírios 136
Iluminismo 355
Ilusão. *Ver Doxa, doxai* (ilusão, ilusões)
Imanência e imanentismo 91, 92, 374, 395
Imortalidade 31, 66, 69, 151, 218, 249, 267, 281-283, 301, 427, 450
Império romano 89
Índia 25, 75, 78, 81, 93, 97, 134, 135, 213, 220
Inimicitia (feudo medieval) 164
In immo cordis 33, 55
Injustiça. *Ver* Justiça
Insetos, sociedades dos 24, 28, 76
Intermediário. *Ver Metaxy*

Investigação 10, 12-19, 21, 31, 32, 35, 54, 57, 63, 77, 101, 106, 111, 122, 126, 176, 221, 241, 253, 256, 265, 268, 281, 285-288, 301, 303, 305, 353, 359, 368, 369, 376, 408, 411, 413, 414, 433, 434, 442

Investigação, modos de 285

Io 112, 113, 328, 329, 333, 341, 344, 414, 415

Ira. *Ver* Cólera

Irã 93, 120

Íris 253

Isaías 82, 93, 103, 124, 230, 234, 236, 279. *Ver também* Dêutero-Isaías

Islã 94

Isócrates 47, 403

Isonomia, *isonomía* 323, 382, 383, 421

Israel 11, 29, 33-35, 42, 63, 68, 70, 75, 78-84, 86, 93, 96, 97, 102, 103, 108, 120, 121, 123-125, 136, 140, 144, 150, 230, 231, 243, 343

Israel e a revelação (Voegelin) 123, 144

Istar 226

Ítaca 43, 67, 113, 153, 154, 174

Itália 19, 109, 129, 213, 239, 240, 347

Jaeger, Werner 31, 32, 52, 146, 188, 203, 204, 214-216, 245, 248, 255, 256, 280, 281, 301, 302, 310, 311, 328, 362, 429

Jainismo 220

James, William 21, 22, 23, 24, 55, 325

Jaspers, Karl 29, 65, 93, 94, 95, 96

Jesus Cristo. *Ver* Cristo

João, Evangelho de 280

Jogos olímpicos 102, 358

Jonas, Hans 334

Jônia e jônios 32, 50, 102, 108, 141, 144, 151, 188, 192, 193, 209, 210, 270, 274, 284, 291, 324, 347, 349, 399, 413, 415, 433, 434

Jônia, lírica 192, 239, 244, 413

Jônios, filósofos 203, 240, 284, 389, 399, 400, 413, 416, 431, 434

Jônio, fisicismo 210

Jônia, guerra 429

Joyce, James 325

Judaísmo 83, 84, 86, 87, 95

Julgamento dos Mortos 300

Júpiter-Amon 225

Justiça 12, 13, 50, 51, 56, 69, 71, 72, 167, 207, 213, 214, 221, 222, 233-236, 265, 269, 270, 283, 309, 310, 328, 329, 341, 352, 353, 355, 366, 367, 376, 380, 381, 384, 392, 393, 397, 400-402, 407, 416, 436-439, 441, 442, 447-449, 451. *Ver também* Dike (deusa); *Dike* (correção, justiça)

Kainos tropos (novo procedimento) 432

Kakodaimonie (infelicidade) 380

Kakon (mal) 217

Kakonomia (más leis) 425

Kakotes (desventura) 215, 217

Kalein (chamado) 389, 390

Kalos k'agathos (nobre e bom) 367

Ka-ma-e-u (inferior) 138

Kant, Immanuel 50, 78

Kata dóxan 290

Kata physin (de acordo com sua natureza) 389

Kata ta anthropinon 431

Katharmoi (*Purificações*) (Empédocles) 299

Kenon (vazio) 378

Kinesis (movimento) 72, 73, 122, 123, 430-433, 435-437, 440-442, 444-448

Kleos (boa fama) 267

Koine 138

Koinon (corpo geral de cidadãos) 330

Koinonia (comunidade) 362

Koinosas (comunicado) 330

Kosmos (mundo) 309-312

Kranz, Walther 245

Kratos kai Bia (Poder e Violência no Prometeu) 334

Kraus, Karl 10, 398

Krínein (decisões) 289

Krishna 220

Krisis (julgamento) 316

Krt, lenda de 105

Kuhn, Helmut 31

Kyklos (roda) das questões humanas 416

Labirinto 130-132
Labrys 132, 134
Lacedemônia e lacedemônios 110, 117, 118, 122, 154, 196, 264, 266, 269, 368, 376, 391, 401, 408, 438, 447, 448, 452
Lachmann 145
Lacônia 140
Lao-Tsé 75, 93
Lasaulx, Ernest von 93
Lawagetas, lagetas (comandante militar) 138
Lawrence, Frederick G. 17
Lei 84, 273, 274, 360, 361, 364, 383, 385, 392-394, 397, 402, 404, 409, 410. *Ver também* Ordem constitucional; *Nomos*
Leis, As (Platão) 37-40, 117, 118, 121, 268, 269, 315, 352, 353, 380, 408, 410
Lesky, Albin 128, 146, 328
Lesmosyne (esquecimento) 206
Líbias 135
Liceu 191
Licofron 72, 404
Licurgo 51
Lídia e lídios 109, 188, 413
Liebe zum Wissen (filosofia) 91
Liga Beócia. *Ver* Beócia, Liga
Liga de Corinto. *Ver* Corinto, Liga de
Liga de Delos. *Ver* Delos, Liga de
Liga do Peloponeso. *Ver* Peloponeso, Liga do
Liga Espartana. *Ver* Espartana, Liga
Ligas anfictiônicas. *Ver* Anfictiônicas, ligas
Ligas das cidades gregas 47
Lísias 47
Litai (orações) 162, 163
Locke, John 379
Lógoi (discursos) 71, 303, 306, 376, 444. *Ver também* Discursos
Logos 90, 150, 303, 304, 307-310, 314-316, 329, 340, 363, 372-375, 395, 398, 402
Lorimer, Hilda L. 147
Lucas, Evangelho de 316
Luther, Wilhelm 205
Luz 283, 287, 291, 292
Lypounta (contrariedade) 393

Macchioro, Vittorio D. 312
Macedônia e a conquista macedônia 110, 129, 191, 196, 199, 239, 263, 279, 440
Mache (luta) 163
Mackay, Ernest 213
Magnus annus 225
Magos 421
Mal 33, 45, 50, 53, 67, 80, 148, 170, 172-174, 176, 178, 182-184, 205, 209, 213, 217, 220, 230, 232, 235, 236, 238, 269-271, 298, 333, 335, 339, 369, 374, 376, 381, 382, 397, 406, 407, 416, 419, 449
Mallon (mais forte) 378
Maniqueísmo 226
Mann, Thomas 325
Maquiavel, Nicolau 73, 443
Maratona 36, 54, 55, 321, 324, 331, 332, 347, 413, 423, 438
Marco Aurélio 308
Mardônio 419
Mariannu 136
Marshall, John 213
Marxismo 295
Marx, Karl 92, 333, 339
Matemática 37, 203, 337, 351, 358
Mathemata (sabedoria) 416
Matrimônio 214, 328, 329
Mechanemata (invenções) 337
Medeia 112, 415
Medição, arte da 71, 369, 370, 371
Medição, arte de 369
Medicina 382-384, 395, 396, 432-434
Medicina antiga 395, 432
Meditação 16
Meditações (Marco Aurélio) 308
Medos 413, 416
Megabises 421
Mégacles 324
Megan noon (ambição) 273
Meineke 281
Meleagro 162, 216
Mélios, Diálogo dos. *Ver* Diálogo dos Mélios
Melisso 255, 289

Memorabilia (Xenofonte) 360
Memória 149, 151, 206
Menelau 112, 154, 168-172
Mentiras. *Ver Pseudos, pseudea* (falsidade); Verdade
Mentor 175
Merneptah, faraó 140
Mesopotâmia 37, 120, 132
Messênia 50, 140
Messeniakos (Alcidamas) 405
Messênia, revolta 192, 194, 265
Mè sympheronta 394
Metafísica 32, 67, 184, 201-203, 212, 249, 373, 375
Metafísica (Aristóteles) 133, 203, 210, 212, 255
Metais, idades dos 68, 220, 224
Metaschesis (participação) 283
Metaxy (intermediário) 24
Metempsicose 70, 300
Metharmozein 339
Methodos (método de investigação científica) 285
Metretike téchne (arte da medição) 369, 370
Meyer, Eduard 19, 128
Micala, batalha de 198
Micenas 46, 66, 105, 134, 136-138, 143, 144, 151, 154, 173
Micênica, civilização. *Ver* Civilização micênica
Midas 264
Milesianos e a especulação milesiana 68, 192, 239, 241, 244, 255-257, 311, 334, 351
Mileto 136, 239, 408, 409, 413
Milcíades 324, 428, 435
Minar, Edwin L., Jr. 242
Minoica, civilização. *Ver* Civilização minoica
Minos 36-39, 51, 105, 116, 118, 119, 121, 122, 129-132
Minos (Platão) 38
Minotauro 131
Miqueias 235
Mirmidões 167
Misch, Georg 92
Mistério, religiões de. *Ver* Religiões de mistério

Místicos 22, 50, 56, 211, 240, 244, 245, 251, 263, 279, 284-286, 308, 315, 316, 321, 327, 330, 335, 345, 355, 362, 363, 371-374, 380, 395
Mitani 140
Mito 39, 40, 75, 82, 84, 109, 113, 118, 121, 144-152, 223-228, 240, 241, 292-294, 315, 321, 342, 343, 412, 446. *Ver também* Fábulas; Hesíodo; Homero; *e deuses e deusas específicos, por exemplo,* Zeus
Mnemosine 49, 148, 149, 152, 206, 267
Moira (Sina) 167, 180, 184, 271, 281, 312
Moisés 32, 33, 42, 75, 83, 84, 95, 103, 145, 150, 343
Monarchía 382, 383
Monarquia 42, 104, 138, 173, 175, 196, 199, 408, 420-422. *Ver também* Reis e príncipes
Mongol, império 127
Monoteísmo 68, 255, 257. *Ver também* Deus
Montaigne, Michel de 387
Montanha mágica, A (Thomas Mann) 325
Moralidade, pioneiros da. *Ver* Pioneiros da moralidade
Morte 313, 393-396
Mundo da pólis, O (Voegelin) 12, 34, 63
Musas 42, 148-150, 205, 206, 213, 214, 270, 281
Museu 359, 367
Música 23, 351, 358
Musical, emoção 23
Myres, John L. 105, 137
Mysterium iniquitatis 45, 266
Mythikos (mitologicamente) 203
Mythoi 113

Nacional-socialismo 262
Nada, no Cabalismo 211
Não-ser 285-289, 291, 297, 374, 375, 378
Naturaliter christianus 32
Natureza. *Ver Physis* (natureza, vir-a-ser)
Natureza, Da (Heráclito) 306-316
Natureza do homem, Da (Hipócrates) 76, 79, 178, 262, 366, 384, 391, 394, 395, 403, 417, 431, 432

Natureza humana 77, 79, 80, 84, 253, 282, 302, 361, 389, 431, 448. *Ver também* Antropologia; Humanidade

Nausícaa 42

Necessidade: Ananke como 288, 290, 294, 299, 332, 341; *chreon* (dívida necessária) 416; e justiça 438-442

Nêmesis 68, 232

Nenomistai (supostos ou considerados) 286

Neokantiana, análise 20, 21, 252

Neolíticas, civilizações 29

Neoplatonismo 33

Nestle 312

Nestor 44, 137, 154, 156, 158, 162, 175

New Science of Politics (Voegelin) 17, 21

Niemeyer, Gerhart 10-12, 14, 15

Niilismo 166, 238

Nilo, vale do 127, 328

Nilsson, Martin Persson 131

Nobreza 45, 52, 143, 175, 191, 194, 323, 388, 405

Nock, A. D. 221, 224

Nóema (pensamento) 246, 286

Noética, ordem 180

Noite *versus* Luz 280-283, 291, 372

Nomimon (legal) 360

Nomina Dei 251

Nomizein (opinar) 389, 390

Nómo (convenção, instituição) 379, 390, 399, 405

Nomoi (estatutos, leis) 385, 390, 393, 400

Nomos 56, 85, 214, 286, 309, 315, 328, 329, 361-364, 384-394, 396-399, 401-403, 405, 411

Nomos empsychos 386

Nomothetes (legislador) 274, 386

Novo Testamento 53, 97

Nuvens, As (Aristófanes) 398

Números, culto dos números sagrados 37, 132

Nunc stans 288

Nyn (agora) 288

Oceânides 334

Oceano 112, 334, 338, 339

Odes (Píndaro) 275, 388

Odisseia (Homero) 40, 145-150, 153, 154, 171, 173-176, 179, 182, 183, 208, 223, 236, 270, 276

Odisseu 42, 45, 51, 153, 154, 157, 158, 174, 175, 179, 236, 345

Oiesis (opinião comum ou presunção) 314

Oikos (lar) 383

Olbos 270, 273

Oligarquia e oligarcas 265, 349, 356, 383, 408, 420-422, 424, 425, 427, 450

Olímpicos, jogos. *Ver* Jogos olímpicos

Olinto 67, 196

On the form of the american mind (Voegelin) 19, 265, 55

Ônfalo 39, 40, 118, 121, 125

Onoma (o nome de um homem) 267

Oratio directa 209

Ordem 24, 25, 39, 41, 46, 49, 71, 72, 75, 97, 101-103, 114, 119, 120, 127, 129, 132, 147, 149, 168, 171, 176, 178, 180, 184, 190, 201, 204, 205, 209, 217, 221, 250, 260, 261, 269, 274, 312, 317, 322, 330, 331, 352, 407, 435, 436. *Ver também* Desordem

Ordem constitucional 38, 66, 152, 153, 158, 175, 192, 385, 428, 438

Ordem e história (Voegelin) 9-12, 17, 22-25, 30-32, 34, 48, 63, 75, 81, 88, 123, 124, 144, 201, 230, 231, 233, 243, 251

Ordem política. *Ver* Ordem

Oréstia (Ésquilo) 56, 208, 332-336

Orestes 173, 336, 376

Orfeu 359, 367

Orfismo 281

Orientalistas 93, 221

Oriente Médio 63, 124, 127, 128, 130-133, 135, 208, 213, 220, 225, 226, 343. *Ver também países específicos*

Orósio 88

Osíris 132

Otanes 421

Otto, Walter P. 151

Ouro, Idade do ouro / Raça de 220, 224, 226, 231, 232

Ovídio 9, 223, 224
Oxyrhynchus papyri 391

Paiawon 139
Paideia (Jaeger) 52, 146
Paideusis (escola) 323
Paizon, petteuon (criança jogando damas) 312
Palamedes (Eurípedes) 345
Pandora 68, 212, 217-219, 230, 231, 234
Panécio 65, 82, 87
Pânfilos 189
Pan-helenismo 403
Panteísmo 253, 257
Paradoxo da flecha 375
Paradoxos eleáticos 290, 375
Paraíso 216, 217
Paralioi 193
Parceria do ser 23, 34
Parênese 212, 230, 265
Páris 42, 45, 67, 112, 150, 159, 168-173, 177, 181, 415
Parmênides 33, 48, 49, 53, 68, 69, 71, 109, 212, 240, 242, 244, 255, 279-295, 297, 298, 299, 309, 312, 316, 321, 349, 354, 356, 372-375, 378, 392, 403
Parmênides (Platão) 48, 287
Paros 324
Partenon 54, 55
Pasífae 131
Pa-si-re-u (senhor menor de um distrito afastado) 139
Pathemata (pesares) 416
Pathos: de Heródoto, 57; da pólis 192, 193, 265-267, 279, 323, 449-451
Patrioi nomoi (antigas instituições) 421
Pátroclo 67, 167, 177
Paulo, São 20, 32, 65, 84-87, 181, 308
Paz de Antálcidas 199
Paz de Cálias 438
Paz de Nícias 429
Pecado 84-86
Pediakoi 193
Peirata (limites precisos) 272

Peitho (persuasão) 70, 332, 336
Pelasgo 328-330, 332, 333
Peloponeso 56, 57, 72, 115, 122, 140, 194, 197-199, 344, 349, 376, 399, 412, 413, 423, 427-430, 436, 438, 444
Peloponeso, Guerra do 56, 57, 72, 115, 122, 194, 199, 344, 349, 376, 399, 412, 413, 423, 428-430, 436, 444
Peloponeso, Liga do 198, 438
Pélops 157, 264
Pema (maldição) 171
Penélope 43, 45, 154, 174, 175, 236
Pentateuco, crítica do 66, 144. *Ver também* Antigo Testamento
Peras (delimitação) 256
Percepção sensorial, teoria da 71, 377
Péricles 47, 72, 191, 194, 323, 324, 347, 349, 350, 367, 409, 412, 413, 423, 435, 440-442, 445, 450
Peri politeias (sobre o governo) 307
Perplexidade 285
Persas, Os (Ésquilo) 55, 412
Perséfone 131
Perses 68, 204, 212-215, 217, 219, 222, 229, 230, 233
Pérsia e persas 102, 109, 112, 113, 115, 122, 135, 188, 194, 198, 199, 226, 239, 241, 324, 358, 387, 390, 403, 411-413, 415-422, 437-439
Persas, Guerras. *Ver* Guerras Persas
Persson, Axel W. 212, 213, 312
Persuasão 285, 330-332
Pestalozzi, Heinrich 147
Petteutes (jogador) 312
Phantasmata 248
Philanthropia 70, 340
Philanthropos (humano) 193
Philanthropos tropos (inclinação filantrópica) 337
Philia 384
Philonikia (ambições) 282
Philophrosyne (amabilidade) 163
Philosophia perennis 298
Philosophos (amante da sabedoria) 303

Phratria 190
Phroneein 309
Phronesis 309
Phronimon (dotado de inteligência ou sabedoria) 310
Phya 388
Phylai (tribos) 189, 190
Phynai (desenvolver-se, emergir) 256
Phynta (desenvolvido) 392
Physis (natureza, vir-a-ser) 56, 255-257, 362, 381, 384, 388, 391
Phyton ouranion (o homem como um produto celestial) 283
Pia interpretatio 33
Pilos 119, 137, 138, 154, 441
Píndaro 47, 51, 66, 71, 148-150, 195, 216, 275, 385, 387, 388, 405, 413, 423
"Pioneiros na moralidade" 23
Pirataria 44, 116, 129, 154
Pireu 324, 409, 423, 426, 427, 451
Pirro 387
Pisístrato 145, 193, 194, 269, 270, 323, 421
Pistis (fé) 294, 305
Pitágoras e pitagorismo 68, 93, 94, 109, 242, 247, 281, 299, 300, 303, 309
Pito 119
Planetas 226
Plasmata (ficções) 248, 254
Platão 11, 12, 24, 31-34, 36-40, 42, 45, 47, 49-51, 53-57, 63, 66, 68-72, 79, 82, 103, 106-108, 114, 117, 118, 120-122, 131, 135, 149, 180, 183, 184, 191, 192, 199, 203, 205, 206, 208, 212, 214, 231-233, 238, 242, 244, 245, 248, 252, 254, 257, 258, 260, 261, 263, 268, 274, 275, 277, 282, 283, 287, 288, 290, 292-294, 299, 300, 303, 304, 307, 311-313, 315, 317, 321, 332, 343, 344, 348-359, 361, 364, 365, 370, 371, 374, 376, 378, 380, 382, 384, 386, 388, 389, 395, 398-403, 407, 408, 410, 420, 424, 427, 435, 436, 440, 441, 443, 446
Plateia, batalha de 198, 417
Platônica, posição. *Ver* "Posição platônica"
Plêthos (multidão) 421
Pobreza 115, 116, 128, 204, 391
Poder como motivo na história grega, o 119-121

Poesia 41, 43, 47, 48, 51, 146, 205, 231, 245, 246, 266, 275, 315, 326, 388, 449. *Ver também* Elegia; *poetas específicos*
Poética (Aristóteles) 55, 326
Pohlenz, Max 83
Pólemos (guerra) 163, 309, 385
Policena 344
Polícrates 39, 416
Polifemo 174
Pólis 46, 102, 103, 117, 187-190, 192-194, 198, 216, 263-266, 269, 274, 279, 309, 321, 343, 362, 366, 383, 409, 450. *Ver também* Atenas
Política 106, 107, 349-351
Política (Aristóteles) 117, 348, 404, 405, 407
Política, ordem. *Ver* Ordem
Políticas, sociedades. *Ver* Sociedades políticas
Politikon zoon 263
Polo 238
Polyhistor 303, 304
Polymathie (grande erudição, grande conhecimento) 361
Polynoien (grande inteligência) 379
Polypeiria (experiência) 286
Polypragmosyne 382
Polys (grande saber) 247
Ponería (malícia) 425
Poneroi (classes inferiores) 424
Porteous, Norman W. 10
Posêidon 52, 139, 174, 184, 345, 404
"Posição platônica" 11, 17
Positivismo 262, 444
Posidônio 82-84
Potnia 139
Povo Eleito de Israel. *Ver* Israel
Praeparatio evangelica 88
Prata, Idade da / Raça de 220, 224, 226
Prazer 13, 37, 71, 233, 369, 370, 380, 393
Predestinação 85
Príamo 112, 113, 139, 170, 171, 181
Price, Geoffrey L. 16, 45
Prima philosophia 203
Primus inter pares 153, 155

Príncipes 87

Pródico de Céos 348, 351, 404

Profetas 82, 84, 87, 93, 95, 121, 149, 150, 230, 231, 234-236

Progressismo 262

Progresso 15, 25, 70, 72, 76, 78, 80, 89, 94, 95, 177, 202, 262, 287, 298, 340, 366, 442

Prohairesis (decisões concretas) 327

Prolegomena (Wolf) 144

Proletários 424, 425

Prometeu 56, 70, 71, 216-218, 231, 333-345, 365, 366, 369, 399-401

Prometeu acorrentado (Ésquilo) 333

Prometheia (reverência, dedicação, cuidado) 254, 369

Prophétes (intérprete ou porta-voz dos deuses) 149

Propriedade 51, 68, 153, 175, 192, 193, 265, 266, 356, 380, 401, 408, 426, 428

Prostasia 67, 422

Próstas (líder) 421

Prostates tou demou (líder do povo) 194

Protágoras 56, 71, 290, 348, 349, 352-354, 356-358, 361, 364-372, 374, 376, 377, 381, 384, 386-389, 399-401

Protágoras (Platão) 352, 358, 361-377, 381, 386, 399

Proteus, rei 112

Prothymia (desejo) 369

Protréptico (Jâmblico) 264

Protrepticus (discurso admonitório) 207

Proxenía 328

Pruemm, Karl 131

Pseudes logos (fábula falsa) 401

Pseudes mythos 72, 402

Pseudos, pseudea (falsidade, mentira) 79, 156, 205, 248

Psique 50, 243, 250, 299, 304, 314, 342. *Ver também* Alma

Quadrívio 351

"Que sabe muito" 303, 309

Queda de Adão e Eva 218

"Questões homéricas" 66, 144

Quílon 368

Raças dos homens, fábula das. *Ver* Idades do mundo (raças dos homens), fábula das

Radamanto (Crítias) 401

Ramsés III 137, 140

Ramsey, William M. 128

Rãs, As (Aristófanes) 324, 325

Razão 23, 89, 295

Reforma 386

Reia 131, 208

Reinhardt, Karl 302

Reis e príncipes 133, 149-153, 231, 232

Reis-filósofos 70, 274, 317, 386, 403, 436

Reitzenstein, R. 220, 221, 224

Religiões. *Ver* Buda e budismo; Cristandade; Deus; Hinduísmo; Islã; Judaísmo; Teologia

Religiões de mistério 281

Renascimento, humanistas do. *Ver* Humanistas do Renascimento

República (Platão)

Republicanismo 53

Retórica (Aristóteles) 405

Revelação 29, 77, 123, 144, 156, 294

Robinson, C. A. 10

Roda das questões humanas 422

Roda girante 416, 417

Rodes 9, 136, 140

Rohde, Erwin 251

Romano, império. *Ver* Império romano

Romanos, Epístola aos 84

Rosen, Stanley 12

Rousseau, Jean-Jacques 27, 53

Rússia 89

Sabedoria 32, 33, 51, 70, 96, 125, 149, 150, 152, 165, 206-208, 214, 216, 259-261, 266, 268, 269, 302-304, 306, 308-310, 314, 337, 338, 342, 348, 349, 353, 360, 361, 363, 365, 367-371, 388, 389, 391, 406, 416, 446

Safo 42, 48, 49, 69, 109, 150, 192, 275, 276, 286, 316

Salamina, batalha de 55, 413, 417, 438

Salto no ser 29, 34, 35, 75, 77-82, 84, 96, 125, 202, 230, 243, 331, 343

Samos 416

Sandoz, Ellis 9, 13, 15, 23

Santos 29, 31, 32, 87, 88, 247, 251, 256, 258, 288, 299, 316

Sassânida, império 89

Sátira 398

Saúde e doença 71

Schachermeyr, Fritz 128, 136, 140, 188

Schadewaldt, Wolfgang 147

Schaeder, H. H. 221, 224

Scheler, Max 23

Scheliha, Renata von 147

Schelling, Friedrich 56, 211

Schoeps, Hans Joachim 86

Schull, Charles W. 10

Scott, John A. 146

Scullard, H. H. 10

Sebba, Gregor 14, 15, 26

Sefirot 211

Seisateia 192

Selbstbesinnung 23

Sêma (prisão ou túmulo) 300

Sêmata (signos) 288

Ser, Sobre o (Górgias). *Ver Sobre o ser*

Serenidade da alma 382

Servo Sofredor 82, 279

Shaftesbury, Conde de 333

Shelley, Percy Bysshe 333

Sheppard, J. T. 146

Shi Ji (Sima Qian) 228

Sholem, Gershom 211

Sibila 306

Sicília 109, 129, 192-194, 239, 429

Silloi (breves poemas satíricos) 246

Sima Qian 228

Simaquia 198, 199, 439

Símbolos 25, 26, 32, 33, 37, 38, 41, 43, 49, 56, 66, 68, 71, 82, 91, 92, 96, 109, 118, 122-124, 126, 127, 130-135, 157, 183, 184, 201-203, 208, 210, 211, 217, 224, 225, 227, 228, 231, 236, 241, 245, 249, 251, 254, 255, 257, 269, 279-281, 283, 284, 289, 293, 309-314, 317, 331, 333, 355, 369, 373, 374, 378, 385, 402, 404, 432, 434

Sime 154

Simônides de Céos 275, 367, 368

Simpoliteia 67, 195, 196

Sina (Moira) 184

Sinclair, Thomas A. 233

Sinecismo 67, 187-189, 195, 196

Síngrafo (Tucídides) 428, 429, 435, 443-445, 447, 451

Síria 120, 129, 136, 143

Sísifo (Crítias) 72, 399-401, 403

Smith, Kirby F. 224, 429, 447

Snell, Bruno 50, 178, 245, 276, 301, 328

Sobre o ser (Górgias) 284-286, 288, 289, 291, 298, 354, 355, 357, 372, 374, 375, 377

Sobre os deuses (Protágoras) 177, 241, 246-248, 334, 354, 355, 374

Sociedades 10, 12, 13, 16-18, 20, 23-25, 27-31, 34-37, 41, 43, 45, 46, 48-52, 54, 57, 63, 65, 66, 75-77, 79, 83-88, 90, 92, 94-97, 101-111, 115, 119-129, 132, 134-138, 140, 141, 143, 144, 147, 151, 152, 154, 158, 159, 164, 172, 176, 179, 181, 183, 184, 191, 195, 202, 204-206, 211, 212, 219, 223, 230-232, 237, 238, 240, 243, 244, 259, 260-267, 269, 275, 276, 293, 304, 307, 311, 315, 316, 321, 322, 330, 335, 340, 342, 343, 351, 361, 363, 364, 386, 397, 407, 411, 415, 417, 434, 436, 439, 442

Sociedades políticas. *Ver* Sociedades

Sócrates 11, 38, 51, 53, 57, 71, 180, 199, 210, 214, 238, 239, 242, 274, 277, 317, 329, 345, 349, 351, 358, 360, 361, 364, 365, 367-372, 388, 398, 406, 443, 446

Soederblom, Nathan 226

Sofistas 15, 36, 56, 71, 199, 214, 238, 290, 313, 322, 337, 338, 340, 347-359, 361, 363, 364-371, 374, 375, 377, 381, 382, 384, 386-392, 394, 398-407, 424, 434, 441, 446

Sófocles 56, 191, 332

Soldados. *Ver* Defensores armados de pólis; Cidadãos-soldados

Solmsen, Friedrich 204

Sólon 51, 52, 54, 69, 193, 194, 244, 269-275, 277, 279, 323, 350

Soma (corpo) 177, 178, 299, 300

Sonâmbulos 15, 70, 308, 309, 316, 317, 321, 420

Sophia (sabedoria) 149, 165, 259-263, 275, 279, 338, 365-367, 369

Sophisma 337

Sophon (sabedoria)

Sophos 303, 338

Sophrosyne 367

Spengler, Oswald 29, 65, 90, 94

Spoudaios (homem maduro) 403

Stasis (disputa) 383, 421

Subjetividade 69, 276

Suméria 132

Suplicantes, As (Ésquilo) 328-336

Symmetrie (equilíbrio) 382

Sympheron, sympheronta (vantajoso) 71, 380, 384, 392, 393, 395-397, 427, 441

Synodoi (conventículos) 269

Syntheke (pacto) 404

Syntrophos (inato) 391

Ta deonta (apropriado) 444

Ta genomena (recordações ou tradições) 111

Ta nomina 392

Ta onta 284, 375

Talassocracia 110, 116, 129

Tales 109, 192, 241, 254, 256, 413

Tamuz 132

Tánatos 283, 284

Tao 96

Taxis (decreto) 310

Tebas, hegemonia de 195

Tebas e tebanos 195, 220, 344, 417, 452

Technai (artes) 353

Techne metretike (arte da medição) 370

Techne politike (a arte da política) 351, 365, 366

Teeteto (Platão) 378

Teggart, Frederick J. 204, 234

Telêmaco 43, 154, 174, 175, 179

Telestai 138

Temene (reservas) 138

Têmis (deusa) 114, 281, 283, 328

Temístocles 324, 350, 413, 417, 438

Tempo 11, 12, 19, 46, 47, 52, 54, 57, 75-78, 80, 81, 85, 87, 90, 93, 94, 96, 102, 103, 106-111, 115, 120, 124, 125, 128, 133, 144-146, 148, 170, 181, 182, 188-190, 193, 195, 199, 220, 222, 225, 227, 246, 254, 256, 274, 279, 284, 288, 292, 307, 310-312, 333, 336, 342, 348, 349, 351, 357, 363, 365, 369, 371, 375-377, 387, 394, 400, 401, 406, 412, 414-417, 425, 428, 437, 442-444, 448

"Tempo-eixo" da história universal 93, 94, 96

Teodiceia 176, 270, 335

Teofrasto 241

Teógnis 51, 195, 275

Teogonia (Hesíodo) 149, 201, 203, 204, 207-214, 222, 223, 248, 250, 255

Teologia 31, 65, 68, 82, 83, 86, 87, 173, 176, 177, 182, 202, 203, 209, 247-249, 253, 254, 287, 295, 306, 355. Ver também Deus

Teomórfico 301

Te-re-ta (donos de feudos) 138

Terma (fim) 271

Terminus ad quem 321

Terminus a quo 321

Terpsis (prazer) 380, 382

Tersites 158

Tese e antítese 356

Teseu 130, 345

Téspis 324

Tétis 160, 166, 180

Tetráctis 37, 133, 134

Teutames 315

Thambos 240

Thaumazein 240

Theion (divino) 302

Theios nomos (lei divina) 385

Themis (ordem correta, costume) 156, 329

Theologia civilis 247

Theologia naturalis 247

Theologia supranaturalis 248

Theologia tripartita 82, 83, 87

Therapon (acompanhante, servidor) 149
Thesmoi 386
Thymos (coração, espírito, "pessoa" do homem) 270, 283, 299, 314
Tiestes 157
Tigre, vale do rio 127
Timai (honras) 340
Timeu (Platão) 206, 274, 282, 292, 299, 307, 332, 374
Tipos ideais 24. *Ver também* Tipos
Tirania 67, 104, 175, 193, 194, 244, 269-271, 273, 323, 336, 383, 407, 413, 421, 422
Tirene, batalha de 198
Tirésias 150
Tirinto 144, 154
Tirteu 50, 52, 69, 192, 244, 263-269, 271, 275, 276, 279
Tisis (reparação) 416
Titono 264
To kalon (moralmente belo) 380
To koinon (o comum) 330
Tolerância 65, 87, 95, 96
Tomás, Santo 251, 258
To on (Ser) 375
To sophon mounon (o único sábio) 302
To theion (O Divino) 256, 257, 282, 400, 416
Tópicos (Aristóteles) 216
Topoi 216
Touradas 131
Toynbee, Arnold 26, 29, 65, 90, 93-96, 122, 183, 188
Trabalho e a fábula de Pandora, O 217, 218
Trabalhos e os dias, Os (Hesíodo) 52, 68, 204, 206, 207, 212-214, 216, 221, 224, 228-230, 265
Trácia e trácios 246, 428
Tragédia 38, 55-57, 70, 73, 149, 152, 168, 191, 212, 322-328, 331, 332, 335, 339-345, 347, 350, 362, 395, 412, 439, 443-446
Tragodoi (cantores do bode) 324
Transcendência 32, 69, 91, 250, 251, 254, 255, 257, 258, 262, 267, 268, 272, 284, 294, 298, 311, 316, 321, 355, 361, 373-375, 387, 388, 434

Tremendum (Deus pavoroso) 240
Trindade: de Hesíodo 209, 255; símbolos da 132, 133, 209, 226
Trívio 351
Troia, Guerra de 43, 44, 66, 111, 116, 137, 430. *Ver também Ilíada* (Homero)
Troianas, As (Eurípides) 412
Tsou Yen, escola 227
Tucídides 36, 39, 40, 46, 47, 57, 66, 72, 73, 102, 108, 114-117, 119, 121-123, 125, 129, 191, 199, 236-238, 270, 271, 332, 349, 356, 411, 412, 418, 419, 424, 427-448, 450, 451
Tutmosis, o Grande 130
Tylor, Edward B. 68, 251, 252
Typoi perí theologías (tipos de teologia) 248

Ugarítica, dinastia 105
Ulisses (Joyce) 325
Ungrund 211
Universalidade do divino 68, 252
Upanixades 91
Urano 208, 209, 283
Ur-Ilias 105, 138

Varrão 31
Ventris, Michael G. F. 105, 129, 137
Vênus 226
Verdade 80-82, 84, 87, 95, 205, 213, 215, 247, 277, 279, 283, 284, 286, 289, 294, 295, 303, 304, 315, 397, 401. *Ver também Doxa, doxai* (ilusão, ilusões)
Verdade, A (Antifonte o Sofista) 391
Verdade, Caminho da. *Ver* Caminho da Verdade
Verdade, Da (Protágoras). *Ver Da Verdade*
"Via da Verdade". *Ver* Caminho da Verdade
Vir-a-ser 288, 310, 377
Virtudes 22, 27, 33, 36, 42, 43, 50, 51, 54, 68, 71, 76, 77, 79, 83, 94, 114, 117, 120, 128, 140, 153, 160, 164, 165, 192, 208, 226, 232, 242, 244, 261, 263-266, 268-270, 272, 273, 275, 282, 317, 325, 326, 348, 353, 361, 363, 365-367, 369-371, 373, 381, 383, 384, 388, 390, 391, 401, 404, 406-408, 422, 427,

436, 443, 449. Ver também *Arete, aretai* (excelência, virtude)

Visão. *Ver* Cegueira e visão

Voegelin, Eric 9-57, 65

Volição 252

Voltaire 29, 65, 89

Waal, Elizabeth 45

Wace, A. J. B. 128, 129

Wade-Gerry, Henry T. 147

Walker, E. M. 188

Wanax (senhor ou mestre) 138

Webb, Eugene 22

Weber, Alfred 328

Weber, Max 21, 188

Weil, Raymond 13

Wellhausen, escola 145

Werner, Joachim 127

Wilamowitz-Moellendorf, Ulrich von 146, 188, 204

Wirkliches Wissen (Gnose) 91

Wolf, Erik 328

Wolf, Friedrich August 66, 144

Woolley, Leonard 135

Xantipo 324

Xenófanes 48, 49, 51, 68, 69, 71, 109, 232, 239-241, 244-257, 259-264, 266, 276, 277, 279, 282, 284, 286, 294, 298, 299, 303, 308, 309, 311, 316, 362, 389, 404

Xenofonte 72, 356, 360, 364, 412, 423, 451

Xerxes 391, 414, 418, 419, 420, 422, 431, 438

Xyne (comum) 330

Xyn nooi (falando com a mente) 309, 385

Xynon (comum) 70, 72, 253, 264, 309, 312, 330, 383, 385, 416, 420

Xynon esthlon (bem comum) 264

Zeller, Eduard 245, 302, 378

Zenão de Eleia 349, 356, 375

Zen, misticismo 306, 315

Zeus 38-40, 46, 49, 52, 66, 68, 114, 118, 119, 131, 139, 149-151, 156, 157, 163, 166, 172-174, 176, 179, 180, 182-184, 204, 206-209, 213-215, 217-220, 223, 229-231, 233-235, 250, 259, 265, 270, 302, 312, 328-330, 332-344, 365-367, 385, 387, 400, 419, 443

Zeus, gruta de 38, 66, 118, 131

Zodíaco 225

Zózimo 334

OBRA COMPLETA

PADRE ANTÓNIO VIEIRA

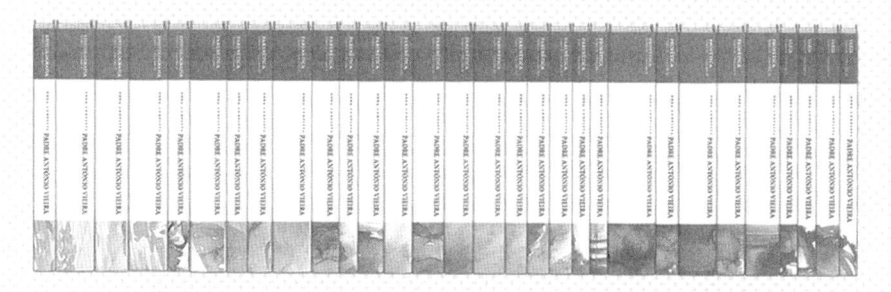

OBRA INÉDITA NO BRASIL • DIVIDIDA EM BLOCOS TEMÁTICOS • 30 VOLUMES

Mais de quatro séculos depois do nascimento de Padre António Vieira, só agora, em pleno século XXI, sua obra completa é editada no Brasil. Um ambicioso projeto concretizado por Edições Loyola.

Para adquirir:
11 3385.8500
vendas@loyola.com.br
www.loyola.com.br

Suma
teológica

Reunindo em forma de compêndio importantes tratados filosóficos, religiosos e místicos, Santo Tomás de Aquino, através da Suma teológica, procurou estabelecer parâmetros a todos os que se iniciam no estudo do saber da teologia. Dividida em nove volumes, a obra permanece como um dos mais relevantes escritos do cristianismo de todos os tempos.

Para adquirir:
11 3385.8500
vendas@loyola.com.br
www.loyola.com.br

Edições Loyola é uma obra da Companhia de Jesus do Brasil e foi fundada em 1958. De inspiração cristã, tem como maior objetivo o desenvolvimento integral do ser humano. Atua como editora de livros e revistas e também como gráfica, que atende às demandas internas e externas. Por meio de suas publicações, promove fé, justiça e cultura.

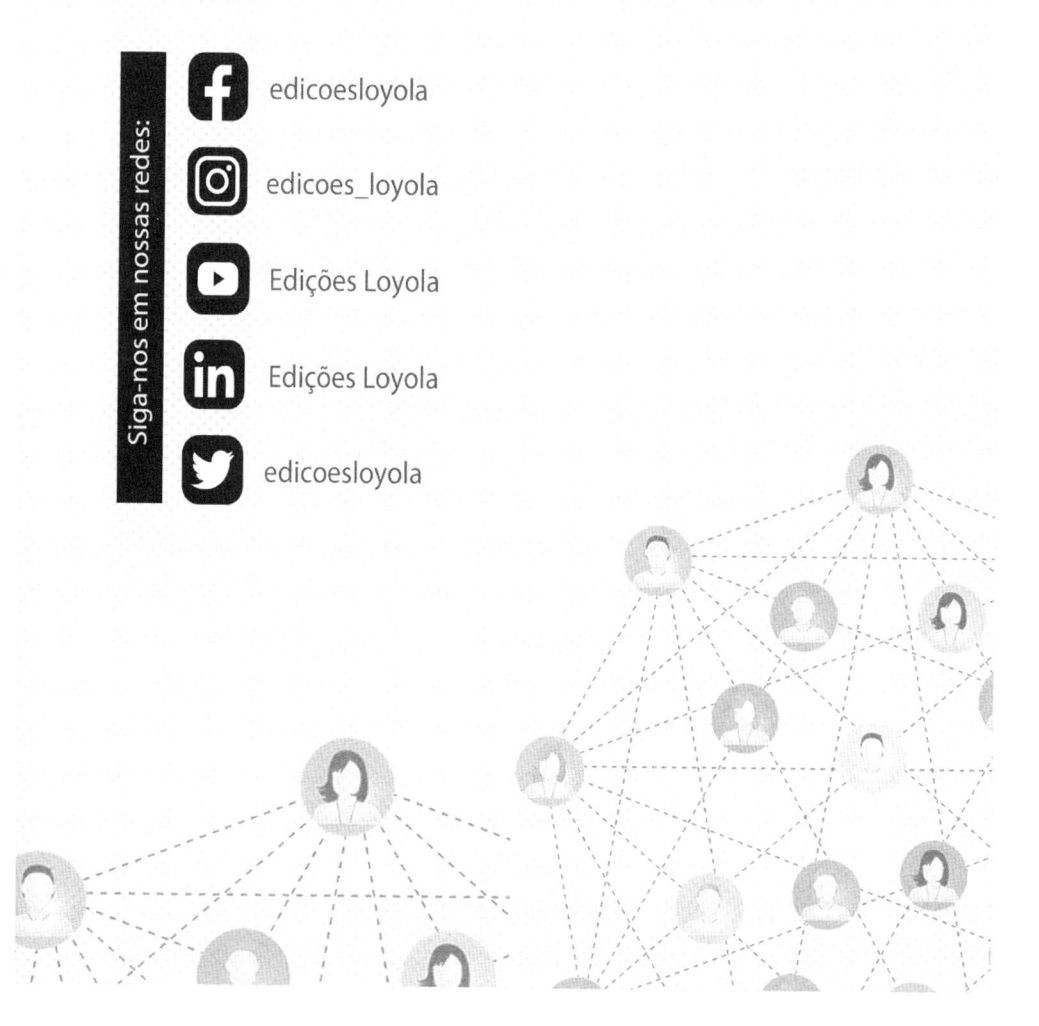

Siga-nos em nossas redes:

- edicosloyola
- edicoes_loyola
- Edições Loyola
- Edições Loyola
- edicosloyola

Edições Loyola

editoração impressão acabamento
rua 1822 nº 341
04216-000 são paulo sp
T 55 11 3385 8500/8501 • 2063 4275
www.loyola.com.br